Halle
Leipzig
Elbe
13
Bautzen
14
Meissen
Gotha
Erfurt
Gera
Zwickau
Plauen
Hof
TSCHECHISCHE REPUBLIK
Coburg
Karlowy Vary
PRAHA
chweinfurt
Bamberg
Bayreuth
1 Ahr
2 Saar-Ruwer
3 Mosel
4 Mittelrhein
5 Rheingau
6 Rheinhessen
7 Pfalz
8 Baden
9 Franken
10 Württemberg
11 Hessische Bergstraße
12 Nahe
13 Sachsen
14 Saale-Unstrut
Erlangen
Nürnberg
Amberg
Regensburg
Ingolstadt
Donau
Passau
Landshut
Donau
Linz
Isar
Augsburg
MÜNCHEN
Inn
ÖSTERREICH
Rosenheim
SALZBURG
Kempten

Stuart Pigott
Die großen deutschen Rieslingweine

Stuart Pigott

DIE GROSSEN DEUTSCHEN RIESLINGWEINE

Herausgegeben von Horst Dippel

ECON Verlag
Düsseldorf · Wien · New York · Moskau

Die englisch abgefaßten Teile des Buches (Kapitel 4–17 ohne Probiernotizen) wurden von Anja Görgens übersetzt.

Die Deutsche Bibliothek – CIP-Einheitsaufnahme
Pigott, Stuart:
Die großen deutschen Rieslingweine / Stuart Pigott. Hrsg. von Horst Dippel. –
2. Aufl. – Düsseldorf; Wien; New York; Moskau: ECON Verl., 1995
ISBN 3-430-17488-0

2. unveränderte Auflage 1995

Lektorat: Christian Andreas Hofer
Karten: Kartographisches Büro Kaiser, Sindelfingen
Gesetzt aus der Walbaum, Berthold
Satz: Dörlemann-Satz, Lemförde
Papier: Papierfabrik Schleipen GmbH, Bad Dürkheim
Druck und Bindearbeiten: Bercker Graphischer Betrieb, Kevelaer
Printed in Germany
ISBN 3-430-17488-0

Inhalt

Für Ursula

Danksagung

In diesem Buch stecken mehr als zehn Jahre intensiver Weinproben und Recherchen. Während dieser Zeit haben viele Mitglieder der deutschen Weinindustrie ihr möglichstes getan, um mich zu unterstützen. Viele Winzer haben mir ihre Kollegen empfohlen oder Weinproben organisiert, bei denen die Weine ihrer Mitbewerber neben ihren eigenen präsentiert wurden. Zudem habe ich von den Kenntnissen zahlreicher Liebhaber deutscher Weine profitieren können, und wenn ihre Zahl auch zu groß ist, als daß ich sie namentlich aufführen könnte, richtet sich mein Dank an sie alle. Das vorliegende Werk wäre ohne die Unterstützung einiger Freunde, die mir ihren Schreibtisch überließen, unmöglich gewesen. Mein besonderer Dank geht an Stefan und Carola Dietrich, Hadina Kortenhoff, Joachim Rissmann, Johannes Schwarz.

Die Vorschläge und Kommentare von Professor Horst Dippel, dem Herausgeber dieser Reihe, waren mir immer wieder hilfreiche Anregungen, für die ich ihm sehr dankbar bin. Genauso hilfreich waren die kritischen Empfehlungen Christian Andreas Hofers hinsichtlich des Manuskriptes, das dadurch in weiten Teilen seine korrekte Form erhielt. Doch war es vor allem meine Frau, ohne deren fortwährende Unterstützung und Hilfe beim Schreiben ich diese Arbeit kaum vollbracht hätte. Daher gilt mein ganz besonderer Dank Ursula Heinzelmann.

Vorwort

Mit dem vorliegenden Band von Stuart Pigott tritt eine Weinbuchreihe ins Leben, die in der Weinliteratur nicht nur in Deutschland bislang ohne Beispiel ist. In ihr werden in umfangreichen Textbänden die wichtigsten Weinbaugebiete der Welt mit den jeweils führenden Weingütern vorgestellt. Nicht enzyklopädische Übersicht, sondern strikt qualitätsorientierte Auswahl ist ebenso das Signum dieser Reihe wie das Bestreben, daß das Weinbaugebiet jeweils von einem der besten Kenner vorgestellt wird. Die Reihe ist daher nicht nur durch eine internationale Autorenschaft ausgewiesen, die in der Regel in dem jeweiligen Gebiet lebt oder sich dort so fundiert auskennt, daß sie den jeweiligen Erzeugnissen in einer ebenso unvoreingenommenen wie allein nach Qualität auswählenden Weise zu begegnen vermag, sondern es sind auch Autoren, die über ein internationales Renommee verfügen und damit sicherstellen, daß sie die von ihnen behandelten Weine qualitativ in den Zusammenhang der großen Weine der Welt einzuordnen vermögen.
Für den deutschen Weinbau hätte diese Aufgabe keiner überzeugender ausführen können als Stuart Pigott, der weltweit ausgewiesene Kenner deutscher Spitzenweine, dessen kritische Kommentierung der deutschen Weinerzeugung sich seit vielen Jahren befruchtend und fördernd auswirkt. Wenn Stuart Pigott sich dabei in seiner Darstellung ganz auf den Riesling konzentriert hat, so ist dies unter dem Gesichtspunkt internationaler Qualitätsmaßstäbe vollends gerechtfertigt. In ihm findet der deutsche Weinbau sein Leitbild, in dessen Glanz sich auch andere zu sonnen vermögen, wohl wissend, daß sie seine Größe und Vortrefflichkeit nie erreichen werden. So wie jeder Spitzenweinbau von seinen Lokomotiven lebt, profitiert der deutsche Weinbau auch dort von der Reputation des Rieslings, wo dieser selbst nicht anzutreffen ist oder keine optimalen Bedingungen vorfindet. Doch ihm allein deswegen seinen Rang abzusprechen, wäre zweifellos töricht und kurzsichtig.
Stuart Pigott gelingt es in seinem Buch, die Vielfalt, den Nuancenreichtum und die Variationsbreite des Rieslings durch die verschiedenen deutschen Weinbaugebiete eindrucksvoll zu dokumentieren. Selbst wer im Detail eine abweichende Meinung vertritt, wird die Aussagekraft des Gesamtbildes

nachvollziehen können und ihm die Anerkennung nicht versagen. Dabei wird deutlich, daß Stuart Pigott kein romantisiertes, weinseliges Idealbild gezeichnet hat, sondern die aktuelle Situation aus seiner umfassenden Einschätzung beschreibt. Wenn er damit Dinge bewegt, die innerhalb der nächsten Jahre zu Veränderungen und weiterer Qualitätssteigerung führen, wäre dies sicherlich das größte Lob, das man seiner Arbeit zollen könnte. Der deutsche Weinbau hat allen Grund, ihm dafür dankbar zu sein.

Horst Dippel

Einleitung

Der wahre Göttertrank

»Dieser Saft der edelsten Rebe concentriert alles in sich, was die Natur an Gewürz, Geruch, Geschmack und Liebreiz möglichst zu erzeugen vermag. Die Dichter preisen diesen Nectar aller geistigen Flüssigkeiten als den wahren Göttertrank.«
Benedikt Kölges, *Handbuch der Deutschen Weincultur und Weinausbildung*, Wiesbaden 1837

Deutscher Riesling ist ein einzigartiger Wein, ein unvergleichlicher Ausdruck dessen, was die Natur an Vielfalt zu geben vermag, und ein bemerkenswertes Erzeugnis menschlicher Handwerkskunst. Einen großen Riesling zu genießen ist ein unvergeßliches Erlebnis, da sich zu der aromatischen Fülle äußerste Eleganz und Finesse gesellen. Eigenschaften, die an sich gegensätzlich erscheinen, sind in dieser Flüssigkeit gepaart, die alles vereint, was die Natur an Gewürz, Geruch, Geschmack und Liebreiz zu geben vermag, wie Benedikt Kölges vor über 150 Jahren schrieb.
Mehr als jede andere Weinsorte spricht der Riesling den Geruchssinn an, betört mit unendlich vielen Nuancen, von denen jede neue Assoziationen und Erinnerungen wachruft. Und doch sind große Rieslinge niemals aufdringlich oder übermächtig, wie es manch andere der großen Weine sein können. Deshalb eignen sie sich auch dazu, in Gesellschaft getrunken zu werden: Sie bestehen nicht darauf, Mittelpunkt zu sein, erfüllen diesen Platz jedoch gegebenenfalls genauso wie ein großer Bordeaux. Die besten Rieslinge bieten das Maximum an sinnlicher Freude, den Wein bieten kann, und sind gleichzeitig faszinierende Studienobjekte. Kurz gesagt, sie bergen alles in sich, was man von einem großen Wein erwartet.
In einer Welt, in der industrialisierte Weinproduktion und einige wenige modische Rebsorten und Weinstile zu einer Standardisierung des Weincharakters geführt haben, stellt der Riesling eine der letzten Bastionen des Individuellen dar. Die heutzutage als Massenware produzierten Pinot Grigios, Chardonnays und Cabernet Sauvignons schmecken genauso fad wie Obst aus dem Supermarkt. Im Gegensatz dazu bietet ein guter Riesling

Aroma, Frische und ursprünglichen Geschmack wie ein Korb voller Früchte aus Großmutters Garten. Selbstverständlich kann ein »handgemachter« Wein aus einer der populären Rebsorten auch wunderbar sein, und natürlich hat die Tyrannei der modernen Weintechnologie und -chemie zu einer ganzen Reihe von charakterlosen Rieslingen geführt. Trotzdem ist es meiner Meinung nach nicht übertrieben zu behaupten, daß heute mehr herausragende Weine aus der Rieslingrebe als aus irgendeiner anderen weißen Rebsorte erzeugt werden.

Es wäre ein gravierender Fehler, die Qualität der besten trockenen Rieslinge aus Österreich und dem Elsaß zu unterschätzen, aber der Löwenanteil großer Rieslinge kommt aus Deutschland. Sowohl trockene Spitzenrieslinge wie die 1992 HOCHHEIMER HÖLLE RIESLING AUSLESE TROCKEN vom Weingut Franz Künstler, Hochheim/Rheingau, und die 1990 KALLSTADTER SAUMAGEN RIESLING AUSLESE TROCKEN »R« vom Weingut Koehler-Ruprecht, Kallstadt/Pfalz, als auch edelsüße Weine wie die 1990 ERDENER PRÄLAT RIESLING AUSLESE GOLDKAPSEL vom Weingut Dr. Loosen, Bernkastel/Mosel, der 1992 OBERHÄUSER BRÜCKE RIESLING EISWEIN vom Weingut Hermann Dönnhoff, Oberhausen/Nahe, und die 1992 NACKENHEIMER ROTHENBERG RIESLING TROCKENBEERENAUSLESE vom Weingut Gunderloch, Nackenheim/Rheinhessen, zählen zu den größten Weißweinen, die in den letzten Jahren weltweit erzeugt wurden, und zeigen, was mit dieser Sorte möglich ist.

Wein wird jedoch selbst in dieser außerordentlichen Spitzenqualität nicht in einem sozialen oder wirtschaftlichen Vakuum erzeugt. Er ist ein landwirtschaftliches Produkt und ein Luxusobjekt zugleich, als Teil einer vom Wohlstand geprägten Kultur. Außerdem ist Wein sehr deutlich der Mode unterworfen. Vor hundert Jahren waren deutsche Rieslinge weltweit gefragt. Zahlreiche Bücher und Preislisten aus dieser Zeit zeigen, daß sie die anerkanntesten und teuersten Weine der Welt waren. Sie kosteten mehr als die Premier-Cru-Rotweine aus Bordeaux. Selbst vor 30 Jahren wäre im englischsprachigen Raum kaum ein weißer Burgunder oder ähnliches als optimale Wahl zu Fisch in einem Spitzenrestaurant angesehen worden. Eher wäre der Wunsch nach deutschem Riesling laut geworden, da diese Weine als besser und zuverlässiger galten. Noch 1968 erschien es internationalen Weinexperten als vollkommen selbstverständlich, daß Michael Broadbent, berühmter englischer Weinautor, in seinem Buch *Wine Tasting* schrieb: »Riesling ist die edelste weiße Rebsorte und erklimmt höchste Qualitätsstufen im Rheingau und an der Mosel.« Im Zuge einer ganz veränderten Geschmacksorientierung mögen diese Worte vielen als gewagt, höchst erstaunlich oder sogar unglaublich erscheinen.

In den siebziger Jahren dehnte sich die Rieslingproduktion aus, und übermäßige Kommerzialisierung verdarb den einst guten Namen dieser edlen Rebsorte, bis diese Weine wirklich kaum einen Markt mehr hatten. Während derselben Zeitspanne sorgten bessere Kellerwirtschaft und strengere gesetzliche Kontrollen für eine wesentliche Verbesserung von Qualität und Image der weißen Burgunder, die zu den meist gesuchten Weißweinen wurden. Wer sich das beste, Le Montrachet, nicht leisten konnte, trank einfachen Chablis. In den frühen achtziger Jahren war Chardonnay, die Rebsorte, aus der diese Weine erzeugt werden, endgültig der Modewein geworden. Winzer in der ganzen Welt beeilten sich, soviel Chardonnay wie möglich anzupflanzen und einen anscheinend einfach zu vermarktenden Wein zu produzieren, oder drängten sich mit dieser Rebsorte als Weinmacher ins Rampenlicht der Öffentlichkeit. Mode verhält sich jedoch zyklisch, und der Chardonnay-Trend hat heute seinen Höhepunkt so gut wie überschritten. Die Regale der Supermärkte sind weltweit mit billigen Chardonnays gefüllt, von denen manche genauso pappig und charakterlos schmekken wie die deutschen Massenweine, die den Ruf des Rieslings ruiniert haben.

Das verdorbene Image des deutschen Rieslings hat eine neue Generation von Weinerzeugern angeregt, die hohe Qualität dieser Weine wiederzubeleben. Dies erschien ihnen der einzig mögliche Weg, Interesse an ihren Produkten zu wecken. Ihr kompromißloses Streben nach Qualität hat bereits erstaunliche Früchte getragen. Anfang der achtziger Jahre gab es in den wichtigsten Rieslinggebieten wie zum Beispiel Mosel-Saar-Ruwer nur wenige Betriebe, die kontinuierlich Weine von Spitzenqualität hervorbrachten. Heute kommen dort von vielen ambitionierten Winzern exzellente Weine, Zeugnisse eines wahren Gerangels um die ersten Plätze in diesem Qualitätsstreben! In der internationalen Presse zählen die deutschen Rieslinge mittlerweile zu den Weinen, denen am meisten Aufmerksamkeit geschenkt wird, und der heißeste Insider-Tip heißt »deutscher Riesling«. In den kommenden Jahren werden diese Weine zu den meist verlangten Kultweinen gehören.

Seinen Platz als populärste weiße Rebsorte wird der Riesling dem Chardonnay jedoch meiner Meinung nach nicht streitig machen. Obwohl die Zahl interessierter Weintrinker weltweit in den letzten Jahren beachtlich zugenommen hat, verlangt die Mehrheit der Konsumenten immer noch nach Weinen, die sich unkompliziert trinken lassen. Selbst ein billiger Chardonnay ist weich und geschmeidig genug, um diesen Anforderungen zu genügen. Es ist ein trockener Wein, der jedoch süßlich schmeckt, und aus diesem Grund genau das, was der Durchschnittsweintrinker in seinem Glas haben möchte. Die betonte Säure eines trockenen deutschen Rieslings wäre für solche Gelegenheitstrinker zu schwierig und anspruchsvoll, und selbst in der edelsüßen Variante wäre ein deutscher Riesling wohl noch zu anstrengend, um ihn mit Pizza oder Hamburger vor dem Fernseher hinunterzukippen.

Moderne Technik ermöglicht es, akzeptable Chardonnays auf billigste Art in sehr vielen Teilen der Welt massenhaft zu produzieren. Der Riesling verliert jedoch all seinen Charme und seine Eleganz, wenn man versucht, ihn in warmen Klimazonen anzubauen. Gute Rieslinge können nur in Gegenden gedeihen, die eine ganz besondere Kombination von klimatischen und geologischen Faktoren aufweisen. Zweifellos existieren solche Voraussetzungen auch in der Neuen Welt, aber bis zum gegenwärtigen Zeitpunkt werden große Rieslinge nur in Österreich, dem Elsaß und in Deutschland erzeugt, und die angebotene Menge dieser Spitzenweine ist demzufolge klein.

Obwohl diese Weine kein sehr breites Publikum ansprechen können, steigt aufgrund der Qualitätsrenaissance der letzten Jahre das Interesse in ternationaler Weinkenner und -sammler deutlich an. Das impliziert unweigerlich steigende Preise für die besten Rieslinge. Schon jetzt schwankt der Preis für eine Flasche der besten trockenen deutschen Rieslinge zwischen DM 20 und 40; die Spitzen-Auslesen der edelsüßen Art liegen bei DM 30 bis 300 pro Flasche. Für Beerenauslesen und Trockenbeerenauslesen können die Preise des letzten Jahrgangs sogar bis zu DM 1000 pro Flasche ansteigen, der gegenwärtige Rekord liegt bei DM 1540 für die 1989 BRAUNEBERGER JUFFER-SONNENUHR RIESLING TROCKENBEERENAUSLESE vom Weingut Fritz Haag an der Mosel. Weine dieser Art, die teuersten jungen Weine der Welt, können nur in kleinsten Mengen hergestellt werden, das heißt einige tausend Flaschen für einen trockenen Spitzenriesling, um die tausend Flaschen für eine große Auslese und etwa hundert Flaschen für Beeren- und Trockenbeerenauslesen. Das bedeutet wiederum, daß verstärkte Nachfrage sich sofort auf die Preisgestaltung auswirkt: Bis zum Ende der neunziger Jahre werden die Preise für die besten deutschen Rieslinge wieder auf das Niveau von vor hundert Jahren ansteigen.

Auf der positiven Seite heißt dies aber auch, daß deutsche Winzer wieder motiviert sein werden, bessere Weine zu erzeugen. Während der letzten zwei Jahrzehnte bestand die beste Methode mehr Geld zu machen für einen deutschen Winzer darin, mehr Wein zu produzieren. In Zukunft wird höhere Qualität die einzige Möglichkeit sein, um als Winzer zu überleben. Schon jetzt läßt sich diese Tendenz an Mosel-Saar-Ruwer, im Rheingau und in der Pfalz erkennen.

Trotz dieser offensichtlichen Wiedergeburt des Rieslings gibt es immer noch eine große Zahl von Weintrinkern, die mit den Eigenschaften des

Rieslings nicht vertraut sind. Dabei kann der erste Schluck sowohl Schock als auch Entdeckung sein. Riesling ist eine vollkommen andere Erscheinung als Chardonnay, er ist ein *natürliches* Produkt verglichen mit den für den Chardonnay typischen *gemachten* Weinen.

Riesling ist ein transparenter Wein, der Duft und Geschmack der Trauben direkt vermittelt. Während der Chardonnay-Hersteller mit seinen Weinen im Keller wahre Arbeitsprogramme durchführt, wird der Rieslingwinzer immer versuchen, bei seinen Weinen so wenig wie möglich einzugreifen. Seine Aufgabe und Herausforderung besteht im möglichst vollständigen Bewahren des Traubenaromas, er behütet den Wein und unterstützt ihn bei seiner Entwicklung. Seine Initialen sind in den fertigen Wein so zart eingewoben, als wären sie auf ein Spitzentaschentuch gestickt. Dagegen trägt ein guter Chardonnay deutlich den Stempel des Weinmachers. Entscheidungen über das Reifenlassen in Eichenholzfässern haben mit Dutzenden anderer im Keller zu klärender Fragen einen starken und direkten Einfluß auf den Charakter des fertigen Weines. Im Verhältnis dazu spielt das Aroma der Trauben eher eine untergeordnete Rolle.

Der natürliche Überfluß an aromatischen Substanzen der Rieslingtraube ist das Ergebnis der in den kühleren Anbaugebieten Deutschlands erforderlichen betont langen Reifeperiode. Um den 50. nördlichen Breitengrad herum, wo die meisten der deutschen Spitzenrieslinglagen zu finden sind, beträgt die Zeitspanne zwischen Rebenblüte und Lese der reifen Trauben 120 Tage. Viele der großen Rieslinge werden aus Trauben gewonnen, die sogar bis zu 150 Tage am Stock gehangen haben. Mit jedem weiteren Tag steigt die Aromakonzentration in den Trauben weiter an. Keine andere Weißweinrebe besitzt eine vergleichbare Kapazität, die Qualität immer weiter zu steigern - bis in den Dezember hinein, sofern es das Wetter zuläßt!

Die betonte, charakteristische Säure des Rieslings ist eine weitere Folge der späten Reife. Zum Zeitpunkt des Beginns der Rieslinglese schmecken die Trauben der anderen weißen Rebsorten schon schlichtweg süß. Die Rieslingtrauben aus den besten Lagen Deutschlands weisen dagegen selbst bei einer Lese im November oder Anfang Dezember eine lebhafte Säure auf. Abhängig von Gebiet, Bodentyp und Wachstumsbedingungen kann diese Säure elegant und seidenweich, kräftig und rassig oder fest und stahlig schmecken. Es ist das Spiel zwischen Säure und Fruchtaromen, das den Rieslingweinen ihre ausgeprägte Persönlichkeit gibt, sie frisch und animierend macht.

Diese Eigenschaften ermöglichen es auch, vollkommene Weine, die nichts zu wünschen übrig lassen, mit einem erheblich niedrigeren Alkoholgehalt zu erzeugen. Ein Riesling-Kabinett von Mosel, Saar oder Ruwer mit einem so geringen Alkoholgehalt wie 7,5 % vol kann mehr Charakter aufweisen als Weine mit doppelt soviel Alkohol. Im Gegensatz zu diesen natürlichen Leichtweinen werden zum Beispiel italienische Modeweine wie Galestro oder Pinot Grigio künstlich leicht gehalten. Um in warmen Klimazonen niedrige Alkoholwerte nicht zu überschreiten, müssen die Trauben verfrüht, das heißt unreif gelesen werden. So erstaunt es denn auch nicht, daß diese Weine bestenfalls neutral schmecken und meistens von der zugesetzten Kohlensäure und teuren Werbekampagnen leben!

Die leichten Kabinettweine stellen jedoch nur eine Seite der vielschichtigen Persönlichkeit des Rieslings dar. In einem guten Jahr hat ein deutscher Winzer die Möglichkeit, zuerst Leichtweine aus gerade reifen Trauben, danach körperreiche trockene Spätlesen aus vollreifen, gesunden Trauben und schließlich edelsüße Beeren- und Trockenbeerenauslesen aus edelfaulen und überreifen Trauben zu produzieren. Außerdem besteht die Möglichkeit, aus den am Stock gefrorenen Trauben Eiswein herzustellen, einer weiteren Spielart an Dessertwein.

Auf diese Weise ist es möglich, aus einem einzigen Weinberg eine ganze Palette verschiedener Weine hervorzubringen, wovon jeder zu einem anderen Anlaß getrunken und verschiedensten Stimmungen gerecht werden kann. Im Gegensatz dazu produzieren zum Beispiel die Châteaux im Bordeaux in der Regel nur einen Wein pro Jahr. Natürlich weisen beide Situationen ihre Vor- und Nachteile auf. Der Besitzer im Bordeaux hat es wesentlich einfacher, diesen Wein zu vermarkten. Andererseits kann sein Wein aber auch nur zu bestimmten Gelegenheiten getrunken werden. Hervorragend zum Steak geeignet, wird er zu Eiskrem oder Sauerkraut wahrscheinlich kein Vergnügen bereiten. Der Rieslingwinzer bietet dagegen beinahe zu jedem Gericht und jedem gesellschaftlichen Anlaß einen passenden Wein. Diese breite Auswahl erfordert vom Winzer als Verkäufer jedoch auch eine sehr ausführliche und sorgfältige Beratung seiner Kunden. Für Fachleute ein Marketing-Alptraum! Trotz allem ist es gerade diese auf den ersten Blick verwirrend erscheinende Situation, die sich bei intensiverem Vorkosten als das Faszinierende am Rieslingwein entpuppt. Für seine Liebhaber ist der Riesling ein Diamant mit unzähligen Facetten, von denen jede in einer anderen Farbe verführerisch funkelt.

So betörend die Vielfalt der jungen Rieslinge ist, ihre wahre Größe zeigen diese Weine erst nach zehn oder mehr Jahren Flaschenreife. Dann stehen sie in voller Blüte und zeigen im Vergleich mit den jungen Weinen eine ganz neue Dimension von Aromen, Geschmacksnuancen und Eleganz. Diese Verwandlungsfähigkeit von vibrierender Jugend zu feiner, reifer Harmonie ist seit dem Beginn der rebsortenreinen Rieslingproduktion vor zweieinhalb Jahrhunderten bekannt. 1720 wurde der erste Weinberg auf Schloß

Johannisberg im Rheingau ausschließlich mit Rieslingstöcken bepflanzt. Vorher war diese Sorte stets mit diversen anderen Rebsorten gepflanzt, gelesen und ausgebaut worden. Zur gleichen Zeit begann man in Deutschland auch Spitzenweine in Flaschen abzufüllen. Sehr schnell machte sich das unterschiedliche Alterungspotential der verschiedenen Rebsorten bemerkbar. Die Tatsache, daß der Riesling mit der Flaschenreife an Güte zunahm, während bei den meisten anderen Rebsorten eher das Gegenteil eintrat, wurde bald weithin bekannt und war einer der Hauptgründe für die Verbreitung in Deutschland, dem Elsaß, Österreich, Norditalien, Osteuropa, Kalifornien, Australien und Südamerika im Laufe des 19. Jahrhunderts.

Es ist unmöglich, die einzigartigen Eigenschaften des Rieslings ganz zu begreifen, ohne wenigstens einmal ein gut gereiftes Exemplar getrunken zu haben. Selbst wenn manche die jungen Weine vorziehen, stellt für viele ein zehn Jahre oder noch älterer Riesling den größten Weißwein überhaupt dar. Ich persönlich zähle mich sicher zu dieser zweiten Gruppe. Die ältesten deutschen Rieslinge, die ich getrunken habe, waren eine 1868 Hattenheimer Deutelsberg Riesling Auslese eines unbekannten Rheingaugutes und ein 1874 Trarbacher Ungsberg Riesling vom Weingut Max Ferd. Richter in Mülheim an der Mosel. Beide schmeckten alt und hatten etwas von dem nussigen Charakter der Madeiraweine, präsentierten sich aber noch durchaus weinig und trinkbar. Die ältesten deutschen Rieslinge, die ich mit Genuß getrunken habe, stammten alle aus dem großen Jahrgang 1921. Sowohl die 1921 Kiedricher Gräfenberg Riesling Auslese vom Weingut Robert Weil aus Kiedrich im Rheingau als auch die 1921 Wehlener Sonnenuhr Riesling Auslese vom Weingut Joh. Jos. Prüm in Wehlen an der Mosel, beide im Sommer 1993 getrunken, waren großartig. Solche Weine zurückzuweisen bleibt selbstverständlich jedem einzelnen überlassen, der Verzicht auf diese Geschmackserfahrungen schmälert jedoch meiner Meinung nach Genuß und Lebensfreude ganz beträchtlich. Während der ersten »Blütezeit« des deutschen Rieslings vor einem Jahrhundert wurden die besten Weine nie jung getrunken, sondern je nach Stil und Qualität erst nach fünf bis zehn Jahren der Reife.

Die vorher erwähnten großen alten Weine waren alle Auslesen oder spät gelesene hohe Qualitäten mit etwas natürlicher Restsüße aus den Trauben. Zu ihrer Entstehungszeit war dies die Ausnahme. Bis zu den späten vierziger Jahren unseres Jahrhunderts war der Hauptteil der deutschen Rieslinge trocken, besonders die Weine aus weniger guten Jahrgängen. Nur in Spitzenjahrgängen waren die Moste aus den besten Lagen so konzentriert, daß die Hefen unfähig waren, den gesamten Zucker in Alkohol umzuwandeln. Dies führte zu natürlich süßen Ausleseweinen. Zu dieser Zeit wurden

trockene Weine als für den täglichen Gebrauch bestimmt angesehen, während die natürlich süßen Weine in höchstem Ansehen standen und zu astronomischen Preisen gehandelt wurden.
Bedauerlicherweise war es auch die Süße, die diesen Ruf ruinierte. Die Einführung von moderner Kellertechnik während der späten vierziger Jahre (vorher nur den allergrößten Erzeugern zugänglich) erlaubte es, die Restsüße der Weine systematisch zu kontrollieren. An sich stellte dies eine positive Entwicklung dar, wäre nicht später diese Technologie auf kommerzielle Art und Weise mißbraucht worden. Mit dem Weingesetz von 1971 wurde der Weg für den Verkauf von großen Mengen minderwertiger süßer Weine unter den Namen von berühmten Lagen geebnet. Der größte Teil dessen, was unter Bernkasteler Kurfürstlay, Piesporter Michelsberg, Niersteiner Gutes Domtal und Oppenheimer Krötenbrunnen verkauft wird, ist weder Riesling, noch stammt es aus diesen berühmten Ortschaften. Dies ist gesetzlich autorisierter und geregelter Betrug.
Über Änderungen dieses bedauerlichen Aspekts des deutschen Weingesetzes ist viel geredet, bis jetzt aber noch nichts verwirklicht worden. Und so schadet die Flut von oberflächlich süßen Weinen weiterhin dem Image der edelsüßen Rieslingweine. Kein Wunder, daß Weinkonsumenten in Deutschland und der ganzen Welt nur allzuoft zu dem Schluß gekommen sind, daß an den deutschen Spitzenweinen nichts Besonderes sein kann, da sie genauso wie die billigsten deutschen Weine »süß« sind.
In Anbetracht dieser Situation scheint es kaum überraschend, daß in den späten Siebzigern und Achtzigern sich eine geradezu dramatisch zu nennende Reaktion gegen die zu dieser Zeit in Deutschland weit verbreiteten klebrig süßen, aufdringlich parfümierten Weine aus modernen Neuzüchtungen entwickelte. Es dünkt einen Engländer dabei recht »germanisch«, daß der Umschwung radikal von einem Extrem ins andere führte. Die rebellischen Winzer, die als Pioniere der »trockenen Welle« zu Recht die charakterlosen süßen Massenweine verurteilten, übertrieben es aus heutiger Sicht in die andere Richtung. Einige Jahre lang schien die Logik der Weinszene darin zu bestehen, einen Winzer um so besser zu bewerten, je trockener und säurebetonter seine Weine waren. Während der achtziger Jahre habe ich häufig deutsche Weintrinker kennengelernt, die ausschließlich Rieslinge mit maximal 2 Gramm Restsüße pro Liter (praktisch das Minimum, da jeder Wein ca. 1 Gramm pro Liter unvergärbaren Zucker enthält) und mindestens 10 Gramm Säure pro Liter probierten. Dies ist sehr säurebetont beziehungsweise beinahe immer masochistisch sauer, war jedoch eine Weile sehr gefragt. Genauso wurden Weine mit ausgeprägtem Aroma mit äußerster Mißbilligung betrachtet, da dies mit den Neuzüchtungen in Verbindung gebracht wurde, aus denen die billigen süßen Massen-

weine waren. Für die damaligen Puristen hatte der Riesling neutral und sauer zu sein.
Andererseits ermutigte die »trockene Welle« die deutschen Winzer, den Ausbau trockener Rieslinge zu vervollkommnen. Der Einfluß der deutschen Gastronomie sollte hierbei nicht unterschätzt werden. Die Gastronomen verbreiteten nicht nur die Weine in ihren Hotels und Restaurants, sondern bestärkten auch die deutschen Erzeuger, anstatt »Säuregranaten« harmonisch trockene Weine anzubieten. Der neue Stil des trockenen deutschen Rieslings, der mit dem Jahrgang 1988 aufkam, setzt die Betonung auf Harmonie und Eleganz. Diese Weine sind weniger säurebetont und haben bedeutend mehr Körper; sie behaupten sich mühelos neben den feinsten trockenen Rieslingen aus Österreich und dem Elsaß. Sie stellen einen vollkommen neuen und sehr wichtigen Aspekt des deutschen Rieslings dar.
In der jetzt beginnenden zweiten Blütezeit des deutschen Rieslings werden herausragende Weine in weitaus mehr Stilarten erzeugt als vor einem Jahrhundert. Diese Vielfalt ergibt, zusammen mit den unterschiedlichen Klima- und Bodenverhältnissen der 13 deutschen Anbaugebiete, ein äußerst reichhaltiges Panorama der deutschen Rieslingwelt. Es ist sehr schade, daß so wenige Deutsche sich in dieser Welt auskennen und sie zu verstehen scheinen. Viele deutsche Winzer, die Spitzenriesling erzeugen, gleichen in unseren Tagen dem sprichwörtlichen Propheten, der im eigenen Lande nichts gilt. Wie ein Künstler, der erst über das Exil zu Ruhm gelangt, müssen sie hoffen, daß die internationale Resonanz auf ihre Produkte die wahre Größe dieser Weine auch im Ursprungsland bekanntmacht.

1. Kapitel

Die Qualität und ihre Ursprünge

Über die Qualität eines Weines läßt sich endlos philosophieren - genauso wie über die Qualität von Malerei, Musik, Käse oder Schokolade. Es handelt sich letztlich um etwas Subjektives, das vom täglich abgegebenen Urteil zahlloser Menschen abhängt. Die Diskussion darüber, ob ein Wein gut ist, ein anderer aber nicht unserem Geschmack entspricht, ob ein Wein einem anderen vorzuziehen ist oder gar besser als alles zuvor Probierte schmeckt, ist jedoch äußerst wichtig: erst durch die ständige Suche nach etwas Besserem stellt sich Qualität überhaupt ein.

Selbstverständlich nimmt nicht jeder die Beurteilung der probierten Weine mit der Regelmäßigkeit, Vehemenz und dem Wissen eines Weinkritikers vor. Doch in einem gewissen Maße beurteilt jeder Weinkonsument die von ihm genossenen Weine. Daher sollte die Frage der Weinqualität meiner Meinung nach nicht zu abstrakt oder wissenschaftlich behandelt werden. Urteil, Ansicht oder Geschmack des Weinkritikers dürfen nicht Diktat, sondern sollen Hilfestellung und Leitfaden für den interessierten Konsumenten sein, der sowohl regelmäßig Weine der gehobenen als auch einfacheren Kategorie trinkt.

Innerhalb dieser relativ großen Gruppe von Weintrinkern bevorzugen natürlich die einen trockene Weißweine, die anderen kräftige Rotweine und die dritten wiederum süße Dessertweine. Es fällt jedoch eine erstaunliche Übereinstimmung hinsichtlich der Qualität eines Weines auf: Volle Weine werden höher eingestuft als dünne, fruchtige besser bewertet als neutrale, und harmonische Weine werden lieber getrunken als auffallend saure, adstringierende oder allzu alkoholreiche Weine. Alle diese Gütemerkmale treffen auf einen großen Teil der in Deutschland erzeugten Weine zu. Die gegenteiligen Erfahrungen vieler Weintrinker weisen eher darauf hin, wie schwierig es ist, den richtigen Wein für den eigenen Gaumen zu finden! Nur wenige verfügen in Deutschland über profunde Kenntnisse der Weine ihres eigenen Landes - ein Phänomen, das im nächsten Kapitel ausführlich behandelt wird -, und angesichts der Auswahl in einem Geschäft oder auf der Weinkarte eines Restaurants überfällt deshalb viele ein Gefühl der Verwirrung. Die Angaben auf den Etiketten deutscher Weine lassen keine eindeutigen Rückschlüsse auf die Beschaffenheit des Weines zu, so daß nur

die Beratung durch Weinhändler und Sommelier oder aber ein Buch wie das vorliegende helfen kann.
Die französischen Weine geben ein besseres Beispiel. Jedes bedeutende Anbaugebiet in Frankreich verfügt über ein gesetzlich geregeltes Klassifizierungssystem. In manchen Regionen besteht die Hierarchie der »Appellation Contrôlée« lediglich darin, den Ortschaften mit den besten Weinbergen das Recht zu erteilen, ihren Wein unter dem Dorfnamen zu vertreiben, im Gegensatz zu dem für die übrigen Weine vorgeschriebenen Gebietsnamen (wie zum Beispiel im südlichen Rhônetal oder im Beaujolais). In den wichtigsten Anbaugebieten erlauben die durch die Bestimmungen der »Appellation Contrôlée« vorgeschriebenen Angaben auf dem Etikett, die Weine gehobener Qualität von denen einfacherer Art zu unterscheiden. Selbstverständlich funktioniert kein System perfekt, und Verbesserungsmöglichkeiten und -vorschläge bieten ständigen Diskussionsstoff für Winzer, Weinhändler und Journalisten. Aber immerhin werden dem Verbraucher Richtlinien geboten, die das Gefüge eines Weinanbaugebietes klarer erkennen lassen und die Übersicht erleichtern; zumal durch die Differenzierung unterschiedlicher Güteklassen in der Hierarchie der »Appellation Contrôlée« derjenige Faktor hervorgehoben wird, der am wesentlichsten zur Weinqualität einer bestimmten Region beiträgt.
So ist in Burgund die Herkunft der Trauben aus einer einzigen Lage wertsteigernd, während Erzeugnisse aus mehreren unterschiedlichen Lagen, das heißt unterschiedlichen Qualitätspotentials unter abgestuften, geringeren Bezeichnungen vermarktet werden. Weine aus den allerbesten Weinbergsparzellen tragen den Lagennamen mit dem Zusatz »Grand Cru« (Große Lage). Die Weine sehr guter Lagen werden nach der Herkunftsgemeinde und -lage benannt und als »Premier Cru« (Erste Lage) verkauft. Weine guter Lagen tragen in der Regel den Ortsnamen, dagegen dürfen durchschnittliche und geringe Qualitäten nur unter dem Gebietsnamen, das heißt »Bourgogne« angeboten werden.
In dem Gebiet um Bordeaux, genauer dem Médoc, Saint-Emilion und Graves, sind die Weingüter bzw. Châteaux klassifiziert. Entscheidend für den Rang eines Weines ist hier nicht die Lage, sondern der Erzeuger. Dabei stellt die bereits 1855 erfolgte Klassifizierung des Médoc die differenzierteste Einstufung dar. An ihr wurde seitdem nur eine einzige Veränderung vorgenommen, nämlich die Anhebung von Château Mouton-Rothschild in die Spitzengruppe. Insgesamt unterscheidet dieses System fünf Klassen, wobei »Premier Cru Classé« die oberste und »Cinquième Cru Classé« die unterste Klasse bildet. Daran schließen sich die drei Kategorien »Cru Bourgeois« an, das heißt bürgerliche Gewächse. Von den Weinhändlern und -kommissionären Bordeaux' entwickelt, bildet dieses System die Grund-

lage zur Vermarktung der Weine dieser Region. Ihr Erfolg kann an der Tatsache gemessen werden, daß Bordeaux heute das bedeutendste Anbaugebiet hochwertiger Qualitätsweine darstellt. Für viele Generationen war und ist die Klassifizierung ein unverzichtbarer Leitfaden zu diesen Weinen, dessen sie sich dankbar bedienen.

In Deutschland sagt die durch das Gesetz vorgegebene Einstufung eines Weines lediglich etwas über seine Art aus, und selbst dies in oft unzureichender Weise. Die verschiedenen Stufen der Prädikatsweine – Kabinett, Spätlese, Auslese, Beerenauslese, Eiswein und Trockenbeerenauslese – informieren den Konsumenten nur zuverlässig über den ursprünglich bei der Lese in den Trauben enthaltenen Zucker. Die Bezeichnungen »trokken«, »halbtrocken« oder »lieblich« geben, sofern sie überhaupt auf dem Etikett erscheinen, nur über den im fertigen Wein enthaltenen Restzucker Auskunft. Nichts davon hat auch nur im geringsten mit Weinqualität zu tun, selbst wenn es auf den ersten Blick so scheinen könnte. Der Riesling-Kabinett des einen Erzeugers kann durchaus besser sein als die Riesling-Auslese eines anderen, dessen Wein aber wiederum die Trockenbeerenauslese aus der unerfreulichen Ortegatraube eines dritten Winzers in den Schatten stellt.

Um als Qualitätsweine angeboten werden zu dürfen, müssen deutsche Weine eine *A*mtliche *P*rüfungsnummer erhalten. Bei dieser Prüfung wird jedoch nur darauf geachtet, daß der Wein frei von Fehlern und typisch für Rebsorte und Anbaugebiet ist. Die Toleranzschwelle liegt hierbei recht hoch, und nicht immer kann man alle Entscheidungen dieser Prüfungsausschüsse nachvollziehen! So kann dem Verbraucher, der im Supermarkt eine Flasche Spätlese für DM 2,99 in dem Glauben ersteht, es müsse sich hier um einen Wein gehobener Qualität handeln, zu Hause durchaus eine bittere Enttäuschung bevorstehen.

Eine weitere Falle für den unbedarften Weinkäufer stellen die Großlagen dar. Im Weingesetz von 1971 unter der Vorgabe eingeführt, die Orientierung zu vereinfachen, muß ihre Verwendung bei all denen, die nicht systematisch Namen auswendig gelernt haben, zu der irrtümlichen Annahme führen, Wein aus einer einzigen Lage vor sich zu haben. Dabei stammt der Wein aus einer Flasche mit der Bezeichnung »Niersteiner Gutes Domtal« weder aus einem einzigen Weinberg, noch ist es sehr wahrscheinlich, daß er überhaupt aus Nierstein selber kommt. Berühmte Namen einst sehr renommierter Weinbaugemeinden wie Bernkastel, Piesport, Oppenheim oder eben Nierstein werden ruiniert, indem durch gesetzliche Definition der Verkauf von Weinen aus minderwertigen Lagen umliegender Ortschaften unter diesen Bezeichnungen legitimiert wurde.

Selbst die Angabe »Riesling« auf dem Etikett bietet bedauerlicherweise keine Garantie bezüglich der Reinheit der Rebsorte. Laut deutschem Weingesetz müssen lediglich 85 %, bei der Verwendung von Süßreserve (geklärtem Traubenmost) sogar nur 75 %, effektiv aus der angegebenen Rebsorte stammen. Gerade der feinaromatische Charakter des Rieslings kann aber schon durch den Verschnitt mit weniger als 5 % anderer Rebsorten verfremdet oder gar zerstört werden. Der Gesetzgeber ermöglicht somit die Verunstaltung der edelsten deutschen Rebsorte, ohne daß dies dem Etikett zu entnehmen ist.

Natürlich ist nicht nur das Weingesetz schuld an den vielen Hürden, die ein Weinkäufer überwinden muß, um einen guten deutschen Wein von einem schlechten zu unterscheiden. Aber es ist dieses Gesetz, das den völlig irreleitenden Eindruck vermittelt, die Qualität eines Weines hänge vom Zuckergehalt der Trauben zur Zeit der Lese ab.

Dies trifft nirgends auf der Welt zu, am allerwenigsten in Deutschland mit seinen einzigartigen klimatischen Bedingungen. Die laut diesem Gesetz auf dem Etikett erscheinenden Angaben haben realistischerweise nur dann einiges an Aussagekraft, wenn der Wein aus dem Keller eines qualitätsbewußten Erzeugers stammt.

Die Frage nach den besten deutschen Rieslingwinzern und ihren Weinen soll in den nächsten Kapiteln beantwortet werden. Welche Faktoren nun im Einzelfall für die hohe Qualität eines bestimmten Rieslings verantwortlich sind, und warum der eine Riesling den anderen übertrifft, ist oft schwer zu beantworten. Interessanter erscheint es, im allgemeinen zu untersuchen, welche Voraussetzungen einen großen Riesling ergeben, und hierzu den Blick auf die Geburtsstunde des Rieslings und auf die Jahrhunderte alten Wurzeln deutscher Rieslingkultur zu richten.

Die beste Informationsquelle über die Erzeugung erstklassiger Rieslinge vor ein- bis zweihundert Jahren ist die Weinliteratur jener Zeit. Wie in unseren Tagen gab es damals kontroverse Ansichten über die besten Anbau- und Kellermethoden. Dennoch bestand eine auffallende Übereinstimmung über die Beschaffenheit eines Spitzenrieslings und darüber, wie diese Qualität zu erreichen sei. Wurde der Riesling während der siebziger und achtziger Jahre unseres Jahrhunderts allgemein als ein neutraler, säurebetonter Wein angesehen, so galt er hundert Jahre zuvor als aromatisch, und die besten Beispiele jener Zeit waren von eher moderatem Säuregehalt.

August Wilhelm von Babo und Edmund Mach bezeichnen in ihrem *Handbuch des Weinbaus und der Kellerwirtschaft* (Berlin 1893), dem Standardwerk jener Zeit, den Riesling als die wichtigste »Traube für hochfeine Weißweine und solche, die einen ausgeprägten Traubengeschmack (Bouquet) besitzen«. Weiter erläutern sie: »Was nun die Qualität des Rieslingweines betrifft, so muß derselbe zu den besten und edelsten Weinen gezählt

werden, und zwar liegt die Güte desselben nicht etwa wie bei anderen hochpreisigen Weinen in der Konzentration des Traubensaftes, sondern vielmehr in der allseits anerkannten Feinheit seiner natürlichen Blume. Der Rieslingwein ist, wenn auch dünnflüssig, doch voll im Geschmack . . .«
Obwohl von Babo Österreicher und Mach Südtiroler war, wird deutlich, daß sie sich in erster Linie auf die Rieslinge der Rheingegend beziehen.
Otto Beck bestätigt in *Der Weinbau an Mosel und Saar* (Trier 1869), daß auch an der Mosel gerade dieses Bouquet sehr beliebt war, indem er den Riesling als den »in guten Jahren kräftigsten und bouquetreichsten Wein« bezeichnet. Im folgenden zitiert er von Babo, der in seinen *Landwirtschaftlichen Berichten* von 1862 eine längere Beschreibung der Qualitäten des Rieslings liefert. Die wichtigsten seien »Vollgeschmack, Bouquet, Schmalz, Glanz, Schwere und eigentümlicher Säuregeschmack«, Eigenschaften, die laut von Babo nicht rein analytisch festgestellt oder gewertet werden können. Wie verschieden ist dieses Bild von dem bei uns in den letzten Jahren von Weinkritikern häufig hochgehaltenen Rieslingideals. Von Babo spricht genau vom Gegenteil der »neutralen Art«, des »ganz trockenen Geschmacks« und der »stahligen Säure«, die gewisse Autoritäten manchmal nicht hoch genug preisen konnten. Zwar schätzt er auch den Säuregehalt des Rieslings, jedoch gibt er an anderer Stelle als Höchstwert 6 bis 7 Gramm pro Liter an; ein Wert, der, verglichen mit den heutzutage als normal betrachteten 8 bis 10 Gramm pro Liter, verhältnismäßig weich anmutet.
Auffällig ist unter den Weinfachleuten des vorigen Jahrhunderts die nahezu einstimmigen Ansichten über die Faktoren, die zur Erzeugung eines Spitzenrieslings unerläßlich sind: ein steil abfallender Weinberg mit Südlage und dem richtigen Boden, niedrige Erträge, sorgfältige Weinbergspflege, späte und selektive Lese, reduktives Arbeiten im Keller, das heißt die Vermeidung jedes unnötigen Luftkontaktes, sowie minimale Bewegung und Behandlung des Weines im Keller. Die folgenden, auf das Rheingau bezogenen Zeilen aus Wintodds und Höcks *Magazin für Geschichte, Literatur und Topographie der sämtlichen deutschen Staaten* (Zürich 1790) belegen, daß schon vor gut zweihundert Jahren die Bedeutung der Südlage und Steigung des Weinbergs richtig erkannt wurde: »Überhaupt aber ist die zum besten Weinwachs dienlichste Lage diejenige, wo der Berg zu steigen anfängt, und wo der Abhang des Berges von Norden südwärts sich neigt.«
Ähnlich drückt sich auch Johann Metzger, der Heidelberger Universitätsgärtner, in *Der Rheinische Weinbau in theoretischer und praktischer Beziehung* (Heidelberg 1827) aus. Auch er betont für die spätreifende Rieslingrebe: »Der Riesling liefert zwar einen ausgezeichneten Wein, aber nur in

vorzüglichen Lagen; man hat daher bei seiner Anpflanzung auf Lage, Beschaffenheit des Bodens und alle anderen zu einem Weinberge erforderlichen Eigenschaften mehr als bei jeder anderen Sorte Rücksicht zu nehmen; denn so wie er in guten Lagen das Vorzügliche liefert, so gering und sauer wird der Wein davon in geringen Lagen, in schlechten Jahren zumal wird er oft nicht brauchbar.«

Schon damals wurde die erste detaillierte, wissenschaftlich fundierte und behördlich initiierte Weinbergsklassifizierung der Welt an Mosel, Saar und Ruwer vorgenommen. Obwohl dieses Unternehmen vor allem der Besteuerung von Landeigentümern dienen sollte, wurden die Ergebnisse der von 1816 bis 1832 durch die Königliche Regierung zu Trier vorgenommenen Einstufung 1868 in Kartenform veröffentlicht, sowohl als Leitfaden für die im Weinhandel Tätigen als auch, um den Bekanntheitsgrad der Weine dieser Gegend zu steigern. In grafischer Form verdeutlichen sie die großen Unterschiede zwischen den besten und den schwächsten Weinbergen dieser nördlichen Gegend, die im Potential zur Erzeugung von qualitativ hochwertigen Weinen bestehen.

Von Babo und Mach stimmen Metzger bei seiner Einschätzung der »Beschaffenheit des Bodens« als wesentliche Voraussetzung zur Erzeugung eines Spitzenrieslings zu: »Am Rhein schreibt man auch den Bodenverhältnissen einen sehr großen Einfluß auf die Qualitätsentwicklung des Rieslings zu, und zeichnen sich da namentlich Thonschieferböden durch ihr Produkt gegenüber Kalklößböden aus . . . Der Riesling verlangt da keinen tiefgründigen, die Vegetation zu sehr fördernden Boden, weil nur bei verhältnismäßig schwacher Vegetation ein entscheidendes Bouquet erreicht werden wird. Steinige, trockene Südlagen werden deshalb in mehr nördlichen Weingegenden für Riesling zu verwenden sein.« Für sie stand außer Zweifel, daß der Boden eines Weinberges das Wachstum der Rieslingrebe und somit Charakter und Qualität des daraus entstehenden Weines maßgeblich beeinflussen. Doch räumen sie ein, daß neben dem richtigen Boden und Sonneneinstrahlung die Weinbergspflege einen ebenso großen Einfluß auf die Qualität des Weines hat. »Die betreffenden Weingärten dürfen nicht zu enge ausgepflanzt werden, damit Luft und Licht den ganzen Stock frei beeinflussen können . . . Ferner muß eine jede Schnittmethode, durch welche sich die Trauben allzu saftig entwickeln, vermieden werden . . . So wie man trachten muß, durch Auswahl des Bodens und des Schnittes keine zu großbeerigen Trauben zu erlangen, ebenso sollen Rieslingweingärten auch nicht auf einmal zu stark gedüngt werden . . .« Sie betrachteten es als unerläßlich, den natürlichen Wuchs der Reben zu dämpfen, die Größe der Trauben und Beeren zu begrenzen und den gesamten Ertrag niedrig zu halten, um die bestmögliche Qualität bei der Lese zu erreichen.

Bereits vor mehr als hundert Jahren war man sich über die Bedeutung des richtigen Zeitpunkts der Lese bewußt als einer der Momente, in denen der Winzer entscheidenden Einfluß auf die Weinqualität nehmen kann. Beck schrieb 1869: »Bei der Lese der Trauben hat der Winzer die reichste Gelegenheit, auf die Güte des Weines veredelnd einzuwirken. Er benutze so lange als möglich die günstige Herbstwitterung, die hellen Tage des Oktobers, und, wenn es Noth thut, den sogenannten Altweibersommer im November zum vollen Ausreifen der Trauben. Diese letzte Zeit ist für die Güte des Weines von entscheidender Wichtigkeit, namentlich dann, wenn die dichten Herbstnebel in den Morgenstunden einen klaren Himmel und die hellste Atmosphäre bedingen.«
Fast identisch beschreiben von Babo und Mach die Weinlese am Rhein, sowie auch die bedeutendste Folgeerscheinung der herbstlichen Witterung: die Entwicklung der Edelfäule, des Botrytis-Cinerea-Pilzes, wodurch erst die außerordentlichen Rieslingdessertweine möglich werden. »Am Rhein findet die Lese der Rieslingtrauben namentlich in den besten Lagen, wenn es die Witterung ermöglicht, sehr spät statt, oft erst Ende November, selbst erst im Dezember. Es ist natürlich, daß dies eine nicht unbeträchtliche Einbuße in quantitativer Beziehung bedingt und nur dort ausführbar ist, wo man Weine von sehr hoher Qualität erzielt. Die Trauben sind dann stets edelfaul geworden. Ist der Herbst trocken, so schrumpfen die edelfaulen Beeren nach und nach zu Cibeben ein, die man vor der Zeit ausliest und aus welchen man dann die kostbarsten Ausbruchweine herstellt.«
Ende des 20. Jahrhunderts sind die führenden Winzer an Rhein und Mosel eifrig nach den von von Babo und Mach beschriebenen Methoden unter genau diesen klimatischen Bedingungen bei der Weinlese. Beck beschreibt sehr genau das Aussehen jener Beeren, die zur Herstellung der großen Riesling-Ausbruchweine, wie man sie damals nannte, ausgelesen werden müssen. Heute kennt man diese Weine als Auslesen, Beerenauslesen oder Trockenbeerenauslesen. »Um einen vorzüglichen Ausbruch zu erzeugen, werden nur die alle Zeichen der Überreife an sich tragenden, edelfaulen oder gelbbraunen, rosinenartig zusammengeschrumpften Beeren einzeln von den Trauben abgenommen . . . Der vollständige Zustand der Trauben ist immer der, wenn sie, überreif geworden, in Fäulnis überzugehen beginnen. Sie keltern sich vollständig aus und liefern nicht bloß mehr, sondern einen viel besseren Wein als sonst.«
Seit dem ersten schlüssigen Nachweis der vorteilhaften Auswirkungen von Überreife und Edelfäule – 1775 auf Schloß Johannisberg im Rheingau – gehört die späte und selektive Lese unumstritten zu den wichtigsten Voraussetzungen in Deutschland, um einen herausragenden Riesling zu erzielen. Die Entdeckung der ersten »Spätlese« beruht nach verläßlichen Überliefe-

rungen auf einem verspätet eingetroffenen Boten des Bischofs von Fulda, der den Mönchen von Schloß Johannisberg die Genehmigung zum Beginn der Weinlese überbringen sollte. Im Frühling 1776 notierte der Kellermeister in seinem Tagebuch die Reaktion derjenigen, die den 1775er Wein probiert hatten; viele von ihnen bestätigten, niemals zuvor einen solchen Wein gekostet zu haben.

Es ließe sich noch zahlreiches Material anführen, um die damals unter Fachleuten herrschende Übereinstimmung bezüglich der Methoden zur Erlangung des besten Rieslingtraubenmaterials zu belegen. Für die Autoritäten der Weinbranche jener Zeit bestand kein Zweifel über die grundlegende Bedeutung der Lage des Weinbergs und der Pflege der Reben: nur bei einem entsprechenden Potential konnte ein besonderes Ergebnis erzielt werden. In den vergangenen Jahren zeigte sich in Deutschland dagegen die Tendenz, in der Rangfolge der wichtigsten Voraussetzungen zur Erzeugung eines Spitzenrieslings Erzeuger weit über Lagen zu stellen. Erst in jüngster Zeit scheinen die im »Goldenen Zeitalter« des Rieslings verbreiteten Ansichten mehr Beachtung zu finden.

Was die Kellertechnik jener Zeit angeht, herrschte weit weniger Übereinstimmung. Zum Teil lag das sicher an der eher primitiven Technik, die im Keller bei der Weinherstellung zur Verfügung stand. Die Kellermeister standen vor weitaus diffizileren Aufgaben als die für den Weinberg Verantwortlichen. Man arbeitete damals ausschließlich mit wurzelechten, ungepfropften Reben, die mit dem Aufkommen der Reblaus Ende des letzten und Anfang dieses Jahrhunderts leider in fast allen Anbaugebieten gerodet werden mußten. Der vielleicht größte Vorteil wurzelechter Reben liegt darin, daß die Trauben länger am Stock hängen bleiben und dadurch eine spätere Lese weniger riskant wird. Hinzu kommt ein weniger heftiges Wachstum, das für niedrigere Erträge sorgt. Die in den letzten Jahrzehnten eingeführte moderne Kellertechnik hat zwar einerseits die wichtigsten Probleme des Winzers vereinfacht wie zum Beispiel die kontrollierte Gärführung oder die Klärung der Weine danach, aber andererseits ist damit auch Beeinflussen und »Gestalten« der Weine in beinahe verführerischem Maße ermöglicht worden. Tatsächlich sagt schon die entstandene Bezeichnung »Weinmacher« anstelle von Winzer viel über die sich wandelnde Einstellung aus. Vor mehr als hundert Jahren bestand die Aufgabe des Rieslingwinzers vor allem in der mehr oder weniger passiven Beobachtung des jungen Weines, und er hatte auf Sauberkeit, möglichst geringen Luftkontakt und schonende Klärung des Weines zu achten. Beck beschreibt dies so: »Die Weinbereitung ist in dieser Hinsicht keine Kunst. Es kommt nur darauf an, den Wein ungestört die verschiedenen Stadien seiner Entwicklung durchmachen zu lassen, das Faß möglichst voll zu halten und den Wein zur rechten Zeit von den Niederschlägen abzuziehen. Jede Künstelei bringt Nachtheil. Nur ein mäßiger Gebrauch des Schwefels ist zufällig und reicht aus, den Wein zu klären . . .«

Reinzuchthefe war damals noch nicht bekannt, der Wein vergärte stets mit der natürlichen, aus dem Weinberg stammenden Hefe. Der Kellermeister konnte die Gärung nur durch die Wahl der Faßgröße beeinflussen – je größer das Faß, desto schneller die Gärung und umgekehrt. Die Vorteile einer langen Gärung waren damals nicht unumstritten. Letztendlich aber müssen vor einem Jahrhundert die besten Rieslinge aufgrund der sehr konzentrierten Moste ausgesprochen langsam gegoren haben, was wie heute zu Weinen mit natürlicher Restsüße führte.

Von Babo und Mach geben bei einem Rieslingausbruchwein einen natürlichen Restsüßegehalt von etwa 10 – heute die untere Grenze der Kategorie Halbtrocken – bis 150 Gramm pro Liter an, annähernd die Süße einer heutigen Trockenbeerenauslese.

Der Wein konnte damals nur durch behutsames Abstechen oder Umfüllen von einem Faß ins andere geklärt werden, wobei die tote Hefe als Bodensatz im Faß blieb. Da man über kein wirkungsvolles Filtriersystem verfügte, lagerte der Wein üblicherweise zwei bis drei Jahre im Faß, bevor er die nötige Klarheit und Stabilität zur Flaschenabfüllung aufwies. Teilweise wurden die Faßkeller über mehrere Stockwerke gebaut, um beim Abstich die natürliche Schwerkraft nutzen zu können. Ob man nun nach dieser Methode vorging oder nicht, immer wurde der Wein mit der größten Sorgfalt bewegt, um jeden unnötigen Luftkontakt zu vermeiden, der laut Beck dazu führt, daß der Wein »schal, matt, flau, bouquetlos, mager und sauer« wird.

Die besten Rieslinge jener Zeit wurden von den großen aristokratischen Weingütern am Rhein hervorgebracht. In ihrem Besitz befanden sich weite Teile der besten Weinlagen, was ihnen eine späte und selektive Lese ermöglichte und dadurch die größte Erfahrung in der Erzeugung hochwertiger Rieslinge brachte. Außerdem verfügten sie über Weinkeller, die für die damalige Zeit optimal organisiert, ausgerüstet und verwaltet waren. Für ihre besten Rieslingweine erzielten diese Güter hervorragende Preise, von denen Deutschlands Winzer heute nur träumen können. Zwischen Preis und Leistung bestand damals ein direkter Zusammenhang, was einen gesunden Wettbewerb in der Erzeugung der besten Rieslinge förderte.

Diese Rieslingkultur wurde von den großen Rheingaugütern bis weit in die zweite Hälfte unseres Jahrhunderts fortgeführt. Um die Jahrhundertwende schlossen sich ihnen eine Reihe bedeutender Weingüter an Mosel, Saar und Ruwer an. Erst in den späten sechziger Jahren begann sich dieses Bild zu wandeln, und seitdem sind immer mehr der ehemals bedeutenden Güter am Rhein von ihrem Weg abgekommen. Die Gründe hierfür sind mannigfaltig, doch alle wurzeln in den ökonomischen Veränderungen dieser Zeit. Dabei möchte ich nicht behaupten, der Abstieg sei unvermeidbar gewesen. Die Erzeuger hätten sicherlich anders auf die Einführung neuer Kellertechnik, auf erschwerte Absatzbedingungen und steigende Lohnkosten reagieren können. Die Kompromisse, die viele traditionsreiche Güter eingingen, konnten nicht ohne Folgen für die Qualität ihrer Weine und damit ihren Ruf und die Absatzmärkte, die über Jahrzehnte hinweg aufgebaut worden waren, bleiben.

Während der letzten Jahre hat sich die deutsche Weinszene drastisch verändert. Die besten deutschen Rieslinge stammen zumeist von den führenden Familienweingütern vor allem im Mosel-Saar-Ruwer-Gebiet. Schon lange war deutlich, daß viele der großen Adelsgüter ihren Führungsanspruch nicht mehr würden behaupten können. Diese Situation hat sich gerade in der letzten Zeit noch verschärft. Nun stellt sich die Frage, welches der ehemals großen Weingüter überhaupt an der Qualitätsspitze seiner Region bleiben wird . . .

Später werde ich auf die 100 derzeit besten Rieslingproduzenten Deutschlands eingehen. Familienbetriebe mit weniger als 15 ha machen hierbei einen erstaunlich großen Anteil aus, viele von ihnen waren noch vor fünf Jahren beinahe gänzlich unbekannt. Dieses bemerkenswerte Phänomen bedarf einer Erläuterung. Dabei empfiehlt es sich, die Praktiken absteigender Weingüter mit denen der Aufsteiger zu vergleichen.

Der verheerendste Fehler, den die großen adeligen Weingüter in den letzten 30 Jahren begangen haben, war die Einführung von Rationalisierungsmaßnahmen. Dies zeigte direkte Auswirkungen auf die Weinqualität. Pro Hektar werden höhere Erträge erzielt, und selbst bei einer gewissenhaften Pflege der Weinberge wird die erreichte Qualität häufig durch verfrühte Lese ruiniert, zumal wenn mechanische Lesemethoden angewandt werden, die eine selektive Lese unmöglich machen und unter ungünstigen Bedingungen die Trauben sogar beschädigen. Zugunsten der Reinzuchthefe wurde die natürliche Hefe aus den Kellern verbannt, damit die Gärung berechenbarer und weniger personalaufwendig ist. Dasselbe Prinzip liegt der Einführung äußerst fragwürdiger Filtertechnologien zugrunde (zum Beispiel Cross-Flow-Filtration). Es läßt sich eine steigende Tendenz feststellen, in diesen Kellern alle Weine gleich zu behandeln, anstatt zwischen den unterschiedlichen Ansprüchen verschiedener Weine zu differenzieren. Hier wie im Weinberg setzt man vermehrt auf Sicherheit, anstatt Risiken zu wagen und damit vielleicht einen außerordentlichen Wein zu ermöglichen. All dies hat schließlich zu einer Industrialisierung der Weinherstellung geführt, die Weine, die einst eigenen Charakter und Anspruch besaßen, zu standardisierten Getränken reduziert hat, um sie besser vermarkten zu können.

Nicht ein einzelner Faktor ist für den Unterschied zwischen einem guten und einem hervorragenden Wein entscheidend, wie so gerne behauptet wird, sondern eine Reihe von Umständen. So würde jede einzelne Abweichung von den traditionellen Methoden für sich genommen noch kein Problem darstellen, doch in ihrer Summe bedeuten sie eine Katastrophe. Nicht nur die Weine eines Jahrgangs, sondern eine ganze Weinkultur, über Generationen gewachsen, verfeinert und perfektioniert, wurde durch diese Rationalisierungsmaßnahmen beinahe vollständig zerstört. Nur ein radikales Umdenken auf den betroffenen Weingütern wird diese Entwicklung aufhalten können. Ein »Product Improvement Program« oder ähnliche Spielereien werden dem Problem wohl kaum gerecht. Ein bedeutender Pfeiler deutscher Kultur wird erbarmungslos verunstaltet, und kaum jemand nimmt davon Notiz. Gäbe es nicht die neue Generation deutscher Winzer, so wäre die deutsche Weinkultur dem Verfall preisgegeben!

Ein Blick auf die Arbeitsweise, Ziele und Philosophie der neuen Generation deutscher Winzer (von denen nicht alle gezwungenermaßen auch jung sein müssen) offenbart den scharfen Kontrast zu den industrialisierten Methoden der meisten großen Güter. Zudem ist eine bemerkenswerte Ähnlichkeit mit den vorher beschriebenen traditionellen Praktiken zu erkennen. Die »neuen« Winzer messen dem Potential ihrer Lagen enorme Bedeutung bei und pflegen die Reben so, daß sie einen quantitativ bescheidenen Ertrag an Trauben mit optimaler physiologischer Reife erhalten. Das bedeutet eine späte Lese, die in guten Jahren bis weit in den November hinein dauern kann, sowie die mühevolle sorgfältige Selektion der Trauben unterschiedlicher Reifegrade. Nur wenige dieser Winzer bedienen sich der Hilfe von Reinzuchthefen – lieber vertrauen sie der Natur. Gemeinsames Ziel ist eine lange, beinahe zögernde Gärung, die eher Monate als Wochen dauert. Anstelle der auf vielen Weingütern üblichen häufigen Filtriervorgänge filtern sie den Wein nur ein einziges Mal vor der Abfüllung. Ihr Bemühen geht dahin, den Wein so wenig wie möglich zu bewegen, und auf vielen der besten Güter wird der Wein tatsächlich nur zweimal bewegt, nachdem der Traubenmost in den Keller gelangt ist: zum einen nach der Gärung, um den Bodensatz abzutrennen, und zum anderen bei der Flaschenabfüllung. Das Ergebnis sind Weine mit dem vollen natürlichen Aroma und der Frucht der Trauben zum Zeitpunkt der Lese. Eine Schönung, das heißt Behandlung des Weines unter Zugabe natürlicher oder chemischer Hilfsmittel, wird entweder nur am Most oder überhaupt nicht vorgenommen. Vor allem aber wird jungen Weinen, die bei der ersten Probe einen eigentümlichen Eindruck hinterlassen, keine bestimmte Form durch aggressives Behandeln aufgezwungen, sondern erst einmal Geduld geübt. Die Folge daraus sind Weine, die sich durch mehr Aroma, Geschmack, Charakter und Individualität sowie längere Lebensdauer auszeichnen als die Produkte aus industrialisierter Weinherstellung. Sie spiegeln stark den Charakter des Weinbergs wider und besitzen das volle Aroma und die Würze der Trauben. Sie verkörpern die vollen und im wahrsten Sinne des Wortes echten Weine. Sie werden nicht »gemacht«, sondern mit Fürsorge, Geduld und Sorgfalt gehegt, so daß ihr voller natürlicher Charakter bewahrt wird.

Solche Weine sind überall auf der Welt eine Seltenheit, mit Ausnahme weniger Gebiete wie das Burgund vielleicht, wo sie in nennenswerten Mengen erzeugt werden. Wir sollten anerkennen, daß eine beachtenswerte Zahl deutscher Winzer ähnliche Mühen wie ihre Vorfahren vor ein bis zwei Jahrhunderten auf sich nimmt, um Weine zu erzeugen, die all die Vorzüge besitzen, deren die Natur fähig ist.

Diese einzigartigen Weine werden in Deutschland in immer größerer Zahl hervorgebracht, so daß man nicht nur in bezug auf die Zukunft des deutschen Rieslings optimistisch sein darf, sondern geradezu von einer Renaissance dieser Weine sprechen kann. Die besten unter den deutschen Winzern fühlen sich der Qualität verpflichtet und besitzen im Hinblick auf ihre Ziele und Werte so deutliche Visionen, daß sie durchaus mit jenen Winzern zu vergleichen sind, die während des letzten Jahrhunderts den Ruhm des deutschen Rieslings in aller Welt begründeten. Daß die neue Generation das gleiche Niveau erreichen könnte, ist nicht einmal unrealistisch, doch damals wie heute ist es zehnmal leichter, einen guten Ruf zu zerstören, als ihn aufzubauen.

Das internationale Image hochwertiger deutscher Qualitätsweine ist leider immer noch durch die Fehler der großen Weingüter während der letzten zwei Jahrzehnte nachhaltig geschädigt. Insbesondere der Versuch, eindeutige Schwächen immer geringerer Weine durch den Zusatz von Süße zu kaschieren, dürfte nicht so schnell in Vergessenheit geraten. Auf diese Art wollte man den Trend zu billigen süßen Weinen für sich nutzen, der in den siebziger und achtziger Jahren Amerika überrollte, und in Großbritannien, Holland und Skandinavien immer noch spürbar ist. Es wird die neue Generation deutscher Winzer mühevolle Jahre an Überzeugungsarbeit kosten, um nach diesen Entgleisungen des deutschen Weinbaus zu zeigen, daß für einen großen Teil der Winzer heute Qualität an oberster Stelle steht. Die Anfangserfolge jener Winzer sind höchst beeindruckend, und je mehr ihr Ansehen in den USA, Großbritannien, Skandinavien und Fernost steigt, desto mehr werden sich ihre Kollegen angespornt fühlen, diesem Beispiel zu folgen. So wird sich die Zahl guter und hervorragender deutscher Rieslinge in den kommenden Jahren wohl erheblich vergrößern – die grundlegende Voraussetzung für ein Comeback dieser Weine.

Für diejenigen, die mit den Weinen der neuen Generation deutscher Spitzenwinzer noch nicht vertraut sind, ist eine Aufstellung der zehn besten Weinerzeuger sicher hilfreich. Schon wenige, relativ willkürlich ausgewählte Flaschen von jedem beliebigen dieser Güter sollten einen guten Eindruck ihrer Leistungen sowie der verschiedenen Weinstile vermitteln. Sie zeigen, wie aufregend und verführerisch, wie konzentriert und komplex, wie fein und elegant ein großer deutscher Riesling sein kann.

Helmut Dönnhoff, Weingut H. Dönnhoff, Oberhausen/Nahe
Peter Geiben, Weingut Karlsmühle, Mertesdorf/Ruwer
Theo Haart, Weingut Reinhold Haart, Piesport/Mosel
Fritz Hasselbach, Weingut Gunderloch, Nackenheim/Rheinhessen
Gunter Künstler, Weingut Franz Künstler, Hochheim/Rheingau
Johannes Leitz, Weingut Josef Leitz, Rüdesheim/Rheingau
Ernst Loosen, Weingut Dr. Loosen, Bernkastel/Mosel
Dr. Alex Michalsky, Weingut St. Antony, Nierstein/Rheinhessen
Bernd Philippi, Weingut Koehler-Ruprecht, Kallstadt/Pfalz
Hans Günter Schwarz, Weingut Müller-Catoir, Neustadt-Haardt/Pfalz

In ihrer Hand liegt die Zukunft der deutschen Weinkultur. Nur sie und die Winzer, die ihren Einstellungen folgen, können diese Kultur wieder beleben und die Renaissance des Rieslings in ein zweites goldenes Zeitalter dieser edelsten deutschen Rebsorte verwandeln.

2. Kapitel

Die besten Rieslinge oder Warum die Deutschen ihre eigenen Spitzenweine nicht trinken

Vergleicht man die heutige Szenerie eines Berliner Spitzenrestaurants mit der um die Jahrhundertwende, so wird man feststellen, daß nicht nur die Mode der Gäste, die Ausstattung und der Kochstil sich erheblich verändert haben, sondern daß deutsche Weine praktisch von der Bildfläche verschwunden sind. Das Paar von heute trinkt beim Klatsch über die Kollegen aus der Werbebranche eine Flasche italienischen Pinot Grigio - der gegenwärtige Favorit in diesen Kreisen. *Sie* hat bei der Bestellung den Namen erkannt und war von der Designer-Ausstattung beeindruckt - *er* hofft, daß der Alkohol seine Wirkung haben wird, bevor *sie* merkt, daß die helle Flüssigkeit in ihrem Glas nur nach der zugesetzten Kohlensäure schmeckt. Wenigstens hat der niedrige Preis den Vorteil, daß *er* seine Großzügigkeit mit der Bestellung einer zweiten Flasche demonstrieren kann. Dies wird nicht nur Italiens »Weinsee« vermindern helfen, sondern sich vielleicht auch günstig auf den weiteren Verlauf des Abends auswirken.

Im Berlin nach der Jahrhundertwende hätten die beiden mit großer Sicherheit einen deutschen Wein getrunken, einen Riesling von Rhein oder Mosel, und *sie* wäre sehr beeindruckt gewesen, weil es einer der teuersten Weine auf der Karte gewesen wäre. Der Wein in ihren Gläsern hätte die beiden bezaubert, selbst wenn das damalige Schnörkeletikett keinen besonderen Eindruck hinterlassen hätte. Und aufgrund des geringeren Alkoholisierungsgrades hätte *er* im weiteren Verlauf des Abends wesentlich mehr Charme entwickeln müssen.

Dieses Beispiel könnte zu der irrtümlichen Annahme führen, deutsche Weine seien zur Zeit überhaupt nicht begehrt. Ganz im Gegenteil ist in den letzten Jahren eine weltweite Nachfrage hochwertiger deutscher Weine festzustellen. In Nordamerika, Skandinavien, Japan und Fernost, ja selbst in der Schweiz gehören die besten und teuersten deutschen Weine unter Weinsammlern und führenden Gastronomen zu den gesuchtesten Tropfen. Es gibt kaum andere Weine, über die in der internationalen Weinpresse während der letzten Jahre mit mehr Enthusiasmus berichtet worden ist als über deutsche Rieslinge. Der amerikanische Weinpapst Robert M. Parker Jr. bedachte die 1990 MUSSBACHER ESELSHAUT RIESLANER TROKKENBEERENAUSLESE vom Weingut Müller-Catoir aus Neustadt/Haardt in der Pfalz mit perfekten 100 Punkten, eine Benotung, die zuvor nur einer kleinen, auserlesenen Zahl französischer Weine zuteil geworden ist. Der *Wine Spectator*, die erfolgreichste Weinzeitschrift der Welt, vergab vor kurzem ebenfalls das Maximum von 100 Punkten an die 1992 NACKENHEIMER ROTHENBERG RIESLING TROCKENBEERENAUSLESE vom Weingut Gunderloch aus Nackenheim in Rheinhessen. Ganze vier Weine wurden 1993 im *Wine Spectator* mit dieser Höchstpunktzahl bewertet! Die bedeutendsten englischen Weinjournalisten, -schriftsteller und -kritiker wie Michael Broadbent, Hugh Johnson, Jancis Robinson und Serena Sutcliffe sind alle große Bewunderer feiner deutscher Weine.

Zur Zeit besteht die paradoxe Situation, daß die besten deutschen Weine höchstes internationales Ansehen genießen, in Deutschland selbst aber praktisch unsichtbar sind. Sicher werden sie von einigen Weinliebhabern gesammelt und zu Hause getrunken, aber auf dem größten Teil der deutschen Händlerlisten und Weinkarten der Restaurants nimmt Deutschland weniger Platz ein als Frankreich oder Italien. Deutscher Wein erscheint hier meist in der Kategorie »billig bis sehr günstig, für den alltäglichen Konsum«, und selbst da ist die »Pinot-Grigio-Flut« oft eingebrochen. Marketing-Experten, die sich mit dieser Situation auseinandersetzen, sprechen einstimmig vom Imageproblem des deutschen Weines auf dem heimischen Markt. Keiner von ihnen hat je gewagt, die wahren Gründe zu nennen: die Mehrheit der Deutschen sind Statussymboltrinker, die den Wein in ihrem Glas kaum riechen oder schmecken.

So hätte zum Beispiel auf keinem anderen als dem deutschen Markt »Galestro«, ein Weißwein aus der Toskana, so erfolgreich lanciert werden können. Galestro ist ein Designer-Wein, der erst vor einigen Jahren ins Leben gerufen wurde, als viele der Chianti-Erzeuger keine weißen Rebsorten mehr für ihre roten Weine verwenden wollten. Es ist das industriell vinifizierte Produkt nach einer von Marketing-Leuten entwickelten Formel, die eine starke Nachfrage für frisch schmeckende, leichte Weißweine vorhergesagt hatten. Galestro wird in Deutschland sehr stark beworben, aber der wichtigste Grund für den Erfolg dieses Produkts ist einfach, daß es aus der Toskana kommt; anstatt zu riechen und zu schmecken, was in ihrem Glas ist, denken die meisten Deutschen an die schöne Landschaft, das angenehme Klima und die italienischen Charmeure . . . Was diese Situation so paradox erscheinen läßt, ist die Tatsache, daß Galestro eine armselige Kopie der leichten Rieslinge aus den nördlichen Regionen Deutschlands darstellt. Diese Weine besitzen eine einmalige Kombination von natürlich niedrigem Alkoholgehalt mit betörenden Aromen und Fruchtigkeit, da die Trauben im kühlen Klima sehr langsam reifen. In der Toskana dagegen müssen die Trauben halbreif gelesen werden, um den Alkoholgehalt

»künstlich« niedrig zu halten. Ausgeklügelte moderne Kellertechnik bewirkt, daß Galestro sauber und frisch ist, aber die Gesetze der Natur machen ausgeprägten Duft oder Geschmack unmöglich. Trotzdem nehmen eben nur sehr wenige deutsche Weintrinker wirklich wahr, was sie trinken, und so können Image und Marketing über die Natur siegen!

Für jene Deutschen, die ihre Nase angesichts solcher Billigprodukte rümpfen, sind die Rotweine aus Bordeaux die »einzig wahren Weine«. In der englischsprachigen Welt sind diese Weine seit einigen Jahren starker Konkurrenz aus der Neuen Welt, das heißt Australien, Kalifornien, Chile usw. ausgesetzt. Sicher kommen die »New-World-Cabernets« an die traditionellen Spitzen-Châteaux qualitativ noch nicht ganz heran, aber auf mittlerem Niveau sind sie oftmals weniger teuer als Bordeauxweine vergleichbarer Qualität. Die englischen und amerikanischen Weinkonsumenten haben nicht lange gebraucht, um dies zu erkennen. In Deutschland ist die Weinszene in diesem Punkt noch mindestens fünf Jahre zurück, und Etiketten mit »Château X« und »Grand Vin de Bordeaux« werden hier immer noch vorgezogen, obwohl diese Bezeichnungen keinerlei Hinweis auf die Qualität des Weines an sich geben. Der Konkurrenzkampf auf dem Weinmarkt im englischsprachigen Raum hat solche Sprachhülsen wertlos gemacht, hier geht es um Qualität und Preis-Leistungs-Verhältnis: »Value«, das heißt Wert.

Für die jüngeren deutschen Weinliebhaber spielen teure italienische Rotweine die Rolle, die Bordeaux für ihre Eltern hat. Hier sind Design und Promotion wichtiger als Tradition, hier kommt Angelo Gaja, der berühmteste Winzer des Piemont, gleich nach Gott, hier spielt Geld anscheinend gar keine Rolle: Die Barbaresco-Weine des Herrn Gaja gehören zu den teuersten Rotweinen der Welt. Sehr zum Ärger des Elitewinzers verkaufen sie sich in England eher schlecht, da sich auf der Insel Weinhändler und -trinker schnell einig waren, daß diese Weine zwar durchaus nicht schlecht, aber gleichzeitig extrem überteuert sind. In Deutschland dagegen, Gajas wichtigsten Exportmarkt, lassen sich scheinbar große Mengen davon verkaufen. Das Preis-Leistungs-Verhältnis spielt für die meisten deutschen Yuppies offenbar keine Rolle, weil sie nur wenig Ahnung davon haben, was Weinqualität wirklich ist, und Angelo Gaja erstickt mit seinem pompösen Marketing jede den »Wert« betreffende Überlegung schon im Keim.

Ein berechtigter Einwand an diesem Punkt wäre, daß es deutsche Weine gibt, die genauso viel Tradition aufweisen wie viele französische Weine. Auch gibt es deutsche Modewinzer, die sich ähnlich gut verkaufen wie die italienischen Weinstars. Müßten nicht deshalb manche deutschen Weine im Erzeugerland einen ähnlichen Erfolg haben wie die besten ausländi-

schen Weine? Bei diesen Überlegungen vergißt man jedoch die Bedeutung der deutschen Medien.
Beinahe alle deutschen Weine, die international soviel Aufmerksamkeit erregen, besitzen eine natürliche, nicht zugesetzte Restsüße. Sie sind trotz ihrer Süße erfolgreich, weil die Ausländer Nase und Gaumen vertrauen. Diese Weinenthusiasten finden, daß die besten süßen deutschen Rieslinge äußerst beeindruckend, ja einzigartig riechen und schmecken. In Deutschland werden diese Weine oft nicht einmal probiert. Über zwanzig Jahre haben Weinjournalisten gepredigt, daß nur trockene deutsche Weine gut sein können, und diese extreme Abneigung gegen Süße ist dem durchschnittlichen Weintrinker nun endlich erfolgreich eingebleut worden. Anstatt den eigenen Sinnen zu vertrauen wie ihre ausländischen Kollegen, hat die deutsche Presse entschieden, daß analytische Merkmale des deutschen Weins, wie zum Beispiel seine Restsüße, wichtiger seien als Duft und Geschmack. 9 Gramm Restzucker pro Liter wurden in den Augen der Kritiker und Journalisten zur analytischen Grenze, da hier die gesetzliche Höchstmenge für trockene Weine festgelegt wurde. Dieser von Brüsseler Bürokraten angesetzte Grenzwert, der in der deutschen Weinbautradition keinerlei Rechtfertigung findet, steht förmlich als Hindernis zwischen vielen deutschen Weintrinkern und den besten Weinen ihres eigenen Landes!
In dem Deutschland um die Jahrhundertwende hätten wir keine solchen Vorurteile gegenüber süßen Weinen vorgefunden, eher die normalen Unterschiede persönlicher Vorlieben, die es in jedem Land gibt. Damals waren sich selbst jene, die trockene Weine bevorzugten, der qualitativen Überlegenheit der natürlich süßen deutschen Weine bewußt. Ebenso galt allgemein übermäßige Herbheit eher als Schwäche aufgrund der hohen Säure eines unterdurchschnittlichen Jahrgangs. Diese Kenntnisse der deutschen Weinkultur sind in Deutschland heute praktisch verschwunden, da nur noch wenige der heutigen Konsumenten mit diesen Ansichten groß geworden sind.
Viele deutsche Weinfachleute wissen sehr wohl um den internationalen Erfolg des deutschen Rieslings und sind sich bewußt, daß die meisten deutschen Weintrinker durch die Beschränkung auf trockene und günstige Weine die besten Tropfen ihres Heimatlandes verpassen. Trotzdem haben die Händler nur wenig Interesse an einer Änderung der Situation. Sie pumpen weiterhin große Mengen billigen Muscadet, Beaujolais, Galestro und Pinot Grigio in den Weinmarkt, weil sie annehmen, damit mehr Geld zu machen. Deutscher Wein paßt in dieses Schema nur bei einem Preis, der deutlich unter DM 10 pro Flasche liegt. Aus Gewinnsucht, Bequemlichkeit und Mangel an neuen Ideen und Konzepten begnügen sie sich, den deutschen Weintrinkern die eigenen Vorurteile widerzuspiegeln . . .

Gäbe es im Weinbau nicht einige beachtliche Ausnahmen, wären viele der besten deutschen Winzer gut beraten, ihre Betriebe zu verkaufen und in eine andere Branche zu wechseln. Gegenwärtig sind sie ganz von ausländischen Märkten abhängig, und ohne den Export würden in Deutschland nur sehr wenig Spitzenweine erzeugt, so gering ist die heimische Nachfrage. Ernst Loosen vom Weingut Dr. Loosen in Bernkastel an der Mosel wird zum Beispiel vom *Wine Spectator* als »the hottest rising star in Germany«, der heißeste Insider-Tip in Deutschland, bezeichnet. Dennoch ist es ihm beinahe unmöglich, seine besten Weine in Deutschland abzusetzen. Der größte Teil davon geht nach England, den USA, Japan und der Schweiz, währenddessen Loosens billigster Wein, ein trockener Riesling QbA zu DM 9,80 pro Flasche, den Hauptanteil des Inlandumsatzes ausmacht. »Viele meiner deutschen Kunden finden selbst diesen Wein noch zu teuer«, sagt Ernst Loosen, »und sie haben keine Ahnung, wie meine besten Weine schmecken, weil sie sie nie probiert haben.«
Eine Reihe deutscher Spitzenwinzer versucht, den deutschen Markt für ihre Weine zu erschließen, auch wenn dies – selbst mit der aktiven Unterstützung einiger talentierter junger Sommeliers und engagierter Weinhändler – ein beinahe aussichtsloses Unterfangen ist. Ganz anders als die großen Châteaux um Bordeaux und viele der führenden italienischen Erzeuger kann die Mehrzahl der besten deutschen Weinerzeuger sich so gut wie keine Werbung leisten. Die ihnen zur Verfügung stehenden finanziellen Mittel sind sehr begrenzt, nicht zuletzt wegen der Schwierigkeiten, auf dem heimischen Markt für ihre Weine rentable Preise zu erzielen.
Die einzige Organisation, die hier in absehbarer Zeit Abhilfe schaffen könnte, ist das Deutsche Weininstitut (DWI), dessen Aufgabe die Promotion deutscher Weine im In- und Ausland ist. Die Leistungen des DWI sind recht beachtlich, besonders was Sommelier-Seminare, PR-Anstrengungen und Pressereisen betrifft. Indessen führten die Bemühungen, das Image der deutschen Weine in Deutschland selbst zu verbessern, zu keinem Erfolg. Die Gründe hierfür liegen nicht in der mangelnden Effizienz des DWI, sondern in seiner Schwerpunktbestimmung. Die heimische Werbepolitik des DWI wird sehr stark von den Großkellereien und Gebietswinzergenossenschaften beeinflußt, die möglichst große Mengen billigen Weines auf schnellstem Wege absetzen möchten. Das DWI hat jedoch weder die finanziellen Mittel, um dieses Ziel zu erreichen, noch ist dieses mit der Aufgabe vereinbar, die allgemeine Einstellung im eigenen Land gegenüber dem deutschen Wein zu verbessern. Müller-Thurgau QbA Trokken oder Spätlesen ohne Rebsortenangabe zu DM 2,99 pro Flasche können keine Imageverbesserung schaffen, dies funktioniert nur mit Spitzenweinen. Wenn das DWI seine Mittel in erster Linie darauf konzentrieren

würde, Deutschlands beste Weine zu bewerben, könnte dies gleichzeitig den Stellenwert aller deutschen Weine auf dem heimischen Markt verbessern. Gegenwärtig werden die Mittel, die zu diesem Zweck eingesetzt werden könnten, nutzlos verpulvert und bewirken lediglich, daß die Verkaufsleiter der Großkellereien und Gebietswinzergenossenschaften sich nicht ganz verlassen fühlen bei ihren Mammutaufgaben.

Diese Situation wird in Fachkreisen und unter der kleinen Anzahl von Politikern, die an Wählerstimmen aus der Weinbranche interessiert sind, seit langem diskutiert, ohne daß der Angelegenheit auf höherer politischer Ebene je größere Bedeutung beigemessen wurde. Niemand scheint bis jetzt die Möglichkeiten des Weines als Kulturprodukt erkannt zu haben. Die Tatsache, daß deutsche Weine um die Jahrhundertwende zu den teuersten und angesehensten Weinen überhaupt gehörten, trug damals erheblich zum Ansehen bei, das Deutschland international genoß. Dieses Potential besitzen Deutschlands Spitzenrieslinge neben deutscher Mode, Kunst und Literatur nach wie vor. Weingüter wie Joh. Jos. Prüm an der Mosel, Egon Müller an der Saar und Gunderloch am Rhein gehören genauso zum kulturellen Kapital des Landes wie Jil Sander, Wolfgang Joop, Patrick Süskind, Wim Wenders oder Georg Baselitz. Richtig angelegt kann es direkten Gewinn für einen Wirtschaftszweig erbringen und das Ansehen eines ganzen Landes mehren, was wiederum eine wichtige Voraussetzung für allgemeinen Erfolg darstellt.

Um diese Zusammenhänge zu verdeutlichen, bietet sich Frankreich als Beispiel an. Der heimische Erfolg der großen französischen Weine schafft eine Aura, die sich weltweit auswirkt, und so den Absatz der französischen Weine als Ganzes unterstützt und beachtlich zum Bild Frankreichs als ein Land der Kultur und der Lebensart beiträgt. Der Erfolg wiederum, den die großen Weine Frankreichs im Ausland feiern, strahlt bis ins entlegenste französische Dorf zurück und hilft so dem Verkauf aller französischen Weine auf dem heimischen Markt, was gleichzeitig den Ruf des französischen Weins im Ausland lebendig hält. Es gibt keinen Grund, warum deutsche Spitzenweine nicht diesen Kreislauf in ihrem Land mit ähnlichen Ergebnissen initiieren könnten. Um dies zu erreichen, muß der deutschen Weinwerbung jedoch in Zukunft eine neue Bedeutung zuerkannt werden, und ihre Bemühungen müssen auf einer anderen Ebene stattfinden.

Der erste Schritt zum heimischen Erfolg deutscher Spitzenweine – und damit wichtigste Voraussetzung für ihren vollen Erfolg im Ausland – ist ein höherer Bekanntheitsgrad dieser Weine in Deutschland selbst, das Wissen der deutschen Weinkonsumenten um die gerade in den letzten Jahren erzeugte Qualität und die Anerkennung, die diese Weine schon anderswo gefunden haben. Ist es nicht zum Beispiel höchst erstaunlich, daß ein deutscher Winzer kürzlich einen Weltrekordpreis für einen jungen Weißwein erzielt hat und er weder auf der Titelseite sämtlicher Zeitungen auftauchte noch sich ganzer Scharen von Fernsehteams vor seiner Haustür erwehren mußte? Nur wenige Deutsche wissen, daß Wilhelm Haag vom Weingut Fritz Haag in Brauneberg an der Mosel mit seiner 1989 BRAUNEBERGER JUFFER-SONNENUHR RIESLING TROCKENBEERENAUSLESE diesen Weltrekordpreis von DM 1540 pro Flasche hält.

Zur besseren Orientierung habe ich Ranglisten der besten deutschen Rieslinge verschiedener Stile aus den letzten Jahren zusammengestellt. Diese Listen wären nicht entstanden ohne zwei von mir veranstaltete Proben, bei denen die Kandidaten von einer Expertengruppe unter die Lupe genommen wurden. Sowohl die Probe der besten trockenen als auch die der besten edelsüßen deutschen Rieslinge fanden im Bremer Ratskeller statt. Ohne die tatkräftige Unterstützung durch Stefan Ehm und Karl-Josef Krötz vom Bremer Ratskeller wären diese Verkostungen nicht möglich gewesen, deshalb gilt ihnen mein besonderer Dank. Die Weine in diesen Ranglisten sind, wie alle übrigen in diesem Buch erwähnten, nach dem 100-Punkte-System bewertet worden, bei dem herausragende Qualität bei 90 von 100 Punkten anfängt. Es gibt drei Listen für edelsüße Rieslinge gegenüber einer Liste für trockene Rieslinge, da die Stärke dieser Rebsorte in den Weinen mit natürlicher Restsüße liegt.

Die höchstbewerteten Weine, mit einer perfekten Benotung von 100 Punkten, sind die 1990 SCHARZHOFBERGER RIESLING TROCKENBEERENAUSLESE vom Weingut Egon Müller-Scharzhof, Wiltingen/Saar, die 1992 NACKENHEIMER ROTHENBERG RIESLING TROCKENBEERENAUSLESE vom Weingut Gunderloch, Nackenheim/Rheinhessen, der 1989 SCHARZHOFBERGER RIESLING EISWEIN vom Weingut Egon Müller-Scharzhof und der 1983 WEHLENER SONNENUHR RIESLING EISWEIN vom Weingut Joh. Jos. Prüm, Wehlen/Mosel. Diese Weine brauchen keinerlei Vergleich mit den größten Weinen der Welt zu scheuen, und es gibt nur wenige andere Weine, die eine Chance neben diesen sensationellen Meisterwerken hätten. Obwohl die am besten bewerteten trockenen Rieslinge nur 94 Punkte erreicht haben, ist dies eine bemerkenswerte Leistung. Noch vor fünf Jahren wäre es unmöglich gewesen, trockene deutsche Weine von vergleichbarer Qualität zu finden. Den Weingütern Franz Künstler, Hochheim/Rheingau, St. Antony, Nierstein/Rheinhessen, und Koehler-Ruprecht, Kallstadt/Pfalz, gebührt größte Anerkennung, daß sie trockene Rieslinge erzeugen, die für die besten trockenen Weine der Welt ernsthafte Konkurrenz darstellen.

Wären solche Weine in Deutschland bekannter, gäbe es nicht so viele hochnäsige Weinsnobs, die bei der Erwähnung deutscher Weine verächtlich das Gesicht verziehen und lauthals verkünden, daß allein Italien und

Frankreich gute Weine produzieren. Bevor sich dies nicht ändert, können die beachtlichen Erfolge deutscher Spitzenwinzer weder der deutschen Weinbranche als Ganzes helfen noch zum besseren Image Deutschlands im Ausland beitragen. Ich wünsche mir, daß die führenden deutschen Politiker die Zukunft ihres Landes ernst genug nehmen, um dieser Angelegenheit mehr Beachtung zu schenken. Ich fürchte jedoch, daß ihre ganzen Bemühungen und Anstrengungen wieder nur dem Machtstreben und den nächsten Wahlen gelten werden anstatt dem langfristigen Wohlergehen ihres Staates!

Riesling Trocken

94 Punkte von 100

1992 Hochheimer Hölle Riesling Auslese Trocken
Weingut Franz Künstler, Hochheim/Rheingau

1990 Kallstadter Saumagen Riesling Auslese Trocken »Reserve«
Weingut Koehler-Ruprecht, Kallstadt/Pfalz

1992 Niersteiner Orbel Riesling Spätlese Trocken
Weingut St. Antony, Nierstein/Rheinhessen

93 Punkte von 100

1992 Haardter Herzog Riesling Spätlese Trocken
Weingut Müller-Catoir, Neustadt-Haardt/Pfalz

1990 Kallstadter Saumagen Riesling Spätlese Trocken »R«
Weingut Koehler-Ruprecht, Kallstadt/Pfalz

1992 Wachenheimer Gerümpel Riesling Auslese Trocken
Weingut Josef Biffar, Deidesheim/Pfalz

92 Punkte von 100

1990 Gimmeldinger Mandelgarten Riesling Spätlese Trocken
Weingut Müller-Catoir, Neustadt-Haardt/Pfalz

1990 Hochheimer Hölle Riesling Auslese Trocken
Weingut Franz Künstler, Hochheim/Rheingau

1992 Hochheimer Hölle Riesling Spätlese »Charta«
Weingut Franz Künstler, Hochheim/Rheingau

1989 Niederhäuser Hermannshöhle Riesling Spätlese Trocken
Weingut H. Dönnhoff, Oberhausen/Nahe

1992 Rüdesheimer Berg Schlossberg Riesling Spätlese
Weingut Josef Leitz, Rüdesheim/Rheingau

1992 Ruppertsberger Reiterpfad Riesling Auslese Trocken
Weingut Josef Biffar, Deidesheim/Pfalz

91 Punkte von 100

1990 Hochheimer Hölle Riesling Spätlese »Charta«
Weingut Franz Künstler, Hochheim/Rheingau
1988 Hochheimer Hölle Riesling Auslese Trocken
Weingut Franz Künstler, Hochheim/Rheingau
1992 Hochheimer Stielweg Riesling Spätlese Trocken
Weingut Franz Künstler, Hochheim/Rheingau
1990 Kallstadter Saumagen Riesling Auslese Trocken
Weingut Koehler-Ruprecht, Kallstadt/Pfalz
1992 Nackenheimer Rothenberg Riesling Spätlese Trocken
Weingut Gunderloch, Nackenheim/Rheinhessen
1990 Niersteiner Brudersberg Riesling Spätlese Trocken
Weingut Freiherr Heyl zu Herrnsheim, Nierstein/Rheinhessen
1991 Niersteiner Oelberg Riesling Spätlese Trocken
Weingut St. Antony, Nierstein/Rheinhessen
1992 Niersteiner Pettental Riesling Spätlese Trocken
Weingut St. Antony, Nierstein/Rheinhessen

Riesling Auslese

98 Punkte von 100

1989 Scharzhofberger Riesling Auslese »Goldkapsel«
Weingut Egon Müller-Scharzhof, Wiltingen/Saar
1990 Wehlener Sonnenuhr Riesling Auslese »Lange Goldkapsel«
Weingut Joh. Jos. Prüm, Wehlen/Mosel

97 Punkte von 100

1990 Brauneberger Juffer-Sonnenuhr Riesling Auslese »Lange Goldkapsel«
Weingut Fritz Haag, Brauneberg/Mosel
1990 Erdener Prälat Riesling Auslese »Goldkapsel«
Weingut Dr. Loosen, Bernkastel/Mosel
1989 Saarburger Rausch Riesling Auslese »Lange Goldkapsel«
Weingut Zilliken, Saarburg/Saar
1988 Wehlener Sonnenuhr Riesling Auslese »Lange Goldkapsel«
Weingut Joh. Jos. Prüm, Wehlen/Mosel

96 Punkte von 100

1992 Kiedricher Gräfenberg Riesling Auslese »Goldkapsel«
Weingut Robert Weil, Kiedrich/Rheingau

1989 Maximin Grünhäuser Abtsberg Riesling Auslese »Nr. 133«
C. von Schubert'sche Gutsverwaltung, Mertesdorf/Ruwer
1990 Mussbacher Eselshaut Riesling Auslese
Weingut Müller-Catoir, Neustadt-Haardt/Pfalz
1992 Niederhäuser Hermannshöhle Riesling Auslese (Versteigerung)
Weingut H. Dönnhoff, Oberhausen/Nahe
1990 Scharzhofberger Riesling Auslese »Goldkapsel«
Weingut Egon Müller-Scharzhof, Wiltingen/Saar
1990 Wehlener Sonnenuhr Riesling Auslese »Goldkapsel«
Weingut Joh. Jos. Prüm, Wehlen/Mosel
1983 Saarburger Rausch Riesling Auslese »Lange Goldkapsel«
Weingut Zilliken, Saarburg/Saar
1985 Saarburger Rausch Riesling Auslese »Lange Goldkapsel«
Weingut Zilliken, Saarburg/Saar
1983 Scharzhofberger Riesling Auslese »Goldkapsel«
Weingut Egon Müller-Scharzhof, Wiltingen/Saar
1990 Ürziger Würzgarten Riesling Auslese »Goldkapsel«
Weingut Dr. Loosen, Bernkastel/Mosel
1982 Ürziger Würzgarten Riesling Auslese »Goldkapsel«
Weingut Dr. Loosen, Bernkastel/Mosel
1983 Wehlener Sonnenuhr Riesling Auslese »Lange Goldkapsel«
Weingut Joh. Jos. Prüm, Wehlen/Mosel
1989 Wehlener Sonnenuhr Riesling Auslese »Lange Goldkapsel«
Weingut Joh. Jos. Prüm, Wehlen/Mosel
1989 Wiltinger Braune Kupp Riesling Auslese »Goldkapsel«
Weingut Le Gallais (Egon Müller), Wiltingen/Saar

Riesling Eiswein

100 Punkte von 100
1983 Wehlener Sonnenuhr Riesling Eiswein
Weingut Joh. Jos. Prüm, Wehlen/Mosel
1989 Scharzhofberger Riesling Eiswein
Weingut Egon Müller-Scharzhof, Wiltingen/Saar

98 Punkte von 100
1990 Bernkasteler Johannisbrünnchen Riesling Eiswein
Weingut Joh. Jos. Prüm, Wehlen/Mosel

1983 Oberhäuser Brücke Riesling Eiswein
Weingut H. Dönnhoff, Oberhausen/Nahe
1983 Saarburger Rausch Riesling Eiswein
Weingut Zilliken, Saarburg/Saar
1991 Saarburger Rausch Riesling Eiswein
Weingut Zilliken, Saarburg/Saar
1983 Scharzhofberger Riesling Eiswein
Weingut Egon Müller-Scharzhof, Wiltingen/Saar
1991 Serriger Schloss Saarsteiner Riesling Eiswein
Weingut Schloß Saarstein, Serrig/Saar

97 Punkte von 100
1991 Bernkasteler Badstube Riesling Eiswein
Weingut Selbach-Oster, Zeltingen/Mosel
1991 Kiedricher Wasseros Riesling Eiswein »Goldkapsel«
Weingut Robert Weil, Kiedrich/Rheingau
1989 Lorenzhöfer Riesling Eiswein
Weingut Karlsmühle, Mertesdorf/Ruwer
1983 Maximin Grünhäuser Abtsberg Riesling Eiswein
C. von Schubert'sche Gutsverwaltung, Mertesdorf/Ruwer
1983 Niederhäuser Hermannsberg Riesling Eiswein
Staatliche Weinbaudomäne, Niederhausen-Schloßböckelheim/Nahe
1992 Oberhäuser Brücke Riesling Eiswein (Versteigerung)
Weingut H. Dönnhoff, Oberhausen/Nahe
1991 Riesling Eiswein
Weingut Johannishof (H. H. Eser), Johannisberg/Rheingau
1985 Saarburger Rausch Riesling Eiswein
Weingut Zilliken, Saarburg/Saar
1989 Saarburger Rausch Riesling Eiswein
Weingut Zilliken, Saarburg/Saar
1985 Scharzhofberger Riesling Eiswein
Weingut Egon Müller-Scharzhof, Wiltingen/Saar
1988 Scharzhofberger Riesling Eiswein
Weingut Egon Müller-Scharzhof, Wiltingen/Saar
1983 Traiser Rotenfels Riesling Eiswein
Weingut Hans Crusius & Sohn, Traisen/Nahe

Riesling Beerenauslese/Trockenbeerenauslese

100 Punkte von 100

1992 Nackenheimer Rothenberg Riesling Trockenbeerenauslese
Weingut Gunderloch, Nackenheim/Rheinhessen

1990 Scharzhofberger Riesling Trockenbeerenauslese
Weingut Egon Müller-Scharzhof, Wiltingen/Saar

99 Punkte von 100

1990 Brauneberger Juffer-Sonnenuhr Riesling Beerenauslese
Weingut Fritz Haag, Brauneberg/Mosel

1990 Erdener Prälat Riesling Trockenbeerenauslese
Weingut Dr. Loosen, Bernkastel/Mosel

1989 Scharzhofberger Riesling Trockenbeerenauslese
Weingut Egon Müller-Scharzhof, Wiltingen/Saar

1989 Wiltinger Braune Kupp Riesling Trockenbeerenauslese
Weingut Le Gallais (Egon Müller), Wiltingen/Saar

98 Punkte von 100

1990 Kiedricher Gräfenberg Riesling Trockenbeerenauslese
Weingut Robert Weil, Kiedrich/Rheingau

1992 Nackenheimer Rothenberg Riesling Beerenauslese
Weingut Gunderloch, Nackenheim/Rheinhessen

1990 Rauenthaler Baiken Riesling Trockenbeerenauslese
Staatsweingüter Kloster Eberbach, Eltville/Rheingau

1990 Scharzhofberger Riesling Beerenauslese
Weingut Egon Müller-Scharzhof, Wiltingen/Saar

1990 Zeltinger Sonnenuhr Riesling Trockenbeerenauslese
Weingut Selbach-Oster, Zeltingen/Mosel

1985 Brauneberger Juffer-Sonnenuhr Riesling Beerenauslese
Weingut Fritz Haag, Brauneberg/Mosel

1989 Brauneberger Juffer-Sonnenuhr Riesling Trockenbeerenauslese
Weingut Fritz Haag, Brauneberg/Mosel

1989 Erdener Prälat Riesling Trockenbeerenauslese
Weingut Dr. Loosen, Bernkastel/Mosel

1989 Forster Jesuitengarten Riesling Trockenbeerenauslese
Weingut Geh. Dr. von Bassermann-Jordan, Deidesheim/Pfalz

1989 Maximin Grünhäuser Abtsberg Riesling Beerenauslese
C. von Schubert'sche Gutsverwaltung, Mertesdorf/Ruwer,

1989 Maximin Grünhäuser Herrenberg Riesling Trockenbeerenauslese
C. von Schubert'sche Gutsverwaltung, Mertesdorf/Ruwer
1989 Niederhäuser Hermannsberg Riesling Trockenbeerenauslese
Staatliche Weinbaudomäne, Niederhausen-Schloßböckelheim/Nahe
1989 Scharzhofberger Riesling Beerenauslese
Weingut Egon Müller-Scharzhof, Wiltingen/Saar
1989 Serriger Schloss Saarsteiner Riesling Trockenbeerenauslese
Weingut Schloß Saarstein, Serrig/Saar

3. Kapitel

Kauf, Lagerung und Servieren

Mit etwas Glück können Sie einen durchaus angenehmen Riesling für fünf Mark und weniger erstehen. Genausogut können Sie freilich auch bis zu 50 000 Mark für einen sehr seltenen Riesling ausgeben, der zwar ein bemerkenswertes Alter haben mag, aber nicht mehr besonders gut schmeckt. Dies scheint vielleicht ein extremes, wenn nicht gar bizarres Beispiel zu sein, doch zeigt es, daß man beim Weinkauf nicht unbedacht vorgehen sollte, wenn man gute Qualität zu einem angemessenen Preis erwerben will. Dabei Hilfestellung zu leisten ist eines der Hauptanliegen dieses Buches. Nun hat aber jeder seine eigenen Vorstellungen, was günstig oder teuer ist und wann eine Qualität akzeptabel sei (von den unterschiedlichen Geschmäckern einmal ganz abgesehen). Ein Wein, den Herr X für ausgesprochen gut befindet und deshalb Herrn Y weiterempfiehlt, kann jenen völlig unbeeindruckt lassen. Dieser wiederum übergibt die zweite Flasche des auf die Empfehlung von Herrn X gekauften Weines an seinen unleidlichen Nachbarn Herrn Z. Z empfindet den Wein, verglichen mit seinen sonstigen Trinkgewohnheiten, als eindeutigen Affront und schüttet ihn unter Klagen über Ys Kleinlichkeit in den Ausguß.

Um solch eine Situation zu vermeiden, wird in diesem Buch nach einem Punktesystem mit insgesamt 100 Punkten vorgegangen.

Meiner Ansicht nach markieren 70 Punkte einen angenehmen Wein für den Alltag, 75 Punkte einen für seine Gegend typischen und soliden Wein, 80 Punkte einen guten Wein, der über einige Eleganz und Charakter verfügt. Bei 85 Punkten beginnt es, wirklich interessant zu werden. Natürlich mag es sein, daß mancher mit einem Wein, dem ich nur 65 Punkte zugesprochen habe, äußerst zufrieden ist, oder doch lieber alles unter 85 Punkten unbeachtet läßt. Es bleibt letztendlich eine Frage des persönlichen Geschmacks und der Gewohnheiten.

Obwohl das vorliegende Buch detaillierte Beschreibungen und Bewertungen von mehr als tausend Weinen bietet, wird man sich in der einen oder anderen Situation mit Weinen konfrontiert sehen, die hier nicht charakterisiert wurden, oder das Buch nicht zur Hand ist. Dann stellt sich die Frage, wie die Weine, die einen Kauf lohnen, identifiziert werden können.

Auswahl

Zwei einfache Regeln können dem Verbraucher bei der Auswahl eines Weines helfen, wenn ihm keine weiteren Informationen über das vor ihm ausgebreitete Angebot zur Verfügung stehen:

Guter Winzer = guter Wein

Guter Winzer + erstklassige Lage + guter Jahrgang = herausragender Wein

Mittlerweile ist der Konkurrenzkampf unter den führenden Winzern Deutschlands derart hart geworden, daß es sich keiner von ihnen leisten kann, unter dem eigenen Namen einen geringen Wein zu verkaufen. Jeder Wein, der von einem der hundert führenden deutschen Rieslingerzeuger stammt, und sei es die einfachste Literflasche, sollte wenigstens die an einen guten Alltagswein gestellten Ansprüche befriedigen. In den meisten Fällen müßten aber selbst die billigsten Abfüllungen dieser Winzer eine höhere Qualitätsbewertung erhalten. Natürlich steht außer Frage, daß diese simple Richtschnur nicht mehr ausreicht, wenn man einen qualitativ herausragenden Wein von besonderer Intensität und Komplexität in Aroma und Geschmack sucht, der eines gemächlichen Genusses würdig ist und der die Aufmerksamkeit anspruchsvoller Gäste für einige Zeit auf sich zu ziehen vermag. Heute wie auch schon vor zweihundert Jahren kommen die wirklich großen Rieslingweine nur aus den besten Lagen. Obwohl erhebliche Jahrgangsschwankungen in einem Anbaugebiet auftauchen können, sollte der in einer Spitzenlage erzeugte Wein eines renommierten Winzers niemals nur durchschnittlich sein. Weine herausragender Herkunft können auch bei einem mittelmäßigen Jahrgang durchaus interessant sein und häufig mit zunehmendem Alter an Charakter und Harmonie gewinnen, aber es wird sich selten um wirklich aufregende Weine handeln. Will man sicher sein, einen überragenden Wein zu erhalten, empfiehlt es sich, neben der Herkunft von einem exzellenten Gut mit Spitzenlagen auch auf die Auswahl eines guten bis sehr guten Jahrgangs zu achten. Folgt man diesen einfachen Grundsätzen, so dürfte sich die Gefahr, eine Enttäuschung zu erleben, minimieren.

Um den Kauf qualitativ guter bis hervorragender Rieslingweine so weit wie möglich zu erleichtern, werden in den Kapiteln über die Anbaugebiete die hundert besten deutschen Rieslingerzeuger detailliert beschrieben und die besten Rieslinglagen Deutschlands aufgelistet (mit den Namen der Winzer, die normalerweise qualitativ hochwertige Weine erzeugen). Im Kapitel 4 werden alle Jahrgänge von 1971 bis 1993 ausführlich behandelt, gefolgt von kürzeren Beschreibungen der wichtigsten Jahrgänge zwischen 1945 und 1970. Viele der weiteren hundert Betriebe, über die nur in knapper Form am Ende der Kapitel berichtet wird, bieten eine verläßliche Qualität. (Auf solche mit drastischen Qualitätsschwankungen wird deutlich hingewiesen!)

Reife

In diesem Buch ist schon viel über das zu wenig gewürdigte Alterungspotential des deutschen Rieslings gesagt worden. Fälschlicherweise nehmen noch immer viele deutsche Weintrinker im Laden oder Restaurant an, je jünger ein Wein sei, desto besser. Diese irrige Annahme spiegelt die herrschende Mode wider und resultiert aus dem Einfluß französischer und italienischer Weine auf den allgemeinen Geschmack. Fast alle italienischen Weißweine und die Mehrheit aller billigeren französischen Weißweine sollten sicherlich im ersten oder zweiten Jahr getrunken werden. Gleichzeitig haben wachsender kommerzieller Druck und eine gestiegene Nachfrage nach frisch schmeckenden Weißweinen reifere Weine zugunsten sehr junger und in der Regel unreifer Weine verdrängt.
Ob trocken oder lieblich: Ein schöner deutscher Riesling guter Qualität kann seine beste Form nicht vor Ablauf eines Jahres erreicht haben. Tatsächlich hat er zu diesem Zeitpunkt erst den kurzfristigen Zustand von Stumpfheit und Ausdruckslosigkeit überwunden, den die Flaschenabfüllung verursacht, die sogenannte »Flaschenkrankheit«. Jetzt beginnt die erste Entwicklungsphase, in der der Wein anfängt, interessant zu schmekken. Abhängig von der Qualität eines Weines dauert diese reizvolle Phase etwa ein bis drei Jahre. Je besser ein Wein ist, desto länger wird er diese erste Blüte jugendlicher Ausdruckskraft bewahren. Was den Riesling während dieser Entwicklungsstufe so attraktiv macht, sind seine lebendige Fruchtigkeit und der blumige Duft, die direkt aus der Traube stammen und deshalb auch »Primäraromen« genannt werden. Sie können eine außerordentliche Intensität bewirken, die bei Spitzenweinen guter Jahrgänge faszinierende würzige, mineralische und kräuterähnliche Züge annehmen kann. Diese ausdrucksvolle Fruchtigkeit läßt sich genauso bei jungen Rieslingweinen feststellen, wenn auch die Harmonie zwischen Frucht, Säure, Alkohol und – verfügt der Wein über Restzucker – Süße noch nicht vollendet ist. In den jungen Weinen existieren diese Qualitäten eher nebeneinander, als daß sie ein harmonisches Ganzes bilden. Oft dominiert ein Element die anderen – bei den trockenen Weinen ist es gewöhnlich die Säure und in den restsüßen Weinen die Süße. So bereitet es Schwierigkeiten, einen sehr

jungen Riesling mit Speisen zu verbinden, weshalb der gegenwärtige Trend zu jungen Weinen der Gastronomie einige Probleme bereitet.
Ein nachlässig hergestellter Riesling – ob Tafelwein oder großer Prädikatswein – kann schon nach einem Jahr vollkommen reif riechen und schmecken. Sollte das der Fall sein, wird er kaum Freude bereiten, da er all seine Frucht und Ausdrucksstärke schon vor der Flaschenabfüllung eingebüßt hat. Solche Weine haben nur eine kurze oder gar keine Zukunft und sollten gemieden werden. Mancher sorgfältig hergestellte Riesling kann in diesem Alter noch sehr jugendlich ausfallen. Diese Eigenschaft kann sich durch einen Hefegeruch ausdrücken, den der Wein von der Gärung zurückbehalten hat (sogenannte Sekundäraromen). Obgleich dieser Geruch manchmal Schwachstellen eines Weines offenbaren kann, ist er, wenn er sich im Glas langsam verflüchtigt, in Verbindung mit einer intensiven Fruchtigkeit ein positives Zeichen. Besitzt ein einjähriger Riesling noch Anzeichen ausgeprägter Jugend, werden ihm diese Frische und Ausdruckskraft eine allmähliche und lange Entfaltung in der Flasche ermöglichen.
Je besser der Jahrgang und um so sorgfältiger die Weinherstellung, desto länger wird der Wein seinen jugendlichen Charme bewahren. Am Ende dieser Entwicklungsphase trennen sich die Wege der einfachen und höherwertigen Weine: die einen beginnen abzubauen, während die anderen ihre beste Zeit noch vor sich haben. Die zweite Phase im Leben eines Weines ließe sich mit der Pubertät des Menschen vergleichen. Über mehrere Jahre hinweg wird man an dem Wein Charme und Harmonie vermissen; mal wird er zu hart, wenige Monate später zu weich erscheinen, dabei immer unbeholfen und linkisch. Bei trockenen Rieslingen, die ein wenig schneller reifen als restsüße Weine, währt diese »pubertäre« Phase ein bis zwei Jahre; ihre volle Reife haben sie im Alter von drei bis fünf Jahren erreicht. Obschon restsüße Weine im allgemeinen länger verschlossen bleiben, kann kein Zweifel darüber bestehen, daß die Weine aus dem Süden Deutschlands diese Phase schneller überwinden als die von Mosel, Saar und Ruwer. Normalerweise erreicht ein restsüßer Wein aus der Pfalz, Rheinhessen, Baden oder Franken seine volle Reife selten nach mehr als sieben oder acht Jahren, während bei Mosel-Saar-Ruwer-Weinen zehn Jahre die Regel sind. Jetzt haben sich zum Beispiel die 83er Rieslingweine von Mosel-Saar-Ruwer wunderbar entfaltet, während die Weine von 1985 gerade erst anfangen, ihre Qualitäten zu entwickeln.

Im Gegensatz zu dem unausgeglichenen oder einseitigen Eindruck, den viele junge Rieslingweine hinterlassen, verkörpert ein voll ausgereifter Wein eine harmonische Einheit, deren verschiedene Komponenten nicht mehr leicht voneinander zu trennen sind. Nach vielen Jahren geringen Aromas beginnen sie wieder zu blühen. Zeigt sich das reife Aroma auch nicht so lebhaft wie das jugendliche, ist es doch feiner, komplexer und subtiler. In diesem Stadium wird sich der mineralische Charakter, der ein grundlegendes Element jedes großen Rieslings darstellt, am besten ausgeprägt haben. Tatsächlich entsteht dieser Charakter überwiegend erst während des Reifungsprozesses in der Flasche. Diese Nuancen werden als »Tertiäraromen« bezeichnet und können von geringen Rieslingweinen nicht entwickelt werden. Nur die Weine der besten Lagen verfügen über dieses Potential. Früher war den Weinhändlern wohl bekannt, welche Weine zu dieser Kategorie zählten und sie teilten dem Kunden mit, welche Weine eher jung getrunken werden mußten und welche zur Entfaltung ihres vollen Charakters und ihrer Qualität länger reifen sollten. Heute sind nur noch beklagenswert wenige Händler in der Lage, ähnliche Beratung anzubieten. So begründet sich die derzeit wichtige Rolle von Weinjournalisten und Weinkritikern.

Lebenserwartung

Die nächste entscheidende Frage für alle Weinliebhaber lautet, wie lange ein reifer Riesling sich auf dem Höhepunkt seiner Entfaltung hält. Bei einem trockenen Wein wird diese Zeitspanne unweigerlich kürzer ausfallen als bei einem restsüßen Wein, da die Süße auch konservierend wirkt. Sie läßt den Wein seine Harmonie bewahren, trotz betont reifer Aromen. Diese werden in einem trockenen Wein freigelegt und dominieren schnell. Dieser Altersgeschmack wird als Firne bezeichnet, und ob er als ansprechend oder unangenehm empfunden wird, ist subjektiv. Wer herausgefunden hat, daß er den Firnegeschmack wenig anziehend findet, ist mit relativ jungen Weinen besser beraten. Nach Meinung von Liebhabern reifer Weine aber ist eine Andeutung von Firne einem zwanzigjährigen oder noch älteren Wein äußerst zuträglich.

Nach zahlreichen Proben reifer deutscher Rieslingweine ergibt sich für mich als Resümee, daß ein sehr guter trockener Riesling auch mit fünf Jahren attraktiv sein muß; ein herausragender trockener Riesling sollte mit zehn Jahren noch einen Genuß darstellen. In diesem Alter beginnen die restsüßen Weine gerade, ihr Bestes zu geben, da jetzt ihre Süße vollständig absorbiert ist und der Wein eine Harmonie erreicht hat, die man weder süß noch trocken nennen kann. Gleichzeitig entfaltet sich ihr Bouquet auf eine Art, die einem trockenen Wein niemals möglich wäre. Ein qualitativ hochrangiger, reifer Riesling aus dem Rheingebiet, aus Baden oder Franken sollte, bevor er ein Alter von fünfzehn Jahren entwickelt hat, nicht von Firne dominiert werden, und ein überragender Wein sollte sich zwanzig Jahre

oder mehr halten. Ein guter Mosel-Saar-Ruwer-Riesling sollte im Alter von zwanzig Jahren noch Freude bereiten können; seine besten Vertreter werden auch in mehr als vierzig Jahren einen Genuß darstellen.
All diese Empfehlungen setzen voraus, daß der Wein während der Flaschenreifung korrekt gelagert wurde. Die richtige Lagerung ist für einen Wein ebenso wichtig wie für einen guten Käse oder ein Stück erstklassigen Rindfleischs, sind sie doch alle lebendige Naturprodukte. Solche Erzeugnisse guter Qualität können sich durch die richtige Lagerung verbessern, wie sie umgekehrt bei unangemessener Behandlung verderben können. Es ist immer günstiger, Produkte dieser Art bei einem angesehenen Händler zum entsprechenden Preis zu erstehen als bei dem Versuch, Geld zu sparen, die Waren bei ungenügender Pflege reifen zu lassen. Letzteres ist ein sicheres Rezept für Enttäuschungen und damit falsche Sparsamkeit. In bezug auf Wein ist es unerläßlich, sich nach einem geeigneten Keller umzusehen, wenn zu Hause keiner zur Verfügung steht; andernfalls sollte man für reife Weine einem verläßlichen Händler sein Vertrauen schenken.

Lagertemperatur

Um optimal reifen zu können, muß ein hochwertiger deutscher Riesling bei einer gleichbleibenden Temperatur von möglichst neun Grad gelagert werden. Er sollte vor plötzlichen Temperaturschwankungen und Werten über zwanzig Grad verschont bleiben – ebenso von Temperaturen nahe oder unter null Grad. Auch längere Lichteinwirkung – ob natürlichen oder künstlichen Ursprungs – über mehrere Monate hinweg sind ihm wenig zuträglich. Die Achillesferse eines Weines aber ist der Korken, der, soll er fest auf der Flasche sitzen und den Wein effektiv vor Luftkontakt bewahren, feucht gehalten und vor häufiger Bewegung und Erschütterung geschützt werden muß. Viele Weinliebhaber erliegen dem Irrglauben, daß ein Wein zur richtigen Reifung durch den Korken »atmen« muß. Das ist völliger Unsinn, denn je undurchlässiger ein Korken ist, desto länger bleibt ein Wein frisch und um so schöner kann er reifen. In nicht allzu ferner Zukunft wird gewiß ein künstlicher Flaschenverschluß entwickelt werden, der den natürlichen Korken – hergestellt aus der Rinde der Korkeiche, die extrem anfällig für Pilzinfektionen ist und so verantwortlich für den manchmal auftretenden Korkgeschmack eines Weines – weit überlegen sein wird.

Lagerort

Die Metamorphosen eines Rieslings sind etwas höchst Faszinierendes. Wer sie kennt, wird in die Lage versetzt, jede Flasche in der Entwicklungsstufe zu öffnen, wo der Wein den größten Genuß bereitet. Aus demselben Grund empfiehlt es sich, über die Lagerungsregeln Bescheid zu wissen, da auch sie Enttäuschungen meiden helfen und dafür sorgen, daß der Wein diejenigen, die sich an ihm erfreuen wollen, im bestmöglichen Zustand erreicht.
Die beste Möglichkeit zur Weinlagerung bietet ein unterirdischer Keller ohne jedes natürliche Licht. Werden die Flaschen hierin liegend aufbewahrt, bleibt der Korken feucht und stellt so eine effektive Versiegelung dar. Die richtige Temperatur stellt sich ohne äußere Einflußnahme ein und – vorausgesetzt, der Keller befindet sich nicht in der Nähe einer U-Bahn-Linie – die Flaschen können ungestört liegen, so daß der Wein langsam und gleichmäßig reifen kann. Der zweitbeste Ort wäre ein überirdischer Keller ohne natürliches Licht, in dem eine Klimaanlage die Temperatur regelt. Hierbei besteht freilich die Gefahr eines Stromausfalls oder technischen Versagens, die bei extrem heißen oder kalten Witterungsbedingungen zu drastischen Temperaturschwankungen führen können. Sowohl Frost als auch Temperaturen über dreißig Grad können einem Riesling dauerhaften Schaden zufügen. Extreme Trockenheit ist zwar kurzfristig nicht schädlich, doch führt sie bei längerer Dauer zum Austrocknen der Korken, die so ihre Luftundurchlässigkeit verlieren und die Weine verderben lassen.
Obwohl eine sehr hohe Luftfeuchtigkeit schnelles Verrotten von Kartons und Etiketten verursachen kann, ist sie zur Lagerung von Weinen ideal.
Da Temperaturschwankungen reifenden Weinen gefährlicher werden können als gleichmäßig leicht erhöhte Temperaturen, ließe sich zu Hause mit Hilfe eines Schrankes ein Ersatzkeller bauen, wenn ein Raum zur Verfügung steht, dessen Temperaturen zwanzig Grad kaum überschreiten. Zur Lagerung hochwertiger Rieslingweine für etwa fünf Jahre ist ein solcher »Keller« völlig ausreichend. Dabei darf nicht vergessen werden, daß ein Wein unter diesen Bedingungen erheblich schneller reift, als er es in einem Keller bei weniger als neun Grad täte. Für die Ungeduldigen unter den Weinliebhabern ist das natürlich von Vorteil!

Transport

Oft wird angenommen, daß alle Weine auf Erschütterungen vor dem Servieren empfindlich reagieren. Das mag zum Beispiel für einen Spätburgunder gelten, der, um seine volle Frucht und seinen Charme offenbaren zu können, vor dem Öffnen tatsächlich sehr vorsichtig gehandhabt werden sollte. Rieslingweine hingegen beweisen gegenüber Bewegung vor dem Öffnen eine erstaunliche Unempfindlichkeit. Hat man auch eine zehnstündige Fahrt vor sich, um Freunde zu besuchen, mit denen man noch am selben Abend die mitgebrachten Rieslinge genießen möchte, so stellt das kein Problem dar. Freilich sollte man während des Transports wie bei der Lagerung den kritischen Temperaturbereich meiden. Junge Weine sind in dieser Hinsicht deutlich weniger empfindlich.

Trinktemperatur

Genauso unverständlich wie das Verhalten mancher Winzer, die erst enorme Anstrengungen bei der Pflege ihrer Weinberge auf sich nehmen, um dann bei der Kellertechnik völlig zu versagen, ist das Verhalten vieler Leute, die erst einen ausgezeichneten und teuren Wein kaufen, um ihn dann entweder halbgefroren oder lauwarm in Gläsern zu kredenzen, die sich besser als Kerzenhalter oder Schnapsbecher eignen würden.

Der schlimmste Fehler beim Servieren eines deutschen Rieslings ist die meist viel zu niedrige Temperatur. Vor allem bei jungen trockenen Weinen hat das unschöne Auswirkungen, da eine solche Behandlung den ohnehin schon recht säurehaltigen Charakter dieser Weine noch verstärkt. Die ideale Temperatur für leichtere Rieslingweine, seien sie trocken oder lieblich, liegt bei zehn Grad oder Kellertemperatur. Für eine erstklassige trokkene Spätlese oder Auslese sowie junge edelsüße Weine beträgt die Idealtemperatur zwölf Grad; bei voll gereiften edelsüßen Weinen darf sie ruhig ein bis zwei Grad höher sein. An dieser Stelle sollte eine Warnung ausgesprochen werden: Die tatsächliche Temperatur eines Weines im Glas zehn Minuten, nachdem er eingeschenkt wurde, ist von der Umgebungstemperatur ebenso abhängig, wie von der Temperatur der Flasche. Bei einer hohen Raumtemperatur besteht mithin die Gefahr, daß ein Wein sich zu schnell erwärmt und eine Temperatur erreicht, die das Ideal bei weitem überschreitet. Unter solchen Bedingungen sollte der Wein jeweils zwei Grad kälter serviert werden, so daß er im Glas die richtige Temperatur erreicht.

Manchmal wird ein Riesling auch mit zu niedriger Temperatur serviert, um den lieblichen Eindruck eines halbtrockenen oder restsüßen Weines zu mildern und ihn besser auf die gereichten Speisen abzustimmen. Das mag bei jungen Weinen ein hilfreicher Trick sein, doch kann er bei reifen Weinen nicht empfohlen werden, da ihnen dadurch zuviel Aroma und Geschmack geraubt würde. Wird im Restaurant ein zu kalter Riesling serviert, sollte er im Glas, das mit den Händen umschlossen wird, gewärmt werden. Wird er zu warm serviert, verlange man nach einem Eiskübel.

Weinglas

Sollte jemand den Einfluß des Trinkglases auf Geruch und Geschmack eines Weines bezweifeln, so sei ihm empfohlen, sich ein halbes Dutzend verschieden geformter Weingläser anzuschaffen, in jedes Glas den gleichen Wein zu füllen und die Eindrücke miteinander zu vergleichen. Es ist äußerst unwahrscheinlich, daß irgend jemandem die offensichtlichen Unterschiede entgehen können. Es hat bei diesem Versuch oft den Anschein, daß mehrere Weine gereicht werden, so unterschiedlich können die Eindrücke sein. Hinzu kommt der ästhetische Aspekt der Gläser, der wie Umgebung, Essen und Begleitung Einfluß darauf nehmen kann, wie ein Wein empfunden wird.
Ohne zu zögern können an dieser Stelle vor allem die Gläser von Riedel aus Kufstein empfohlen werden, die allen Anforderungen gerecht werden und sich für den Genuß schöner Weine bestens eignen. Verschiedene Gläser des breiten Riedel-Angebots sind ideal für deutsche Rieslingweine, und ist das beste Glas auch kostspielig, so gibt es doch auch erschwingliche Alternativen. Mein persönlicher Favorit ist das Weißweinglas aus der »Willsberger-Serie«. Manch einem mag es ein wenig zu groß oder seltsam geformt scheinen, aber dieses Glas hebt am besten die Qualitäten von trockenen, lieblichen oder edelsüßen Rieslingweinen hervor. Riedels speziell für junge Rieslingweine entworfenes Glas schmeichelt in der Tat besonders jungen Weinen, doch hat man – wie ich – eine Vorliebe für Weine, die älter als ein Jahr sind, ist es ungeeignet. Statt dessen empfehlen sich das Chardonnay-Glas der teuren »Sommelier-Serie« oder der preislich etwas moderateren »Vinum-Serie« hervorragend für alle Weine im Alter zwischen zwei und zwanzig Jahren. Persönlich schätze ich besonders das diesen sehr ähnliche Chianti-Classico-Glas aus der »Vinum-Serie«. Es erinnert zwar an das Chardonnay-Glas, doch ist der etwas spitzer zusammenlaufende Kelch ein wenig größer. So wird das Bouquet effektiver konzentriert, und da ich dem Geruch eines Weines bei dessen Beurteilung große Bedeutung beimesse, benutze ich bei der Probe und Einschätzung junger Rieslingweine für gewöhnlich dieses Glas. Es mag etwas befremdend anmuten, daß ein Rotweinglas für Weißweine benutzt wird, doch es funktioniert sehr gut. Zudem hat dieses Glas den Vorteil, sich auch für einen Chianti zu eignen!

4. Kapitel

Die Jahrgänge 1945–1993

1993: Ein sehr guter Jahrgang

Zweifellos hat der 1993er Jahrgang einige große deutsche Rieslinge ergeben, darunter die besten Weine, die in Deutschland in den letzten Jahrzehnten erzeugt wurden. Trotzdem war der Jahrgang für viele Winzer nicht weniger problematisch als 1991 oder 1992. Die Vegetationsperiode war 1993 von sehr wechselhaftem Wetterverlauf gekennzeichnet. Bis Ende März gab es keinerlei Anzeichen von Frühling, dann setzte vehement warmes, sonniges Wetter ein, und die Reben wuchsen so schnell, daß die Blüte bereits während der ersten Juniwoche stattfand, 16 bis 18 Tage früher als im langjährigen Mittel. Juli und August waren etwas kühler mit regelmäßigen Niederschlägen; die Trauben konnten sich gut entwickeln, und Anfang September sah alles nach einem exzellenten Jahrgang aus. Leider setzte zu diesem Zeitpunkt schwerer Regen ein, der bis in den Oktober andauerte. Da der Regen die Trauben auswaschen kann und oft zu Fäulnis führt, gingen die Winzer beinahe hektisch an die Lese, wobei es viele versäumten, fäulnisbefallenes Lesegut von gesundem bzw. edelfaulem zu trennen. Dadurch entstanden Weine, die zwar viel Stoff und reichlich Säure besitzen, aber wenig Harmonie und Brillanz zeigen.

Betriebe, die mit der Ernte gezögert haben, konnten vom warmen, sonnigen Oktoberwetter profitieren. Zu diesem Zeitpunkt waren hochkarätige edelsüße Rieslinge wie zuletzt 1989 und 1990 möglich. Einmal mehr zahlten sich niedrige Erträge aus und führten zu Weinen mit reichhaltiger Frucht und vollen Aromen. Besonders restsüße Spätlesen und Auslesen aus diesem Jahrgang können überwältigend sein, aber auch einigen sensationellen trockenen Weinen bin ich begegnet. Sie zeigen eine sehr gute Säurestruktur, eine wunderbare Eleganz und verdienen in jedem Keller einen Platz!

Die 1993er Weine sind jedoch nicht so charmant und offen, wie es die besten 1992er in ihrer Jugend waren, und weit davon entfernt, ihr ganzes Potential zu zeigen. Aus diesem Grund werden für die Weine dieses Jahrgangs keine detaillierten Beschreibungen und Bewertungen gegeben. Wie schon an anderer Stelle erwähnt, bin ich darüber hinaus der Meinung, daß ein deutscher Riesling der Spitzenklasse, ob trocken oder edelsüß, mindestens 12 Monate braucht, um zuverlässig und professionell bewertet werden zu können. Einige meiner Kollegen sind anderer Meinung, aber so, wie manche Winzer es vorziehen, unfertige, verschlossene Weine nicht zu zeigen, so möchte ich auch meinen Lesern keine spekulativen Bewertungen vorlegen.

1992: EIN SEHR GUTER JAHRGANG

Dieser Jahrgang trennte deutlicher als jeder andere in der letzten Zeit die Spreu vom Weizen. Die Natur schaffte sowohl in den Weinbergen als auch in den Kellern Bedingungen, an denen so mancher Winzer, der 1988, 1989 und 1990 gute Weine erzeugt hatte, scheiterte.

1992 wirkten sich hohe Erträge auf die Qualität noch nachteiliger aus als 1991. Nach den ersten Monaten des Jahres mit eher unauffälligen Witterungsbedingungen und einer nur leicht verfrühten Blüte wandelte sich das Blatt. Verursachten 1991 große Hitze und andauernde Trockenheit Probleme, war es 1992 die Verbindung von Hitze und Feuchtigkeit, die für Schwierigkeiten sorgte. Was kurz nach der Blüte noch nach einer durchschnittlichen Lese aussah, entwickelte sich durch die häufigen Niederschläge in den meisten Regionen bald zur gewaltigen Ernte. Die subtropischen Bedingungen des August, in dem sich fast jede Nacht ein Gewitter entlud, begünstigten die Ausbreitung aller möglichen Pilzarten in den Weinbergen. Nur den wirklich qualitätsbewußten Winzern, deren erklärtes Ziel niedrige Erträge sind und die ihren Weinbergen die größtmögliche Pflege zukommen lassen, gelang es, diese Situation zu kontrollieren. Die Niederschläge im Oktober direkt nach Beginn der Lese kamen erschwerend hinzu, indem sie die Trauben aufquellen ließen und den Fäulnisanteil in die Höhe trieben. Das Resultat waren zahlreiche nichtssagende Weine, denen es an Klarheit und Eleganz fehlte. Vergleicht man sie allerdings mit den besten 92er Rieslingweinen, so möchte man nicht glauben, daß sie aus demselben Jahrgang stammen, so groß ist der Qualitätsunterschied.

Die besten Resultate dieses Jahrgangs haben volle, verführerische Rieslinge mit üppigen, reifen und fruchtigen Aromen ergeben.

1991: EIN GUTER JAHRGANG

Die Witterungsbedingungen, denen sich Deutschlands Winzer 1991 ausgesetzt sahen, waren zwar nicht unproblematischer als die des folgenden Jahres, aber gänzlich anderer Art. Nach einem sehr frühen Wachstumsbeginn der Reben sorgte kühles Juniwetter für eine verspätete Blüte. Vom

1. Juli an schien die Sonne dann aber fast ununterbrochen bis kurz vor Beginn der Lese. Erreichten die Temperaturen auch nicht die Werte des Augusts 1990, so gab es doch doppelt so viele Tage mit einer Temperatur von 30 Grad als im vorangegangenen Sommer und erheblich weniger Niederschläge. Diejenigen Winzer, die etwas voreilig einen genauso guten, wenn nicht gar besseren Jahrgang als 1990 vorausgesagt hatten, hätten gut daran getan, ihren Weinbergen mehr Aufmerksamkeit zu schenken, bevor sie derart schnelle Urteile fällen. Die ersten Dürreanzeichen waren nämlich schon seit Anfang August erkennbar. Wieder einmal überstanden die Weinberge mit niedrigen Erträgen die Widrigkeiten am besten, während die an der Quantität orientierten Winzer mit Beginn der Lese eine herbe Enttäuschung erfuhren. Besonders hart traf es diejenigen, die früh mit der Lese begonnen hatten, aus Angst, der häufige Sonnenschein könne den Säuregehalt zu niedrig werden lassen. In Wirklichkeit trat aber das Gegenteil ein, und viele 91er Rieslingweine sind bis heute hart und ohne jeden Charme. Während die Weine der frühen Lese Frucht und Substanz vermissen lassen, besitzen die in den zehn letzten schönen Oktobertagen gelesenen einen intensiv fruchtigen und mineralischen Charakter, der in etwa an die 90er Weine erinnert, wenngleich sie über weniger Konzentration und Extrakt zum Ausgleich der starken Säure verfügen.
Zu diesem Zeitpunkt hatte sich außerdem Edelfäule entwickelt, und so war durch strenge Selektion die Herstellung von Auslesen, Beerenauslesen und Trockenbeerenauslesen in einigen Spitzenlagen möglich geworden. Der wenige Wochen nach der Lese einsetzende Frost schuf die Voraussetzung für die Entstehung des besten Eisweins seit 1983, wobei sich vor allem Mosel-Saar-Ruwer und der Rheingau hervortaten.
Die besten 91er Weine verfügen über einen pikanten, rassigen Säuregehalt, der ihnen zu einem langen Leben verhilft. Zur Zeit sind die meisten Weine dieses Jahrgangs noch verschlossen. Die trockenen Weine sollten ab 1995 gut trinkbar sein, während die süßen und edelsüßen Weine der südlichen Regionen Deutschlands ein bis zwei Jahre länger benötigen dürften. Die des Mosel-Saar-Ruwer-Gebietes sollten nicht vor 2000 geöffnet werden.

1990: EIN GROSSER JAHRGANG

In der jüngsten Vergangenheit ist dieser Jahrgang einfach der beste und zuverlässigste für deutschen Riesling. Im Mosel-Saar-Ruwer-Gebiet übertraf er die 76er und 71er Jahrgänge und in anderen Anbaugebieten ist er mindestens mit der Qualität des herausragenden 71er Jahrgangs vergleichbar. In mancher Hinsicht ist es verwunderlich, daß ein Jahr mit solch extremen Temperatur- und Feuchtigkeitsschwankungen so exzellente Weine hervorzubringen vermochte. 1990 begann das Rebenwachstum, bedingt durch den milden Winter und den schönen Frühling, ausgesprochen frühzeitig. Das gute Wetter hielt sich bis weit in den frühen Sommer, bis die Temperaturen Anfang August auf über 30 Grad mit Höchstwerten knapp unter 40 Grad stiegen. Dann wurde es fast über Nacht wesentlich kühler und feuchter. Trotz des kühlen und nassen Wetters im September entwikkelten sich die Trauben äußerst schnell, was wohl darauf zurückzuführen ist, daß der drastische Witterungsumschwung ihre Zahl erheblich reduziert hatte. Schon bei Beginn der Lese im frühen Oktober war die Qualität überragend. Die bis zur letzten Oktoberwoche noch nicht gelesenen Trauben konnten vom herrlichsten Sonnenschein profitieren, und die kalten Winde, die sie an den Rebstöcken schrumpfen ließen, verhalfen ihnen zu noch mehr Konzentration.

Zu dieser Zeit konnte eine Auslese in den besten Lagen ohne jede Selektion der Trauben erzielt werden! Obwohl es nicht viel Edelfäule gab, war das Vorhandene von herausragender Qualität und es wurden bemerkenswerte Beeren- und Trockenbeerenauslesen erzeugt.

Was die 90er Rieslingweine so außergewöhnlich macht, ist die ungewöhnliche Kombination von extrem reicher Fruchtigkeit mit hoher, doch dabei nicht aggressiver Säure.

Für die wunderbare Harmonie dieser Weine zeichnet die hohe Konzentration an Mineralextrakten verantwortlich; und selbstverständlich haben vor allem die sehr niedrigen Erträge des Jahres 1990 einiges mit der Qualität jener Weine zu tun.

Nach alledem würde es aber eine Ernüchterung bedeuten, diese Weine jetzt zu probieren, da die meisten von ihnen noch verschlossen sind. Selbst die trockenen Weine werden erst 1995 oder 1996 ihre volle Reife erlangt haben und eine Flasche der besten lieblichen Spätlese oder edelsüßen Weins vor dem Jahre 2000 zu öffnen, wäre eine Sünde. Für Liebhaber eines reifen Rieslings ist dieser Jahrgang ein Muß im Weinkeller.

1989: EIN SEHR GUTER JAHRGANG

Selten wurde ein Jahrgang so überschätzt wie der 89er. Zum wohl ersten Mal wurde die Begeisterung über einen französischen Jahrgang auf Deutschland übertragen und die hiesigen Erträge wurden schlichtweg überbewertet. Das soll nicht bedeuten, daß 1989 nicht ein sehr gutes Jahr gewesen sei, das viele schöne Weine und eine ansehnliche Zahl aufregender Dessertweine hervorgebracht hat. Aber auf vielen Weingütern blieb die Ausbeute enttäuschend; auf einigen schmecken die Weine gar schon müde und flach.

Auch dieser Jahrgang war durch frühes Rebenwachstum und ausgezeichnetes Wetter während der Blüte und im Sommer gekennzeichnet. Genaugenommen waren die Bedingungen fast zu gut, denn sie führten zu hohen Erträgen, die sich ungünstig auf die Qualität auswirken mußten. Besonders an Mosel, Saar und Ruwer und in Franken herrschte ein sehr trockener September, und die Wasserreserven im Boden aus dem fast subtropischen Juli waren zur optimalen Versorgung des Weines nicht ausreichend. Das Resultat waren gute, doch wenig überwältigende Reifegrade in diesen Gebieten. Andernorts erzielte man überhöhte Erträge *und* hohen Reifegrad. Das extrem warme Herbstwetter während der Lese begünstigte die rapide Ausbreitung der Edelfäule, und die so erzielten zahlreichen Beerenauslesen und Trockenbeerenauslesen ließen die Kenner das Jahr 1989 begeistert feiern. Rückblickend läßt sich aber feststellen, daß der relativ schwachen Struktur und zu milden Säure vieler Weine zu wenig Beachtung geschenkt wurde. So kommt es, daß viele QbA und Kabinette ihre besten Zeiten schon hinter sich haben. Selbst unter den Botrytisweinen gibt es einige, die trotz scheinbarer Fülle und Kraft die erforderliche Eleganz und Beständigkeit im Geschmack vermissen lassen. Viele trockene Weine schmecken sogar bitter und plump! Es besteht überhaupt kein Zweifel daran, daß die erfolgreichsten Erzeugnisse dieses Jahrgangs von Saar, Ruwer, Nahe und dem Mittelrhein stammen, sowie aus jenen Gegenden des Rheingaus mit tieferen Böden und von der Rheinfront in Rheinhessen. Hier sind die Weine voll und üppig, verfügen aber trotz der relativ milden Säure über eine schöne Struktur. Sie haben sich recht schnell entwickelt, und alles unterhalb einer Beerenauslese kann bereits mit Genuß getrunken werden. Den höheren Prädikaten kann eine ausgezeichnete Zukunft vorausgesagt werden und sie können dem Liebhaber dieser Weine nur wärmstens empfohlen werden.

1988: EIN HERAUSRAGENDER JAHRGANG

Obwohl dieser Jahrgang einen geringeren Ruf besitzt als der 90er und 89er, brachte er doch einige der besten deutschen Rieslinge der letzten Zeit hervor. Für die Mittelmosel muß er in einem Zuge mit dem großen 90er Jahrgang genannt werden, und auch in Franken, Baden und der Pfalz bescherte er exzellente Ergebnisse. Im Grunde lassen sich in jedem Anbaugebiet Deutschlands Winzer finden, die 1988 aufsehenerregende Rieslingweine erzeugten. Die elegante Harmonie, wundervolle Fruchtigkeit und gute Struktur der besten Rieslinge dieses Jahres resultieren aus einem fast optimalen Verhältnis von Sonnenschein und Regen. Nur einige wenige Tage heftigen Regens während der Lese nach einem durchweg schönen

Herbst verhinderten, daß es ein wirklich überragender Jahrgang wurde. Der größte Teil der Lese war aber zu Beginn der längeren Regenperiode Anfang November schon eingebracht, und diese Weine verfügen über eine besonders reiche Fruchtigkeit und eine anregende Säure. Die wenigen wahrhaft großen Weine dieses Jahrgangs wurden nach dem Regen im schönsten Sonnenschein bei kalten, trockenen Winden gelesen. Bedauerlicherweise nutzten nur einige wenige Güter der Mosel diese günstigen Bedingungen und erzeugten Spitzen-Auslesen mit markantem Botrytischarakter. Die Weine Joh. Jos. Prüms nehmen dabei die vordersten Ränge ein. Obwohl die süßen Weine dieses erfreulichen Jahrgangs sich noch nicht so entfaltet haben, werden sie sich in wenigen Jahren zweifellos steigern. Diejenigen aus dem Süden Deutschlands haben ihre Höchstform etwa 1995 erreicht, wogegen die Weine der Mittelmosel wohl noch bis 1997 oder 1998 ungeöffnet bleiben sollten. Die trockenen Weine dieses Jahrgangs haben ihren Zenit jetzt erreicht oder schon leicht überschritten. Während der letzten Jahre haben sie einigen Genuß bereitet und so bewiesen, daß mancher trockene deutsche Riesling es mit den besten Weinen aus dem Elsaß oder Österreich aufnehmen kann.

1987: ein guter Jahrgang

Als die 87er Rieslingweine 1988 auf den Markt kamen, befand sich der Trend hin zu Weinen mit äußerst hohem Säuregehalt gerade auf seinem Höhepunkt, und der feste, rassige Wein dieses Jahrgangs kam zur rechten Zeit. Die anschließende Serie hervorragender Jahrgänge sowie das wachsende Interesse an harmonischeren Weinen ließen die 87er Weine fast in Vergessenheit geraten. Bedauerlicherweise, muß man sagen, denn die besten Resultate dieses Jahres können noch in einigen Jahren Genuß bereiten. Der Sommer 1987 war eine mittlere Katastrophe, und viele deutsche Winzer hatten den Jahrgang bereits abgeschrieben, als im September schönes, sonniges Wetter einsetzte. Das ideale Oktoberwetter und die späte Lese ermöglichten wesentlich bessere Resultate, als die Winzer noch einen Monat vor der Lese zu hoffen gewagt hatten. Ein großer Teil der Trauben lag im QbA-Bereich, wobei jedoch manche eine zu hohe Säure aufwiesen. Die den Spitzenlagen entstammenden Kabinette und Spätlesen dieses Jahrgangs jedoch können es durchaus mit den 85er Weinen aufnehmen – sieht man einmal von den Spitzenreitern ab. Insgesamt handelte es sich sicher um einen überdurchschnittlichen Jahrgang, dessen Weine mehr Konzentration und größere Harmonie besaßen, als die Werte der Analysen vermuten lassen würden. Zur Zeit sind die besten 87er Weine verschlossen. Die trockenen sollten sich im Laufe des Jahres 1995 entfaltet haben, genau wie die süßen Weine der südlichen Anbaugebiete. Die Mosel-Saar-Ruwer-Weine dürften ein bis zwei Jahre länger brauchen. Letztere können bedenkenlos zehn bis zwanzig Jahre im Keller gelagert werden.

1986: EIN GUTER JAHRGANG

Während die eher schlanken, rassigen 87er Weine sich auf dem deutschen Markt recht großer Beliebtheit erfreuten, hatten die 86er Weine auf den ausländischen Märkten größeren Erfolg. Auch wenn einige Rieslinge zu weich waren und oft wirklichen Charakter vermissen ließen, ergab sich 1986 insgesamt doch ein besserer Jahrgang als 1987 – und auf jeden Fall ist er überdurchschnittlich. Wenn die meisten 86er Weine schon getrunken sein sollten, so ist dies zu verschmerzen, da sie als junge Weine höchst attraktiv waren. Es hätte ein exzellenter Jahrgang werden können, wenn dem schönen Sommer ein ebenso schöner Herbst gefolgt wäre. Aber Regenfälle während der Lese machten die Aussicht auf echte Spitzenweine zunichte. In den nördlichen Anbaugebieten Deutschlands wurden überwiegend Kabinett und Spätlese geerntet; Auslesen waren seltener. In den südlicheren Gebieten, vor allem in der Pfalz, entwickelte sich Edelfäule, die manch bemerkenswerte Auslese, Beerenauslese oder Trockenbeerenauslese hervorbrachte. Für Weine ihrer Art besitzen sie einen ungewöhnlich hohen Säuregehalt und werden lange brauchen, bis sie ihre optimale Harmonie erreicht haben. Diese seltenen Spitzenerzeugnisse des Jahrgangs 1986 lohnen sicher eine Lagerung von zehn Jahren oder mehr, doch die QbA und Kabinette dieses Jahres haben unter den verhältnismäßig hohen Erträgen gelitten und ihre volle Reife jetzt entweder erlangt oder schon überschritten, genau wie einige schöne trockene Spätlesen desselben Jahrgangs.

1985: EIN SEHR GUTER JAHRGANG

Wie 1983 führte der Streit um die Qualitäten des 85er Jahrgangs zu geteilten Meinungen bei Winzern, Händlern und Kritikern. Selbst manche Winzer, deren 85er Weine bei guten Umsätzen hoch gepriesen wurden, behaupten, daß sie ihre Produkte zu hart, unelegant und uncharmant fänden. Andere sagen, es sei ihr erfolgreichster Jahrgang in den 80ern gewesen.

Im Vorfeld hatte es so ausgesehen, als ob die Lese ähnlich enttäuschend wie die von 1984 ausfallen würde, so schlecht war der Sommer. Doch hatte das schöne Frühlingswetter bessere Grundlagen geschaffen, als die meisten glaubten, und der Altweibersommer im September und Oktober erbrachte einen Reifegrad, den nur wenige für möglich gehalten hätten. Wurden zwar vor allem QbA und Kabinett ohne bemerkenswerte Eigenschaften erzeugt, so gelangen in einigen Spitzenlagen doch herausragende Spät- oder Auslesen. Gegenüber den durchschnittlichen, eher mageren und zu säurehaltigen Weinen dieses Jahrgangs verhalf ebendiese rassige Säure den Spitzenweinen zu einer wunderbar mineralischen Brillanz, vorrangig den Weinen der beiden erfolgreichsten Gegenden, Mittelmosel und Pfalz. Hier wie überall herrschte 1985 von Dorf zu Dorf ein beachtliches Qualitätsgefälle: an der Mosel überragten Ürzig, Erden, Wehlen und Brauneberg den Rest um Längen, während in der Pfalz Ungstein und Kallstadt die berühmteren Orte Wachenheim, Forst und Deidesheim hinter sich ließen. Die besten Weine dieses Jahrgangs kamen wohl von Fritz Haag aus Brauneberg. Restsüße 85er Weine dieser Qualität werden sich wohl erst 1995 und 1996 entfaltet haben und können auch noch Jahrzehnte länger altern. Die trockenen Weine haben ihre Frische generell länger behalten als die von 1983, doch sollten sie bald getrunken werden.

An dieser Stelle muß noch vor den Auswirkungen des 1985 auf fast allen Weingütern, hauptsächlich im Rheingau, an der Nahe, in Rheinhessen und der Pfalz eingesetzten Pestizids Orthene 50 gewarnt werden. Die Hersteller der Chemikalie verkauften sie deutschen Winzern in dem vollen Bewußtsein, daß im Wein verbleibende Rückstände nach der Flaschenabfüllung einen üblen Gestank entwickeln können. Man kann nur hoffen, daß das kein zweites Mal passiert!

1984: Ein unterdurchschnittlicher Jahrgang

Dies war das letzte geringe Rieslingjahr in Deutschland. In diesem Jahrgang machten sich das schlechte Frühjahr, die späte Blüte der Reben und der kühle, nasse Sommer deutlich bemerkbar. Nur das schöne, sonnige Wetter während der Lese bewahrte den Wein davor, gänzlich ungenießbar zu werden. Folglich waren die besten 84er einfache Weine, die aber dennoch über mehr Frucht und ausgewogenere Harmonie verfügen, als die Weine anderer geringer Jahrgänge wie 1978 und 1980. Während fast alle trockenen Weine schon getrunken sein sollten, haben sich die restsüßen und halbtrockenen Weine recht ordentlich entwickelt und bereiten jetzt Genuß. Wegen ihrer hohen, leicht »grünen« Säure schmecken sie wesentlich trockener, als es ihr Restzuckergehalt vermuten ließe. Die besten Weine dieses Jahrgangs kommen aus der Pfalz, dem einzigen Anbaugebiet, dessen Spitzenlagen einige Spätlesen hervorgebracht haben.

1983: EIN HERAUSRAGENDER JAHRGANG

Dieser Jahrgang wurde von der Presse erst gefeiert, um wenige Jahre später von ihr verdammt zu werden. Rückblickend müssen wohl beide Reaktionen als übertrieben gelten. Das nasse Frühjahr und der frühe Sommer ließen nur wenige Winzer an einen guten Jahrgang glauben. Als dann aber ab Juli die Sonne fast ununterbrochen schien, kehrten sich die Erwartungen in ihr Gegenteil. Der wunderbar warme und trockene Sommer bescherte eine Lese ausgesprochen reifer und sauberer Trauben, die eine Voraussetzung für echte Spitzenweine boten. Doch bedauerlicherweise ergriffen wesentlich weniger Winzer diese Gelegenheit, als es wahrscheinlich heute der Fall wäre. Hinzu kam die Verbindung von einigermaßen hohen Erträgen mit Dürrebelastungen, die die Weine in Struktur und Säure schwach werden ließ. Dies traf vor allem auf die Weine der Pfalz zu, doch können Beispiele hierfür auch in fast jedem anderen Gebiet gefunden werden. Die besten Weine des Jahrgangs 1983 waren die der großen Weingüter an Mosel, Saar und Ruwer, allen voran Egon Müller, Zilliken, von Schubert, Fritz Haag und Joh. Jos. Prüm. Im Rheingau erzeugten auch Langwerth von Simmern, Schloß Groenesteyn und J. B. Becker exzellente Weine. An der Nahe kamen sensationelle Erzeugnisse von den Staatlichen Weinbaudomänen und H. Dönnhoff, die für die Mosel-Saar-Ruwer-Weine sehr ernstzunehmende Konkurrenten darstellten.

Die besten 83er Rieslinge aber waren die außergewöhnlichen Eisweine. Weitere Kandidaten für die Wahl des »besten Eisweinjahres aller Zeiten« sind die Jahre 1973 und 1991, doch gäbe ich meine Stimme dem Jahr 1983, da die Zahl erfolgreicher Beispiele in diesem Jahrgang eindrucksvoller ist. Wie in den anderen beiden Jahrgängen setzte der erste starke Frost bald nach Ende der Lese ein (in der Nacht vom 14. auf den 15. November). Er hatte einen hundertprozentigen Konzentrationseffekt für die schon äußerst reifen Trauben. Mögen diese Weine jetzt auch teuer und schwer aufzutreiben sein, so sind sie doch ein Muß für alle Eisweinliebhaber. Die besten unter den Eisweinen, die gerade ihre Höchstform erreichen, werden sich noch über Jahrzehnte hinweg weiterentwickeln. Bedauerlicherweise kann man dasselbe nicht von den trockenen Weinen dieses Jahrgangs behaupten, die zwar in den ersten fünf bis acht Jahren einige Freude bereiten konnten, aber jetzt, mit wenigen Ausnahmen, zu alt geworden sind. Nichtsdestoweniger wird man sich an 1983 als den ersten Jahrgang vieler qualitativ hochwertiger trockener Rieslinge erinnern.

Die lieblichen und seltenen edelsüßen Weine von 1983 erlangen eben ihre Höchstform. Die Mosel-Saar-Ruwer-Weine sollten sich bis ins nächste Jahrhundert gut halten und die anderen Gebiete wenigstens bis zum Jahr

2000. Die weniger gelungenen Beispiele aller Gegenden wirken allerdings heute schon einigermaßen müde und schal: Käufer, sei auf der Hut!

1982: Ein durchschnittlicher Jahrgang

Das war der große Jahrgang, den es niemals gab. Aufgrund des extrem langen und heißen Sommers hatten Teile der Presse 1982 schon zu einem hervorragenden Jahrgang erklärt, bevor auch nur eine einzige Traube gelesen worden war. Genau mit Beginn der Lese setzten heftige Regenfälle ein, die einen Monat dauern sollten. Bei vielen Winzern brach Panik aus und sie brachten den größten Teil ihrer Lese im Regen ein. Gepaart mit schlechter Vinifikation ergab das einige wäßrige 82er Weine von unerfreulichem Fäulnisgeschmack. Nur diejenigen, die den Regen aussaßen und sich von allen beschädigten Trauben trennten, konnten gute Weine erzeugen. Vom Regen nicht so sehr betroffen, waren Mosel, Saar und Ruwer 1982 weniger problematisch, und ihre Weine können guten Gewissens empfohlen werden. Die Weine von Joh. Jos. Prüm an der Mittelmosel und Langwerth von Simmern im Rheingau beweisen, daß auch dieses Jahr einige große Weine hervorzubringen vermochte, wobei freilich betont werden muß, daß ihre 82er Erzeugnisse Ausnahmen bilden. Die besten Spätlesen und Auslesen dieses Jahrgangs werden bis zum Ende des Jahrhunderts Freude bereiten können; seine trockenen Weine sind bereits heute zu alt.

1981: Ein durchschnittlicher Jahrgang

Dies war im wahrsten Sinne des Wortes durchschnittlicher Jahrgang, dessen restsüße Kabinettweine und Spätlesen belegen, wie gut ein typischer deutscher Riesling altern kann. Waren die jungen 81er Weine recht mager und säurehaltig, so haben sie sich sehr schön entwickelt und besitzen jetzt eine lebhafte und rassige Ausgewogenheit. Für die Pfalz war es ein überdurchschnittlicher Jahrgang mit einigen ausgezeichneten Spätlesen und Auslesen. Andernorts sah es weniger gut aus: Dort ergab die Lese hauptsächlich QbA und Kabinett, Spätlesen kamen nur von ausgesprochenen Spitzenlagen. Sie werden ihre Frische mindestens bis Ende des Jahrhunderts bewahren können.

1980: Ein schlechter Jahrgang

1980 war ein so geringer Jahrgang roher, »grüner« Weine, daß er am besten in Vergessenheit gerät. Nur in der Pfalz wurden einige recht anständige Prädikatsweine erzeugt.

1979: ein sehr guter Jahrgang

Die Weine dieses Jahrgangs haben zwar viel mit denen von 1981 gemein, doch sind sie um einiges besser. Wie 1981 reiften die Trauben außerordentlich spät, doch wegen der niedrigen Erträge (als Ergebnis von Frostschäden) verfügten die Weine trotz des recht geringen Reifegrades über eine bemerkenswerte Intensität. Dieser Reifegrad führte zusammen mit einer extrem betonten Säure dazu, daß selbst die besten Vertreter dieses Jahrgangs in ihrer Jugend hart und abweisend waren. Erst in ihrem sechsten Jahr begannen sie sich zu verfeinern. Bedauerlicherweise tendierten damals noch viele Winzer dazu, Weine mit hohem Säuregehalt zu entsäuern, so daß auch einige eher leblose 79er im Umlauf sind. Aber jeder, der eine Spätlese oder Auslese von einem führenden Gut probiert, wird erkennen, daß zumindest an Mosel, Saar, Ruwer und Nahe oder in der Pfalz und in Franken 1979 ein sehr guter Jahrgang war. Die besten aller Weine stammen von Fritz Haag und Joh. Jos. Prüm an der Mosel sowie von Schubert an der Ruwer.

1978: ein schlechter Jahrgang

Einige geringe Jahrgänge stellen sich oft als gar nicht so übel heraus, wenn ihre Weine in der Flasche erst einmal gealtert sind. Bei den 78ern trifft allerdings das Gegenteil zu: Diese Weine wurden mit zunehmender Reife härter und rauher. Der Jahrgang war fast so schlecht wie der 80er und seine Weine sollten gemieden werden.

1977: ein durchschnittlicher Jahrgang

Die leichten, frischen Weine des Jahrgang 1977 verkauften sich in Deutschland sehr gut, nachdem viele Weinliebhaber die vollen 76er Weine als zu schwer empfunden hatten. Bei den 77ern hat es sich immer um charmante Weine gehandelt, deren beste diese Qualität bis heute beibehalten haben. In der Pfalz wurden einige schöne Spätlesen und Auslesen erzeugt, die immer noch über ein beachtliches Reifungspotential verfügen. Die meisten Weine haben ihren Höhepunkt erreicht oder bereits leicht überschritten. Am gelungensten sind die Weine von Pfeffingen in der Pfalz.

1976: ein herausragender Jahrgang

Wenngleich 1976 ein besonderer Jahrgang für den deutschen Riesling war, so war die hervorgebrachte Qualität doch nicht so konstant wie die anderer

Spitzenjahrgänge, allen voran 1971 oder 1990. Dem extrem warmen Frühling und dem heißen Sommer folgte ein Herbst, dessen frühe Morgennebel vom herrlichsten Sonnenschein aufgelöst wurden – ideale Voraussetzungen für die Entwicklung von Edelfäule. Nur wenige Weine dieses Jahrgangs ließen einen leichten Botrytisgeschmack ganz vermissen. Das entsprach zwar nicht dem Geschmack der deutschen Verbraucher, doch international verkauften sich diese Weine hervorragend. Bei kritischer Betrachtung aus heutiger Sicht muß festgestellt werden, daß die Mehrzahl der 76er etwas unausgewogen und zu schnell gereift ist. Gleichwohl sind gut vinifizierte Weine noch lebendig und haben während der letzten Jahre sogar an Eleganz gewonnen. Sicher sind sie bemerkenswerte Weine, denen eine lange Zukunft vorausgesagt werden kann. Eine Auswahl 76er Auslesen folgender Güter sollte in keiner Sammlung deutscher Rieslingweine fehlen: Egon Müller, Zilliken und Dr. Fischer an der Saar, von Schubert an der Ruwer, Fritz Haag, Joh. Jos. Prüm, Willi Schaefer und Selbach-Oster an der Mosel, Schloß Groenesteyn, Langwerth von Simmern und H. H. Eser im Rheingau, Heyl zu Herrnsheim in Rheinhessen, die Staatsdomäne an der Nahe und Dr. Bürklin-Wolf in der Pfalz. In ihren Weinen verbinden sich Fülle und Konzentration mit äußerst lebendiger Säure, so daß die Weine trotz der üppigen Fruchtigkeit eine bemerkenswerte Eleganz entwickelt haben.

1975: Ein sehr guter Jahrgang

Diejenigen, denen die 76er Weine zu massiv und aufdringlich scheinen, lassen sich fast immer vom zurückhaltenden, filigranen Stil der 75er verführen. Wenn 1975 auch nur sehr wenige hervorragende Weine hervorbrachte, war es doch ein äußerst gleichmäßiger Jahrgang. Er bescherte große Mengen sehr guter Weine und nur wenige Enttäuschungen. Das Verhältnis zwischen Sonne und Regen war optimal und begünstigte ein üppiges Wachstum. So entstanden Weine fast vollkommener Ausgewogenheit in Frucht, Körper und Säure. Seit ihrem Entstehen haben sie Genuß bereitet und erst jetzt scheint ein Teil von ihnen müde zu wirken, vorrangig die Weine südlicher Anbaugebiete, die nicht über den gesunden Säuregehalt der aus nördlichen Gegenden stammenden Weine verfügen. Die besten Auslesen von Spitzengütern an Mosel, Saar, Ruwer und Nahe und dem Rheingau werden ihre Lebendigkeit bis zur Jahrhundertwende bewahren können. Besondere Beachtung sollte man den Weinen von Egon Müller und Kanzemer Berg an der Saar, von Schubert an der Ruwer, Fritz Haag, Joh. Jos. Prüm und Selbach-Oster an der Mosel, der Staatsdomäne an der Nahe, Schloß Groenesteyn, Langwerth von Simmern und den Staatsweingütern im Rheingau schenken.

1974: EIN SCHLECHTER JAHRGANG

Ein erbärmlicherer Jahrgang als dieser ist kaum vorstellbar, denn obschon seine Weine nicht so grün und hart wie die anderer geringer Jahrgänge sind, sind sie doch leer und fruchtlos. Unbedingt meiden!

1973: EIN GUTER JAHRGANG

Genau wie 1991 hatten sich die Winzer von dieser Lese viel versprochen, um im letzten Moment enttäuscht zu werden. Der lange, heiße Sommer war so trocken gewesen, daß die Trauben sich in den letzten Wochen vor der Lese nicht hatten weiterentwickeln können. Das Ergebnis waren Weine mit wesentlich weniger Fülle und Körper als erhofft, dafür aber mit sehr ansprechendem, reifen Fruchtcharakter.
Gute Exemplare der nördlicheren Anbaugebiete bieten immer noch einen erfreulichen Genuß, doch sind sie heute kaum mehr zu bekommen. Die sagenhaften 73er Eisweine sind wahre Raritäten. Starker Frost direkt nach der Hauptlese ermöglichte äußerst konzentrierte Eisweine, die überwältigend schön gealtert sind. Begeisterte Eisweintrinker sollten daher willens sein, für einige Flaschen von Egon Müller oder Dr. Weil jeden Preis zu zahlen!

1972: EIN UNTERDURCHSCHNITTLICHER JAHRGANG

Zwar ist den Weinen dieses mäßigen Jahrgangs nichts Bemerkenswertes nachzusagen, doch haben sie für lange Zeit ihre Frische bewahren können und ihre ursprünglich aggressive Säure ist wesentlich harmonischer geworden.

1971: EIN GROSSER JAHRGANG

Mögen die besten Weine des Jahrgangs 1976 auch vielleicht diesen übertreffen, muß 1971 insgesamt doch der Vorzug gegeben werden, da er geschlossener war. Die Mehrheit seiner Weine verfügte über ausgezeichnete Ausgewogenheit und Harmonie. Es sind klassische deutsche Rieslinge, die allen an sie gestellten Ansprüchen gerecht wurden. Obwohl intensiv und konzentriert, waren sie doch nie schwer oder ermüdend. Tatsächlich war den 71er Weinen eine wunderbare Eleganz eigen, die sie als junge Weine äußerst ansprechend erscheinen ließ. Bis heute haben sie diese Attraktivität bewahren können. Jeder, der zum ersten Mal einen schönen, reifen Riesling probieren möchte, sollte nach diesem Jahrgang

greifen. Auf bewundernswerte Art demonstrieren diese Weine das dem Riesling eigene Alterungspotential, denn nur wenige schmecken müde und die besten unter ihnen sind noch immer jugendlich und können weitere Jahrzehnte lagern. Zwar war auch 1975 ein sehr konstanter Jahrgang, doch kann er es mit dem weit überlegenen 71er nicht aufnehmen. Die Winzer mußten bis 1990 warten, um wieder einen Jahrgang mit ähnlicher Kombination aus konzentrierter Frucht und betonter, doch harmonischer Säure feiern zu können. Auch wenn sich 1971 wesentlich weniger Edelfäule entwickelte als 1976, entstanden einige schöne Beerenauslesen und Trokkenbeerenauslesen von hoher Qualität. Bei Sammlern sehr gefragt, sind sie heute schwer zu finden. Dafür sind gute Auslesen dieses Jahrgangs ohne allzu große Schwierigkeiten aufzutreiben. Verglichen mit ähnlich alten Weinen aus Bordeaux oder Burgund sind sie ein echtes Angebot.
Die Erzeuger der allerbesten Weine des Jahrgangs 1971 waren: Zilliken und Egon Müller an der Saar, Fritz Haag und Joh. Jos. Prüm an der Mosel, die Staatsdomäne an der Nahe, Schloß Johannisberg und Langwerth von Simmern im Rheingau, Heyl zu Herrnsheim in Rheinhessen, Dr. von Bassermann-Jordan und Dr. Bürklin-Wolf in der Pfalz.

1970: EIN GUTER JAHRGANG

Dies war ein ertragreicher Jahrgang mit eher unauffälligen Weinen. Nur die Spitzenlagen brachten einige sehr gute Spätlesen und Auslesen hervor. Sie besitzen eine rassigere Säure als die 71er Weine, haben aber gleichzeitig weniger Fülle. Manche Ausnahme braucht dagegen den direkten Vergleich mit ähnlichen Weinen des folgenden Jahres nicht zu scheuen. Zwar sind diese Weine selten, doch lohnt sich die Suche nach ihnen.

1969: EIN HERAUSRAGENDER JAHRGANG

Rückblickend war dies wohl der beste Jahrgang der Sechziger, obwohl auch die Jahre 1966 und 1964 einige hervorragende Weine bescherten. Ohne den so kurz darauf folgenden überragenden Jahrgang 1971 wäre er sicher stärker in Erinnerung geblieben. Bei den 69ern handelte es sich um reiche, volle Weine mit weicher Säure; die Spitzenerzeugnisse verfügen über eine erstaunliche Beständigkeit im Geschmack. Heute zur vollen Reife gelangt, sollten sie bald getrunken werden, wenn sich die besten Auslesen auch bis zum Beginn des nächsten Jahrhunderts halten dürften. Als erfolgreichstes Anbaugebiet dieses Jahrgangs gilt die Mittelmosel.

1967: Ein durchschnittlicher Jahrgang

Wegen der extremen Witterungsbedingungen im Herbst 1967 mit seinen sintflutartigen Regenfällen ist eine pauschale Beurteilung dieses Jahrgangs unmöglich. Vom Regen weniger betroffen gelang in einigen südlichen Gegenden die Herstellung überwältigender Beerenauslesen und Trockenbeerenauslesen, die ihre beste Form jetzt erreicht haben.

1966: Ein sehr guter Jahrgang

Brachte dieser Jahrgang auch keine so überragenden Weine wie 1967 hervor, war er doch an Qualität und Charakter weitaus beständiger. Die 66er waren Weine mittleren Körpers mit feiner Frucht und eleganter, rassiger Säure. Diese Qualitäten besitzen die besten Spätlesen und Auslesen auch heute noch.

1964: Ein herausragender Jahrgang

Obwohl die Weine des Jahrgangs 1964 recht wenig Säure und einen sehr vollen Körper besaßen, sind sie bemerkenswert gut gealtert. Besonders schön sind die Rieslinge von Saar und Ruwer und aus dem Rheingau, da sie eine lebendigere Säure und mehr Geschmacksnuancen als der Durchschnitt besitzen. Sie zählen zu den besten deutschen Weinen der sechziger Jahre. Die Auslesen und seltenen höherwertigen Prädikatsweine dieses Jahrgangs sind immer noch sehr eindrucksvoll und dürften bis zum Ende unseres Jahrhunderts nicht an Qualität verlieren.

1962: Ein sehr guter Jahrgang

Haben sich die 63er Spätlese und der 61er Eiswein auch gut gehalten, stellte der 62er doch den besten Jahrgang der frühen sechziger Jahre dar. Seine Spätlesen und Auslesen besaßen eine brillante, rassige Säure, die ihnen eine bemerkenswert langwährende Frische verleiht. Auch wenn die Weine des Rheingaus und der Mittelmosel schwer zu finden sind, lohnt sich die Suche nach ihnen, da sie noch voller Leben stecken.

1959: Ein grosser Jahrgang

Wie 1976 war dies ein Jahrgang, der die Möglichkeiten vieler Winzer überstieg. Der äußerst heiße und trockene Sommer 1959 führte überall in Deutschland zu einem extrem hohen Reifegrad. Während der Lese hielt die Hitze an und nahm den Winzern die Kontrolle über den Gärungsprozeß, der schlechterdings zu schnell ablief und alkoholreiche, fruchtarme Weine hinterließ. Diejenigen, die das Problem in den Griff bekamen, erzeugten außerordentlich reiche, kraftvolle Weine, die sich trotz weicher Säure sehr gut entwickelt haben. Die besten dieser Exemplare erweisen sich immer noch als hinreißend, und die Weine dieses Jahrgangs von Mosel, Saar, Ruwer und Nahe sowie dem Rheingau sind die für den gegenwärtigen Genuß aufregendsten reifen deutschen Weine überhaupt. 1959 kam die Botrytis kaum zur Geltung, da die Trockenheit die Ausbildung der Edelfäule in den Weinbergen verhinderte. Die Beerenauslesen und Trockenbeerenauslesen gehören zu den erstklassigsten, die je erzeugt wurden!

1957: Ein sehr guter Jahrgang

Auch wenn die meisten der 57er Weine eher leicht und von wenig aufsehenerregender Qualität waren, besaßen die Spätauslesen und Auslesen dieses Jahrgangs eine bestechende Balance von pikanter Frucht und äußerst rassiger Säure. Sie sind erstaunlich frisch geblieben und können noch sehr beeindrucken. Es sind seltene Weine, die manchen Liebhaber eines reifen Rieslings in Versuchung führen dürften.

1953: Ein grosser Jahrgang

Hierbei handelte es sich um einen hervorragenden Jahrgang für konzentrierte, doch äußerst elegante Rieslinge. Manche behaupten, daß es für das Rheingau und Rheinhessen der beste Jahrgang nach 1945 war (wobei das Jahr 1949 den stärksten Herausforderer darstellt). Die Weine von 1953 besaßen eine magische Verbindung aus Dichte und Zartheit, Rasse und Körper, die die besten Auslesen und höheren Prädikatsweine bis heute beibehalten haben. Die Mehrheit der 53er Weine hat heute natürlich Einbußen erlitten. Von den Beerenauslesen und Trockenbeerenauslesen der Spitzengüter einmal abgesehen, sollten diese Weine in den nächsten Jahren geöffnet werden. So können sie noch größtes Vergnügen bereiten, bevor sie anfangen auszutrocknen oder alt zu schmecken.

1952: Ein sehr guter Jahrgang

Obwohl dieser Jahrgang fast völlig in Vergessenheit geraten ist, standen die 52er Weine bis zur Güte einer Spätlese denen aus 1953 kaum nach. Dank ihrer etwas betonteren Säure konnten sie eine bemerkenswerte Frische bewahren. So ist auch dies ein Jahrgang, nach dem Liebhaber reifer Rieslinge Ausschau halten sollten, doch sollten dabei nur Weine ausgezeichneter Güter in Erwägung gezogen werden.

1949: Ein grosser Jahrgang

Für das Mosel-Saar-Ruwer-Gebiet war 1949 sicher der beste Jahrgang der Zeit nach 1945. Selbst der sensationelle Jahrgang 1990 schuf nicht solche Meisterstücke wie 1949. Für das übrige Deutschland war es sicherlich selbst im Vergleich zu den ausgezeichneten Jahrgängen 1953, 1947 und 1945 ein großes Jahr. Optimal ausgewogene Bedingungen während der Blüte und niedrige Erträge in einem prächtigen Herbst, in dem sich reichlich Edelfäule entwickeln konnte, führten zu höchst konzentrierten und perfekt balancierten Weinen. Selbst nach mehr als 40 Jahren lassen die besten Weine dieses Jahrgangs solche von 1976, 1975 und 1971 unscheinbar wirken. Doch sogar für Weinkritiker sind die Aussichten auf eine Kostprobe dieses Weines enttäuschend gering.

1947: Ein herausragender Jahrgang

Dies war ein weiterer herausragender Jahrgang für ganz Deutschland, wenn seine Weine auch nicht die Eleganz der 49er besaßen und schneller alterten. Die Spitzenweine des Rheingaus können aber durch erhebliche Fülle und Charme überzeugen.

1945: Ein grosser Jahrgang

Nur die der Erzeugung erstklassiger Weine wenig förderlichen Bedingungen nach Kriegsende verhinderten, daß 1945 neben 1949 ein Jahrhundertjahrgang wurde. In diesem Jahr herrschte ein massiver Mangel an Arbeitskräften und es fehlten Mittel zur Pilzbekämpfung in den Weinbergen. Nur wenige Hilfskräfte standen zur Lese des erfreulich niedrigen Kontingents ausgesprochen reifer Trauben zur Verfügung. Selbst wenn seine kraftvollen und hervorragend strukturierten Weine heute praktisch nirgends mehr zu finden sind, kann man diesen Jahrgang ohne zu zögern zu einem der größten erklären, die es in Deutschland je gegeben hat.

5. Kapitel

Ahr

Gesamtrebfläche 522 ha
Rieslingrebfläche 49 ha/9,4 %

Besucht man die malerische Ahr, kann man sich kaum des Eindrucks erwehren, in einem Spielzeugland zu sein – eine sehr reizvolle Erfahrung, wären die meisten Weine dieses Anbaugebietes nicht mittelmäßiger Qualität und maßlos überteuert. Nur der stetige Zustrom von Touristen scheint das angeschlagene Schiff über Wasser zu halten.
Angesichts einiger exzellenter Lagen an der Ahr, die ein bei Riesling mit Mosel, Saar und Ruwer und bei Spätburgunder mit Assmannshausen im Rheingau vergleichbares Potential besitzen, ist diese Situation höchst bedauerlich. Allein die steil abfallenden Südhänge mit den Schieferböden verraten schon die Möglichkeiten. An der Ahr gibt es einige sehr zuverlässige Rotweinerzeuger, und besonders das Weingut Meyer-Näkel kann sich exzellenter Erzeugnisse rühmen, doch existiert hier derzeit kein Rieslingwinzer, der aus tiefster Überzeugung empfohlen werden könnte. Das auf der Rotweinproduktion basierende Ansehen der Ahr führte dazu, daß die besten Lagen nur mit roten Rebsorten bepflanzt sind. Für den Laien mag diese Entscheidung schwer nachvollziehbar sein, vermutet er die Rotweinerzeugung doch eher in warmen, südlicheren Gebieten als im relativ kühlen Klima der Ahr.
Wenn man einen Erlebnispark mit dem Motto »Wein« sucht, ist die Ahr eine Empfehlung. Rieslingliebhaber dagegen sollten dieses Anbaugebiet lieber meiden.

6. Kapitel

Baden

Gesamtrebfläche 16584 ha
Rieslingrebfläche 1347 ha/8,1 %

Viele Winzer und Winzergenossenschaften scheinen die Verbraucher heutzutage davon überzeugen zu wollen, daß der typische Badenwein ein Grauburgunder mit mindestens 14 % vol Alkohol ist, im neuen Barrique gereift, in italienische Designer-Flasche abgefüllt und mit einem peinlich grellen Etikett geschmückt – angeblich das Werk eines »echten Künstlers«. Das Ergebnis solcher Bemühungen soll »exklusiv« sein, doch bedauerlicherweise schmeckt der Inhalt meistens kaum besser, als die teure, aber geschmacklose Flasche aussieht.
Dabei ist Baden ein sehr großes Weinbaugebiet, dessen klimatische und geologische Vielfalt eine breite Palette interessanter Weine aus verschiedenen Rebsorten zuläßt. Dank der Ausweitung der Rieslingrebfläche in den siebziger und achtziger Jahren spielt diese Rebsorte mittlerweile eine wichtige Rolle im badischen Weinbau.
Die für die Produktion hochwertiger Rieslingweine bedeutendste badische Region ist die Ortenau. Seit über 200 Jahren wächst der Riesling in ihren sanft steigenden Lagen mit den verwitterten Granitböden. Auf den Hügeln östlich von Offenburg befinden sich zahlreiche Südlagen, die sowohl trokkene als auch edelsüße Rieslinge hervorbringen können, deren Qualität den besten Weinen aus Rheingau, Rheinhessen und Pfalz in nichts nachsteht. Ein guter Riesling aus der Ortenau läßt sich relativ problemlos auftreiben, aber die Zahl der Erzeuger wirklicher Spitzenweine ist noch sehr klein und das ungenutzte Potential enorm.
Auf den vulkanischen Böden des Kaiserstuhls wächst seit dem 19. Jahrhundert Riesling. Einige Winzer versuchen sich auch hier in der Erzeugung hochklassiger Rieslingweine, doch die meisten von ihnen scheitern an einer zu frühen Lese, das heißt, sie lesen noch unreife oder erst halbreife Trauben, und an einem zu neutralen Ausbau. So gibt es gegenwärtig nur einen Erzeuger, dem kontinuierlich hochwertige trockene Rieslinge gelingen, aber andere könnten ihm leicht folgen.
Wenn die badischen Resultate beim Riesling zur Zeit auch nicht der relativ

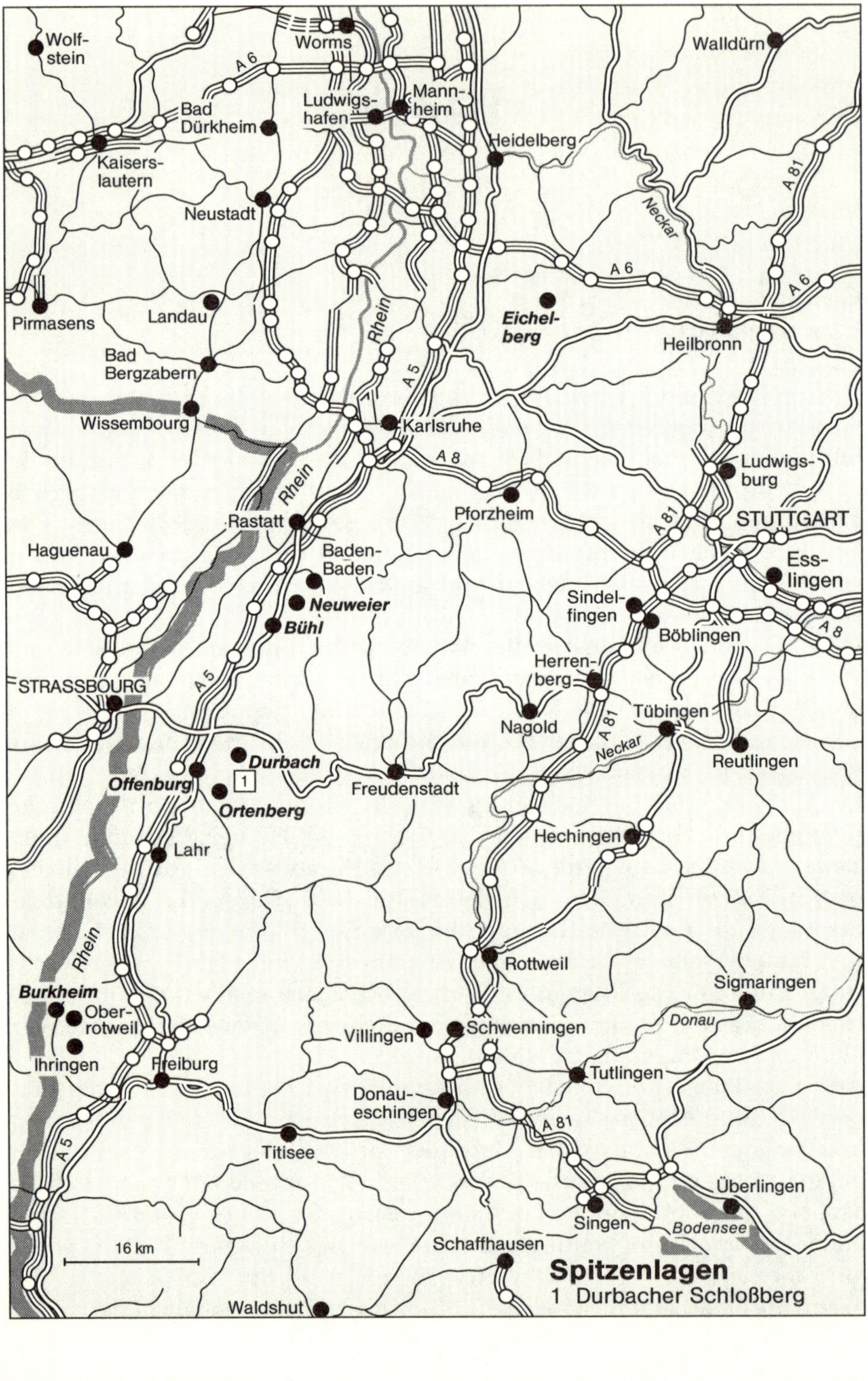
Wolf-
stein
Worms
Walldürn
A 6
Bad
Dürkheim
Ludwigs-
hafen
Mann-
heim
Heidelberg
Kaisers-
lautern
Neustadt
A 81
Neckar
A 6
A 6
Rhein
Pirmasens
Landau
Eichel-
berg
Heilbronn
Bad
Bergzabern
A 5
Wissembourg
Karlsruhe
A 8
Ludwigs-
burg
Rhein
Pforzheim
Rastatt
STUTTGART
Haguenau
Baden-
Baden
Ess-
lingen
Neuweier
Sindel-
fingen
Bühl
Böblingen
A 8
A 81
Herren-
berg
A 5
STRASSBOURG
Nagold
Tübingen
A 81
Neckar
Reutlingen
Durbach
1
Offenburg
Freudenstadt
Ortenberg
Hechingen
Lahr
Rhein
Rottweil
Sigmaringen
Burkheim
Ober-
rotweil
Donau
Villingen
Schwenningen
Ihringen
Freiburg
Tutlingen
Donau-
eschingen
A 81
A 5
Titisee
Überlingen
Singen
Bodensee
16 km
Schaffhausen
Waldshut
Spitzenlagen
1 Durbacher Schloßberg

großen Rebfläche entsprechen, läßt sich doch eine eindeutig positive Tendenz verzeichnen. Am offensichtlichsten wird sie bei den badischen Winzergenossenschaften, allen voran denen der Ortenau. Sie scheinen erkannt zu haben, daß es einen an relativ günstigen (DM 10 bis 20), hochwertigen Rieslingen interessierten Markt gibt und versuchen nun, die Qualität ihrer Rieslingweine zu steigern, um diese Nachfrage befriedigen zu können. Das läßt hoffen, in der nächsten Ausgabe dieses Buches Baden mit 10 statt der gegenwärtigen 5 Erzeuger vertreten zu sehen. Eine solche Entwicklung wäre auf jeden Fall begrüßenswerter als die Schöpfung neuer Designer-Weine, die in einer Glasvitrine besser aufgehoben sind als auf dem Eßtisch.

Spitzenrieslinglagen

DURBACHER SCHLOSSBERG Wolff Metternich (Alleinbesitz)

Exzellente Rieslinglagen

BÜHLER WOLFHAG Affenthaler WG
BURKHEIMER SCHLOSSGARTEN Bercher
DURBACHER PLAUELRAIN Andreas Laible
DURBACHER SCHLOSS GROHL Wolff Metternich (Alleinbesitz)
DURBACHER SCHLOSS STAUFENBERG Markgraf von Baden (Alleinbesitz)
EICHELBERGER KAPELLENBERG zu Hoensbroech
NEUWEIERER MAUERBERG Schloß Neuweier
ORTENBERGER SCHLOSSBERG Schloß Ortenberg
SASBACHER LIMBURG Bercher
ZELL-WEIERBACHER ABTSBERG von Franckenstein

Weingut Bercher

Anschrift 79235 Burkheim, Mittelstadt 23
Inhaber Rainer und Eckhardt Bercher
Kellermeister Rainer Bercher

Gesamtrebfläche 18 ha
Rebsortenspiegel 36 % Spätburgunder, 15 % Riesling, 14 % Müller-Thurgau, 12 % Grauburgunder, 7 % Weißburgunder, 6 % Chardonnay, 2,5 % Gewürztraminer, 2,5 % Scheurebe, 2 % Muskateller, 1 % Cabernet Sauvignon, 2 % andere Sorten

Rieslingproduktion

Rebfläche 2,6 ha
Lagen Sasbacher Limburg 1,5 ha, Burkheimer Schloßgarten 0,8 ha, Burkheimer Feuerberg 0,4 ha
Rebmaterial 100 % Pfropfreben (Gm239, Tr68)
Durchschnittliches Rebalter 20 Jahre
Durchschnittlicher Ertrag 65 hl/ha
Durchschnittliche Produktion 17 000 Flaschen pro Jahr

Daß die Gebrüder Bercher als einziger Erzeuger des Kaiserstuhls in die Liste der hundert besten deutschen Rieslingproduzenten aufgenommen wurden, sagt schon alles über ihren Perfektionismus in der Weinerzeugung. Ihre Leistungen sind um so bemerkenswerter, als keine ihrer Rieslinglagen, obschon sie alle gut sind – besonders der Burkheimer Schloßberg –, eine wirkliche Spitzenlage ist. Der Familienbetrieb wird seit 1971 von Rainer und Eckhardt Bercher geführt und in all den Jahren haben sie sich kontinuierlich für die Verbesserung der Weine dieses Gutes eingesetzt. Drastische Einschnitte hat es hier nicht gegeben, dafür aber stetige und schrittweise Verbesserungen der Weinbergbewirtschaftung und der Vinifikation. Jede Investition der letzten Jahre wurde gründlich überdacht und jeder Bestandteil der technischen Anlagen spielt eine wesentliche Rolle bei der Erzeugung der äußerst ausdrucksvollen, reichen und dabei wunderbar ausbalancierten Weine des Bercher-Betriebes. Das größte Ansehen verschafften den Berchers zwar ihre kraftvollen, tiefroten Spätburgunder und die trockenen Weiß- und Grauburgunder, doch gelingen durch ihre äußerst kompetente Weinerzeugung auch nicht minder beeindruckende Muskateller und Rieslinge.

Rainer Bercher ist ein ausgezeichnetes Beispiel für diejenigen deutschen Winzer, die sich der modernen Techniken umsichtig zur Erzielung höchstmöglicher Qualität bedienen und sie nicht, wie viele jüngere Kollegen, wie einen Götzen anbeten. Alle Trauben dieses Gutes werden von Hand gelesen und entrappt, bevor sie in zwei pneumatischen Tankpressen gekeltert werden. Danach dürfen sich die Schwebstoffe im Most 18 bis 24 Stunden lang absetzen, und in einem Mostkühler wird die Temperatur gesenkt; für die folgende Gärung wird Reinzuchthefe verwendet. Im warmen Klima des Kaiserstuhls, wo die Lese bei 25 Grad Hitze stattfinden kann, sind die Kühlvorrichtungen von enormer Bedeutung, denn ohne sie könnte die Gärung zu rasant vonstatten gehen und den Wein jeder Frucht berauben. Nach Abschluß der Gärung werden die Weine ohne jede Filtration abgezogen und von Januar bis März auf der Feinhefe (dem Bodensatz aus inaktiver Hefe) belassen. Zwei oder drei Monate später werden sie erneut abgestochen, gefiltert und abgefüllt. Die Mehrzahl der Bercher-Weine vergärt und reift in Edelstahltanks, aber seit 1992 werden für den besten Riesling aus dem Schloßgarten zwei 600-Liter-Halbstücke benutzt.

Das ist ein deutliches Zeichen für den wachsenden Ehrgeiz der Berchers bei ihrer Rieslingerzeugung. Es scheint fast, als ob der große Zuspruch, den ihre 1990 SASBACHER LIMBURG RIESLING SPÄTLESE TROCKEN fand, den Berchers die Augen für diese Sorte geöffnet hätte. Wenn der Kaiserstuhl generell auch mit den Rebsorten Spätburgunder, Grauburgunder und Weißburgunder in Verbindung gebracht wird, spricht doch nichts gegen die Erzeugung hochwertiger trockener Rieslingweine, solange die Reben auf den richtigen Böden angepflanzt werden.

Denn die großen, für den Kaiserstuhl charakteristischen Lößterrassen, die ihn so außerirdisch aussehen lassen, mögen für die Burgundersorten gut geeignet sein, nicht aber für den Riesling. Er muß dort stehen, wo vor allem das vulkanische Primärgestein des Kaiserstuhls, der Tephrit, die Böden beherrscht. Dort können trotz des warmen Klimas Weine erstaunlicher Eleganz und reicher Frucht entstehen. Tatsächlich müßten auch die Weine der Berchers, trotz des hohen Arbeitseinsatzes und der schon jetzt sehr schönen Ergebnisse, noch zu übertreffen sein. Man betrachte nur die großartigen Rieslinge aus dem Elsaß, die bei ähnlicher Sonneneinstrahlung und Bodenstruktur wie die Weine des Kaiserstuhls entstehen. Das deutlichste Beispiel hierfür sind die großen Rieslinge der Domaine Zind-Humbrecht aus dem »Grand Cru Rangen«. Auch im Kaiserstuhl ließen sich Weine mit einer ähnlichen Konzentration und einem nicht minder intensiven mineralischen Charakter erzeugen, und so sehe ich den kommenden Jahrgängen und den Fortschritten der Berchers mit großer Spannung entgegen.

Riesling diverser Lagen

1990 Burkheimer Schlossgarten Kabinett Trocken 89
Voller Pfirsichduft mit Zitrus- und Karamelnote; dichte Frucht und viel Stoff, betonte Säure, zarter Mandelton; gute Länge im Abgang. Es fehlt ihm etwas an Finesse und Spiel, trotzdem ein sehr solider Wein; hält sich bis 1997/98.

1990 Sasbacher Limburg Spätlese Trocken 87
Vielschichtiger Aprikosenduft; tolle Frucht und Eleganz für einen Kaiserstuhlriesling, sehr elegante Rasse, subtile mineralische Note; langer und sehr geschliffener Nachhall. Erst jetzt in bester Form; kann problemlos bis 2000 liegen. Ein Beweis für das unausgeschöpfte Potential dieser Sorte am Kaiserstuhl und ernsthafte Konkurrenz für die Spitzengüter der Ortenau.

1991 Burkheimer Schlossgarten Kabinett Trocken 79
Aromatisches Grapefruit-Cassis-Bouquet, fast ein bißchen aufdringlich; sehr ansprechende Frucht, elegante Säure und gute Balance; leider ein Diminuendo-Abgang. Eine gute Leistung für den schwierigen Jahrgang, aber kein besonderer Charakter; hält sich bis 1997/98.

1992 Sasbacher Limburg Kabinett Trocken 83
Aromatischer Aprikosenduft; sehr saftig und recht feinfruchtig, dezente natürliche Restsüße, elegante Säure, anhaltendes Spiel. Mit etwas mehr Konzentration wäre er bedeutend beeindruckender; hält sich bis 2000.

Die 1993er Rieslinge setzen die Linie auf beeindruckende Weise fort. Weine mit Dichte und Eleganz, den 1992ern leicht überlegen.

Weingut Freiherr von und zu Franckenstein

Anschrift 77654 Offenburg, Weingartenstraße 66
Inhaber und Kellermeister Hubert Doll

Gesamtrebfläche 14 ha
Rebsortenspiegel 42 % Riesling, 12 % Grauburgunder, 15 % Spätburgunder, 3 % Weißburgunder, 4 % Chardonnay, 18 % Müller-Thurgau, 2 % Traminer, 4 % Kerner

Rieslingproduktion

Rebfläche 5,2 ha
Lage Zell-Weierbacher Abtsberg 5,2 ha
Rebmaterial 100 % Pfropfreben (Gm239, 378)
Durchschnittliches Rebalter 15 Jahre
Durchschnittlicher Ertrag 70 hl/ha
Durchschnittliche Produktion 93 000 Flaschen pro Jahr

Im Jahre 1978 übernahm Hubert Doll die Leitung dieses Weingutes am Rande Offenburgs, seitdem hat es sich zu einem verläßlichen Erzeuger hochwertiger trockener Rieslinge in Baden entwickelt. Seltsamerweise sind die Grauburgunder die bekanntesten Von-Franckenstein-Weine, obwohl der Riesling die bedeutendste Rebsorte des Gutes ist. Das mag daran liegen, daß Doll der erste Erzeuger war, der für die Weine aus der Pinot-Gris-Rebe die Bezeichnung »Grauburgunder« benutzte, die sonst in Deutschland unter dem Namen »Ruländer« verkauft wurden. Mit dem ersten Wein, den das Gut von Franckenstein 1979 unter dem Namen »Grauburgunder« auf den Markt brachte, verbreitete sich dieser Trend schnell in ganz Baden. Heute werden fast alle trockenen badischen Weine aus dieser Rebsorte als Grauburgunder verkauft. Leider habe ich diesen bahnbrechenden Wein nie probieren können, dafür aber mehrmals die überragende 83ER GRAUBURGUNDER SPÄTLESE TROCKEN. Die Eleganz dieses Weines bei einem natürlichen Alkoholgehalt von 14 % vol ist eine großartige Leistung und er ist und bleibt einer der besten badischen Grauburgunder, die ich je verkostet habe. Die Rieslinge dieses Gutes erhalten ihre große Anziehungskraft durch die vollen Aromen und den reifen Fruchtgeschmack. Vielleicht gehören sie nicht zu den elegantesten trockenen badischen Rieslingen, doch immer bestechen sie durch ihren Charme und Charakter. Die besten Weine der letzten Jahrgänge waren die trockenen Riesling Spätlesen der Jahrgänge 1990 und 1992. Beide besitzen reiches Aprikosen- und Ananasaroma, und die 12 % vol Alkohol werden von einer reifen, eleganten Säure perfekt balanciert. Zum Essen kann man sich einen vielfältiger einsetzbaren Wein kaum vorstellen. Etwas schwankender sind die Von-Franckenstein-Kabinettweine, deren Frucht manchmal etwas zu schwach ist, um die prononcierte Säure auszugleichen. Gelegentlich werden auch restsüße Rieslinge erzeugt, die in guten Jahrgängen voll und saftig ausfallen und eine gute Harmonie von Säure und dezenter Süße besitzen.
1985 hat Hubert Doll das Weingut von der Familie von Franckenstein gepachtet und es seither geführt, als sei es sein eigenes. Er erzeugt eine so hohe Qualität, daß er fraglos zum besten halben Dutzend der Ortenauer

Winzer zählt, doch trotz alledem müßte hier noch Besseres möglich sein. Vor zehn Jahren, als der allgemeine Standard der trockenen Rieslinge in Deutschland wesentlich niedriger war, zählte er sicherlich zu den Spitzenerzeugern. Mittlerweile aber ist die Konkurrenz stärker geworden, und die Zahl der Winzer, die einen ähnlichen oder höheren Qualitätsstandard erreichen, gewachsen. Allein die Güte seiner Lagen könnte das Potential des Weingutes von Franckenstein zur Erzeugung großer Rieslinge etwas fraglich erscheinen lassen. Sie besitzen dieselbe Bodenart wie die Durbacher Lagen, nämlich verwitterten Granit, sind aber weniger steinig und speichern deshalb mehr Wasser. Keine von ihnen kann als wirkliche Spitzenlage gelten. So werden ihre Weine opulenter und weniger elegant als die Durbacher. Da die örtliche Genossenschaft große Mengen unter dem Namen »Zell-Weierbacher Abtsberg« verkauft, bemüht sich Hubert Doll um die Genehmigung, den Namen der Einzellage »Schützenberg« wieder verwenden zu dürfen. Dies würde dem Betrieb sicher einigen Nutzen bringen, aber seiner Reputation wären noch schönere Rieslinge bestimmt weitaus zuträglicher!

Der Name des Gutes wird wohl die Aufmerksamkeit jedes an Film oder Literatur interessierten Lesers erregen. Und tatsächlich war es der Name dieser Familie, nach dem Mary Shelley die Hauptfigur ihres gleichnamigen Romans »Frankenstein« benannt hat. Wenn Hubert Doll auch moderne Technologien zur Weinerzeugung einsetzt, spielen elektrische Experimente hier keine Rolle!

Zell-Weierbacher Abtsberg Riesling

1989 KABINETT TROCKEN **84**
Duftet nach reifen Äpfeln und Pfirsichen; viel Substanz und Saft für einen Kabinett Trocken, ohne den Rahmen des Prädikats zu sprengen, fast pikante Säure für den eher weichen Jahrgang; stoffiger Nachhall. Jetzt in seiner besten Form, hält sich mindestens bis 1997.

1990 SPÄTLESE TROCKEN **87**
Attraktives Bouquet mit sattem Pfirsich- und Mangoton; dicht und vielschichtig, die feste Säure gut integriert; recht langer, kräftiger Nachhall. Eine beeindruckende Spätlese, aber es fehlt ihr die letzte Eleganz; kann problemlos bis 2000 liegen.

1990 SPÄTLESE **86**
Ananas-Aprikosen-Duft; satte Frucht und ein Hauch von Süße, sehr feste Säurestruktur, elegantes Spiel, ähnliche Dichte und Länge wie die trockene Spätlese. Hat schon eine sehr gute Harmonie erreicht, hält sich mindestens bis 2002/3.

1991 KABINETT TROCKEN 79
Fruchtiger Apfelduft; viel Frucht und Fülle, aber etwas einfacher angelegt, deutliche Kräuternote; etwas scharfer Nachhall. Kann durch längere Lagerung etwas an Schliff gewinnen; sehr gut vinifiziert und noch sehr frisch.

1992 KABINETT TROCKEN 82
Schöner Pfirsichblütenduft; sehr saftige Frucht, die hohe Säure in keiner Weise aggressiv oder hervorstechend; pikanter Nachhall. Beginnt sich zu öffnen und wird bis 1995/6 weiter an Harmonie gewinnen; hält sich bis 2000.

1992 SPÄTLESE TROCKEN 85
Satter Aprikosen-Mandel-Duft; sehr reichhaltig und ausgesprochen attraktiv, elegante Säure; langer, fast schmelziger Abgang. Schon jetzt sehr gut zu trinken, kann bis 2000 liegen.

Die 1993er Rieslinge sind sehr ähnlich wie die 1992er. Ein Vergleich mit den wichtigsten Konkurrenten in der Ortenau weist darauf hin, daß sicher noch Besseres möglich gewesen wäre.

Weingut Andreas Laible

Anschrift 77770 Durbach, Am Bühl 6
Inhaber und Kellermeister Andreas Laible

Gesamtrebfläche 4 ha
Rebsortenspiegel 35 % Riesling, 28 % Spätburgunder, 17 % Traminer, 20 % andere Sorten

Rieslingproduktion

Rebfläche 1,4 ha
Lage Durbacher Plauelrain 1,4 ha
Rebmaterial 100 % Pfropfreben
Durchschnittliches Rebalter 18 Jahre
Durchschnittlicher Ertrag 60 hl/ha
Durchschnittliche Produktion 11 000 Flaschen pro Jahr

Eine der Voraussetzungen zur Aufnahme eines Weingutes in die Liste der hundert besten deutschen Rieslingproduzenten war, daß es seit mindestens fünf Jahren qualitativ hochwertige Rieslinge produziert. Nachdem ich aber die trockenen und restsüßen 92er Rieslinge von Andreas Laible probiert hatte und herausfand, daß nicht ein Wein aus früheren Jahrgängen mehr in seinem Keller lagert, beschloß ich, diese Regel ausnahmsweise einmal außer Kraft zu setzen. Laibles Weine unterscheiden sich völlig von allen anderen heute in Baden erzeugten, und es ist nicht anzunehmen, daß sich die Entwicklung zu ihrer jetzigen, einzigartigen Form auf einen Schlag vollzogen hat. Da es in seinen Kellern keinen einzigen älteren Wein mehr gibt, kann ich Laibles Qualitätsstandard der letzten fünf Jahre nicht beurteilen, aber wenn der Jahrgang 1992 für die Weine dieses Gutes repräsentativ ist, dürfte es sich hierbei um den besten Rieslingerzeuger in Baden handeln.

Diejenigen Weinliebhaber, die an trockene Weine mit vollem Körper und relativ milder Säure, wie sie für Baden charakteristisch sind, gewöhnt sind, werden die Herkunft der Laible-Weine kaum erkennen. Wegen ihrer Zartheit, den intensiven Fruchtaromen und der rassigen Säure wird man sie eher für Mosel- oder Naherieslinge halten. Lernt man sie aber näher kennen, offenbaren sie eine Persönlichkeit, die sich von den Rieslingen aus anderen Anbaugebieten deutlich unterscheidet. Die Balance der Laible-Weine erinnert an Rieslinge von der Mittelmosel oder der oberen Nahe, daneben besitzen sie aber Fruchtbouquets und Geschmacksnoten, die für diese Gebiete untypisch sind. Andreas Laible erzeugt Weine, die sich von der Masse anderer Badenweine deutlich unterscheiden, deren Charakter aber nichtsdestoweniger nur in diesem Gebiet entstehen kann. Zu dieser Leistung muß man ihm herzlich gratulieren. Trotz seiner Bescheidenheit und seines Desinteresses am Presseurteil ist er sich der Klasse seiner Weine sicher bewußt. Zahlreiche offizielle Auszeichnungen für eine gelungene Weinqualität sind in den letzten Jahren dadurch entwertet worden, daß sie säckeweise vergeben wurden. Der »Bundesehrenpreis in Gold«, den Herr Laible 1993 erhalten hat, ist dagegen eine Ehre geblieben, die nur wenigen Winzern zuteil wird.

Die schönsten Charakteristika der Laible-Weine sind ihre intensiven und doch fein nuancierten Fruchtaromen. Sie reichen in den reichhaltigsten Weinen von Apfel und Birne über Cassis bis Pfirsich und Ananas. Häufig werden sie durch eine Marzipannote und mineralische Töne ergänzt. Alle Weine Laibles besitzen eine betonte, lebhafte Säure, die aber nie rauhe Kanten zeigt, sondern eher elegant wirkt. Ihnen ist die Reife der Trauben anzumerken und die steile Lage mit den steinigen Böden, der sie entstammen. Nur diese Voraussetzungen können Weine so großer Eleganz und so überzeugenden Charmes hervorbringen. Genauso entscheidend ist auch eine Vinifikation, die den Charakter der Trauben und der Lagen vollständig

bewahrt. Laibles Rieslinge wären nur ein Schatten ihrer selbst, würden sie nach den technokratischen Methoden zahlreicher badischer Winzergenossenschaften erzeugt.
Einzig die geringe Kraft im Abgang hätte ich an den wenigen Weinen dieses Gutes, die ich probieren konnte, zu kritisieren. Ein Nachhall, der sich lange am Gaumen hält, ist eine der wichtigsten Eigenschaften eines großen Rieslings. Mit noch niedrigeren Erträgen würde Andreas Laible wahrhaft große Rieslinge schaffen. Vielleicht wird ihm die Verbindung von Ertragsbegrenzung und äußerst hohen Reifegraden des 93er Jahrganges ja die Erzeugung von noch beeindruckenderen Weinen als den im folgenden bewerteten ermöglichen?

Durbacher Plauelrain Riesling

1992 KABINETT TROCKEN 82
Feiner Pfirsich-Marzipan-Duft mit mineralischer Note; schlank und filigran mit feiner Frucht, ausgeprägter Mandelton; eleganter Nachhall. Schon in seiner besten Form; hält sich bis Ende der neunziger Jahre.

1992 SPÄTLESE TROCKEN (1093) 78
Etwas unentwickelter Apfel-Kräuter-Duft; von einer kantigen Säure leicht dominiert, aber viel Stoff und gute Fülle; ungehobelter Abgang. Wird sich ab 1995 etwas harmonischer präsentieren, aber es wird ihm immer etwas an Charme fehlen; hält sich bis 1998.

1992 SPÄTLESE TROCKEN (3393) 84
Jugendliches Pfirsich-Marzipan-Bouquet; gute Dichte, feine Frucht, rassige Säure und eine zarte mineralische Note; pikanter Nachhall. Erreicht erst jetzt ihren Höhepunkt und bleibt in dieser Form bis 2000.

1992 SPÄTLESE TROCKEN (0693) 87
Komplexer Duft nach Pfirsich, Cassis, Blüten und Mineralien; konzentriert und immer noch etwas unentwickelt, sehr feste Säurestruktur; vielschichtiger, langer Nachhall. Braucht bis 1995/96, um sich voll zu entfalten; hält bis 2002/03.

1992 SPÄTLESE (2393) 85
Zartes Ananasbouquet; sehr schlank und filigran, delikate Frucht und dezente Restsüße, so verspielt, daß man sie mit einer klassischen Mosel-Spätlese verwechseln könnte; pikanter Nachhall. Zeigt schon alles, aber kann bis 2000 liegen.

1992 Spätlese (4593) 88
Opulenter Duft nach Ananas, Maracuja und Aprikosen; reichhaltige Spätlese mit enormem Saft, verführerisches Spiel, fast die Struktur einer Auslese, elegante Säure; langer, samtiger Nachhall. Mit etwas mehr Dichte wäre sie äußerst beeindruckend; hält sich bis 2005.

Die 1993er Rieslinge stellen eine sehr beeindruckende Kollektion dar. Es sind Weine mit noch mehr Frucht, Charme und Eleganz als die 1992er, bei etwas mehr Tiefe würden sie zur Jahrgangsspitze in Deutschland gehören.

Weinbauversuchsgut Schloß Ortenberg

Anschrift 77799 Ortenberg, Burgweg 19a
Inhaber Ortenaukreis
Direktor und Kellermeister Winfried Köninger

Gesamtrebfläche 7,5 ha
Rebsortenspiegel 25 % Riesling, 20 % Spätburgunder, 15 % Müller-Thurgau, 6 % Ruländer, 6 % Gewürztraminer, 5 % Scheurebe, 5 % Traminer, 4 % Weißburgunder, 14 % andere Sorten

Rieslingproduktion

Rebfläche 1,8 ha
Lage Ortenberger Schloßberg (Alleinbesitz)
Rebmaterial 100 % Pfropfreben
Durchschnittliches Rebalter 20 Jahre
Durchschnittlicher Ertrag 58 hl/ha
Durchschnittliche Produktion 13 000 Flaschen pro Jahr

Nicht ohne Grund kann die Ortenau auf eine zweihundertjährige Tradition bei der Rieslingerzeugung zurückblicken. Die steilen Lagen mit ihren verwitterten Granitböden eignen sich optimal für diese Rebsorte. Das Klima ist kühl genug, um die Trauben langsam reifen zu lassen und das Potential für elegante Weine mit intensiven und doch subtilen Fruchtaromen zu erhalten. Es kann daher nicht überraschen, daß hier die besten Rieslingweine Badens erzeugt werden. Und doch lassen viele der ansprechendsten, fruchtigsten Weine die Tiefe, Struktur und mineralische Note vermissen, die einen großen Riesling auszeichnen. Aus der Masse dieser fruchtigen, anziehenden, aber recht oberflächlichen Ortenauer Rieslinge ragen die Weine von Schloß Ortenberg mit ihrer bemerkenswerten Konzentration und ihrem einzigartigen Charakter heraus. Während die meisten Weine aus der Ortenau reifes Apfel-, Birnen- und Pfirsicharoma aufweisen, zeichnen sich die Rieslinge von Schloß Ortenberg durch intensive kräuterähnliche, blumige und mineralische Noten aus. Aufgrund dieser Qualitäten haben die Weine zahlreiche Anhänger gefunden, unter ihnen viele namhafte Restaurants der Gegend. Andere Fachleute jedoch empfinden die Rieslinge als merkwürdig, wenn nicht gar fehlerhaft.

Offensichtlich gehöre ich nicht zur zweiten Gruppe, sonst wäre Schloß Ortenberg nicht in die Riege der hundert besten Rieslingproduzenten aufgenommen worden, was aber nicht bedeuten soll, daß hier nicht noch bessere Weine erzeugt werden könnten. Der jetzige Gutsdirektor Winfried Köninger ist erst seit Mai 1991 auf Schloß Ortenberg tätig; zuvor arbeitete er 16 Jahre lang als Weinfachberater in der Ortenau. Mit seinem Amtsantritt hat sich die Stilrichtung der Weine drastisch verändert. Die süßen Weine mit einem niedrigen Säuregehalt, wie sie sein Vorgänger Herbert Dresel bevorzugte, wurden von trockenen Weinen mit einer betonten Säure verdrängt. Einige liebliche Weine werden weiterhin erzeugt, doch auch sie werden mit verhältnismäßig wenig Restsüße balanciert. Gewöhnlich fallen sie halbtrocken aus, auch wenn diese Bezeichnung nie auf dem Etikett erscheint.

Die ersten Resultate sind sehr eindrucksvoll. Die Rieslinge dieses Gutes haben an Individualität und Konzentration gewonnen; manche von ihnen könnten noch ein wenig mehr Eleganz vertragen. Die frühe Lese, die eine rassige Säure sichern sollte, hat einige Weine etwas ihrer Frucht beraubt und die kräuterähnlichen Noten betont, die all diese Weine im Übermaß besitzen. Der teuerste Wein dieses Gutes ist ein »Selektionswein« aus den 35 Jahre alten Reben aus den Terrassen im steilsten Teil des Ortenberger Schloßberges. Hier liegen die Erträge generell unter 40 hl/ha, einer für die Erzeugung hochwertiger trockener Rieslingweine optimalen Menge. Doch selbst 1992, als die Trauben 88° Oechsle besaßen – was einem potentiellen Alkoholgehalt von 11,5 % vol entspricht – wurden die Weine noch chaptalisiert, das heißt, ihnen wurde während der Gärung Zucker zugeführt, um den Alkoholgehalt um einen halben Grad zu steigern. Dieses Vorgehen erscheint völlig überflüssig, denn selbst, wenn die Chaptalisierung zu gering war, um entscheidenden Einfluß auf den fertigen Wein zu nehmen, steigert sie nicht gerade seine Eleganz. Es ist eine eindeutige und unstreitbare Tatsache, daß die besten Weine aus vollreifen Trauben entstehen, denen im Keller nichts hinzugefügt oder weggenommen werden muß. Wenn der Natur vollreife Trauben gelingen, wie sollte der Mensch sie

noch verbessern? Bei einem solchen Material muß der Kellermeister nur noch die Entwicklung des Weines überwachen und ihn so behutsam wie möglich klären. Wenn Winfried Köninger die Moste aus vollreifen Trauben während der Gärung natürlich belassen und die entstehenden Weine im Keller mit der Sorgfalt behandeln würde, die er heute schon beweist, würde ihm sicher ein trockener Riesling gelingen, der jeden anderen Ortenauer Wein dieser Art dünn und schwach aussehen lassen würde!
Den Prädikatsweinen des Gutes wird selbstverständlich kein Zucker zugegeben. Sie können sehr schön gelingen und weisen eine lebhafte Säure auf, die in Baden sonst allzu selten ist, und besitzen eine Klarheit, die den vollen Charakter dieser Weine durchscheinen läßt. Jede etwaige Süße, die sie zurückbehalten und die sich dem ungeübten Gaumen oft genug entzieht, ist natürlichen Ursprungs und das Ergebnis einer allmählichen, langen Gärung, wie sie Köninger bevorzugt. Gelegentlich haben die Weine auch etwas natürliche Kohlensäure, die ihnen zusammen mit der frischen Säure ein langes Alterungspotential verleiht.
Winfried Köninger hat auf Schloß Ortenberg einen guten Start geboten. Es bleibt zu hoffen, daß er weiterhin nach vorn drängt und seine Vorstellungen von der Weinerzeugung mit den kommenden Jahren vollkommnet, denn mit dem ihm zur Verfügung stehenden exzellenten Ortenberger Schloßberg und seinen Fähigkeiten könnte dieses Weingut der führende Rieslingerzeuger der Ortenau werden.

Ortenberger Schloß Riesling

1991 QbA Trocken »Selektion« 83
Pfirsich-Kräuter-Duft; gute Dichte und feine Frucht für den schwierigen Jahrgang, sehr eigenartige mineralische Note, geschliffene Rasse; eleganter Nachhall. Der erste Riesling, der von Winfried Köninger vinifiziert wurde, womit er seinen Ehrgeiz sehr deutlich gemacht hat; hält sich bis 1998.

1992 Kabinett Trocken 80
Eigenwilliger Kräuter-Mineralien-Duft mit Blütennote; sehr schlank und leichtgewichtig, aber erstaunlich geschmacksintensiv für einen badischen Wein mit nur 10,5 % vol Alkohol, sehr mineralische Säure; pikanter Nachhall.

1992 QbA Trocken »Selektion« 87
Wieder ein extremer Duft mit einem fast übertriebenen Bodenton; konzentriert und rassig, vielschichtiger mineralischer Charakter; sehr langer, ausgeglichener Nachhall. Fällt total aus dem Rahmen; hält sich wesentlich länger als der Kabinett, mindestens bis 1999.

1992 Spätlese 85
Viel fruchtiger und verspielter als die trockenen 92er des Gutes und damit typischer für die Ortenau. Feiner Duft nach Pfirsich, Blüten und Mineralien; sehr saftig, ohne süß zu wirken, sehr elegante Säure, mineralische Note; filigraner Nachhall. Hält sich bis 2000.

Obwohl die 1993er Rieslinge von Winfried Köninger viel Stoff und Frucht besitzen, fehlt ihnen etwas Spiel und Lebendigkeit. Eine leichte Enttäuschung nach seinem guten Start im Betrieb.

Gräflich Wolff Metternich'sches Weingut

Anschrift 77770 Durbach/Baden, Grol 2–6
Inhaber Graf Wolff Metternich
Leiter Dipl.-Ing. Ottmar Schilli

Gesamtrebfläche 36 ha
Rebsortenspiegel 33 % Riesling, 29 % Spätburgunder, 21 % Weiß- und Grauburgunder incl. Chardonnay, 8 % Traminer, 7 % Müller-Thurgau, 2 % andere Sorten

Rieslingproduktion

Rebfläche 12 ha
Lagen Durbacher Schloß Grohl (Alleinbesitz) 3,5 ha, Durbacher Schloßberg (Alleinbesitz) 3,5 ha, Oberbacher Schloßberg 3 ha, Durbacher Plauelrain 2 ha
Rebmaterial 100 % Pfropfreben
Durchschnittliches Rebalter 19 Jahre
Durchschnittlicher Ertrag 60 hl/ha
Durchschnittliche Produktion 80 000 Flaschen pro Jahr

In den letzten zwei Jahrzehnten wurde auf diesem Weingut unbestreitbar die höchste Qualität in der Ortenau erzeugt. Zudem stammen von hier die wohl besten Weißweine in ganz Baden. Tatsächlich hat in der gesamten Bundesrepublik nur das pfälzische Weingut Müller-Catoir in Neustadt-Haardt bei so vielen verschiedenen Rebsorten einen ähnlich konstanten, hohen Qualitätsstandard halten können. Neben exzellenten trockenen Rieslingen produziert das Wolff Metternich'sche Weingut auch hervorragende Traminer, Weißburgunder, Grauburgunder, Sauvignon Blancs und

Scheureben, dazu noch eindrucksvolle Rosé- und Rotweine aus der Spätburgundertraube! Für trockene Weine genauso wie für Dessertweine ist dieses Weingut heute eine der ersten Adressen in Baden.
Diese außerordentliche Leistung konnte nur durch Ottmar Schillis enorm ausgeprägtes Qualitätsbewußtsein und sein äußerst umsichtiges Vorgehen bei der Weinbergbewirtschaftung und Weinerzeugung erreicht werden. Nie hat er irgendeine Innovation akzeptiert, ohne sie vorher einer kritischen Analyse unterworfen zu haben, und er hat sie, bevor sie im großen Stil eingesetzt wurde, immer erst im kleinen ausprobiert. Von Anfang an hatte er sehr klare Vorstellungen von den Weinen, die er hervorbringen wollte, und er ist diesem Konzept von Ortenauer Weinen immer treu geblieben. Jeder Wolff-Metternich-Wein - nicht nur die Rieslinge - ist voller Frucht, hat einen festen Kern aus den mineralischen Extrakten der Böden und besitzt eine lebhafte Säure, die ihm eine wunderbare Eleganz verleiht. Der Charme dieser Weine ist so überwältigend, daß sie selbst dem unerfahrensten Weintrinker große Freude bereiten. Gleichzeitig sind sie so zart und komplex, daß der Kenner viele Stunden damit zubringen kann, jede einzelne ihrer Nuancen aufzuspüren.
Schillis ausgeprägte Vorstellungen von der Weinerzeugung beginnen bereits in den Weinbergen, wo Dauerbegrünung seit vielen Jahren die Regel ist. Trotz der steilen Hänge werden die Lagen weitgehend maschinell bewirtschaftet. Durch die ausschließlich organische Düngung liegen die hiesigen Erträge weit unterhalb der Norm dieses Gebietes. Viele seiner Kollegen sind der Ansicht, daß die Trauben einen höheren Zuckergehalt aufweisen, wenn die Rebblätter so lange wie möglich grün gehalten werden, aber Ottmar Schilli möchte die Blätter zur Zeit der Lese gelb wissen. Mit dem Farbwechsel »pumpen« die Reben aus den Blättern und Stielen Zucker und zahlreiche andere Substanzen in die Beeren. Das Ergebnis sind Trauben maximaler physiologischer Reife, die länger an den Reben hängen können, ohne Gefahr zu laufen, vom Regen entwässert zu werden. 1992 ergaben die hohen Erträge und die Regenfälle während der Lese viele dünne, charakterlose Weine mit zu geringer oder zu grober Säure. Im krassen Gegensatz dazu stehen die Wolff Metternich'schen Weine, denn sie besitzen eine reiche Frucht und schöne Balance aus eleganter Säure, Frucht, Alkohol und Extrakt. Jahrgänge wie dieser verraten jede Schwachstelle in der Weinerzeugung. Schillis Erfolg mit diesem Jahrgang offenbart seine sachverständige Weinbergbewirtschaftung und sein umsichtiges Vorgehen im Keller.
In Deutschland entwickelte sich ein Trend, jeden Luftkontakt der frisch gepreßten Trauben zu vermeiden - Ottmar Schilli praktiziert das genaue Gegenteil. Er ist seiner alten, pneumatischen Willmes-Presse treu geblie-

ben, eben weil sie im Gegensatz zu moderneren Modellen nur leichten Druck ausübt und dem Most Luft zuführt. Nach typisch deutscher Manier geht erst in den letzten Jahren die Tendenz wieder dahin, den Most nicht mehr vor Luft zu schützen, sondern ihm nach dem Keltern extra Sauerstoff zuzuführen! Die Verbindung des Mostes mit dem Sauerstoff führt zu einer natürlichen Klärung, die die Bitterstoffe entfernt, die andernfalls im Wein verbleiben würden und die nicht nur seine Eleganz, sondern auch sein Alterungspotential beeinträchtigen würden.

Die Gärung findet mit natürlicher Hefe in temperaturkontrollierten Edelstahltanks statt. So vergären die Weine langsamer und bewahren das volle Traubenaroma. Vor der Flaschenabfüllung gibt es nur einen Abzug und eine Filtration. Die trockenen Weine bleiben üblicherweise in den Edelstahltanks; eine edelsüße Auslese dagegen verbringt einige Monate im Holzfaß, um ihre Aromen vollständig entwickeln zu können. Alle Weiß- und Roséweine vom Weingut Wolff Metternich besitzen natürliche Kohlensäure und viele der trockenen Weine behalten nach der Gärung einige Gramm natürlicher Süße. Jedem Wein wird seine eigene Harmonie gewährt, ohne daß er aus rein kommerziellen Gründen in eine bestimmte Richtung gedrängt würde. Der Alkoholgehalt liegt zwischen 11 bis 11,5 % vol beim Kabinett und 12 bis 12,5 % bei den Spätlesen der besten Jahrgänge. Für Baden sind diese Zahlen sehr bescheiden, und sie offenbaren Schillis Einstellung, daß neben dem Alkoholgehalt eher die anderen Komponenten eines Weines entscheidend für seine Qualität sind.

Leider wird Ottmar Schilli in wenigen Jahren in den Ruhestand treten, und die Zukunft des Wolff Metternich'schen Gutes ist somit ungewiß. Hoffentlich kann ein Nachfolger gefunden werden, der die Weine des Gutes zumindest mit der gleichen Sorgfalt wie der jetzige Direktor erzeugt. Es wäre sehr schade, wenn Baden seinen Spitzenerzeuger verlöre, bevor viele Weinfreunde überhaupt diese Weine kennengelernt haben.

Durbacher Riesling diverser Lagen

1990 SCHLOSS GROHL KABINETT TROCKEN **86**

Zarter Pfirsichduft mit komplexer Kräuternote (Basilikum, Salbei, Petersilie); sehr dicht und intensiv für einen Kabinett Trocken, viel Apfel- und Pfirsichfrucht, Anklang von Kräutern und Mineralien, die pikante Säure läßt ihn sehr schlank wirken; komplexer Nachhall. Jetzt in seiner besten Form, hält sich bis 1998.

1990 SCHLOSSBERG SPÄTLESE TROCKEN **90**
Tolles Aprikosen-Mandel-Bouquet mit vielen Feinheiten; sehr konzentriert und erstaunlich filigran für fast 13 % vol Alkohol, sehr feinfruchtig mit zarter Mandel- und Mineraliennote, hochelegante Säure und perfekte Harmonie; sehr langer, finessenreicher Nachhall. Besser kann ein badischer Riesling kaum sein; die Jahrgangsspitze im Gebiet. Jetzt schon sehr beeindruckend, kann bis mindestens 2000 liegen.

1991 PLAUELRAIN KABINETT TROCKEN **80**
Mineralischer Zitrus-Apfel-Duft; etwas einfach angelegt, trotzdem ansprechende Frucht und geschliffene Rasse; pikanter Nachhall. Hält sich bis 1998.

1991 SCHLOSS GROHL KABINETT TROCKEN **84**
Delikater Aprikosenduft; sehr überzeugende Frucht für den schwierigen Jahrgang, mineralische Rasse und perfekte Harmonie; langer, vielschichtiger Nachhall. Nochmals die Jahrgangsspitze im Gebiet; hält sich bis 2000.

1992 SCHLOSSBERG SPÄTLESE TROCKEN **86**
Fast extrovertierter Cassis-Aprikosen-Duft mit leicht exotischer Note; konzentriert und saftig, filigrane Säure; sehr saftiger Nachhall. Nicht ganz die Dichte und Finesse der 90er. Schon jetzt in ihrer besten Form, kann bis 2000 liegen.

So gut die 1993er Rieslinge dieses Betriebes sind, zeigen sie jedoch nicht die gewohnte Klasse. Den trockenen Weinen fehlt etwas Eleganz, den restsüßen die Frische.

Weitere interessante Produzenten

Affentaler Winzergenossenschaft

Anschrift 77815 Bühl-Eisental

Der allgemeine Qualitätsstandard dieser bedeutenden Winzergenossenschaft ist eher durchschnittlich, doch ihre Spitzenweißweine in den klaren Bordeauxflaschen haben ein ganz anderes Kaliber. Sie gehören zu den besten Weinen der Ortenau. Der beste Riesling, der überhaupt von einer deutschen Winzergenossenschaft erzeugt wird, ist die trockene Spätlese aus dem Bühler Wolfhag. Mit ihren zarten blumigen Aromen und ihrer nuancierten Zitrus- und Pfirsichfrucht waren sowohl der 90er als auch der 92er Jahrgang von sehr guter Qualität. Mit ein wenig mehr Konzentration und Kraft im Abgang würden sie als exzellent gelten können, denn an ihrer Vinifikation gibt es nicht das geringste auszusetzen.

Weingut Dr. Heger

Anschrift 79241 Ihringen, Bachenstraße 19

Die besten Weiß- und Grauburgunderweine von Joachim Heger aus seinen Parzellen im großen Ihringer Winklerberg gehören zu den schönsten ihrer Art nicht nur in Deutschland, sondern in der ganzen Welt. Mit seinem Spätburgunder hat er während der letzten Jahre ebenfalls bemerkenswerte Fortschritte erzielen können, und auch sie gehören heute zum Besten, was Deutschland zu bieten hat. Selbst einige der unbedeutenderen Rebsorten dieses Gutes, wie etwa der Muskateller oder die Scheurebe, ergeben eindrucksvolle Weine. Vergleicht man allerdings einen Heger-Riesling mit diesen Weinen, so wird er düster und einseitig säurehaltig schmecken. Will Joachim Heger mit diesen Weinen ebenso großes Ansehen gewinnen wie mit seinen Burgundersorten, wird er am Riesling noch hart arbeiten müssen. Vor allen Dingen muß er die Trauben erst ihren höchsten Reifegrad erreichen lassen, bevor er sie liest. Denn selbst im warmen Klima des Kaiserstuhls schmecken unreife Früchte wenig anregend.

Weingut Reichsgraf und Marquis zu Hoensbroech

Anschrift 74918 Angelbachtal-Michelfeld

Dieses schöne Weingut ist vor allem für seine eleganten trockenen Weißburgunder bekannt, die zu den besten Weinen dieser Rebsorte in ganz Baden gehören. Bis zum Jahrgang 1989 spielte der Riesling auf diesem Gut nur eine untergeordnete Rolle, mit dem Kauf einer ausgedehnten Parzelle im Eichelberger Kapellenberg jedoch hat er an Bedeutung gewonnen. Der Michelfelder Himmelberg, in dem die Mehrheit der Hoensbroecher Reben steht, war mit seinen tiefen Lößböden alles andere als geeignet für den Rieslinganbau. Der Mergelboden im Kapellenberg bekommt dieser Rebsorte wesentlich besser, denn hier bringt sie Weine mit einem intensiven, aprikosenähnlichen Bouquet und einer viel eleganteren Balance von Frucht, Alkohol und Säure hervor. Rüdiger Reichsgraf und Marquis zu Hoensbroech wird mit diesen Weinen noch einige Jahre Erfahrung sammeln müssen, aber die ersten Jahrgänge haben schon eine gute Qualität bewiesen.

Weingut Schloß Neuweier

Anschrift 76534 Neuweier, Mauerbergstraße 21

Nachdem sich das Weingut Schloß Neuweier einige Jahre lang in Schwierigkeiten befunden hatte, wurde es vor kurzem von Gisela Joos aufgekauft. Mit Alexander Spinner, dem ehemaligen Kellermeister vom Weingut Graf Wolff Metternich in Durbach scheint sie einen jungen Mann gefunden zu haben, der genug Entschlossenheit und Talent besitzt, um diesen Betrieb wieder in seine frühere Topform zu bringen. Die Parzellen im Neuweierer Mauerberg, eine der besten Lagen im nördlichen Baden, geben ihm das Potential zur Erzeugung von Rieslingen, die es mit den besten von Durbach aufnehmen können. Die Fortschritte dieses Gutes mit den kommenden Jahrgängen dürften einige Aufmerksamkeit wert sein.

Weingut Salwey

Anschrift 79235 Oberrotweil, Hauptstraße 2

Wolf Dietrich Salweys trockene Weiß-, Grau- und Spätburgunder, sein Weißherbst und die Rotweine genießen ein hohes Ansehen, einfach weil sie zu den besten Weinen gehören, die heute in Baden erzeugt werden. Selbst seine trockenen Müller-Thurgau und Silvaner sind fruchtig, frisch und attraktiv. Das Weingut kann einige gute trockene Rieslingweine aus früheren Jahrgängen, allen voran einen noch immer äußerst frischen und eleganten trockenen 83er Kabinett, vorweisen, doch mit den letzten Jahrgängen ist kein Wein vergleichbarer Güte entstanden. Wo das Problem liegt, vermag ich nicht zu sagen, doch selbst in den Jahren 1989 und 1990 wurde hier kein besonderer Riesling erzeugt.

Markgräflich Badisches Weingut Schloß Staufenberg

Anschrift 77770 Durbach, Schloß Staufenberg

Nachdem ihm mit den Jahrgängen 1989 und 1990 einige sehr gute trockene Rieslinge gelungen waren, blieb dieses Weingut mit den 91er und 92er Jahrgängen hinter den Erwartungen zurück. Im Keller, der von dem Gutsdirektor Bernhard Ganter mit sicherer Hand geführt wird, kann das Problem nicht liegen, eher würde ich es bei der Weinbergbewirtschaftung vermuten. Ist das Wetter während der Lesezeit unproblematisch, gelingen saftige und elegante Rieslinge, doch sobald ungünstigere klimatische Bedingungen herrschen, sinkt die Qualität. Für ein Weingut mit so hohen Ansprüchen sind solche Leistungen ungenügend. Versöhnt wird man allerdings durch die von April bis Oktober täglich geöffnete Straußwirtschaft im Schloß, von der aus man eine der wunderbarsten Aussichten Badens genießen kann.

Weingut Stigler

Anschrift 79241 Ihringen, Bachenstraße 29

Dieses kleine, ernst zu nehmende Weingut, nicht weit entfernt vom Weingut Dr. Heger, hat schon immer ganz andere Weine erzeugt. Ohne altmodisch zu sein, sind die Stiglers immer den Erzeugungsmethoden treu geblieben, die schon bei der Gründung des Gutes im Jahre 1870 Anwendung gefunden haben. Viele badische Winzer verzichten mittlerweile zugunsten von Edelstahltanks auf Holzfässer, angeblich, weil so frischere Weine entstünden. Die Stiglers jedoch schwören noch immer auf Holzfässer und eine späte Flaschenabfüllung. Ihre häufig beeindruckenden Weißburgunder, Grauburgunder und Traminer liefern den Beweis, daß ihre Methoden weder einer gelungenen Frische noch einem guten Alterungspotential im Wege stehen. In den letzten Jahren allerdings waren ihre Rieslinge, ein wesentlicher Bestandteil der Gesamtproduktion, von schwankender Qualität. Als Faustregel kann gelten, daß ein Stigler-Riesling eines geringeren Jahrgangs besser ist als einer aus einem »Spitzenjahrgang«, da letzterer häufig etwas zu derb und schwer gerät.

7. Kapitel

Franken

Gesamtrebfläche 5984 ha
Rieslingrebfläche 218 ha/3,6 %

Warum so viele Leute ausgerechnet die kurzen, gedrungenen Bocksbeutel lieben, in die die fränkischen Winzer ihre Weine abfüllen, ist nicht ganz nachzuvollziehen, aber irgend etwas wird schon dahinterstecken, denn mittlerweile wird diese alte Flaschenform von Winzern auf der ganzen Welt imitiert. Vielleicht bringt man aus diesem Grunde den Bocksbeutel nicht sofort mit einem Spitzenriesling in Verbindung. Franken kann sich der besten trockenen Silvaner in Deutschland rühmen, doch auch seine wesentlich begrenztere Rieslingerzeugung verdient einige Aufmerksamkeit. Ein Riesling dieses Gebietes hat wohl nicht die Eleganz und Finesse der besten Weine von Rhein und Mosel, dafür aber um so mehr Substanz und Kraft. Hier lassen sich trockene Rieslinge mit bis zu 14 % vol Alkohol erzeugen, die dennoch nicht alkoholisch schmecken; die Norm liegt aber auch hier zwischen 10 und 12 % vol. Durch ihre erdige Intensität passen sie exzellent zu deftigen, würzigen Gerichten.
Seit fast zweihundert Jahren wächst in den Würzburger Spitzenlagen, darunter dem berühmten Stein, Riesling. Von dort hat er sich nur langsam auf andere Lagen ausgebreitet, und so stehen heute fast alle Rieslingreben in Lagen mit ausgezeichneten mikroklimatischen Bedingungen. Für den spät reifenden Riesling ist das von nicht geringer Bedeutung, da der Winter in Franken mit seinem kontinentalen Klima in der Regel sehr zeitig anfängt. Häufiger Spätfrost im Frühjahr dezimiert oft die jungen Triebe und reduziert so die Gesamterträge der betroffenen Lagen. Deshalb wurden in der Nachkriegszeit hauptsächlich ertragreiche, früh reifende Rebsorten angepflanzt. Einige dieser Sorten, vor allem der Müller-Thurgau, ergeben angenehme trockene und halbtrockene Weine, die der Weintradition Frankens angemessen sind, andere hingegen wirken fehl am Platz. Die Rebsorten Bacchus und Perle etwa ergeben undifferenzierte Weine, wie sie überall in Deutschland oder in Osteuropa produziert werden könnten. Jene Weine und eine enorm unbeständige Erzeugung sind die gravierendsten Probleme, mit denen sich das Weinbaugebiet Franken heute konfrontiert sieht.

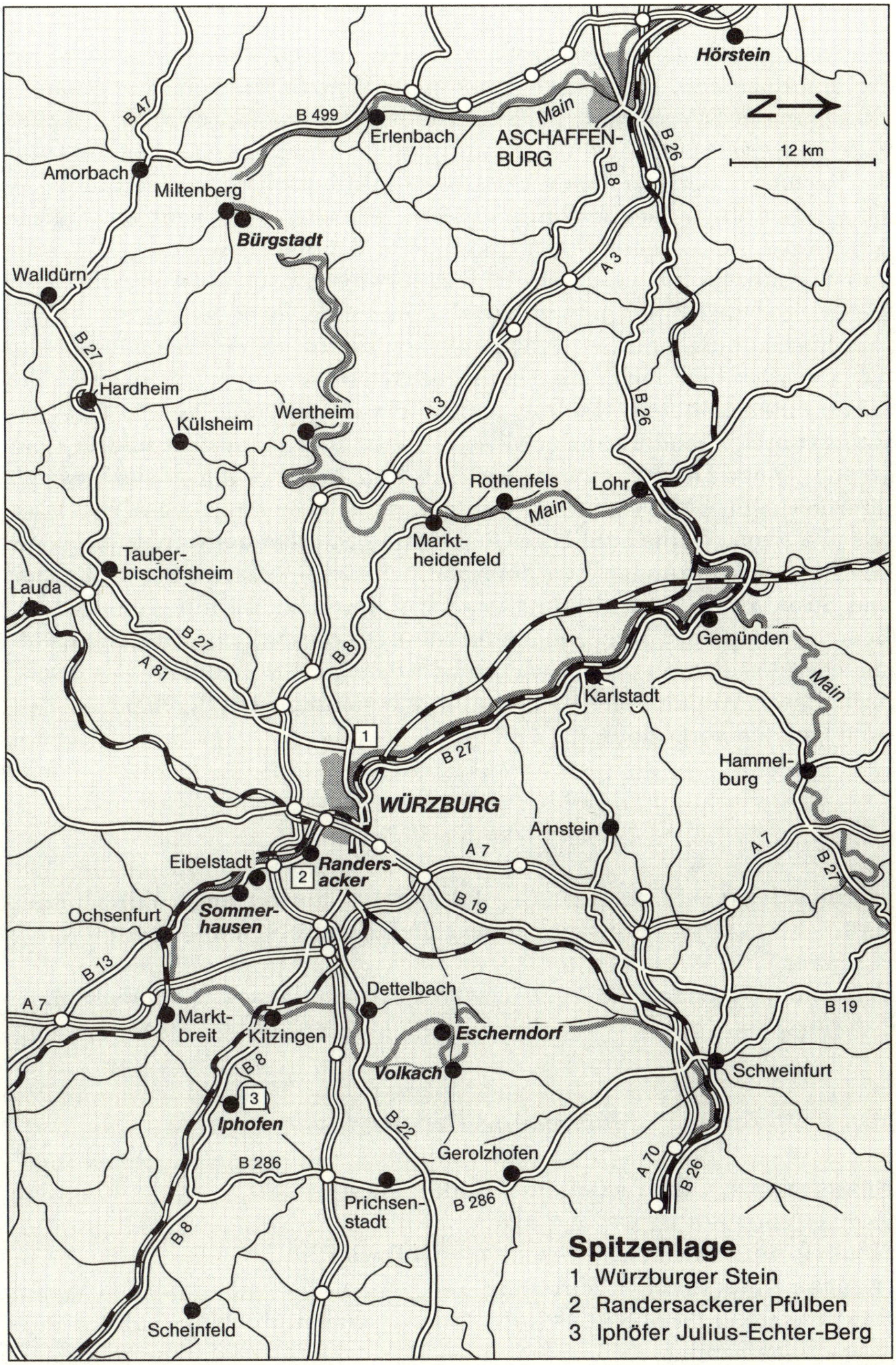

Hörstein
Z
12 km
B 47
B 499
Erlenbach
Main
ASCHAFFEN-
BURG
B 26
B 8
Amorbach
Miltenberg
Bürgstadt
Walldürn
A 3
B 27
Hardheim
Külsheim
Wertheim
A 3
B 26
Rothenfels
Lohr
Main
Markt-
heidenfeld
Tauber-
bischofsheim
Lauda
Gemünden
B 27
A 81
B 8
Main
Karlstadt
1
B 27
Hammel-
burg
WÜRZBURG
Arnstein
A 7
A 7
B 27
Eibelstadt
Randers-
acker
2
Sommer-
hausen
Ochsenfurt
B 19
B 13
A 7
Dettelbach
B 19
Markt-
breit
Kitzingen
Escherndorf
Volkach
Schweinfurt
B 8
3
Iphofen
B 22
Gerolzhofen
A 70
B 26
B 286
Prichsen-
stadt
B 286
B 8
Scheinfeld
Spitzenlage
1 Würzburger Stein
2 Randersackerer Pfülben
3 Iphöfer Julius-Echter-Berg

Ein weniger offenkundiges Problem ist das laxe Qualitätsbewußtsein der Weinproduzenten. Viele Jahre konnten die Winzer Frankens ihre gesamte Erzeugung in Bayern mühelos zu gesunden Preisen absetzen. Was zählte, waren bayerischer Chauvinismus und die Weintraditionen, nicht die Güte der Resultate. Langsam ändert sich dieses Bild, und die fränkischen Winzer sind zu einer Neubestimmung ihrer Prioritäten gezwungen. Glücklicherweise gibt es schon seit längerem eine Handvoll dynamischer Winzer und Gutsdirektoren, die sich der Erzeugung von Qualität verschrieben haben, so daß sich der jungen Generation einige Vorbilder bieten.

Den höchsten Bekanntheitsgrad genießen die trockenen Weine Frankens, dabei werden hier auch einige bemerkenswerte Dessertweine erzeugt. Sie haben einen höheren Alkoholgehalt und weniger Süße als die Dessertweine vom Rhein oder von der Mosel, können aber genauso beeindruckend geraten. Zum Dessert eignet sich eine Franken-Riesling-Auslese wegen ihrer geringen Süße eigentlich weniger, dafür aber um so besser zu Käse oder Pasteten. Weine ähnlicher Qualität und Stilrichtung werden auch aus den Rieslingkreuzungen Rieslaner und Scheurebe erzeugt, deren Balance und Struktur an einen Riesling erinnern. Tatsächlich kann eine Auslese, Beerenauslese oder Trockenbeerenauslese aus diesen Rebsorten einen entsprechenden Riesling ohne weiteres in den Schatten stellen. Die Suche nach diesen Weinen lohnt sich, und ihre bedeutendsten Erzeuger werden im folgenden vorgestellt.

Spitzenrieslinglagen

IPHÖFER JULIUS-ECHTER-BERG Juliusspital, Johann Ruck, Wirsching
RANDERSACKERER PFÜLBEN Juliusspital, Robert Schmitt, Schmitt's Kinder
WÜRZBURGER STEIN Bürgerspital (inkl. STEIN-HARFE, Alleinbesitz), Juliusspital

Exzellente Rieslinglagen

BÜRGSTADTER CENTGRAFBERG Rudolf Fürst
ESCHERNDORFER LUMP Schäffer
HÖRSTEINER ABTSBERG Staatlicher Hofkeller
IPHÖFER KRONSBERG Wirsching
RANDERSACKERER SONNENSTUHL Martin Göbel, Robert Schmitt, Schmitt's Kinder

RANDERSACKERER TEUFELSKELLER Martin Göbel, Juliusspital
VOLKACHER KARTHÄUSER Juliusspital
WÜRZBURGER ABTSLEITE Juliusspital
WÜRZBURGER INNERE LEISTE Juliusspital, Staatlicher Hofkeller

Weingut Rudolf Fürst

Anschrift 63927 Bürgstadt, Hohenlindenweg 46
Inhaber und Kellermeister Paul Fürst

Gesamtrebfläche 10,6 ha
Rebsortenspiegel 55 % Spätburgunder, etwas Frühburgunder, Portugieser und Domina, 12 % Riesling, 10 % Müller-Thurgau, 8 % Weißburgunder, weiterhin Silvaner, Rieslaner, Kerner, Traminer, Bacchus

Rieslingproduktion

Rebfläche 1,3 ha
Lage Bürgstadter Centgrafenberg
Rebmaterial 100 % Pfropfreben (Gm239, N90, Gm198)
Durchschnittliches Rebalter 16 Jahre
Durchschnittlicher Ertrag 63 hl/ha
Durchschnittliche Produktion 11 000 Flaschen pro Jahr

Das größte Ansehen hat Paul Fürst durch seine Spät- und Weißburgunder gewonnen, die er im Barrique ausbaut. Diese Weine gehören zu den besten ihrer Art in ganz Deutschland und können es leicht mit den Villages- und Premiers-Crus-Weinen guter Domänen im Burgund aufnehmen. Ungerechtfertigterweise sind seine Rieslinge weniger bekannt oder geschätzt, dabei besitzen sie ähnliche Güte wie seine Barriqueweine.
Wie bei den meisten deutschen Rieslingerzeugern beginnt hier die Qualität des Weines bereits im Weinberg. Der Riesling vom Weingut Rudolf Fürst wächst nur in den besten Parzellen des Bürgstadter Centgrafenberges und eine Ausweitung der Rebfläche ist nicht geplant. Die Lage befindet sich auf steilen, von Sandsteinmauern abgegrenzten Hängen, die Böden bestehen aus verwittertem Sandstein auf tonigem, morschem Fels. Intensiver Rebschnitt, Begrünung und ausschließlich organische Düngung sorgen für mit

die niedrigsten Erträge im gesamten Anbaugebiet. So sind Paul Fürst auch in einem Jahr wie 1989 beeindruckende Weine gelungen, während die hohen Erträge dieses Jahrgangs auf fast allen anderen Gütern in Franken mittelmäßige Weine bedingten. Das Ziel dieser Weinbergbewirtschaftung und der anschließenden selektiven Lese ist »die Erzeugung von hochgradigen Spätlesen«, und dies wird mit großer Energie und Entschlossenheit verfolgt.

Im Keller stehen vor allem Klarheit und Frische im Vordergrund; die Rieslinge vergären in Edelstahltanks unter Zuhilfenahme einer geringen Menge Reinzuchthefe, um so die Aktivität unerwünschter natürlicher Hefe zu verhindern, und reifen darin auch bis zur Flaschenabfüllung. Die natürliche Struktur und der aromatische Charakter der Weine werden auf keine Weise beeinflußt. Das Resultat sind Weine mit einer für Franken sehr rassigen Säure und einzigartigen Fruchtaromen, wie sie in diesem Gebiet sonst nicht anzutreffen sind. Durch ihre Aprikose-, Grapefruit- und Cassisnote und ihre geschliffene Struktur sind die Rieslinge von Paul Fürst besonders für die Weinliebhaber interessant, die den gröberen, erdigen Charakter der meisten Weine aus Franken nicht sehr schätzen. Die Art seiner Weinerzeugung und die Konzentration der Weine verleihen ihnen ein ausgezeichnetes Alterungspotential. Die trockenen Kabinettweine können je nach Jahrgang 10 Jahre oder länger reifen, die trockenen Spätlesen etwa 20 Jahre.

Restsüße Rieslinge werden hier sehr unregelmäßig erzeugt, doch die wenigen, die ich probiert habe, waren alle großartige Weine. Eine niedrige und ausschließlich natürliche Süße verleiht diesen Weinen eine wunderbare Harmonie und Eleganz. Ihre Frucht hat eine so aromatische Intensität, daß sie an die Rieslinge aus den besten Lagen der Pfalz erinnern. Nach einigen Jahren der Flaschenreifung verlieren sie die Süße ihrer Jugend und eignen sich vorzüglich zu Käse oder Pasteten. Dasselbe trifft auf die beeindruckenden restsüßen und edelsüßen Weine aus der Rieslanertraube zu, einer Kreuzung aus Riesling und Silvaner. Rieslaner können leicht zu aggressiv und mächtig geraten, doch Paul Fürst gelingt es, diesen Weinen eine leichtere Note und eine beträchtliche Eleganz zu geben. Jeder restsüße und edelsüße Riesling oder Rieslaner dieses Weingutes kann 20 Jahre und länger gelagert werden.

Paul Fürst ist einer der intelligentesten und aufgeschlossensten deutschen Winzer, immer bereit, die eigenen Methoden in Frage zu stellen und die seiner Kollegen kritisch zu untersuchen, um Verbesserungen für Weinberg und Keller zu finden. Seit er den Betrieb 1975 im Alter von 21 Jahren von seinem Vater übernommen hat, steigerte er den Qualitätsstandard ständig. Sein Perfektionismus und sein rastloser Geist werden ihn sicher nicht ruhen lassen, so daß von diesem Weingut noch schönere Rieslinge und noch bessere rote und weiße Barriqueweine erwartet werden dürfen.

Bürgstadter Centgrafenberg Riesling

1988 KABINETT TROCKEN 83
Vielschichtiger Duft nach reifen Äpfeln, Zitrus, Toast und Mineralien; leichtgewichtig und schlank, trotzdem viel Ausdruck und Struktur, elegante, nachhaltige Rasse. In seiner besten Form, hält sich bis 1998.

1989 KABINETT TROCKEN 82
Deutlich reifer als der 88er, aber genauso beeindruckend. Zitrus-Karamel-Duft mit mineralischer Note; fülliger Kabinett mit eleganter Säure und viel Substanz für den eher schwachen Frankenjahrgang; filigraner Nachhall. Voll entwickelt, aber hält sich bis 1997.

1990 SPÄTLESE TROCKEN 87
Jugendlicher Pfirsichduft; dicht und feinfruchtig zugleich, geschliffene Rasse, nachhaltiger, mineralischer Ton. Kommt jetzt langsam in ihre beste Form, kann bis 2000 liegen.

1990 SPÄTLESE 90
Sehr intensiver Aprikosenduft mit vielen Feinheiten; satte Aprikosenfrucht und beeindruckende Dichte, sehr dezente natürliche Restsüße, filigrane Rasse, noch mineralischer als die trockene Spätlese; viel Tiefe im Nachhall. Schade, daß der Wein nicht die Schwelle zu »Trocken« geschafft hat und unter 9 g Restzucker pro Liter vergoren ist. Trotzdem sehr gute Harmonie und eine der Jahrgangsspitzen des Gebietes.

1991 KABINETT TROCKEN 80
Blumiger Pfirsichduft mit Cassisnote; recht leichtgewichtig, dezente Frucht und betonte Säure, braucht etwas Zeit, um sich voll zu harmonisieren, aber keine große Zukunft; schlanker Nachhall. Wird sich am besten während der späten neunziger Jahre präsentieren.

1992 SPÄTLESE TROCKEN 84
Feiner Aprikosenduft mit Blüten- und Mineraliennote; gute Dichte und saftige Frucht, leichte Extraktsüße (von reifen Trauben anstatt Zucker), elegante Säure; etwas sanfter Nachhall. Schon jetzt auf ihrem Höhepunkt, trinkbar bis 2000.

Die 1993er Rieslinge stellen eine exzellente Kollektion dar, mit allem, was man von Paul Fürst erwartet. Sowohl die trockene als auch die restsüße Spätlese sind den 1990ern überlegen.

Weingut Martin Göbel

Anschrift 97236 Randersacker, Friedhofstraße 9
Inhaber und Kellermeister Hubert Göbel

Gesamtrebfläche 6,5 ha
Rebsortenspiegel 25 % Silvaner, 25 % Müller-Thurgau, 8 % Riesling, 8 % Traminer, 7 % Rieslaner, 17 % andere Weißweinsorten, 10 % Spätburgunder, Domina und Frühburgunder

Rieslingproduktion

Rebfläche 0,35 ha
Lagen Randersackerer Teufelskeller, Randersackerer Sonnenstuhl
Rebmaterial 100 % Pfropfreben
Durchschnittliches Rebalter 21 Jahre
Durchschnittlicher Ertrag 84 hl/ha
Durchschnittliche Produktion 2200 Flaschen pro Jahr

Hubert Göbel beschreibt seine Prinzipien als Weinerzeuger herzerfrischend einfach und direkt: »Ich brauche nicht viel Wein, ich brauche guten Wein.« Trifft man ihn allerdings, bevor man seine Weine kennengelernt hat, drängt sich doch die Frage auf, ob dieser lustige »Landjunge« überhaupt gute Weine erzeugen kann. Genauso hinterläßt auch ein kurzer Besuch seiner chaotischen Keller eher den Eindruck, daß man von dem, was aus dieser »Bastelküche« im Glas landet, nicht allzuviel erwarten sollte. Um so überraschender sind jedoch seine Resultate, denn Hubert Göbel gelingen die ansprechendsten, verführerischsten trockenen Rieslinge in Franken. Voller Frucht, gut strukturiert und mit einer eleganten Säure, die die Frucht auf vollkommene Weise unterstützt, gehören diese Weine zu dem Schönsten, was östlich des Rheines angetroffen werden kann. Jeder, der bisher Frankenweine als zu erdig, rustikal und fruchtarm abgelehnt hat, sollte einmal eine solche »Fruchtbombe« aus den Kellern Hubert Göbels versuchen.
Daß hinter diesen Weinen, die so deutlich aus der Masse der Erzeugnisse in diesem Gebiet herausstechen, nicht minder individuelle Vorstellungen von der Weinerzeugung stecken, versteht sich von selbst. Diese Vorstellungen hat Hubert Göbel seit der Übernahme des Betriebes im Jahre 1975, den er mittlerweile von zwei Hektar auf die heutige Größe ausgedehnt hat, entwickeln können. Sie beginnen mit einer sehr späten Lese, selbst bei den

trockenen Weinen. Hubert Göbel erzeugt auch aus edelfaulen Trauben trockene Weine und die Resultate verraten einiges über seine Fähigkeiten. Normalerweise müßte ein trockener Wein, der zur Hälfte aus botrytisbefallenen Trauben besteht, bitter und grob schmecken, doch hier gerät er reich und saftig. Die Trauben werden vorsichtig gemahlen und anschließend 2 bis 3 Stunden in der Presse belassen, bevor Druck ausgeübt wird. Während dieser Zeit werden der Traubenhaut die aromatischen Substanzen ohne die Bitterstoffe, die ein längerer Maischekontakt extrahieren würde, entzogen. Die Weine vergären ohne Temperaturkontrolle mit natürlicher Hefe in Edelstahltanks. Nach Beendigung der Gärung reifen die Weine einige Monate in Holzfässern, und bei der Filtration oder Abfüllung wird keinerlei Eile an den Tag gelegt. Die Flaschenabfüllung findet im August oder September statt, so daß jeder neue Jahrgang erst ein Jahr nach der Lese, die besten Weine oft auch erst nach zwei Jahren, auf den Markt kommt.

Der größte Teil der Rieslinge des Weingutes Göbel wird zwar extrem trocken vinifiziert, doch in guten Jahren entstehen hier auch restsüße Spätlesen. Ihre äußerst bescheidene Süße ist ausschließlich natürlichen Ursprungs. Oft bewegen sich diese Weine am unteren Rand der halbtrockenen Kategorie. Sie sind nicht weniger gelungen als die trockenen Weine, benötigen aber 2 oder 3 Jahre in der Flasche, um ihre höchste Harmonie zu erreichen.

Ähnlich geht Hubert Göbel bei den Rieslanerweinen, einer Kreuzung aus Riesling und Silvaner, vor. Obwohl Fürst Castell, das Juliusspital und der Staatliche Hofkeller einen großen Ruf bei der Rieslanererzeugung besitzen, bin ich mir nicht sicher, ob nicht vielleicht Hubert Göbel die besten edelsüßen Rieslaner Frankens hervorbringt. Selbst in geringeren Jahrgängen wie 1991 schafft er es, beeindruckende Weine dieses Stils hervorzubringen, und in Spitzenjahrgängen sind diese Weine sensationell. Sie zeigen dann eine Konzentration, Fülle und Geradlinigkeit, daß sie beinahe sinnlich betörend wirken. Die 1992 RANDERSACKERER PHÖBEN RIESLANER TROCKENBEERENAUSLESE (94 Punkte) ist einer der größen Frankenweine, die ich je probiert habe. Die Rieslinge haben eine Lebenserwartung von 10 Jahren oder länger, aber diese Weine sind unsterblich.

Der einzige Vorwurf, der diesem sonst so beeindruckenden Weingut vielleicht zu machen wäre, sind die in günstigen Jahren, wie zum Beispiel 1989 und 1992, leicht erhöhten Erträge. Dadurch wurden dem einen oder anderen Wein die diesen Betrieb kennzeichnende reiche Frucht geraubt. Aber davon abgesehen gehören Hubert Göbels äußerst ausgeprägte Rieslinge unbedingt zur ersten Garde der fränkischen Weinerzeugung.

Randersackerer Riesling diverser Lagen

1988 SONNENSTUHL SPÄTLESE 86
Attraktiver Ananas-Pfirsich-Duft; reichhaltig und sehr saftig, elegante Säure, die recht hohe Süße jetzt im Hintergrund; sehr anhaltend. Bereits auf ihrem Höhepunkt, kann aber problemlos bis 2000 liegen.

1990 SPÄTLESE TEUFELSKELLER TROCKEN 88
Satter Ananas-Aprikosen-Duft mit leichtem Mandelton; konzentriert und fast übernatürlich, fruchtig, samtige Fülle und sehr geschliffene Säure; pikanter Nachhall. Sie könnte noch mehr Finesse aufweisen, ist aber sehr verführerisch. Schon in ihrer besten Form, hält sich bis Ende der neunziger Jahre.

1991 TEUFELSKELLER QBA TROCKEN 80
Ansprechender Duft nach frischer Ananas und Mandeln; gute Substanz und schöner Saft, die feste Säure gut integriert; schlanker, ausgeglichener Nachhall. Schon gut zu trinken, kann aber bis 1998 liegen.

1991 SONNENSTUHL KABINETT TROCKEN 78
Blumiger Pfirsichduft; leichtgewichtig mit zarter Frucht und pointierter Säure, wenig Fleisch auf den Knochen; einfacher Abgang. Hält sich bis 1997/98.

1992 SONNENSTUHL KABINETT TROCKEN 84
Attraktives Birne-Pfirsich-Bouquet; mittelgewichtig, sehr saftig und harmonisch, elegante Säure, subtile mineralische Note; langer Nachhall. Man könnte ihn problemlos als Spätlese präsentieren; hält sich bis Ende der neunziger Jahre.

1992 TEUFELSKELLER SPÄTLESE TROCKEN 80
Duftet nach aromatischen Äpfeln und Maracuja; satte Frucht und viel Saft in der Attacke, reiche Fülle und etwas Schmelz, aber zu wenig Struktur und Dichte, um eine vollkommene Harmonie zu ermöglichen, etwas fett und weich; wenig Nachhall. Jetzt trinken.

Weingut Juliusspital

Anschrift 97070 Würzburg, Klinikstraße 5
Inhaber Stiftung Juliusspital
Direktor Dipl.-Ing. agr. Horst Kolesch
Kellermeister Friedrich Franz und Benedikt Then

Gesamtrebfläche 163 ha
Rebsortenspiegel 35 % Silvaner, 22 % Müller-Thurgau, 18 % Riesling, Weißburgunder, Grauburgunder, Spätburgunder, Traminer, Rieslaner und andere Sorten

Rieslingproduktion

Rebfläche 19,44 ha
Lagen Würzburger Stein, Würzburger Pfaffenberg, Würzburger Innere Leiste, Würzburger Abtsleite, Randersackerer Pfülben, Randersackerer Teufelskeller, Iphöfer Julius-Echter-Berg, Volkacher Karthäuser
Rebmaterial 100 % Pfropfreben
Durchschnittliches Rebalter 18 Jahre
Durchschnittlicher Ertrag 63 hl/ha
Durchschnittliche Produktion 115 000 Flaschen pro Jahr

Vor 20 Jahren stammte die überwältigende Mehrheit der besten deutschen Weine von den großen Weingütern, doch durch den wachsenden Druck steigender Lohnkosten und damit einhergehenden Rationalisierungsmaßnahmen reduzierte sich auch die Zahl jener Güter drastisch. Gleichzeitig haben viele kleine und mittelgroße Familienbetriebe die Qualität ihrer Weine gesteigert, so daß sie heute die Elite fast jedes deutschen Anbaugebietes dominieren. Hier bildet das Weingut Juliusspital die wohl bedeutendste Ausnahme, denn trotz der Bewirtschaftung von 163 ha Rebfläche steht es an der Spitze der fränkischen Weinerzeugung. Mit dem Weingut Wirsching in Iphofen teilt es sich heute den ersten Rang der Rieslingerzeuger in Franken.
Ohne zahlreiche Parzellen in den besten Lagen wäre diese Position sicher nicht zustande gekommen, aber andererseits verfügen fast alle großen Güter über Rebflächen in den jeweiligen Spitzenlagen und bringen dennoch nur schwache Leistungen. In erster Linie müssen die guten Erfolge dieses Betriebes daher Direktor Horst Kolesch und seinem Team angerechnet werden. Denn erst ihr unablässiges Bemühen um eine hohe Qualität hat die Erzeugung exzellenter Rieslinge seit den späten achtziger Jahren ermöglicht, und das bei einer jährlichen Gesamtproduktion von einer Million Bocksbeuteln! Die Verantwortlichen mancher großen Weingüter im Rheingau und in der Pfalz sollten sich einmal über die Politik und Methoden Horst Koleschs informieren, denn hier könnten sie noch einiges lernen!
In gewisser Weise wirkt Kolesch, der seit 1986 Direktor des Weingutes ist, wie ein begeisterter, gut organisierter Lehrer, der sein Fach wirklich liebt. In ihm treffen sich ein klares Konzept bezüglich der Weine, die er bevorzugt

erzeugt, und ein Auge für die tausend notwendigen kleinen Details, wodurch er zum idealen Leiter dieses Betriebes wird. Während der frühen achtziger Jahre waren die Weine vom Juliusspital zwar nicht schlecht, doch besaßen sie, angesichts der exzellenten Lagen, aus denen sie stammten, nur einen schwach ausgeprägten Charakter und wirkten etwas flach und leblos. Seit dem Jahrgang 1988 haben sie an Ausdruckskraft und Lebhaftigkeit erheblich gewonnen. Die Jahrgänge 1990 und 1992 gerieten erstklassig; die 89er und 91er Weine sind angesichts der Problematik dieser Jahrgänge beeindruckend. In den letzten fünf Jahren hat dieser Betrieb nicht einen einzigen Riesling hervorgebracht, der auch nur annähernd enttäuschend gewesen wäre. Es darf wohl davon ausgegangen werden, daß diese beachtlichen Leistungen weiter gesteigert werden, denn die Flurbereinigung des Würzburger Steins und des Randersackerer Pfülbens bedingt sehr junge Reben, die noch keine Trauben optimaler Qualität tragen können. Unter den Spitzenrieslinglagen des Juliusspitals stehen nur im Iphöfer Julius-Echter-Berg wirklich alte Reben.

Die trockenen Rieslinge vom Weingut Juliusspital werden durch die Kombination einer explosiven Frucht mit betonten mineralischen Aromen und Geschmacksnoten und der Kraft ihrer Säure so eindrucksvoll. Trotz des relativ hohen Alkoholgehalts von 11,5 bis 13 % vol oder mehr wirken sie fast nie schwer oder überladen. Statt dessen läßt ihre Klarheit und Frische sie leichter erscheinen, als sie eigentlich sind und durch ihre Komplexität werden sie unendlich faszinierend. Es sind Weine, die man immer wieder riechen oder schmecken möchte, denn mit jedem weiteren Schluck offenbaren sich neue Aromen und Geschmacksnuancen. Noch bemerkenswerter ist die Qualität der restsüßen Weine vom Juliusspital, denn diese Stilrichtung gelingt in Franken nur selten; häufig schmecken sie schwer und übermäßig süß. Die restsüßen Weine dieses Betriebes jedoch sind mit dem denkbar niedrigsten Zuckergehalt balanciert, und sie besitzen ein so subtiles Spiel von Süße und Säure, wie man es gewöhnlich nur bei Weinen von Mosel, Saar, Ruwer, der Nahe oder aus dem Rheingau findet. Ein Kabinettwein vom Juliusspital hat eine solche Balance, daß er sich zum Essen ebensogut eignet wie ein trockener Wein.

Alle Weine dieses Gutes vergären temperaturkontrolliert in Edelstahltanks mit einer leichten Zugabe von Reinzuchthefe, so daß auch die gewünschte natürliche Hefe aktiv wird. Nach dem Abstich und nur einem Filtriervorgang werden die besten Weine in Holzfässer umgefüllt, um in dem großartigen Faßkeller unter den Gutsgebäuden in Würzburg reifen zu können. Die 230 Fässer, die hier noch in Gebrauch sind, spielen beim Ausbau eine wesentliche Rolle, denn jeder Riesling verbringt einige Monate in Holz.

Die Krönung der Rieslingpalette von Horst Kolesch sind seine edelsüßen

Weine, die in ganz Franken ohne Konkurrenz sind. Heute erzeugt das Juliusspital mit Abstand die besten Riesling-Auslesen, -Beeren-Auslesen und -Trockenbeeren-Auslesen dieses Gebietes. Neben den edelsüßen Rieslanern dieses Gutes, denen des Fürstlich Castell'schen Domänenamtes, Schmitt's Kinder und Martin Göbels sowie den edelsüßen Scheureben von Hans Wirsching sind sie gegenwärtig die größten Weine Frankens. Müßte ich mich zwischen diesen Weinen entscheiden, so würde ich die vom Juliusspital wählen, da sie noch mehr Finesse als die anderen besitzen. Selbst auf dieser außerordentlichen Qualitätsstufe sind die Weine nicht zu teuer. In einer Gegend, wo die Preise seit Jahren in keinem Verhältnis mehr zur produzierten Weinqualität gestanden haben, ist das eine höchst erfreuliche Situation. Es bleibt zu hoffen, daß die gegenwärtigen Absatzschwierigkeiten vieler fränkischer Winzer zur Besinnung führen. Auf dem Weingut Juliusspital sind 20 Mark und alles darüber Liegende auf jeden Fall eine Garantie für außerordentliche Qualität, und für etwa 10 Mark erhält man einen sehr soliden Wein.

Auf diesem Weingut setzen sich die Rieslinge dreier Spitzenlagen von der restlichen Rieslingpalette ab. Welche dieser drei Lagen nun die beste ist, kann man kaum beantworten, doch die traditionelle Verbindung des Gutsnamens mit dem Würzburger Stein läßt Horst Kolesch dieser Lage den Vorzug geben. Allerdings sind ihre Reben noch sehr jung, und 1992 war seit der Neubepflanzung im Zuge der Flurbereinigung der erste Jahrgang, der wieder erstklassige Resultate brachte. Aus irgendeinem Grunde scheinen die jungen Reben im Randersackerer Pfülben weniger Qualität einzubüßen als die im Stein, wie die folgenden Probiernotizen deutlich machen. Gegenwärtig ergeben wohl die alten Reben im Iphöfer Julius-Echter-Berg die größten Rieslinge dieses Gutes. Seine Gipskeuperböden lassen völlig andere Weine entstehen als die Muschelkalkböden in Stein und Pfülben. Die Weine des Julius-Echter-Bergs sind äußerst reichhaltig, mit enormer Kraft und Tiefe, und die geschmeidige Säure reicht aus, um 13 bis 14 % vol natürlichen Alkohol zu balancieren. Sucht man nach Eleganz, sollte man Weine aus dem Stein wählen; werden Würze und aromatische Vielfalt gewünscht, sollte man Weine aus dem Pfülben nehmen.

Das größte Problem für Horst Kolesch sind die mit minderwertigen Neuzüchtungen bepflanzten Parzellen, die er übernommen hat. Sie machen glücklicherweise keinen allzugroßen Anteil der Gesamtrebfläche aus, aber Kolesch sieht dem Tag, an dem er endlich die letzte dieser Reben ausreißen kann, sicher mit Freude entgegen. Rebsorten wie Bacchus oder Perle gehören einfach nicht in das Angebot eines großen Weingutes, sei es in Franken oder anderswo. Ihre Beseitigung aber wird, ebenso wie das Heranwachsen der jungen Reben, Geduld erfordern.

Das Weingut Juliusspital wird wahrscheinlich in wenigen Jahren der führende Betrieb Frankens sein, und wenn einige große Weingüter in anderen Anbaugebieten, die bis vor kurzem noch einen hohen Standard halten konnten, wie zum Beispiel Langwerth von Simmern, nicht aufpassen, wird Horst Kolesch das Juliusspital auch noch zum führenden großen Erzeugerbetrieb Deutschlands machen! Sein Qualitätsbewußtsein und die Entschlossenheit, mit der er dieses Bewußtsein umsetzt, verdienen lauten Beifall. Das Weinbaugebiet Franken sollte dem Juliusspital für den Beweis danken, daß selbst aus der kleinen Rieslingrebfläche Weine erzeugt werden können, die es mit den besten jedes anderen Gebietes aufnehmen können.

Würzburger Riesling diverser Lagen

1989 STEIN BEERENAUSLESE **90**
Enormer Duft nach Rosinen und Orangenmarmelade; sehr kraftvoll, dicht und satt, Säure und Lebendigkeit reicht nicht ganz aus, um die große Fülle auszugleichen, trotzdem beeindruckender Schmelz und Tiefe; fast wuchtiger Nachhall. Schon jetzt in ihrer besten Form, hält sich bis 2010.

1990 STEIN SPÄTLESE TROCKEN **88**
Verspielter Zitrusduft mit zarter Würze; mittelgewichtig mit guter Dichte und eleganter Rasse, feines Spiel, nachhaltige und vielschichtige Würze. Schon in ihrer besten Form, kann aber bis Ende der neunziger Jahre liegen.

1990 ABTSLEITE SPÄTLESE **88**
Toller Duft nach Grapefruit, Cassis und Maracuja; konzentriert und extrem saftig ohne vordergründige Süße, verführerische Frucht, feste Säurestruktur; langer, vielschichtiger Nachhall. Ausreichend Reserven, um sich bis 2005 zu halten.

1990 STEIN TROCKENBEERENAUSLESE **96**
Enormes Dörraprikosenbouquet mit feinem Honigton; gewaltige Konzentration und Tiefe, perfekt abgestimmte Süße, tolles Säurespiel und unglaublicher Aromareichtum; explosiver Nachhall. Obwohl er noch viele Jahre braucht, um sich komplett zu entfalten, bereitet dieser große Wein schon sehr viel Freude; kann problemlos weitere 30 Jahre liegen.

1991 STEIN KABINETT TROCKEN **80**
Zarter Stachelbeerduft mit feiner Kräuternote; schlank und säurebetont, gute Substanz und ansprechende Frucht, aber ein Hauch von Unreife; etwas scharfer Nachhall. Hält sich bis 1998.

1992 Innere Leiste Spätlese Trocken **86**
Noch jugendlicher Duft nach Pfirsich, Mineralien und Gewürzen; dichte Frucht und für 1992 betonte Säure, sehr nachhaltig, staubig trocken und noch etwas verschlossen. Könnte nach ein paar Jahren Flaschenreife noch 1 oder 2 Punkte zulegen. Genug Reserven, um sich bis 2002 zu halten.

1992 Stein Spätlese Trocken **89**
Vielschichtiger Duft nach weißen Früchten mit subtiler mineralischer Note; konzentrierte Frucht, sehr elegante Rasse, trotz viel Fülle eine exzellente Harmonie, sehr attraktives Spiel; langer, eleganter Nachhall. Schon in ihrer besten Form, hält sich bis 2000.

Iphöfer Julius-Echter-Berg Riesling

1990 Spätlese Trocken **90**
Enormer Duft nach Ananas, zerlassener Butter und Gewürzen; große Kraft und viel Dichte, trotz ausladender Fülle eine perfekte Harmonie, reicher Schmelz und eine seidige Säure, mineralische Tiefe; sehr kräftiger, vielschichtiger Nachhall. Erreicht jetzt ihren Höhepunkt und hält sich bis Anfang des nächsten Jahrhunderts.

1991 Kabinett Trocken **86**
Komplexer würziger Pfirsichduft; dicht und feinfruchtig, elegante Rasse, perfekte Balance; langer, filigraner Nachhall. Der mit Abstand beste trockene Riesling dieses Jahrgangs in Franken; hält sich bis 2000.

1992 Spätlese Trocken **85**
Intensives Bouquet nach getrockneten Aprikosen, aber ohne die Feinheiten der 90er; enorme Fülle und Kraft, dabei nicht ganz ausreichende Geschmacksdichte, um diese komplett auszufüllen, ziemlich mächtig, mit leichtem Alkoholton; sehr nachhaltige, mineralische Note. Wird sich nach 1995 harmonischer präsentieren und hält bis 2000.

Die 1993er Rieslinge sind der bisher beste Jahrgang unter der Leitung von Horst Kolesch; sehr volle, konzentrierte Weine mit etwas mehr Brillanz als in den letzten Jahren.

Weingut Johann Ruck

Anschrift 97346 Iphofen, Marktplatz 19
Inhaber und Kellermeister Johann Ruck

Gesamtrebfläche 11,2 ha
Rebsortenspiegel 38 % Silvaner, 25 % Müller-Thurgau, 10 % Riesling, 6 % Scheurebe, 5 % Grauburgunder, 5 % Kerner, 3 % Spätburgunder, 2 % Traminer, 2 % Weißburgunder, 1 % Domina, Huxelrebe, Ehrenfelser, Bacchus

Rieslingproduktion

Rebfläche 1,1 ha
Lagen Iphöfer Julius-Echter-Berg
Rebmaterial 100 % Pfropfreben (Gm198)
Durchschnittliches Rebalter 8 Jahre
Durchschnittlicher Ertrag 50 hl/ha
Durchschnittliche Produktion 6000 Flaschen pro Jahr

Dieses Weingut ist einer der bedeutendsten Aufsteiger der letzten Jahre in Franken. 1988 gab Johann Ruck den Gebrauch von Reinzuchthefe für die Gärung auf. Seither sind seine Weine noch fruchtiger und komplexer geworden und gehören zur Elite der fränkischen Erzeugnisse. Herr Ruck ist ein unverhohlener Modernist, der sich nicht scheut, seine modernen Keller am Ortsausgang Iphofens vorzuführen und die Vorteile der Vinifikation in Edelstahltanks ausführlich darzulegen. Angesichts der hohen Qualität und der Individualität seiner Weine sollte man seine Argumente durchaus ernst nehmen. Die Grundlage aber bilden die exzellenten Lagen dieses Weingutes mit ihren alten Reben, vor allem den 30 Jahre alten Silvanerreben und den 40 Jahre alten Grauburgunderreben in Rödelsee, die sich im Besitz seiner Frau befinden. Durch die jüngste Flurbereinigung in Iphofen sind seine Rieslingreben im großen Iphöfer Julius-Echter-Berg sehr jung, so daß Rucks Möglichkeiten hier noch begrenzt sind.
Doch selbst in dieser Situation gelingen Johannes Ruck sehr gut strukturierte Rieslinge, die auch in schwierigen Jahrgängen wie 1991, als die meisten fränkischen Lagen unter Dürre litten und dünne, oberflächliche Weine hervorbrachten, nicht an Frucht einbüßen. Der sehr hohe Maßstab, den er bei seinen Kabinettweinen (mindestens 82° Öchsle) und Spätlesen (mindestens 90° Öchsle) anlegt, schlägt sich in Weinen nieder, die trotz des

geringen Rebalters einen ausgeprägten Charakter und eine gute Konzentration besitzen. Immer sind ihnen die würzig-mineralischen Aromen und Geschmacksnoten der Gipskeuperböden im Julius-Echter-Berg eigen.
Wie viele seiner Kollegen ist Johann Ruck auch ein Anhänger des Rieslaners, aber er vinifiziert die meisten dieser Weine trocken. Selbst bei einem Alkoholgehalt von 13 % vol und mehr sind sie wunderbar ausbalanciert und so auch zum Essen elegant genug. Neben dem Weingut Müller-Catoir in Neustadt-Haardt in der Pfalz ist dieser Betrieb der führende Erzeuger trockener Rieslaner in Deutschland.
Den Weinen beider Rebsorten sind die niedrigen Erträge, die selektive Lese und der sorgfältige Ausbau deutlich anzumerken. Johann Ruck liefert den Beweis, daß durch den Gebrauch natürlicher Hefe und den langen Kontakt des vergorenen Weines mit der Feinhefe (dem Bodensatz aus der inaktiven Hefe) auch in Edelstahltanks eindrucksvolle und ausgeprägte Rieslinge entstehen können.
Hat man einmal einen Wein probiert, der in unsauberem Gerät entstanden ist, wird man seine Scheu vor Holzfässern verstehen. Außerdem bin ich davon überzeugt, daß jeder Leser, der die Ansicht vertritt, ein erstklassiger Riesling müsse unbedingt einige Zeit in Holz gereift sein, zugeben wird, daß auf diesem Weingut auch ohne Holz hervorragende Resultate erzielt werden.

Iphöfer Julius-Echter-Berg Riesling

1988 KABINETT TROCKEN 81
Komplexer Duft nach Zitrus, Farn und Mandeln; trotz mäßiger Fülle viel Stoff und elegante Harmonie; die Säure klingt recht lange nach. Hält sich bis 1996.

1989 KABINETT TROCKEN 75
Recht einfacher Duft nach reifen Äpfeln; voll, etwas undifferenziert, einfach angelegt, harmonisch; erdige und medizinale Note im Nachhall. Jetzt trinken.

1990 KABINETT TROCKEN 87
Vielschichtiger Duft nach Reineclauden, Farn und Mineralien; sehr dicht und feinfruchtig für einen Kabinett, ohne den Rahmen des Prädikats zu sprengen, Saft und Spiel; sehr nachhaltige, mineralische Note. Kommt jetzt in seine beste Form und kann bis 2000 liegen.

1990 SPÄTLESE TROCKEN 83
Noch konzentrierter und kraftvoller als der Kabinett, aber es fehlt ihr die Eleganz und Finesse, ein merkwürdiger Zwiebelhauch stört etwas im Duft; langer, schmelziger Nachhall. Schwierig einzuschätzen, wie sie sich weiter entwickeln wird; hält mindestens bis 1996.

1991 KABINETT TROCKEN 84
Nuancierter Duft von Blüten und Mineralien; sehr fülliger Kabinett mit feinabgestimmter Frucht, mineralische Säure, gute Länge; etwas einfacher Nachhall. Eine sehr gute Leistung für den Jahrgang; hält sich bis Ende der neunziger Jahre.

1992 SPÄTLESE TROCKEN 83
Ausladender Duft nach Rosen, Vanille und Erde; enorme Fülle und Schmelz, auch gute Dichte, der sehr hohe Alkoholgehalt (13,5 % vol) nicht spürbar; wuchtiger Abgang. So beeindruckend sie ist, wirkt sie doch ein bißchen schwer und sättigend; hält sich bis mindestens 1997.

Weingut Schäffer

Anschrift 97332 Volkach-Escherndorf, Astheimer Str. 17
Inhaber und Kellermeister Egon Schäffer

Gesamtrebfläche 3,38 ha
Rebsortenspiegel 43 % Silvaner, 33 % Müller-Thurgau, 15 % Riesling, 9 % Bacchus

Rieslingproduktion

Rebfläche 0,49 ha
Lage Escherndorfer Lump
Rebmaterial 12 % wurzelechte Reben, 88 % Pfropfreben (W21)
Durchschnittliches Rebalter 20 Jahre
Durchschnittlicher Ertrag 75 hl/ha
Durchschnittliche Produktion 4800 Flaschen pro Jahr

Egon Schäffer ist einer der verläßlichsten Erzeuger traditioneller fränkischer Rieslinge und der einzige Erzeuger hochwertigen Rieslings aus dem großen Escherndorfer Lump. Trotz der bescheidenen Größe seines Betriebes herrscht bei all seinen Weinen aus den bedeutenderen Rebsorten ein ausgesprochen hoher Qualitätsstandard. Findet man ein solches Weingut, fragt man sich sofort, warum so viele andere Güter dieser Größenordnung nicht in der Lage sind, Weine ähnlicher Tiefe und Harmonie hervorzubringen. Es zeigt sich, daß nur wenige Winzer gewillt sind, im Weinberg und Keller so viele Mühen auf sich zu nehmen wie Egon Schäffer. Seine Weigerung, in den Lagen Unkraut- und Insektenvernichtungsmittel einzusetzen, verursacht einen erheblichen Mehraufwand. Auch die Vinifikation der Weine mit ausschließlich natürlicher Hefe, vorrangig in Holzfässern, ist enorm zeitaufwendig und erfordert mehr Sorgfalt als die für die fränkischen Winzergenossenschaften typische industrialisierte Weinerzeugung. Darüber hinaus geht Egon Schäffer das Risiko ein, seine Rieslinge zwölf Monate im Faß reifen zu lassen. Während dieser Zeit könnte es leicht passieren, daß sie ihre Frische verlieren und den groben, matten Charakter so vieler anderer Frankenweine annehmen.

Tatsächlich brauchen die Schäffer-Weine ein oder zwei Jahre in der Flasche, um ihre optimale Form zu erreichen, die Silvaner aus dem Lump genauso wie die Rieslinge dieser Lage. Diese Weine sind weder dramatisch noch opulent, doch sie besitzen selbst in geringen Jahrgängen eine reiche Substanz und einen feinen Fruchtcharakter und gewinnen mit zunehmendem Alter an Eleganz. Jeder trockene Wein dieses Gutes übersteht leicht fünf Jahre in der Flasche, die besten können wesentlich älter als zehn Jahre werden. Oft genug behalten die Weine ein wenig natürliche Süße zurück, die jedoch nie die Frucht oder die feste Säure überlagert. Diese Weine werden noch älter als die trockenen.

Zwar herrschte hier schon in den siebziger und frühen achtziger Jahren ein hoher Qualitätsstandard, doch konnte Egon Schäffer ihn seit der Übernahme des Betriebes von seinem Vater im Jahre 1988 noch erheblich steigern. Schäffer ist ein unaufdringlicher, umsichtiger Winzer, der mit jedem Jahrgang ruhig und gleichmäßig an seinem selbstgesteckten Ziel arbeitet. So wird sein Weingut nicht nur das Niveau der letzten Jahre halten können, sondern in Zukunft sicher mit noch schöneren Resultaten aufwarten.

Escherndorfer Lump Riesling

1990 SPÄTLESE TROCKEN 88
Vielschichtiger Ananasduft mit leichter Karamelnote; dicht und sehr saftig, sehr elegante Säure und zarter Schmelz; sehr nachhaltiger Mandel- und Karamelton. Kein Charmeur, aber genug Reserven, um sich bis fast 2005 zu halten!

1991 QbA Trocken 77
Zarter Pfirsichduft ohne Feinheiten; mittelgewichtig, ansprechende Frucht, betonte Säure; einfach und etwas kurz im Abgang. Sehr gut gemacht; hält sich bis 1998.

1991 Spätlese Trocken 84
Feines Aprikosenbouquet mit erdiger und buttriger Note; stoffig, für den schwierigen Jahrgang elegant, geschliffene Rasse; etwas leiser Nachhall. Schon jetzt in ihrer besten Form, hält sich bis ca. 2000.

1992 Spätlese 88
Aus unbekannten Gründen wollte der Wein nicht durchgären und besitzt eine natürliche Restsüße, trotzdem stellt er eine der Jahrgangsspitzen im Gebiet dar. Toller Aprikosenduft mit subtiler mineralischer Note; konzentriert und extrem saftig, feine Frucht, dezente Süße und sehr elegante Rasse; vielschichtiger, langer Nachhall. Wenn man nichts gegen die Süße hat, schon jetzt beeindruckend, sonst erst ab 1996 trinken; Reserven für weitere 10 Jahre Entwicklung.

Weingut Robert Schmitt

Anschrift 97236 Randersacker, Maingasse 13
Inhaber und Kellermeister Bruno Schmitt

Gesamtrebfläche 7 ha
Rebsortenspiegel 20 % Silvaner, 25 % Müller-Thurgau, 20 % Kerner, 10 % Riesling, 25 % andere Sorten

Rieslingproduktion

Rebfläche 0,6 ha
Lagen Randersackerer Sonnenstuhl 0,4 ha, Randersackerer Pfülben 0,2 ha
Rebmaterial 100 % Pfropfreben
Durchschnittliches Rebalter 20 Jahre
Durchschnittlicher Ertrag 73 hl/ha
Durchschnittliche Produktion 6000 Flaschen pro Jahr

Robert Schmitt ist einer der großen Traditionalisten der deutschen Weinszene und sein Neffe Bruno, der dieses bedeutende Weingut 1991 übernommen hat, ist entschlossen, die Tradition der erstklassigen trockenen Weine aufrechtzuerhalten, die sein Großonkel in den zwanziger Jahren begründet und sein Onkel seit den fünziger Jahren fortgeführt hat. Hier

gelten zwei unumstößliche Prinzipien: Alle Weine vergären so lange, wie die Hefe arbeiten kann, und kein Wein wird chaptalisiert (das heißt, ihm wird während der Gärung kein Zucker zugegeben, um damit seinen Alkoholgehalt zu erhöhen). Die Schmitts beharren allerdings nicht aus Reklamegründen auf diesen Prinzipien wie etwa Franz Keller, der den Einsatz von Süßreserve ablehnte, um so in die Medien zu gelangen. Der Schmitt-Politik haftet nichts Polemisches an, sie spiegelt lediglich die Überzeugung wider, daß ein Wein eine genaue Widergabe dessen, was die Natur den Trauben geschenkt hat, sein sollte und mehr nicht. Es ist wohl keine Übertreibung, zu behaupten, daß diese Weine nicht nur ein Ausdruck des Geschmackes der Schmitts sind, sondern auch eine Philosophie darstellen. Jeder Leser, der dieses Weingut einmal besucht hat, wird zustimmen, daß diese Familie ihr Leben nicht nur der Weinerzeugung, sondern auch der Entwicklung und Wahrung einer ganz besonderen Weinkultur gewidmet hat.
Beschreiben die Schmitts ihre Weinbaumethoden, so klingen diese äußerst simpel, weil im Weinberg oder im Keller kaum eingegriffen wird. Eigentlich sind sie Ökowinzer, obwohl sie selber diese Bezeichnung ablehnen. Alle Weine vergären mit natürlicher Hefe in Holzfässern, in denen sie auch bis zur Flaschenabfüllung reifen. Jegliche Süße ist natürlichen Ursprungs. So entstehen Weine, die reich an Extrakten sind und die neben einer festen Säurestruktur eine subtile Pfirsichfrucht besitzen. Selten entfaltet sich ein Schmitt-Riesling unter drei Jahren, die besten benötigen zur Entfaltung ihrer vollen aromatischen Komplexität fünf Jahre. Dann zeigen sie eine wunderbare Kombination aus feiner Frucht und zarten mineralischen Nuancen; der mineralische Charakter steigert sich während des langen Abgangs zu einem wahren Crescendo. Leider habe ich mit den alten Weinen der Schmitts nur wenig Erfahrung, doch wird eine Spätlese Trokken vom Weingut Robert Schmitt 15 bis 20 Jahre reifen können, ohne an Charme zu verlieren.
Das größere Potential der beiden Rieslinglagen besitzt der Randersackerer Pfülben, doch sind seine Reben erst sieben Jahre alt und werden vor der Jahrtausendwende kaum in der Lage sein, konstant Trauben der allerhöchsten Güte hervorzubringen. Dafür bringen die fast dreißigjährigen Rieslingreben im Sonnenstuhl häufig überragende Weine hervor, die reich an Frucht und Substanz sind. Geraten die Pfülbener Weine aber gut, so sind sie wesentlich komplexer und würziger.
Die Mehrheit der Rieslinge vergärt so lange, bis sie weniger als 2 Gramm Restsüße pro Liter besitzt, das heißt, so trocken wie möglich ist. Manchmal bricht ein Wein die Gärung aber bei 7, 8 oder mehr Gramm Restsüße ab. Diese Weine werden dann getrennt abgefüllt. Da der Restsüßegehalt im-

mer auf dem Etikett oder der Preisliste angegeben wird, sind sie leicht von den anderen zu unterscheiden. Ich persönlich hege eine Vorliebe für diese etwas süßeren Schmitt-Weine, doch welcher nun der bessere ist, vermag ich kaum zu beurteilen. Jeder hat seine Vorzüge, denn er drückt den Charakter seiner Lage und des Jahrgangs aus.
Die lange Tradition der Schmitts, ihre Weine nicht zu chaptalisieren, führt zu Qualitätsweinen, deren Alkoholgehalt wesentlich niedriger ist als normalerweise üblich. Jeder Wein, dessen Reifegrad der QbA-Stufe nicht genügt, wird als Tafelwein verkauft und besitzt einen ausgesprochen niedrigen Alkoholgehalt. Meinem persönlichen Geschmack entsprechen diese Weine nicht, doch sucht man einen sehr leichten und äußerst trockenen Wein, sind sie eine gute Empfehlung.
Mit der Unterstützung seines Onkels leistet Bruno Schmitt bei der Betriebsführung und der Weinerzeugung ausgezeichnete Arbeit. Unter seiner Regie wird das Weingut Robert Schmitt auch weiterhin einer der besten Rieslingerzeuger in Franken bleiben. Eine derart ausgeprägte Individualität ist in der deutschen Weinszene eine Seltenheit und kann gar nicht hoch genug gelobt werden.

Randersackerer Riesling diverser Lagen

1988 PFÜLBEN SPÄTLESE TROCKEN 88
Nuancierter mineralischer Pfirsichduft; gute Dichte und klassische Frankeneleganz, feine Differenzierung, subtile erdig-mineralische Note; nachhaltige, geschliffene Rasse. Ein Bilderbuchbeispiel für den Betriebsstil; hält sich bis zur Jahrhundertwende.

1990 PFÜLBEN SPÄTLESE TROCKEN 87
Ähnlich angelegt wie die 88er Spätlese Trocken, nur nicht ganz so konzentriert und feinfruchtig; diskrete Frucht und elegante Rasse, staubig trocken, aber sehr gut balanciert; langer Nachhall. Kommt jetzt langsam auf ihren Höhepunkt und kann mindestens bis 2000 liegen.

1990 SONNENSTUHL SPÄTLESE 89
Etwas verschlossener Pfirsichduft mit Grapefruitnote; sehr konzentriert und vielschichtig, trotz großer Kraft kompakt, die geringe natürliche Restsüße überhaupt nicht spürbar; sehr nachhaltige mineralische Rasse. Einer der allerbesten Rieslinge des Jahrgangs in Franken, erreicht erst 1996/97 seine beste Form, ab dann weitere 10 bis 12 Jahre haltbar.

1991 Sonnenstuhl Kabinett Trocken 83
Eigenwilliger Duft nach Cassis, Erde und Rosinen; schlank und säurebetont, momentan wenig Charme, aber viel Stoff und Struktur für den schwierigen Jahrgang; erstaunliche Länge im Abgang. Braucht bis 1995/96, um sich zu entfalten, und kann mindestens bis 2001 liegen.

1992 Pfülben Spätlese Trocken 78
Ausladender Duft nach Bananen, Maracuja und Mango; enorme Fülle und Substanz, gute Dichte, aber der hohe Alkoholgehalt (13,5 % vol) dominiert leicht, was für zunehmende Probleme sorgen wird. Jetzt trinken, bevor er brandig wird.

1992 Sonnenstuhl Spätlese Trocken 85
Unentwickelter Duft; konzentriert und rassig, viel Extrakt und Rückgrat, die Aromen sind noch fast komplett eingebunden; sehr nachhaltig. Schwierig in dieser Form einzuschätzen, aber viel Zukunft; ein klassischer Robert-Schmitt-Riesling.

Weingut Schmitt's Kinder

Anschrift 97236 Randersacker, Am Sonnenstuhl
Inhaber und Kellermeister Karl Martin Schmitt

Gesamtrebfläche 13,5 ha
Rebsortenspiegel 26 % Silvaner, 25 % Müller-Thurgau, 14 % Bacchus, 8 % Riesling, 6 % Kerner, 5 % Scheurebe, 3 % Rieslaner, 10 % andere Weißweinsorten, 3 % Domina

Rieslingproduktion

Rebfläche 1,07 ha
Lagen Randersackerer Pfülben 0,6 ha, Randersackerer Sonnenstuhl 0,47 ha
Rebmaterial: 100 % Pfropfreben
Durchschnittliches Rebalter 6 Jahre
Durchschnittlicher Ertrag 80 hl/ha
Durchschnittliche Produktion 6500 Flaschen pro Jahr

Das Weingut von Karl Martin Schmitt bei Randersacker ist gegenwärtig wohl der Insider-Tip Frankens. Seit er den Familienbetrieb 1974 übernommen hat, wurde das Anwesen komplett umgebaut. 1983 begann er mit dem Bau eines neuen Wohnhauses und neuer Betriebsanlagen am Fuß des

Randersackerer Sonnenstuhls und hat so die Weinerzeugung wesentlich erleichtern können, die zuvor in den engen Kellern unterhalb des Gutshauses aus dem 18. Jahrhundert vonstatten ging. Während der Flurbereinigung der steilen Lagen in Randersacker konnte er die Qualität seines Weinbergbesitzes erheblich verbessern und hat 1987 mit dem ersten Jahrgang aus den jungen Reben bewiesen, daß er zu den Riesling-Spitzenerzeugern in Franken gehört.
Die Stilrichtung seiner Weine könnte sich von der des Weingutes Robert Schmitt nicht deutlicher unterscheiden, doch sollten seine Resultate ebenso ernstgenommen werden. Hier behält jeder Wein ein wenig Restsüße zurück; die Mehrheit der Weine bei Karl Martin Schmitt überschreitet die 9 Gramm pro Liter, die ein trockener Wein gesetzlich haben darf, so daß sie als restsüße Weine gehandelt werden. Die Voraussetzung dazu wird durch die langsame Gärung mit natürlicher Hefe in temperaturregulierten Edelstahltanks geschaffen, jeder Wein bestimmt die Dauer der Gärung und die Höhe des Süßegehalts selbst. Nie wird versucht, den Gärprozeß durch den Einsatz von Reinzuchthefe oder Erwärmung des Kellers künstlich zu verlängern. Die Schmitt's-Kinder-Weine besitzen aber immer reichlich Säure und Substanz, die die Restsüße ausgleichen, so daß sie nie süß oder einseitig schmecken. Besäße das Weingut geringere Lagen, würde die Süße sicher Weine mit einer weniger gelungenen Harmonie bedingen. Hier spielt der Randersackerer Pfülben, aus dem die besten Rieslinge dieses Gutes stammen, eine tragende Rolle.
Doch stammen von diesem Weingut nicht nur hochwertige Rieslinge, Rieslaner, Silvaner und Scheureben. Es ist auch das Zuhause von Karl Schmitts jüngerem Bruder Andi, einem äußerst begabten Landschaftsmaler, dessen Bilder überall im Gutshaus zu bewundern sind. Ihre intensiven, satten Farben und ausgeglichenen Kompositionen passen hervorragend zu dem Stil der hier erzeugten Weine, deren lebhafte Fruchtnuancen von einer eleganten Säure und einem Hauch natürlicher Süße ausbalanciert werden. Der weiteren künstlerischen Entwicklung der Brüder Karl und Andi Schmitt sollte Beachtung geschenkt werden, denn beiden scheinen große Leistungen vorherbestimmt zu sein.

Randersackerer Pfülben Riesling

1987 Kabinett **80**
Frischer Duft nach Reineclauden und halbreifen Pfirsichen; schlank und saftig, pikante Säure ohne Ecken und Kanten, ganz zarte Reifenote, sehr diskrete Süße; nerviger Nachhall. Hält sich bis 1997.

1990 Spätlese 88
Attraktives Pfirsichbouquet mit vielen Feinheiten; dicht und saftig, die Süße noch ziemlich vordergründig, die Aromen noch nicht voll entfaltet, pikante Säure; nachhaltiges Spiel. Erst 1996/97 auf ihrem Höhepunkt, kann bis 2005 liegen.

1991 Kabinett 78
Feinfruchtiger Duft nach weißen Früchten; sehr schlank und recht neutral, dezente Apfelfrucht, kaum Süße, erfrischende Säure; filigraner Abgang. Hält sich bis 1998.

1992 Spätlese 82
Vielschichtiger Duft nach Cassis, exotischen Früchten und Mineralien; sehr schlank ausgebaut, attraktive Frucht, aber nur mäßige Struktur und keine Tiefen, recht betonte Süße und feines Spiel; etwas eindimensionaler Nachhall. Braucht einige Jahre, um ihr Gleichgewicht zu finden, und hält sich bis 2002.

1992 Auslese 87
Vielschichtiger Botrytisduft mit zarter Honig- und Marzipannote; wesentlich konzentrierter und komplexer als die Spätlese, leichter Schmelz, aromatische Süße und pikante Säure; langer Nachhall. Sie macht schon jetzt viel Freude und kann sich mindestens bis 2005 weiter entwickeln.

Weingut Hans Wirsching

Anschrift 97346 Iphofen, Ludwigstraße 16
Inhaber Dr. Heinrich Wirsching
Kellermeister Werner Probst

Gesamtrebfläche 58 ha
Rebsortenspiegel 36 % Silvaner, 21 % Müller-Thurgau, 15 % Riesling, 9 % Scheurebe, Grauburgunder, Weißburgunder, Traminer, Kerner, Bacchus, etwa 5 % Spätburgunder und Portugieser

Rieslingproduktion

Rebfläche 9,1 ha
Lagen Iphöfer Julius-Echter-Berg 3,4 ha, Iphöfer Kronsberg 2,9 ha, Iphöfer Kalb 1,4 ha, Rödelseer Küchenmeister 1,4 ha
Rebmaterial 100 % Pfropfreben (Gm110, 198, 239)

Durchschnittliches Rebalter 15 Jahre
Durchschnittlicher Ertrag 56 hl/ha
Durchschnittliche Produktion 60 000 Flaschen pro Jahr

Während des letzten Jahrzehnts war das Weingut Wirsching der fränkische Betrieb mit dem höchsten Qualitätsstandard, und heute kann nur das Würzburger Juliusspital an das außergewöhnliche Niveau heranreichen. Selbst in den schwierigsten Jahrgängen gelangen dem Weingut Wirsching immer wieder gute Erzeugnisse, und die trockenen Rieslinge der besten Jahrgänge gehören zu den schönsten Weinen Deutschlands. Tatsächlich ist die 1990 Riesling Spätlese Trocken aus dem großen Iphöfer Julius-Echter-Berg, neben der 1990 trockenen Spätlese aus der gleichen Lage vom Juliusspital, der trockene Frankenwein mit der höchsten Bewertung in diesem Buch.
Eine derartige kontinuierliche Qualität fällt nicht einfach von der Rebe in die Flasche, wie Heinrich Wirsching oder sein sehr begabter Kellermeister Werner Probst sofort bestätigen würden. Sie kann nur erreicht werden, wenn jeder Aspekt der Weinbergbewirtschaftung, der Lese und der Arbeit im Keller auf dieses Ziel ausgerichtet ist. Und in der Tat beginnen die zu beachtenden Feinheiten schon bei den Böden, auf denen die Reben wachsen und den mikroklimatischen Bedingungen, denen die Lagen ausgesetzt sind. Während der kürzlich vorgenommenen Flurbereinigung der Iphöfer Lagen konnte die Familie Wirsching die Qualität ihres Lagenbesitzes erheblich verbessern und Parzellen in steilen Hängen übernehmen, die die kleineren Weinerzeuger dieses Ortes nicht länger bewirtschaften wollten. Jetzt besitzt das Weingut für den Riesling ausschließlich Spitzenlagen oder Lagen, deren Potential weit über dem Durchschnitt liegt. Hieraus erwirtschaftet Heinrich Wirsching niedrigere Erträge als jeder andere bedeutende Rieslingerzeuger dieses Gebietes, ungeachtet des geringen Rebalters, das üblicherweise zu hohen Erträgen führt. Die niedrigen Erträge sind das Ergebnis eines intensiven Rebschnitts, der Ausdünnung der Trauben im Spätsommer und der ausschließlich organischen Düngung. Auch die späte und selektive Lese schlägt sich nieder. Jedes Vorgehen im Weinberg ist auf höchstmögliche Reife, gesunde Säure und die Vermeidung jedweder Fäule ausgerichtet.
Alle Wirsching-Weine vergären in temperaturkontrollierten Edelstahltanks, nachdem die Trauben bei geringem Druck vorsichtig ausgepreßt wurden und der Most sich durch Absetzen der Trubstoffe geklärt hat. Nach der Gärung hat Werner Probst keinerlei Eile, es sei denn, die Trauben befanden sich zum Zeitpunkt der Lese in keinem idealen Zustand. Lieber läßt er die Weine sich so weit wie möglich selbst klären. Der erste Abstich

wird ohne Filtration vorgenommen und die Weine möglichst lange auf der Feinhefe (dem Bodensatz aus inaktiver Hefe) belassen. So entstehen Weine extrem reicher, strahlender Frucht und höchst individuellen Charakters. In der Regel besitzen die Wirsching-Weine eine elegante Säure, doch gesteht dieses Gut ihnen auch eine höhere oder niedrigere Säure zu, wenn die Natur es so will. Die Weinerzeugung scheint diesem Prinzip wunderbar angemessen zu sein, denn nie schmecken die Weine aggressiv sauer oder zu weich. Die jungen Weine sind mit ihrer vollen, aromatischen Intensität wunderbar, doch sie können ebenso schön altern. Die 83er Riesling-Spätlese schmeckt heute noch eindeutig jugendlich und wird auch am Ende dieses oder am Anfang des nächsten Jahrhunderts viel Freude bereiten.

In manchen Spitzenjahren vergärt der eine oder andere Tank mit dem besten Riesling nicht bis zur vollständigen Trockenheit, so daß - offiziell gesehen - halbtrockene Weine entstehen. Als Gegner dieser ärgerlichen Kennzeichnung vermarktet Heinrich Wirsching diese Erzeugnisse als restsüße Weine, obwohl sie nahezu trocken im Geschmack sind. Der letzte dieser Weine, die 1990 Riesling Spätlese aus dem Iphöfer Kronsberg, ist ein wahres Meisterstück, deren enorme Kraft und Konzentration sich mit einer bemerkenswerten Eleganz verbindet und sie äußerst verführerisch macht. Ähnlich, aber geringfügig süßer, geriet die restsüße SCHEUREBE SPÄTLESE (92 Punkte), eine Kreuzung aus Riesling und Silvaner. Dieser Wein ist eine Spezialität des Gutes, dessen Scheurebenweine die besten in ganz Franken sind, denn sie gelingen wesentlich diskreter im Aroma als die übrigen. Ihre Pfirsichfrucht ist intensiver als die Cassisnote, für die diese Rebsorte so berühmt ist. Aus der Scheurebe erzeugt das Weingut Wirsching auch einige der besten fränkischen edelsüßen Auslesen. Der letzte dieser Weine, eine 1992 SCHEUREBE TROCKENBEERENAUSLESE aus dem IPHÖFER KALB (95 Punkte), war einer der elegantesten Weine dieser Richtung und einer der besten von vielen überragenden Weinen dieses vorbildlichen Weingutes, die ich je probiert habe.

Durch die Heirat der Tochter Andrea Wirsching mit Christian Ebert vom Weingut Schloß Saarstein im Herbst 1993 ist die Frage des Nachfolgers von Heinrich Wirsching vollkommen offen. Hoffentlich wird bis zu seinem Ruhestand einer seiner jüngeren Söhne in der Lage sein, das Weingut zu übernehmen.

Iphöfer Riesling diverser Lagen

1988 JULIUS-ECHTER-BERG SPÄTLESE TROCKEN 89
Noch jugendlicher Duft nach halbreifen Aprikosen, Reineclaude und Mineralien; dicht und kraftvoll, sehr feste Säurestruktur und viel Extrakt; nachhaltige mineralische Rasse. Ausreichend Reserven, um sich bis in die ersten Jahre des nächsten Jahrhunderts zu entwickeln.

1990 JULIUS-ECHTER-BERG SPÄTLESE TROCKEN 90
Hochfeiner Aprikosenduft mit ausgeprägter mineralischer Note; sehr dichte Fruchtfülle, filigrane Rasse, perfekte Harmonie; sehr vielschichtiger, langer Nachhall. Erst 1996 auf ihrem Höhepunkt, hält sich weitere 10 Jahre.

1990 KRONSBERG SPÄTLESE 91
Sehr intensiver Zitrus-Pfirsich-Duft; noch ein bißchen konzentrierter als die Julius-Echter-Berg Spätlese und nur einen Hauch süßer, viel Kraft und facettenreiche Frucht- und Mineraliennote; extrem nachhaltig. Kommt jetzt langsam in ihre beste Form, hält sich bis 2010.

1991 JULIUS-ECHTER-BERG KABINETT TROCKEN 84
Noch jugendlicher Duft nach halbreifen Pfirsichen; schlank und feinfruchtig, geschliffene Rasse; mineralischer Nachhall.

1992 JULIUS-ECHTER-BERG SPÄTLESE TROCKEN 86
Fast opulenter Pfirsichduft; konzentriert und sehr schmelzig, seidige Säure und vielschichtige Frucht; würziger Nachhall. Sie hat sich wesentlich schneller als ihre Vorgängerin aus 1990 und 1988 entwickelt; schon jetzt auf ihrem Höhepunkt, hält sich bis 2000.

Die 1993er Rieslinge stellen den besten Jahrgang, den es je hier gab. Rieslinge, die in sich Kraft, Tiefe und höchste Eleganz vereinen. Bravo!

Weitere interessante Produzenten

Weingut Bürgerspital zum Heiligen Geist

Anschrift 97070 Würzburg, Theaterstraße 19

Daß dieses Weingut keinen Platz auf meiner Liste der hundert besten deutschen Rieslingerzeuger erhalten hat, dürfte viele Leser überraschen und in Würzburg für einige Bestürzung sorgen. Alle Weingüter dieses Buches wurden jedoch nach dem gleichen Kriterium bewertet, nämlich der Qualität der Jahrgänge 1988 bis 1992. Die vielen Weine des Bürgerspitals, die ich zu diesem Zweck – häufig blind – probiert habe, lassen vermuten, daß keiner dieser Jahrgänge besonders erfolgreich war, wenn auch einige der 88er und 90er Weine recht guter Qualität sind. Mit Ausnahme der Würzburger Stein Riesling Spätlese Trocken mangelt es allen Bürgerspitaler Weinen aus dem Jahr 1992 an Frische, Eleganz und Tiefe. Ein Weingut, das wie das Bürgerspital zum Heiligengeist Riesling-Auslesen und -Beerenauslesen aus 1992, die nur fad und einfach schmecken, unter dem Namen der berühmtesten Lage dieses Gebietes verkauft, kann grundsätzlich nicht zu Deutschlands großen Rieslingproduzenten gerechnet werden.

Fürstlich Castell'sches Domänenamt

Anschrift 97335 Castell, Schloßplatz 5

Auf diesem großen und bekannten Gut im Steigerwald spielt der Riesling nur eine geringe Rolle. Der trockene Riesling aus Castell ist ein solider Wein, der aber mit der Qualität der besten Weine aus dem nahegelegenen Iphofen (siehe die Weingüter Hans Wirsching und Johann Ruck) nicht zu vergleichen ist. Der recht stumpfe, etwas rustikale Charakter der Rieslinge dieses Gutes erinnert eher an dessen trockene Silvaner und Müller-Thurgau. Der Kellermeister Eduard Krammer hatte während der letzten Zeit sehr erfolgreich mit der spontanen Gärung von natürlicher Hefe experimentiert, doch bedauerlicherweise fand dieses Verfahren keine weitere Anwendung. Dabei würden die trockenen Weine des Domänenamtes auf diese Weise sicher an Frucht und Eleganz gewinnen. Eindrucksvoller sind die edelsüßen Rieslaner und Scheureben, die beiden gelungensten Rieslingkreuzungen. Hierbei handelt es sich manchmal um ganz ausgezeichnete Weine, die Rieslaner-Beerenauslesen und -Trockenbeerenauslesen gehören sogar zu den besten Weinen in Franken.

Weingut Fürst Löwenstein

Anschrift 97892 Kreuzwertheim, Rathausgasse 5

Früher wurden auf diesem bekannten Weingut wunderbare Weine aus dem Homberger Kallmuth hervorgebracht, darunter einige beeindruckende trockene Rieslinge. Die Weine der letzten Jahre jedoch waren charakterlos und flach. Die Bemühungen von Konstantin Fürst Löwenstein-Wertheim-Rosenberg, seinem Weingut wieder zu dem Rang zu verhelfen, den es einmal besaß, werden erst noch fruchten müssen. Wie die Dinge jetzt stehen, hat Franken eine bedeutende Facette seiner Weinerzeugung verloren, denn der Kallmuth ist die einzige Spitzenlage mit Buntsandsteinboden, der Weine eines völlig anderen Charakters hervorbringt als der für Franken typische Muschelkalk.

Weingut Schloß Sommerhausen

Anschrift 97286 Sommerhausen, Ochsenfurther Straße 17

Zwar sind die Weine dieses Gutes selten wirklich ausgezeichneter Qualität, doch immer frisch, fruchtig und gut balanciert. Sie sind wesentlich charmanter als die Mehrheit der fränkischen Weine und somit ein guter Einstieg in die Weine dieses Anbaugebietes für all jene, die sonst eher an einen Riesling vom Rhein oder von der Mosel gewöhnt sind. Den Besitzern dieses Gutes, der Familie Steinmann, gehört außerdem der größte deutsche Rebveredelungsbetrieb.

Staatlicher Hofkeller Würzburg

Anschrift 97070 Würzburg, Residenzplatz

Auf diesem großen Weingut entstehen Weine verläßlicher und solider Qualität, die selten eine Enttäuschung sind. Angesichts der vielen zur Verfügung stehenden Spitzenlagen ist die Zahl wirklich aufregender Erzeugnisse allerdings gering. Alle Weine verfügen über genügend Substanz und sind gut balanciert, besitzen aber zu wenig Subtilität und Flair. Denn während die Weinerzeugung kompetent und professionell vonstatten geht, ist sie gleichzeitig bemüht, Risiken zu vermeiden, anstatt aus den Trauben das Bestmögliche zu erzielen. Große Weine können jedoch nur mit einer gewissen Risikofreude im Weinberg und im Keller entstehen. Bei der gegenwärtigen Gesamtproduktion des Staatlichen Hofkellers sollte eine größere Risikobereitschaft durchaus zu verkraften sein. Auch dieser Betrieb hebt sich besonders bei der Erzeugung edelsüßer Rieslaner hervor, die häufig eine eindrucksvolle Kraft und Konzentration besitzen.

8. Kapitel

Hessische Bergstraße

Gesamtrebfläche 401 ha
Rieslingrebfläche 218 ha/54,6 %

Wie die Ahr ist auch die Hessische Bergstraße ein kleines, malerisches Anbaugebiet, das hauptsächlich von dem Verkauf seiner Erzeugnisse an Touristen lebt. Doch im Gegensatz zur Ahr herrscht hier ein ordentlicher Qualitätsstandard, und die besten Rieslinge verdienen große Beachtung. Dem Reisenden bieten sich einige sehr schöne Hotels und Restaurants, und zudem gibt es kaum Kitsch!
Östlich von Bensheim und Heppenheim findet man auf Süd- bis Südwesthängen Weinterrassen mit einem Mikroklima, das die Rieslingtrauben fast jedes Jahr voll ausreifen läßt. Die Lößböden bringen Weine hervor, die denen aus dem Rheingau ähneln, aber saftiger sind und eine weniger betonte Säure besitzen. In durchschnittlichen oder geringen Jahrgängen gerät ein Riesling von der Hessischen Bergstraße daher wesentlich ansprechender als ein vergleichbarer junger Rheingauriesling. Aus demselben Grund können in diesem Gebiet auch kontinuierlich attraktive, harmonische trockene Weine erzeugt werden. Weniger positiv ist allerdings das damit verbundene geringe Alterungspotential. Kaum ein Wein unterhalb des Prädikats Spätlese verträgt zehn Jahre in der Flasche; die meisten Weine der Hessischen Bergstraße sollten während ihrer ersten drei Lebensjahre genossen werden.

Exzellente Rieslinglagen

BENSHEIMER KALKGASSE Domäne Bensheim
HEPPENHEIMER STEINKOPF Domäne Bensheim

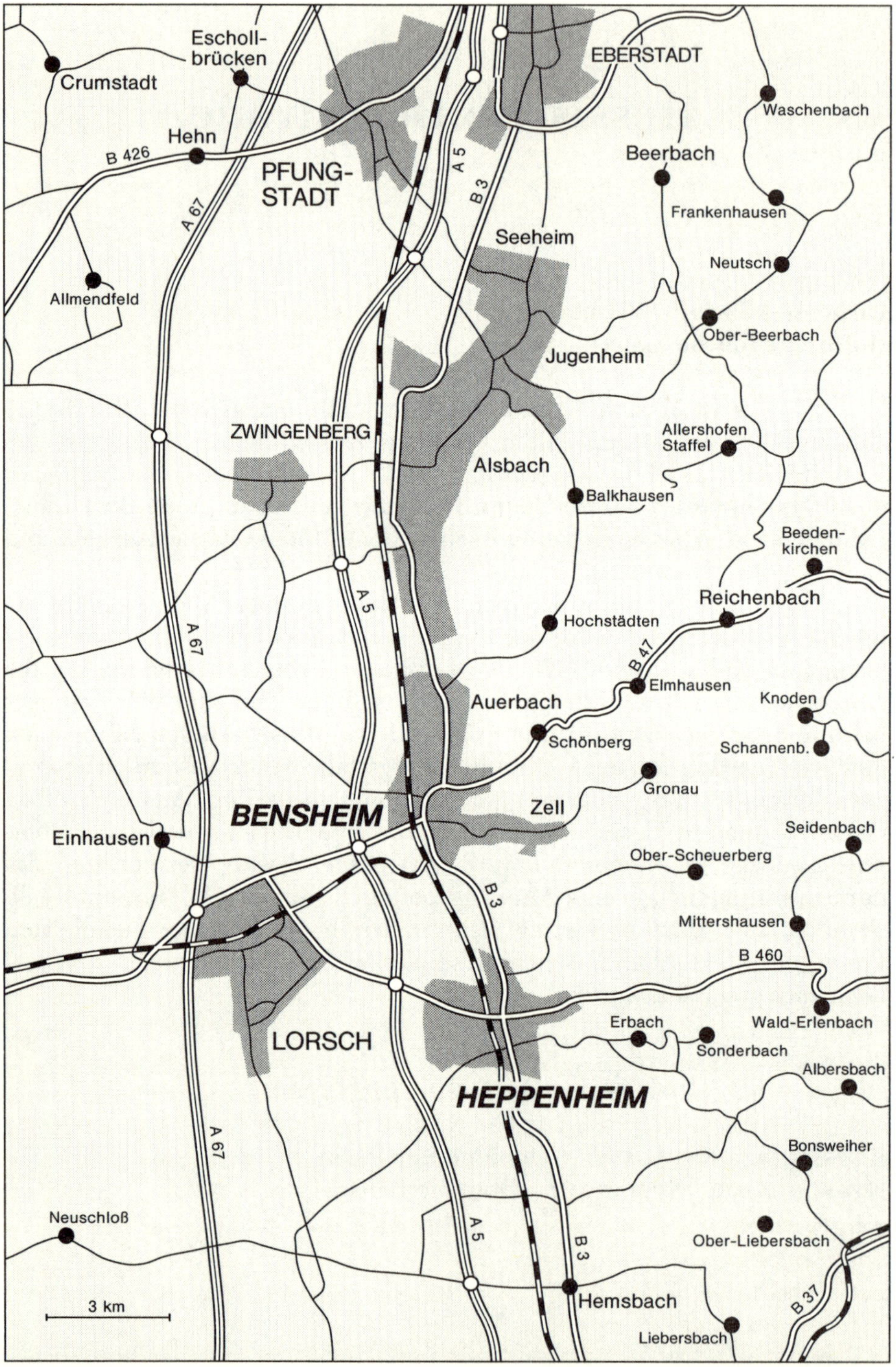

Eschollbrücken
Crumstadt
Hehn
B 426
PFUNGSTADT
EBERSTADT
Waschenbach
Beerbach
Frankenhausen
A 67
A 5
B 3
Seeheim
Neutsch
Allmendfeld
Ober-Beerbach
Jugenheim
ZWINGENBERG
Allershofen
Staffel
Alsbach
Balkhausen
Beedenkirchen
Reichenbach
Hochstädten
B 47
Elmhausen
Auerbach
Knoden
Schönberg
Schannenb.
Gronau
BENSHEIM
Zell
Seidenbach
Einhausen
Ober-Scheuerberg
Mittershausen
B 460
Erbach
Wald-Erlenbach
LORSCH
Sonderbach
Albersbach
HEPPENHEIM
Bonsweiher
Neuschloß
Ober-Liebersbach
B 37
3 km
Hemsbach
Liebersbach

Domäne Bensheim (vormals Staatsweingut Bergstraße)

Anschrift 64625 Bensheim, Grieselstraße 43–46
Inhaber Land Hessen
Direktor Heinrich Hillenbrand
Kellermeister Volker Hörr

Gesamtrebfläche 33 ha
Rebsortenspiegel 74 % Riesling, 7 % Grauburgunder, 9 % Weißburgunder, 5 % Spätburgunder, 5 % Müller-Thurgau und Gewürztraminer

Rieslingproduktion

Rebfläche 24,4 ha
Lagen Heppenheimer Centgericht (Alleinbesitz), Heppenheimer Steinkopf, Bensheimer Kalkgasse, Bensheimer Streichling, Schönberger Herrnwingert
Rebmaterial 100 % Pfropfreben (verschiedene Staatsweingüter- und Geisenheimer-Klone)
Durchschnittliches Rebalter 18 Jahre
Durchschnittlicher Ertrag 64 hl/ha
Durchschnittliche Produktion 200 000 Flaschen pro Jahr

Heinrich Hillenbrand hat Beträchtliches vollbracht, seit er die Leitung des Staatsweingutes Bergstraße übernommen hat. 1971 hat er die ersten Beeren- und Trockenbeerenauslesen in der Geschichte des Gebiets gelesen, 1972 den ersten Eiswein der Hessischen Bergstraße. Bei der jährlichen Versteigerung des Gutes (jeweils am letzten Freitag im Oktober) hat er wiederholt Rekordpreise für seine Weine aus diesem winzigen Gebiet erzielt. Er hat die Produktpalette vollkommen neu strukturiert, indem er die süßen Weine und die Neuzüchtungen, die in den sechziger Jahren auch hier dominierten, durch trockene Weine aus den klassischen Rebsorten ersetzte. Mit diesen Weinen hat die Domäne ein klares, eigenes Profil bekommen, obwohl sie verwaltungstechnisch zu den Staatsweingütern Kloster Eberbach im Rheingau gehört. Wer mit den Weinen beider Erzeuger vertraut ist, weiß um den höheren Qualitätsstandard an der Hessischen Bergstraße . . . Die Domäne ist auch eines der wenigen Staatsweingüter, das immer noch seine ursprüngliche Funktion als Leitfigur für die Winzer des jeweiligen Gebietes erfüllt, wo demonstrativ gezeigt wird, welche Qualität möglich ist, und wo neue Methoden und Technologien in

Weinberg und Keller versuchsweise eingesetzt werden. Zu alldem muß man Heinrich Hillenbrand gratulieren, seine Hingabe hat dem Staatsweingut Hessische Bergstraße einen exzellenten Ruf verschafft.
Obwohl ich noch nie einen wirklich schwachen Wein von diesem Gut probiert habe, gibt es bei den Rieslingen doch beträchtliche Schwankungen, die in erster Linie von den unterschiedlichen Bodentypen und Mikroklimate der verschiedenen Lagen herrühren. Die Spitzenrieslinglage des Gutes – und gleichzeitig die beste Rieslinglage des Gebiets – ist zweifellos der Heppenheimer Steinkopf. Diese Lage ist die steilste und wärmste der ganzen Hessischen Bergstraße mit steinigem Buntsandsteinboden. Von hier kommen überaus elegante Rieslinge von intensiv mineralischem Charakter, der im jungen Stadium besonders hervorsticht. Die Weine vom Steinkopf sind die konzentriertesten und komplexesten des ganzen Gebietes und fraglos von vergleichbarer Qualität wie die Rieslinge aus den Spitzenlagen des Rheingaus oder der Pfalz. Gemeinsam mit den fest strukturierten Weinen aus der Bensheimer Kalkgasse besitzen sie ein hohes Alterungspotential.
Die leichten Granitverwitterungsböden des Bensheimer Streichlings bringen Weine mit offeneren Fruchtaromen hervor, bei Spätlesen und Auslesen dominiert eine Aprikosen- und Ananasnote. Diese Weine weisen eine deutliche Ähnlichkeit mit den besten Rieslingen aus der Ortenau in Baden auf, sind aber zarter.
Ich finde es eher betrüblich, daß der Name dieses Weingutes sofort mit dem Heppenheimer Centgericht in Verbindung gebracht wird, nur weil diese Lage sich im Alleinbesitz der Domäne befindet. Dabei wurde der Steinkopf schon im Jahre 1517 als Weinlage aufgeführt, während das Centgericht noch 1970 ein Rebmuttergarten war! Seine tiefen Löß- und Lehmböden und die sanfte Steigung lassen zwar recht volle, saftige Weine entstehen, die dank der kompetenten Weinerzeugung immer gefällig und attraktiv wirken, doch bleiben sie eher einfach und geradlinig. Die gelungensten Weine aus dieser größten Rieslingparzelle des Gutes sind Eisweine, die Heinrich Hillenbrand in fast jedem Jahr erzeugt.
Die trockenen Weine machen etwa zwei Drittel der Gesamtproduktion des Staatsweingutes Bergstraße aus, die edelsüßen Auslesen und Eisweine fast den Rest. Nur QbA oder Kabinett werden gelegentlich halbtrocken ausgebaut, und die Zahl der restsüßen Kabinettweine und Spätlesen ist sehr begrenzt. Neben den Edelstahltanks spielen Holzfässer in den Weinkellern noch eine erhebliche Rolle – fast alle höherwertigen Rieslingweine reifen für einige Monate in Holz. So soll sichergestellt werden, daß die Weine, sobald sie auf den Markt kommen, ein attraktives Bouquet und eine ansprechende Harmonie besitzen. Für den größten Teil der Produktion mag diese

verbraucherfreundliche Stilrichtung gut geeignet sein, aber die besten Rieslinge aus dem Steinkopf oder der Kalkgasse könnten noch besser gelingen, wenn ihr Ausbau auf ein größeres Alterungspotential zielen würde.

Heppenheimer Riesling diverser Lagen

1990 CENTGERICHT SPÄTLESE 80
Ziemlich ausgeprägter Zitrus-Karamel-Duft; voll und saftig, aber keine große Dichte und Tiefe, dezente Süße, sanfte Säure für den säurebetonten Jahrgang, satter Ananaston; karameliger Nachhall. Schmeckt wie ein etwas älterer Pfälzer der mittleren Klasse; jetzt trinken.

1990 STEINKOPF AUSLESE 88
Pikanter Pfirsichduft mit deutlich mehr Frische als die Centgericht Spätlese; dichte Fruchtfülle, pikante Säure, feine mineralische Note und elegantes Spiel; vielschichtiger, langer Nachhall. Eine gelungene 90er Auslese; erst 1997 auf ihrem Höhepunkt, hält sich bis 2010.

1991 CENTGERICHT SPÄTLESE 77
Duftet nach Hefeteig und Äpfeln mit zarter Lavendelnote; gute Substanz und ansprechende Frucht, aber ziemlich einfach angelegt, etwas rauhe Säure und verhaltene Süße; mäßiger Abgang.

1991 CENTGERICHT EISWEIN 90
Komplexer Duft nach kandierten Früchten und Honig; sehr dicht und füllig mit hoher Süße, klassische pikante Eisweinsäure; sehr kräftiger Nachhall. Nicht die höchste Eleganz und allerhöchste Konzentration, trotzdem ein beeindruckender Eiswein; hält sich bis mindestens 2015.

1992 CENTGERICHT SPÄTLESE TROCKEN 83
Intensiver Duft nach überreifen Äpfeln und Karamel; sehr breitschultrig und kräftig, recht feine Frucht vorne auf der Zunge, gute Harmonie von Frucht, hohem Alkohol (13,5 % vol) und Säure; es fehlt ihr etwas an Spiel und Eleganz im Nachhall. Ein etwas gewollter Wein, der sich zu ausladend präsentiert; hält bis 1997/98.

1992 STEINKOPF SPÄTLESE TROCKEN 88
Ausgeprägter jugendlicher Duft nach Cassis, weißen Pfirsichen und Mineralien; mittelgewichtig und schlank, dabei konzentriert und komplex, sehr mineralische Rasse; langer, pikanter Nachhall. Genug Reserven, um sich bis mindestens 2000 weiter zu entwickeln.

1992 STEINKOPF SPÄTLESE 85
Nicht ganz so feinfruchtig und mineralisch wie die trockene Spätlese, aber sehr schöne Pfirsichfrucht in Duft und Geschmack, elegante Rasse, sehr dezente Süße; etwas einfacher Nachhall. Erreicht 1996 ihre beste Form, hält sich nur bis 2002.

1992 Centgericht Eiswein **70**
Duftet wie Traubenmost und Honig; ausladende Fülle und sirupartige Konsistenz, mäßige Säure, unklare Linie, schmeckt wie ausgewaschene Botrytistrauben; nur Süße im Abgang. Kein gelungener Eiswein, auch wenn er optimal vinifizert wurde. Ein großer Wein kann nur aus perfekten Trauben erzeugt werden.

9. Kapitel

Mittelrhein

Gesamtrebfläche 687 ha
Rieslingrebfläche 511 ha/82,5 %

Wenn sie den Namen »Rhein« hören, denken die meisten Menschen sofort an die romantische Rheinschlucht zwischen Bonn und Bingen mit ihren zahlreichen Burgen und dem Loreleyfelsen. Aus irgendeinem Grund nehmen fast alle Leute, denen die deutschen Weinbaugebiete fremd sind, an, daß hier der Rheingau läge, während es sich bei dieser malerischen Landschaft mit den steil abfallenden Weinbergen in Wirklichkeit um das Anbaugebiet Mittelrhein handelt.

Der Mittelrhein hat jedoch mehr als nur schöne Landschaft zu bieten. Der Nähe der besten Lagen zum Rhein, die durch das enge Tal windgeschützt liegenden Hänge und die steinigen Schiefer- und Grauwackeböden schaffen ideale Bedingungen für rassige Rieslingweine mit intensiven Aromen. Gäbe es am Mittelrhein Weingüter derselben Größenordnung wie diejenigen, die dem Rheingau im 19. Jahrhundert zu seinem Ruf als hochkarätiges Anbaugebiet verhalfen, würde er heute sicherlich als eines der besten Herkunftsgebiete deutscher Rieslingweine gelten. Statt dessen hat aber erst in der jüngsten Vergangenheit eine Handvoll kleiner Familienbetriebe damit begonnen, sich eine Reputation als qualitätsbewußte Weingüter aufzubauen. Die große Masse der Erzeugnisse wird immer noch an große Sekthersteller verkauft oder an Touristen verschleudert. Bedenkt man die hohen Produktionskosten, die die manuelle Bewirtschaftung der steilen Hänge verursacht, wird in großen Teilen des Gebietes unwirtschaftlich gearbeitet. So nimmt die Gesamtrebfläche am Mittelrhein auch immer weiter ab. Ende des Jahrhunderts werden nur noch wenige Orte Anbauflächen in einem Ausmaß besitzen, von dem zu sprechen lohnt.

Das ist eine höchst betrübliche Entwicklung und gäbe es nicht die Winzer aus Bacharach am südlichen Ende des Mittelrheins, so stünde zu befürchten, daß der gesamte Weinbau in diesem Gebiet aussterben würde. Hier liegt eine kleine Gruppe von Weingütern im friedlichen Wettstreit um den Titel des besten Erzeugers am Mittelrhein. Ihre Weine der letzten drei Jahrgänge haben bewiesen, welche Güte ein Riesling dieses Gebietes errei-

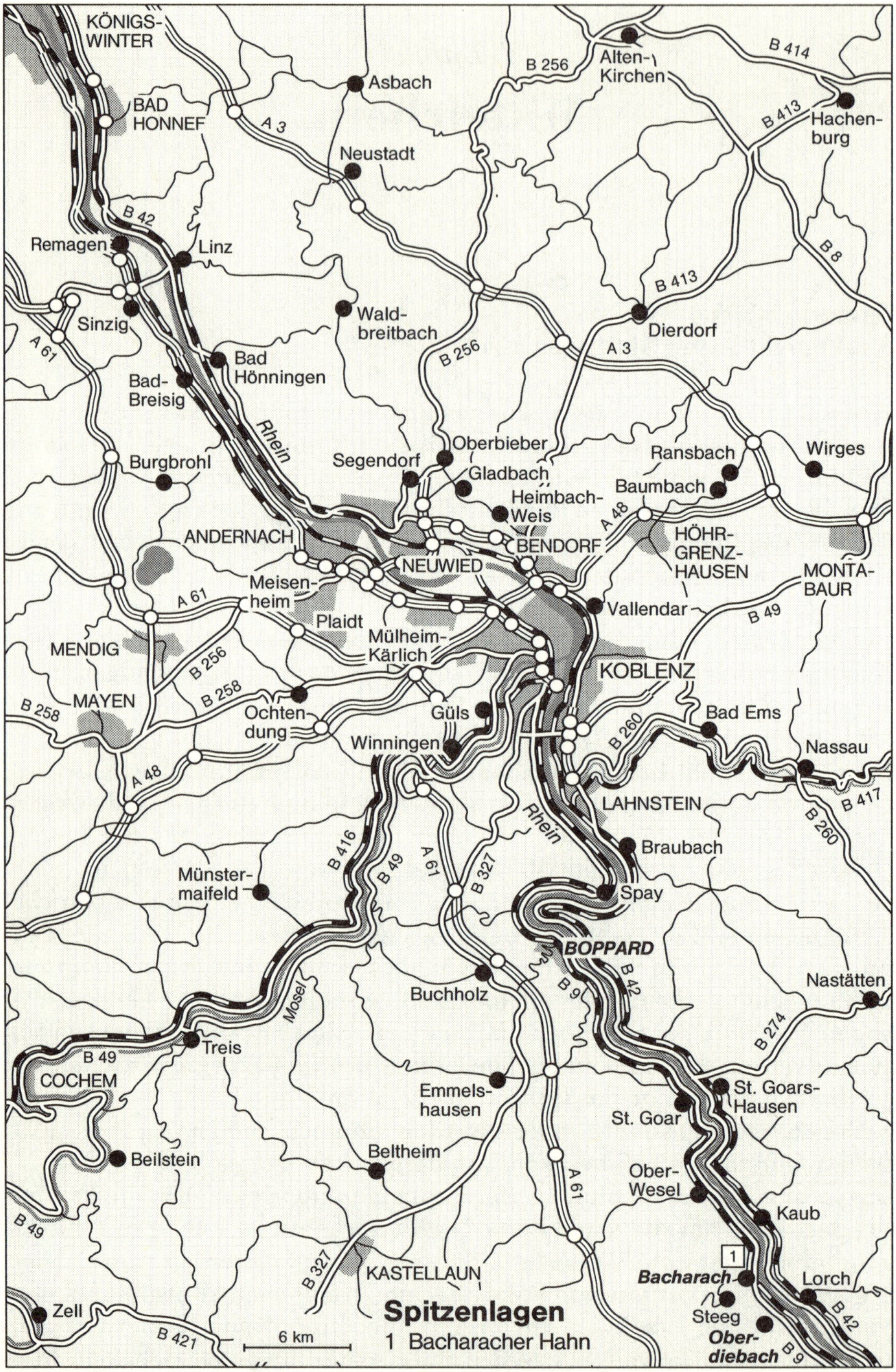
KÖNIGS-
WINTER
BAD
HONNEF
Asbach
A 3
B 256
Alten-
Kirchen
B 414
B 413
Hachen-
burg
Neustadt
B 42
Remagen
Linz
Sinzig
A 61
Wald-
breitbach
B 413
Dierdorf
B 8
A 3
B 256
Bad
Hönningen
Bad-
Breisig
Rhein
Burgbrohl
Segendorf
Oberbieber
Gladbach
Heimbach-
Weis
Ransbach
Baumbach
Wirges
ANDERNACH
NEUWIED
BENDORF
A 48
HÖHR-
GRENZ-
HAUSEN
MONTA-
BAUR
Meisen-
heim
A 61
Plaidt
Vallendar
B 49
MENDIG
B 256
Mülheim-
Kärlich
KOBLENZ
MAYEN
B 258
B 258
Ochten-
dung
Güls
Bad Ems
Winningen
B 260
Nassau
A 48
LAHNSTEIN
B 417
B 260
Rhein
Braubach
B 416
B 49
A 61
B 327
Münster-
maifeld
Spay
BOPPARD
B 9
B 42
Buchholz
Nastätten
Mosel
Treis
B 274
B 49
COCHEM
Emmels-
hausen
St. Goars-
Hausen
St. Goar
Beilstein
Beltheim
Ober-
Wesel
A 61
B 49
Kaub
1
B 327
KASTELLAUN
Bacharach
Lorch
Steeg
B 42
Zell
Spitzenlagen
1 Bacharacher Hahn
Ober-
diebach
B 9
B 421
6 km

chen kann und sie lassen sich durchaus mit den besten Weinen der benachbarten Anbaugebiete Rheingau und Nahe vergleichen. Da die Weine vom Mittelrhein in Deutschland noch immer fast unbekannt sind, erhält man sie zu sehr bescheidenen Preisen und genießt so ein hervorragendes Preis-Leistungs-Verhältnis.

Zwar entstehen hier trotz der betonten Säure und des niedrigen Alkoholgehalts sehr schöne trockene Rieslinge, doch geraten die Weine mit einer Spur natürlicher Süße noch besser. Das einzige Manko der exzellenten halbtrockenen Rieslinge ist eben dieses ärgerliche Wort »Halbtrocken« auf dem Etikett!

Die edelsüßen Weine können dieselben Höhen erreichen wie die besten Weine an der Mittelmosel. Wenn sie auch etwas voller im Körper sind, beweisen sie die gleiche Brillanz und mineralische Vielfalt.

Weiter nördlich, in Boppard, ist von den Entwicklungen in Bacharach leider wenig zu spüren. Dabei würden die Spitzenlagen wie Hamm Feuerlay, Hamm Mandelstein und Hamm Ohlenberg ebenso schöne Weine zulassen wie die Lagen in Bacharach. In der Tat kommt es gelegentlich auch dazu. Doch scheinen die Erzeuger darum zu wetteifern, wer aus diesen vorzüglichen Lagen die billigsten trinkbaren Weine hervorbringen kann und nicht die besten. Wenn sich diese Situation nicht ändert, bleibt die Zukunft des Bopparder Hamm ungewiß, was ein schwerer Verlust für die deutsche Weinkultur wäre.

Spitzenrieslinglagen

BACHARACHER HAHN Toni Jost

Exzellente Rieslinglagen

BACHARACHER KLOSTER FÜRSTENTAL Randolf Kauer
BACHARACHER POSTEN Fritz Bastian
BACHARACHER ST. JOST Ratzenberger
BACHARACHER WOLFSHÖHLE Ratzenberger, Toni Jost
BOPPARDER HAMM (FEUERLAY, MANDELSTEIN, OHLENBERG) August Perll, Walter Perll, Adolf Weingart
OBERDIEBACHER FÜRSTENBERG Toni Jost (wird als BACHARACHER SCHLOSS STAHLECK vermarktet)

Weingut Fritz Bastian

Anschrift 55422 Bacharach, Oberstraße 63
Inhaber Friedrich Bastian
Kellermeister Friedrich Holger Bastian

Gesamtrebfläche 5,5 ha
Rebsortenspiegel 90 % Riesling, 5 % Scheurebe, 5 % Rotweinsorten

Rieslingproduktion

Rebfläche 4,95 ha
Lagen Bacharacher Insel Heyles'en Werth 2 ha, Bacharacher Posten 2 ha, Bacharacher Wolfshöhle 0,95 ha
Rebmaterial 100 % Pfropfreben
Durchschnittliches Rebalter 20 Jahre
Durchschnittlicher Ertrag 50 hl/ha
Durchschnittliche Produktion 33 000 Flaschen pro Jahr

Die Anteile in der exzellenten Lage Bacharacher Posten, der Alleinbesitz Bacharacher Insel Heyles'en Werth und die qualitätsbewußte Weinbautradition, die bis auf das Jahr 1903 zurückgeht, haben das Weingut Fritz Bastian seit jeher in die Lage versetzt, Rieslinge der Spitzenklasse zu erzeugen. Dieses Potential wurde in den siebziger und achtziger Jahren nie ganz ausgeschöpft. Glücklicherweise hat sich die Qualität seit dem Jahrgang 1989, als Friedrich Holger Bastian sein Debüt als Kellermeister gab, jedes Jahr kontinuierlich gesteigert. Seit dem 91er Jahrgang gehört dieses Weingut fraglos zu der kleinen Elitegruppe am Mittelrhein.
Fritz Bastian und sein Sohn arbeiten sehr harmonisch zusammen, ganz anders als die Generationskonflikte, die man oft in Familienbetrieben dieser Größenordnung antrifft. Einer der Hauptgründe dafür ist wohl, daß Friedrich Holger Bastian sein Musikstudium neben der Arbeit im Keller fortsetzt. Außerdem verfolgen Vater und Sohn die gleichen An- und Ausbauprinzipien: nahezu organische Weinbergspflege, niedrige Erträge und selektive Lese. Die Weine jeder Parzelle – selbst innerhalb einer Lage – werden getrennt ausgebaut. Sie vergären mit der natürlichen Hefe in Holzfässern. Beide Generationen vertreten leidenschaftlich die Auffassung, daß vor allem der Eigencharakter der einzelnen Weine gewahrt werden muß, und halten deshalb Schönungs- und Filtermaßnahmen auf einem absoluten Minimum. Der zweistöckige Keller des Gutes ist weit in die Felsen getrie-

ben und bietet ideale Voraussetzungen für diesen Ausbaustil, da er sehr feucht und kalt ist. Trotzdem werden die Weine stets abgefüllt, bevor die ersten wirklich heißen Sommertage die Temperatur im Keller ansteigen lassen, so daß die Weine ein Höchstmaß an Frische behalten.
Die Weine der letzten Jahrgänge des Weingutes Fritz Bastian haben förmlich Modellcharakter für den Mittelrhein; sie sind elegant aromatisch und sehr nuanciert. Ihre rassige Säure und der pikante mineralische Charakter lassen sie an Spitzenrieslinge der Mittelmosel und der Oberen Nahe erinnern, neben denen sie ohne Probleme bestehen können. Alle Weine besitzen ein ausgezeichnetes Alterungspotential. Die besten Auslesen können sicher 20 Jahre oder länger leben. Manche Weine könnten besser abgestuft sein, das heißt eine weniger beeindruckende Spätlese sollte als Kabinett oder eine leichtere Auslese als Spätlese vermarktet werden. Beim Weinkauf ist zu beachten, daß die Weine innerhalb einer Prädikatsstufe manchmal recht unterschiedlich sind. Zumindest an den Preisunterschieden macht sich bemerkbar, wie die Bastians selbst ihre Weine einschätzen. Angesichts der exzellenten Qualität ist die Preisgestaltung eher bescheiden, und die meisten Weine stellen ein ausgezeichnetes Preis-Leistungs-Verhältnis dar. So gut auch die Weine der Jahrgänge 1991 und 1992 sein mögen, die 93er Kollektion macht Anstalten, diese noch zu übertreffen. Die Entwicklung dieses Gutes verdient sorgfältige Beobachtung, es handelt sich hier ohne Zweifel um einen der Aufsteiger!

Bacharacher Riesling diverser Lagen

1989 POSTEN AUSLESE TROCKEN **80**
Satter, etwas grober Pfirsichduft; kräftig und füllig, sehr ansprechende Frucht und stabile Säure für den eher weichen Jahrgang, es fehlt aber an Spiel und Tiefe; anhaltend im Abgang. Bereits auf ihrem Höhepunkt; jetzt trinken.

1989 POSTEN BEERENAUSLESE **85**
Recht komplexer Duft nach Melonen, Aprikosen und Maracuja; gute Konzentration und feine Frucht, elegantes Säurespiel, vom Typ eher eine gute Auslese, die Süße noch etwas dominant, sehr fruchtiger Nachhall. Die Aromen sind voll entfaltet, aber mit längerer Lagerung wird die Süße sich besser einbinden.

1990 SCHLOSS STAHLECK SPÄTLESE TROCKEN 73
Schöner Mangoduft; als junger Wein hat sie sich wesentlich harmonischer präsentiert, der hohe Alkoholgehalt und die betonte Säure stehen im Vordergrund und haben die Frucht verdrängt. Vielleicht fängt sie sich, aber ich bezweifele es sehr.

1990 INSEL HEYLES'EN WERTH KABINETT 79
Eigenartiger Duft nach halbreifen Ananas; leichtgewichtig und rassig, schönes Spiel, dezente Süße; anhaltend. Kommt jetzt auf seinen Höhepunkt und hält sich bis 2002/03.

1991 POSTEN KABINETT TROCKEN 81
Jugendlicher Duft nach Blüten und Mineralien; schlank, elegant und filigran, schöner Säurebiß; mineralischer Nachhall. Schon gut zu trinken, aber hält bis fast 2000.

1991 POSTEN SPÄTLESE TROCKEN 83
Noch ziemlich verschlossener Duft; gute Konzentration und sehr mineralische Rasse gleichen die mäßige Fülle aus, braucht noch ein bißchen Zeit, um sich voll zu entfalten, aber schon eine schöne Harmonie; pikanter Abgang. Hält sich bis mindestens 2000.

1991 INSEL HEYLES'EN WERTH QBA HALBTROCKEN 82
Pikantes, exotisches Fruchtbouquet; beachtliche Dichte und Saft für einen QbA, perfekt abgestimmte Süße, rassiges Spiel; pikanter Nachhall.

1992 POSTEN SPÄTLESE TROCKEN (0393) 86
Nuancierter mineralischer Pfirsichduft; konzentrierte Frucht und elegante Säure, viel Saft und Struktur, filigranes Spiel; delikater mineralischer Nachhall. Kein Kraftpaket, aber für den Jahrgang ein exzellenter trockener Riesling; hält sich bis 2002.

1992 POSTEN SPÄTLESE 85
Ziemlich jugendlicher Duft nach weißen Pfirsichen und Cassis; mittelgewichtig, recht dicht und sehr fruchtig, nicht ganz die Tiefe der trockenen Version, aber sehr attraktiv, langatmiges Spiel und dezente Süße. Braucht bis 1995/96, um sich voll zu entfalten, und hält bis 2005.

1992 POSTEN AUSLESE 88
Fast übernatürlich intensives Ananasbouquet; sehr konzentriert und reichhaltig, jetzt noch etwas zu süß, aber tolle Anlagen für die Zukunft, fast seidige Säure, sehr feinfruchtig; langer Nachhall. Eine beeindrukkende Auslese, aber es mangelt etwas an der mineralischen Tiefe der wirklich großen Rieslinge aus Bacharach; kommt erst 1997/98 in ihre beste Form und hält sich bis 2010.

Die 1993er Rieslinge ergeben eine durchwachsene Kollektion mit Höhen und Tiefen. Nach 1991 und 1992 hat man deutlich mehr erwartet.

Weingut Toni Jost – Hahnenhof

Anschrift 55420 Bacharach, Oberstraße 14
Inhaber und Kellermeister Dipl.-Ing. Peter Jost
Leiter Peter und Linde Jost

Gesamtrebfläche 9,6 ha
Rebsortenspiegel 80 % Riesling, 15 % Spätburgunder, 5 % andere Sorten

Rieslingproduktion

Rebfläche 7,5 ha
Lagen Bacharacher Hahn 4,3 ha, Bacharacher Wolfshöhle 0,3 ha, Steeger St. Jost 0,5 ha (alle Mittelrhein), Wallufer Walkenberg 1,5 ha, Wallufer Oberberg 0,5 ha, Martinsthaler Rödchen 0,4 ha (alle Rheingau)
Rebmaterial 100 % Pfropfreben (Gm239, 237, 356, 198, W21)
Durchschnittliches Rebalter 16 Jahre
Durchschnittlicher Ertrag 63 hl/ha
Durchschnittliche Produktion 70000 Flaschen pro Jahr

Wenn der Wettkampf um die beste Qualität auch mit jedem Jahr härter wird, so bleibt das Weingut von Peter und Linde Jost doch die Nummer eins unter den Rieslingerzeugern des Mittelrheins. Die Fähigkeiten Peter Josts als Winzer und die große Rebfläche im Bacharacher Hahn, der möglicherweise besten Lage des gesamten Gebietes, ermöglichten diesem Betrieb in den letzten Jahren eine ganze Reihe exzellenter Weine. Tatsächlich überragen die Jost-Weine der Spitzenjahrgänge 1989 und 1990 sogar viele vergleichbare Weine der berühmtesten Güter im Rheingau auf der anderen Rheinseite. Ich war nicht der erste, der sich die Frage gestellt hat, warum er für einen nichtssagenden Rheingauwein einen inflationären Preis zahlen soll, wenn er für die Hälfte des Geldes etwas wesentlich Besseres von einem Spitzenweingut wie Toni Jost bekommen kann. Aber trotz der hohen Qualität und des guten Preis-Leistungs-Verhältnisses sind dieser Erzeuger und seine besten Mitstreiter noch immer ein Geheimtip. Es scheint, als ob viele Weinliebhaber lieber einen berühmten Namen aus dem Rheingau auf der Flasche als einen erstklassigen Riesling in der Flasche erwerben möchten! Peter Jost befindet sich in der glücklichen Lage, die Weine beider Gebiete sehr gut miteinander vergleichen zu können, da er sowohl am Mittelrhein als auch im Rheingau Parzellen besitzt und beiden VDP-Gruppen angehört. Der allzuoft zutage tretende Gegensatz zwischen einem Gebiet, das sich auf seinen Lorbeeren ausruht und einem anderen, das unbedingt mit seiner hohen Qualität beeindrucken möchte, offenbarte sich besonders auf der Rheingau-VDP-Versteigerung im November 1990. Bei dieser Gelegenheit wurden drei 1989er Riesling Trockenbeerenauslesen angeboten. Zwei von ihnen entstammten weltberühmten Rheingaugütern, der dritte den Rheingaulagen Peter Josts. Die beiden im Rheingau vinifizierten Weine waren brauner Färbung und schmeckten und rochen, als ob sie schon sehr alt seien und bald dahinsiechen würden. Der am Mittelrhein ausgebaute Rheingauwein von Peter Jost hingegen wies eine fantastische Vitalität und Eleganz auf, trotz seiner enormen Konzentration. Für den Rheingau war das ein öffentliches Debakel, für das Weingut Toni Jost ein großer PR-Coup.

So schön die Weine Peter Josts aus den Lagen in Walluf und Martinsthal im Rheingau immer sind, seine Erzeugnisse aus dem Bacharacher Hahn sind ohne Ausnahme noch aromatischer, nachhaltiger und eleganter. Überraschen kann das allerdings kaum, da der Hahn mehr Sonneneinstrahlung, ein günstigeres Mikroklima und eine bessere Bodenstruktur als die meisten Rheingaulagen hat. Der Süd- bis Südwesthang steigt direkt vom Rheinufer steil an und profitiert vom wärmenden Fluß und dem engen Tal, das ihn vor dem Wind schützt; überdies verfügt der Bacharacher Hahn über fein verwitterte Schieferböden. Im Gegensatz dazu ist der typische Weinberg im Rheingau zu weit vom Rhein entfernt, um von dessen Einflüssen zu profitieren und hat meist schwere Lehm- oder Lößböden (siehe Kapitel 1 zu den Folgen dieser Bedingungen). Meist bringt der Hahn Spätlesen hervor und oft genug können die Josts hier Auslesen und höhere Prädikate lesen. Ob trocken oder restsüß ausgebaut: Die Weine aus dem Hahn besitzen eine saftige Pfirsichfrucht, die häufig durch die Aromen der Ananas und anderer exotischer Früchte ergänzt wird. Bei aller Opulenz weisen diese Weine aber auch eine gesunde Säure auf, und selbst bei höchster Konzentration geraten sie fast nie schwer. In vieler Hinsicht stellen sie einen Prototyp des Rheingaurieslings der Spitzenklasse dar, eine Eigenschaft, die durch Peter Josts Stil der Weinerzeugung noch betont wird.

Die Weine, die die Josts unter dem Namen der Großlage Bacharacher Schloß Stahleck vertreiben, sind für den Mittelrhein typischer, nämlich geschliffener, rassiger und mit weniger extrovertierten Fruchtaromen. In einem Spitzenjahr wie 1990 aber sind diese Weine, die immer aus dem Oberdiebacher Fürstenberg stammen und halbtrocken vinifiziert werden, fast ebenso gut wie die Rieslinge aus dem Hahn. Die Weine des Gutes aus der Bacharacher Wolfshöhle sind in der Regel leicht und rassig, in geringeren Jahrgängen eher stahlig. Vor kurzem hat das Weingut mit der Vermarktung von QbA als Gutsriesling ohne Lagenangabe begonnen. Auch hierbei wird ein exzellenter Standard zu einem günstigen Preis geboten.

So beeindruckend die Weine des Gutes Toni Jost in den letzten Jahren auch waren, meine ich doch, daß hier noch mehr möglich wäre. Der Bacharacher Hahn ist eine der bedeutendsten Lagen am ganzen Rhein mit einem Potential, das regelmäßig hochwertige Weine zuließe. Sie sollten alle anderen Weine aus Bacharach weit hinter sich lassen, haben dies in den Jahren 1991 und 1992 jedoch nicht ganz geschafft. Verglichen mit den besten Rieslingen von Mittelmosel und Nahe aus Lagen mit ähnlichem Mikroklima und Boden wie im Bacharacher Hahn, fehlen ihnen oft etwas Finesse und die mineralische Dimension in Duft und Geschmack.
In dem gleichbleibend hohen Standard der Qualität zeigen sich der unermüdliche Einsatz und die ungezählten Arbeitsstunden von Peter und Linde Jost. Und doch scheint ein Teil des Potentials dieser großartigen Lagen in der Zeit nach der Lese bis zur Flaschenabfüllung verlorenzugehen. Die Weinberge werden mit größter Sorgfalt bewirtschaftet, der Ertrag ist auf 60 hl/ha begrenzt, und erklärtes Ziel sind maximale Reifegrade. Das Ergebnis sind Trauben, deren Qualität am Mittelrhein unerreicht bleibt. Das Problem liegt in Peter Josts etwas zu technokratischem Anbaustil.
Ich habe bereits an anderer Stelle darauf hingewiesen, daß der Unterschied zwischen einem guten und einem großen Wein von den Details im Rebanbau, in der Ertragspolitik und der Vinifikation abhängen. Auf dem Weingut Peter Josts verhindern Feinheiten im Keller, daß seine Weine regelmäßig die höchste Qualität erreichen. Mir schiene es völlig angemessen, wenn Peter Jost geschäftsführendes Mitglied beim »Ausschuß für Technik im Weinbau« des Deutschen Weinbauverbandes wäre. An seinen Ausbauverfahren gibt es wenig auszusetzen, doch zielen sie darauf ab, das Risiko zu minimieren. Ein großer Riesling kann aber nur entstehen, wenn man sowohl im Weinberg als auch im Keller Risiken auf sich nimmt. Obwohl Peter Jost die Weine vieler führender Weingüter kennt, die ohne Probleme ausschließlich mit natürlicher Hefe vergären, hält er dieses Verfahren auf seinem eigenen Gut für zu riskant. Zudem läßt er seine Weine fast nie über Neujahr hinaus vergären, auch wenn er sich darüber im klaren ist, daß die Gärung bei vielen Spitzenrieslingen der letzten Jahrgänge mehrere Monate dauerte. Es ließen sich noch weitere Punkte aufführen, die die wichtigsten Winzer Deutschlands bereits als unerläßlich zur Erzielung eines großen Rieslings erkannt haben. Wenn die schon jetzt eindrucksvollen Weine von dem Gut Toni Jost nur etwas mehr Finesse und Komplexität erhielten, könnten sie zu den größten deutschen Weinen zählen. In Anbetracht der immensen Arbeit, die Peter und Linde Jost in ihr Weingut gesteckt haben, wäre es schade, das Potential nicht voll ausgeschöpft zu sehen!

Bacharacher Hahn Riesling

1988 Auslese Trocken **68**
Als junger Wein hat er sich bei einigen Blindproben sehr weit vorne plaziert, aber jetzt eine Enttäuschung; noch dicht und kraftvoll, aber wo ist die Frucht, kaum Spiel und gar kein Biß, ein leeres Gerüst . . .

1988 Auslese **84**
Viel besser erhalten als die trockene Version. Ziemlich ausgeprägter Duft nach reifen Stachelbeeren und halbreifen Pfirsichen; dicht und reichhaltig, die Süße noch etwas vordergründig, schöner Saft und recht feine Frucht, feste Säurestruktur; anhaltend im Abgang. Für einen sehr guten Jahrgang mit niedrigem Ertrag kein glänzendes Ergebnis; hält sich bis 2000.

1989 Auslese Halbtrocken **90**
Toller Pfirsichduft mit exotischer Frucht-, Karamel- und Honignote; sehr konzentriert und saftig, rassiges Spiel, schmeckt jetzt trocken, viel Kraft und Fülle, ohne schwer zu wirken; langer, kräftiger Nachhall. Erreicht momentan ihre beste Form und hält sich noch zehn Jahre oder länger.

1989 Auslese **90**
Sattes exotisches Früchte-Honig-Bouquet; dicht und sehr reichhaltig, recht süß und wuchtig, seidige Säure; fast opulenter Nachhall. Braucht noch bis 1996/97, um ihr Gleichgewicht zu finden, und hält sich bis mindestens 2005.

1989 Trockenbeerenauslese **95**
Opulenter Honig-Rosinen-Duft; sehr konzentriert und reichhaltig, tolle aromatische Süße und viel Schmelz, komplexe Zitrus- und Gewürznote; gewaltiger Nachhall. Der beste Mittelrheinriesling seit langem; Reserven für einige Jahrzehnte.

1990 Auslese Halbtrocken **91**
Etwas verschlossener Duft mit feiner Aprikosennote; sehr konzentriert und pikant, betonte Rasse, feine Frucht, kaum spürbare Süße; sehr nachhaltige, mineralische Note. Braucht bis 1996/97, um sich voll zu entfalten, und hält bis 2010.

1990 Auslese **92**
Ziemlich verschlossener Duft nach Mandeln, Vanille und Rosen; noch konzentrierter und mehr Tiefe als die halbtrockene Version, tolle Rasse, die Süße ist schon sehr gut eingebunden; viel Kraft und Tiefe im Abgang.

1990 Beerenauslese 93
Sehr verschlossenes Bouquet; noch etwas dichter als die Auslese und viel pikanter, exotische Fruchtnote, aber die meisten Aromen sind noch von der Säure gebunden; sehr nachhaltige Rasse. Braucht bis 2000, um ihre beste Form zu erreichen; sehr lagerfähig.

1991 Kabinett 82
Attraktives Pfirsichbouquet mit leicht exotischer Note; voll und dicht für einen Kabinett, betonte Rasse, leichte Kremigkeit und etwas vordergründige Süße; langer Nachhall. Schon jetzt sehr gut zu trinken, hält sich bis ca. 2000.

1991 Auslese 89
Beeindruckender Duft nach getrockneten Früchten und Honig; vorne das Volumen und die Konzentration einer Beerenauslese, sehr pikantes Säurespiel, fast eisweinartige Rasse; kerniger Nachhall. Nicht so strahlend wie als ganz junger Wein, aber nach 1997/98 sicher wieder in sehr guter Form; hält sich bis 2015.

1992 Spätlese Trocken 84
Intensiver Birnenduft mit weißer Pfirsichnote; sehr füllig und reichhaltig, ohne schwer oder alkoholisch zu wirken (wie die enttäuschende 1992 Hahn Spätlese Halbtrocken, 74 Punkte), reife Säure, etwas einfach angelegt und schon voll entwickelt, aber zweifelsohne eine gute Leistung für den Jahrgang.

1992 Spätlese 87
Opulenter Ananas-Aprikosen-Duft; sehr voll und satt für eine Spätlese, aber nicht übermäßig süß, sehr gute Säurestruktur; feinfruchtiger Nachhall. Der Wein brauch nocht bis 1995, um sein Gleichgewicht zu finden; hält sich bis 2002.

1992 Auslese 86
Opulenter Duft nach exotischen Früchten und Honig; sehr dicht, beeindruckende Fruchtfülle, aber etwas voluminös, die hohe Süße noch ziemlich vordergründig, etwas zuviel des Guten und nicht optimal balanciert; sehr nachhaltige Aprikosennote. Muß einige Jahre liegen, um eine bessere Harmonie zu erreichen, aber die Aromen sind schon voll entfaltet; Ende der neunziger Jahre voraussichtlich in ihrer besten Form.

Die 1993er Rieslinge von Toni Jost sind dem 1992er Jahrgang zweifelsohne überlegen; sie besitzen viel Saft, Fülle und Schmelz. Trotzdem lassen sie immer noch etwas die mineralische Tiefe und das Filigrane vermissen.

Weingut Randolf Kauer

Anschrift 55422 Bacharach, Blücherstraße 87
Inhaber und Kellermeister Dr. Randolf Kauer

Gesamtrebfläche 1,3 ha
Rebsortenspiegel 100 % Riesling

Rieslingproduktion

Rebfläche 1,3 ha
Lagen Bacharacher Kloster Fürstental 0,5 ha, Bacharacher Wolfshöhle 0,4 ha, Urbarer Beulsberg 0,4 ha
Rebmaterial 100 % Pfropfreben (Geisenheimer Klone)
Durchschnittliches Rebalter 18 Jahre
Durchschnittlicher Ertrag 50 hl/ha
Durchschnittliche Produktion 8500 Flaschen pro Jahr

Die schönsten Überraschungen im Leben eines Weinjournalisten sind die Entdeckungen von Weinen, die eigentlich gar nicht möglich sein sollten. Unvorstellbar erscheint, daß der in einem Gebiet beste Wein des Jahrgangs von einem Winzer erzeugt wird, der die Weinherstellung erst seit wenigen Jahren auf einem knappen Hektar Rebfläche als Hobby betreibt. 1992 gelang Randolf Kauer aus Bacharach dieses Kunststück am Mittelrhein. Seine halbtrockene Riesling Spätlese aus der wenig bekannten Lage Bacharacher Kloster Fürstental übertraf alle Weine dieses Jahrganges von den exzellenten Gütern Fritz Bastian, Toni Jost und Ratzenberger. Wenn der Mittelrhein auch nicht so berühmt ist, beeindrucken die Weine dieser Erzeuger aus Bacharach im äußersten Süden des Gebietes doch häufig mehr als die aus dem Rheingau auf der anderen Rheinseite. Sie waren Randolf Kauers ernstzunehmende Konkurrenten, so daß seine Leistung beachtlich ist.
Das kleine Weingut, das sich mittlerweile auf 1,3 ha vergrößert hat, ist in mancher Hinsicht ungewöhnlich, abgesehen davon, daß es auch das kleinste meiner Auswahl der hundert besten Rieslingerzeuger in Deutschland ist. Es ist nicht nur ein »Hobby-Weingut«, sondern wird auch im ökologischen Anbau und mit den minimalistischen Ausbaumethoden betrieben, die sonst nur auf den besten deutschen Weingütern wie Dr. Loosen und Joh. Jos. Prüm an der Mosel oder Müller-Catoir und Koehler-Ruprecht in der Pfalz zu finden sind. Hinsichtlich der erzeugten Menge ist Randolf Kauer freilich der unbedeutendste qualitätsorientierte Weinerzeuger Ba-

charachs, bei der Kellerwirtschaft aber ist er Nummer eins. Dies ist eine paradoxe Situation, die sich aber in den nächsten Jahren ändern wird, da Kauers Ehrgeiz in der Ausweitung seiner bisher bescheidenen Erzeugung durch den Zukauf neuer und besserer Lagenanteile liegt. Könnte man die An- und Ausbauphilosophie Randolf Kauers mit den Lagen des Weingutes Fritz Bastian oder Toni Josts verbinden, so erhielte man einen Betrieb, der sich mit den besten am ganzen Rhein messen könnte.

Zur Zeit jedoch bietet das Gut nur eine kleine Palette von Weinen an. Sie werden immer trocken oder halbtrocken vinifiziert, die einzige Ausnahme bildet eine edelsüße Riesling Auslese wie in den Jahren 1989 und 1993. Seine QbA und Kabinette aus dem mittelmäßigen Urbarer Beulsberg belegen, welche Resultate auch aus geringeren Lagen bei niedrigen Erträgen und exzellentem Ausbau erzielt werden können. Sie bieten ein ansprechendes Spiel von saftiger Frucht und moderater Säure. Die besten Weine der letzten Jahrgänge waren die trockenen und halbtrockenen Spätlesen aus dem Kloster Fürstental, wobei sich das wahrscheinlich durch den Zukauf einer Parzelle in der Bacharacher Wolfshöhle ändern wird. Die Weine aus dem Kloster Fürstental sind konzentriert und besitzen wesentlich mehr Frucht, Säure und mineralische Extrakte als die Urbarer Weine. In den Händen Randolf Kauers ergibt diese Lage Weine mit starken mineralischen Aromen der Schieferböden, einer reifen Frucht und trotz der hohen natürlichen Säure wunderbaren Harmonie.

Ohne Zweifel haben die niedrigen Erträge dieses Gutes – die niedrigsten in ganz Bacharach – einen großen Einfluß auf die Qualität seiner Weine. Dabei stehen ihm seine qualitätsbewußten Kollegen in diesem Punkt nicht übermäßig nach. Die eigentlichen Unterschiede findet man im Weinkeller, wo die Kauer-Weine alle mit natürlicher Hefe aus dem Weinberg vergären. Sie werden nie geschönt, die Filtration ist minimal und die Weine werden insgesamt nur zweimal bewegt: beim Abstich und bei der Abfüllung. So weisen sie auch nach einiger Zeit in der Flasche noch Hefearomen auf und können ihre jugendliche Frische viel länger bewahren als bei einer technokratischeren Vinifikation.

Während die Urbarer Weine innerhalb ihrer ersten drei Lebensjahre genossen werden sollten, da diese Lage einfach keine Weine mit der für eine lange Alterung nötigen Struktur hervorbringt, können die Bacharacher Weine dieses Gutes zehn bis zwanzig Jahre alt werden.

Gegenwärtig arbeitet Randolf Kauer, der 1993 an der Universität Gießen mit einem Vergleich herkömmlicher und biologischer Weinbaumethoden promoviert hat, als Inspektor für den Bundesverband Ökologischer Weinbau (ECOVIN) und als Berater der Forschungsanstalt in Geisenheim. So verhilft er zum einen dem organischen Weinbau in Deutschland zu einer professionelleren Basis, zum anderen kann er seine Kollegen in dem Beweis unterstützen, daß auch mit biologischen Anbaumethoden exzellente Erzeugnisse erzielt werden können. Das gleiche ließe sich auch von anderen führenden ökologisch arbeitenden Winzern in Deutschland sagen, wie Peter von Weymarn vom Weingut Freiherr Heyl zu Herrnsheim in Nierstein. Ich hoffe sehr, daß er seine Ambitionen hinsichtlich einer Vergrößerung seines Betriebes innerhalb der nächsten Jahre verwirklichen kann, nicht nur, weil ihm eine Erweiterung der Rebfläche noch bessere Weine ermöglichen würde, sondern auch, weil Bacharach mehr Spitzenwinzer braucht, um den verdienten Ruf eines führenden Weinortes am Rhein zu erhalten. Randolf Kauer hat mit dem Qualitätsniveau der letzten beiden Jahrgänge bereits einige seiner Bacharacher Kollegen überraschen, wenn nicht gar schockieren können. In dieser Hinsicht hat er einiges geleistet, um den Wettstreit in Bacharach anzufachen. Zwar ist Toni Jost noch immer das führende Gut, doch greifen einige Hände nach dieser Krone. Wäre ich eine Spielernatur, würde ich wetten, daß Randolf Kauer bis zur Jahrtausendwende den ersten Rang eingenommen haben wird, obwohl sein Lagenbesitz im Vergleich zu dem seiner Konkurrenten so klein ist. Gleich wer der führende Winzer sein wird, Bacharachs Position wird sich bis dahin auf jeden Fall verbessert haben.

Bacharacher Riesling diverser Lagen

1989 KLOSTER FÜRSTENTAL AUSLESE **90**
Intensiver, subtiler Honigduft; beeindruckende Frische und Eleganz für eine 89er Auslese, konzentrierte Aprikostenfrucht, dezente Süße und filigrane Säure; nuancierter, langer Nachhall. Schon jetzt sehr attraktiv, Reserven für noch mindestens 10 Jahre.

1990 SCHLOSS STAHLECK SPÄTLESE HALBTROCKEN **73**
Jugendlicher Duft nach roten Johannisbeeren mit vegetaler Note; leichtgewichtig und recht einfach angelegt, kernige Säure; mäßige Länge. Wäre besser als QbA vermarktet worden; hält sich bis 2000.

1991 KLOSTER FÜRSTENTAL SPÄTLESE HALBTROCKEN **87**
Finessenreicher Ananasduft mit ausgeprägt mineralischer Note; recht konzentriert und sehr saftig, elegante Säure und aromatische Süße; langer, kremiger Nachhall. Ein ausgezeichneter Wein für den Jahrgang. Schon jetzt sehr schön, hält sich mindestens bis 2000 in dieser Form.

1992 Kloster Fürstental Spätlese Trocken 86
Feiner weißer Pfirsichduft mit rauchig-mineralischem Unterton; dichte Frucht und pikante Rasse, mittelgewichtig, aber viel Extrakt und Struktur; langer, stahliger Nachhall. Erst um 1996 in ihrer besten Form, bis 2002 haltbar.

1992 Kloster Fürstental Spätlese Halbtrocken 90
Vielschichtiger mineralischer Pfirsichduft; tolle Konzentration, Tiefe und Finesse für 1992, viel Saft und hochelegante Rasse, trotz Maracujanote und Extraktsüße »trockenschmeckend«; sehr langer, mineralischer Abgang. Ein großer Wurf; schon jetzt beeindruckend, hält sich bis 2005.

Die 1993er Rieslinge setzen die Linie von 1991 und 1992 auf beeindrukkende Weise fort. Sehr langlebige, rassige mineralische Weine, die zum Besten aus diesem Jahrgang im Gebiet zählen.

Weingut Ratzenberger

Anschrift 55422 Bacharach, Blücherstraße 167
Inhaber Jochen Ratzenberger
Kellermeister Jochen Ratzenberger jr.

Gesamtrebfläche 6 ha
Rebsortenspiegel 80 % Riesling, 12 % Spätburgunder, 8 % Müller-Thurgau

Rieslingproduktion

Rebfläche 4,8 ha
Lagen Steeger St. Jost 2 ha, Bacharacher Kloster Fürstental 1,5 ha, Bacharacher Wolfshöhle 1,3 ha
Rebmaterial 100 % Pfropfreben (Gm198)
Durchschnittliches Rebalter 20 Jahre
Durchschnittlicher Ertrag 63 hl/ha
Durchschnittliche Produktion 40 000 Flaschen pro Jahr

In seiner jetzigen Form gibt es das Weingut Ratzenberger erst seit 1964, als Jochen Ratzenberger im Alter von 21 Jahren nach Bacharach kam, um den bescheidenen Weinbergbesitz der Familie auszubauen. Seitdem hat er seine Reputation als einer der besten Wein- und Sekterzeuger des Mittelrheins ständig verbessern können. Diese Leistung ist um so bemerkenswerter, als das Weingut mittlerweile zwar beträchtliche Anteile an drei sehr guten Bacharacher Lagen besitzt, nicht aber an den besten Lagen Hahn und Posten. Dessenungeachtet erzeugt Jochen Ratzenberger regelmäßig einige der klassischsten und rassigsten trockenen Rieslinge des Mittelrheines. Seine besten Weine des Jahres 1990 zählen zu den gelungensten Vertretern dieses Jahrgangs am ganzen Rhein.

Die Kellermethoden und der Weinstil unterscheiden sich erheblich von denen des Weinguts Toni Jost, des anderen führenden Betriebes dieses Gebietes. Während die Jost-Weine eher voll, saftig und reichhaltig sind, bestechen die Weine Jochen Ratzenbergers durch die für dieses Gebiet typische betonte Rasse und die mineralischen Nuancen. In geringeren Jahren können seine Weine stahlig geraten; dann benötigen sie mehrere Jahre, um den beträchtlichen Säuregehalt zu integrieren und sich zu harmonisieren. In großen Jahrgängen ist ihnen eine Brillanz eigen, die an die größten Weine der Saar erinnert, dazu der Körper und die Substanz, die man von einem Spitzenwein aus dem Rheingau erwarten würde. Ob leicht und trocken, wie der größte Teil der Produktion, oder reichhaltig und süß, wie die allerbesten dieses Gutes: immer besitzen diese Weine das ausgeprägte Aroma und den Geschmack der Schieferböden, der in allen Lagen vorherrscht. Noch bin ich auf keinen Wein gestoßen, der sich schneller als ein Riesling vom Mittelrhein identifizieren ließe.

Im Keller ist Jochen Ratzenbergers Vorgehen höchst traditionell: die Weine werden in Edelstahltanks und großen Holzfässern ausgebaut und lagern in Gewölbekellern, die tief in die Bergseite des Bacharacher Stadtteils Steeg hineinreichen. Hier vergären sie mit natürlicher Hefe und werden mit minimaler Filtration geklärt. Jedwede Süße, die die Weine besitzen, stammt aus den Trauben und dem Gärprozeß, der ohne Einflußnahme Jochen Ratzenbergers endet. Die trockenen und halbtrockenen Weine finden dabei immer ihre eigene Balance. Nur bei den edelsüßen Weinen wird eine gewisse Restsüße gefördert, die ihnen eine ideale Harmonie und lange Alterung verspricht. Manchmal stoppt die Gärung entgegen den Vorstellungen Ratzenbergers bei einem Restsüßegehalt von knapp über 18 Gramm pro Liter, der obersten Grenze für halbtrockene Weine. Trotz der Schwierigkeiten, diese Weine zu verkaufen, da sie den Liebhabern trockener Weine zu süß, dabei aber wesentlich trockener als herkömmliche restsüße Weine sind, werden sie immer so belassen, wie die Natur sie schuf. Tatsächlich sind diese Weine oft die interessantesten Erzeugnisse aus dem gesamten Keller! Durch ihre für die Ratzenberger-Weine so typische rassige Säure schmecken sie nach einigen Jahren in der Flasche fast trocken.

Alle Rieslinge des Weinguts Ratzenberger verfügen über ein hohes Alterungspotential, die trockenen Weine können bis zu zehn Jahre alt werden, die edelsüßen noch wesentlich länger. Eine restsüße Riesling Spätlese des Jahrgangs 1973 war auch im Alter von 20 Jahren noch wunderbar frisch und elegant. Die besten Weine der schönen Jahrgänge 1989 und 1990 werden sicher noch länger leben können.

Der exzellente, nach dem Champagner-Verfahren hergestellte Rieslingsekt verdient besondere Erwähnung. Der Mittelrhein hat fraglos ein hervorragendes Potential für die Sekterzeugung, doch bedauerlicherweise gibt es nur wenige wirklich erstklassige Beispiele hierfür. Bei dem 90er Riesling Brut vom Weingut Ratzenberger handelt es sich wahrscheinlich um den besten Sekt, der hier in den letzten Jahren erzeugt wurde. Mit dem 91er gelang ein würdiger Nachfolger. Nach 18 Monaten auf der Hefe war er schon sehr beeindruckend. Dazu bemerkte Jochen Ratzenberger: »Zwei Jahre und mehr auf der Hefe sind viel besser, aber wir waren ausverkauft und hatten keine andere Möglichkeit.«

Jochen Ratzenberger junior ist jetzt Mitte Zwanzig und spielt auf dem Familienbetrieb eine immer wichtigere Rolle; seit kurzem hat er im Weinkeller einige Verantwortung übernommen. Mit der Zeit wird er einen ebenso guten Winzer und Kellermeister abgeben wie sein Vater, wenn nicht gar einen besseren. Vielleicht gelingt es ihm auch, das Weingut durch eine ansehnliche Parzelle im Bacharacher Hahn oder Posten zu vergrößern. So könnte das Gut seine ohnehin hohe Position noch weiter verbessern.

Bacharacher Riesling diverser Lagen

1988 Wolfshöhle Spätlese Halbtrocken 85

Filigraner Pfirsichduft; leichtgewichtig, sehr feinfruchtig, elegante mineralische Rasse; langer, delikater Nachhall. Kein herausragender Wein, aber ein klassischer Bacharacher, der sich bis 2000 in dieser sehr schönen Form halten wird.

1989 St. Jost Auslese Trocken 88

Beeindruckender Ananas-Maracuja-Duft; sehr dicht und saftig, ausgeprägte exotische Fruchtnote, sehr elegante Säure für den eher weichen Jahrgang, staubig trocken, aber tolles Spiel; sehr langer mineralischer Nachhall. Jetzt auf ihrem Höhepunkt und bleibt dort bis 1997/98.

1989 Wolfshöhle Auslese 86

Konzentriert und elegant, aber weder die verführerische Frucht noch die ausgeglichene Harmonie der trockenen Auslese, etwas vordergründige Süße. Braucht einige Jahre, um ihr Gleichgewicht zu finden; hat genug Reserven, um bis 2010 zu halten.

1990 KLOSTER FÜRSTENTAL SPÄTLESE TROCKEN 86
Attraktiver Duft nach weißen Pfirsichen und Blüten; schlank, dicht und rassig, vielschichtige Frucht; filigraner mineralischer Nachhall. Mit etwas mehr Fülle und Konzentration wäre der Wein herausragend; schon jetzt sehr attraktiv, hält sich bis 2000.

1990 ST. JOST AUSLESE TROCKEN 84
Etwas verschlossener Duft mit Pfirsich- und Mangonote; mittelgewichtig und konzentriert, ein Hauch Bitternis stört die Harmonie; etwas kantiger Nachhall. Hat nicht gehalten, was ihre jugendliche Form versprochen hat, könnte sich vielleicht nochmals fangen.

1990 ST. JOST SPÄTLESE 92
Tolles Aprikosenbouquet mit mineralischer Nuance; sehr konzentriert, perfekte Balance, kaum Süße, brillante Säure und beeindrukkendes Spiel; sehr nachhaltige mineralische Rasse. In diesem Jahr ein Meisterwerk ohne Vergleich am Mittelrhein; schon jetzt äußerst attraktiv und bleibt es bis mindestens 2015.

1990 ST. JOST AUSLESE 90
Satter Mangoduft; dichte Fruchtfülle und viel Extrakt, aber momentan noch von der hohen Süße leicht dominiert, die feste Säurestruktur etwas versteckt; sehr langer, aber noch unausgeglichener Abgang. Erreicht erst Ende der neunziger Jahre ihre beste Form und kann bis 2020 liegen.

1991 WOLFSHÖHLE SPÄTLESE HALBTROCKEN 81
Duftet nach weißen Johannisbeeren und Mineralien, noch etwas unentwickelt; recht leichtgewichtig, aber schöne mineralische Säure und feine Fruchtnoten, noch ein paar Ecken und Kanten, trocken schmekkend; anhaltend im Abgang. Braucht bis 1996, um sich zu harmonisieren, und hält bis ca. 2000.

1992 ST. JOST AUSLESE HALBTROCKEN 80
Voller, aber recht einfacher Birnenduft; außergewöhnlich körperreich für einen Ratzenberger-Wein, schöne Saftigkeit in der Attacke und elegante Säure; eher leiser, eindimensionaler Abgang. Jetzt gut zu trinken, begrenzte Zukunftsperspektiven.

1992 KLOSTER FÜRSTENTAL EISWEIN 87
Üppiger Duft nach Aprikosen- und Maracujamarmelade; satte Frucht und gewaltiger Schmelz; pikante Säure, es fehlt etwas Finesse und Spiel; sehr süßer, wuchtiger Nachhall. Solch ein dickflüssiger Wein hält sich mindestens 20 Jahre, aber ob er während der Flaschenreife gewinnen wird, bezweifle ich.

Die 1993er Rieslinge bieten, trotz einiger beeindruckender edelsüßer Rieslinge, eine etwas enttäuschende Kollektion für den Jahrgang. Manche Weine sind zu leicht strukturiert, es fehlt ihnen etwas an Charme und Spiel.

Weitere interessante Produzenten

Weingut Lieschied-Rollauer

Anschrift 55422 Bacharach, Blücherstraße 88

Die Qualität der Weine dieses Gutes war in den letzten Jahren etwas unbeständig, denn die Resultate des durchschnittlichen Jahrgangs 1991 waren zum Beispiel besser als die des großen 90er Jahrgangs. Die besten Weine aber besitzen eine ansprechende rassige Eleganz und den für die Bacharacher Weine typischen mineralischen Charakter. Hermann Rollauer ist zwar kein Mitglied des ECOVIN-Verbandes, bewirtschaftet aber ein Drittel seiner Weinberge ausschließlich organisch und den Rest naturnah.

Weingut Mades

Anschrift 55422 Bacharach-Steeg, Borbachstraße 35–36

Helmut Mades 92er Jahrgang zeigt gegenüber den soliden, aber wenig aufregenden Weinen der achtziger Jahre beachtliche Fortschritte. Mit niedrigeren Erträgen könnten hier sogar noch bessere Weine erzielt werden, besonders aus den Parzellen im Bacharacher Posten, aus denen schon jetzt die besten Spätlesen und Auslesen dieses Gutes stammen. Sie sind bereits heute mit den Weinen der besten Bacharacher Güter vergleichbar.

Weingut Walter Perll

Anschrift 56154 Boppard, Ablaßgasse 11

Ein Teufelskreis aus niedrigen Preisen und hohen Erträgen verhindert, daß das großartige Potential des Bopparder Hamm zum Tragen kommt. Dieses riesige, rebenbewachsene Amphitheater am linken Rheinufer sollte eigentlich einige der größten deutschen Rieslinge hervorbringen, doch der überwiegende Teil der Weine wird an Touristen verkauft, die lediglich am Alkoholgehalt interessiert sind. Die Weine Walter Perlls bilden in dieser mißlichen Situation eine der wenigen Ausnahmen. Besonders in den Jahren 1988 und 1990, da die Natur für niedrige Erträge sorgte, erzeugte er manchen ausgezeichneten halbtrockenen und edelsüßen Riesling mit nuancierter Frucht und elegantem Spiel, die zu den schönsten Weinen des

Mittelrheins zählen. Die ertragreicheren Jahrgänge geraten gelegentlich etwas plump und schwer. Wie überall in Boppard sind auch Perlls Preise äußerst bescheiden, so daß seine besten Weine ein ausgezeichnetes Preis-Leistungs-Verhältnis darstellen.

Weingut Adolf Weingart

Anschrift 56322 Spay, Mainzer Straße 32

Adolf und Helga Weingart sind ein ungemein sympathisches Paar und auch ihre frischen, fruchtigen Weine sind einfach einnehmend. Im Gegensatz zu den meisten anderen Bopparder Weingütern muß man hier nicht unbedingt eine Spätlese oder Auslese kaufen, um einen guten Wein zu erhalten. Ihre Hochgewächs- (QbA) und Kabinettweine sind immer von guter Qualität und preisgünstig! Leider schwanken die trockenen Weingart-Weine jedoch in der Qualität und müssen mit Vorsicht ausgewählt werden.

10. Kapitel

Mosel-Saar-Ruwer

Gesamte Anbaufläche	12885 ha
Rieslinganbaufläche	6865 ha/53,3 %

»I get so sentimental when I see how perfect perfection can be«, hat Frank Sinatra einst gesungen. Diese Worte könnten zur Beschreibung der besten Rieslingweine von Mosel, Saar und Ruwer dienen. Hier führt die Verbindung von sehr kühlem, doch nicht rauhem Klima, steinigen Schieferböden, den zum Teil steilsten Weinbergen der Welt und einer Gruppe von Winzern, die sich fast besessen der Qualität verschrieben hat, zur Erzeugung vollkommener Rieslingweine. Die Spitzengüter an Mosel, Saar und Ruwer sind hinsichtlich ihrer edelsüßen Auslesen, Beerenauslesen, Trockenbeerenauslesen und Eisweine weltweit nahezu konkurrenzlos. Das gleiche gilt für fruchtige Kabinettweine mit einem Hauch Süße und geringem Alkoholgehalt von 7,5 bis 8,5 % vol. Nirgendwo sonst verfügen leichte Weine auch nur annähernd über solche Eleganz, intensive Frucht oder Finesse.

Das soll nicht heißen, daß die Mosel nicht auch äußerst gewöhnliche Weine hervorbrächte. Ende der sechziger und in den siebziger Jahren hat sich die Anbaufläche dieses Gebiets fast verdoppelt, da weite, ebene Teile ehemals landwirtschaftlich genutzter Flächen mit minderwertigen neuen Rebsorten bepflanzt wurden. Für den alltäglichen Genuß mögen diese Weine bei korrekter Vinifizierung brauchbar sein, doch mit den Rieslingweinen der klassischen Steillagen haben sie bis auf den niedrigen Alkoholgehalt nichts gemeinsam. Kein anderes Anbaugebiet bedarf so dringend einer Änderung des Weingesetzes, um dem Verbraucher die Unterschiede deutlich zu machen. Eine Korrektur des Gesetzes, welche die Herstellung von Prädikatsweinen auf den Riesling begrenzen würde und vorschriebe, daß diese Weine 100 % reinsortig zu sein hätten, könnte den klassischen Produkten dieses Gebietes ein wesentlich klareres Profil geben.

Die einmaligen Qualitäten eines Mosel-Saar-Ruwer-Rieslings entstehen durch die besondere Konstellation verschiedener Faktoren. Zum Teil wurde das erstmals von den Römern im 3. Jahrhundert n. Chr. genutzt, als Trier die größte Stadt nördlich der Alpen war. Da die Römer sich außerstande

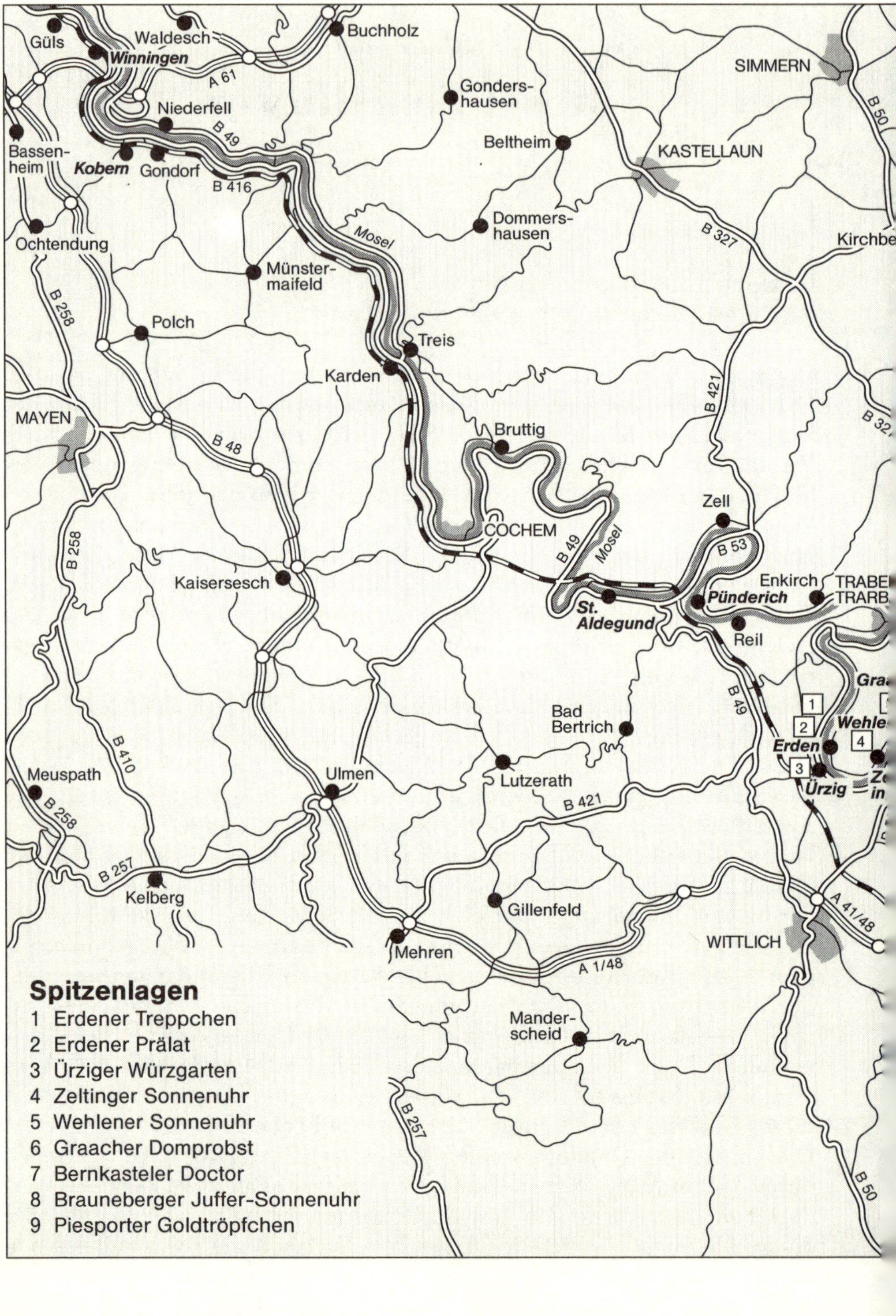

Spitzenlagen

1 Erdener Treppchen
2 Erdener Prälat
3 Ürziger Würzgarten
4 Zeltinger Sonnenuhr
5 Wehlener Sonnenuhr
6 Graacher Domprobst
7 Bernkasteler Doctor
8 Brauneberger Juffer-Sonnenuhr
9 Piesporter Goldtröpfchen

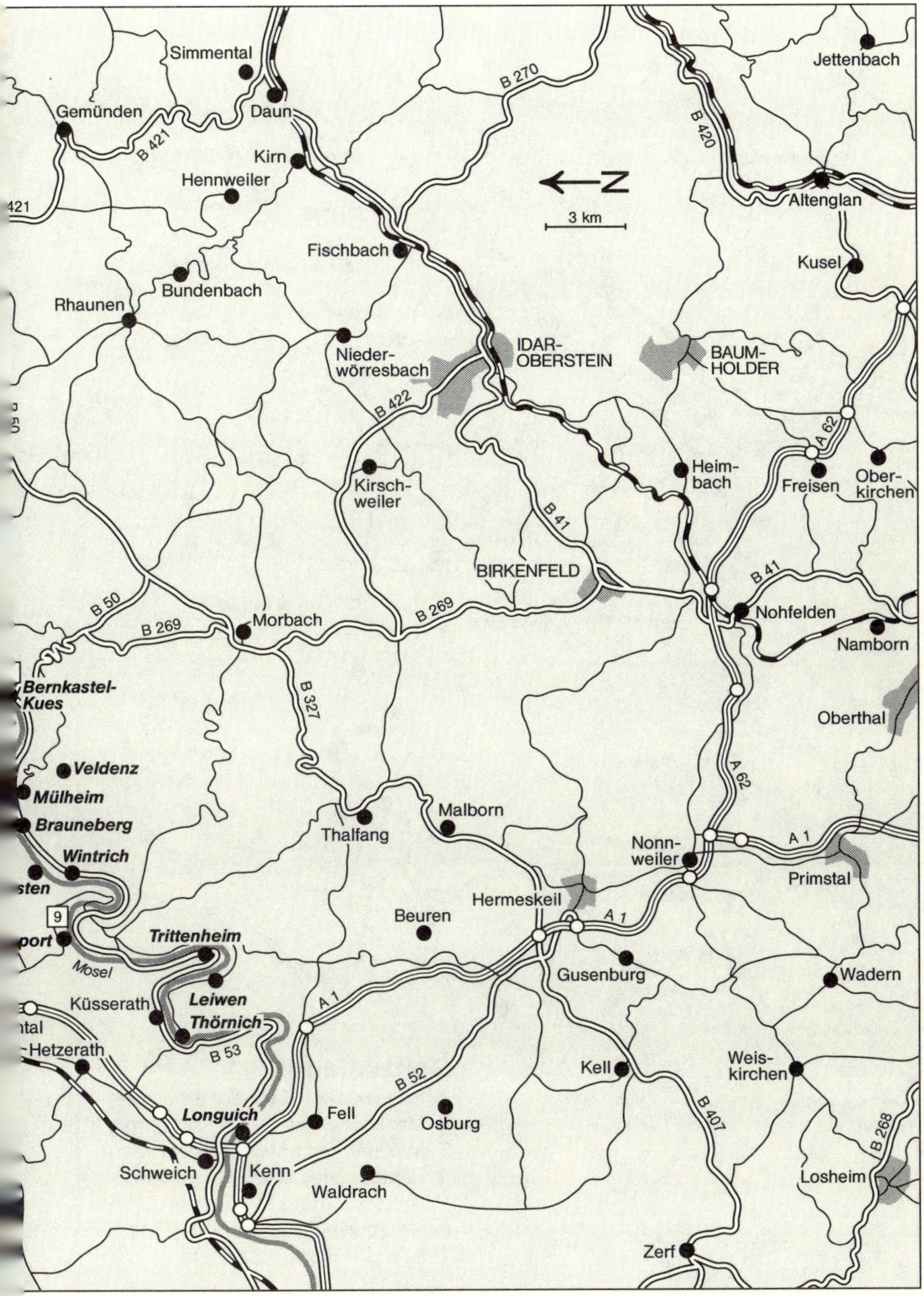

Simmental
Jettenbach
Gemünden
Daun
B 270
B 420
B 421
Kirn
Hennweiler
Altenglan
3 km
N
Fischbach
Kusel
Bundenbach
Rhaunen
Nieder-
wörresbach
IDAR-
OBERSTEIN
BAUM-
HOLDER
B 422
A 62
Heim-
bach
Freisen
Ober-
kirchen
Kirsch-
weiler
B 41
BIRKENFELD
B 50
B 269
Morbach
Nohfelden
Namborn
Bernkastel-
Kues
B 327
Oberthal
Veldenz
Mülheim
Brauneberg
Thalfang
Malborn
Nonn-
weiler
A 1
Wintrich
Primstal
9
Hermeskeil
Beuren
Trittenheim
Mosel
Gusenburg
Wadern
Küsserath
Leiwen
Thörnich
B 53
Hetzerath
Kell
Weis-
kirchen
B 52
B 407
B 268
Longuich
Fell
Osburg
Schweich
Kenn
Waldrach
Losheim
Zerf

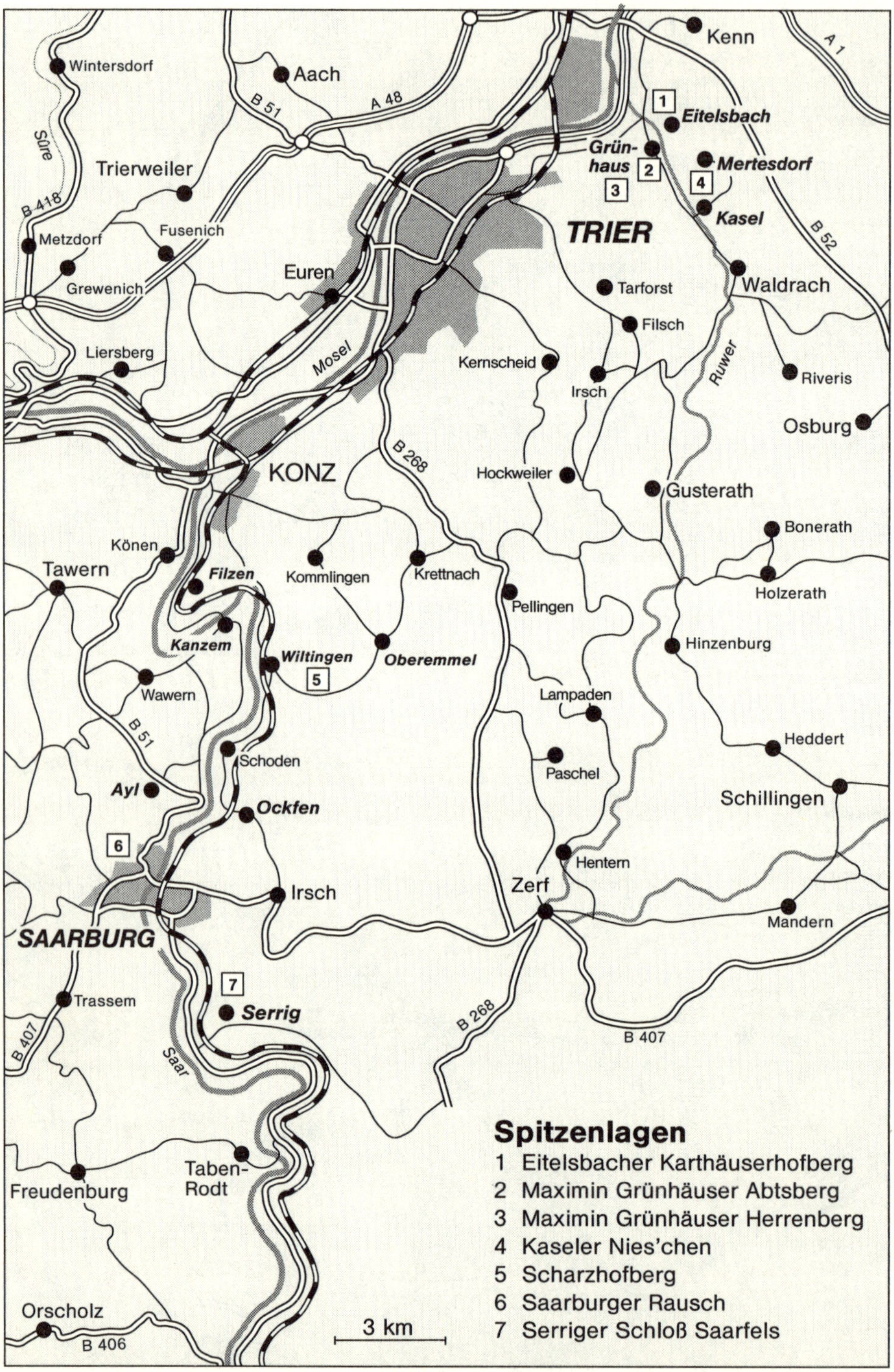
Kenn
A 1
Wintersdorf
Aach
B 51
A 48
1
Eitelsbach
Grün-
haus
2
Mertesdorf
3
4
Sûre
Trierweiler
B 418
Kasel
TRIER
B 52
Metzdorf
Fusenich
Euren
Grewenich
Waldrach
Tarforst
Filsch
Liersberg
Mosel
Kernscheid
Irsch
Ruwer
Riveris
Osburg
B 268
KONZ
Hockweiler
Gusterath
Bonerath
Könen
Tawern
Filzen
Kommlingen
Krettnach
Holzerath
Pellingen
Kanzem
Wiltingen
Oberemmel
Hinzenburg
5
Wawern
Lampaden
B 51
Heddert
Schoden
Paschel
Ayl
Schillingen
Ockfen
6
Hentern
Irsch
Zerf
Mandern
SAARBURG
7
Trassem
Serrig
B 268
B 407
B 407
Saar
Spitzenlagen
1 Eitelsbacher Karthäuserhofberg
2 Maximin Grünhäuser Abtsberg
3 Maximin Grünhäuser Herrenberg
4 Kaseler Nies'chen
5 Scharzhofberg
6 Saarburger Rausch
7 Serriger Schloß Saarfels
Taben-
Rodt
Freudenburg
Orscholz
B 406
3 km

sahen, die nötigen Mengen Wein zu importieren, um den Durst der Garnison in Trier zu stillen, fingen sie an, im Moseltal Wein herzustellen. Die Ausgrabungen römischer Keltern in einer Reihe von Spitzenlagen des Gebietes – besonders im Piesporter Goldtröpfchen, in der Brauneberger Juffer-Sonnenuhr und im Erdener Treppchen – geben Aufschluß über das Ausmaß dieses Unterfangens. Sie beweisen außerdem die Kenntnis der Römer von dem enormen mikroklimatischen Vorteil dieser Lagen gegenüber der nördlich des Moseltals gelegenen Eifel und des Hunsrücks im Süden. Das sich eng windende tiefe Moseltal schirmt vor kalten Nord- und Ostwinden ab. Am Fluß bleibt die Luft ruhig und wärmt sich in der Sonne rasch auf. Der dunkle, in dieser Gegend vorherrschende Devonschiefer speichert die Sonneneinstrahlung hervorragend. Die nach Süden ausgerichteten, steilen Spitzenlagen, die von den Römern bepflanzt wurden, erhalten doppelt so viel Sonneneinstrahlung wie vergleichbare Nordhänge! Während also die Eifel und der Hunsrück von einem rauhen Klima beherrscht werden, das für einen erfolgreichen Weinbau zu unwirtlich wäre, können nur wenige Kilometer entfernt die spät reifenden Rieslingtrauben von hervorragenden klimatischen Bedingungen profitieren.

Im Moselgebiet wurde mit dem Rieslinganbau spätestens 1465 begonnen, doch trat die Dominanz des Rieslings gegenüber anderen Rebsorten in der ersten Hälfte des 18. Jahrhunderts zu Tage. Zum Zeitpunkt der napoleonischen Klassifizierung der Lagen an Mosel, Saar und Ruwer im Jahre 1804 war die Rieslingtraube bereits die vorherrschende Rebsorte in den Spitzenlagen. Im Laufe des 19. Jahrhunderts verlor die römische Elblingtraube weiterhin an Boden und zur Jahrhundertwende waren 90 % aller Weinberge mit Riesling bepflanzt. Die Fähigkeit der Rieslingtraube, die in diesem Anbaugebiet extrem lange Vegetationszeit optimal zu nutzen, läßt sie allen anderen Rebsorten überlegen sein. Hier kann sie länger am Stock hängen als in jedem anderen Gebiet. Selbst in einem Spitzenjahr, bei dem die Lese Anfang Oktober beginnt, können die Trauben noch weit in den November hinein reifen. In geringeren Jahren können sie bis in den Dezember hängen, bevor sie abfallen. Die führenden Weingüter dieses Gebietes blicken auf eine lange Tradition der späten und selektiven Lese zurück, und das Ergebnis dieser Umstände sind Weine, die zwar leicht im Alkohol oder Volumen sein mögen, aber eine außerordentliche Fülle an aromatischen und mineralischen Substanzen aufweisen. Ein großer Moselriesling ist eine Explosion reifer fruchtiger und floraler Aromen, durchzogen von den mineralischen Nuancen des steinigen Bodens. Am Gaumen wird der intensiven Frucht eine so strahlende, rassige Säure gegenübergestellt, daß, egal wie konzentriert der Wein auch sein mag, er nie schwer und sättigend wirkt. Eher verführt er zu einem weiteren Schluck, der eine

neue Geschmacksnuance offenbaren wird. Das macht diese Weine so endlos faszinierend.
Wie aufregend ein junger Mosel-Saar-Ruwer-Riesling auch sein kann, seine volle Pracht wird er nicht entfalten, bevor er nicht gereift ist. Gut ausgebaute Weine beginnen ihren Höhepunkt mit etwa 10 Jahren zu erreichen; wobei die besten Spätlesen und Auslesen 30, 40 Jahre oder älter werden können. Beerenauslesen, Trockenbeerenauslesen und Eisweine sind geradezu unsterblich: auch 50 Jahre alte Weine schmecken noch frisch und jugendlich. Ein restsüßer Moselriesling kann in jungen Jahren etwas unharmonisch scheinen, da sich die Süße noch nicht vollständig integriert hat und die Säure noch ein wenig bissig ist, aber als reifer Wein wird er eine wunderbare Eleganz zeigen. Diese Weine eignen sich hervorragend zum Essen, da sie weder süß noch trocken schmecken. Trotz des niedrigen Alkoholgehalts von 7,5 bis 9,0 % vol besitzen sie oft genug Kraft, um auch mit sehr würzigen Speisen genossen zu werden. Zu geräuchertem Lachs schmeckt kein Wein so gut wie ein reifer Riesling-Kabinett von Mosel-Saar-Ruwer, und eine reife Riesling-Auslese kann Rehrücken oder Wildschweinkeule genausogut begleiten wie ein Côte Rôtie oder ein Pauillac.
Es werden zwar an Mosel, Saar und Ruwer auch hervorragende trockene Weine erzeugt, doch stellt die betonte Säure der Rieslinge aus diesem Gebiet für die Winzer eine echte Herausforderung dar. Spitzenweine dieser Art können nur aus den besten Weinlagen kommen und sind so gezwungenermaßen relativ teuer. Wer nach einem günstigen trocken schmeckenden Moselwein zum Essen Ausschau hält, ist oft mit einem halbtrockenen QbA oder Kabinett besser beraten. Viele halbtrockene Rieslinge von Mosel, Saar und Ruwer schmecken weniger süß als die trockenen Weine aus südlicheren Anbaugebieten und eignen sich hervorragend zu zahlreichen leichten Gerichten. Die trockenen Weine reifen gewöhnlich schneller als die restsüßen und erreichen ihren Höhepunkt nach ca. fünf Jahren. Unabhängig von der Geschmacksrichtung können junge Moselweine von der Gärung häufig einen Hefeton zurückbehalten, der erst ungefähr ein Jahr nach der Flaschenabfüllung verschwindet. Man sollte dies nicht negativ bewerten, sondern als Zeichen für einen hervorragend vinifizierten Wein betrachten, der das Potential für eine lange Lebensdauer hat und dabei viel Genuß verspricht.
Nirgendwo sonst in Deutschland gibt es so viele begabte Winzer wie an der Mosel, und nirgendwo werden die Weine vorsichtiger behandelt und mit so deutlichem Sorten- und Lagencharakter in die Flasche gebracht. Die relativ hohen Niederschläge und die aufnahmefähigen Böden dieser Region ergeben die Möglichkeit, verhältnismäßig hohe Erträge ohne auffälligen Qualitätsverlust zu erreichen. Doch auch an der Mosel besteht eine Beziehung

zwischen Ertrag und Qualität. Die Weine der besten Qualität können nur aus gut gepflegten Lagen mit niedrigen Erträgen stammen. Dieses Prinzip besitzt überall Gültigkeit, ob Mosel, Bordeaux, Burgund, Kalifornien oder Australien. Einige der besten Winzer an Mosel, Saar und Ruwer könnten noch aufregendere Weine hervorbringen, wenn sie bei der Pflege ihrer Weinberge konsequenter wären und Erträge anstrebten, die eher bei 60 als 80 Hektoliter pro Hektar lägen.

Spitzenrieslinglagen

BERNKASTELER DOCTOR Dr. H. Thanisch, Wegeler-Deinhard
BRAUNEBERGER JUFFER-SONNENUHR Fritz Haag, Max Ferd. Richter
EITELSBACHER KARTHÄUSERHOFBERG Tyrell (Alleinbesitz)
ERDENER PRÄLAT Dr. Loosen, Dr. Weins-Prüm
ERDENER TREPPCHEN Joh. Jos. Christoffel, Dr. Loosen, Meulenhof
GRAACHER DOMPROBST Willi Schaefer, Selbach-Oster, Dr. Weins-Prüm
KASELER NIES'CHEN Karlsmühle, von Kesselstatt
MAXIMIN GRÜNHÄUSER ABTSBERG von Schubert (Alleinbesitz)
MAXIMIN GRÜNHÄUSER HERRENBERG von Schubert (Alleinbesitz)
PIESPORTER GOLDTRÖPFCHEN Reinhold Haart, von Kesselstatt
SAARBURGER RAUSCH Dr. Heinz Wagner, Zilliken
SCHARZHOFBERG von Hövel, von Kesselstatt, Egon Müller
SERRIGER SCHLOSS SAARSTEIN Schloß Saarstein (Alleinbesitz)
ÜRZIGER WÜRZGARTEN Jos. Christoffel jr., Joh. Jos. Christoffel, Dr. Loosen, Dr. Weins-Prüm
WEHLENER SONNENUHR Jos. Christoffel jr., Heribert Kerpen, Dr. Loosen, Joh. Jos. Prüm, Dr. Weins-Prüm
ZELTINGER SONNENUHR Joh. Jos. Prüm, Selbach-Oster

Exzellente Rieslinglagen

AYLER KUPP Joh. P. Reinert, Peter Lauer, Dr. Heinz Wagner
BERNKASTELER LAY Dr. Loosen, Dr. Pauly-Bergweiler, Joh. Jos. Prüm, Wwe. Dr. H. Thanisch
BRAUNEBERGER JUFFER Fritz Haag, Willi Haag, Max Ferd. Richter
GRAACHER HIMMELREICH Kees-Kieren, Heribert Kerpen, Dr. Loosen, Joh. Jos. Prüm, Max Ferd. Richter, Willi Schaefer
GRAACHER JOSEPHSHOF von Kesselstatt (Alleinbesitz)
KANZEMER ALTENBERG von Kesselstatt

KASELER KEHRNAGEL Karlsmühle, von Kesselstatt
KESTENER PAULINSHOFBERG Kees-Kieren
KOBERNER WEISENBERG von Schleinitz
LEIWENER LAURENTIUSLAY Grans-Fassian, Carl Loewen, St. Urbanshof
LONGUICHER MAXIMINER HERRENBERG Schmitt-Wagner
LORENZHOF Karlsmühle (Alleinbesitz)
OBEREMMELER HÜTTE von Hövel (Alleinbesitz)
OCKFENER BOCKSTEIN Dr. Fischer, St. Urbanshof, Dr. Wagner, Zilliken
PIESPORTER DOMHERR Kurt Hain, Reinhold Haart, von Kesselstatt, Weller-Lehnert
PÜNDERICHER MARIENBURG Clemens Busch
SERRIGER HERRENBERG Bert Simon (Alleinbesitz)
SERRIGER WÜRTZBERG Bert Simon (Alleinbesitz)
THÖRNICHER RITSCH St. Urbanshof
TRITTENHEIMER APOTHEKE Grans-Fassian, Milz-Laurentiushof
TRITTENHEIMER FELSENKOPF Milz-Laurentiushof (Alleinbesitz)
TRITTENHEIMER LEITERCHEN Milz-Laurentiushof (Alleinbesitz)
ÜRZIGER GOLDWINGERT Peter Nicolay (Alleinbesitz)
VELDENZER ELISENBERG Max Ferd. Richter
WAWERNER HERRENBERG Dr. Fischer (Alleinbesitz)
WILTINGER GOTTESFUSS von Kesselstatt, Van Volxem
WINNINGER RÖTTGEN von Heddesdorf, Heymann-Löwenstein
WINNINGER UHLEN von Heddesdorf, Heymann-Löwenstein, von Schleinitz (wird auch als KOBENER UHLEN vermarktet)
WINTRICHER OHLIGSBERG Reinhold Haart
ZELTINGER SCHLOSSBERG Selbach-Oster

Weingut Clemens Busch

Anschrift 56862 Pünderich, Im Wingert 39
Inhaber Clemens und Rita Busch
Kellermeister Clemens Busch

Gesamtrebfläche 4,6 ha
Rebsortenspiegel 84 % Riesling, 12 % Müller-Thurgau, 4 % Spätburgunder

Rieslingproduktion

Rebfläche 3,9 ha
Lagen Pündericher Marienburg 3,25 ha, Pündericher Nonnengarten 0,33 ha, Pündericher Rosenberg 0,32 ha
Rebmaterial 25 % wurzelechte Reben, 75 % Pfropfreben
Durchschnittliches Rebalter 15 Jahre
Durchschnittlicher Ertrag 60 hl/ha
Durchschnittliche Produktion 30 000 Flaschen pro Jahr

Die Erzeugung wirklich hervorragender trockener Rieslinge im nördlichen Klima des Moseltals ist keine einfache Aufgabe. Zwar konkurrieren mittlerweile eine ganze Reihe Weingüter dieses Gebietes in der Herstellung guter trockener Weine, doch die Zahl derer, die dabei wirklich Bemerkenswertes schaffen, ist immer noch gering. Sollte ich meinen Favoriten dieser Gruppe nennen, so wäre dies Clemens Busch in Pünderich. Er hat in den letzten Jahren sehr individuelle, konzentrierte trockene Moselrieslinge erzeugt und sich der Vervollkommnung dieses anspruchsvollen Weinstils voll und ganz gewidmet.
Diese Wahl wird zweifelsohne nicht nur viele Leser überraschen, sondern auch einige der Spitzenwinzer an Mosel, Saar und Ruwer. »Wer ist Clemens Busch?« wird man sie fragen hören. Die Antwort, ein Ökowinzer aus Pünderich, wird den meisten die Sprache verschlagen und sie an der Welt zweifeln lassen.
Clemens Busch frönt weder der lautstarken Selbstdarstellung, noch geht er konventionelle Wege. Er arbeitet ruhig und entschlossen an seinem selbstgesteckten Ziel, nämlich der Erzeugung großer trockener Rieslinge in Pünderich. In den späten achtziger Jahren müssen ihm die Grenzen der damaligen Ökoweine bewußt geworden sein. Seitdem läßt sich eine beständige Entwicklung feststellen: seine 89er Weine sind besser als die von 1988, die 90er noch schöner und die Weine des Jahrgangs 1992 bilden den bisherigen Höhepunkt.
1986 kam ich das erste Mal mit der äußerst lebhaften und schillernden ökologischen Weinszene an der Mosel in Berührung. Ernst Loosen vom Weingut Dr. Loosen, dessen Rivaner-Barrique-Weine ökologisch hergestellt werden, stellte mir damals einige äußerst innovative »Winzeroriginale« vor. Obgleich sich unter den Proben recht gute Weine befanden, besaß die Mehrheit der Weine eine zu aggressive Säure und zu wenig Frucht und Charme; außerdem alterten sie viel zu schnell. Clemens Busch erkannte diese Schwachstellen früher als seine Kollegen. Ende der Achtziger las er seine Trauben bei maximaler Reife und Gesundheit, ließ sie dann sehr

langsam mit der natürlichen Hefe gären, wobei er den geringen Anteil unvergorener Süße, den sie manchmal behielten, als Teil ihrer natürlichen Harmonie akzeptierte. Auf falsche Sparsamkeit im Umgang mit Schwefel verzichtete er. Seit mehr als fünf Jahrhunderten wird dieser wichtige Konservierungsstoff bei der Weinherstellung eingesetzt, wahrscheinlich war er sogar schon den Römern bekannt. Natürlich sollte der Schwefelgehalt der Weine so niedrig wie möglich sein, aber ein übervorsichtiger Gebrauch kann dazu führen, daß die Weine nach der Abfüllung rasch an Frische und Lebendigkeit verlieren. Viele Weine von Busch benötigen mehrere Jahre des Reifens, um ihre Höchstform zu erreichen, und dazu müssen sie durch die feinfühlige Zugabe von Schwefel stabilisiert werden. Bis vor wenigen Jahren ignorierten jedoch viele Ökowinzer diese Tatsache. Heute wird dieses einfache Prinzip wieder beherzigt, und das Ergebnis sind auffällige Qualitätsverbesserungen bei den deutschen Ökoweinen, ohne daß eine wesentliche Erhöhung des Schwefelgehalts stattgefunden hat.

Natürlich spielen noch andere Faktoren bei der Weinherstellung Clemens Buschs eine Rolle. Seine Weine gären in einem der wenigen Gewölbekeller, die in den letzten Jahrzehnten an der Mosel gebaut wurden. Er ist ein starker Befürworter des an der Mosel typischen Fuders, da es für ihn das ideale Gefäß sowohl für die Gärung als auch den Reifeprozeß darstellt. Ferner strebt er, wie alle führenden Winzer, die minimale Bewegung des Weines im Keller an. Die Weine von Pünderich können eine hohe Säure besitzen und entwickeln sich sehr langsam, trotzdem nimmt Busch keinerlei Einfluß auf ihre natürliche Harmonie. Er respektiert die Balance zwischen Säure und unvergorener Süße, die jeder Wein auf natürliche Art erreicht. So kommt es, daß seine Weine alle eine höchst ausdrucksvolle Verbindung von Frucht, Würze und mineralischen Aromen besitzen, einige aber eher weich und offen sind, andere hingegen fest strukturiert und stahlig. Die allerbesten trockenen Rieslinge – und seit neuestem auch manchmal ein Halbtrockener – werden in hohe antikgrüne Flaschen abgefüllt, um deutlich zu machen, daß sie einiger Geduld bedürfen, sollen sie in ihrer Bestform genossen werden. Es handelt sich um äußerst konzentrierte Weine, die sich in der Flasche länger als ein Jahrzehnt entwickeln. Erfreulicherweise betrachtet Clemens Busch halbtrockene Weine nicht als minderwertig, sondern als Weine, die über ganz andere Möglichkeiten als die extrem trockenen verfügen. Besonders die halbtrockene 92er Auslese von Clemens Busch hat mit ihrer Kraft und Tiefe das Potential für eine zwanzigjährige Entwicklung, die jedes Jahr neue Geschmacksnuancen offenbaren wird, ohne daß der Wein an Charme einbüßt. Eine trockene Riesling-Auslese beginnt in der Regel nach zehn Jahren ein wenig abzubauen, egal, wie sorgfältig sie hergestellt wurde. Ein erklärter Liebhaber trockener

Weine mag die Süße eines jung getrunkenen halbtrockenen Weines als zu betont empfinden, aber nach zwei bis drei Jahren in der Flasche wird der Wein ebenso trocken schmecken wie ein junger trockener mit dem gleichen Prädikat.
Die beiden Spitzenlagen des Weingutes Clemens Busch bringen Rieslinge gegensätzlicher Prägung hervor. Während die Weine von der Pündericher Marienburg intensiv mineralisch und von feiner, pfirsichartiger Frucht und fester Säure sind, zeigen die vom Pündericher Nonnengarten häufig eine starke rote Frucht, würzige Aromen und entwickeln sich schneller. Ihre Säure ist weicher, wenn auch analytisch gesehen höher als die vergleichbarer Weine aus der Marienburg. Die Rieslinge vom Nonnengarten erscheinen mit einer Andeutung von Süße optimal, die Marienburger dagegen beeindrucken sowohl ganz trocken als auch mit einem Anflug natürlicher Süße. Zweifellos ist es die Marienburg, mit der Clemens Busch als der beste Erzeuger trockener Rieslinge im Mosel-Saar-Ruwer-Gebiet glänzen könnte. Ich bin überzeugt, daß ihm das in wenigen Jahren gelungen sein wird. Schon jetzt ist er ein Paradebeispiel, wie zielstrebig und erfolgreich ein Ökowinzer sein kann. Viele der nicht ökologisch arbeitenden Kollegen täten gut daran, seine Weine zu probieren, bevor sie ökologischen Weinbau von vornherein ablehnen oder behaupten, daß sie trockene Rieslingweine bemerkenswerter Qualität erzeugen. Clemens Busch ist ein großer Winzer, dem ein größerer Bekanntheitsgrad zu wünschen ist.

Pündericher Marienburg Riesling

1988 Auslese Trocken 84
Ziemlich ausgeprägter Duft nach Zitrusschale und Mineralien; mittelgewichtig, elegant und rassig, aber es fehlt ihr etwas an Tiefe und Komplexität. Hält noch einige Jahre in dieser Form.

1989 Auslese Trocken 87
Recht verschlossenes Bouquet; sehr kräftig und konzentriert für einen trockenen Moselwein, saftige Aprikosenfrucht und feste Säurestruktur; sehr langer Nachhall. Reserven bis 1999.

1990 Auslese Trocken 88
Intensiver, frischer Duft nach Blumen und Mineralien; viel Kraft, Stoff und Frucht, ungewöhnlicher Schmelz gepaart mit klassischem Säurespiel; sehr anhaltend im Abgang. Einer der besten trockenen Moselweine des Jahrgangs, der seinen Höhepunkt erst 1995/96 erreichen wird.

1990 AUSLESE HALBTROCKEN 87
Deutlich entwickelterer Duft als die trockene Auslese, mit ausgeprägter Mineralien- und Kräuternote; recht füllig und etwas süßlich für einen Busch-Wein, konzentrierte Pfirsichfrucht und reife Säure; langer, eleganter Nachhall. Hält noch zehn Jahre in dieser Form.

1991 SPÄTLESE TROCKEN 83
Noch extrem jugendlich im Duft (zarte Pfirsichfrucht und ein Hauch Hefe); von fast stahliger Säure stark geprägt, durch ihre feine Frucht, Schiefer- und Nougatnote attraktiv; die Säure klingt lange nach. Gutes Entwicklungspotential.

1992 SPÄTLESE TROCKEN (1493) 87
Komplexes Bouquet mit schöner Pfirsichfrucht und mineralischer und nussiger Note; ganz trocken, ziemlich säurebetont, perfekt balanciert, sehr gute Konzentration für 1992; sehr langer, äußerst mineralischer Abgang.

1992 AUSLESE TROCKEN 90
Sehr beeindruckender Duft nach aromatischen gelben Früchten und Mineralien; erstaunliche Konzentration, Kraft und Tiefe für einen trockenen Moselriesling, ganz trocken, aber ohne jegliche Spur Härte, tolle Rasse; enorme mineralische Kraft im Abgang. Obwohl schon sehr attraktiv, noch ziemlich verschlossen; braucht viele Jahre, um sich voll zu entfalten.

1992 SPÄTLESE HALBTROCKEN 85
Verführerischer Cassis- und Pfirsichduft; sehr saftig, ohne vordergründige Süße, elegantes Frucht-Säure-Spiel; sehr feinfruchtiger, langer Nachhall.

1992 AUSLESE HALBTROCKEN 90
Der wohl beste Wein seines Jahrgangs bei diesem Erzeuger. Sehr komplexes mineralisches Bouquet, das sich langsam im Glas öffnet; eine wahre Frucht- und Mineralienbombe auf der Zunge, obwohl nicht extrem füllig, sehr dicht und tief, die Säure durch den Schmelz etwas versteckt, aber zweifelsohne ausreichend für 20 Jahre Entwicklung.

Die 1993 Rieslinge sind säurebetonter und nicht ganz so füllig wie die 1992er; wieder die beste Palette trockener Rieslinge des Gebiets.

Weingut Joh. Jos. Christoffel Erben

Anschrift 54539 Ürzig, Schanzstraße 2
Inhaber Hilde und Hans Leo Christoffel
Kellermeister Hans Leo Christoffel

Gesamtrebfläche 2,2 ha
Rebsortenspiegel 100 % Riesling

Rieslingproduktion

Rebfläche 2,2 ha
Lagen Ürziger Würzgarten 1,8 ha, Erdener Treppchen 0,4 ha
Rebmaterial 92,5 % wurzelechte Reben, 7,5 % Pfropfreben (T356)
Durchschnittliches Rebalter 40 Jahre
Durchschnittlicher Ertrag 82 hl/ha
Durchschnittliche Produktion 24 000 Flaschen pro Jahr

Hans Leo Christoffel erinnert mich an einen jener großen Komponisten oder Schriftsteller, die jahrzehntelang im verborgenen arbeiteten und deren Werke erst am Ende ihres Lebens an Popularität gewannen. Er ist ein Dichter, dessen Medium die Rieslingtrauben der großartigen Lagen Ürziger Würzgarten und Erdener Treppchen sind und dessen Thema, das ihn seit über dreißig Jahren fesselt, die Umwandlung der Trauben in Moselweine von exquisiter Finesse und Eleganz ist. Seit 1960 bewirtschaftet er seine Weinberge von gerade 2,2 ha, und auf die Erzeugung der bescheidenen Weinmengen, die sie hervorbringen, hat er soviel Zeit und Energie verwendet, daß für deren Verkaufsförderung kaum etwas übrig blieb. Doch selbst, wenn ihm die Zeit dafür zur Verfügung stehen würde, kann man sich nicht vorstellen, wie er durch die Gegend reist und seine Weine feilbietet – es ist einfach nichts Aufdringliches an Hans Leo Christoffel.
Hans Leo Christoffel ist zweifelsohne ein äußerst ernsthafter Mann mit einem ungewöhnlich ausgeprägten Sinn für Prioritäten, doch dabei erscheint er weder trocken noch verstaubt gelehrsam. Vielmehr ist er ein unermüdlicher Beobachter der Welt des Weines, deren Absurditäten ihn oft zum Lachen bringen. Doch das, was eine Probe bei ihm am deutlichsten vermittelt, ist die Verbindung von Liebe, Sorgfalt und Geduld, mit der diese Weine erzeugt werden. Man kann sich unmöglich vorstellen, daß es hier jemals drastische Veränderungen geben könnte. Nachdem ich einige ältere Weine dieses Gutes probiert habe, bin ich überzeugt, daß Hans Leo Chri-

stoffel vor 20 Jahren seine Weine auf die gleiche Weise wie heute hergestellt hat und die vorgenommenen Veränderungen ausschließlich in Details liegen. Der Unterschied zwischen der Erzeugung eines guten Weines und der eines großen Weines hängt aber kaum von einem einzigen Faktor ab, sondern fast immer von der Summe unzähliger Details in Weinberg und Keller.

Ein Vergleich von Joh. Jos. Christoffel und Dr. Loosen mit Weinen aus denselben Lagen ist äußerst faszinierend. Sowohl Hans Leo Christoffel als auch Ernst Loosen stellen ihre Weine in 1000-Liter-Fudern her und beide lassen sie mit natürlicher Hefe gären, und doch bringen sie zwei entgegengesetzte Persönlichkeitsformen aus diesen Lagen hervor. Diese »Grands Crus« der Mittelmosel sind bei Dr. Loosen ausgesprochen kraftvoll und muskulös, von fast durchdringender Würze und mineralischem Charakter. Einigen Weintrinkern ist das fast schon zuviel, zu weit entfernt vom typischen Moselriesling. Im Gegensatz dazu sind die Weine von Hans Leo Christoffel gleichzeitig äußerst fein und delikat, mit einer für diese Lagen, deren Weine sich durch Reichhaltigkeit und Fülle auszeichnen, bemerkenswerten Zartheit. Bei Blindproben häufig übersehen, sind sie nie extrovertierte Weine, die lautstark auf sich aufmerksam machen. Statt dessen liegt ihre Größe in den subtilen Nuancen einer sehr individuellen Frucht und den würzigen Aromen.

Auf dem Weingut Joh. Jos. Christoffel besitzen die Würzgarten-Weine, die den größten Teil der Produktion ausmachen, fast immer einen ausgeprägten Erdbeergeschmack, der manchmal mit reifen gelbfruchtigen Aromen, wie denen von Pfirsich, Aprikose, Ananas oder Passionsfrucht bei höheren Prädikatsweinen, vermischt sein kann.

Manche Weine von Hans Leo Christoffel können sehr dicht und kraftvoll sein, aber alle besitzen eine blumige Zartheit des Bouquets und zeigen am Gaumen eine so rassige Klarheit, daß sie gleichzeitig intensiv und doch leicht schmecken. Er bevorzugt bei seinen Weinen eine Säure, die man von der Zungenspitze bis zum hinteren Teil des Rachens fühlt. Nicht die Weine, denen es an Körper und Gewicht mangelt, enttäuschen ihn, sondern jene, die zu wenig Säure zeigen, um den reichen Geschmacksnuancen Leben und Eleganz zu verleihen.

Warum Winzer, die mit ähnlichen Methoden arbeiten, in denselben Lagen so unterschiedliche Weine hervorbringen, ist eine interessante Frage. Genausowenig wie er selbst kann ich eine Erklärung liefern, weshalb die Weine von Hans Leo Christoffel eine so distinguierte Persönlichkeit besitzen. Ich vermute aber, daß dies zu einem großen Teil schon in den Trauben angelegt ist. Hans Leo Christoffel und seine Frau Hilde verwenden enorm viel Zeit zur Pflege der Reben in den Monaten, wenn die Trauben sich

entwickeln und reifen. Bei nur 2,2 ha Fläche kennen sie jede Rebe »persönlich«. Dies mag vielleicht erklären, warum ihre Weine bei relativ großzügigen Erträgen so bemerkenswert sind.
Ürzigs Winzer sind extrem konservativ und nur Hans Leo Christoffel erzeugt trockene Weine mit der gleichen Zielstrebigkeit und dem gleichen Qualitätsbewußtsein, die er bei edelsüßen Weinen beweist. Während die meisten trockenen Moselweine nur während ihrer ersten zwei oder drei Lebensjahre eine attraktive Fruchtigkeit bewahren, um danach mager und sauer zu schmecken, besitzen die Weine vom Weingut Joh. Jos. Christoffel Erben ein hervorragendes Alterungspotential. Tatsächlich verbessern sich die besten Exemplare in der Flasche über fünf bis sechs Jahre hinweg immer weiter! Einige der besten Fässer Spätlese oder Auslese werden regelmäßig trocken ausgebaut, und sie besitzen ähnliche Eleganz und Subtilität wie die anderen Weine dieses Gutes.
Weinproben in dem wunderschön restaurierten, 300 Jahre alten Fachwerkhaus der Christoffels in Ürzig beinhalten immer ein Gespräch mit dem Winzer, einen lebhaften und oft genug überraschenden Austausch von Eindrücken und Meinungen, unterbrochen von gelegentlichen Exkursen über die neuesten Entwicklungen in der Weinszene. Sein Perfektionismus offenbart sich vor allem darin, daß er als erster seine eigenen Weine kritisiert und ein kritisches Wort von anderer Seite niemals zurückweist. Hier ist es unmöglich, über Wein als bloßes Produktionsergebnis zu denken oder zu sprechen. Dieser Prozeß der ständigen Neueinschätzung ist für den Dichter in Hans Leo Christoffel unerläßlich, um die Sätze und Rhythmen, die im nächsten Jahrgang Ausdruck finden werden, erproben zu können.

Ürziger Würzgarten Riesling

1985 SPÄTLESE — 89
Pikanter Duft nach Erdbeeren, Pfirsichen und Mineralien; sehr schlank, besonders intensive, strahlende Frucht, überzeugendes Spiel; sehr langer, fast stahliger Abgang. Beeindruckende Leistung für 1985!

1986 SPÄTLESE HALBTROCKEN — 88
Riecht immer noch wie ein Früchtekorb; extrem saftiger Wein, mit viel Charme und Tiefe, jetzt fast trockenschmeckend, etwas weiche Säure; ein sehr langer Nachhall mit subtilen mineralischen Noten. Ein Ausnahmewein für 1986, der noch viele Jahre vor sich hat.

1987 Spätlese 85
Feines Erdbeerbouquet mit einem Hauch von Mineralien; eher leichtgewichtig, äußerst fein und subtil, sehr rassige Säure; erstaunlich anhaltend für einen Wein aus solch einem kleinen Jahrgang. Noch viel Zukunft.

1988 Auslese Trocken 88
Voller, frischer Duft nach Aprikosen und Ananas; exzellente Konzentration und Harmonie, sehr saftig ohne eine Spur Süße, elegante Säure; sehr langer, kräftiger Nachhall. Erste beeindruckende trockene Auslese von diesem Weingut; hält bis 2000.

1988 Spätlese 90
Etwas verschlossener Duft; tolles Spiel zwischen saftiger Pfirsichfrucht und pikanter Säure, kräftig und raffiniert zugleich; großer Nachhall. Viel Entwicklungspotential!

1988 Auslese (0589) 92
Sehr frischer, unentwickelter Duft; konzentrierte Aprikosenfrucht mit einem Hauch von Exotischem, viel Fülle und Extrakt, reife Säure; sehr langer, seidiger Abgang. Wird sich ab 1996 viel besser präsentieren.

1989 Spätlese Halbtrocken 84
Noch recht frischer fruchtiger Duft mit deutlicher Zitrusnote; mittelgewichtig und elegant, mit betonter Säure für 1989; langer, wenn auch nicht kräftiger Nachhall. Noch nicht auf ihrem Höhepunkt.

1989 Spätlese 86
Voller Aprikosenduft mit exotischem Unterton; sehr schlank für 1989, elegant und fruchtig, aber weder Saft noch Komplexität der besten 89er Weine. Gutes Potential, präsentiert sich schon annehmbar.

1990 Spätlese Trocken 87
Feiner Erdbeer-Pfirsich-Duft; nicht so füllig oder kräuterig wie viele trockene Rieslinge des Jahrgangs, aber sehr saftig und rassig, viel Würze; langer, nuancierter Abgang. Schon gut zu trinken, aber hält sich bis 2005.

1990 Spätlese 90
Etwas verschlossener Duft mit ähnlichen Noten wie die trockene Spätlese; konzentrierte Frucht, brillante Säure und ein perfektes Gleichgewicht; langer mineralischer Nachhall. Braucht bis 2000, um ihren Höhepunkt zu erreichen.

1990 Auslese (0991) 93
Deutlicher Honigton (Botrytis) im Duft; sehr konzentriert und reichhaltig, kräftige Säurestruktur und betonte Süße; explosiver, brillanter Abgang. Eine große Auslese, die 30 Jahre leben kann!

1992 AUSLESE TROCKEN 87
Eigenartiger würziger, blumiger Duft; konzentriert, mineralisch, die Frucht noch im Hintergrund versteckt, sehr elegante Säure; deutlicher Rosenton im Abgang. Braucht bis 1995/96, um sich voll zu entfalten.

1992 SPÄTLESE 89
Intensiver Duft nach roten Beeren; extrem fruchtiger Wein mit viel Saft und Charme, rassige Säure für 1992; langer, pikanter Nachhall. Verführerisch, aber nicht ganz die Tiefe und Klasse der 90er Spätlese.

1992 AUSLESE **** 92
Opulenter Duft nach Aprikosenmarmelade und exotischen Früchten; sehr konzentriert, saftig und kräftig, jedoch gar nicht schwer oder sättigend, sehr feines Säurespiel; höchste Finesse im Abgang. Schon sehr lecker, aber auch großes Potential.

1992 BEERENAUSLESE 94
Noch sehr unentwickeltes Botrytisbouquet, was sich in feinsten Honigduft umwandeln wird; gewaltig Saft und Kraft, explosive Frucht und brillante Säure. Braucht viel Zeit, sich zu entfalten und die sehr hohe Süße voll zu integrieren.

Die 1993er Rieslinge sind weniger verführerisch als die 1992er Weine, zeigen aber dafür mehr Dichte und Rasse. Fast genausogut wie die beeindruckenden 1990er des Gutes.

Weingut Jos. Christoffel jr. Christoffel-Prüm

Anschrift 54539 Ürzig, Moselufer 1
Inhaber Kurt und Karl Jos. Christoffel
Kellermeister Karl Jos. Christoffel

Gesamtrebfläche 2,9 ha
Rebsortenspiegel 100 % Riesling

Rieslingproduktion

Rebfläche 2,9 ha
Lagen Erdener Prälat 0,1 ha, Ürziger Würzgarten 1,6 ha, Wehlener Sonnenuhr 0,5 ha, Erdener Treppchen 0,3 ha, Graacher Domprobst 0,4 ha
Rebmaterial 100 % wurzelechte Reben
Durchschnittliches Rebalter 40 Jahre

Durchschnittlicher Ertrag 85,4 hl/ha
Durchschnittliche Produktion 30 000 Flaschen pro Jahr

Ich hoffe, Kurt und Kajo Christoffel fassen es als Kompliment auf, wenn ich sie als exzentrisch beschreibe, denn in der heutigen Zeit ist ihre Art, ein Weingut zu führen, einfach nicht anders zu bezeichnen. Schon mit einem Blick auf ihre Preisliste wird das sehr deutlich. Zwar behaupten viele Moselwinzer, ihr Ziel sei es, eine breite Palette aller Stilrichtungen - von trocken bis edelsüß, vom Kabinett bis zur Beerenauslese und auch Sekt -, derer die Rieslingtraube in diesem einmaligen Gebiet fähig ist, anbieten zu können. Keiner aber treibt dies so auf die Spitze wie die Christoffels. Ihre Liste bietet mehr als 125 verschiedene Weine, darunter die meisten Jahrgänge zurück bis 1971; ein Angebot, dem man nicht gerecht wird, wenn man es nur breitgefächert nennen würde. In vieler Hinsicht wirkt dieses Weingut wie Dutzende anderer qualitätsorientierter Familienbetriebe an der Mosel. Bei den Brüdern Christoffel aber werden die sehr konkreten Ansichten, wie Qualität zu erzielen sei, schnell deutlich. Sie arbeiten ausschließlich mit wurzelechten, durchschnittlich vierzig Jahre alten Reben in Steillagen, alle ihre Weine gären mit natürlicher Hefe in Holzfässern, und Süßreserve (geklärter Traubenmost) wird nie zugesetzt, um die Weine lieblicher scheinen zu lassen. Freilich sind viele dieser Praktiken auch bei ihren besten Kollegen üblich, doch die hier bewiesene Konsequenz ist einmalig. In unserer Welt der Rationalisierung, Standardisierung und Industrialisierung kann man dieses Streben nach Originalität nur als exzentrisch bezeichnen.

Wäre dieses Weingut während der letzten beiden Jahrzehnte bekannter gewesen, hätte es sich vielleicht zu einem der großen Güter Deutschlands entwickeln können. Dennoch produzieren Kurt und Kajo Christoffel sehr gute Weine in großer Zahl, und selten bin ich von einem Erzeugnis ihres Kellers enttäuscht worden. Mancher berühmte Moselwinzer sollte prüfen, wie seine Weine sich neben den Gewächsen dieses Gutes in Ürzig ausnehmen. Kajo Christoffel, der trotz seines Alters von über 50 Jahren einen sehr jugendlichen Eindruck macht, ist ein hochbegabter Kellermeister. Schon vor langer Zeit hat er erkannt, daß das oberste Prinzip bei der Weinherstellung lautet, den Wein sich möglichst selbst zu überlassen. Das Ergebnis sind durchweg Weine äußerst betonten Charakters. Bei einer Blindprobe bereitet es überhaupt keine Schwierigkeit, die Lage und den Jahrgang der Weine von Joh. Jos. Christoffel zu bestimmen, da sie alle ihren Ursprung sehr offen kundtun.

Das Gut ist zwar vor allem für seine edelsüßen Auslesen bekannt, und ich habe auch noch niemanden über seine trockenen Weine sprechen hören, doch sind diese oft sehr gut. Besonders in guten Jahrgängen wie 1988 und 1990 können sie sich durch eine gute Konzentration und elegante Harmonie auszeichnen. Wie die restsüßen Weine dieses Gutes haben sie einen mineralischen Charakter, der ihnen einen anhaltenden Nachgeschmack verleiht. Bei der Probe stellt man fest, daß weder Kurt noch Kajo ihnen große Bedeutung beimessen. Ein Riesling-Kabinett Trocken ist an Mosel, Saar und Ruwer am schwierigsten erfolgreich zu vinifizieren, und es gibt auch auf dem Weingut Jos. Christoffel jr. etwas schwächere Weine dieser Art.

Die wirklichen Glanzstücke findet man unter den edelsüßen Auslesen, die selbst im Vergleich mit dem hohen Standard der berühmtesten Güter meist sehr beeindruckend sind. Das Gut bietet eine reiche Auswahl dieser Weine, die es lohnt, entdeckt zu werden. Einige der jüngsten Weine können etwas zu süß erscheinen, doch nach wenigen Jahren in der Flasche wird sich die unvergorene Süße integriert haben, so daß die fruchtigen und mineralischen Aromen an Prägnanz gewinnen. Dabei handelt es sich um kein auf das Weingut Jos. Christoffel jr. beschränktes Phänomen, sondern kann bei vielen Spitzengütern dieses Gebietes einschließlich des Weingutes Joh. Jos. Prüm gefunden werden. Wie Dr. Manfred Prüm versuchen auch die Christoffels ihren Kunden einzuschärfen, daß solche Auslesen nicht zwei oder drei Jahre nach der Lese getrunken werden müssen, sondern über ein außergewöhnliches Alterungspotential verfügen und erst nach zehn oder mehr Jahren der Flaschenreifung den höchsten Genuß bieten. Sie verfügen über eine Auswahl reifer Exemplare, um diese Qualitäten zu beweisen und alles, was auf den Tisch kommt, ist auch auf dem Weingut noch erhältlich. Eine Spitzen-Auslese dieses Erzeugers wird mit Frucht reich versehen sein und dabei manchmal exotische oder an Honig erinnernde Botrytisnoten aufweisen; die Konzentration der Frucht und der mineralischen Aromen bindet die Süße, die elegante Säure sorgt für den letzten Schliff und inspiriert immer wieder zu einem weiteren Schluck. Es handelt sich hierbei um sehr konzentrierte Weine, die in ihrer Jugend ein wenig exaltiert wirken können, die aber im reifen Zustand eine berückende Intensität und Komplexität entfalten. Nach einem solchen Wein kann man die Aussage, es handele sich hier um ein großes Gut, nur bestätigen. Kostet man jedoch eine größere Auswahl, so machen sich hier und da Schwächen bemerkbar. Ich vermute, daß sie mit den relativ hohen Erträgen zusammenhängen, denn gerade bei Jahrgängen, in denen die Natur quantitativ großzügig war, fallen sie besonders auf. Doch ungeachtet dieser Kritik beweist das charmante Brüderpaar regelmäßig, welche herausragende Qualität die Lagen Ürziger Würzgarten, Erdener Treppchen und Prälat sowie Wehlener Sonnenuhr besitzen.

Ürziger Würzgarten Riesling

1985 SPÄTLESE 83
Frischer Duft nach halbreifen Birnen, Erdbeeren und Kräutern; stoffiger Wein mit einer sehr betonten Säure, die Süße dadurch kaum schmeckbar; charaktervoller, aber etwas ruppiger Abgang. Wird noch harmonischer.

1987 SPÄTLESE 75
Leicht scharfes, grünes Bouquet; auf der Zunge noch etwas von unreifer Säure und vegetalen Aromen dominiert. Wird sich nicht viel bessern, es fehlt die nötige Frucht für eine Spätlese.

1988 SPÄTLESE HALBTROCKEN 87
Komplexer würziger, mineralischer Duft; fast trockener Wein mit wenig Alkohol und Fülle, aber dafür konzentrierte Frucht und Würze, feste Säure; ein langer mineralischer Nachhall.

1988 AUSLESE ** 89
Attraktiver Duft nach Aprikosen, Mandeln und Vanille; recht kräftig und konzentriert, schöne Kremigkeit und dezente Süße; der lange Abgang von rassiger Säure getragen. Erreicht langsam ihre beste Form und wird sich lange halten.

1989 SPÄTLESE HALBTROCKEN 82
Offener Duft nach Pfirsich und frischgebackenem Kuchen; mittelgewichtig und rund, ansprechende Saftigkeit, elegante Säure; recht anhaltend.

1989 AUSLESE ** 85
Intensives Ananasbouquet mit einem Hauch von Mandeln; viel Frucht und Saft, die volle Süße schon gut eingebunden, aber nicht ganz die Konzentration und Länge, wie Duft und Attacke versprechen. Fast auf ihrem Höhepunkt, wird lange halten.

1990 AUSLESE TROCKEN 86
Noch jugendlicher Duft (etwas Hefe) mit starker mineralisch-erdiger Note; trotz nur 10 % vol recht füllig, dicht und stoffig, intensive Aprikosenfrucht, elegante Säure; langer mineralischer Abgang.

1990 AUSLESE ** 92
Sehr jugendlicher, verschlossener Duft; sehr konzentriert und dicht, die Frucht momentan etwas von der ausgeprägten Würze übertönt, die hohe Süße von rassiger Säure und reichen Mineralien schon gefangen; explosiver Abgang. Ein altmodischer Moselriesling mit großem Entwicklungspotential!

1990 AUSLESE *** 90
Viel süßer und kremiger als die Auslese **, verfügt auch über eine tolle Säurestruktur, was ihr einige Dekaden Lebensdauer garantiert. Noch etwas schwierig einzustufen.

1991 SPÄTLESE 88
Frischer Duft nach Erdbeeren und Kräutern; sehr fruchtig, substanzreich und harmonisch für 1991, dezente Süße; sehr langer, pikanter Nachhall. Eine der besten Mosel-Spätlesen ihres Jahrgangs!

1992 SPÄTLESE HALBTROCKEN 85
Starkes Gummibärchenbouquet, was sich in Frucht umwandeln wird; extrem saftig, schmeckt fast wie ein Früchtecocktail, gute Konzentration; langer fruchtiger Abgang.

1992 AUSLESE ** 82
Ein wahres Fruchtkonzentrat, aber es fehlt ihr etwas Säure und Eleganz, ziemlich lasch und breit. Leicht enttäuschend für 1992.

Weingut Grans-Fassian

Anschrift 54340 Leiwen, Römerstraße 28
Inhaber und Kellermeister Gerhard Grans

Gesamtrebfläche 10 ha
Rebsortenspiegel 85 % Riesling, 10 % Müller-Thurgau, 5 % Kerner

Rieslingproduktion

Rebfläche 8,5 ha
Lagen Leiwener Klostergarten 3,7 ha, Leiwener Laurentiuslay 0,8 ha, Trittenheimer Apotheke 1,5 ha, Trittenheimer Altärchen 2 ha, Piesporter Goldtröpfchen 0,5 ha
Rebmaterial 15 % wurzelechte Reben, 85 % Pfropfreben (Gm239)
Durchschnittliches Rebalter ca. 25 Jahre
Durchschnittlicher Ertrag 79 hl/ha
Durchschnittliche Produktion 90000 Flaschen pro Jahr

Es steht außer Zweifel, daß das Weingut Grans-Fassian viel für das Dorf Leiwen getan hat, das einst als der größte Massenproduzent an Mosel, Saar und Ruwer bekannt war. Die besten Grans-Weine können dem Vergleich mit den führenden Gütern des Gebietes durchaus standhalten. Doch

scheint es trotz alledem ein Gut zu sein, das diejenigen bestätigt, die die Ansicht vertreten, es gäbe keine großen Winzer, sondern nur große Weine. Die Befürworter dieser Sichtweise sind der Auffassung, daß es falsch sei, einen einzelnen Winzer zu empfehlen, da selbst der fähigste Kellermeister einige Fässer ungenügenden Weines habe, während ein oder zwei Weine eines unbekannten Nachbarn von hervorragender Güte sein können. Normalerweise würde ich diese Auffassung angesichts der wesentlich höheren Erfolgsquote auf den Spitzengütern, die die Empfehlung eines Winzers zum einfachsten Weg für den Verbraucher macht, gute Weine zu finden, ablehnen. Auf dem Weingut Grans-Fassian aber sind die Unterschiede zwischen den besten und den geringsten Weinen derart groß, daß auch ich mich frage, ob es nicht vielleicht doch nur große Weine gibt.
Trotz aller Kritik hat Grans-Fassian häufig genug hohe Punktzahlen erzielt, um dieses Gut in die Reihe der 100 besten deutschen Rieslingerzeuger aufnehmen zu können.
Worin bestehen also die Stärken und Schwächen, die zu dieser recht ungewöhnlichen Situation geführt haben? Gerhard Grans hervorstechende Eigenschaften sind sicher seine Entschlossenheit und die ausgeprägte Fähigkeit, den Problemen, denen sich sein Weingut ausgesetzt sieht, mit kreativen Lösungen begegnen zu können.
Er war der erste Winzer dieser Gegend, der die Möglichkeiten der weitläufigen ebenen Rebflächen richtig erkannte. In diesen Flächen, die bisher zur Erzeugung minderwertiger Massenprodukte dienten, sah er das Potential für Weine besserer Güte. Gerhard Grans fand, daß die leichten, steinigen Böden Rieslingweine hervorbringen konnten, die in ihrer Eleganz denen der Spitzenlagen nur wenig nachstehen, wenn nur die Erträge gesenkt würden. Durch stark reduzierte Düngung, konsequenteren Rebschnitt und Begrünung gelangen ihm aus dem Leiwener Klostergarten trockene Rieslingweine guter Qualität, der bis dahin vor allem durch die Exzesse der Überproduktion traurige Berühmtheit erlangt hatte. Diese Weine werden normalerweise als »Gutsriesling«, einem QbA, ohne Angabe der Lage auf den Markt gebracht, da sie in geringeren Jahren oft ein Verschnitt von Weinen aus dem Klostergarten und anderen, besseren Lagen sind. Außerdem erkannte Grans, daß der Klostergarten einen idealen Ort zur Eisweinerzeugung darstellt, da er regelmäßig dem Frost ausgesetzt ist. So hat er seit 1983 praktisch jedes Jahr Eisweine produzieren können. Seine Leistungen waren nicht nur wegen der erzielten guten Ergebnisse von Bedeutung, sondern auch, weil sie eine Richtung wiesen, die jetzt viele andere Leiwener Weingüter eingeschlagen haben.
Genauso wurde sein Weinstil, der sich vor allem durch die kristallklare Reinheit und das intensive Zusammenspiel von Frucht und Säure auszeich-

net, von den Leiwener Nachbarn imitiert. Man könnte von der »Schule des Gerhard Grans« sprechen, doch liegen gerade hier seine offensichtlichen Schwächen. Von einigen Weinkritikern erhielt er verklärtes Lob für Weine, die mir und manchen anderen aufmerksamen Beobachtern an Mosel, Saar und Ruwer schlichtweg oberflächlich vorkamen und deren Reinheit sie einfach neutral wirken ließen. Viele der schönsten Rieslinge der Mosel erhalten ihre Güte durch einen zurückhaltenden fruchtigen, mineralischen und blumigen Charakter, doch sollte diese Zurückhaltung nicht so weit gehen, daß man sich fragt, wohin denn der Charakter des Weines verschwunden ist! Genauso besitzen viele Moselrieslinge eine pulsierende Säure, die einem das Wasser im Munde zusammenlaufen läßt, doch bei den besten ihrer Art stehen dahinter soviel Frucht und Extrakt, daß die Säure nur eine Komponente des vielschichtigen Ganzen ist und den Wein nicht beherrscht. Hierin lagen oft die typischen Mängel der kleineren Weine von Grans-Fassian. Doch das Lob, das gerade diese Weine von verschiedenen Seiten erhielten, scheint Gerhard Grans ihre objektive Beurteilung unmöglich zu machen. Ein Spitzenwinzer ist sicher immer an den Urteilen der Presse interessiert und von Lob genauso geschmeichelt wie von Kritik enttäuscht, doch er sollte individuelle Beurteilungen seiner Weine auch hinterfragen. Das oberste Ziel bleibt die Erzeugung bestmöglicher Weine. Die trockenen Weine dieses Gutes sind davon weniger betroffen, da der größte Teil dieser Erzeugnisse bereits getrunken sein wird, bevor ihr Mangel an Struktur und die oberflächliche Natur ihrer Frucht offensichtlich werden. Bei den edelsüßen Auslesen wird es kritischer. Gerade während der letzten Jahre hat Gerhard Grans einige dieser Weine zu sehr hohen Preisen angeboten. Wie bei seinen trockenen Spätlesen waren hierunter einige sehr schöne Beispiele ihrer Art, doch verschiedene der teuersten Auslesen bewiesen ein äußerst eigenartiges Aroma, das an Dosenspargel erinnerte. Diesen Geschmack würde ich weder mit einem »edlen« Riesling in Verbindung bringen, noch würde ich bei einem derartigen Wein ein großes Alterungspotential vermuten. Natürlich kann ich mich hierin täuschen und die Auslesen verwandeln sich in prachtvolle Weine, doch befürchte ich, daß dies nicht eintreffen wird.
All diese Dinge deuten auf ein übertrieben technisches Vorgehen auf dem Weingut Grans-Fassian hin. Bei den Standardweinen, die sich bei Gerhard Grans auf einem recht hohen Niveau befinden, muß sich das nicht unbedingt nachteilig auswirken, aber einige seiner Prädikatsweine scheinen unter seinen Bestrebungen nach übermäßiger Klarheit zu leiden. Ein überlegteres Vorgehen bei der Weinerzeugung und damit sparsamerer Einsatz von Technologien würden diese Schwächen beseitigen. Ungeachtet der hervorragenden Qualität einiger seiner Weine, wird Gerhard Grans – will

er sein Ziel, als einer der besten Weinerzeuger Deutschlands zu gelten, erreichen - sensibler auf die Eigenheiten jedes einzelnen Jahrgangs und Weines eingehen müssen. Gegenwärtig halten sich der Ehrgeiz dieses Winzers und der Charakter und Charme seiner Weine noch die Waage.

Trittenheimer Apotheke Riesling

1988 Spätlese Trocken **70**
Ziemlich müde wirkender Duft nach Quitten und Stachelbeeren; recht voll und rund, hat schon deutlich an Frucht verloren; im Abgang eher ausgezehrt und langweilig. Nicht so gut und lebendig wie die 1988 Leiwener Laurentiuslay Auslese Trocken (75 Punkte).

1988 Auslese **82**
Bonbonartiger Zitrusduft mit etwas Honig; ansprechende Frucht und elegante Säure, es fehlt ihr an Konzentration, Tiefe und Komplexität für eine große Mosel-Auslese. Schon voll entwickelt.

1989 Spätlese Trocken **75**
Verhaltener Pfirsichduft mit zartem Petrolton; mittelgewichtig mit betonter Säure für 1989, aber mäßige Frucht und etwas wenig Charme; recht kurzer Nachhall. Nicht so deutlich abgebaut wie die 88er Spätlese Trocken, aber voll entwickelt.

1989 Auslese **87**
Feiner Duft nach karamelisierten Früchten und Honig; voll, reichhaltig und süß, jedoch elegant, schönes Säurespiel, was sehr lang anhält; kräftiger Nachhall. Eine sehr gelungene 89er Auslese mit gutem Entwicklungspotential.

1989 Beerenauslese **90**
Sehr feines Honigbouquet mit etwas Karamelton; sehr elegant für eine Beerenauslese, jedoch recht konzentriert, elegante Säure; langer filigraner Nachhall. Schon sehr schön, wird sich bis mindestens 2000 in dieser Form halten.

1989 Trockenbeerenauslese **93**
Opulenter Honigduft; sehr konzentriert und füllig, aber nicht üppig oder fett, sehr schöne Harmonie, aber nicht ganz die Tiefe und Kraft einer großen Trockenbeerenauslese; sehr anhaltend im Abgang. Braucht einige Jahre, um ihren Höhepunkt zu erreichen, und wird bestimmt noch 25 Jahre leben.

1990 Spätlese Trocken **83**
Zartes Pfirsich- und Blumenaroma; recht füllig für einen Moselriesling, gute Substanz und Harmonie, elegante Säure; langer mineralischer Abgang. Keine Bombe für 1990, aber sehr gut gemacht.

1990 AUSLESE ** **90**
Feiner Pfirsichduft mit mineralischer und vegetaler Note; noch etwas dominante Säure, aber gute Konzentration, braucht bis 1996, um ihr Gleichgewicht zu finden; sehr pikanter, langer Nachhall.

1990 AUSLESE *** (FASS 35) **82**
Sehr eigenartiges, nicht ganz angenehmes Botrytisbouquet mit starker Honig- und Dosenspargelnote; sehr reichhaltig und konzentriert, aber etwas aggressive Säure; sehr anhaltend. Nicht so überzeugend wie die 1990 PIESPORTER GOLDTRÖPFCHEN AUSLESE *** (90 Punkte).

1990 AUSLESE *** (FASS 40) **80**
Fetter Duft nach exotischen Früchten; dickflüssig wie Suppe, dominante Säure, süß-sauer; etwas bitterer, stumpfer Abgang. Wird sie sich je harmonisieren?

1992 AUSLESE (FASS 28) **90**
Feines Pfirsich- und Vanillearoma; keine große Fülle, aber konzentriert, feinfruchtig und gut balanciert, sehr schönes Spiel zwischen eleganter Säure und dezenter Süße; langer kremiger Nachhall. Deutlich besser als die teurere Auslese (Faß 40).

Die 1993er Rieslinge sind deutlich beständiger als in den letzten Jahren, alle sind mindestens von guter Qualität. Im edelsüßen Bereich finden sich einige richtige Spitzenprodukte.

Weingut Fritz Haag

Anschrift 54472 Brauneberg, Dusemonder Straße 44
Inhaber und Kellermeister Wilhelm Haag

Gesamtrebfläche 5,5 ha
Rebsortenspiegel 95 % Riesling, 5 % Müller-Thurgau und Kerner

Rieslingproduktion

Rebfläche 5,23 ha
Lagen Brauneberger Juffer-Sonnenuhr 2 ha, Brauneberger Juffer 1,5 ha, andere Lagen 1,73 ha
Rebmaterial 50 % wurzelechte Reben, 50 % Pfropfreben (Geisenheimer Klone)
Durchschnittliches Rebalter 20 Jahre

Durchschnittlicher Ertrag 75 hl/ha
Durchschnittliche Produktion 55 000 Flaschen pro Jahr

Im letzten Jahrzehnt ist das Weingut Fritz Haag zu einer Berühmtheit geworden. Im September 1992 stellte es den neuen Weltrekord bei dem Preis für einen jungen Wein auf, als die 89er Riesling Trockenbeerenauslese auf der Auktion des Großen Rings (Mosel-Saar-Ruwer VDP) für DM 1540 versteigert wurde. Dabei erzeugt Wilhelm Haag, seit er den Familienbesitz 1965 übernommen hat, ständig außergewöhnliche Weine. Die Jahrgänge 1969, 1971, 1975, 1979, 1983, 1985, 1988 und 1990 des Weingutes müssen zu den besten Weinen des gesamten Mosel-Saar-Ruwer-Gebietes gezählt werden.
Der Aufstieg zum Ruhm hat sehr viel mit dem gleichbleibend hohen Standard der trockenen Weine, die auf diesem Gut seit Mitte der achtziger Jahre erzeugt werden, zu tun. Wahrscheinlich ist es das erste Weingut des Gebietes, dessen Reputation auf dieser Stilrichtung basiert. Besonders der 1985 gefällte Entschluß, die QbA des Gutes ohne Angabe der Lage als »Fritz Haag Riesling« in den Handel zu bringen, sie alle trocken auszubauen und in diesen Verschnitt alle Prädikatsweine der Gutslagen in Burgen und Graach hineinzunehmen, war ein dramatischer Durchbruch, dessen Erfolg die Produktion hochwertiger Weine in Deutschland entscheidend beeinflußt hat. Bis dahin hatten viele deutsche Spitzengüter QbA als ein Nebenprodukt ihres eigentlichen Geschäfts, der Herstellung nicht angereicherter Prädikatsweine, betrachtet. Wilhelm Haag bewies, daß gute QbA zu einem rentablen Preis erzeugt werden können, und daß eine leichte Chaptalisierung – bei der dem gärenden Wein Zucker zugefügt wird, um den Alkoholgehalt zu erhöhen – die Harmonie eines trockenen Rieslings tatsächlich verbessern kann. Seit 1985 hat er ununterbrochen an der Perfektionierung dieser trokkenen »Gutsweine« gearbeitet und dabei unstreitbar den höchsten Standard für QbA in ganz Deutschland erreicht (wobei Maximin Grünhaus den stärksten Herausforderer darstellt).
Zu Recht besteht Wilhelm Haag darauf, daß ein Gut nach der gesamten Palette seiner Weine vom QbA bis zu den seltensten edelsüßen Weinen beurteilt wird und daß trotz der Unterschiede in Fülle, Süße und Preis eine stilistische Kontinuität diese Reihe durchziehen sollte. Was seine Weine – sei es ein »Gutsriesling« oder eine Trockenbeerenauslese – so überragend macht, ist ihr Spiel und ihre kristallklare Reinheit, ihre intensiven und doch feinen Aromanuancen, die scheinbar paradoxe Kombination von Kraft und Anmut. Nie sind sie opulent, doch immer reich an Geschmack und dabei von einer starken inneren Rasse, die ihnen eine jahrelange Entwicklung in der Flasche ermöglicht. Vor über 100 Jahren war der Brauneberger Riesling

der berühmteste Wein des Mosel-Saar-Ruwer-Gebietes, doch die dichten, kräftigen Weine, die den Brauneberg 1804 als einzige Lage in die oberste Klasse der napoleonischen Klassifizierung aufsteigen ließen, gerieten außer Mode. Mit seinen pikanten, mineralischen Rieslingen hat Wilhelm Haag den Ruf des Braunebergs als eine der besten Rieslinglagen der Welt buchstäblich im Alleingang wiederhergestellt.

Das Weingut Fritz Haag ist größter Weinbergbesitzer der zwei Spitzenlagen Juffer und Juffer-Sonnenuhr, in die der Brauneberg heute unterteilt ist. Wie die meisten anderen Spitzenlagen an Mosel, Saar und Ruwer erhebt sich der Brauneberg direkt vom Ufer der Mosel. Zweierlei macht den Brauneberg so einzigartig: Seine südostwärts gerichteten Hänge bekommen mehr Morgensonne als die meisten anderen Spitzenlagen, und hinter dem Brauneberg erstrecken sich anstelle von Waldgebieten, die sonst über und hinter den meisten Mosellagen zu finden sind, landwirtschaftlich genutzte Flächen. Ohne Zweifel spielt auch der Boden eine erhebliche Rolle, obwohl er in Tiefe und Steingehalt große Unterschiede aufweist. Was immer auch der genaue Grund sein mag, in den Jahren mit einem feuchten Sommer und einem schönen Herbst erstrahlt die Qualität des Braunebergs am hellsten. Ein klassisches Beispiel dafür ist 1985, als Wilhelm Haags Weine mehr Tiefe und Ausdruck in Verbindung mit hoher, aber nicht aggressiver Säure besaßen, als es eigentlich typisch für diesen Jahrgang ist. Diese Kombination läßt den mineralischen oder gar zart erdigen Charakter des Braunebergs am deutlichsten hervortreten. Dieser Jahrgang, der für das Weingut Fritz Haag wahrscheinlich der beste der achtziger Jahre war, dient Wilhelm Haag immer noch als Musterbeispiel für optimale Balance und Eleganz. Während andere Winzer frohen Herzens die Schwankungen zwischen der weichen und harten Säure verschiedener Jahrgänge hinnehmen, wählt Wilhelm Haag bei der Lese immer die Trauben aus, die eine höchst lebendige Säure versprechen. Sie hebt die anderen Komponenten eines Weines hervor, ohne sie zu beherrschen. Wenn er auch einige sensationelle Beerenauslesen und Trockenbeerenauslesen aus streng ausgewählten Trauben mit intensivem Botrytiston hergestellt hat, so ist Wilhelm Haag doch kein Freund von Kabinettweinen, Spätlesen oder regulären Auslesen mit betontem Edelfäulegeschmack. Bei diesen Güteklassen strebt er einen intensiven, doch gänzlich klaren und reifen Fruchtcharakter an. Hierin liegt wohl der Grund für den durchschlagenden Erfolg der trockenen Weine Wilhelm Haags von dem Moment an, als er sich ernsthaft mit ihrer Erzeugung befaßte, denn ein betonter Botrytischarakter und trockene Weine passen einfach nicht zueinander.

Jeder von Wilhelm Haag erzeugte Wein ist das Ergebnis sehr genauer Entscheidungen während der Lese, wenn es darum geht, die richtigen Trauben zur Erzielung spezieller Charakteristiken auszuwählen. An einem Tag wird er die Lesehelfer dazu anhalten, nur die goldenen und überreifen Trauben zu schneiden, am nächsten Tag die noch grünen, und am übernächsten die edelfaulen Trauben. Auch sein Vorgehen im Keller unterscheidet sich leicht von dem seiner meisten Kollegen, denn obwohl er große Mühen unternimmt, damit der Wein nicht zu schnell vergärt, vermeidet er auch eine extrem lange Gärung. Das kritische Moment eines Weines, das er auf keinen Fall dem Zufall überlassen will, ist für ihn die Entscheidung, wieviel Restsüße ein Wein behalten soll. Extrem lange, gemächliche Gärung können Weine mit mehr Süße als beabsichtigt verursachen. Fragt man ihn, wie er diese kritischen Entscheidungen trifft, von denen die Balance und die gesamte Entwicklung der Weine abhängen, wird er einfache Antworten ablehnen. Er sagte mir einmal: »Bei jeder Lese probiere ich jeden einzelnen Most nach dem Keltern; ich notiere meine Eindrücke und vergleiche sie mit den Notizen über die fertigen Weine. Diese Erfahrungen bilden zwar die Grundlagen für all meine Entscheidungen im Weinkeller, aber eindeutige Regeln, nach denen ich meine Verfahren richte, gibt es nicht.«

Das einladende, doch eher unauffällige, moderne Haus, das Ilse und Wilhelm Haag als Heim dient, mutet, verglichen mit der Eleganz seiner Weine, etwas eigenartig an, doch jeder, der Wilhelm Haag kennenlernt, wird ohne Schwierigkeiten die Verbindung zwischen dem Winzer und seinen Weinen herstellen können. Hört man, mit welcher Leidenschaft Wilhelm Haag von seinen Weinen spricht und mit welcher Präzision er die Hintergründe eines bestimmten Weines oder Jahrganges erläutert, scheinen die lebendigen und vielschichtigen Persönlichkeiten seiner Weine unvermeidbar.

Schon ein kurzer Blick auf meine nachfolgenden Bewertungen belegt, wie ungeheuer hoch ich die besten Weine des Weingutes Fritz Haag einschätze. Nur ein einziger Punkt vermag mich bisweilen zu enttäuschen: Das Weingut hat schon oft unterschiedliche Flaschenabfüllungen eines Riesling-Kabinetts oder einer Spätlese eines einzigen Jahrgangs aus der Juffer-Sonnenuhr hervorgebracht, die nur anhand ihrer A.P.-Nummern voneinander zu unterscheiden waren. Dabei kann es bei diesen Weinen deutliche Qualitätsunterschiede geben. Für den Kenner mag dies kein Problem darstellen, doch für den weniger bewanderten Weintrinker, der lediglich einen hervorragenden Wein erstehen möchte, ist es ein Ärgernis.

Brauneberger Juffer-Sonnenuhr Riesling

1985 Spätlese (0886) **91**
Intensiver, mineralischer Duft; sehr konzentriert und rassig zugleich, mit einem fast feurigen Spiel, die Süße von Säure und Mineralien komplett gefangen; fast explosiver Abgang. Die beste Spätlese des Jahrgangs in Deutschland!

1985 Auslese »Goldkapsel« (1986) **93**
Pikanter Pfirsichduft; sehr konzentriert, reichhaltig und betont süß, die etwas eisweinartige Säure immer noch nicht voll integriert; sehr langer, pikanter Nachhall. Exzellentes Potential, braucht bis 1995/96, um ihr Gleichgewicht zu finden.

1985 Auslese »Lange Goldkapsel« (1786) **94**
Noch etwas verschlossen, aber äußerst feiner Duft nach hochreifen Früchten; sehr konzentriert und finessenreich, die Säure rassig und seidig zugleich; sehr delikater langer Nachhall.

1985 Beerenauslese **98**
Obwohl 1985 kein Spitzenjahrgang war, gab es einige wenige Spitzenweine, wovon dieser an erster Stelle steht. Hochfeines Bouquet von überreifen gelben Früchten, Blüten und Mineralien; äußerst konzentriert und pikant, erstaunliche Rasse und hochbrillantes Spiel für eine Beerenauslese, die Süße jetzt perfekt integriert; explosiver, enorm facettenreicher Abgang. Immer noch am Anfang seines Lebens stehend; kann dieses Meisterwerk weitere 50 Jahre liegen.

1986 Spätlese (0887) **90**
Ähnlich wie die Spätlese aus 1985 mit gleicher Faßnummer (08, siehe oben). Sehr saftig, wie viele gute 86er Weine, aber wesentlich fester strukturiert, fast pikante Rasse; langer mineralischer Abgang. Ein sehr interessanter Kontrast zur 1986 Spätlese (1087), die sich viel süßer, reichhaltiger und etwas weicher präsentiert (auch 90 Punkte).

1987 Spätlese Trocken **83**
Die erste trockene Spätlese aus der Juffer-Sonnenuhr von Fritz Haag. Noch erstaunlich frischer Duft nach Äpfeln und Birnen; sehr schlank und säurebetont, aber keineswegs hart oder kantig (wie viele 87er), sehr fein und rassig; anhaltend im Abgang. Auf ihrem Höhepunkt, hält sich bis ungefähr 1997.

1987 Spätlese **87**
Nochmals ein erstaunlicher Wein für diesen eher durchschnittlichen Jahrgang. Noch ziemlich verschlossen im Duft; pikantes Spiel zwischen leicht grünlicher Pfirsichfrucht und ausgeprägter rassiger Säure, die Süße kaum spürbar; sehr fester, fast stahliger Abgang. Weit von ihrem Höhepunkt entfernt, besitzt mindestens 20 Jahre Entwicklungspotential!

1988 SPÄTLESE TROCKEN 86
Feingliedriger Pfirsichduft mit subtiler Vanillenote; äußerst elegant, schlank und immer noch von seiner rassigen Säure geprägt. Jetzt schön abgerundet ohne jeglichen Verlust an Frische, hält bis ca. 1998 in dieser Form.

1988 SPÄTLESE »GOLDKAPSEL« 92
Noch ziemlich verschlossener Duft; sehr konzentriert, extraktreich und rassig, an getrocknete Pfirsiche erinnernde Frucht, nervige Säure; sehr kräftiger mineralischer Nachhall. Wohl die beste Spätlese der Betriebsgeschichte und einer der Spitzenweine seines Jahrgangs im Gebiet; braucht bis Ende der neunziger Jahre, um sich voll zu entfalten, großes Potential!

1988 AUSLESE (1389) 92
Zwar als »normale« Auslese vermarktet, jedoch ein Wein mit ausreichend Konzentration und Kraft, um als Spitzen-Auslese präsentiert zu werden. Ungewöhnlich dezente Süße, dadurch fast herb, enormer Extrakt und reife Säure; sehr beeindruckende Länge. Fast so unentwickelt wie die Spätlese »Goldkapsel«.

1988 AUSLESE »LANGE GOLDKAPSEL« 94
Sehr kremiger, leicht honigbetonter Duft; sehr konzentrierte, füllige Auslese, die noch etwas verschlossen und von der Süße dominiert ist, jedoch viel Saft und sehr elegante Säure; fulminanter Abgang. Viel Geduld wird während der ersten Dekaden des nächsten Jahrhunderts belohnt!

1989 AUSLESE (1290) 88
Duftet nach reifer Ananas und Honig; sehr reichhaltig und saftig, die Süße noch etwas hervorstechend, die Säure ein bißchen verhalten; recht kremiger Nachhall. Schon sehr attraktiv, aber es fehlt ihr etwas an Tiefe und Ausstrahlung.

1989 BEERENAUSLESE 93
Sehr voller honigbetonter Duft; sehr voll, satt und kremig, die hohe Süße noch nicht voll eingebunden, die reife Säure gerade ausreichend, um sie zu balancieren; sehr nachhaltiger Rosinenton. Ein großer Kontrast zu den 85er und 90er Beerenauslesen, fast betriebsuntypisch, wird sich Ende der neunziger Jahre bestimmt viel besser präsentieren.

1989 TROCKENBEERENAUSLESE 98
Unglaublich delikater, finessenreicher Duft nach getrockneten Früchten und Honig; gewaltige Konzentration und Tiefe gepaart mit einer einmaligen Eleganz, hocharomatische Süße, seidige Säure und hochfeines Spiel; schier endloser Abgang. Ein schon legendärer Wein am Anfang seines jahrhundertelangen Lebens!

1990 Spätlese Trocken 87
Noch jugendliches Birnenbouquet mit ausgeprägter mineralischer Note; nur mittelgewichtig, aber konzentriert; elegante, anhaltende Rasse. Erst 1995/96 auf ihrem Höhepunkt, wo sie ca. 5 Jahre bleiben wird.

1990 Kabinett 90
Außergewöhnlich intensiver, stoffiger Kabinett mit mehr Saft und Kraft als viele Spätlesen; tolles Spiel zwischen voller Pfirsichfrucht und hocheleganter Säure; kann locker 20 Jahre alt werden.

1990 Spätlese (1491) 93
Satter Ananasduft; sehr konzentriert und fruchtig, extrem saftig und verführerisch, trotz recht hoher Süße schon sehr gut balanciert; sehr langer feinfruchtiger Nachhall. Extrem ausdrucksvoll für eine Spätlese, jedoch überhaupt nicht dick oder sättigend; beginnt erst Ende der neunziger Jahre ihre beste Form zu erreichen.

1990 Auslese »Lange Goldkapsel« 97
Extrem fein nuancierter Duft nach Mineralien und getrockneten Früchten; enorme Konzentration, aber genauso viel Finesse und Eleganz, feinstes Säurespiel; ein Feuerwerk fruchtiger und mineralischer Aromen im Abgang. Ein großer Wein mit enormer Zukunft!

1990 Beerenauslese 99
Ähnlich strukturiert wie die Auslese »Lange Goldkapsel«, nur noch konzentrierter, rassiger und feiner; perfektes Süße-Säure-Spiel, grandiose Fruchtexplosion, kaum übertreffbare Finesse und Nuancenreichtum; fast unendlicher Nachhall. Sehr große Zukunft!

1991 Spätlese (1092) 88
Vielfältiges Pfirsich-, Zitrus-, Vanille- und Mandelaroma; konzentriert und zart zugleich, sehr feinfruchtig und elegant, seidige Säure; sehr anhaltend.

1991 Auslese »Lange Goldkapsel« 90
Noch extrem jugendlicher Duft nach frischgekelterten Trauben mit deutlicher Honig- und Champignonnote; konzentrierter exotischer Fruchtton, hohe Süße und sehr pikante Säure, noch nicht ausgewogen; viel Potential, jedoch nicht die Kraft und Länge, um ein wirklich großer Wein werden zu können.

1992 Spätlese Trocken 83
Subtiler Pfirsichduft mit mineralischem Unterton; schlank, fein und elegant, betonte Rasse für 1992; nachhaltiges Säurespiel. Sehr gut, aber nur ein Hauch besser als der beeindruckende 1992 Gutsriesling QbA (82 Punkte).

1992 Spätlese (0593) **90**
Sehr ausdrucksstarke, finessenreiche Spätlese; sattes Pfirsichbouquet mit ausgeprägter mineralischer Nuance; konzentriert und sehr saftig, die elegante Säure perfekt mit der fruchtigen Süße abgestimmt; kräftiger mineralischer Nachhall. Ein klassischer Haag-Wein!

1992 Auslese »Lange Goldkapsel« **94**
Hochfeiner Botrytisduft, enorm vielfältige und sehr nuancierte Aromen von getrockneten Früchten; sehr konzentriert und finessenreich, ähnlich angelegt wie die besten 90er Weine des Gutes, hochelegantes Säurespiel, fast pikant für 1992; sehr anhaltend. Einer der wenigen großen Weine des Jahrgangs.

Die 1993er Rieslinge bieten zweifelsohne eine exzellente Kollektion mit einer Reihe an herausragenden Weinen. Trotzdem ständen einige Auslesen mit weniger Süße besser da.

Weingut Reinhold Haart

Anschrift 54498 Piesport, Ausoniusufer 18
Inhaber und Kellermeister Theo Haart

Gesamtrebfläche 5,76 ha (4,6 ha im Ertrag)
Rebsortenspiegel 93 % Riesling, 5 % Müller-Thurgau, 2 % Weißburgunder

Rieslingproduktion

Rebfläche 5,35 ha
Lagen Piesporter Goldtröpfchen 2,95 ha, Piesporter Domherr 0,23 ha, Piesporter Kreuzwingert (Alleinbesitz) 0,1 ha, Wintricher Ohligsberg 0,31 ha, andere Lagen 1,76 ha
Rebmaterial 50 % wurzelechte Reben, 50 % Pfropfreben (Gm239, H65, W21)
Durchschnittliches Rebalter 35 Jahre
Durchschnittlicher Ertrag 80 hl/ha
Durchschnittliche Produktion 40 000 Flaschen pro Jahr

Wie hervorragend eine Lage auch sein mag – sie wird nie berühmt werden, wenn nicht wenigstens ein Winzer regelmäßig eine ansehnliche Zahl von Spitzenweinen aus ihr hervorbringt. Die Wehlener Sonnenuhr im mittleren Moseltal konnte zu internationalem Ruhm gelangen, weil verschiedene

Weingüter der Familie Prüm sich hier seit Jahrzehnten um die Erzeugung von Weinen optimaler Güte bemühen. Obschon das Piesporter Goldtröpfchen neben den ersten Lagen von Erden und Ürzig, der Wehlener Sonnenuhr und dem Brauneberg einer der »Grands Crus« der Mittelmosel ist, war diese Lage bis vor kurzem noch relativ unbekannt und in Deutschland wenig geschätzt. Das gleiche galt für Großbritannien, Skandinavien und die Vereinigten Staaten, wo der gute Name Piesports durch ausufernde Kommerzialisierung ruiniert worden war.

Wenn sich diese Situation in den letzten Jahren geändert hat und der Name Piesport im internationalen Ansehen wieder steigt, so ist dies in hohem Maße den Weinen Theo Haarts vom Weingut Reinhold Haart seit dem Jahrgang 1988 zu verdanken. Zwar erzeugt auch das große Gut Reichsgraf von Kesselstatt exzellente Weine aus dem Goldtröpfchen, doch bilden sie dort nur einen kleinen Ausschnitt eines großen Angebotes und werden im allgemeinen mit Restsüße erzeugt. Einige kleinere Güter in Piesport erzeugen ebenfalls beeindruckende Weine (siehe die Beschreibungen der Weingüter Weller-Lehnert und Kurt Hain), doch waren die Mengen so bescheiden, daß die Weine kaum exportiert wurden und auf den Listen der maßgeblichen Weinhändler selten zu finden waren. Die ausnehmend hohe und gleichbleibende Qualität der Weine Theo Haarts aus den letzten Jahrgängen führte zu einem großen Verkaufserfolg.

Das Piesporter Goldtröpfchen bringt Weine mit einem von den anderen Spitzenlagen der Mittelmosel gänzlich verschiedenen Charakter hervor. Verglichen mit den filigranen, zart nuancierten Weinen der Wehlener Sonnenuhr besitzen sie ein fast schon barockes Bouquet, in dem sich ein starker Cassisgeschmack mit den Aromen weißer und gelber Früchte vereint. In guten Jahrgängen verbinden sie einen vollen Körper – zumindest nach Mosel-Saar-Ruwer-Maßstäben – mit einer rassigen Säure, die sie den meisten anderen Moselweinen, ähnlich wie die Säure der Saar- und Ruwerweine, überlegen erscheinen läßt. Ein heißer Sommer kann bei Moselweinen eine zu geringe Säure hervorrufen, in Piesport jedoch ist er ein Rezept für große Weine. Hierfür zeichnen die äußerst tiefen Böden mit ihrer enormen Speicherkapazität verantwortlich; die Reben können lange heiße, trockene Perioden besser überstehen. In kalten, nassen Sommern wie 1987 geraten sie Piesport freilich zum Nachteil; dann entstehen eher harte, grüne Weine mit dominantem Kräuteraroma. In solchen Jahren verdienen nur die Weine der begünstigsten Teile dieser sehr ausgedehnten Einzellage von 65 ha den Namen Goldtröpfchen.

Schon vor mehr als 200 Jahren waren die Eigenheiten der Weine von den Hängen des Piesporter Goldtröpfchens, das sich über drei Seiten einer der größten Schleifen des Moseltals erstreckt und so die Form eines Amphitheaters bildet, wohlbekannt. Zu dieser Zeit wurde der Ruf des Dorfes, der in vergangenen Jahren durch die Überkommerzialisierung zerstört wurde, begründet. Selbst damals verkauften bereits manche Winzer Weine, die aus geringeren Lagen benachbarter Orte stammten, als »Piesporter«. Der Höhepunkt dieser Entwicklung wurde erreicht, als das Weingesetz 1971 die Großlage Piesporter Michelsberg schuf – eine Bezeichnung, unter der Weine aus einem großen Einzugsgebiet rund um Piesport vermarktet werden. Das meiste dessen, was als Piesporter Michelsberg gehandelt wird, stammt aus nahegelegenen Orten wie Rievenich in der Eifel oberhalb des Moseltals. Nichts Bemerkenswertes kann hier wachsen. Bei der Mehrzahl der Michelsbergweine handelt es sich um Müller-Thurgau mit maximalen Erträgen. Diese Weine besitzen nicht eine der Eigenschaften, die den Riesling aus den Hängen der Goldtröpfchenlage zu etwas so Besonderem machen. Freilich sind die meisten technisch einwandfrei, aber sie besitzen kaum einen wie auch immer gearteten Charakter. Legt man diese Tatsachen zugrunde, so kann man den Mißbrauch des guten Namens von Piesport nur als legalisierten Betrug bezeichnen. Er benachteiligt jene Winzer, deren Familien sich seit Generationen um die Erzeugung überragender Rieslingweine aus der Goldtröpfchenlage bemühen. Glücklicherweise scheinen die Tage gezählt, da die Weine aus der Massenproduktion sich mühelos verkauften. Weine ähnlicher Güte können in Osteuropa und anderen Gebieten wesentlich billiger hergestellt werden. Selbstverständlich ändert das nichts daran, daß das Weingesetz umgehend geändert werden muß, so daß kein Dorfname länger für Weine, die aus ganz anderen Lagen stammen, mißbraucht werden kann.

Theo Haart hat so viel Zeit und Energie für eine Veränderung dieser beklagenswerten Situation aufgebracht, daß seine Weine Mitte der achtziger Jahre von schwankender, manchmal sogar enttäuschender Qualität waren. Seine Bemühungen waren vergebens, und im Juni 1988 beschloß er, auf seinem eigenen Gut Weine höchster Qualität zu erzeugen. Schon während der siebziger und frühen achtziger Jahre sind ihm einige hervorragende Weine gelungen, er hat einen äußerst differenzierten eigenen Stil entwickelt und seine Kellerei vorzüglich ausgestattet. So war ein drastischer, schneller Schritt nach vorn für Theo Haart relativ unproblematisch. Als Winzer bemüht sich Haart um die Betonung jener Qualitäten, an denen es Piesporter Rieslingen manchmal mangelt. Er weiß, daß in einem guten Jahrgang mit niedrigen Erträgen eine Fülle an Frucht, Substanz und Extrakten unschwer zu erreichen ist. Die Schwierigkeit liegt darin, diese Qualitäten mit Eleganz zu verbinden und den eigentlich üppigen Weinen zur Finesse zu verhelfen. Zu diesem Zweck läßt er all seine höherwertigen Weine in Edelstahltanks in einem Keller mit kontrollierter Temperatur allmählich vergären. Danach werden sie in Holzfässer, die traditionellen 1000-Liter-Moselfuder, umgefüllt, in denen sie äußerst langsam klären. Wenige Monate nach der Lese besitzen die von der Hefe noch milchigen jungen Weine häufig den für Piesport typischen bombastischen Charakter. Nach der zweistufigen Filtration jedoch beginnen sie sich zu öffnen, und ohne jeden Verlust an Geschmacksintensität gewinnen sie an Zartheit.

Durch die auch zur Zeit noch andauernde Flurbereinigung erhielt Theo Haart die einmalige Gelegenheit, alle seine Weinberge in den besten Teilen der Goldtröpfchenlage zusammenlegen zu können. Die Unterstützung seines japanischen Importeurs Kanematsu versetzte ihn in die Lage, weitere ausgezeichnete Weinparzellen erwerben zu können. Dies läßt mich zu der Überzeugung gelangen, daß wir in den nächsten Jahren noch einiges von Theo Haart hören werden. Da er durch seinen Erfolg – und in manchen Fällen sogar mit Rat und Tat – auch eine ansehnliche Zahl anderer Güter in Piesport zu Weinen hoher Qualität anspornen konnte, besteht die Hoffnung, daß es bis zur Jahrhundertwende vielleicht zehn gute bis hervorragende Erzeuger geben wird. Da der künftige Erwerb guter Weinberge in der Lage Goldtröpfchen schwieriger werden dürfte – nicht zuletzt wegen der steigenden Zahl von Winzern, die an jeder auf den Markt geworfenen Parzelle interessiert scheinen –, hat sich Theo Haart auch in eine andere, fast schon in Vergessenheit geratenen Spitzenlage eingekauft, nämlich den Wintricher Ohligsberg. Während der dreißiger, vierziger und fünfziger Jahre produzierte das ehemals große Gut von Schorlemer hieraus manch legendären Wein. Die große internationale Nachfrage nach den edelsüßen Weinen Theo Haarts läßt die Herstellung trockener oder halbtrockener Weine aus dem Goldtröpfchen kaum gerechtfertigt scheinen, obwohl die geringen Mengen, die erzeugt werden, reißenden Absatz finden. Der Ohligsberg gibt ihm eine weitere Möglichkeit, trockene Weine der Spitzenklasse zu erzeugen. Sein erster Versuch, die 1991 RIESLING SPÄTLESE HALBTROCKEN (88 Punkte), die nicht lang genug vergärte, um wirklich trocken zu werden, war ein überwältigender Erfolg und läßt mich mit Ungeduld auf die nächsten Jahrgänge warten. Da die Weine Theo Haarts seit 1988 derart beeindrucken konnten, besteht kein Zweifel daran, daß dieses exzellente Weingut noch ganz andere Höhen erklimmen wird.

Piesporter Goldtröpfchen Riesling

1988 SPÄTLESE TROCKEN **80**

Die erste trockene Spätlese der Gutsgeschichte. Schon recht entwickelter Duft nach Zitrus und halbreifen Pfirsichen, ganz trocken, säurebetont und immer noch ein bißchen kantig, mäßige Substanz und Länge.

1988 Spätlese **89**
Intensiver, jedoch nicht lauter Cassisduft; nur mittelgewichtig, aber konzentriert und stoffig, ausgeprägte Pfirsichnote, sehr saftig und elegant zugleich; langer, fast herber Abgang.

1989 Spätlese Trocken **88**
Immer noch fast explosive Fruchtaromen; extrem saftig und verführerisch für einen trockenen Moselriesling, viel Cassis-, Pfirsich- und Aprikosenfrucht, perfekte Harmonie und tolles Spiel; sehr fruchtiger Nachhall. Eine brillante Leistung für den Jahrgang!

1989 Spätlese (0890) **90**
Sehr jugendlicher, fruchtiger Duft für einen fünf Jahre alten Wein mit deutlichem Aniston und exotischen Fruchtnoten; dicht, sehr saftig und trotzdem elegant; sehr nachhaltige Rasse. Ein exzellenter Wein mit großem Entwicklungspotential.

1989 Auslese »Goldkapsel« **93**
Intensive exotische Fruchtaromen; sehr konzentriert, explosive Ananasfrucht, dezente Süße und eine tolle Säure für den eher weichen Jahrgang; sehr kräftiger Abgang. Braucht bis Ende der neunziger Jahre, um ihren Höhepunkt zu erreichen.

1989 Eiswein **96**
Gewaltiger Honig-Rosinen-Duft; enorm konzentriert und stark honigbetont, durch seine relativ diskrete Säure etwas untypisch für Eiswein, aber einfach erste Klasse; fast überwältigender Abgang!

1990 Spätlese Halbtrocken **90**
Ein unglaublich mineralischer Wein, der momentan ziemlich verschlossen wirkt; durch seine sehr betonte Säure sehr schlank wirkend, jedoch sehr konzentriert und extraktreich, feine Cassisfrucht; sehr herber, langer Abgang. Ein halbtrockener Wein für Trockentrinker.

1990 Kabinett **89**
Delikater Pfirsich-Maracuja-Duft; fast leichtgewichtig, aber konzentriert, elegante Rasse, mineralische Note, kaum spürbare Süße; langer pikanter Nachhall.

1990 Auslese **92**
Duftet wie ein voller Früchtekorb; nach Pfirsich, exotischen Früchten und Cassis schmeckend, dezente Süße und sehr rassige Säure; sehr anhaltend. Weniger verschlossen als manche 90er Moselweine, wird sich aber ab 1998 viel besser präsentieren.

1990 Auslese Goldkapsel **95**
Sehr dicht, gut strukturiert und nachhaltig, gibt aber momentan wenig her. Viel Geduld wird im nächsten Jahrtausend belohnt!

1991 SPÄTLESE **89**
Noch jugendlicher Duft nach Zitrus und Pfirsich; erstaunlich dicht und fruchtig für diesen schwierigen Jahrgang, tolle Rasse und nachhaltiges Spiel.

1991 AUSLESE »GOLDKAPSEL« **91**
Sehr intensives Rosinenbouquet mit exotischem Unterton; sehr konzentriert und kräftig, aber wenig süß, die Botrytisbitternis noch nicht voll eingebunden, aber viel harmonischer als am Anfang seiner Entwicklung; fast kerniger Abgang. Wird sich noch deutlich verbessern und kann 30 Jahre leben.

1992 SPÄTLESE **87**
Vielfältige Fruchtaromen mit deutlicher Floralnote; sehr saftig, die Süße noch leicht hervorstechend, reife Säure, die jedoch ausreicht, um den Wein elegant wirken zu lassen; langer, fast kremiger Abgang.

1992 AUSLESE **90**
Noch sehr jugendlicher Duft (etwas Hefe), mit Cassis-, Birnen- und Honigton; recht betonte Süße, aber sehr saftig; trotz verhaltener Säure bleibt die Auslese sehr lang am Gaumen. Braucht etwas Zeit, um ihr Gleichgewicht zu finden, sehr gutes Potential.

1992 AUSLESE »GOLDKAPSEL« **92**
Noch extrem unterentwickelter Duft; sehr konzentriert, dicht und kremig, ein wahres Kraftpaket, das noch sehr wenig hergibt; extrem mineralischer Nachhall. Wird erst Ende der neunziger Jahre ihre volle Klasse zeigen.

Wie seine 1990er Weine verbinden Theo Haarts 1993er Rieslinge große Fruchtfülle mit rassiger Eleganz. Einige grandiose edelsüße Auslesen stellen die Spitze dar.

Weingut Kurt Hain

Anschrift 54498 Piesport, Am Domhof 5,
Inhaber Kurt Hain
Kellermeister Gernot Hain

Gesamtrebfläche 4 ha
Rebsortenspiegel 80 % Riesling, 10 % Müller-Thurgau, 10 % übrige Sorten

Rieslingproduktion

Rebfläche 3,2 ha
Lagen Piesporter Goldtröpfchen 1,7 ha, Piesporter Domherr 0,3 ha, Piesporter Falkenberg 0,6 ha, Dhroner Hofberger 0,5 ha, Neumagener Rosengärtchen 0,1 ha
Rohmaterial 50 % wurzelechte Reben, 50 % Pfropfreben (W21, W1, H64)
Durchschnittliches Rebalter 20 Jahre (bis zu 70 Jahren)
Durchschnittlicher Ertrag 90 hl/ha
Durchschnittliche Produktion 35 000 Flaschen pro Jahr

Nichts läßt mich die Zukunft des Anbaugebietes Mosel-Saar-Ruwer optimistischer sehen, als die regelmäßige Neuentdeckung kleiner Familienbetriebe, die buchstäblich über Nacht durch die Erzeugung von Weinen höchster Güte in Erscheinung treten. Natürlich wären gewisse Änderungen des Weingesetzes, insbesondere die Beschränkung der Produktion von Prädikatsweinen auf den Riesling und eine bessere Gebietswerbung, der Entwicklung des deutschen Rieslings äußerst zuträglich, doch hängt letztendlich alles von jungen Winzern wie Gernot Hain ab. Nur durch eine wachsende Zahl ausnehmend qualitätsbewußter Weinerzeuger erhält das Mosel-Saar-Ruwer-Gebiet eine Chance, das einst so große Ansehen in Deutschland wiederherzustellen. Der Vater Gernots, Kurt Hain, hat immer schon gute Weine hergestellt, doch die Führung des Piesporter Goldtröpfchen Hotels hat seine Aufmerksamkeit enorm beansprucht. Nichtsdestoweniger gelang ihm durch den Kauf einiger ausgezeichneter Weinberge in den steilen Hängen des Piesporter Goldtröpfchens und Domherren in den sechziger und siebziger Jahren eine Erweiterung des Weingutes von 2 auf 4 ha. Doch erst nach der Übernahme des Betriebes im Jahre 1988 durch den damals 25jährigen Gernot steigerte sich die Weinqualität schlagartig. Theo Haart vom benachbarten Weingut Reinhold Haart in Piesport hatte sowohl in bezug auf die Weinqualität als auch hinsichtlich des kommerziellen Erfolges zur Nachahmung angeregt. Er hat auch mit Rat und Ermutigungen geholfen und bei wichtigen Entscheidungen richtungweisend gewirkt.
Die Tatsache, daß, während er sein Gut von den mittleren Rängen in eine Spitzenposition brachte, seine Weine nie zu Kopien der Weine vom Gut Reinhold Haart gerieten, macht Gernot Hain zu einem so überzeugenden Winzer. Statt dessen besitzen seine Weine eine außerordentlich ausgeprägte Persönlichkeit, die eher an die Erzeugnisse seines Vaters erinnert. Es wirkt, als ob er dessen Weine übernommen und ihren Qualitäten mehr Prägnanz verliehen hätte; gleichzeitig verhalf er ihnen zu einer größeren Dichte und zarter nuancierten Geschmacksaromen. Während die Produkte

vom Gut Reinhold Haart die ultimative Eleganz verkörpern, bestechen die Weine vom Gut Kurt Hain in den letzten Jahren durch eine reichere Textur und eine höhere Spannung; zudem spürt man mehr von jener Kraft, die aus den tiefen Böden dieser herausragenden Lagen stammt. Bei alledem sind sie dennoch typische Moselrieslinge, die nie den geringsten Eindruck von Schwere hinterlassen oder auch nur eine Andeutung von Behäbigkeit vermitteln. Neben dem für die Goldtröpfchenlage typischen Cassisaroma besitzen die Weine Gernot Hains häufig einen intensiven mineralischen, reichen Gelbfruchtcharakter. Auch wenn die Säure nie eine dominante Komponente darstellt, verfügen diese Weine doch über eine feste Struktur und ein äußerst attraktives Zusammenspiel von Frucht und Säure, die sie sowohl verführerisch als auch sehr ernsthaft machen. Diese Kombination erinnert an die großen Weine vom Weingut Dr. Loosen in Bernkastel. Wie jene sind die Weine Gernot Hains ein klarer Ausdruck des Charakters der Lage, der sie entstammen. In ihnen trifft man auf all die Eigenschaften, wie Gewürz, Geruch, Geschmack und Liebreiz, die die Natur einem Goldtröpfchen oder Domherren verleihen kann.

Auf einigen Weingütern schafft die Lagenbezeichnung Domherr eher unnötige Komplikationen, da sein Charakter dem des Goldtröpfchens stark ähnelt. Auf dem Weingut Kurt Hain aber sind diese beiden Lagen unverwechselbar. Der Domherr liegt inmitten der Goldtröpfchenlage stromaufwärts des Ortes und wird von vielen heimischen Winzern als »einer der besten Teile des Goldtröpfchens, der einen eigenen Lagennamen jedoch nicht lohnt« betrachtet. Hier bringt der Domherr kraftvolle, sehr strukturierte Weine hervor, deren Bouquet oftmals die Andeutung exotischer Früchte erkennen läßt.

Mit dem begeisterten Anklang, den seine 90er und 92er Weine fanden, hat der sonst eher schüchtern veranlagte Gernot Hain erheblich an Selbstvertrauen gewonnen. Noch vor einigen Jahren wird ihn die Entscheidung, zugunsten spontaner Gärung auf Reinzuchthefe zu verzichten, einige Überwindung gekostet haben. Heute scheinen ihm folgenschwere Entschlüsse keine Probleme mehr zu bereiten. Mit seinen nächsten Jahrgängen wird er sich zweifelsohne als einer der besten Weinerzeuger dieses Gebietes beweisen können.

Piesporter Domherr Riesling

1990 SPÄTLESE TROCKEN 85

Attraktiver Duft nach Pfirsich, Vanille und Mineralien; recht voll, konzentriert und saftig, die feste Säure jetzt sehr gut integriert; langer mineralischer Nachhall.

1991 KABINETT HALBTROCKEN **75**
Ansprechendes Angelika- und Kräuteraroma; gute Substanz und etwas Rasse, jedoch fehlt es ihm deutlich an Spiel; recht anhaltend.

1992 AUSLESE **92**
Der erste große Wein von Gernot Hain. Sehr komplexe exotische Fruchtaromen, die noch nicht voll entfaltet sind; sehr konzentriert und kremig, sehr reichhaltige Frucht und seidige Säure, die hohe Süße noch ein bißchen vordergründig, wird sich aber schnell einbinden, feinstes Spiel; hochdelikater, sehr langer Nachhall.

Piesporter Goldtröpfchen Riesling

1990 AUSLESE HALBTROCKEN **87**
Sehr frischer, komplexer Duft nach Cassis und Kräutern; dicht und kraftvoll, die kleine Süße kaum spürbar; sehr stoffiger Abgang; wird in dieser Form bis ca. 2000 bleiben.

1990 SPÄTLESE **85**
Leicht kremiger Pfirsichduft; ein Hauch zu süß, aber saftig, die Konzentration und rassige Säure jetzt etwas versteckt, aber deutlich spürbar; anhaltend. Wird sich viel besser ab 1997 präsentieren.

1990 AUSLESE (0991) **90**
Noch sehr jugendlicher verschlossener Duft; dicht und stoffig, durch seine tolle Rasse ist die Süße kaum spürbar, ausgeprägte mineralische Note; sehr langer, pikanter Abgang. Eine klassische Moselauslese wie aus den dreißiger und vierziger Jahren.

1991 KABINETT **80**
Recht würziger Duft nach gelben Früchten; elegant und zart, recht feinfruchtig für 1991, dezente Süße und reife Säure; mittlere Länge.

1992 SPÄTLESE **85**
Fast opulentes Cassisbouquet; recht konzentriert und substanzreich, reichhaltige Frucht, lebendige Säure, etwas Schmelz, mäßige Süße; sehr anhaltend.

1992 AUSLESE **90**
Erstaunlich mineralischer Duft; konzentrierte Cassisfrucht, pikantes Säurespiel, sehr dezente Süße; sehr nachhaltige mineralische Rasse. Braucht bis 1996/97, um ihren Höhepunkt zu erreichen, kann noch 20 Jahre leben.

Die 1993er Rieslinge setzen die Linie fort, stellen aber keine große Steigerung dar. Eine sehr gute, aber nicht überragende Leistung.

Weingut Heymann-Löwenstein

Anschrift 56333 Winningen, Bahnhofstraße 10
Inhaber und Kellermeister Dipl.-Ing. agr. Reinhard Löwenstein

Gesamtrebfläche 3,9 ha
Rebsortenspiegel 86 % Riesling, 6 % Spätburgunder, 4 % Weißburgunder, 4 % Rivaner (Müller-Thurgau)

Rieslingproduktion

Rebfläche 3,3 ha
Lagen Winninger Uhlen 0,95 ha, Moselweißer Hamm 0,55 ha, Winninger Röttgen 0,4 ha, Winninger Hamm 0,35 ha, Winninger Brückstück 0,35 ha, Winninger Domgarten 0,65 ha
Rebmaterial 25 % wurzelechte Reben, 75 % Pfropfreben
Durchschnittliches Rebalter 28 Jahre
Durchschnittlicher Ertrag 61 hl/ha
Durchschnittliche Produktion 30 000 Flaschen pro Jahr

Reinhard Löwenstein mag dem Kommunismus abgeschworen haben, als er nach einem langen Aufenthalt in den späten siebziger Jahren aus Kuba zurückkehrte, doch in der deutschen Weinszene ist er ein ungebeugter Rebell geblieben. Je länger ich über diese Konstellation nachdenke, desto erstaunlicher finde ich sie, zumal er gerade bei den Prinzipien, die er noch vor fünf Jahren, als ich ihn zum erstenmal traf, am lautesten verteidigt hatte, einige »Kompromisse« eingegangen ist. Seinen einzigartigen Vorstellungen davon, wie ein Winzer zu arbeiten habe, ist er dabei aber treu geblieben; auf eher indirekten Wegen konnte er die Weine seiner Prägung, mit der er in den späten achtziger Jahren begonnen hat, in hohem Maße verfeinern. Diese Situation mag schon paradox erscheinen, doch wird sie noch verwirrender, wenn man seine sehr guten trockenen Rieslingweine aus den achtziger Jahren betrachtet, die im völligen Gegensatz zu Reinhard Löwensteins jetziger Produktion stehen. Dabei stellt sich die Frage, ob seine damaligen Weine den heutigen ebenbürtig oder gar überlegen sind.
Kein anderer deutscher Winzer betont so sehr die geistigen Hintergründe und die Ideen, die der Weinerzeugung zugrunde liegen, wie Reinhard Löwenstein. Sollte er seinen eigenen Maßstäben entsprechend oder eher wie jeder andere Winzer beurteilt werden? Bei einem Weinerzeuger, der behauptet, die Qualität im Glase sei nicht alles, ist das keine leichte Ent-

scheidung. Geht man aber von der Qualität im Glas aus, so muß festgestellt werden, daß Reinhard Löwensteins Weine der späten achtziger Jahre mehr versprachen, als sie letztendlich halten konnten. In den letzten drei Jahrgängen jedoch konnte durch Veränderungen in der Weinerzeugung eine erhebliche Qualitätssteigerung erzielt werden. Dabei muß festgestellt werden, daß ein großer Teil der Weine dieses Gutes tatsächlich sehr trocken ist, so daß selbst manche Liebhaber trockener Rieslingweine sie als zu extrem empfinden können. Ohne Zweifel teilen diese trockenen Weine vom Gut Heymann-Löwenstein die Weintrinker in zwei Fraktionen, die begeisterten Anhänger und die entschiedenen Gegner. Einen Mittelweg gibt es nicht, wenn eines der Manifeste Reinhard Löwensteins in Form eines Weines auf den Tisch kommt.

Nicht weniger drastisch scheiden sich die Geister an seinen oftmals ausführlich - ob auf der Preisliste oder persönlich - mitgeteilten Ansichten. Seine Art witzigen Philosophierens, die zugleich humorvoll und todernst ist, hebt ihn von jedem anderen mir bekannten Winzer ab. Seine Gegner verurteilen alles, was von ihm kommt, denn seine Reflexionen über die Welt der Weine - und argumentiere er noch so schlüssig - diene nur der Betonung seiner eigenen Bedeutsamkeit. Dessen könnte man freilich jeden Philosophen, ungeachtet seines Sujets, beschuldigen. Die deutsche Weinszene kann nur bereichert werden, wenn sie einige dieser grundsätzlichen Fragen einmal überdenkt.

Dieses Weingut als einziges aus Winningen/Kobern-Gondorf in die Liste der hundert besten deutschen Rieslingproduzenten aufzunehmen, ist sicher eine kontroverse Entscheidung. Aber Reinhard Löwenstein ist mit den Schwierigkeiten der problematischen Jahrgänge 1991 und 1992 weit besser fertig geworden als seine Kollegen. Einige von ihnen produzierten in diesen Jahren, die vor allem von Dürreschäden in den besten Lagen des sonst klimatisch so begünstigten unteren Moseltals gekennzeichnet waren, höchst enttäuschende Weine. Hier sind die Böden steiniger und speichern weniger Wasser als die Böden an der Mittelmosel. Das warme Mikroklima dieser Lagen und die geringe Speicherkapazität des Bodens bilden in einem feuchten Sommer eine optimale Grundlage, doch in langen, heißen Sommern können sie den Reben ernste Probleme bereiten. Das Ergebnis sind dann dumpfe, bittere Weine, denen es an Frucht mangelt. Die Fäulnisentwicklung während der Lese 1992 verschlimmerte dieses Problem noch zusätzlich. In vielen Fällen war das Ergebnis schlichtweg ein Desaster.

Noch vor wenigen Jahren schien die Weinherstellung Reinhard Löwensteins übertrieben technisch. Doch die Methoden, die er sich in der jüngsten Vergangenheit angeeignet hat, haben sich bei diesen kritischen Jahrgängen als äußerst dienlich erwiesen. Zu den umstrittensten Techniken gehört dabei sicherlich die forcierte Mostoxidation. Auf diese Art können Bitterstoffe beseitigt werden, doch behaupten die Gegner dieser Methode, daß sie den Wein allen Charakters beraube. Reinhard Löwenstein vertritt – logischerweise – die Ansicht, daß die frühe Befreiung von Bitterstoffen dem Wein ein längeres Altern ermögliche und die Entwicklung in der Flasche gleichmäßiger verlaufen lasse, indem sie Stagnationsphasen verhindere. Anschließend läßt er die Weine mit Reinzuchthefe vergären, was leicht zu einer übereilten Gärung führen kann, die den Weinen Frucht und Eleganz nimmt. Um das zu vermeiden, hält er den Wein so kühl wie irgend möglich und verlängert so die Gärung um viele Wochen, wenn nicht Monate. Neben den Weinen des Gutes Dr. Loosen in Bernkastel, wo das gleiche Ziel freilich mit anderen Mitteln erreicht wird, vergären die Weine dieses Gutes in ganz Deutschland am langsamsten. Bis zur Flaschenabfüllung im Mai oder Juni verbleibt der Wein dann auf der gesamten Hefe bzw. dem Bodensatz. Als Behälter benutzt Löwenstein Edelstahlfässer, und zwar aus dem gleichen Grund, aus dem er sich auch der Reinzuchthefe bedient, nämlich zur Erzielung besserer Hygiene, die Reinhard Löwenstein als essentiell für »wirklich bekömmliche Weine« ansieht.

Persönlich erachte ich die Winninger Uhlen als die beste Lage in jenem Teil der Mosel, doch auf diesem Gut neige ich dazu, die Weine vom Winninger Röttgen als die gelungensten anzusehen. Der Uhlen bringt einen asketischen, intensiv mineralischen Wein hervor, der in den Händen Reinhard Löwensteins noch strenger geraten kann. Aus exakt demselben Grund scheint seine Herstellungsmethode den opulenten und oft leicht übersteigerten Charakter der Weine vom Winninger Röttgen bändigen zu können. Sie sind tatsächlich oft die einzigen Weine, die das Gut Heymann-Löwenstein unter einer Lagenbezeichnung handelt. Alles andere wird unter dem Namen des Weingutes verkauft. Um diese Unterschiede so deutlich wie möglich zu machen und um den Weinen den laut Reinhard Löwenstein nötigen Alkoholgehalt für eine optimale Harmonie zu verleihen, wird jeder Wein mit weniger als potentiellen 12 % vol Alkohol chaptalisiert; das heißt, ihnen wird zur Erhöhung des Alkoholgehalts Zucker zugegeben. So entstehen fast ausschließlich Weine mit einem Alkoholgehalt von etwa 12 % vol; jeder Wein, ob chaptalisiert oder nicht, wird als QbA in den Handel gebracht. In dem konservativen Weinbauort Winningen bewegt sich Löwenstein damit am Rande der Anarchie. Im 19. Jahrhundert war Winningen der Schauplatz endloser Debatten darüber, ob Moselweine überhaupt chaptalisiert werden dürften. Was immer seine Nachbarn auch von Reinhard Löwenstein denken mögen – rote Fahnen hängen nicht an seinem erstaunlich konventionell aussehenden Wohnhaus. Seine Weine schmecken nie so alkoholhaltig, wie seine Nachbarn gerne behaupten,

und sie lassen ihre Herkunft aus diesem Teil der Mosel unschwer erkennen.
Stellte die konsequente Ablehnung jedweder Süße in einem Riesling auch einst eines der eisernen Prinzipien Löwensteins dar, ist er in dieser Hinsicht heute wesentlich flexibler geworden. Zwar ist Reinhard Löwenstein nicht der Teufel, als den ihn seine Kollegen häufig noch betrachten, aber es scheint dennoch angemessen, mit den Worten »Lang lebe die Revolution« – zumindest die Revolution in der Weinerzeugung auf Gut Heymann-Löwenstein – zu schließen.

Winninger Uhlen Riesling

1987 QbA Trocken 78
Voll entwickelter Stachelbeerduft mit ausgeprägter mineralischer Note; staubig trocken und ziemlich säurebetont, aber ausgeglichen, füllig, ohne daß die fast 12 % vol Alkohol stören; frische Säure im Abgang. Hält noch bis 1997.

1988 QbA Trocken 70
Als junger Wein hat er mich beeindruckt, aber nach einem Jahr auf der Flasche ist er hart und einseitig geworden. Wird er sich je machen?

1989 QbA Trocken 80
Dezenter Pfirsichduft mit einem Hauch von Tannennadeln; sehr schlank und klar für 1989, recht saftig, elegante Säure; noch ein bißchen spitz im Abgang. Kommt jetzt in seine beste Form, kann aber noch bis 1997 liegen.

1990 QbA Trocken 83
Sehr nuancierter Duft nach gelben Früchten; sehr rassiger, mittelgewichtiger Wein, der noch ein bißchen von der Säure dominiert wird, recht konzentrierte Frucht und viele mineralische Nuancen; fast stahliger Abgang. Braucht noch ein bißchen Zeit, um optimale Harmonie zu erreichen.

1991 QbA Trocken 84
Weißer Pfirsichduft mit einer zarten Entwicklungsnote; saftig und rassig, mit sehr animierendem Säurespiel, keine Kraftbombe, aber recht extraktreich; langer, eleganter Nachhall. Wird in dieser attraktiven Form bis mindestens 1998 bleiben.

1992 QbA Trocken 84
Sehr jugendlicher Pfirsich-Ananas-Duft; auf der Zunge etwas schlanker und feiner, schöne Rasse für 1992, sehr geradlinig; im Abgang ist der Alkohol noch nicht ganz eingebunden. Obwohl schon ansprechend, wird er sich deutlich harmonischer ab 1995 präsentieren.

Weingut von Hövel

Anschrift 54329 Oberemmel, Agritiusstraße 5–6
Inhaber Eberhard von Kunow
Kellermeister Hermann Jäger

Gesamtfläche 11 ha
Rebsortenspiegel 98 % Riesling, 2 % Weißburgunder

Rieslingsproduktion

Rebfläche 10,5 ha
Lagen Oberemmeler Hütte (Alleinbesitz) 5,2 ha, Scharzhofberg 2,8 ha, Oberemmeler Rosenberg 2,5 ha
Rebmaterial 20 % wurzelechte Reben, 80 % Pfropfreben (Gm239)
Durchschnittliches Rebalter 26 Jahre
Durchschnittlicher Ertrag 55 hl/ha
Durchschnittliche Produktion 60 000 Flaschen pro Jahr

Kein anderer Winzer dürfte an seinen Weinen oder an Wein im allgemeinen so viel Vergnügen finden wie Eberhard von Kunow. Als er von einem Geschäftspartner einmal gebeten wurde, die Stilrichtung der von dem Weingut Hövel erzeugten Weine zu beschreiben, antwortete von Kunow, daß er die Weine seinem eigenen Geschmack entsprechend produziere, da er der wichtigste Konsument der Hövel-Weine sei! Bei allem offensichtlichen Humor war es sicher auch eine ehrliche Antwort. Auf höchst charmante Art besitzt Eberhard von Kunow etwas leicht Verrücktes. Wenn man auf diesen Charakterzug als erstes stößt, wird einen die Sorgfalt und Professionalität, die er bei der Weinerzeugung an den Tag legt, einigermaßen verblüffen. Trotz all der Witzeleien und dem Eifer, mit denen immer wieder eine neue Flasche auf diesem Gut geöffnet wird, ist Eberhard von Kunow einer der verläßlichsten Winzer an der Saar.
Wegen des sehr kühlen, windigen Klimas an der Saar bedeutet hier ein geringer Jahrgang unreife Trauben, die wiederum Weine mit hoher, oft aggressiver Säure herbeiführen. Selbst in guten Jahrgängen können geringere Weine leicht zu herb und sauer geraten. Die extreme Säure, die Saarweine in großen Jahrgängen besitzen, macht einige von ihnen zu den besten Weinen der Welt. Doch nicht sie stellen eine Herausforderung für die Winzer dar, sondern eher die Erzeugung harmonischer, fruchtiger Weine aus geringeren Jahrgängen. Diese Kunst beherrscht Eberhard von

Kunow in hohem Maße, und Kenner der Szene schätzen die Qualität seiner 84er und 87er Weine sowie deren Preis-Leistungs-Verhältnis. Sucht man einen guten Mosel-Saar-Ruwer-Riesling zu einem moderaten Preis, ist dies die beste Adresse, sofern man keine »Außenseiter-Jahrgänge« fürchtet.
Anders als viele seiner Kollegen an der Saar – wie zum Beispiel Christian Ebert auf Schloß Saarstein – ist Eberhard von Kunow kein ausgesprochen energischer Förderer von QbA. Er ist davon überzeugt, daß es, wenn die Natur ihm die Gelegenheit zur Herstellung unchaptalisierter Riesling-Kabinettweine bietet, ein Fehler sei, sie nicht zu ergreifen. Diese naturgemäß leichten Weine mit einem Alkoholgehalt von 7 bis 9 % vol, je nach dem natürlichen Zuckergehalt der Traube, sind seiner Ansicht nach die klassischen Weine dieses Gebietes.
Heute erhalten die meisten trockenen Riesling-QbA des Mosel-Saar-Ruwer-Gebietes durch Chaptalisierung einen Alkoholgehalt von bis zu 11 % vol. Eberhard von Kunow bemüht sich, möglichst viele Kabinettweine herzustellen, da er sie völlig zu Recht als die traditionellen Weine dieser Region ansieht; bedauerlicherweise erzeugt er aber QbA mit einem Alkoholgehalt von nahezu 11 % vol, während er gleichzeitig bei seinen Kollegen die bevorzugte Herstellung untypischer alkoholreicher Weine beanstandet. Dessenungeachtet handelt es sich bei seinen unter dem Namen »Balduin von Kunow« auf den Markt gebrachten QbA um ausgesprochen fruchtige Weine ohne die Derbheit, die manch anderen Riesling-QbA der Saar eigen ist.
Die Riesling-Kabinettweine und -Spätlesen, die das Weingut von Hövel hervorbringt, besitzen durchweg eine zarte Süße und fast immer gehören sie zu den besten ihrer Art im ganzen Saargebiet. Ausnahmslos verfügen sie über eine äußerst reine, sehr nuancierte Frucht und eine elegante, dabei aber nicht dominante Säure. Außergewöhnlich filigran sind vor allem die Weine der Oberemmeler Hütte mit ihrem subtilen Schiefercharakter und der selbst bei restsüßer Vinifikation sehr frischen, trockenen Prägung. Etwas schwerer hingegen zeigen sich die Weine des berühmten Scharzhofbergs; ihnen sind eine leichte Erdigkeit und eine feste Säure eigen. Generell bevorzuge ich die Weine der Oberemmeler Hütte, doch in sehr heißen Sommern wie zum Beispiel 1989 und 1991 bringt der Scharzhofberg Weine mit gelungenerer Struktur hervor.
Wie alle bedeutenden Winzer an der Saar liest auch Eberhard von Kunow regelmäßig von Botrytis befallene Trauben aus, um edelsüße Auslesen und Beerenauslesen herzustellen. Vielleicht können es seine edelsüßen Weine nicht mit dem Reichtum und der Zartheit der Weine Egon Müllers, der Kraft derjenigen von Schloß Saarstein oder dem stahligen mineralischen Charakter der edelsüßen Rieslinge vom Weingut Zilliken aufnehmen, aber

auf jeden Fall gehören sie zum Besten, was die Saar zu bieten hat. Zudem sind sie zu einem für ihre Güte relativ günstigen Preis erhältlich. Da er der Alleinbesitzer der Oberemmeler Hütte ist, stellt er solche Weine meist aus dieser Lage her und nicht aus dem Scharzhofberg, denn, so bemerkte er kürzlich: »Warum sollte ich den Ruf Egon Müllers fördern statt den meines eigenen Weingutes?«

Alle Hövel-Weine werden in den wunderbaren Gewölbekellern aus dem Mittelalter unter dem Wohnhaus des Weingutes am Ortsausgang von Oberemmel ausgebaut. Man gewinnt den Eindruck, daß sich hier seit Jahrhunderten kaum etwas verändert hat. Dabei bedient sich Eberhard von Kunow durchaus moderner Technologien, nicht zuletzt, um die überflüssige Bewegung seiner Weine zu vermeiden, die lediglich einmal vor der Flaschenabfüllung gefiltert werden. Im Gegensatz zur traditionellen Methode an Mosel, Saar und Ruwer, bei der die Gärung abgebrochen wird, um restsüße oder edelsüße Weine zu erhalten, benutzt von Kunow auch Süßreserve, um bei einigen Weinen die gewünschte Restsüße herbeizuführen. Er vertritt den Standpunkt, daß bei der Verwendung eigener Süßreserve aus hochwertigen Rieslingtrauben ebenso gute Weine erzielt werden, wie bei dem vorzeitigen Abbruch des Gärprozesses. Zwar bin ich geneigt, diese Ansicht zu bestreiten, aber ich habe auch noch nie zwei Versionen eines Lesegutes, die nach den beiden Methoden hergestellt wurden, vergleichen können, so daß ich derzeit kein endgültiges Urteil darüber abgeben kann.

An der gesamten Saar liegen die Erträge generell niedriger als an der Mittelmosel, da die Böden weniger Wasser speichern, doch auf dem Weingut von Hövel sind sie auffallend gering. Grund hierfür ist die sehr extensive Pflege der Weinberge bei vollständigem Verzicht auf Herbizide und chemische Düngemittel. So lobenswert diese Einstellung und die Qualität der Weine dieses Gutes auch sein mögen, halte ich es doch für möglich, daß bei der Güte dieser Weinlagen und den ausgesprochen niedrigen Erträgen noch höhere Ergebnisse zu erzielen sein müßten. Wäre es denkbar, daß Eberhard von Kunows Liebe zur Eleganz bei einigen seiner Weine manchmal im Keller zu Einbußen an Kraft und Ausdrucksstärke führt? Mancher Wein wirkt übertrieben geschliffen, und mir ist bekannt, daß selbst einige Spätlesen entsäuert wurden. Bei einfachen Weinen, die zum frühzeitigen Genuß bestimmt sind, ist die Entsäuerung zur Herstellung einer besseren Balance ein vollkommen legitimes Mittel; bei Prädikatsweinen mit einer Lebensdauer von 10, 20 oder mehr Jahren kann sie indes kaum eine adäquate Maßnahme sein. Wären die Weine dieses Gutes etwas weniger »technisch«, könnten sie noch größer sein.

Oberemmeler Hütte Riesling

1988 Spätlese **85**
Zarter Aprikosenduft; gute Substanz und ansprechende Frucht, ein schöner, aber nicht besonders beeindruckender Saarriesling, typisches pikantes Säurespiel; recht anhaltend.

1988 Auslese »Goldkapsel« **92**
Intensiver Duft nach getrockneten Früchten und Honig; sehr konzentriert, kremig und tief, mit einer perfekten Süße-Säure-Harmonie; sehr langer, rassiger Abgang. Ein toller Wein für diesen an der Saar eher mittleren Jahrgang; erst Ende dieses Jahrhunderts auf seinem Höhepunkt.

1989 Spätlese **83**
Etwas diffuses Apfel- und Hefeteigaroma; recht voll, füllig und substanzreich, aber es fehlt ihr deutlich an Spiel und Eleganz. Könnte etwas verschlossen sein und wird sich vielleicht noch zu ihrem Vorteil entwickeln.

1989 Auslese »Goldkapsel« **92**
Feines Honigbouquet; sehr reichhaltige, konzentrierte Auslese, die trotzdem nicht extrem süß wirkt, sondern elegant und harmonisch; langer, pikanter Abgang. Schon sehr schön zu trinken, aber auch noch viel Entwicklungspotential.

1989 Beerenauslese **93**
Verführerischer Aprikosenduft mit deutlicher Honig- und Karamelnote; sehr füllig mit viel Schmelz, die Süße schon voll eingegliedert, verführerischer Geschmack nach karamelisierter Ananas und getrockneten Aprikosen, die Säure diskret, aber durchaus präsent; süßlicher Nachhall mit etwas zerlassener Butter.

1989 Eiswein **94**
Fast zu viel des Guten! Ausladender Duft nach Aprikosenmarmelade und Honig; enorme Fülle, viel Schmelz, die Säure recht verhalten für einen Saareiswein, dadurch fast fett wirkend. Geschmackssache, aber zweifelsohne ein beeindruckender Wein!

1990 Spätlese **90**
Ausgeprägter Birnenduft; sehr schlank und rassig, aber auch konzentriert und stoffig, viel Biß; sehr mineralischer Nachhall. Geschmacklich noch etwas von der hohen Säure dominiert, aber sehr gute Anlagen für eine lange Entwicklung.

1990 Auslese »Goldkapsel« **91**
Ein sehr extremer Wein mit sehr konzentrierter Pfirsichfrucht und stahliger Säure für einen derart hohen Reifegrad; sehr nachhaltige, pikante Rasse. Braucht bis mindestens 2000, um sein Gleichgewicht zu finden.

1990 Beerenauslese **96**
Nochmals ein sehr verschlossener Wein, der nur einen Teil von seinem großen Aromenreichtum zeigt. Feine Honigtöne im Duft und auf der Zunge, sehr konzentriert und rassig, eine ungewöhnlich schlanke, säurebetonte Beerenauslese mit großen Reserven. Erst nach der Jahrhundertwende wird dieser extrem ausdrucksstarke Wein seine beste Form erreichen; 50 Jahre Entwicklungspotential.

1991 Spätlese **80**
Feines Passionsfruchtbouquet; recht zarte Spätlese mit mäßiger Struktur und Tiefe, verhaltene Säure für einen Saarriesling, jedoch recht elegant; anhaltend im Abgang.

1992 Spätlese **83**
Noch etwas jugendlicher Duft nach reifen Äpfeln; voll und kräftig mit viel Stoff, dezente Süße und reife Säure, obwohl sie sich recht offen präsentiert, sind die verschiedenen Komponenten noch nicht optimal verbunden. Sicherlich besser ab 1996, aber kein Langläufer.

Die 1993er Rieslinge bieten eine sehr beeindruckende Kollektion, die sogar die 1990er Weine des Betriebes deutlich übertrifft. Hiermit meldet Eberhard von Kunow seine Ansprüche auf Platz eins an der Saar an!

Weingut Karlsmühle

Anschrift 54318 Mertesdorf/Ruwer, Lorenzhof
Inhaber und Kellermeister Peter Geiben

Gesamtrebfläche 12 ha
Rebsortenspiegel 92 % Riesling, 3 % Müller-Thurgau, 3 % Findling, 2 % Weißburgunder

Rieslingsproduktion

Rebfläche 11 ha
Lagen Lorenzhof (Alleinbesitz) 7 ha, Kaseler Nies'chen und Kehrnagel 5 ha

Rebmaterial 100 % Pfropfreben (W21, E37, T68)
Durchschnittliches Rebalter 16 Jahre
Durchschnittlicher Ertrag 65 hl/ha
Durchschnittliche Produktion 65 000 Flaschen pro Jahr

Die auf diesem Weingut in den späten achtziger Jahren eingetretene Qualitätsverbesserung ist eine der Entwicklungen, die mich die Zukunft der Erzeugung deutscher Spitzenweine sehr optimistisch sehen läßt. Peter Geiben hat es geschafft, vom Erzeuger fehlerfreier, aber wenig aufregender Weine zum Herausforderer Maximin Grünhaus und dem Karthäuserhof um die Führung bei der Hervorbringung von Spitzenqualität an der Ruwer aufzusteigen.
Peter Geiben erwähnte einmal in der ihm eigenen ehrlichen und direkten Art, daß für ihn der Wendepunkt Mitte der achtziger Jahre gekommen war, als er erkannte, daß nicht nur seine 84er Weine einigermaßen nichtssagend waren, sondern daß es auch den Weinen des herausragenden Jahrgangs 1983 an Konzentration fehlte und sie zudem viel zu rasch ihren jugendlichen Charme verloren hatten. Ich traf ihn das erste Mal, als die Veränderungen auf seinem Gut gerade erst eingeläutet waren. Als Christoph Tyrell vom Weingut Karthäuserhof mich zu einer Faßprobe seiner jungen 86er Weine einlud, forderte er auch Peter Geiben auf, seine 86er für mich auf den Tisch zu stellen. Ich war höchst erstaunt, als ich entdeckte, daß die Weine der Karlsmühle denen des Karthäuserhofes qualitativ kaum nachstanden. Zu diesem Zeitpunkt hatte Peter Geiben seine Ertragsmenge bereits drastisch reduziert. Zudem experimentierte er mit unkonventionellen Reberziehungsmethoden und verzichtete wegen einer gewissen Skepsis bezüglich der Hygiene auf die von seinem Vater geerbten Holzfässer.
Seitdem hat sich die Güte der hiesigen Weine schlagartig verbessern können. 1988 hat Peter Geiben mit der Lorenzhöfer Spätlese Trocken und der Lorenzhöfer Auslese Trocken seine ersten trockenen Spitzenweine erzeugen können. Beide Weine und die besten trockenen der darauffolgenden Jahrgänge stammen aus der Lage Lorenzhof, die sich im Alleinbesitz der Familie befindet. Diese extrem steil abfallende Lage liegt an der Ostseite des kleinen Ruwertals, einem Nebenfluß der Mosel nahe Trier. Es mag in dieser Gegend nicht optimal sein, daß diese Lage westwärts gerichtet ist, doch durch seine besonderen Anbaumethoden, die den Trauben ein Höchstmaß an Reife und Geschmack bescheren, gelingen Peter Geiben immer wieder Lorenzhöfer Weine, die reich an Frucht und Aroma sind und über eine derart pikante Rasse verfügen, daß man ihnen nur schwer widerstehen kann. Für seine trockene Riesling-Auslese verwendet er bewußt nur die besten Trauben aus dem unteren Teil dieser Lage, dem Lorenzhöfer

Mäuerchen, wo der Boden am tiefsten ist und die Reben die reichste Substanz besitzen. In den Jahren 1988, 1989 und 1990 war dieser Wein jedesmal sehr gelungen.

Ich würde jedoch ohne Zögern die edelsüßen Auslesen dieses Weingutes zu seinen besten Erzeugnissen erklären. Den ersten durchschlagenden Erfolg dieser Richtung brachte der Jahrgang 1989. Nie werde ich meine erste Probe dieser Weine in der Karlsmühle vergessen. Ihr herrliches, an Pfirsich und Aprikose erinnerndes Bouquet war überwältigend; die Weine hatten erheblich mehr Konzentration und wahre Struktur als viele andere edelsüße Weine dieses ansonsten reichlich überbewerteten Jahrgangs. Bis zum heutigen Tag sind sie außergewöhnlich beeindruckend und vor ihnen liegt eine höchst vielversprechende Zukunft. Im folgenden Jahr wurde die Überlegenheit der Parzellen Peter Geibens im ausgezeichneten Kaseler Nies'chen mit seiner einzigartigen Riesling-Auslese unter Beweis gestellt. Die mineralische Intensität und der extrem lang währende Nachgeschmack geben dieser Auslese ein stärkeres Profil als die explosive Fruchtigkeit. Dies wird vor allem durch die edelsüße 91er Nies'chen Spätlese, Geibens besten Wein dieses Jahrgangs, bestätigt. Inzwischen hat er seinem Besitz an Weinbergen noch eine ansehnliche Parzelle im KASELER KEHRNAGEL hinzufügen können. Sie brachte seinen eindrucksvollsten Wein des Jahrgangs, eine 1992 SPÄTLESE HALBTROCKEN (87 Punkte), hervor, während das Nies'chen fast von Hagel zerstört worden war.

Mag Peter Geiben auch auf seine bisher erzeugten Weine stolz sein, so spürt man doch seine stille kritische Haltung ihnen gegenüber – und sei es nur, weil er weiß, daß noch bessere Weine möglich wären. Ich kenne nur wenige andere deutsche Winzer, die ähnlich gespannt wie er die Weine von Kollegen probieren oder ebenso bereitwillig anerkennen, daß anderen Winzern bessere Weine gelungen sind. Mehr als andere sucht er nach immer neuen Wegen, seinen Weinen noch mehr zu geben.

Diese Art von Ehrgeiz, die die landläufige Hoffnung anderer qualitätsbewußter Winzer auf einen guten Jahrgang weit übersteigt, ähnelt eher dem rastlosen Streben eines großen Künstlers, der mit jedem neuen Werk sein vorheriges noch übertreffen möchte und wirkt in der Umgebung der Karlsmühle fast ein wenig deplaziert. Sie ist die wahrscheinlich älteste noch existierende Mühle nördlich der Alpen und ihre Geschichte reicht bis zu den Römern, die sie zum Steineschneiden nutzten; heute allerdings dient sie in erster Linie als Hotel. Es ist kaum vorzustellen, daß Peter Geiben so außerordentliche Weine erzeugen kann, wenn er daneben noch ein Hotel und ein Restaurant leitet und zur Entspannung jagen geht. Wie dem auch sei, es gelingt ihm, und ich bin zuversichtlich, daß er mit den nächsten Jahrgängen sein Ziel, alles Bisherige zu übertreffen, erreichen wird.

Vielleicht sieht Peter Geiben nicht wie ein großer Winzer aus, wenn man ihn in seiner alten Kleidung sieht, aber zweifelsohne verdient er diese Bezeichnung. Einigen Leuten mag er ungehobelt erscheinen, nur weil sie nicht hinter die Fassade zu blicken vermögen. Er ist mit beiden Beinen fest auf dem Boden des Lorenzhofes geblieben, ungeachtet all seiner Erfolge und seine Aufmerksamkeit richtet sich unverändert auf die Erzeugung großer Rieslingweine. Peter Geiben ist erst Ende Dreißig, und so liegen noch viele große Jahrgänge und bemerkenswerte Weine vor ihm.

Lorenzhöfer Riesling

1988 FELSLAY SPÄTLESE TROCKEN **84**
Klassischer Ruwerriesling mit feiner Apfel-Cassis-Frucht, noch Biß und Rasse; mittlere Länge. Ein gutes Ergebnis für 1988, hält bis mindestens 1998.

1988 FELSLAY AUSLESE TROCKEN **87**
Intensiver Cassisduft mit ausgeprägter mineralischer Note; konzentriert und stoffig, kommt jetzt in ihre beste Form, sehr elegante Harmonie von Frucht, Säure und Mineralien; sehr langer Abgang. Einer der besten trockenen Weine des Jahrgangs an Saar und Ruwer.

1988 FELSLAY BEERENAUSLESE **96**
Gewaltiger Rosinenduft, der immer noch nur einen Bruchteil seiner Tiefe zeigt; enorme Konzentration, Schmelz und Kremigkeit, dazu ein geradezu brillantes Säurespiel; der Abgang ist ein kaum endendes Feuerwerk von getrockneten Früchten. An Saar und Ruwer nur von Egon Müller's Eiswein übertroffen!

1989 MÄUERCHEN AUSLESE TROCKEN **86**
Momentan ziemlich durcheinander, die jugendliche Frische schon verschwunden, aber die Flaschenreife ansatzweise erkennbar; ein außergewöhnlich fülliger Wein, mit guter Konzentration und eleganter Säure; langer Nachhall. Wird sich sicherlich ab 1995 besser präsentieren, hat aber nicht ganz das Potential der 90er Version.

1989 FELSLAY AUSLESE HALBTROCKEN **88**
Auch etwas verschlossen, dadurch etwas verhaltene Pfirsichnote im Duft; ähnliche Fülle und noch mehr Saft als die trockene Auslese; ein Hauch Bitternis im Nachhall stört etwas. Ein Wein, der noch in der Pubertät steckt, aber sehr gutes Potential besitzt.

1989 MÄUERCHEN SPÄTLESE **90**
Toller Pfirsichduft, der noch erstaunlich frisch wirkt; überzeugende Harmonie von konzentrierter, saftiger Frucht und fast seidiger Säure, sehr diskrete Süße; betont herber Abgang. In wenigen Jahren wird sie fast trocken schmecken!

1989 FELSLAY AUSLESE (0290) **92**
Satter Aprikosenduft; bei aller Konzentration und Kraft eine sehr elegante Auslese ohne hervorstechende Süße, sehr intensiv; anhaltend im Abgang. Obwohl schon sehr verführerisch, besitzt sie viel Zukunft.

1989 FELSLAY AUSLESE »LANGE GOLDKAPSEL« **95**
Opulenter honigbetonter Duft mit viel Tiefe; große Konzentration und Schmelz, getrocknete Früchte, zerlassene Butter, tolles Spiel; enorme Kraft im Abgang.

1989 EISWEIN **97**
Zweifelsohne der größte Wein, den Peter Geiben je gemacht hat. Gewaltige Intensität und Vielschichtigkeit zugleich, eine Explosion von exotischen Früchten, Honig und Gewürzen im Duft und auf der Zunge, enorme Dichte und Kraft, aber alles andere als schwer oder ermüdend, brillantes Säurespiel, das den irrsinnig langen Abgang perfekt trägt. Ein fast perfekter Eiswein, der mindestens noch 50 Jahre Entwicklungspotential besitzt!

1990 MÄUERCHEN AUSLESE TROCKEN **88**
Zurückhaltender mineralischer Pfirsichduft; auch auf der Zunge ziemlich verschlossen, aber seine Dichte und mineralische Art sind klar erkennbar; sehr langer, rassiger Nachhall.

1990 FELSLAY SPÄTLESE HALBTROCKEN **91**
Fast übernatürlicher Aprikosenduft; sehr konzentriert für eine Spätlese, extrem saftig, ohne eine Spur Süße, tolles Spiel; unglaublich intensiver, langer Abgang.

1990 AUSLESE »LANGE GOLDKAPSEL« **95**
Obwohl etwas verschlossen, ein unglaublich nuancenreiches Bouquet mit Passionsfrucht, Salbei-, Koriander- und Mineralnote; noch ziemlich von ihrer eisweinartigen Säure dominiert, jedoch enorme Konzentration und Tiefe, extrem kompakt für eine Spitzen-Auslese; brennt fast im extrem anhaltenden Abgang. Immer noch ein Rohdiamant; wird ihre wahre Klasse erst nach 2000 zeigen.

1991 FELSLAY SPÄTLESE TROCKEN **85**
Attraktiver Duft nach Pfirsich, Ananas und Frühlingsblumen; gute Substanz und Fülle für 1991, schöne Rasse und Eleganz; vielschichtiger, mineralischer Nachhall.

1991 FELSLAY AUSLESE »GOLDKAPSEL« **90**
Pikantes Bouquet mit exotischer Fruchtnote; kremig und pikant zugleich, erstaunliche Konzentration für den Jahrgang; langatmige Rasse. Präsentiert sich schon gut, aber wird noch viel besser ab der Jahrhundertwende.

1992 FELSLAY SPÄTLESE TROCKEN 84
Feiner Pfirsichduft; schlank und elegant mit fast betonter Rasse, nicht ganz so dicht oder elegant wie ihre Vorgängerin; recht anhaltend. Braucht bis 1995, um ihr Gleichgewicht zu finden.

Kaseler Nies'chen Riesling

1990 AUSLESE 94
Durch eine Erweiterung seines Besitzes in der Lage Nies'chen konnte Peter Geiben ab 1990 auch hier beeindruckende Weine produzieren. Noch etwas verschlossen, aber ein äußerst komplexes Bouquet mit vielen floralen, mineralischen und fruchtigen Nuancen; sehr konzentriert und kremig, ohne fett oder süß zu wirken, mineralische Kraft und Tiefe; fast unendlicher rassiger Abgang.

1991 SPÄTLESE 89
Sehr ausgeprägter Duft nach Anis, Kräutern und Zitrus; konzentriert und extrem fruchtig, starker Cassiston, animierende Rasse, dezente Süße; langer mineralischer Nachhall.

1992 KABINETT 84
Durch starke Hagelschäden ein sehr geringer Ertrag und nicht ganz die erhoffte Qualität. Schöner Ananasduft; ansprechende Frucht und attraktives Spiel, aber etwas einfach strukturiert; nur mäßige Länge.

Mit ihrer sehr betonten Rasse fallen die 1993er Rieslinge etwas aus dem Rahmen; trotzdem besitzen sie reichlich Frucht und Aroma, um zu beeindrucken.

Rautenstrauch'sche Weingutsverwaltung Karthäuserhof

Anschrift 54292 Trier-Eitelsbach
Inhaber Christoph Tyrell
Kellermeister Ludwig Breiling

Gesamtrebfläche 19 ha
Rebsortenspiegel 96,7 % Riesling, 3,3 % Weißer Burgunder

Rieslingproduktion

Rebfläche 19 ha
Lage Eitelsbacher Karthäuserhofberg (Alleinbesitz)
Rebmaterial 30 % wurzelechte Reben, 70 % Pfropfreben (T68, E37, Gm198, Gm239, W21)
Durchschnittliches Rebalter 25 Jahre
Durchschnittlicher Ertrag 68 hl/ha
Durchschnittliche Produktion 135 000 Flaschen pro Jahr

Hinter dem nahezu endlosen Namen dieses hervorragenden Weingutes verbirgt sich eine lange und dramatische Geschichte. Ohne die unermüdlichen Anstrengungen Christoph Tyrells, des heutigen Besitzers, dieses Gut zurück an die Spitze zu bringen, hätte sie wohl ein tragisches Ende genommen. In seiner Position als Präsident des Deutschen Weinbauverbandes hatte sein Vater, Werner Tyrell, eine wichtige Rolle bei der Ausarbeitung des Weingesetzes von 1971 gespielt. Eine der fundamentalen Neuregelungen dieses Gesetzes bestand in dem strikten Verbot von Chaptalisierung (Zugabe von Zucker während der Gärung, um den Alkoholgehalt zu erhöhen) bei Prädikatsweinen. Genau das tat Werner Tyrell aber mit seinen Weinen, bis diese Praktiken 1984 aufgedeckt wurden. Entsprechend demselben Gesetz, das er wenige Jahre zuvor miterarbeitet hatte, wurde er unter Anklage gestellt. Hätte sich Christoph Tyrell 1985 nicht in die Geschäfte des Weingutes eingemischt und mit dem Jahrgang 1986 dessen Führung übernommen, so wäre die Familie gewiß zum Verkauf gezwungen gewesen. Durch die gelungenen Jahrgänge 1986, 1987 und 1988 und den unermüdlichen Einsatz von Christoph Tyrell konnte sich das Gut von der Katastrophe Mitte der achtziger Jahre erstaunlich schnell erholen. Christoph Tyrell wählte den gegenwärtigen Namen – der zugleich der ursprüngliche Name war, bevor das Gut im Erbfall an den weiblichen Zweig der Familie überging –, um das Weingut vom zweifelhaften Ruf des Vaters zu befreien.
Jeder, der einmal die großen Weine gekostet hat, die das Gut bis zu den siebziger Jahren erzeugt hat, wie etwa die überragenden 59er oder 64er Weine, wird ohne Zweifel den Eitelsbacher Karthäuserhofberg zu den drei herausragenden Lagen des kleinen Ruwertals zählen. Tatsächlich hat dieses Gut immer gute Weine hervorbringen können, wenn man einmal von den gesetzwidrig erzeugten Weinen Werner Tyrells absieht. Waren die Weine der späten siebziger und frühen achtziger Jahre auch weniger beeindruckend als die gegenwärtigen oder die großen Weine der fünfziger und sechziger Jahre, so waren sie immer noch gut genug, um dem Gut ein hohes Ansehen zu sichern. In demselben Maße, in dem die Qualität in den letzten

Jahren gestiegen ist, hat sich hier auch die Art der Weine verändert. Den größten Einfluß hatte hierbei wohl der von dem neuen Kellermeister Ludwig Breiling und Christoph Tyrell vorgenommene Wechsel von dem traditionellen Ausbau in alten Holzfudern zur Vinifikation in Edelstahltanks. Die heute erzeugten Weine verfügen über mehr Frische, Aroma und Kohlensäure als die unter alter Führung entstandenen. Die Mehrzahl ist zudem wesentlich trockener. Der Anteil der trockenen und halbtrockenen Weine ist heute viel höher als vor zehn Jahren, als sie nur einen Bruchteil der Gesamtproduktion dieses Gutes ausmachten. Dabei ist die relativ geringe Menge restsüßer Kabinettweine und Spätlesen jedoch etwas lieblicher als zu der Zeit von Werner Tyrell.
Es ist interessant, den Charakter der Weine vom Karthäuserhof mit denen von Maximin Grünhaus auf der anderen Seite des Ruwertals zu vergleichen. Obgleich die beiden Weingüter so nahe beieinander liegen und von ähnlichen geographischen Gegebenheiten geprägt sind, erzeugen sie Weine mit sehr unterschiedlichen Aromen. Zeigen die Weine von Maximin Grünhaus oft die Aromen und Geschmacksnuancen roter Früchte – wie es bei Ruwerweinen nicht unüblich ist –, schmecken die Weine vom Karthäuserhofberg eher nach weißen Früchten wie Apfel oder Birne und die höheren Prädikatsweine nach gelben Früchten wie Pfirsich. Zudem lassen die Karthäuserhof-Weine auch die kräuterähnlichen und floralen Aromen vieler Maximin-Grünhaus-Weine vermissen. Welche dieser Nuancen man für wertvoller hält, ist im wesentlichen dem persönlichen Geschmack vorbehalten.
Heute muß das Weingut zu den herausragendsten des gesamten Mosel-Saar-Ruwer-Gebietes und zu einem der besten Rieslingerzeuger in Deutschland gezählt werden. Mit seinen schlanken, rassigen und sehr fruchtbetonten trockenen Weinen ist es ein Garant eines ausnehmend hohen Standards. Den halbtrockenen Weinen ist eine wunderschöne Balance von Frucht, Säure und Süße eigen, so daß letztere immer äußerst diskret ist und die Weine trocken im Geschmack sind. Noch besser sind die restsüßen Riesling-Kabinette und -Spätlesen, die extrem saftig, rassig und elegant sind. Nie zu süß, um in ihrer Jugend genossen zu werden, verfügen sie über ein sehr gutes Alterungspotential. Selbst in zehn Jahren werden sie noch einen jugendlichen Eindruck hinterlassen!
Allein im Bereich der edelsüßen Rieslingweine muß das Weingut seine Verläßlichkeit bei der Erzeugung von Spitzenqualität noch beweisen. So schön einige der 90er Auslesen auch gewesen sein mögen, so unterschiedlicher Qualität waren doch die von 1989 und 1992. Dieses Weingut wird unter der neuen Leitung erst noch einen Eiswein erzeugen müssen, der es mit denen der führenden Spezialisten für diese einzigartigen Dessertweine aufnehmen kann.

Ganz sicher ist die Rautenstrauch'sche Weingutsverwaltung Karthäuserhof eines der schönsten deutschen Weingüter. Es liegt eingebettet zwischen Weinbergen, Feldern und Wäldern, an der Auffahrt, die auf den weiten Hof vor das großartige Gutshaus führt, fließt ein Bach vorbei. Der Turm aus dem Mittelalter verleiht dem Ort ein Stück Zeitlosigkeit. Alle Gebäude sind in den letzten Jahren liebevoll restauriert worden und das gesamte Anwesen könnte kaum einen schöneren Eindruck hinterlassen. Nach einer derart positiven Beschreibung seiner Weine und seiner Architektur dürfte es wohl unvermeidbar erscheinen, daß ich einen Besuch dieses Gutes bei einer Reise durch das Weingebiet nahelege. Leider erlauben die unvorhersehbaren Launen des Besitzers in den letzten Jahren keine solche Empfehlung. Der Karthäuserhof ist dem äußerst professionellen Kellermeister Ludwig Breiling zu großem Dank verpflichtet, dem angesichts der Rückkehr des Gutes zur Spitze ebensoviel Lob gebührt wie Christoph Tyrell. Breiling, gerade fünfzig geworden, wirkt fast schüchtern; ganz offensichtlich fühlt er sich am wohlsten, wenn er in den Weinbergen oder im Keller aktiv werden kann. In den Weinbergen hat er die Einführung grundlegend neuer Anbaumethoden überwacht. In den älteren Bergen wurde jede dritte Rebreihe entfernt, um einerseits den Reben mehr Sonne und Luft zu geben und andererseits Platz genug für den Einsatz von Traktoren zu schaffen. Die neuen Lagen wurden mit 1,3 Meter Raum zwischen den einzelnen Reben und 2 Metern Abstand zwischen den Zeilen bepflanzt. Es bleibt abzuwarten, ob diese Methode ausschließlich Vorteile bringt, da so der Ertrag des einzelnen Rebstockes erhöht wird, was in Jahrgängen mit großen Erträgen negative Auswirkungen auf die Güte der Weine haben kann. Generell sind die Erträge jedoch so bescheiden, daß die Vorteile in Form von gesteigerter Gesundheit und Reife der Trauben diesen Nachteil überwiegen dürften. Vor allem Ludwig Breilings Perfektionismus im Weinkeller war für die bemerkenswerte Qualität der Weine aus den schwierigen Jahrgängen 1991 und 1992 verantwortlich. Dieser Erfolg läßt hoffen, daß sich der Karthäuserhof beständig in der Elite der Qualitätserzeuger an Mosel, Saar und Ruwer etabliert hat.

Eitelsbacher Karthäuserhofberg Riesling

1987 QbA **80**

Der wohl beste Wein des Jahrgangs beim Karthäuserhof. Recht jugendlicher Duft nach reifen Stachelbeeren; betonte Rasse und dezente Süße, dadurch halbtrocken schmeckend, viel Saft für solch einen kleinen Jahrgang; fast stahliger Abgang.

1988 SPÄTLESE TROCKEN (0789) 78
Als junger Wein sehr beeindruckend, hat beigetragen, den Ruf des Gutes wieder zu verbessern. Heute fragt man sich, wohin der Wein verschwunden ist. Gute Substanz und Harmonie besitzt er noch, aber in puncto Frucht und Charakter etwas blaß. Vielleicht wird er sich erholen, aber ich bezweifle es sehr.

1988 SPÄTLESE 85
Deutlich besser gehalten als die trockene Version. Zarte Pfirsichblume mit deutlichem Reifeton; gute Substanz, recht saftig, elegante Säure, mäßige Süße, die jetzt gut integriert ist, keine besondere Tiefe und Länge.

1989 SPÄTLESE TROCKEN 80
Etwas frischer als die 88er, aber nicht viel besser. Entwickelter, recht attraktiver Zitrus-Pfirsich-Duft; vorne auf der Zunge saftig und elegant, hinten etwas gröber und weniger animierend, trotz der für den Jahrgang guten Säure; recht anhaltend.

1989 SPÄTLESE 83
Wieder mehr Frische und Charme als die trockene Spätlese. Duftet nach Zitrusschale, Toast und Karamel; recht viel Saft und Substanz, ziemlich weiche Säure für einen Ruwerriesling, trotzdem nicht zu süß; harmonischer, einfacher Abgang. Ein gut gemachter Wein, aber ziemlich mäßig für diesen Jahrgang.

1989 AUSLESE »GOLDKAPSEL« 82
Auch angesichts des eventuell »schlechten Zeitpunkts« der Verkostung kann man nur den Kopf schütteln. Schon jetzt reifer Duft nach Cassis und Honig, ohne Tiefe oder Finesse; schlank und pikant, deutlicher Cassiston, aber schon als »einfache« Auslese wäre sie etwas einfach und schwächlich, fällt hinten deutlich ab.

1989 EISWEIN 94
Explosive exotische Fruchtaromen; enorme Konzentration und Kraft, hohe Süße und viel Schmelz, aber trotzdem eine leichte Bitternis, intensive Rasse; sehr langer, kräftiger Nachhall. Braucht noch einige Jahre, um seine volle Harmonie zu erreichen. Der einzige große Wein des Jahrgangs auf dem Karthäuserhof.

1989 TROCKENBEERENAUSLESE 90
Sehr intensiver Duft nach getrockneten Früchten und Gewürzen, dabei stört ein tannenartiger Ton etwas; sehr dicht und stoffig, pikante Säure für eine Trockenbeerenauslese, aber die verschiedenen Komponenten passen nicht ganz zueinander; langer säurebetonter Abgang. Wird sich in einigen Jahren vielleicht besser präsentieren, kein großer Wurf für diesen Jahrgang.

1990 AUSLESE TROCKEN 90
Fast opulenter Aprikosenduft mit deutlicher mineralischer Note; außergewöhnlich kräftig und füllig für einen trockenen Ruwerriesling, tolle Frucht, exzellente Harmonie, die hohe Säure jetzt perfekt eingebunden; sehr anhaltender Abgang. Ein großer Fortschritt gegenüber den 88er und 89er trockenen Weinen und wohl der beste trockene Riesling der Gutsgeschichte.

1990 SPÄTLESE 91
Sattes Pfirsichbouquet mit der ersten Andeutung von Flaschenreife (ein Hauch Toast); konzentriert und feinfruchtig, beeindruckendes Säurespiel, sehr saftig und delikat zugleich, die Süße schon vollkommen integriert; sehr langer, mineralischer Abgang.

1990 AUSLESE NR. 23 93
Ziemlich verschlossenes Bouquet; sehr konzentriert, stoffig und kräftig, mit betonter Säure, ausgeprägter Bodenton; fast explosiver Abgang. Eine schlafende Riesin mit Reserven für weitere 20 Jahre!

1990 AUSLESE »LANGE GOLDKAPSEL« 93
Ausgeprägter Duft nach Grapefruit und exotischen Früchten; extrem rassige Auslese mit viel Saft und Spiel, sehr konzentrierte Frucht, aber nicht ganz die Struktur von Nr. 23; noch recht betonte Süße im langen Abgang. Eine tolle Auslese mit feinem Botrytischarakter, aber besitzt sie soviel Tiefe wie Nr. 23?

1991 SPÄTLESE TROCKEN 85
Zarter Pfirsichduft; obwohl sehr schlank angelegt, gute Substanz und Frucht für 1991, schöne Rasse und elegantes Spiel; anhaltend. Ein sehr attraktiver Wein, der bis 1996 viel Trinkfreude bereiten wird.

1991 SPÄTLESE NR. 5 88
Ähnliche Charakterzüge wie die brillante 90er restsüße Spätlese, mit saftiger Pfirsichfrucht und einem Hauch Zitrus, elegante Rasse; langer mineralischer Nachhall. Ein beeindruckender 91er Wein, der zugleich recht konzentriert und filigran ist.

1991 AUSLESE NR. 1 83
Jugendlicher Duft (Hefeton) nach Cassis und halbreifen Pfirsichen; schöne Frucht, aber es fehlt ihr an Konzentration und Struktur, um des Prädikats »Auslese« würdig zu sein.

1992 SPÄTLESE TROCKEN 83
Noch ziemlich jugendliches Cassisbouquet; recht saftig mit betonter Rasse für 1992, aber eher etwas leicht und vordergründig im Vergleich zum 91er Jahrgang; anhaltend. Wird sich ab 1995 sicherlich besser präsentieren und sollte dann getrunken werden.

1992 SPÄTLESE NR. 9 **87**
Intensiver Cassisduft; recht konzentriert und sehr lebendig, sehr schöne mineralische Rasse; klingt lange nach. Ein sehr gelungener Ruwerwein für diesen sehr schwierigen Jahrgang. Schon gut zu trinken, hält bis Anfang des nächsten Jahrhunderts.

1992 AUSLESE NR. 10 **81**
Wie der 91er Auslese fehlt es diesem Wein eindeutig an Stoff, Tiefe und Länge, um als Spitzen-Auslese ernst genommen zu werden. Man kann nur hoffen, daß in Zukunft Christoph Tyrell wesentlich vorsichtiger mit solchen Bezeichnungen umgehen wird!

Die 1993er Rieslinge sind sehr elegante feinfruchtige Weine mit rassigem Spiel. Eine sehr gute Jahrgangskollektion, aber keine großen Weine.

Weingut Heribert Kerpen

Anschrift 54470 Bernkastel-Wehlen, Uferallee 6
Inhaber und Kellermeister Martin Kerpen

Gesamtrebfläche 4,5 ha
Rebsortenspiegel 100 % Riesling

Rieslingproduktion

Rebfläche 4,5 ha
Lagen Wehlener Sonnenuhr 3,1 ha, Graacher Himmelreich 0,6 ha, Graacher Domprobst 0,4 ha, Bernkasteler Bratenhöfchen 0,4 ha
Rebmaterial überwiegend wurzelechte Reben
Durchschnittliches Rebalter 23 Jahre
Durchschnittlicher Ertrag 87,5 hl/ha
Durchschnittliche Produktion 50 000 Flaschen pro Jahr

Es gibt Winzer, deren Weine einen mit dem ersten Schluck überwältigen und andere, mit deren Weine man sich erst langsam anfreunden muß. So sehr ich die eleganten, geschliffenen Weine, die Martin Kerpen mir bei meinem ersten Besuch im Februar 1987 vorführte, auch mochte – es fehlte ihnen das gewisse Etwas. Bedenkt man, daß diese Weine damals in verschiedenen engen, kleinen, über den ganzen Ort Wehlen verteilten Kellern erzeugt wurden, ist die dabei entstandene Güte außerordentlich bemer-

kenswert. Weniger erstaunlich ist, daß jetzt, da Martin Kerpen sich ausschließlich dem Gutsbetrieb widmet und die Weine seit 1988 in einem einzigen, geräumigeren Keller erzeugt werden, seine Weine erheblich an Tiefe gewonnen haben, ohne dabei an der geschliffenen Qualität, die mir das erste Mal an ihnen aufgefallen war, eingebüßt zu haben. Sowohl 1991 als auch 1992 gehörten diese Weine zu den besten, die die Mittelmosel hervorbrachte.
Ein wunderschönes Jugendstilhaus am Ufer der Mosel in Wehlen beherbergt jetzt das Weingut. Von hier aus beobachtet Martin Kerpens Mutter Hanne, die den Betrieb seit dem Tode ihres Mannes 1963 bis zur Übernahme durch Martin in den achtziger Jahren fast eigenhändig geführt hat, die Aktivitäten der Arbeiter im Weinberg durch das Fernglas. Zur Zeit der Lese kann man Martin Kerpen oft auf dem Weg zu den Lesehelfern mit dem Fahrrad über Wehlens berühmte Hängebrücke sausen sehen. Mit seiner auffallenden Größe - er mißt fast zwei Meter - ist er selbst aus großer Entfernung kaum zu verwechseln!
Die Kerpens erledigen alles auf ihre ureigenste Art und scheren sich nicht darum, was andere Leute davon halten. Weder Martin Kerpen noch seine Mutter scheuen sich davor, ihre Meinungen direkt zu äußern, doch selbst, wenn sie Kritik üben, ist der Ton immer freundlich oder sogar jovial.
In mancher Hinsicht ist das Vorgehen Kerpens äußerst modern und progressiv. Ernst Loosen hat die Methode der Vertikoerziehung von Martin Kerpen übernommen, der damit schon seit Jahren experimentiert. Heutzutage Arbeiter zu finden, die gewillt sind, in den steilen Hängen an der Mosel zu arbeiten, erweist sich als immer schwieriger; mit der Vertikoerziehung läßt sich die notwendige Handarbeit im Weinberg auf ein Minimum reduzieren. Gleichzeitig ist dieses Weingut einer der ganz wenigen Betriebe in Deutschland, die noch mit einer Korbkelter arbeiten, deren Prinzip schon im vorigen Jahrhundert entwickelt wurde. So wäre es falsch, hier von einem ausgesprochen fortschrittlichen oder einem eher altmodischen Betrieb zu sprechen.
Jeder Wein vergärt noch in alten Holzfudern, doch scheut sich Martin Kerpen auch nicht davor, den Wein in Tanks zu lagern oder einige Fässer Wein ähnlicher Qualität zu verschneiden, um eine größere Flaschenabfüllung zu erhalten. Obgleich die Weine Martin Kerpens die typische Frische und aromatische Lebhaftigkeit hochklassiger Moselweine besitzen und häufig auch einige natürliche Kohlensäure, haben sie fast nie Hefearomen wie die jungen Weine von Joh. Jos. Prüm oder Dr. Loosen noch ein oder zwei Jahre nach der Flaschenabfüllung.
Die besten Erzeugnisse vom Weingut Heribert Kerpen sind außergewöhnlich charmante und schöne Weine, dabei aber klassisch strukturiert, kom-

plex und tief. Besitzt dieses Gut auch über 3 ha der Wehlener Sonnenuhr, was Kerpen zum drittgrößten Anteilseigner nach Wegeler-Deinhard und Joh. Jos. Prüm macht, stammen seine besten Weine nicht immer aus dieser Lage. Die Weine vom Graacher Himmelreich und Domprobst sowie vom Bernkasteler Bratenhöfchen sind häufig ebenso gut, gelegentlich sind sie entsprechenden Weinen der Sonnenuhr sogar überlegen. Was ihnen an Zartheit und Eleganz fehlt, gleicht ihre Struktur und Tiefe wieder aus. Haben die besten Weine der Sonnenuhr zwar einen unwiderstehlich verführerischen, vielschichtigen, fruchtigen und blumigen Charakter, können manche doch auch lediglich hübsch und oberflächlich charmant geraten. Vielleicht steht dies im Zusammenhang mit den relativ hohen Erträgen aus dieser Lage. Dabei wäre es logisch, daß die Reben auf den Böden von Graach und Bernkastel, die eine höhere Wasserspeicherkapazität haben, eher größere Erträge bringen als die sehr flachen und steinigen Böden in Wehlen. Dies ist freilich nur eine Vermutung. Ernsthafte Kritik vermag ich höchstens daran zu üben, daß sich Martin Kerpen trotz der intensiven Arbeit in den Weinbergen und im Keller zu sehr im gegenwärtigen Erfolg sonnt. So aktiv und wissensdurstig er ist, so intelligent und gedankenvoll ich ihn auch kenne, so vermisse ich an ihm doch die Zielstrebigkeit der größten Weinerzeuger an Mosel, Saar und Ruwer. Ich bin sicher, daß dieses Weingut eine noch größere Beständigkeit erreichen würde und daß selbst seine besten Weine noch verfeinert werden könnten – und sei es auch nur geringfügig –, doch frage ich mich, ob es dazu tatsächlich kommen wird.

Wehlener Sonnenuhr Riesling

1988 Spätlese Halbtrocken **87**
Ziemlich verschlossener Duft; sehr pikanter rassiger Wein für den Jahrgang, mit ausgeprägter mineralischer Note, trockenschmeckend; sehr nachhaltig für eine Spätlese.

1988 Auslese **90**
Feiner Pfirsichduft mit zarter exotischer Fruchtnote; sehr voll und saftig, gute Konzentration und mäßige Süße, sehr elegantes Säurespiel; langer mineralischer Abgang. Ein sehr schöner 88er Wein, der langsam zum Höhepunkt hinneigt und dort lange bleiben wird.

1989 Kabinett Halbtrocken (Versteigerung) **71**
Etwas grober erdiger Duft; eher zu leicht, leicht derbe Säure, vordergründige Zitronenfrucht; schwacher Abgang. Warum bringt man so etwas zur Versteigerung?

1989 Auslese (1390) **88**
Deutlicher Honigton im Duft, schon recht entwickelt; voll, konzentriert und saftig, die hohe Süße noch nicht voll integriert, reife, etwas verhaltene Säure; satter Nachhall. Obwohl viel voller als die 88er Auslese, nicht die gleichen Zukunftsperspektiven. Schon fast voll entwickelt, hält aber bestimmt bis 2000.

1989 Beerenauslese **90**
Satter Duft nach Marzipan und Honig; sehr voll und reichhaltig, aber trotzdem nicht fett oder übermäßig süß, nuancierte Honigtöne; etwas zarter Abgang für eine Beerenauslese. Noch nicht auf ihrem Höhepunkt, kann ohne Probleme noch 20 Jahre liegen bleiben.

1989 Trockenbeerenauslese **93**
Sehr intensiver, finessenreicher Rosinen-Honig-Duft; sehr voll und konzentriert, bedeutend mehr Tiefe als die Beerenauslese, tolles Frucht-Säure-Spiel; sehr langatmiger Nachhall. Ein großer Wein mit exzellentem Entwicklungspotential!

1990 Spätlese Trocken **84**
Nuancierter Aprikosenduft; sehr eleganter trockener Wein, mit mittlerer Substanz und Fülle; nachhaltiges Säurespiel. Schon auf seinem Höhepunkt, hält aber bis 1997.

1990 Auslese »Kollektion Kerpen« **89**
Eine sehr herbe Auslese mit betonter Säure und halbtrockenem Geschmack, stoffig und kernig, mit nachhaltiger Rasse. Ein Ausnahmewein mit viel Charakter, aber etwas wenig von der Sonnenuhr-Eleganz.

1990 Auslese** **88**
Attraktiver Pfirsichduft; voll und sehr saftig mit einer leichten Kremigkeit, elegante Säure und recht betonte Süße; langer, aber nicht sehr komplexer Abgang. Eine sehr gute Auslese, aber nicht herausragend für den Jahrgang.

1990 Auslese*** **92**
Satter Aprikosenton im Duft; nervige Spannung zwischen konzentrierter Frucht und pikanter Säure, gute Konzentration und Struktur; sehr kräftiger, mineralischer Abgang. Wesentlich besser als die Auslese**, erreicht erst 1997/98 ihren Höhepunkt und hält lange.

1990 Beerenauslese **95**
Ein Bouquet wie Aprikosenmarmelade; sehr konzentriert und füllig, trotzdem hohe Eleganz und Finesse, tolles Säurespiel; explosiver Nachhall. Zweifelsohne der beste Wein, den Martin Kerpen je gemacht hat und einer der Höhepunkte in der Betriebsgeschichte; erst nach 2000 in seiner besten Form mit jahrzehntelangem Entwicklungspotential.

1992 Auslese** **90**
Sehr attraktiver Birne-Aprikosen-Duft; mittelgewichtig, aber konzentriert und saftig, gute Harmonie von reifer Säure und dezenter Süße; langer mineralischer Abgang. Eine beeindruckende Leistung für 1992!

Die 1993er Rieslinge sind in diesem Weingut ein zwiespältiger Jahrgang; neben den recht enttäuschenden trockenen Rieslingen stehen einige sehr schöne restsüße sowie edelsüße.

Weingut Reichsgraf von Kesselstatt

Anschrift 54290 Trier, Liebfrauenstraße 9–10
Inhaber Familie Günther Reh
Direktorin Annegret Reh-Gartner
Verwalter Dipl.-Ing. Gert Nußbaum
Kellermeister Bernward Keiper

Gesamtrebfläche 67,6 ha
Rebsortenspiegel 97,5 % Riesling, 2,5 % andere Rebsorten

Rieslingproduktion

Rebfläche 65,9 ha
Lagen Mosel 20,08 ha:
Bernkasteler Bratenhöfchen 1,09 ha, Bernkasteler Johannisbrünnchen 0,05 ha, Bernkasteler Matheisbildchen 1,03 ha, Bernkasteler Lay 0,53 ha, Bernkasteler Stephanus-Rosengärtchen 1 ha, Bernkasteler Graben 0,01 ha, Bernkasteler Doctor 0,06 ha, Graacher Josephshof (Alleinbesitz) 5,1 ha, Graacher Himmelreich 0,52 ha, Graacher Domprobst 0,54 ha, Wehlener Sonnenuhr 0,06 ha, Piesporter Goldtröpfchen 6,44 ha, Piesporter Domherr 1,37 ha, Neumagener Rosengärtchen 0,06 ha, Neumagener Sonnenuhr 0,34 ha, Trittenheimer Apotheke 0,74 ha, Leiwener Laurentiuslay 1,1 ha

Saar 33,37 ha:
Niedermenninger Euchariusberg 1,77 ha, Niedermenninger Herrenberg 4,45 ha, Kanzemer Altenberg 0,12 ha, Oberemmeler Altenberg 0,63 ha, Oberemmeler Karlsberg 3,53 ha, Oberemmeler Raul 1,5 ha, Oberemmeler Rosenberg 3,01 ha, Oberemmeler Agritiusberg 2,47 ha, Ockfener Bockstein 0,51 ha, Wiltinger Klosterberg 1,97 ha, Wiltinger Gottesfuß 1,9 ha, Wiltinger Kupp 0,3 ha, Wiltinger Braunfels 3,13 ha, Scharzhofberg 8,08 ha

Ruwer 12,48 ha:
Kaseler Hitzlay 2,43 ha, Kaseler Nies'chen 3,51 ha, Kaseler Kehrnagel 1,80 ha, Kaseler Herrenberg 1,69 ha, Waldracher Heiligenhäuschen 3,05 ha, Waldracher Meisenberg
Rebmaterial 20 % wurzelechte Reben, 80 % Pfropfreben (W1, Gm356)
Durchschnittliches Rebalter 18 Jahre
Durchschnittlicher Ertrag 70 hl/ha
Durchschnittliche Produktion 500 000 Flaschen pro Jahr

Zu einer Zeit, da viele der größten und berühmtesten deutschen Weingüter nur noch enttäuschende Leistungen zeigen, befindet sich das Weingut Reichsgraf von Kesselstatt auf geradem Wege nach oben. Gegenwärtig ist es fraglos das beste große Weingut im Mosel-Saar-Ruwer-Gebiet; in Deutschland zählt es zum besten halben Dutzend der großen Güter. Ist diese Position auch das Ergebnis einer ganzen Gruppe von Personen, die alle viel Lob verdient haben, wäre sie ohne die kontinuierlichen Bemühungen der Teilhaberin und Direktorin Annegret Reh-Gartner wohl kaum erreicht worden.
Die Familie Reh, der eine ganze Gruppe wichtiger Firmen in der Wein- und Sektbranche gehört, erwarb das Weingut Reichsgraf von Kesselstatt Ende 1978. Seither wurden gravierende Veränderungen vorgenommen, die vor allem die Verringerung der Rebfläche in verschiedenen Lagen betraf. So wollte man sich besser auf die Erzeugung von Spitzenqualität aus den Lagen in Graach, wo der Alleinbesitz Josephshof die wichtigste Rolle spielt, und Piesport an der Mosel, Kasel an der Ruwer sowie Wiltingen und Oberemmel an der Saar konzentrieren können. Seit 1987 werden alle Weine in modernsten Kellern im Schloß Marienlay im Ruwertal vinifiziert. Zudem wurde die vormals recht komplizierte Ausstattung der Weine vereinfacht.
Alle diese Maßnahmen ließen das Weingut Reichsgraf von Kesselstatt zu einem der modernsten Erzeugerbetriebe Deutschlands werden, doch war man dabei so behutsam, daß die Rationalisierungen die Leistungen verbesserten und nicht, wie auf vielen anderen großen Weingütern, auf Kosten der Qualität gingen. Die Mehrzahl dieser Weine war zwar immer sehr gut, doch befanden sich unter ihnen auch häufig einige, denen es an jenem fruchtigen Charme und der rassigen Eleganz mangelte, die seit jeher das Wahrzeichen der von-Kesselstatt-Weine gewesen sind. Die Erzeugung zu großer Mengen guter Weine in beengten Kellern im Zentrum Triers war selbst für den begabten und erfahrenen Kellermeister Bernward Keiper ein Ding der Unmöglichkeit. Heute ist es die kontinuierlich hohe Qualität von QbA bis zur Trockenbeerenauslese, die die Weine des Gutes von allen

andern großen Weingütern in diesem Gebiet und in ganz Deutschland unterscheidet. Kein Erzeugnis ist jemals schwach, die große Mehrheit der von-Kesselstatt-Weine ist sehr guter bis exzellenter Qualität.
Die Verbindung von geringeren Weinmengen mit optimal ausgestatteter Kelterei und Kellern hat Bernward Keiper diese bemerkenswerte Kontinuität erst ermöglicht. Gleichwohl ist die Güte der heutigen Produktion aber nicht das Ergebnis dieser Herstellungstechnologien; sie haben Bernward Keiper lediglich in die Lage versetzt, seinen schon zuvor entwickelten Stil der Weinerzeugung besser umzusetzen. Die Umstellung von Holzfässern auf Edelstahltanks scheint die Art der Weine von Gut von Kesselstatt nur wenig beeinflußt zu haben. Selbst bei den Weinen aus Holzfässern lag der Akzent auf den Aromen gelber und roter Früchte; am Gaumen bewiesen die Weine eine volle, saftige Frucht mit betonter Kohlensäure, die aus der Gärung stammte, und eine elegante Säure. Heute können sie in ihrer Jugend eine fast explosive Fruchtigkeit vorweisen, die bisweilen mit leichten Hefearomen, die ebenfalls von der Gärung herrühren und sich bei Luftkontakt auflösen, einhergehen können. Auch die Spritzigkeit der Kohlensäure kann im ersten Jahr nach der Flaschenabfüllung noch sehr betont sein. All diese Charakteristiken verleihen den Weinen des Gutes ein ausgezeichnetes Alterungspotential. In mancher Hinsicht ähneln sie den Weinen des großartigen Gutes Joh. Jos. Prüm in Wehlen, obwohl sie in ihrer Jugend nicht so verschlossen sind und sich zudem rascher entwickeln als die Prüm-Weine.
Bei den Weinproben weniger offensichtlich, aber nicht minder einflußreich, was den Charakter der von-Kesselstatt-Weine angeht, waren die Veränderungen in den Weinbergen selber. Unter den größeren Weingütern an Mosel, Saar und Ruwer geht das Gut Reichsgraf von Kesselstatt wohl am extensivsten bei der Weinbergspflege vor. Diese Anstrengungen erhalten die natürliche Fruchtbarkeit der Böden und machen den Einsatz chemischer Düngemittel überflüssig. Alle organischen Abfälle der Weinberge und Keller werden dem Boden wieder zugeführt, auch organische Dünger werden eingesetzt, um die Humusbildung im Boden zu fördern. Der Wuchs von Unkraut wird größtenteils nicht eingeschränkt; anstatt Insektizide zu versprühen, werden Reben und Trauben durch Nützlinge und Pheromone, die den Brutzyklus der Insekten unterbrechen, vor Schädlingsbefall geschützt. Zusammengenommen reduzieren diese Maßnahmen die notwendigen Aktivitäten im Weinberg auf ein Minimum; zugleich schränken sie das Rebenwachstum ein. Auf diese Art und Weise wird also eine natürliche Ertragskontrolle herbeigeführt; hier sprechen die Statistiken für sich selbst.
Das Ergebnis dieser niedrigen bis moderaten Erträge, je nach Rebstockalter und Bodenstruktur, und der ausgezeichnete Standard bei der Herstellung

sind Weine, die durch den starken Charakter ihrer Herkunftslagen bestechen. Gewöhnlich stehe ich der Vermarktung von QbA unter der Angabe von Lagen skeptisch gegenüber, doch hier macht sie durchaus Sinn, da selbst Weine dieses einfachen Qualitätsniveaus einen starken Lagencharakter beweisen. Ohne Zögern würde ich den »Palais Kesselstatt« Riesling QbA Trocken zum besten Qualitätswein dieses Gutes erklären. Diese Cuvée von Weinen aus dem Gutsbesitz an Mosel und Ruwer verfügt über bemerkenswerte Fruchttiefe und eine elegante Harmonie, die sie eher wie eine gute trockene Riesling-Spätlese schmecken läßt. Seit dem ersten Jahrgang 1990 wurde hier ausschließlich erstklassige Qualität hervorgebracht.
Angesichts der breiten Palette des Angebots ragen einige bestimmte Lagen heraus. Das Weingut Egon Müller-Scharzhof mag vielleicht die besten edelsüßen Weine aus dem berühmten Scharzhofberg erzeugen, doch hält von Kesselstatt meiner Einschätzung nach den höchsten Standard bei allen Weinen bis hin zur Qualität einer Spätlese - sowohl trocken als auch restsüß - aus dieser bedeutenden Lage. Tut sich das Gut auch mit ihrem Verkauf etwas schwer, gehören die Rieslinge aus dem Kaseler Nies'chen und dem Kaseler Kehrnagel doch zu den besten Weinen der gesamten Ruwer und das trotz der Konkurrenz von Maximin Grünhaus (von Schubert), dem Karthäuserhof (Tyrell) und der Karlsmühle! Diese Weine besitzen ein intensives Cassisaroma in Verbindung mit kräuterähnlichen und mineralischen Tönen, die vielleicht nicht jedermanns Geschmack sind, aber den Weinen eine ausgezeichnete Konzentration und hervorragendes Alterungspotential, verbunden mit einem Höchstmaß an Ausdrucksstärke, verschaffen. Bei all diesen Schätzen würde ich aber dennoch die Rieslinge vom Piesporter Goldtröpfchen und Domherren, zwei der »Grands Crus« der Mosel, zu den konstantesten und beeindruckendsten Weine der letzten Jahrgänge erklären. Sie sind meistens restsüß ausgebaut und besitzen dabei eine derart pikante Rasse, daß diese Süße kaum zu spüren ist. Ihr Bouquet von barocker Fülle und Extravaganz verbindet sich mit einer wunderbaren Konzentration und Kraft.
Manchmal ist es verwunderlich, daß das Weingut von Kesselstatt nicht mehr Aufhebens von seinem Alleinbesitz Josephshof zwischen Graach und der berühmten Wehlener Sonnenuhr macht. Obwohl hieraus erstklassige Weine entstehen, die es mit den oben beschriebenen durchaus aufnehmen können, mögen die Ursachen hierfür in den recht großen Qualitätsschwankungen liegen. Warum das so ist, entzieht sich meiner Kenntnis, doch bin ich sicher, daß es Gründe dafür gibt.
Die Weine dieses Gutes sind nicht gerade billig, doch vergleicht man die gebotene Qualität mit der anderer Spitzengüter in Deutschland – ganz zu schweigen von Italien oder Frankreich –, besteht doch ein gutes Preis-

Leistungs-Verhältnis. Tatsächlich könnten die Preise bei diesen niedrigen Erträgen und dem hohen Standard der Weinerzeugung noch höher sein.
Ganz sicher wird Annegret Reh-Gartner mit der Hilfe ihres Mannes Gerhard Gartner, dem ehemaligen Koch des Zwei-Sterne-Restaurants »Gala« in Aachen, mit Bernward Keiper und dem Gutsverwalter Gert Nußbaum dieses bedeutende Weingut zu einem der berühmtesten Erzeugerbetriebe für Rieslinge höchster Güte in Deutschland machen. Das hier herrschende Qualitätsbewußtsein bei einer Produktion dieser Größenordnung verdient eine größere Bekanntheit und eine höhere Anerkennung als ihm bisher geschenkt wurde.

Kaseler Nies'chen Riesling

1988 SPÄTLESE HALBTROCKEN 86
Schönes Cassisbouquet; trotz der betonten Rasse weist dieser Wein eine gewisse Kremigkeit auf, gute Konzentration und Substanz, noch viel Biß und Frische für dieses Alter; die mineralische Säure klingt lange nach. Wird auf diesem Niveau bis ca. 2000 bleiben.

1988 SPÄTLESE 90
Sehr attraktiver Duft nach Pfirsich, Cassis und Blüten; konzentriert und saftig, tolles Säurespiel; langer, nuancierter Abgang. Eine kaum süße Spätlese, die zweifelsohne zur Jahrgangsspitze an der Ruwer gehört.

1989 AUSLESE HALBTROCKEN 88
Fast sattes Pfirsich-Mandel-Bouquet; sehr voll und saftig für einen Ruwerriesling, aber trotzdem von der charakteristischen Rasse des Gebietes geprägt; langer schmelziger Nachhall. Mit ein bißchen mehr Finesse wäre dieser Wein eine wahre Granate.

1989 SPÄTLESE TROCKEN 85
Ansprechende Pfirsich- und Cassisnote im Duft; relativ leichtgewichtig, aber rassig und mineralisch, noch erstaunlicher Säurebiß für 1989; anhaltend. Schon auf ihrem Höhepunkt, hält aber bis 1997/98.

1989 AUSLESE 93
Noch erstaunlich jugendlicher Brombeerduft; sehr konzentrierte tiefe Auslese, mit einer brillanten Rasse und überzeugendem Spiel, fast perfekte Harmonie; sehr langatmiger mineralischer Nachhall. Einer der besten 89er Weine des Gutes und eine der Jahrgangsspitzen im Ruwertal.

1990 Spätlese Trocken 88
Feinfruchtiger Pfirsichduft mit einem Hauch Cassis; sehr saftig und elegant, trotz der hohen Säure, gute Konzentration und Länge.

1990 Spätlese 87
Wesentlich charmanter als die trockene Version, jedoch weniger Struktur. Ein Blendertyp, aber bis zur Jahrhundertwende wird sie sicherlich sehr saftig bleiben.

1991 Kabinett Trocken 82
Klassischer Ruwerduft nach Cassis und Mineralien; leicht, aber sehr charaktervoll, sehr elegant und rassig, mit exzellenter Harmonie für einen 91er trockenen Kabinett; die mineralische Säure bleibt lang am Gaumen. Schon gut zu trinken, hält bis mindestens 1998.

1991 Kabinett 85
Ausgeprägter Pfirsich-Cassis-Duft; sehr pikante Rasse und kaum spürbare Süße, sehr schönes Spiel, filigraner Nachhall. Leider sind nicht alle restsüßen Riesling-Kabinette so gut balanciert und grazil wie dieser!

1992 Spätlese Trocken 86
Sehr intensives Cassisbouquet mit deutlichem Aprikosenton; recht konzentriert, saftig und elegant; mit langem würzigem Abgang. Eine beeindruckende trockene Spätlese für 1992, die zweifelsohne das nächste Jahrhundert in guter Form erreichen wird.

Scharzhofberger Riesling

1988 Kabinett Trocken 80
Sehr körperreich und stoffig für einen Kabinett, aber durch seine rassige Säure nicht zu füllig für die Prädikatstufe, jetzt etwas verhaltene Frucht; anhaltend.

1988 Auslese 91
Wunderschöner Aprikosenduft mit einem Hauch von Honig; sehr konzentrierte Frucht, tolle Rasse und ein brillantes Säurespiel, die Süße perfekt integriert und nur im Hintergrund spürbar; sehr langer pikanter Nachhall. Der beste Wein des Jahrgangs in diesem Betrieb und eine der wenigen Spitzen an der Saar. 20 Jahre Entwicklungspotential!

1989 Spätlese Trocken 88
Ein überraschend konzentrierter trockener Saarwein mit Tiefe, ohne die alkoholische Note der 1989 Scharzhofberger Auslese Trokken (84 Punkte), schöne Rasse; kräftiger mineralischer Abgang. Jetzt auf dem Höhepunkt, hält bis mindestens 2000.

1989 AUSLESE »LANGE GOLDKAPSEL« 93
Im Vergleich zu seiner überzeugenden Form in der Jugend präsentiert sich der Wein jetzt ziemlich verschlossen und unzugänglich; voll, konzentriert und süß mit einem guten Säuregerüst, aber es fehlt ihm momentan etwas Saftigkeit und Spiel; sehr nachhaltig. Wie lang er braucht, um sich wieder zu erholen, ist nur schwer einzuschätzen; das Potential bleibt erhalten.

1984 TROCKENBEERENAUSLESE 95
Intensiver Rosinenduft; enorme Konzentration und Fülle, hohe Süße, aber ausreichend Rasse, um sie aufzufangen, wie die Auslese »Lange Goldkapsel« noch etwas verschlossen; im Abgang am wenigsten offen. Ein großer Wein, der noch viele Jahre braucht, um seine Tiefe zu entfalten und sein Gleichgewicht zu finden.

1990 SPÄTLESE TROCKEN 84
Schöner Duft nach reifen Äpfeln; ein attraktiver fruchtiger Riesling, aber ohne die Substanz oder Eleganz von Kesselstatt's anderen trockenen Spätlesen aus diesem Jahrgang (z. B. die 1990 TRITTENHEIMER APOTHEKE SPÄTLESE TROCKEN, die 88 Punkte verdient).

1990 AUSLESE 92
Sehr pikanter Cassisduft mit deutlichem Honigton; sehr konzentriert und saftig, kremig und rassig zugleich, tolles Säurespiel; ein Feuerwerk im Abgang. Schon äußerst attraktiv, wird sich diese beeindruckende Auslese mindestens bis 2015 positiv entwickeln.

1991 SPÄTLESE TROCKEN 84
Schon entwickeltes mineralisches Pfirsichbouquet; gute Substanz, Frucht und Säure, eine sehr elegante Harmonie; anhaltende mineralische Rasse. Ein sehr gelungener trockener Saarriesling für 1991, der bis mindestens 1998 hält.

1991 SPÄTLESE 87
Feiner Mandelton im Duft; sehr elegant und geschliffen mit delikater Würze und dezenter Süße; langer, subtiler Nachhall. Schon sehr gut zu trinken, wird aber ihre beste Form erst 1997/98 erreichen.

1992 SPÄTLESE TROCKEN 84
Duftet nach frischer Ananas; mittelgewichtig, sehr saftig, knackige Säure für 1992, keine Tiefe, aber perfekt abgestimmte Harmonie; anhaltend.

Die 1993er Rieslinge stellen wieder eine sehr beeindruckende Palette dar, die lückenlos vom QbA trocken bis zum Eiswein überzeugt. Nicht ganz die Klasse von 1989 und 1990, aber eine sehr gute Leistung für den Jahrgang.

Weingut Peter Lauer

Anschrift 54441 Ayl/Saar, Trierer Straße 49, Weinhaus Ayler Kupp
Inhaber und Kellermeister Peter Lauer

Gesamtrebfläche 5,53 ha
Rebsortenspiegel 100 % Riesling

Rieslingproduktion

Rebfläche 5,53 ha (zur Zeit 3,82 ha Ertragsrebfläche)
Lagen Ayler Kupp 4,66 ha, Saarfelser Marienberg 0,07 ha, Ayler Scheidterberg 0,80 ha
Rebmaterial 100 % Pfropfreben (E37, K34)
Durchschnittliches Rebalter 25 Jahre
Durchschnittlicher Ertrag 80 hl/ha
Durchschnittliche Produktion 40 000 Flaschen pro Jahr

Betriebe Peter Lauer nicht ein so stilvolles, einladendes Hotel mit seiner Frau Julia und kochte sie nicht gar so köstlich in dem dazugehörigen Restaurant, so wären die Weine dieses Gutes über die Grenzen des Mosel-Saar-Ruwer-Gebietes hinaus bestimmt besser bekannt. Unter den gegebenen Umständen aber wird hier die gesamte Produktion von einem Kreis privater, loyaler und langjähriger Kunden konsumiert. Es sind Weine von äußerst hoher und gleichbleibender Güte, selbst problematische Jahrgänge wie 1984 und 1987 bereiteten dem Weingut Peter Lauer keinerlei Schwierigkeiten. Zwar wurde damals nur QbA hergestellt, doch suchen deren Fruchtigkeit und Harmonie unter den Saarweinen ihresgleichen.
Selbst die leichtesten Weine besitzen eine enorme Substanz und stellen die gelungensten Weine dieser Art an der Saar dar. Nie besitzen sie auch nur die leiseste Andeutung von Oberflächlichkeit, noch habe ich an ihnen je eine ausgewogene Harmonie vermißt. Dennoch werden die Weine Peter Lauers – einerseits wegen des bescheidenen Betriebes, andererseits wegen der äußerst traditionellen Stilrichtung der Weine – von der Presse häufig übersehen. Weil Peter Lauer mit seinen 45 Jahren kein Jungwinzer mehr ist und, wenn überhaupt, nur kleine Veränderungen bei der Weinerzeugung vorgenommen hat, seit er den Betrieb 1973 von seinem Vater übernahm, bietet er den Journalisten wohl zu wenig Stoff, abgesehen von der hohen Qualität seiner Weine.
Hier handelt es sich um ein außerordentlich traditionelles Weingut, das

seine Weine noch auf die vor dreißig oder vierzig Jahren übliche Art und Weise erzeugt. Abgesehen davon, daß die Flaschenabfüllung heute schon im Juli anstatt im September oder später stattfindet, hat sich wenig geändert. Insbesondere die Klärung nach der Gärung wird den Weinen soweit es geht selbst überlassen; die erste Filtration wird möglichst spät vorgenommen. Zweifellos hat dieses Vorgehen großen Einfluß auf den Charakter der Weine, die das genaue Gegenteil der Saarweine selbstbewußter Modernisten wie Christian Ebert vom Schloß Saarstein darstellen. Hier liegt die Betonung nicht auf der jugendlichen Frische, sondern auf den Charakteristiken der Böden, in diesem Falle denen der Ayler Kupp.

Gerade diese Lage zeichnet mitverantwortlich für die herausragende Qualität der Lauer-Weine. Bedauerlicherweise fiel insbesondere die Ayler Kupp dem Weingesetz von 1971 zum Opfer. Kaum eine andere Spitzenrieslinglage wurde unter diesem Gesetz so gnadenlos ausgeweitet wie sie. Während einige der bedeutendsten deutschen Lagen, wie die Wehlener Sonnenuhr, der Erbacher Marcobrunn oder das Forster Kirchenstück respektiert blieben, wurden die Grenzen anderer Lagen in völlig unkontrollierter Weise ausgedehnt, um den Winzergenossenschaften und Nebenerwerbswinzern entgegenzukommen, die von dem Ruhm profitieren wollten, den ihre seriöseren Kollegen über Jahrzehnte, wenn nicht Jahrhunderte hinweg aufgebaut hatten. Gäbe es nicht das Weingut Dr. Wagner in Saarburg und Peter Lauer, so wären die jetzigen Weine der Ayler Kupp höchstens mittelmäßig und der ehemals gute Ruf dieser großartigen Lage endgültig zerstört.

Wie fast alle bedeutenden Lagen dieser Gegend befindet sich auch die Ayler Kupp auf einem Südhang in einem Seitental der Saar, wo die Reben ein Höchstmaß an Sonneneinstrahlung erhalten. Mit Hilfe einer strengen Traubenselektion, wie sie nur auf wenigen Gütern in diesem Teil des Mosel-Saar-Ruwer-Gebietes praktiziert wird, kann die für minderwertige Saarweine typische aggressive, grüne Säure vermieden werden. Auf dem Weingut Lauer bleiben unreife Trauben am Stock. Die einzige Alternative dazu ist der Verkauf ohne Angabe des Weingutes als anonyme Faßware.

Im Gegensatz zu seinen Kollegen an der Saar besteht bei Peter Lauer kaum Interesse an der Erzeugung edelsüßer Weine, es sei denn, es bedarf wegen günstiger Bedingungen keiner besonders aufwendigen Selektion. Mehr Gewicht legt er dagegen auf erstklassige Kabinettweine und Spätlesen. Viele dieser Weine werden trocken oder halbtrocken vinifiziert, aber nie »knochentrocken«. Denn wenngleich Peter Lauer Rieslingweine mit betonter Süße aus dem Saargebiet ablehnt, erachtet auch er wenige Gramm Restsüße als der Harmonie dieser Weine sehr zuträglich. Die Stärke der Lauer-Weine liegt in ihrer diskreten Frucht und in ihrem ausgesucht würzigen und mineralischen Charakter. Um ihr Bestes zu geben, benötigen sie Zeit, und selbst die trockenen Weine gefallen nach 2 oder 3 Jahren in der Flasche wesentlich besser. Die restsüßen Weine brauchen noch länger – die besten sind 4 oder 5 Jahre lang verschlossen und entfalten erst danach ihre wahre Harmonie. Folglich sind sie für diejenigen, die nach sofortiger Befriedigung trachten, kaum geeignet, doch läßt sich das gleiche von vielen Weinen des Mosel-Saar-Ruwer-Gebietes sagen. Wer einige Geduld besitzt und Weine schätzt, die nicht nur von der ersten Blüte jugendlicher Fruchtigkeit leben, dem können die Weine vom Gut Peter Lauer nur wärmstens empfohlen werden.

Ayler Kupp Riesling

1987 HOCHGEWÄCHS QBA (FASS 26) **80**
Sehr frischer Apfelduft; erstaunlich dicht und fruchtig für diesen schwierigen Jahrgang, sehr betonte Rasse und kaum spürbare Süße, halbtrocken, nach reifen Stachelbeeren und grünen Äpfeln schmekkend, pikantes Spiel; kerniger Nachhall. Ein einfacher Wein mit viel Charakter und Reserven für weitere 15 Jahre Entwicklung.

1988 SPÄTLESE HALBTROCKEN (FASS 14) **89**
Sehr feiner Duft nach gelben Pflaumen und Pfirsich; konzentriert und feinfruchtig, pointierte Säure und sehr diskrete Süße; sehr nachhaltige mineralische Note. Ein beeindruckender 88er, der schon gut zu trinken ist, sich aber bis 2007/08 hält.

1988 SPÄTLESE (FASS 16) **86**
Volles Aprikosenbouquet mit feinem Mandelton (leichte Botrytis?); sehr voll und saftig für 1988, nicht ganz die Rasse und Eleganz der halbtrockenen Version, aber auch nicht süß oder vordergründig; anhaltend. Wird in dieser Form bis mindestens 2003 bleiben.

1989 KABINETT TROCKEN (FASS 17) **83**
Sehr komplexer mineralischer Kräuterduft; ein außergewöhnlicher 89er mit betonter Rasse, schlank und extrem mineralisch, fast wie flüssiger Schiefer; eleganter, langer Nachhall. Gutes Potential!

1989 SPÄTLESE TROCKEN (FASS 9) **82**
Satter Pfirsichduft; sehr dicht und füllig, kräftiger als viele trockene Auslesen aus diesem Gebiet, aber es fehlt ihr ein bißchen Spiel und Eleganz; fast mächtiger Abgang. Schwierig zu schätzen, ob der Wein sich auf der Flasche machen wird, aber hält sich sicherlich bis 1997/98.

1989 Spätlese Halbtrocken (Fass 6) **90**
Sehr komplexer Duft nach gelben Pflaumen, Zitrus und Mandeln; sehr saftig und mineralisch zugleich, viel Kraft und Tiefe, perfekte Harmonie von eleganter Rasse und aromatischer Süße; sehr nachhaltige Mandelnote. Ein bißchen verschlossen im Moment, aber exzellentes Potential.

1989 Spätlese (Fass 10) **88**
Attraktiver Duft nach Zitrus und Kräutern mit einer süßlichen Blütennote; sehr saftig mit einer leichten Kremigkeit, elegantes Spiel, die Süße ist jetzt perfekt eingebunden; sehr nachhaltig. Nicht so vielschichtig oder tief wie die halbtrockene Spätlese, hält sich aber ebenfalls bis mindestens 2010.

1989 Auslese (Fass 5) **93**
Tolles Honigbouquet mit ausgeprägter Blüten- und Mandelnote; extrem konzentriert, toller Saft und beeindruckender Schmelz, mäßige Süße für solch eine große Auslese, hochfeine Rasse; nach der opulenten Attacke ein erstaunlich eleganter Nachhall. Eine der schönsten Auslesen des Jahrgangs an der Saar.

1990 Spätlese Trocken **85**
Feiner, mineralischer Duft; viel mehr Frucht auf der Zunge, kernige Rasse, die noch etwas dominant ist, braucht immer noch Zeit, um zu ihrem Gleichgewicht zu finden, aber viel Struktur, sehr gutes Potential. Hält sich problemlos bis 2005.

1990 Auslese Trocken **88**
Beeindruckender Aprikosenduft mit subtiler mineralischer Note; sehr konzentrierte Frucht und viel Extrakt, tolles Spiel; sehr nachhaltige mineralische Rasse. Der wohl beste trockene Wein des Jahrgangs an der Saar, hält sich bis mindestens 2005.

1990 Spätlese Halbtrocken **87**
Duftet nach aromatischen Äpfeln und reifen Pfirsichen; viel Saft und Substanz, sehr betonte Rasse, braucht bis 1997/98, um sich zu entfalten; sehr kräftiger Nachhall. Viel Zukunft.

1990 Spätlese **90**
Nuancierter Aprikosenduft; dichte Fruchtfülle und pikante Rasse, sehr extraktreich und mineralisch, kein Charmeur, aber ein ausgezeichneter Wein, der durchaus das Prädikat »Auslese« würdig wäre, die dezente Süße tritt schon zurück; sehr nachhaltiges Säurespiel. Der Wein braucht mindestens bis 1997/98, um sich zu entfalten, und hält gut 25 Jahre.

1990 Auslese (Fass 9) **92**
Sehr intensiver Duft nach kandierten Orangen und Mandeln; sehr konzentriert und reichhaltig, ohne sehr viel Süße, etwas Schmelz und ein deutlicher Botrytis-Honig-Ton, sehr feste Säurestruktur; beeindruckende mineralische Dichte und Tiefe im Abgang. Ein sehr eigenartiger Wein, der zweifelsohne zur Jahrgangsspitze an der Saar gehört; hält sich bis 2020.

1992 Kabinett Trocken (Fass 14) **82**
Attraktives Bouquet von Birnen und Ananas, mit einer zarten Rosennote; saftig und elegant, trotz der betonten Rasse sehr geschliffen; anhaltend. Obwohl nur ein Kabinett, einer der besten trockenen Weine des Jahrgangs an der Saar; hält sich bis mindestens 2000.

1992 Kabinett Halbtrocken (Fass 11) **85**
Komplexer Duft nach Nüssen, Backgewürzen und Mineralien; eine beeindruckende Vermählung von Saftigkeit und mineralischer Rasse, attraktiv und ernsthaft zugleich; langer vielschichtiger Abgang. Schon jetzt sehr gut zu trinken, aber auch exzellentes Entwicklungspotential.

1992 Kabinett (Fass 9) **84**
Subtiler, eigenwilliger Duft nach Jod und Weißdornblüten; sehr ähnlich angelegt wie die halbtrockene Version und kaum süßer, filigrane Rasse; nachhaltiges Spiel. Wird sich von den 92er Kabinettweinen am längsten halten, vielleicht bis 2010.

Weingut Dr. Loosen

Anschrift 54470 Bernkastel-Kues, St. Johannishof
Inhaber Ernst F. Loosen
Kellermeister Bernhard Schug

Gesamtrebfläche 9,5 ha
Rebsortenspiegel 98 % Riesling, 2 % Müller-Thurgau

Rieslingproduktion

Rebfläche 9,4 ha
Lagen Bernkasteler Badstube, Schloßberg und Lay 2,5 ha, Graacher Himmelreich 0,8 ha, Wehlener Sonnenuhr und Klosterberg 2,6 ha, Ürziger Würzgarten 2 ha, Erdener Treppchen und Prälat 1,5 ha
Rebmaterial 98 % wurzelechte Reben
Durchschnittliches Rebalter 60 Jahre

Durchschnittlicher Ertrag 60 hl/ha
Durchschnittliche Produktion 70 000 Flaschen pro Jahr

Die Feststellung, erstklassige Weine seien Kunst und erstklassige Winzer Künstler, ist so oft geäußert worden, daß sie schon wie eine leere Floskel wirkt. Erst Erzeugnisse wie die des Weingutes Dr. Loosen und die dafür Verantwortlichen Ernst Loosen und Bernhard Schug zeigen uns, daß dieser Ausspruch noch immer Gültigkeit besitzt. In weniger als zehn Jahren konnte Ernst Loosen seinen Familienbetrieb von einem enttäuschenden Weingut in einen der bedeutendsten deutschen Spitzenbetriebe verwandeln. Doch damit nicht genug: Zusammen mit seinem Kellermeister Bernhard Schug ist ihm die Entwicklung eines einzigartigen Rieslingstils an der Mosel gelungen. Durch die Verbindung ausnehmend hoher Qualität mit einem sehr eigenen Charakter zählen einige Weine Dr. Loosens derzeit zu den besten Stücken zeitgenössischer Kunst in Deutschland. Von der internationalen Presse wurde diese Tatsache rasch erkannt, so daß das Weingut Dr. Loosen in den Vereinigten Staaten, in England und dem Fernen Osten schon den Ruhm eines neuen Stars in der Welt der Weine genießt.
Weder Ernst Loosen noch Bernhard Schug hatten jemals Winzer werden wollen, so daß diese Erfolge um so bemerkenswerter erscheinen. Sobald er – auf Drängen seines Vaters – die Geisenheimer Fachhochschule für Weinbau abgeschlossen hatte, begann Ernst Loosen ein Archäologiestudium in Mainz. Nur die plötzliche Krankheit des Vaters kurz vor der Lese 1983 konnte ihn zur Rückkehr an die Mosel veranlassen. Seine Unzufriedenheit mit der unberechenbaren Qualität und dem oft faden Charakter der Weine des heimischen Gutes entfachte letztendlich seine Leidenschaft für die Weinerzeugung. Seine ersten Versuche zur Verbesserung der Herstellungsmethoden scheiterten an der desinteressierten Haltung des damaligen Kellermeisters und anderer Angestellter. Zu dieser Zeit hatte Bernhard Schug gerade sein Landwirtschaftsstudium in Göttingen mit dem Schwerpunkt »Tropische Viehzucht« abgeschlossen und suchte nun vergeblich nach einer Anstellung. Seine Beschäftigung auf dem Weingut Dr. Loosen hatte eigentlich nur eine zeitlich befristete Übergangslösung sein sollen, als Ernst Loosen das Interesse und die Fähigkeiten Bernhard Schugs erkannte. 1987 sollte die Weinqualität deutlich verbessert werden: Als Reaktion kündigte die Belegschaft buchstäblich geschlossen am ersten Tag der Lese, woraufhin Bernhard Schug umgehend als neuer Kellermeister eingesetzt wurde. Von diesem Zeitpunkt an hat keiner der beiden den Blick nach hinten gewandt, und seitdem zählt das Weingut auch zu der Elite dieses Gebietes.
Es sind vor allem zwei Umstände, die zu der bemerkenswerten Qualität

der Loosen-Weine des 87er Jahrgangs beitrug, wobei der erste sicher eher eine Frage des Glücks war. Kein anderes Weingut an der Mosel besitzt so viele alte, wurzelechte Reben in den Spitzenlagen dieses Gebietes wie das Gut Dr. Loosen. Genau wie in Frankreich und allen anderen weinerzeugenden Ländern bringen auch in Deutschland die alten Reben die Weine höchster Güte hervor. Aber nur in Deutschland wurde von den Weinbauschulen ein Zusammenhang zwischen Erträgen und Weinqualität geleugnet. Ernst Loosens erste Versuche mit radikalen Ertragsminderungen fanden 1987 statt; sie erbrachten den endgültigen Beweis, daß niedrige Erträge an der Mosel wie an jedem anderen Ort Weine höherer Güte hervorbringen. Seither bedient man sich auf diesem Gut eines stärkeren Rebschnittes, minimaler organischer Düngung und neuer Reberziehungsformen, um die Erträge in den jüngeren Weinbergen niedrig zu halten. Heute fährt das Weingut niedrigere Durchschnittserträge als jeder andere Betrieb an der Mittelmosel ein, und viele seiner Spitzenweine stammen aus Erträgen von 30 oder 40 Hektolitern pro Hektar - Zahlen, die durchaus mit denen der großen Weine aus Bordeaux und dem Burgund verglichen werden können. Nur alte Reben können die kleinen Trauben goldener, erbsengroßer Beeren hervorbringen, die Ernst Loosen als Grundlage für große Moselweine ansieht. Daher werden bis zu 80 Jahre alte Reben auch eher gehegt denn ersetzt, und ihre extrem geringen Erträge werden einer größeren Menge geringerer Güte vorgezogen.

Dabei ist dies nur eine der essentiellen Fragen, die Ernst Loosen und Bernhard Schug oft auch mit anderen führenden Winzern wie Leonard und Olivier Humbrecht von der Domaine Zind-Humbrecht im Elsaß, Franz Xaver Pichler vom gleichnamigen Weingut in der Wachau und Dominique Lafon von der Domaine Comte Lafon in Meursault in endlosen Diskussionen erörtert haben. Ihr Ziel - die Erzeugung von Weinen höchster Konzentration und Komplexität ohne gleichzeitige Einbußen an Eleganz - ist den Vorstellungen jener ausländischen Winzer wesentlich näher als den üblichen Ansichten ihrer meisten Kollegen an der Mosel. Wie die französischen Winzer betrachten auch Loosen und Schug niedrige Erträge und späte, selektive Lese als die entscheidende Voraussetzung zur Erzielung hoher Weinqualität; das Vorgehen im Keller kann nur die in den Trauben vorhandene Qualität bewahren und deren Umwandlung in Wein unterstützen. Und wie ihre französischen Kollegen glauben auch sie an eine lange, allmähliche Gärung mit natürlicher Hefe, gefolgt von einer minimalen Filtration, die die Weine eher sich selbst klären läßt. Durch den vorsichtigen Einsatz moderner Techniken werden die Weine so wenig wie möglich bewegt, so daß ihnen das Tempo ihrer Entwicklung nahezu ganz überlassen bleibt. Viele dieser Methoden finden auch bei ihren qualitätsbewußteren

Kollegen Anwendung; die Unterschiede zwischen ihren Techniken und denen des Weingutes Dr. Loosen sind gradueller Natur. Neben dem Weingut Joh. Jos. Prüm in Wehlen findet die Lese hier zum spätest möglichen Zeitpunkt in der gesamten Region statt. So konnten durch eine selektive Lese seit 1989 jedes Jahr Trockenbeerenauslesen erzeugt werden, wobei die 92er zur Beerenauslese herabgestuft wurde, um den Standard für oberste Prädikate zu erhöhen.

So entstehen beispiellos ausdrucksstarke, konzentrierte Weine, die so voller Frucht sind, daß sie dem Weintrinker selbst als unfertige junge Weine aus dem Glas förmlich entgegenspringen. Dabei besitzen sie aber nicht die leiseste Andeutung von Oberflächlichkeit. Hinter dieser wahren Explosion von Aromen verbergen sich eine äußerst feste Struktur und mehr mineralische Extrakte als bei irgendeinem anderen Moselwein. Noch deutlicher offenbart sich das in dem intensiven und anhaltenden Nachgeschmack, der allen Loosen-Weinen eigen ist. Alle Weine der vier Spitzenlagen dieses Gutes zeichnen sich durch eine äußerst ausgeprägte Persönlichkeit aus.

Der vollkommenste Ausdruck der hier herrschenden Philosophie findet sich in den Weinen aus dem Erdener Prälat. Der 1,6 ha große Streifen von Reben liegt eingepfercht zwischen der Mosel und roten Schiefer- und Sandsteinfelsen flußabwärts unterhalb des Ortes Ürzig und genießt das beste Mikroklima des ganzen Mosel-Saar-Ruwer-Gebietes. Zusammen mit den einzigartigen Böden sind so Voraussetzungen für Weine einer exotischen Opulenz geschaffen, die in der gesamten Region ihresgleichen suchen. Oft weisen sie einen betonten Mandelgeschmack auf, hinter dem komplexe mineralische Nuancen und eine äußerst elegante Säure stehen. Fast jedes Jahr bringt diese Lage den höchsten Reifegrad aller Reben dieses Gutes hervor, oft genug stellen die hier erzielten Ergebnisse die der Wehlener Sonnenuhr in den Schatten.

Die Weine des angrenzenden Erdener Treppchens sind etwas schlanker als die vom Prälat und besitzen einen kräuterähnlichen, mineralischen Charakter. Unter den Loosen-Besitzungen stellt der Ürziger Würzgarten die stärksten Konkurrenz für den Erdener Prälaten dar. Auch hier findet man rote Böden, dabei aber mehr Sandstein als Schiefer. So entstehen extrem würzige und volle Weine von sehr fester Struktur. Häufig wird jene aber von der enormen Kraft der Frucht verdeckt. Die Weine der Wehlener Sonnenuhr sind in jungen Jahren so verführerisch schön und charmant, daß man ihr Alterungspotential bezweifeln möchte, doch werden auch sie genauso alt wie die straffer strukturierten Weine aus Ürzig und Erden.

Aber nicht bei jedem Faß aus den Kellern vom Weingut Dr. Loosen sind diese Charakteristiken gleich stark ausgeprägt. Daher bringt Ernst Loosen große Teile seiner Produktion ohne Lagenangabe als »Dr. Loosen Ries-

ling«, »Dr. Loosen Riesling Kabinett« und »Dr. Loosen Spätlese« in den Handel, darunter fast alle Erzeugnisse seiner Lagen in Bernkastel. Diese Weine können schon einen oder zwei Monate nach der Flaschenabfüllung äußerst attraktiv sein, wogegen die der Spitzenlagen länger brauchen, um ihre wahre Pracht zu entfalten. Loosen läßt diese Weine gern eine oder zwei Wochen geöffnet im Kühlschrank stehen, bevor er sie Besuchern anbietet, da ihre Aromen Zeit und Luft brauchen, um sich voll zu entwickeln. Sollen seine besten Weine in jungem Alter getrunken werden, so empfiehlt er sie zu dekantieren, um ihnen eine größere Sauerstoffzufuhr zu gewähren.
Sogar die 87er Weine von Dr. Loosen sind noch sehr jung, so daß sich kaum vorhersagen läßt, wie sich die Erzeugnisse von Ernst Loosen und Bernhard Schug im hohen Alter entwickeln werden. Nach drei oder vier Jahren in der Flasche sind sie eleganter und etwas weniger überwältigend als in ihrer frühen Jugend. Eine besondere Vorliebe hegt Loosen für die Weine, die sein Großvater väterlicherseits in den sechziger Jahren in Ürzig erzeugte. Das Weingut Dr. Loosen entstand aus dem Besitz seines Vaters in Ürzig und dem seiner Mutter in Wehlen, Graach und Bernkastel. Lag den damaligen Weinen auch ein wesentlich weniger rigoroses Qualitätsstreben als den heutigen zugrunde, so bestanden bei den Herstellungsmethoden keine grundlegenden Unterschiede. Diese Weine haben jetzt ihren Höhepunkt erreicht. Für ihr Alter sind sie noch sehr frisch, reich und aromatisch und dabei wunderbar ausgewogen. Sie lassen vermuten, daß die heute auf dem Weingut Dr. Loosen erzeugten zeitgenössischen Kunstwerke nach zwanzig- oder dreißigjähriger Reifung »alte Meister« sein werden.
Bei der Auswahl der Trauben für trockene Weine geht Ernst Loosen mit größter Sorgfalt vor, da sein erklärtes Ziel trockene Rieslinge derselben Güte wie die der Domaine Zind-Humbrecht und des Weingutes F. X. Pichler sind. In seinen Augen sind eine höchstmögliche Konzentration und eine reife Säure die Grundbedingungen für die Erzeugung einer trockenen Riesling-Spätlese. Weine dieser Art vergären bei niedrigen Temperaturen über mehrere Monate hinweg und weisen direkt nach der Flaschenabfüllung oft Hefearomen auf. Sind diese aber abgeklungen, entfaltet sich die ganze Tiefe der Frucht und mehr Kraft als in jedem anderen Riesling von der Mosel, Saar oder Ruwer.
Durch den Kauf der Weinberge des Weingutes Mönchhof in Ürzig im April 1994 hat Ernst Loosen seinen Besitz in den Spitzenlagen Ürziger Würzgarten, Erdener Treppchen und Erdener Prälat bedeutend erweitern können. Man darf sehr gespannt sein, was er aus diesen Parzellen hervorbringen wird.

Erdener Prälat Riesling

1988 Spätlese 90
Voller Duft nach tropischen Früchten und Mandeln; konzentrierte Frucht, viel Kraft und Saft für eine Spätlese, tolle Rasse und dezente Süße; beeindruckender Nachhall.

1988 Auslese »Goldkapsel« 93
Äußerst filigraner Duft nach exotischen Früchten und Melonen; sehr konzentriert und hochelegant, die Süße diskret und komplett eingegliedert, atemberaubendes Spiel; langer Abgang mit ausgeprägtem Mandelton. Reserven für 20 Jahre.

1989 Spätlese 90
Immer noch etwas verschlossener Duft mit, für diesen allgemein schnell entwickelnden Jahrgang, wesentlich mehr Frische als gewöhnlich; stoffig und dicht, mit deutlichem Anis- und Nußcharakter, ein Hauch Honig (Botrytis), feste Säurestruktur; sehr anhaltend. Sie besitzt gute Anlagen für eine lange Entwicklung, aber bleibt immer noch etwas unzugänglich.

1989 Auslese 91
Ähnlich strukturiert wie die Spätlese, aber mit noch satterer Frucht, mehr Extrakt und längerem Abgang. Genauso unentwickelt wie die Spätlese, aber noch größeres Potential.

1989 Trockenbeerenauslese 98
Enormer Duft nach den vielfältigsten getrockneten Früchten und Gewürzen; gigantische Konzentration, Kraft und Tiefe, fast untypisch massiv für einen Moselriesling, tolle Säure für den Jahrgang; eine Frucht- und Gewürzexplosion auf der Zunge, die kaum endet. Eine große Mosel-Trockenbeerenauslese und einer der größten Weine des Jahrgangs in Deutschland!

1990 Auslese 94
Erstaunlich offen und attraktiv für einen jungen Wein aus dieser Spitzenlage, mit verführerischem Passionsfrucht- und Aprikosenaroma; sehr intensive, extrem saftige Frucht, die von der strahlenden Säure getragen wird, sehr dicht; lang anhaltend. Obwohl schon gut zu trinken, besitzt diese Auslese noch mindestens 20 Jahre Entwicklungspotential.

1990 Auslese »Goldkapsel« 97
Unglaublich tiefer, komplexer Duft nach exotischen Früchten und Rosen; irrsinnig konzentriert für eine Auslese, mit einer fast perfekten Harmonie von Frucht, Süße und Säure, hochfeines Spiel; ungeheure Kraft im Abgang. Ein einmaliger Wein, der viele Jahre braucht, um seinen Höhepunkt zu erreichen, und 40 Jahre alt werden kann!

1990 Trockenbeerenauslese 99
Kaum weniger intensiver Duft als die 89er Trockenbeerenauslese des Gutes, aber dafür wesentlich finessenreicher und delikater; höchste Konzentration und Finesse zugleich, brillante Rasse und Spiel trotz der enormen Fülle; atemberaubender explosiver Abgang. Ein perfekter edelsüßer Riesling, der 50 Jahre leben wird. Ein Meisterwerk!

1991 Kabinett 88
Sehr dichtes Bouquet nach Aprikosen, Mandeln und Kräuter; fast opulent für einen Kabinett, trotzdem verhaltene Süße, ein wahres Fruchtpaket, sehr elegante Säure für 1991; langer mineralischer Nachhall.

1991 Eiswein 96
Äußerst intensiver, pikanter Passionsfruchtduft; sehr konzentrierte exotische Früchte, strahlende Rasse und hochpikantes Spiel; der Abgang ein Feuerwerk von Frucht und Säure. Der erste Prälat-Eiswein und einer der großen Eisweine des Jahrgangs, hält 30 Jahre.

1992 Spätlese 93
Mit diesem Jahrgang legte Ernst Loosen die Meßlatte noch höher als bisher. Voller, aber sehr nuancierter Duft nach exotischen Früchten; eine Fruchtexplosion, mehr Konzentration als manche Spitzen-Auslesen des Jahrgangs, seidige Säure, die Süße in den Hintergrund gedrängt; hochfeiner Nachhall.

1992 Auslese 95
Noch ziemlich verschlossen, aber die Mandel- und Ananasnote ist trotzdem deutlich erkennbar; enorme Konzentration und Kraft, tolle Säurestruktur für den eher weichen Jahrgang; äußerst beeindruckender, intensiver Abgang. Reserven für weitere 20 Jahre.

Ürziger Würzgarten Riesling

1988 Spätlese Trocken 88
Satter Mangoduft mit mineralischer Note; noch erstaunlich frisch für sein Alter trotz der relativ weichen Säure, sehr satte Frucht und viel Extrakt; sehr eleganter, langer Nachhall. Nicht ganz die Klasse der 1988 Bernkasteler Lay Auslese Trocken (90 Punkte), jedoch exzellent für den Jahrgang; hält bis zur Jahrhundertwende.

1988 Auslese 91
Viel schlanker und rassiger als die Spätlese Trocken, dadurch die geringe Süße kaum schmeckbar, sehr nuancierte Pfirsich- und Ananasfrucht, tolles Spiel, langatmige mineralische Säure. Nur von uralten Reben ausgelesen (ohne Botrytis), Reserven für noch 20 Jahre Entwicklung.

1989 SPÄTLESE TROCKEN **86**
Komplexer Kräuter-Mineralien-Duft; mittelgewichtig mit betonter Rasse für 1989, viel Cassisfrucht und ausgeprägte Kräuternote; obwohl schlank im Vergleich zu seinem Vorgänger, bleibt er sehr lang am Gaumen. Schon jetzt beeindruckend, aber hält mindestens bis zur Jahrhundertwende.

1989 SPÄTLESE **90**
Fast explosiver Duft mit ausgeprägtem Anis- und Ananaston; erstaunliche Konzentration und Finesse für den Jahrgang (die meisten Weine wirken eher weich und breit), sehr saftig, elegantes Spiel; langer, feinfruchtiger Nachhall.

1990 AUSLESE **93**
Recht verschlossener Duft; enorme Kraft für eine »normale« Auslese, sehr dicht und saftig, die satte Frucht und dezente Süße von der rassigen Säure perfekt ausgeglichen; sehr pikanter, langer Abgang. Großes Potential!

1990 AUSLESE »GOLDKAPSEL« **96**
Noch erstaunlich jugendlicher Duft mit intensivem Aprikosen- und Mangoton; kaum weniger konzentriert als die Prälat »Goldkapsel« aus dem gleichen Haus, enormer Saft, viel Kraft, brillantes Säurespiel; der gewaltige Abgang ist sehr intensiv und pikant zugleich. Diese Auslese besitzt alles, was ein großer Wein braucht!

1991 SPÄTLESE TROCKEN **83**
Attraktiver würziger Zitrusduft; ein sehr charaktervoller Wein mit viel Würze und Charme, aber für eine trockene Spätlese wenig Fleisch auf den Knochen, ansprechendes Säurespiel; anhaltend.

1991 SPÄTLESE **91**
Sehr intensiver Duft nach weißen Pfirsichen; konzentriert und pikant, Biß und Rasse ohne eine Spur Härte, sehr saftig und würzig; die mineralische Säure klingt lange nach. Ein toller Wein für den problematischen Jahrgang!

1991 AUSLESE »GOLDKAPSEL« **94**
Noch etwas verschlossener Duft nach Papaya und Maracuja; sehr kraftvoll und konzentriert, sehr kremig und rassig zugleich, dezente Süße für einen Riesling, der fast die Fülle einer Beerenauslese besitzt; hinten noch fest und unzugänglich, aber sehr lang im Abgang. Einer der wenigen Spitzenweine des Jahrgangs.

1992 Spätlese Trocken 87
Exotischer Duft mit ausgeprägter Bananen- und Ananasnote; dicht und satt, mit einer erstaunlichen Kremigkeit für einen trockenen Riesling, reife Säure und viel Extrakt; sehr dichter Nachhall. Wie die 88er Spätlese Trocken wird dieser Wein langlebig sein, trotz der relativ weichen Säure.

1992 Auslese 93
Sehr kremiger Duft mit intensivem mineralischen Ton; viel Kraft und Konzentration, aber durch seine betonte Rasse gar nicht schwer oder ermüdend, im Geschmack noch ziemlich unentwickelt; sehr nachhaltig. Großes Potential!

1992 Auslese »Goldkapsel« 96
Verführerisch tiefer Duft nach exotischen Früchten, Honig und Lavendel; enormer Saft und Stoff, vielschichtiger exotischer Fruchtcharakter, toller Schmelz und Kremigkeit, trotz sehr geringer Süße; extrem mineralischer Abgang. Eine ganz tolle Auslese, aber von der 1992 Wehlener Sonnenuhr Beerenauslese (97 Punkte) noch übertroffen! Beide besitzen mindestens noch 30 Jahre Entwicklungspotential.

Die 1993er Rieslinge stellen die beste Kollektion des Jahrgangs an der Mittelmosel und stehen mit an der Spitze in ganz Deutschland. Extrem dichte, perfekt balancierte Weine, die auch die großen 1990er Gewächse des Gutes übertreffen!

Weingut Meulenhof

Anschrift 54492 Erden, Zur Kapelle 8
Inhaber und Kellermeister Stefan Justen

Gesamtrebfläche 4,4 ha
Rebsortenspiegel 66 % Riesling, 34 % Kerner und Müller-Thurgau

Rieslingproduktion

Rebfläche 2,9 ha
Lagen Erdener Prälat 0,06 ha, Treppchen 1,3 ha und Bußlay 0,94 ha, Lößnicher Försterlay 0,2 ha, Wehlener Sonnenuhr 0,4 ha
Rebmaterial 71 % wurzelechte Reben, 29 % Pfropfreben (G198, T68, 356, Unterlage 26G)
Durchschnittliches Rebalter 35 Jahre

Durchschnittlicher Ertrag 94 hl/ha
Durchschnittliche Produktion 36 000 Flaschen (0,75 l) pro Jahr

Es ist ganz erstaunlich, wie sich an der Mosel die Wesensart der Bewohner von Ort zu Ort unterscheidet. In manchen Dörfern ragen nur ein oder zwei qualitätsbewußte Winzer aus der Masse derjenigen heraus, die die schlimmsten Vorurteile der meisten Deutschen im Hinblick auf dieses Anbaugebiet bestätigen. In anderen Orten wiederum bestehen weniger krasse Gegensätze; hier gibt es eher graduelle Unterschiede darin, wie erfolgreich einzelne Winzer ihre Qualitätsvorstellungen umsetzen können. Der Ort Erden bietet ein schönes Beispiel für die letzte Gruppe, da hier eine ganze Reihe junger Winzer lebt, die von dem Ehrgeiz beseelt sind, aus dem großen Erdener Treppchen Spitzenweine zu erzeugen. Der bekannteste unter ihnen ist Stefan Justen vom Weingut Meulenhof; er hat seinen Ruf inmitten der besten Güter der Region schon festigen können. Das gleiche ließe sich freilich genausogut von seinem Vater, Heinz Justen, sagen, der hier von 1950 bis 1989 Weine erzeugt hat.
Der Besitzerwechsel 1990 brachte gravierende Veränderungen in der Stilrichtung der Weine und den Ansprüchen dieses Gutes mit sich, was die heutige Situation um so beeindruckender erscheinen läßt. Heinz Justen hat wunderbar elegante, vornehme Moselrieslinge erzeugt. Sie zeigten den charakteristischen blumigen Charakter der Weine dieses Gebietes und bewahren selbst bei höchster Reife eine gewisse Leichtigkeit; dabei mangelt es ihnen nie an Struktur oder Substanz. Besonders beeindruckend waren sie in geringen Jahrgängen; dann stellten sie die Weine manch eines berühmteren Weingutes in den Schatten.
Stefan Justens Weine sind Schöpfungen völlig anderer Art: Dicht und kraftvoll betonen diese Weine eher die mineralische Seite des Moselrieslings. Auf ihre Weise können sie genauso beeindrucken wie die Weine seines Vaters. Obwohl ich Heinz und Stefan Justen persönlich kenne, kann ich mir die plötzliche Richtungsänderung auf dem Weingut Meulenhof nicht erklären. Wenn Stefan Justen auch zweifelsohne den Kreis seiner Stammkunden ausweiten möchte, so ist er doch alles andere als der typische dynamische Jungwinzer. Tatsächlich ist er ein äußerst gewissenhafter Weinerzeuger, dessen Interesse am Wein über die Grenzen des Moseltals weit hinausgeht. Möglicherweise ist diese eher internationale Sichtweise für die Veränderungen auf dem Weingut Meulenhof verantwortlich. Ganz sicher hat der neue Stil dafür sorgen können, daß die Meulenhof-Weine einem internationalen Publikum leichter zugänglich geworden sind, ohne aber ihre Identität auf irgendeine Art zu leugnen.
Obwohl die trockenen Weine dieses Gutes aufgrund ihrer Anlagen beson-

ders erfolgreich sein müßten, kann ich sie kaum höher als »gut« einstufen. Manch einer wirkt ein wenig plump und läßt das lebhafte Spiel von Frucht und Säure vermissen, das man bei einem schönen Moselriesling erwartet. Dafür sind die restsüßen Weine kraftvoll und konzentriert. In ihnen kommt es zu einer aufregenden Verbindung der Struktur eines großen Rieslings aus der Pfalz mit Aromen und Geschmacksnuancen, wie sie nur die Schieferböden und steilen Hänge des Mosel-Saar-Ruwer-Gebietes hervorbringen können. Der für das Erdener Treppchen und die angrenzenden Lagen so typische kremig-mineralische Charakter ist in diesen Weinen besonders ausgeprägt, ohne daß sie dabei überladen oder opulent erschienen.
Der teuerste Wein aus dem Keller Stefan Justens ist auch der beste. Wenn sein Rebenbesitz im Erdener Prälat auch nur für ein Halbfuder (500 Liter) im Jahr ausreicht, so ergab er in den letzten beiden Jahren doch einen höchst bemerkenswerten Wein. In ihm findet man die für diese Lage typische Opulenz, mineralische Intensität und filigrane Struktur. Noch einige solcher Weine, und Stefan Justen wird in die Winzerelite von Mosel, Saar und Ruwer aufgestiegen sein. Um dasselbe durch seine anderen Weine zu erreichen, bedürfen sie noch einer »Feinabstimmung«, etwas mehr von jener Zartheit, die die Weine Heinz Justens so reichlich besaßen.

Erdener Treppchen Riesling

1988 SPÄTLESE TROCKEN 78
Zarter Duft mit schöner Frische; etwas leichtgewichtig, aber feine Frucht und angenehmer Säurebiß; recht anhaltend. Hat noch für einige Jahre Reserven.

1988 AUSLESE 88
Klassischer kremiger Pfirsichduft des Treppchens mit deutlich mineralischer Note; recht konzentriert und sehr saftig, die Süße noch ein bißchen hervorstechend, elegante Säure; gute Länge. Noch 15 Jahre Entwicklungspotential.

1989 KABINETT (0390) 85
Feine Pfirsich- und Birnenfrucht im Bouquet; sehr saftiger, substanzreicher Wein, durch das schöne Säurespiel noch als Kabinett zu akzeptieren, diskrete Süße; langer Nachhall. Ein außergewöhnlich gelungener Kabinett für den Jahrgang.

1989 SPÄTLESE 83
Reichhaltiger und konzentrierter als der Kabinett, aber einfach ein Hauch zu süß, schmeckt leicht nach gekochten Äpfeln, deutliche Anisnote; etwas weich im Abgang.

1990 AUSLESE TROCKEN 86
Davon gibt es drei verschiedene Abfüllungen, die sehr unterschiedlich sind. Diese Notiz betrifft die beste (0391). Voller Duft nach gelben Früchten mit ausgeprägtem Himbeerton; voll, konzentriert und extraktreich, außergewöhnlicher Säurebiß für diesen hohen Reifegrad, kommt langsam in ihr Gleichgewicht; fast mächtiger Abgang für einen Moselriesling. Schwierig einzuschätzen, wie sie sich entwickeln wird.

1990 SPÄTLESE (0791) 91
Toller Aprikosenduft; sehr konzentriert für eine Spätlese, aber nicht weniger Eleganz als Dichte, tolle Rasse; sehr kräftiger, mineralischer Nachhall. Großes Potential.

1990 AUSLESE (1691) 93
Verführerischer honigbetonter Aprikosenduft; sehr konzentriert und saftig, herrliche Kremigkeit, die Süße schon sehr gut eingebunden, die Säure nicht so betont wie bei manchen 90ern, trotzdem deutlich präsent; sehr langer, kräftiger Abgang. Schon ein beeindruckender Wein, hält noch 20 Jahre.

1991 SPÄTLESE TROCKEN 69
Etwas scharfer Duft nach grünen Äpfeln; sehr schlank und säurebetont, wenig Frucht; fast metallischer Ton im Abgang.

1991 SPÄTLESE 82
Ausgeprägtes Fruchtbouquet, das an weiße Johannisbeeren erinnert; etwas leichtgewichtig und wenig strukturiert, aber sehr ansprechende Fruchtnoten von Cassis, Himbeeren und Zitrusschale, pikante mineralische Säure; anhaltend.

1992 SPÄTLESE TROCKEN 81
Voller Duft nach roten Früchten und Gewürzen; obwohl nur mittelgewichtig, gute Konzentration, elegante Säure; langer, saftiger Abgang. Kein großer Wurf, aber ein gutes Ergebnis für den Jahrgang; hält bis 2000.

1992 AUSLESE 86
Noch ziemlich unentwickelter Duft (leichter Hefeton); viel Kraft, Stoff und Saft, aber noch sehr ungeschliffen; sehr anhaltend. Es fehlt ihr etwas an Eleganz und Komplexität, um an der Jahrgangsspitze zu stehen.

Erdener Prälat Riesling

1989 SPÄTLESE 87
Komplexer Mandel-Lakritz-Duft; sehr elegante Spätlese mit vielschichtiger Pfirsichfrucht und feinem Säurespiel; delikater Nachhall. Schon durchaus trinkreif, hält noch 10–12 Jahre.

1990 Auslese **85**
Schon recht entwickelter, etwas karamelbetonter Duft; viel Kraft, Stoff und leichte Kremigkeit, aber etwas glatt und eher einfach gestrickt für eine Auslese aus dieser Spitzenlage; anhaltend im Abgang.

1991 Spätlese **85**
Fast opulenter Duft nach exotischen Früchten; konzentriert und saftig, sehr geschliffene Säure für den Jahrgang; bleibt sehr lang am Gaumen. Im Moment ein Hauch zu süß, aber sehr gute Anlagen für 10 bis 15 Jahre Entwicklung.

1992 Auslese (0893) **90**
Verführerisches Pfirsich-Maracuja-Bouquet; sehr dicht und saftig, seidige Säure; sehr langer, kremiger Nachhall. Ein toller Erfolg für den Jahrgang; jetzt schon beeindruckend, wird sich aber während der nächsten 15 Jahre noch weiter entfalten.

Die 1993er Rieslinge sind noch einen Tick besser als der sehr gelungene 1992er Jahrgang des Gutes; eine vollkommene Bestätigung des hier bestehenden Aufwärtstrends.

Weingut Egon Müller-Scharzhof/Weingut Le Gallais

Anschrift 54459 Wiltingen/Saar
Inhaber Egon Müller, 50 % von Le Gallais (50 % Gerald Villanova)
Leitung Egon Müller jr.
Kellermeister Horst Frank

Gesamtrebfläche 12,5 ha
Rebsortenspiegel 97,5 % Riesling, 2,5 % andere Sorten

Rieslingproduktion

Rebfläche 12 ha
Lagen Scharzhofberg 7 ha, Wiltinger Braune Kupp (Alleinbesitz) 5 ha
Rebmaterial 30 % wurzelechte Reben, 70 % Pfropfreben
Durchschnittliches Rebalter 40 Jahre
Durchschnittlicher Ertrag 50 hl/ha
Durchschnittliche Produktion 80 000 Flaschen pro Jahr

Von diesem weltberühmten Weingut stammen einige der größten edelsüßen Rieslinge, die die Welt je gesehen hat – Weine, deren überwältigende

Konzentration und fast übernatürliche Eleganz weltweit unerreicht bleiben. Auf der ganzen Erde werden nur wenige edelsüße Weine erzeugt, die es mit einer Beerenauslese oder Trockenbeerenauslese vom Weingut Egon Müller oder dem Weingut Le Gallais, dessen Weine ebenfalls aus dem eindrucksvollen Scharzhof bei Wiltingen an der Saar stammen, aufnehmen können. Einige meiner Kollegen behaupten zwar, daß es so etwas wie einen vollkommenen Wein gar nicht gäbe, doch würde ich ohne Zögern von dem 1989 SCHARZHOFBERGER RIESLING EISWEIN und der 1990 SCHARZHOFBERGER RIESLING TROCKENBEERENAUSLESE sagen, daß sie die ultimativen Weine sind, die aus der Rieslingtraube erzeugt werden können, und daß sie ohne jeden Zweifel tatsächlich vollkommen sind. Verschiedene Auslesen, Beerenauslesen und Trockenbeerenauslesen dieses Weingutes aus anderen Jahrgängen sind kaum weniger hervorragend gelungen. Bei der Erzeugung edelsüßer Weine nimmt dieses Gut neben dem Château d'Yquem in der Sauternes weltweit die Führung ein.

Alle Goldkapsel-Auslesen, Beerenauslesen, Trockenbeerenauslesen und Eisweine des Gutes sind mit einer goldenen Kapsel versehen, die sie leicht erkennbar macht. So gut wie jeder der hier erzeugten und vermarkteten Weine - von denen einige der besten zum gegenwärtigen Zeitpunkt noch nicht auf dem Markt sind - kann nur wärmstens empfohlen werden. Allerdings ist die Produktion dieser Weine auf einige hundert Flaschen im Jahr beschränkt, so daß die Preise hierfür genauso astronomisch sind wie ihre Qualität. In Anbetracht des einzigartigen Charakters und der unerreichten Güte dieser Weine wäre ich der Letzte, der sie für überteuert erklären würde, doch will man tatsächlich eine Flasche kaufen, sollte man sich darüber im klaren sein, daß die Preise bei DM 300 je Flasche erst anfangen. Der bis heute erzielte Rekordpreis für einen Egon-Müller-Wein liegt bei DM 1736,50 für eine 76er Scharzhofberger Riesling Trockenbeerenauslese bei der Auktion des Großen Rings (Mosel-Saar-Ruwer VDP) in Trier.

Wären die hier erzeugten Kabinette und Spätlesen genauso eindrucksvoll wie die edelsüßen Weine, zählten diese Güter eindeutig zu den besten in ganz Deutschland. Bedauerlicherweise ist dies jedoch nicht immer der Fall, und die Kritik ist in den letzten Jahren immer lauter geworden. In bezug auf die Kabinette und Spätlesen der Jahrgänge 1988 und 1989 war diese Kritik sicher gerechtfertigt; viele dieser Weine waren wenig beeindruckend. Seither ist die Qualität der Standardweine zwar gestiegen, doch verglichen mit anderen Spitzengütern an Mosel, Saar und Ruwer ist das Niveau immer noch etwas zu niedrig. Einige der Weine sind nicht nur zu leicht für ihr jeweiliges Prädikat, sondern sie besitzen auch einen ungehobelten und rustikalen Charakter. Wenigstens gibt es jetzt deutliche Anzeichen für ei-

nige Qualitätsverbesserungen – wie meinen nachfolgenden Bewertungen entnommen werden kann.
Die wahren Problemkinder des Gutes aber findet man bei seinen in relativ geringen Mengen hervorgebrachten trockenen Weinen. Sie sind schlichtweg eine Katastrophe, ohne jeden Charme, dafür von strenger Säure und ungeschliffenem Charakter, so daß sie unmöglich empfohlen werden können. Wenn die Stärke dieses Weingutes so eindeutig bei den süßen Weinen liegt, drängt sich die Frage auf, warum hier Energien zur Herstellung schwacher trockener Weine verschwendet werden. Dies mögen harte Worte sein, doch ein trockener Mosel-Saar-Ruwer-Riesling kann um vieles besser sein als diese Erzeugnisse.
Zur Zeit wird der Betrieb von Egon Müller jr. geleitet, der ihn 1989 von seinem Vater übernahm. Er hat zwar nicht das Charisma und die »Grandeur« seines Vaters, aber er ist ein hochbegabter und sehr erfahrener Winzer. Nach seinem Abschluß an der Geisenheimer Fachhochschule für Weinbau im Rheingau hat er für bedeutende Weinerzeuger in Kalifornien und Japan gearbeitet. Außerdem besitzt er zahlreiche Freunde unter den führenden Winzern Deutschlands und anderer Länder, durch die er wertvolle Kenntnisse über den Weinbau und die Methoden anderer Gebiete und Länder gewinnen konnte. Obgleich er präzise Informationen über einen bestimmten Wein seines Gutes oft verweigert, beantwortet er allgemeinere Fragen zur Weinerzeugung umfassend und detailliert, wobei jedes einzelne Wort wohl überlegt ist. In vieler Hinsicht teilt Egon Müller jr. die sowohl in persönlichen als auch beruflichen Dingen konservative Haltung seines Vaters. Auch wenn er jetzt größere Anstrengungen unternimmt, um die Qualität der Kabinettweine und Spätlesen von Egon Müller und Le Gallais zu verbessern, sind drastische Veränderungen auf dem Scharzhof kaum vorstellbar.
Technologie ist zur Weinerzeugung auf diesem Gut immer nur minimal eingesetzt worden; die Überzeugung, mit der beide Generationen auf niedrige Erträge und selektive Lese schwören, ist echt und kommt aus dem Herzen. Ich habe die Keller des Weingutes nur ein einziges Mal zu Gesicht bekommen und war von ihrer spartanischen Ausstattung äußerst überrascht – bis auf zahlreiche Fuder war kaum etwas zu sehen. Minimaler Einsatz von Technologie und auffallend einfache Vorgehensweisen laufen der Erzeugung von Weinen höchster Qualität nicht zuwider, wie das Château Rayas in Châteauneuf-du-Pape, Williams Selyem im kalifornischen Sonoma County oder die Domaine Ponsot an der Côte de Nuits im Burgund beweisen. Meine Befürchtungen beim Weingut Egon Müller gehen allerdings dahin, daß hier die altmodischen Methoden nicht immer aufgrund besonnener Überlegungen eingesetzt werden. So sehr ich auch mit Egon

Müller jr. darin übereinstimme, daß »die Qualität zu 100 % im Weinberg entsteht und es im Keller nicht möglich ist, auch nur 101 % daraus zu machen«, hat der Kellermeister doch viele Entscheidungen zu treffen, die den Stil und die Qualität der Weine bestimmen. So nehmen zum Beispiel das Tempo der Gärung und die Sorgfalt, mit der der Wein danach behandelt wird, erheblichen Einfluß auf den Eindruck, den ein Wein hinterlassen wird. Sollte man diese Dinge auf dem Scharzhof nicht doch lieber noch einmal überdenken?
Auf dem Weingut Egon Müller-Scharzhof profitiert man von dem glücklichen Umstand, daß sich der gesamte Weinbergbesitz im Herzen des erstklassigen Scharzhofberges befindet, der zu den größten Rieslinglagen des gesamten Mosel-Saar-Ruwer-Gebietes, wenn nicht der Welt, gezählt werden muß. Hieraus entstehen Weine mit einer außerordentlichen Eleganz und Zartheit, die selbst bei höchster Konzentration nie schwer wirken. Die Wiltinger Braune Kupp befindet sich mittlerweile im Alleinbesitz des Weingutes Le Gallais, das je zur Hälfte der Familie Müller und Gerald Villanova gehört. Auch hierbei handelt es sich um eine erstklassige Lage mit dem Potential für große Rieslinge. Sie geraten oft fülliger als im Scharzhofberg; die Weine der hohen Prädikatsstufen neigen zur Opulenz, während QbA und Kabinett eine leichte Erdigkeit aufweisen. Wie der Lagenname schon vermuten läßt, sind die Böden hier eher braun von Lehmerde als grau durch einen hohen Schiefergehalt.
Die Familie Müller hat in den letzten Jahren beweisen können, daß diese Lagen erstklassige Rieslinge, angefangen beim Kabinett bis zur höchsten Klasse edelsüßer Weine, erbringen. Ich würde mir sehr wünschen, ihre Standardweine in Zukunft mit der gleichen Begeisterung wie ihre edelsüßen Spitzenweine empfehlen zu können.

Scharzhofberger Riesling

1988 SPÄTLESE (2989) 87
Die eleganteste Spätlese des Jahrgangs, jedoch nicht überragend; ansprechende Pfirsichfrucht, geschliffene Säure, dezente Süße; anhaltend im Abgang.

1988 AUSLESE 90
Nuancierter Aprikosenduft; recht konzentriert, elegantes Säurespiel, zarter Schmelz; langer Nachhall. Kommt langsam auf ihren Höhepunkt, aber wird mindestens bis 2005 halten.

1988 Auslese »Goldkapsel« 92
Obwohl konzentriert und honigbetont, besitzt sie nicht ganz die beeindruckende Dichte und Schmelz der »Goldkapsel« von Le Gallais (94 Punkte). Sehr feine Botrytisnote, viel Saft und trotzdem schöne Eleganz; sehr nachhaltig.

1988 Eiswein 97
Extrem intensiver Duft nach getrockneten Aprikosen und Honig; gewaltige Konzentration und Tiefe, die hohe Säure schon perfekt eingebunden, traumhaftes Spiel; überwältigender Nachhall. Ein massiver, aber perfekt balancierter Eiswein mit noch vielen Dekaden Lebenserwartung!

1989 Spätlese 84
Recht verschlossener Duft mit Anis- und Zitrusnote; reichhaltige, aber etwas unstrukturierte Spätlese, recht weiche Säure, vorne auf der Zunge saftig; im Abgang etwas langweilig. Kein Meisterwerk für den Jahrgang.

1989 Auslese 94
Tolles Honig-Marzipan-Bouquet mit exotischem Unterton; sehr voll, konzentriert und satt, ohne dabei dick oder fett zu wirken, die hohe Süße schon sehr gut integriert, elegant, toller Saft; sehr langer, finessenreicher Nachhall.

1989 Auslese Goldkapsel 98
Opulenter und unglaublich feiner Honigduft mit einer Note, die an tropische Blumen erinnert; enorme Konzentration und Fülle, mehr Stoff und Tiefe als viele Beerenauslesen, verbunden mit einer hinreißenden Eleganz, höchste Säurebrillanz; schier endloser Abgang. Eine perfekte Auslese? Sie könnte auch problemlos als eine große Beerenauslese präsentiert werden; schon äußerst beeindruckend und mit einigen Jahrzehnten vor sich.

1989 Beerenauslese 98
Ein gewaltiger Botrytisduft mit deutlichem Rosinenton; unwahrscheinlich dicht und kremig, die hohe Süße und hochelegante Säure schon perfekt vermählt, die Aromen jedoch noch nicht vollkommen entfaltet; überwältigende Kraft im Abgang. Obwohl kraftvoller und dickflüssiger als die Auslese »Goldkapsel«, noch nicht so finessenreich; braucht noch viele Jahre, um ihren Höhepunkt zu erreichen, und hält locker 50 Jahre.

1989 Trockenbeerenauslese 99
Traumhaftes Honigbouquet; trotz höchster Konzentration und enormer Tiefe besticht dieser sensationelle Wein durch Finesse und seidigen Schmelz; tapeziert den Gaumen und bleibt minutenlang spürbar, nachdem man ihn geschluckt hat. Ein dekadenter Wein im positivsten Sinne. Die etwas filigranere 1989 Trockenbeerenauslese von Le Gallais (im gleichen Keller ausgebaut, 99 Punkte) steht ihm in nichts nach!

1989 RIESLING EISWEIN **100**
Gewaltiger Duft nach Honig, Rosinen und getrockneten Zitrusschalen; enorme Fülle, überwältigende Dichte und eine perfekte Harmonie; trotz des Überflusses aller Komponenten fängt die hochelegante Säure diesen Reichtum perfekt auf. Obwohl schon äußerst beeindrukkend, hat er etliche Jahrzehnte der Entwicklung vor sich. Der beste Saar-Eiswein, den es je gab, und einer der größten Weine, die in Deutschland in den letzten 50 Jahren erzeugt wurden.

1990 SPÄTLESE **90**
Sehr verschlossener Duft; konzentriert, betonte Rasse und kaum spürbare Süße; die mineralische Säure klingt lange nach. Erst Ende der neunziger Jahre in ihrer besten Form und noch viel länger haltbar.

1990 AUSLESE **93**
Wieder ziemlich verschlossen, aber Anis- und Zitrusnote deutlich erkennbar; sehr dicht und kompakt, aber gibt momentan wenig her, kaum Süße, aber etwas Schmelz; langer stahliger Nachhall. Braucht wahrscheinlich bis 2000, um sich zu entfalten.

1990 AUSLESE »GOLDKAPSEL« **96**
Sehr nuancierter Duft nach getrockneten Früchten; sehr konzentriert und pikant, nerviges Spiel, hochfeine Rasse, die Säure noch fast dominant; grandioser Nachhall. Tolle Anlagen, aber der Wein ist einfach viel zu jung, um seine volle Klasse zu zeigen; großes Potential!

1990 BEERENAUSLESE **98**
Noch honigbetonter und schmelziger im Duft als die Auslese »Goldkapsel«; irrsinnig dicht und rassig, eine Fruchtexplosion, brennt fast auf der Zunge; extrem nachhaltig, aber hinten noch ziemlich verschlossen. Hier wäre es Kindermord, den Wein vor 2000 zu trinken!

1990 TROCKENBEERENAUSLESE **100**
Unübertrefflich feiner Honigduft mit subtiler Marzipan- und Rosinennote; die höchste Konzentration und Eleganz, wahnsinniges Spiel, toller Schmelz und atemberaubende Brillanz; explosiver Nachhall, der wellenartig über die Zunge rollt und rollt . . . Trotz strengster Maßstäbe gibt es keinen Zweifel, daß dieser Wein die Perfektion des Saarrieslings darstellt; 100 Jahre Entwicklungspotential!

1991 KABINETT **88**
Sehr schöner Duft nach Cassis und Blüten; sehr saftig und verspielt, elegante Rasse, die Süße noch etwas hervorstechend; nachhaltige mineralische Säure.

1991 SPÄTLESE **85**
Etwas verschlossener Duft mit verhaltener Zitrusnote; stoffig und reichhaltig mit guter Säure, aber es fehlt ihr etwas an Eleganz; anhaltend. Braucht bis 1997/98, um ihren Höhepunkt zu erreichen.

1991 AUSLESE **90**
Feinfruchtiges Bouquet nach getrockneten Pfirsichen mit einem Hauch von Honig; konzentriert und filigran, feines Spiel, Süße und Säure perfekt aufeinander abgestimmt; sehr langer Nachhall.

1991 AUSLESE »GOLDKAPSEL« **92**
Vielschichtiger Duft nach Honig, Ananas, Maracuja und Zitrus; sehr dicht und saftig, viel Kraft und Schmelz vorne, eher delikat und filigran hinten; sehr anhaltend.

1991 BEERENAUSLESE **95**
Imposanter Duft nach getrockneten Aprikosen und Waldhonig; sehr konzentriert und kraftvoll für 1991, enormer Saft und Extrakt, tolles Spiel, sehr pikante Rasse; sehr nachhaltige Würze.

1992 KABINETT TROCKEN **70**
Duftet nach Anis und grünen Äpfeln; leicht und sehr säurebetont, wenig Frucht oder Charme, passable Harmonie und Länge.

1992 SPÄTLESE TROCKEN **73**
Guter Körper und ausreichend Frucht, dadurch rund und harmonisch, aber es fehlt ihr eindeutig an Rasse, Spiel und Tiefe.

1992 KABINETT **80**
Noch leicht jugendlicher Duft (etwas Hefe) nach Cassis und Blüten; ansprechende Apfelfrucht; reife Säure; pikante Note im Abgang.

1992 SPÄTLESE **84**
Schönes Pfirsichbouquet mit floraler Note; reichhaltig und sehr saftig, die Süße noch etwas dominant, elegante Säure; eher leiser Nachhall. Ein attraktiver Wein, aber nicht außergewöhnlich für 1992; hält bis mindestens 2005.

1992 AUSLESE **88**
Feiner Botrytisduft nach Akazienhonig; satt und vollsaftig, viel Schmelz, aber etwas mäßige Struktur, die Süße deshalb nicht voll eingebunden; langer, eindimensionaler Abgang. Könnte sich verbessern, hält bis weit ins nächste Jahrhundert.

1992 AUSLESE »GOLDKAPSEL« **90**
Voluminöser Duft nach exotischen Früchten mit einem erdigem Ton; sehr konzentriert und saftig, vielschichtige Frucht, elegante Säure, wesentlich besser balanciert und beeindruckender im Nachhall als die normale Auslese, aber nicht strahlend.

1992 Eiswein **93**
Enormes Karamelbouquet; ein gigantischer Wein mit intensivem Karamelton, trotz viel Schmelzes und sehr hoher Süße nicht schwer oder fett, gute Säurestruktur; langanhaltender Geschmack nach zerlassener Butter. Ein sehr unkonventioneller Eiswein und eine beeindruckende Leistung für den Jahrgang.

Die 1993er Rieslinge bieten nicht nur die wie gewohnt gewaltigen Auslesen und Beerenauslesen, sondern auch exzellente Kabinett- und Spätleseweine.

Weingut Piedmont

Anschrift 54329 Konz-Filzen/Saar, Saartalstraße 1
Inhaber Claus und Monika Piedmont
Kellermeister Albert Permesang

Gesamtrebfläche 6 ha
Rebsortenspiegel 90 % Riesling, 10 % Weißburgunder

Rieslingproduktion

Rebfläche 5,5 ha
Lagen Filzener Pulchen 3 ha, Filzener Urbelt 2,5 ha
Rebmaterial 20 % wurzelechte Reben, 80 % Pfropfreben (T68 und Gm239)
Durchschnittliches Rebalter 34 Jahre
Durchschnittlicher Ertrag 67,5 hl/ha
Durchschnittliche Produktion 40 000 Flaschen pro Jahr

Als Claus Piedmont den Familienbetrieb 1989 nach dem Tode seines Vaters, Max Günther Piedmont, übernahm, befand sich das Weingut in einem recht erbärmlichen Zustand. In den sechziger und siebziger Jahren hatte dieses Gut einige wunderbare Weine – klassische filigrane, rassige Saarrieslinge – hervorgebracht, aber in den folgenden Jahren war die Qualität rapide gesunken. Im Weinkeller hätten viele Veränderungen vorgenommen werden müssen, doch wieder und wieder wurden sie verschoben. Die Weine Claus Piedmonts aus den Jahren 1989 und 1990 sind gut gelungen, aber mit den schwierigeren Jahrgängen 1991 und 1992 hat er bewiesen, daß sein Weingut wieder in die Reihen der führenden Betriebe der Saar zurückgekehrt ist.

Sicher ist, daß Claus Piedmont diesen Aufstieg nicht ohne seine Frau Monika geschafft hätte, die mit ihm den Betrieb leitet. Als »Leiter der Prüfstelle für Wein« in Trier ist Claus Piedmont zeitlich voll ausgelastet und könnte ohne ihren Einsatz die Führung des Weingutes wohl nicht bewältigen. Als Tochter eines Saarwinzers, die mit den Weinen dieser Region aufgewachsen ist, ist Monika Piedmont kein Neuling auf diesem Gebiet. In der gesamten deutschen Weinszene kenne ich kein charmanteres und herzlicheres Paar als diese beiden. Deshalb und wegen der Entschlossenheit, mit der sie dem Weingut aus seiner Misere herausgeholfen haben, freue ich mich, daß ihr Betrieb wieder als eines der deutschen Spitzengüter gelten darf.
Filzener Weine unterscheiden sich sehr deutlich von den stromaufwärts an der Saar erzeugten Weinen. Sie sind durch eine in diesem Gebiet einzigartige Zartheit und Eleganz gekennzeichnet; ihre Säure ist nicht stahlig oder hart wie die so vieler anderer Saarweine. In ihrem Bouquet findet man häufig einen Hauch von Cassis, und die Prädikatsweine besitzen fast immer den zarten mineralischen Charakter der Schieferböden in diesen Lagen. Niemals schwer, aber immer rassig, mit einer spritzigen Kohlensäure, sind sie filigrane Rieslinge, die in ihrer Jugend größtes Vergnügen bereiten und doch auch ein beachtliches Alterungspotential aufweisen.
Die Produktion des Weingutes Piedmont teilt sich in zwei unterschiedliche Stilrichtungen. Etwa die Hälfte der Erzeugnisse wird trocken vinifiziert, wobei die Weine aber, wie auf allen führenden Mosel-Saar-Ruwer-Gütern, einige Gramm natürlicher Süße behalten. Wegen der rassigen Säure dieser Weine ist sie aber meistens nicht spürbar. Claus und Monika Piedmont sind keine Anhänger trockener QbA mit dem höchsten gesetzlich zugelassenen Alkoholgehalt, wie sie einige ihrer Kollegen produzieren und haben bisher noch keinen trockenen Riesling mit mehr als 10 % vol Alkohol erzeugt. Angesichts des internationalen Trends zu immer alkoholreicheren Weinen erscheint mir diese Einstellung höchst erfrischend. Überall wissen die Winzer, daß ein höherer Alkoholgehalt den Weinen in jungen Jahren eine oberflächlich bessere Harmonie verleihen kann, und viele nutzen das schamlos aus. Ganz sicher wird sich in zehn Jahren die Kurzsichtigkeit dieser Politik offenbaren. Denn der zusätzliche Alkohol bringt nur kurzfristige Vorteile; nach einigen Jahren der Reifung verlieren Weine mit zu hohem Alkoholgehalt ihre Harmonie. Es ist beklagenswert, daß diese Mode nun auch die stärkste Bastion ursprünglich leichter Weine, das Mosel-Saar-Ruwer-Gebiet, erreicht hat. Wenigstens ist sie bis zu diesem Weingut noch nicht vorgedrungen.
Die andere Hälfte der Produktion besteht aus halbtrocken schmeckenden restsüßen Weinen. Die Piedmont QbA und Kabinette besitzen nur 20 bis 25 Gramm natürliche Süße und eignen sich gut zu verschiedenen leichten

Gerichten, Buffets und zum Abendbrot. Der Süßegehalt steigt nur bei den Spätlesen und Auslesen auf nennenswerte Art, doch auch hierbei ist man zurückhaltender als andere Erzeuger. Bei diesen Weinen wird eine Balance angestrebt, bei der die Restsüße nicht die dominierende Komponente ist, wohl aber ausgeprägt genug, um den Weinen ein Alterungspotential von zehn Jahren oder mehr zu schenken.
Die kommenden Jahrgänge werden zeigen, ob Claus und Monika Piedmont ihren Betrieb weiter voranbringen und ob sie beweisen können, daß Filzen in der Hierarchie der Saarlagen eine höhere Beachtung als bisher verdient. Sie haben schon einige sehr gute Weine erzeugt, doch meine ich, daß diese Saargegend noch ausdrucksstärkere Weine hervorbringen kann. Den Beweis hierfür liefern die besten Weine dieses Gutes aus den sechziger und siebziger Jahren.

Filzener Riesling diverser Lagen

1988 PULCHEN SPÄTLESE HALBTROCKEN 80
Voll entwickelter Duft nach Birnen und Mandeln; mittelgewichtig, gute Substanz, geschliffene Säure, aber recht einfach und gefällig; weicher Abgang, kein Biß.

1988 URBELT SPÄTLESE 82
Attraktiver, reifer Apfelduft; stoffig und rassig, die Süße jetzt voll eingebunden, typische Saarrasse; anhaltend. Ein guter Wein, aber es fehlt ihm an Tiefe und Länge.

1989 PULCHEN SPÄTLESE TROCKEN 76
Zartes Pfirsichbouquet; sehr schlank für eine Spätlese, ansprechende Frucht und reife Säure; eindimensional und eher kurz im Abgang. Schon voll entwickelt, besitzt kaum Reserven für die Zukunft.

1989 PULCHEN SPÄTLESE (0590) 84
Noch recht jugendlicher Apfelduft; nicht übermäßig konzentriert, aber feingliedrig und elegant, sehr schönes Säurespiel für 1989; lebendiger Nachhall. Hält bis mindestens 2005.

1989 PULCHEN AUSLESE »GOLDKAPSEL« 83
Etwas grober Honig-Marzipan-Duft; sehr voll und reichhaltig, viel Süße und etwas verdeckte Säure. Es fehlt ihr deutlich an entsprechender Konzentration sowie Spiel, um als Spitzen-Auslese zu bestehen; keine große Zukunft, weil die nötige Struktur fehlt.

1990 PULCHEN SPÄTLESE TROCKEN 81
Zarter Pfirsichduft; sehr betonte Rasse, die Säure immer noch ein bißchen dominant, aber auch ansprechende Frucht. Kann noch länger liegen und wird sicher noch harmonischer.

1990 URBELT SPÄTLESE 88
Feinfruchtiges Pfirsichbouqet; dicht und elegant, Süße und Säure schon in vollem Einklang, pikantes Spiel; nachhaltige Rasse.

1990 PULCHEN AUSLESE (0690) 90
Sehr frischer Duft nach weißen Pfirsichen; konzentriert und rassig, fast pikante Rasse, subtiler Honigton; langer Nachhall. Sehr gutes Entwicklungspotential, hält bis 2010 oder noch länger.

1991 PULCHEN SPÄTLESE TROCKEN 85
Trotz des mittleren Jahrgangs der beste trockene Riesling der Betriebsgeschichte! Vielschichtiger Duft nach Melone und Pfirsich; konzentriert und saftig, die rassige Säure perfekt eingebunden, intensiv und feinfruchtig zugleich; langer mineralischer Nachhall.

1991 PULCHEN KABINETT 84
Sehr aromatisch mit ausgeprägter Rhabarber- und Maracujanote; leichtgewichtig, aber ausgesprochen fruchtig und elegant, die Süße kaum spürbar, sehr animierende Säure; fruchtiger Nachhall.

1991 URBELT SPÄTLESE 87
Noch jugendlicher Melonenduft mit einem Hauch von Mandeln; konzentriert und feinfruchtig, sehr elegantes Spiel, die Süße eher hintergründig; delikater, langer Abgang.

1992 URBELT KABINETT TROCKEN 80
Frischer Apfelduft; schlank und rassig, sehr harmonisch; recht kurz im Abgang. Hält einige Jahre, aber kein Langläufer.

1992 PULCHEN SPÄTLESE 85
Feiner Pfirsichduft; nicht ganz die Substanz und Frucht der 91er Spätlese, aber trotzdem sehr elegant und charmant, filigrane Säure, dezente Süße; herber Nachhall.

Weingut Joh. Jos. Prüm

Anschrift 54470 Wehlen, Uferallee 19
Inhaber Dr. Manfred und Wolfgang Prüm
Leiter und Kellermeister Dr. Manfred Prüm

Gesamtrebfläche 14 ha
Rebsortenspiegel 100 % Riesling

Rieslingproduktion

Rebfläche 14 ha
Lagen Wehlener Sonnenuhr 5 ha, Graacher Himmelreich 3 ha, Zeltinger Sonnenuhr 1 ha, Bernkasteler Badstube (inkl. Lay) 2 ha, Bernkasteler Johannisbrünnchen und Schloßberg, Wehlener Klosterberg und Nonnenberg insgesamt 3 ha
Rebmaterial 90 % wurzelechte Reben, 10 % Pfropfreben
Durchschnittliches Rebalter 40 Jahre
Durchschnittlicher Ertrag 67 hl/ha
Durchschnittliche Produktion 120 000 Flaschen pro Jahr

Wie viele Weingüter mag es weltweit wohl geben, die seit ihrer Gründung ausschließlich erstklassige Weine hervorgebracht haben? Diese Frage ist nicht leicht zu beantworten, weil es so wenige sind; selbst die Premiers-Crus-Châteaux des Médoc haben Zeiten schwächerer Leistungen hinter sich. Das Weingut Joh. Jos. Prüm in Wehlen, von Liebhabern feiner Moselrieslinge auf der ganzen Welt auch liebevoll »J.J.« genannt, ist ein Beispiel für dieses außergewöhnliche Kunststück. Zwar konnten sich in der jüngsten Vergangenheit die Weine einiger anderer Weingüter an der Mittelmosel dem Qualitätsstandard von Joh. Jos. Prüm annähern, allen voran die von Fritz Haag, Reinhold Haart und Dr. Loosen, doch legt man einen längeren Zeitraum zugrunde, so ist das Gut Joh. Jos. Prüm zweifelsohne die Nummer eins an der Mittelmosel und zudem eines der größten Weingüter in ganz Deutschland. Diese Position verschafften ihm zwei Männer mit unbeirrbarem Qualitätsbewußtsein. Sebastian Prüm leitete den Betrieb fast seit dessen Gründung 1911 bis zu seinem Tode 1969; seither hat sein Sohn Manfred die Arbeit fortgeführt – fortgeführt im wahrsten Sinne des Wortes, da der Generationswechsel hier keine grundlegende Änderung der Stilrichtung mit sich gebracht hat. Eine Vertikalprobe bis zu Erzeugnissen aus den frühen Zwanzigern auf dem Weingut bewies eine erstaunliche Kontinuität sowohl der Art der Weine als auch ihrer Güte!
Trotz des internationalen Ansehens, das dieses Gut genießt, gibt es innerhalb der deutschen Weinszene doch geteilte Meinungen, da die Weine sich manchem nur schwer erschließen. Gewiß sind die Weine von Joh. Jos. Prüm auffallend schwierig und anspruchsvoll, solange sie noch sehr jung sind. Sie entwickeln sich langsamer als jeder andere deutsche Wein; bringt man aber genug Geduld auf, um sie einige Jahre in der Flasche reifen zu lassen, entfalten sie eine wahre Pracht. Den Skeptikern fehlt diese Geduld, und nachdem sie einige dieser Weine gekostet haben, die dann noch die Hefearomen sehr junger Rieslingweine besitzen, warten sie nicht mehr ab, wie sich

diese Weine entwickeln. Dabei würde jeder, der einen äußerst jungen roten Burgunder der Spitzenklasse oder Bordeaux probierte, die gleichen Erfahrungen machen!

Dr. Manfred Prüm ist sich der Geduld wohl bewußt, derer seine Weine bedürfen, um ihr Bestes zu zeigen. So setzt er auch nie seinen letzten Jahrgang auf die Preisliste und ermutigt seine Kunden dazu, neben jüngeren Jahrgängen auch die älteren in Betracht zu ziehen. Jeder, der die Meisterwerke des Weingutes Joh. Jos. Prüm, wie die noch immer vollkommene 1949 WEHLENER SONNENUHR FEINE AUSLESE oder die 1938 WEHLENER SONNENUHR TROCKENBEERENAUSLESE einmal probiert hat, kann ihm nur beipflichten. Die Weine niedrigerer Qualitätsstufen wie die Kabinettweine aus den Jahren 1986, 1984, 1981 und 1979 haben ihren Höhepunkt gerade erreicht. Die Jahrgänge 1987, 1988 und 1989 bereiten heute sicher große Freude, doch können sie sich noch weiter vervollkommnen. Bei Weinen höherer Qualitätsstufen dauert die Entwicklungsphase entsprechend länger. Öffnet Dr. Manfred Prüm zu Hause eine junge Auslese, so geschieht das höchstens, um deren Potential zu demonstrieren, aber mit einem 10 oder 20 Jahre alten Exemplar, dessen Genuß pure Freude bereiten soll, wird er die Probe abschließen.

Wenngleich Dr. Manfred Prüm ein außerordentlich gebildeter Mann ist, dessen Ansichten reiflichen Überlegungen entspringen und der beim ersten Kennenlernen einen sehr intellektuellen Eindruck hinterläßt, ist Wein in seinen Augen in erster Linie ein Genußmittel. Ihm bieten die Wichtigtuerei, die Scheuklappen und der Mumpitz vieler seiner Kollegen einen ständigen Quell der Erheiterung, manchmal aber auch der Verärgerung. Für ihn soll ein Wein ausschließlich Trinkvergnügen bereiten, und mit dieser Einstellung erzeugt und präsentiert er seine Weine. Eine Probe in dem wunderschönen Jugendstilgutshaus am Ufer der Mosel mit einem herrlichen Blick auf die Hänge der Wehlener Sonnenuhr soll ausschließlich der Freude und einigen Gedanken über Wein dienen. Hier scheint es völlig selbstverständlich, daß nur die sehr jungen, unentwickelten Weine bei einer Probe ausgespuckt werden; die Weine, die gerade ihre schönste jugendliche Form – normalerweise im Alter von zwei bis fünf Jahren – erreicht haben oder sich auf ihrem Höhepunkt befinden, werden getrunken. Das ist selbst bei einer stundenlangen Probe mit Weinen, deren Alkoholgehalt zwischen 7,5 und 10 % vol liegt, kein besonderes Problem.

Auf dem Weingut Joh. Jos. Prüm verliert man leicht jedes Zeitgefühl, so viel steckt in jedem einzelnen dieser Weine; zudem liebt Dr. Prüm den Austausch von Eindrücken und Ansichten mit interessierten Besuchern. Hier muß man zu einer Weinprobe viel Zeit mitbringen, denn jeder Wein fordert zum Vergleich mit anderen heraus, so daß regelmäßig lebhafte Diskussionen entstehen. Dr. Prüm lehnt es ab, irgend jemandem vorzuschreiben, was er zu probieren oder zu mögen habe, gerade in der Vielfalt der Moselrieslinge sieht er deren Charme. Er ist das genaue Gegenteil der Winzer, die ihr Angebot am liebsten auf ein oder zwei Abfüllungen im Jahr beschränken würden, für ihn ist ein trockener Kabinett genauso interessant wie eine halbtrockene Spätlese oder eine edelsüße Beerenauslese. Wenn er auch eine Präferenz für »halbtrocken schmeckende Weine, egal was auf dem Etikett steht« hegt, kann er doch in der passenden Situation jede Stilrichtung genießen. Er und seine Frau Amei öffnen meistens – ob mit Speisen oder ohne – einen halbtrockenen Kabinett.

Wenn auch alle Prüm-Weine über eine erstaunliche aromatische Intensität verfügen, so unterscheiden sie sich doch durch verschiedene fruchtige, blumige, mineralische und kräuterähnliche Charakteristiken. Kein anderer deutscher Winzer hat größere Achtung vor dem individuellen Charakter jedes einzelnen Jahrganges und Weines. Dr. Prüms Ziel sind Weine, die bei aller Konzentration die Eleganz und Subtilität besitzen, die einen Moselriesling so einzigartig machen. Dieser Anspruch wird den Weinen aber nicht aufgezwungen, sondern stellt eher die Devise dieses Weingutes dar. Überhaupt bereitet die Erörterung dieser Prinzipien Dr. Prüm viel größere Freude als die Erklärung technischer Details im Keller, den nur wenige je zu Gesicht bekommen haben. Dabei gibt er aber gerne zu, daß ihm der moderate Einsatz moderner Techniken bei der Systematisierung der Methoden seines Vaters sehr geholfen hat. Er nutzt sie, um den Wein im Keller so wenig wie möglich bewegen oder behandeln zu müssen und um Luftkontakt zu vermeiden. So bewahrt der Wein die volle Frucht und die Aromen der Trauben und entwickelt sich extrem langsam, wodurch er eine maximale Lebensdauer erlangen kann.

Genau wie sein Vater liebt Dr. Manfred Prüm die Weine, die ein Höchstmaß an Frucht und Aroma mit äußerster Eleganz verbinden. Auch er betrachtet eine späte Lese als Voraussetzung für solche Weine, zumal im nördlichen Klima der Mosel. Eine Lese, die nicht bis weit in den November hinein dauert, ist auf dem Weingut Prüm sehr ungewöhnlich, bisweilen wird auch noch in den ersten Dezembertagen gelesen. Natürlich bedeutet das ein hohes Risiko, da längere Regenperioden diejenigen Trauben zerstören können, die schon einen hohen Reifegrad erreicht haben und sehr weich und dünnhäutig geworden sind. Der Herbst ist mithin eine nervenaufreibende Zeit für Dr. Prüm, der dann ständig den Himmel beobachtet und keinen Wetterbericht verpaßt. Meistens gewinnt er das Spiel mit der Natur, aber in manchen Jahren wie 1989 hat er auch einschneidende und schmerzhafte Verluste hinnehmen müssen. Nichts kann ihn so glücklich

machen, wie schönes, sonniges Wetter nach längeren Regenfällen, durch das die Trauben einen höheren Reifegrad erhalten als seine Kollegen jemals für möglich gehalten hätten. Viele der legendären edelsüßen Prüm-Weine sind das Ergebnis eines derartigen Glücksspiels. Wann immer ich eine der sensationellen Auslesen des 88er Jahrgangs probiere, muß ich an jenen Tag im frühen November 1988 denken, als ich Dr. Manfred Prüm auf dem Weg zu den Hängen der Wehlener Sonnenuhr begegnete. Sein Gesicht strahlte genauso wie die Sonne dieses schönen Herbsttages. Er wußte, daß ihm etwas Herausragendes gelungen war.
Ohne Ausnahme stellen die rest- und edelsüßen Prüm-Weine aus der Wehlener Sonnenuhr die großartigsten Resultate dar, denn sie sind fast immer der vollkommene Ausdruck des hiesigen Ideals. Aber auch die trockenen Weine der angrenzenden Zeltinger Sonnenuhr konnten mit Jahrgängen wie 1988 und 1990 sehr beeindrucken. Das Weingut Joh. Jos. Prüm besitzt auch Anteile an den besten Abschnitten des Graacher Himmelreichs, einer sehr ausgedehnten Lage mit unterschiedlichem Gütepotential, die festere Weine mit leicht erdigen Zügen hervorbringt. In Spitzenjahren können sie, genau wie die Weine vom Bernkasteler Lay, durchaus an die Weine der Sonnenuhr heranreichen.

Wehlener Sonnenuhr Riesling

1985 SPÄTLESE 89
Ziemlich verschlossener Duft; sehr säurebetonter, fast trocken schmekkender Wein, die Frucht momentan etwas von der Säure im Hintergrund gehalten; sehr nachhaltige mineralische Rasse. Braucht mindestens bis 1995/96, um sich zu öffnen, und hat noch 20 Jahre vor sich.

1985 AUSLESE »LANGE GOLDKAPSEL« 94
Sehr pikanter Duft nach gelben Früchten mit deutlichem Honigton; nerviges Spiel zwischen pointierter Säure und sehr konzentrierter Frucht, dezente Süße für eine Spitzen-Auslese; sehr langer, pikanter Nachhall. Momentan noch etwas unzulänglich, aber großes Entwicklungspotential; wird noch mehr Freude bereiten im nächsten Jahrhundert.

1985 BEERENAUSLESE 97
Ähnlicher Wein wie die Auslese »Lange Goldkapsel«, nur wesentlich honigbetonter, viel konzentrierter und vielschichtiger; ein schlafender Riese mit einem explosiven Abgang. Kann noch 50 Jahre und länger liegen.

1986 SPÄTLESE 91
Sehr verführerisches Aprikosenbouquet mit deutlicher Vanille- und Mandelnote; sehr saftig und attraktiv, trotz der typisch weichen Säure des Jahrgangs eine tolle Harmonie, Süße und Säure in vollem Einklang, dichter Kern; sehr langer, fast kremiger Nachhall. Obwohl schon voll da, hält diese außergewöhnlich gute Spätlese bis mindestens 2010.

1987 SPÄTLESE TROCKEN 84
Duftet nach frischen Äpfeln und reifen Stachelbeeren; sehr pikant und kernig, aber erstaunlich geschliffen für den säurereichen Jahrgang, viele weiße Früchte, lebendiges Spiel; nachhaltige Rasse. Schon jetzt gut zu trinken, hält bis 2000.

1987 SPÄTLESE 87
Noch frischer als die trockene Version, sehr schöner Blütenduft; eher leichtgewichtig, aber dafür erstaunlich fruchtig und aromatisch, tolles Säurespiel, die Süße jetzt voll eingebunden; sehr pikanter Nachhall.

1988 SPÄTLESE 92
Ziemlich verschlossener Duft; wesentlich beeindruckender auf der Zunge, sehr konzentrierte Pfirsich-Maracuja-Frucht für eine Spätlese, tolle Saftigkeit ohne vordergründige Süße, hochelegante Säure; sehr langer feinfruchtiger Abgang. Braucht bis 1998, um sich zu öffnen, und hat genug Reserven für einige Dekaden!

1988 AUSLESE »LANGE GOLDKAPSEL« 97
Zweifelsohne die beste Riesling-Auslese des Jahrgangs in Deutschland. Duftet fast wie eine Aprikosenessenz, hochfeine Honignote; grandiose Fruchtkonzentration, enormer Saft und tolles Spiel, die Süße noch nicht komplett eingebunden; imposantes Crescendo im Nachhall. Ein großer Wein, der vielleicht 50 Jahre leben kann.

1989 SPÄTLESE HALBTROCKEN 87
Attraktives Pfirsichbouquet; mittelgewichtig, sehr saftig und charmant, feine Rasse, vollkommen trocken schmeckend; langer und nuancierter Abgang. Es fehlt ihr etwas an Tiefe, aber ein optimaler Essensbegleiter, der sich bis mindestens 2005 hält.

1989 SPÄTLESE 90
Sehr frischer, feiner Melonenduft mit floralem Unterton; etwas konzentrierter als die halbtrockene Spätlese, überzeugende Pfirsichfrucht und lebendige Säure, die Süße jetzt eingebunden; langer saftiger Nachhall. Ein überdurchschnittlicher 89er mit vielen Reserven!

1989 AUSLESE »LANGE GOLDKAPSEL« 96
Herrlicher Honigduft mit deutlicher Blütennote, die an Orchideen erinnert; sehr konzentriert und satt, ohne schwer oder fett zu wirken, seidige Konsistenz und hochelegante Säure; die Aprikosen- und Honigaromen bleiben irrsinnig lang am Gaumen. Jetzt ganz am Anfang ihrer besten Form, kann noch 40 Jahre liegen.

1989 BEERENAUSLESE 97
Noch jugendlicher, intensiver Duft nach getrockneten Aprikosen und Honig; enorme Dichte und hohe Süße, sehr ausgeprägter Rosinenton, wenn die Säure nicht so präsent wäre, könnte er zu opulent wirken; enorme Kraft im Abgang. Ein Kraftpaket, das noch viele Jahre braucht, um sich zu entfalten; erst ab 2000 trinken.

1990 SPÄTLESE 93
Sehr intensives Blütenbouquet mit vielschichtigem Unterton nach gelben Früchten und Mineralien; mittelgewichtig, sehr konzentriert, dezente Süße und pointierte Säure; beeindruckender mineralischer Nachhall. Eine grandiose Spätlese, die erst nach 2000 ihre wahre Klasse zeigen wird.

1990 AUSLESE »GOLDKAPSEL« 96
Noch etwas verschlossener Duft nach exotischen Früchten, Rosen und Mineralien; sehr dicht und pikant, die rassige Säure noch nicht im vollen Einklang mit der hohen Süße, äußerst intensive, vielschichtige Frucht; sehr langer, fester Abgang.

1990 AUSLESE »LANGE GOLDKAPSEL« 98
Wie die Auslese »Goldkapsel« braucht dieser Wein viel Zeit im Glas, um sich zu öffnen. Unglaublich nuancierter Duft nach Blüten, Mineralien und getrockneten Früchten; gewaltige Konzentration und Tiefe, eine wahre Fruchtexplosion, brillantes Spiel und fulminante Säure; atemberaubender, fast endloser Nachhall.

1991 KABINETT HALBTROCKEN 84
Frisches Pfirsich-Cassis-Bouquet; leichtgewichtig, sehr saftig, elegante Rasse; pikanter Abgang. Ein sehr gelungener, fast trocken schmekkender Wein.

1991 SPÄTLESE (VERSTEIGERUNG) 90
Sehr feines Pfirsichbouquet mit einem Hauch Maracuja; außergewöhnlich konzentrierter, ausdrucksstarker 91er mit viel Biß und Rasse, diskrete Süße; sehr nachhaltiges Säurespiel. Einer der besten Rieslinge dieses Jahrgangs von Mosel-Saar-Ruwer!

1992 SPÄTLESE (VERSTEIGERUNG) 88
Schöner floraler Duft mit einem kräuterigen Ton; sehr saftig und charmant, gute Substanz und elegante Säure; feinfruchtiger Abgang. Nicht ganz die Klasse der Vorgänger, aber trotzdem sehr schön; hält bis mindestens 2010.

1992 AUSLESE »GOLDKAPSEL« 84
Eine ziemliche Enttäuschung. Noch sehr jugendlicher Duft nach überreifen Früchten mit etwas Honigton; voll und konzentriert, aber etwas zu süß und sättigend, verhaltene Säure; keine klare Linie im Abgang.

Zeltinger Sonnenuhr Riesling

1988 SPÄTLESE TROCKEN 88
Herrlicher Pfirsichduft mit subtiler mineralischer Note; mittelgewichtig, sehr saftig, äußerst elegante Säure, fast perfekte Harmonie; langer Nachhall. Schon sehr schön zu trinken, hält bis 2000.

1988 AUSLESE TROCKEN 90
Ähnlicher Stil wie die Spätlese Trocken, nur konzentrierter und finessenreicher; toller Saft und sehr feines Spiel, Frucht und Säure perfekt miteinander verbunden; ausgeprägter Mandelton im Abgang. Zweifelsohne der beste trockene Wein der Gutsgeschichte!

1990 SPÄTLESE TROCKEN 87
Noch etwas verschlossener Duft; konzentrierte Pfirsichfrucht und pikante Rasse, die Komponenten noch nicht komplett verbunden, aber exzellente Anlagen für die Zukunft; fast kerniger, langer Nachhall. Erst ab 1995/96 wird sich ihr Potential offenbaren.

Die 1993er Rieslinge besitzen nicht ganz die große Klasse von 1988 und 1990, aber es sind dichte Weine mit viel Saft, Rasse und bestechender Eleganz.

Weingut Johann Peter Reinert

Anschrift 54441 Kanzem/Saar, Alter Weg 7 a
Inhaber und Kellermeister Johann Peter Reinert

Gesamtrebfläche 3,6 ha
Rebsortenspiegel 76 % Riesling, 8,7 % Elbling, 6,3 % Ortega, 6,3 % Müller-Thurgau, 3 % Bacchus

Rieslingproduktion

Rebfläche 2,8 ha
Lagen Ayler Kupp 0,15 ha, Filzener Steinberger und Urbelt 0,2 ha, Kanzemer Sonnenberg 0,32 ha, Wawerner Ritterpfad 0,52 ha, Wiltinger Klosterberg, Braunfels, Schloßberg und Schlangengraben 1,61 ha
Rebmaterial 100 % Pfropfreben (Gm110, 198, 239, K34, E37, Tr356, B21, T68)
Durchschnittliches Rebalter 18 Jahre

Durchschnittlicher Ertrag 70 hl/ha
Durchschnittliche Produktion 26500 Flaschen pro Jahr

Viele Saarwinzer würden den Kanzemer Altenberg zur besten Lage des ganzen Gebietes zählen. Doch bedauerlicherweise werden, abgesehen vom Weingut von Kesselstatt, von niemandem erstklassige Weine aus dem Altenberg erzeugt. Gegenwärtig kommen die besten Kanzemer Weine fraglos aus anderen Lagen, erzeugt vom kleinen, aber ausgezeichneten Weingut Johann Peter Reinert.
Daß hier ein so hoher Qualitätsstandard erreicht werden kann, obwohl die meisten Weine aus eher mittelmäßigen Lagen stammen, macht dieses Gut wirklich bemerkenswert. Der einzige Spitzenbesitz liegt in der Ayler Kupp.
Man fragt sich also, was Johann Peter Reinert alles erreichen könnte, wenn er eine Parzelle im Altenberg besäße, der genau gegenüber dem Gutshaus in Kanzem auf der anderen Saarseite liegt, wenn seine jetzigen Weine schon so eindrucksvoll sind. Verglichen mit der Mehrzahl der Saarweine sind die von Reinert ausgesprochen fruchtig und aromatisch. Auch ist ihre Säure weniger stahlig, ohne daß die Struktur darunter litte. Eben diese Kombination von anregendem Aroma mit einer Struktur, die ein hohes Alter verspricht, macht seine Weine so besonders.
Für die Liebhaber edelsüßer Spitzenweine gibt es vielleicht bessere Adressen, wie die des berühmten Egon Müller-Scharzhof, Schloß Saarstein und Zilliken. In der Erzeugung sowohl trockener als auch restsüßer Weine aber ist Reinert sehr zuverlässig. Wenn seine Riesling-Auslesen auch nicht die Kraft und Fülle anderer an der Saar erzeugter Weine dieser Art besitzen, sind sie doch wunderbar ausgewogene Weine mit intensiver, reifer Frucht und mineralischen Aromen und Nuancen. Bei allen Reinert-Weinen herrscht ein vorzügliches Preis-Leistungs-Verhältnis. Diese Tatsache ist den Händlern, die sich auf den Vertrieb qualitativ wertvoller deutscher Weine spezialisiert haben, nicht entgangen, und bei Auktionen am Bernkasteler Ring erzielt Reinert heute in der Regel mit die besten Ergebnisse, so daß seine Preise in den nächsten Jahren sicher steigen dürften.
Hinter dem hohen Qualitätsniveau der Weine vom Gut Johann Peter Reinert verbirgt sich eine sehr ausgeprägte Anschauung, die schon im Weinberg beginnt. Anders als die meisten seiner Kollegen bepflanzt Reinert seine Weinberge mit wesentlich größeren Abständen als traditionell üblich. Jede Rebe beansprucht hier drei statt einen Quadratmeter. Dadurch erhalten Trauben und Laub ein Maximum an Sonne und Luft, und der sommerliche Wuchs der Reben kann besser kontrolliert werden. Zur Erzielung möglichst hoher Reifegrade und einer reinen, harmonischen Säure, die auf

diesem Weingut hoch geschätzt wird, findet die Lese so spät wie möglich statt.
Im Keller werden die Temperaturen sorgfältig kontrolliert, um eine stürmische Gärung zu vermeiden, die den Weinen ihre Frucht, Aromen und die natürliche Kohlensäure rauben würde. Hier treibt man die Weine nie zur Eile an, um sie zeitig im Frühjahr verkaufen zu können; die Flaschenabfüllung findet im Mai statt und erst ein Jahr nach der Lese kommen die Weine auf den Markt. Diesen Prinzipien haftet zwar nichts Revolutionäres an, aber die Beständigkeit ihrer Resultate spricht für die Konsequenz, mit der sie angewandt werden.
Wenn Johann Peter Reinert nicht zu den führenden Winzern der Saar gerechnet wird, liegt es allein daran, daß dem Weingut wirklich bedeutenden Lagen fehlen. Besäße er einen Hektar oder mehr im Kanzemer Altenberg, wäre sein Name sicher besser bekannt. Ob dieses Weingut dazu verurteilt ist, für immer ein Geheimtip zu bleiben?

Riesling diverser Lagen

1988 WILTINGER SCHLOSSBERG SPÄTLESE TROCKEN 83
Voll entwickelter Pfirsichduft; schöner Saft und elegantes Spiel, gute Substanz für den Jahrgang; anhaltend im Abgang. Schon voll da, hält sich aber bis 1996.

1988 AYLER KUPP SPÄTLESE 84
Attraktiver, offener Duft nach Aprikosen und Tannen; mittelgewichtig, elegant und saftig, sehr dezente Süße; nuancierter Nachhall. Hält in dieser Form bis ca. 2000.

1988 WILTINGER SCHLANGENGRABEN AUSLESE 90
Sattes Pfirsichbouquet mit zarter Zitrus- und Honignote; sehr konzentrierte Frucht, viel Saft und Spiel ohne einen Hauch spürbarer Süße, ausgeprägte mineralische Note; sehr langer, pikanter Abgang. Obwohl schon jetzt sehr beeindruckend, noch nicht voll auf ihrem Höhepunkt; Reserven für 20 Jahre.

1989 WILTINGER SCHLOSSBERG SPÄTLESE TROCKEN 84
Voll entwickelter Aprikosenduft; für die Saar sehr kräftiger trockener Riesling, nervige Säure, animierendes Spiel; anhaltend. Jetzt am besten, aber hält sich bestimmt bis 1996.

1989 WILTINGER SCHLOSSBERG SPÄTLESE 86
Intensiver Duft nach Aprikosen und Honig; konzentrierte lebendige Frucht, exzellente Säurestruktur für den eher weichen Jahrgang, dezente Süße; nachhaltige mineralische Rasse. Ein 89er wie aus dem Bilderbuch mit vielen Jahren Lebenserwartung.

1990 KANZEMER SONNENBERG AUSLESE TROCKEN 85
Würziger Ananasduft; sehr stoffig und mineralisch, langatmiges Säurespiel. Für den Jahrgang nicht herausragend, trotzdem ein beachtlicher trockener Wein.

1990 KANZEMER SONNENBERG AUSLESE 90
Komplexer Pfirsich-Ananas-Duft; ein Fruchtkonzentrat, toller Saft und viel Kraft, die Süße fast von der ausgeprägten Rasse übertönt; sehr kräftiger mineralischer Abgang.

1990 WILTINGER SCHLOSSBERG AUSLESE 90
Sehr nuanciertes Pfirsichbouquet; elegante, feinfruchtige Auslese mit äußerst geschmeidiger Säure, das Gegenteil zu der Sonnenberg Auslese, aber genauso gut; sehr delikater Abgang.

1991 WILTINGER SCHLANGENGRABEN SPÄTLESE 82
Ziemlich verschlossen im Duft; sehr eigenwilliger Wein mit viel Substanz und Struktur, fast stahlige Säure und kaum Süße, deutliche Zitronengrasnote; bleibt lange am Gaumen.

1992 KANZEMER SONNENBERG KABINETT HALBTROCKEN 83
Frischer Cassisduft; lebendige Frucht und schöner Säurebiß, klassischer Saar-Kabinett mit nachhaltiger Rasse. Ein sehr gelungener 92er mit gutem Entwicklungspotential.

1992 WILTINGER SCHLOSSBERG AUSLESE 88
Duftet nach Cassis, Anis und Mineralien; die rassige Säure und fruchtige Süße noch nicht in vollem Einklang, aber sehr gute Struktur; mineralischer Abgang. Braucht bis 1995/96, um sein Gleichgewicht zu finden; sehr gute Anlagen für weitere 10 bis 15 Jahre Entwicklung.

Weingut Max Ferd. Richter

Anschrift 54486 Mülheim/Mosel, Hauptstraße 85
Inhaber Ökonomierat Horst M. F. Richter
Direktor Dr. Dirk M. F. Richter
Kellermeister Walter Hauth

Gesamtrebfläche 14,7 ha
Rebsortenspiegel 85 % Riesling, 8 % Müller-Thurgau, 5 % Kerner und 2 % Versuchssorten

Rieslingproduktion

Rebfläche 12,2 ha
Lagen Veldenzer Elisenberg 1,2 ha, Mülheimer Sonnenlay 4,2 ha, Erdener Treppchen 0,6 ha, Trarbacher Ungsberg 0,4 ha, Bernkasteler Schloßberg 0,5 ha, Burgener Hasenläufer 0,6 ha, Brauneberger Juffer-Sonnenuhr 0,8 ha, Brauneberger Juffer 1,2 ha, Mülheimer Helenenkloster (Alleinbesitz) 0,8 ha, Graacher Domprobst 0,4 ha, Graacher Himmelreich 1 ha, Wehlener Sonnenuhr 0,5 ha
Rebmaterial überwiegend Pfropfreben, teilweise wurzelechte Anlagen
Durchschnittliches Rebalter 20 Jahre
Durchschnittlicher Ertrag 75 hl/ha
Durchschnittliche Produktion 120 000 Flaschen pro Jahr

Die Größe der meisten führenden Weingüter an der Mosel bewegt sich zwischen 3 und 6 ha, einige sind sogar noch kleiner. Wenn die Entdeckung eines Winzers, der jedes Jahr nur wenige Fässer »handgemachter« Weine erzeugt, auch äußerst faszinierend ist, so braucht ein Anbaugebiet wie Mosel-Saar-Ruwer darüber hinaus größere Güter, wo viele Weine in solcher Menge erzeugt werden, daß sie eine weite Verbreitung finden können. Das Weingut Max Ferd. Richter gehört zu diesen wenigen großen Betrieben, von denen einige in den letzten Jahren Anzeichen größerer Schwierigkeiten zeigten (vergleiche die Beschreibungen der Vereinigten Hospitien und des Friedrich-Wilhelm-Gymnasiums). Währendessen ist der Qualitätsstandard auf dem Weingut Richter immer weiter gestiegen und damit auch seine Bedeutung in dem Gebiet.
Wenngleich fast jedes bedeutende Weingut der Mosel nachweisen kann, daß es seit 300 Jahren Weine erzeugt und es deshalb unsinnig erscheint, die Geschichte eines jeden einzelnen ausführlich zu schildern – sie ähnelt sich bei nahezu allen Gütern –, handelt es sich bei dem Weingut Max Ferd. Richter doch um einen Betrieb, der spüren läßt, daß der Erfolg einer jeden Generation auf den Bemühungen der vorherigen aufbaut. Ich bin überzeugt, daß hier ohne die Erfahrungen des jetzigen Seniorchefs Horst M. F. Richter keine so individuellen Weine aus derart unterschiedlichen Lagen erzeugt werden könnten. Neben Hans Selbach vom Weingut Selbach-Oster in Zeltingen ist er einer der »Grands Seigneurs« der Mittelmosel. Hinter seiner Jovialität und seinem sprühenden Humor verbergen sich großes Wissen und reiche Erfahrungen über die Weinerzeugung an der Mosel. Seine Kenntnisse gehen weit über die geräumigen Weinkeller dieses Gutes hinaus, und es gibt kaum eine Frage zur Geschichte und den Weinen dieses Gebietes, auf die er eine Antwort schuldig bleiben muß.

Die gesamte »Weinphilosophie« seines Sohnes Dr. Dirk Richter ist von der Weinkultur geprägt, mit der er aufgewachsen ist. Was immer er auch in anderen Anbaugebieten, die er sehr gut kennt und auch schätzt, gelernt hat, findet eher zugunsten der Verfeinerung traditioneller Moselweine Eingang als zur Einführung radikaler Veränderungen. Während einige bedeutende Moselwinzer in den besten Lagen Spätburgunder angepflanzt haben, um Rotweine zu erzeugen, lehnt er dieses Vorgehen als Verschwendung guter Rieslingböden ab. Abgesehen von einem trockenen Rivaner (Müller-Thurgau), der unter dem Namen seines Sohnes als »Cuvée Constantin« verkauft wird, werden hier jetzt und in Zukunft zu 100 % Rieslingweine erzeugt.

Auch den modernistischen Ausstattungen, mit denen einige Moselgüter sich in der jüngsten Vergangenheit versucht haben, steht Dr. Richter eher skeptisch gegenüber. Wenn auf dem Weingut Max Ferd. Richter in den achtziger Jahren auch neue Etiketten eingeführt wurden, so sind sie doch nur gemäßigte Abwandlungen der Entwürfe, die hier schon Anfang des Jahrhunderts benutzt wurden. Es gibt zwei Fassungen: Die dem Original ähnlichste zeigt den Brauneberg und den Ort Mülheim, dieses Etikett wird nur für die besten Weine aus den bedeutendsten Brauneberger Lagen des Gutes, Juffer und Juffer-Sonnenuhr, verwendet. Unter dem anderen Etikett werden alle übrigen Weine vermarktet. Es zeigt das schöne Mülheimer Haus der Richters aus dem 18. Jahrhundert.

Bei dem ausgedehnten Weinbergbesitz, der an der Mosel verstreut von Trarbach bis Brauneberg reicht, ist es kein Wunder, daß auch die Qualität der Richter-Weine nicht immer gleich ist, besonders in so schwierigen Jahren wie 1991 und 1992. Zu hohe Säure fürchtet Dr. Richter bei seinen Weinen nicht – seit vielen Jahren hat es hier keine Entsäuerung gegeben. So müssen auch viele seiner Weine erst einige Jahre in der Flasche reifen, um ihr Bestes geben zu können, was vor allem auf die Weine der ausgedehnten Mülheimer Sonnenlay zutrifft, die in der Regel sehr rassige, leichte, in ihrer Jugend ausgesprochen stahlig wirkende Weine hervorbringt. Die Weine des gleichermaßen unbekannten Veldenzer Elisenberges sind insgesamt feiner. Zwar haben auch sie eine betonte Säure, doch ist sie pikanter; ihre Fruchtaromen erinnern häufig an Stachelbeeren oder an herbe Pfirsiche, wie sie in vielen Weinbergen dieser Region wachsen. Eine ebenso besondere Note besitzen die rassigen, mineralischen Weine vom Trarbacher Ungsberg mit ihrem unverwechselbaren Cassisaroma; oft werden diese Weine wegen des geringen Bekanntheitsgrades der Lage übersehen. Preislich sind alle Weine äußerst moderat, dabei aber jeder Beachtung wert. Sie liefern den Beweis dafür, daß auch in den Seitentälern der Mosel Weine mit viel Charme und Charakter hervorgebracht werden können. Wegen des wärmeren Mikroklimas direkt an der Mosel stammen auch die besten Weine vom Gut Max Ferd. Richter aus den dortigen Spitzenlagen. Hier sind die Richters in der glücklichen Lage, Weine aus dem Erdener Treppchen, der Wehlener Sonnenuhr, dem Graacher Himmelreich und Domprobst sowie den beiden besten Lagen von Brauneberg gewinnen zu können. Brauneberger Juffer und Juffer-Sonnenuhr bringen nach Ansicht der Gutsbesitzer die schönsten Weine hervor. Während der noch immer nicht abgeschlossenen Flurbereinigung in Brauneberg konnte das Weingut seinen Besitz dort vergrößern, so daß es jetzt sowohl im Hinblick auf die Quantität als auch die Qualität zu den bedeutendsten Erzeugern aus dieser Lage zählt. Nur das Weingut Fritz Haag kann wohl einen größeren Besitz in diesen Lagen aufweisen.

Anfang der achtziger Jahre begannen die Richters einen großen Teil der Weine aus dem Juffer trocken auszubauen und haben seit 1985 damit beachtlichen Erfolg. Diejenigen, die nach einem glatten, völlig klaren trokkenen Moselriesling suchen, wären hier eher falsch beraten, doch denjenigen, denen die trockenen Rieslinge in der Regel zu leicht und herb sind, können keine besseren empfohlen werden. Die trockenen Brauneberger der Richters verfügen über eine reiche Substanz und eine schöne Balance aus reifer Frucht und Säure und leichtem Alkoholgehalt. Noch größere Höhen erreichen die edelsüßen Weine aus der Juffer-Sonnenuhr – während ihrer Jugend zeigen sie eine wunderbare Kombination von Fülle und Balance, danach können sie bis zu 20 Jahre altern. Seit dem Jahrgang 1987 waren sie immer sehr beeindruckend.

Da Dr. Dirk Richter immer behutsam mit neuen Einfällen experimentiert und ständig nach Verbesserungen bei der Arbeit im Keller sucht, ohne den Stil seiner Weine zu verändern, bin ich der Überzeugung, daß der Erfolgskurs dieses schönen und bedeutenden Weingutes noch lange nicht beendet ist.

Brauneberger Riesling diverser Lagen

1988 Juffer Spätlese Trocken 84

Zarter Pfirsichduft mit dezentem Reifeton; mittelgewichtig und feinfruchtig, geschliffene Säure; nachhaltige mineralische Note. Jetzt auf dem Höhepunkt, hält sich aber bis 1996/97.

1988 Juffer Auslese Trocken 85

Ausgeprägter erdiger Duft mit schöner Aprikosennote; bei gleichem Alkoholgehalt von 10,5 % vol deutlich mehr Fülle und Kraft als die Spätlese; stoffiger Nachhall. Ebenfalls in ihrer besten Form, aber mit Reserven bis zur Jahrhundertwende.

1988 JUFFER-SONNENUHR SPÄTLESE 90
Vielschichtiger Duft nach Aprikosen und Mineralien; konzentriert und sehr würzig, beeindruckendes Säurespiel, die Süße schon perfekt eingebunden; sehr nachhaltige mineralische Rasse. Eine exzellente restsüße Spätlese ohne eine Spur Oberflächlichkeit; noch 15 Jahre Entwicklungspotential.

1989 JUFFER SPÄTLESE TROCKEN 83
Ähnlich wie der 88er, nur etwas weicher und runder, deutlicher Karamelton in Duft und Geschmack, der erdige Charakter der Lage erkennbar, es fehlt etwas Biß und Eleganz. Für den Jahrgang ein gelungener trockener Wein, aber absolut gesehen nicht sehr stark; hält sich noch bis 1996/97.

1989 JUFFER AUSLESE 90
Satter Duft nach überreifen Pfirsichen und Mirabellen; voll und konzentriert, viel Schmelz trotz dezenter Süße, leichter Honigton und sehr gute Struktur für den Jahrgang; sehr kräftiger, würziger Nachhall. Ein überzeugender 89er ohne die übliche dominante Botrytisnote; Reserven für weitere 15 Jahre!

1990 JUFFER SPÄTLESE TROCKEN 88
Komplexes Ananas-Mandel-Bouquet; konzentriert, kräftig und rassig, die Aromen noch nicht voll entfaltet, exzellente Harmonie; sehr langer, fester Abgang. Der beste trockene Wein der Betriebsgeschichte; viel Zukunft.

1990 JUFFER-SONNENUHR SPÄTLESE 90
Intensiver Aprikosenduft mit exotischem Unterton, dichte Fruchtfülle und betonte Rasse, pikantes Spiel, Süße und Säure kommen langsam in vollen Einklang; sehr langer, herber Nachhall. Erst 1997/98 auf ihrem Höhepunkt.

1990 JUFFER AUSLESE 91
Eigenwilliger Duft nach Stachelbeermarmelade und Mandeln; sehr fest, rassig und mineralisch, viel Biß und Struktur, die Süße kaum spürbar; fast stahliger Abgang. Diese Auslese wird bis ca. 2000 brauchen, um ihre wahre Klasse zu zeigen.

1990 JUFFER-SONNENUHR AUSLESE 94
Eine Fruchtexplosion! Verführerischer Duft nach Ananas, Mango und Maracuja; äußerst konzentriert und saftig, seidige Säure, tolles Spiel, eine Kaskade von Fruchtaromen, die lange anhält. Ein untypischer, aber äußerst beeindruckender 90er. Man spürt den extrem niedrigen Ertrag deutlich; sehr großes Entwicklungspotential.

1991 JUFFER-SONNENUHR KABINETT TROCKEN 81
Charmantes Fruchtbouquet; sehr eleganter leichtgewichtiger Wein, die hohe Säure erstaunlich gut integriert; pikanter Nachhall. Hält sich bis zur Jahrhundertwende.

1991 JUFFER-SONNENUHR SPÄTLESE 86
Schöner Pfirsichduft mit exotischer Note; konzentriert und rassig, leichte Kremigkeit; stoffiger, mineralischer Abgang. Ein 91er mit genug Struktur, um sich noch 20 Jahre zu halten.

1992 JUFFER SPÄTLESE TROCKEN 80
Flüchtiger Maracujaduft mit Botrytisnote; mittelgewichtig, vorne recht saftig mit eleganter Säure, hält aber nicht ganz, was er verspricht; eher einfacher Abgang.

1992 JUFFER-SONNENUHR SPÄTLESE 87
Noch sehr frischer, pikanter mineralischer Duft; viel Saft und Kraft für eine Spätlese, trotz reifer Säure schönes Spiel; komplexer mineralischer Nachhall. Braucht bis mindestens 1996, um sich zu entfalten, und hält wahrscheinlich 20 Jahre.

1992 JUFFER-SONNENUHR TROCKENBEERENAUSLESE 94
Explosiver Duft nach exotischen Früchten; extrem konzentriert und sehr pikant, viel Schmelz und Honig, ausgeprägter Aprikosenton, brillantes Säurespiel; hocheleganter, rassiger Nachhall. Vom Typ her eher eine Beerenauslese, aber trotzdem ein toller Wein und eine sehr beeindruckende Leistung für 1992!

Mülheimer Helenenkloster Riesling

1987 AUSLESE 90
Pikanter Passionsfruchtduft; erstaunliche Konzentration für den Jahrgang, viel Saft, betonte eisweinartige Säure, hochpikantes Spiel; sehr langer, stahliger Abgang. Als Eiswein gelesen und wesentlich ausgeglichener als die meisten 87er Eisweine; lange Lebenserwartung.

1988 EISWEIN 88
Fast voluminöses Pfirsichbouquet; sehr reichhaltig und satt, die hohe Süße etwas vordergründig, verhältnismäßig weiche Säure, trotz großer Konzentration und Kraft mangelt es an Säurebrillanz; sehr anhaltend. Entwicklung schwierig einzuschätzen.

1989 EISWEIN 92
Intensiver Duft nach weißen Pfirsichen und Maracuja; sehr dicht und saftig, pikante Säure ohne jegliche Ecken und Kanten, tolle Harmonie, langatmiges Spiel. Schon jetzt sehr attraktiv, besitzt noch 25 Jahre Entwickungspotential.

1990 Eiswein 93
Analytisch gesehen nicht umwerfend, aber nach meinem geschmacklichen Empfinden ein großer Wein. Sehr komplexer Duft nach zahlreichen exotischen Früchten; sehr konzentriert und rassig, trotz der betonten Säure schon ausgeglichen und sehr elegant; sehr nachhaltige mineralische Note.

1992 Eiswein 82
Merkwürdiger Honigduft (unsaubere Botrytis?); sehr konzentriert und satt, aber etwas rauhe Säure und leicht alkoholbetont, kantiger Abgang. Vielleicht entwickelt er sich mit der Zeit, aber ich bezweifele es sehr.

Die 1993er Rieslinge sind klassische Moselweine mit viel Frucht, Charme und Spiel. Sie übertreffen deutlich die Jahrgänge 1991 und 1992.

Weingut Schloß Saarstein

Anschrift 54455 Serrig/Saar
Inhaber Dieter Ebert
Leiter und Kellermeister Christian Ebert

Gesamtrebfläche 9 ha
Rebsortenspiegel 97 % Riesling, 3 % Weißer Burgunder

Rieslingproduktion

Rebfläche 8,7 ha
Lagen Serriger Schloß Saarstein (Alleinbesitz) 8,7 ha
Rebmaterial 18 % wurzelechte Reben, 82 % Pfropfreben (größtenteils E37, eigene Selektion eines Klon »Saarstein«)
Durchschnittliches Rebalter 20 Jahre
Durchschnittlicher Ertrag 65 hl/ha
Durchschnittliche Produktion 50 000 Flaschen pro Jahr

Wegen seiner château-artigen Anlage ist das Weingut der Familie Ebert an der Saar einmalig. Die gesamte Rebfläche von 9 ha erstreckt sich geschlossen über den steilen Hang unterhalb des Schlosses Saarstein. Aufgrund dieser Gegebenheit und ihren dezidierten Vorstellungen über Weinbau konnte die Familie einen einzigartigen Saarweinstil begründen. Wegen der sehr steinigen Böden an der Saar sind die Weine hier im allgemeinen

weniger aromatisch als an Ruwer oder Mittelmosel und fallen äußerst schlank und geschliffen aus. Bei einer Blindprobe könnten die Schloß-Saarstein-Weine dagegen leicht für Ruwerweine gehalten werden, so intensiv ist ihr Bouquet und so pikant ihre Säure. Auch der Erfolg des Gutes mit trockenen, restsüßen und edelsüßen Weinen ist an der Saar einzigartig. Gäbe es nicht einige Schwächen bei den Jahrgängen 1991 und 1992, müßte man Schloß Saarstein sicher zur absoluten Spitze an der Saar erklären.
Verglichen mit anderen Gegenden an Mosel, Saar und Ruwer begann der Weinbau in Serrig sehr spät; die ersten Weinberge wurden erst Ende des 19. Jahrhunderts kultiviert. Im Gegensatz zu den Lagen, die während der letzten Jahrzehnte erstmalig bepflanzt wurden und fast durchweg auf angeschwemmten oder schweren Böden in der Ebene liegen, wurden damals steile Südhänge mit Reben bepflanzt, so daß die Rieslingtrauben regelmäßig einen hohen Reifegrad erreichen können. Die ebenen Flächen hingegen eignen sich kaum für den Rieslinganbau. Der beste Teil des Hanges aber, über den sich die Lagen von Schloß Saarstein erstrecken, erfreut sich mikroklimatischer Bedingungen, die mit denen berühmterer Saarlagen wie Ockfener Bockstein und Ayler Kupp vergleichbar sind.
Auch die Tatsache, daß die Familie Ebert, die das Weingut Schloß Saarstein besitzt und leitet, aus einem völlig anderen Teil Deutschlands stammt, ist unter den führenden Saargütern höchst ungewöhnlich. Nachdem Dieter Ebert aus Ostdeutschland geflohen war, erwarb er das Anwesen 1956. Er ist gelernter Landwirt, die daraus resultierende besondere Einstellung zum Weinbau ist und bleibt ein wichtiger Bestandteil dieses Gutes. Hier werden die Böden wesentlich intensiver bewirtschaftet als auf jedem anderen Weingut der Saar. Ein kennzeichnendes Element der Ebertschen Philosophie ist das häufige Pflügen der Böden, genau wie deren jährliche großzügige Versorgung mit organischem Material. Dies bringt freilich nicht nur Vorteile: Zwar sind die hiesigen Weine füllig und rassig, doch können die Erträge in den Jahren, da die Natur freundlich gesonnen ist, auch leicht zu hoch geraten. Dem versucht man im Sommer mit starkem Rebschnitt und Ausdünnen entgegenzuwirken; dennoch wiesen einige der Weine aus den letzten Jahrgängen Anzeichen überhöhter Erträge auf.
Obgleich ich persönlich kein großer Freund des technischen Vorgehens auf diesem Gut bin – die Weine vergären mit Reinzuchthefe und werden sehr frühzeitig abgestochen –, werden hier doch äußerst beeindruckende Ergebnisse erzielt. In diesem Falle muß ich angesichts der exzellenten Qualität im Glas meine Vorurteile revidieren. Diese Weine verfügen über eine verführerisch intensive, dabei jedoch absolut klare, lebendige Frucht. Ihr hoher Säuregehalt wird durch diese Frucht gebändigt, und nur gelegentlich stößt man bei ihnen auf die sonst für die Saarweine so typische Härte. Erfreu-

licherweise hat Winzer Christian Ebert vor kurzem den Alkoholgehalt seines »Gutsrieslings«, einem trockenen QbA, leicht gesenkt; bei seinem mengenmäßig bedeutendsten Erzeugnis war dies der kritischste Punkt. Ansonsten ist dieser Wein voller Frucht und besitzt eine frische, aber nicht aggressive Säure. Bei der Erzeugung trockener Rieslinge beweist Christian Ebert einen erstaunlichen Ehrgeiz; seine 90er Riesling Spätlese Trocken war einer der besten trockenen Weine, der an der Saar je erzeugt worden ist. Ich erlebte ihn bei einer Blindprobe im Vergleich mit anderen, ähnlichen Weinen desselben Jahrgangs von anderen Spitzengütern an Mosel, Saar und Ruwer, und immer war er einer der besten Weine auf dem Tisch. Auf eine Wiederholung dieser Vorstellung warte ich schon jetzt ungeduldig!

Obwohl sie quantitativ gesehen nur einen geringen Teil der Produktion dieses Weingutes ausmachen, bringt Christian Ebert viel Zeit und Energie für die Erzeugung einiger sensationeller edelsüßer Weine auf. Die Eisweine von Schloß Saarstein sind an Mosel, Saar und Ruwer die vielleicht extremsten Beispiele dieser Gattung, sie verbinden eine Säure fast elektrisierender Intensität mit einer enormen Kraft und Konzentration. Die Saarstein-Auslesen sind reiche, saftige Weine mit einem wunderbar lebendigen Spiel von Honig, exotischen Fruchtnuancen und rassiger Säure. Bei den Beerenauslesen und Trockenbeerenauslesen gerät diese Spannung zwischen konzentrierter Frucht und pikanter Säure noch intensiver; sie zählen zu den großartigsten Weinen, die heute an der Saar erzeugt werden.

Christian Ebert, der seit kurzem mit Andrea Wirsching vom Weingut Wirsching in Franken verheiratet ist, ist gerade Mitte Dreißig und darf wohl auf eine vielversprechende Zukunft blicken. Mit den Weinen, die er in den ersten zehn Jahren als Kellermeister von Schloß Saarstein erzeugt hat, hat er ganz sicher Qualitäten bewiesen, mit denen er dieses Weingut an der Saar auf den ersten Platz befördern kann. Dazu müßte er allerdings die Probleme aus dem Weg räumen, die seine 91er und 92er Jahrgänge beeinträchtigt haben und im Weinkeller ein wenig mehr Flexibilität beweisen. Unter solchen Voraussetzungen dürfte man von diesem schönen Weingut dann wunderbare Weine erwarten.

Serriger Schloß Saarstein Riesling

1988 AUSLESE TROCKEN 75
Sehr entwickelter, satter Pfirsichduft; recht füllig und substanzreich für einen trockenen Saarriesling, betonte Säure, aber während der letzten Jahre hat er einiges an Frucht verloren und ist leicht alkoholisch geworden. Schon auf dem absteigenden Ast.

1988 KABINETT 83
Voller Pfirsich-Cassis-Duft; recht konzentriert und sehr saftig, animierende Säure, schöne Harmonie; nachhaltiger mineralischer Ton.

1988 AUSLESE »GOLDKAPSEL« 92
Sehr feines Botrytisbouquet nach getrockneten Pfirsichen und Honig; dichte Fruchtfülle, recht satt und kraftvoll für den Jahrgang, die elegante Säure fängt die hohe Süße perfekt auf; kräftiger Nachhall. Ein sehr beeindruckender 88er Auslese mit großer Zukunft.

1989 SPÄTLESE TROCKEN 78
Nicht so deutlich abgebaut wie die 88er Auslese Trocken, aber gleichfalls etwas zu schnell gereift. Etwas eindimensionaler Pfirsichduft; sehr schöne Harmonie von Frucht, Alkohol und rassiger Säure, es mangelt an Biß und Tiefe; etwas langweilig im Abgang. Jetzt austrinken, keine Zukunft.

1989 KABINETT 82
Attraktiver Duft nach Zitrus und Mandeln; sehr ansprechende Frucht, saftig und elegant; im Abgang spürt man den hohen Ertrag. Schon voll entwickelt, hält sich aber bis Ende der neunziger Jahre.

1989 AUSLESE »GOLDKAPSEL« 94
Sehr feiner Honigduft; enorme Konzentration für eine Auslese, äußerst reichhaltig und würzig; sehr nachhaltiger Grapefruitton. An der Saar zweifelsohne eine der besten Auslesen des Jahrgangs; großes Entwicklungspotential.

1989 TROCKENBEERENAUSLESE 98
Gewaltiger Duft nach kandierten Zitrusfrüchten und Honig; massive Konzentration, viel Schmelz, extrem kraftvoll mit sehr fester Säurestruktur, die hohe Süße schon perfekt integriert; explosiver, pikanter Abgang. Einer der absoluten Spitzenweine des Jahrgangs in Deutschland; hat noch etliche Jahrzehnte vor sich!

1989 EISWEIN 96
Tolles Honigbouquet mit einem Anflug des gewöhnlichen Eisweincharakters; extrem konzentriert und satt, fast zuviel des Guten, betonte, aber geschliffene Säure, hochpikantes Spiel; extrem nachhaltige Rasse. Ein gigantischer Wein, dem nur die letzte Komplexität fehlt, um ganz groß zu sein; 40 Jahre Entwicklungspotential.

1990 SPÄTLESE TROCKEN 87
Intensives Pfirsch-Cassis-Bouquet; dicht und sehr rassig, ausdrucksvoll, ohne mächtig zu sein, tolle Frucht; nachhaltige mineralische Säure. Wohl der beste trockene Wein der Gutsgeschichte und einer der besten des Jahrgangs an Mosel, Saar und Ruwer; hält bis 2000.

1990 Kabinett 88
Zarter Pfirsichduft; extrem saftiger Kabinett, die Süße fast von betonter Rasse überdeckt, sehr elegantes Spiel; die Säure klingt lange nach. Im Moment etwas verschlossen, erreicht 1996/97 wieder seine beste Form.

1990 Auslese »Goldkapsel« 93
Ziemlich verschlossener Duft; sehr schlank und konzentriert zugleich, pikantes Spiel, satter Pfirsichton; besonders nachhaltige Rasse. Braucht viele Jahre, um ihren Höhepunkt zu erreichen und hat noch 25 Jahre Entwicklungspotential.

1991 Spätlese Trocken 78
Flüchtiger Erdbeer-Zitrus-Duft; mäßige Frucht und Substanz, etwas grobe, stahlige Säure, es fehlt die Saftigkeit und der Schmelz seiner Vorgänger. Keine Zukunftsperspektiven.

1991 Kabinett 73
Duftet nach grünen Äpfeln und Lakritze; eher vordergründige Frucht, süß-sauer, wenig Charme; gewaltige Dichte und Kraft, etwas Bitternis im Abgang.

1991 Eiswein 98
Explosiver Maracujaduft mit enormer Tiefe; hochpikantes Säurespiel, brennt fast auf der Zunge, immer noch sehr jugendlich und unfertig; unglaublich nachhaltige Rasse, bleibt eine Ewigkeit am Gaumen. Noch 50 oder 60 Jahre Entwicklungspotential.

1992 Spätlese Trocken 81
Feinfruchtiger Pfirsichduft; mittelgewichtiger Wein mit schönem Pfirsichton, elegante Rasse; recht anhaltend. Ein gutes Ergebnis für den Jahrgang. Jetzt schon trinken, nicht länger als bis 1996 aufbewahren.

1992 Spätlese 87
Attraktiver Duft nach gelben Früchten; konzentriert und saftig, feinfruchtig und elegant, dezente Süße; nachhaltiges Spiel. Ein sehr gelungener 92er, der sich mindestens bis Anfang des nächsten Jahrhunderts hält.

1992 Eiswein 90
Sehr pikanter jugendlicher Duft; gute Konzentration und schönes Spiel, aber weder Kraft noch Biß des 91er oder 89er; langer, kremiger Nachhall. Wahrscheinlich als junger Wein am attraktivsten.

Die 1993er Rieslinge sind feinfruchtige, elegante Weine mit schöner Harmonie; unterhalb des Prädikats Auslese fehlt es ihnen jedoch etwas an Dichte und Länge.

Weingut Sankt Urbanshof – Ökonomierat Nic. Weis

Anschrift 54340 Leiwen
Inhaber Hermann Weis
Kellermeister Adolf und Rudolf Hoffmann

Gesamtrebfläche 38 ha
Rebsortenspiegel 90 % Riesling, 7 % Müller-Thurgau, 3 % andere Sorten

Rieslingproduktion

Rebfläche 35,9 ha
Lagen Leiwener Laurentiuslay 0,7 ha, Ockfener Bockstein 3,9 ha, Neumagener Rosengärtchen 1,3 ha, Wiltinger Schlangengraben 8,8 ha, Wiltinger Sandberg (Alleinbesitz) 2,5 ha, Dhron Hofberg 0,6 ha, Thörnicher Ritsch 0,2 ha, Neumagener Engelgrube 0,4 ha, Wiltinger Scharzberg 5,5 ha, Leiwener Klostergarten 12,0 ha
Rebmaterial 100 % Pfropfreben (W1, W17, W21, H65)
Durchschnittliches Rebalter 25 Jahre
Durchschnittlicher Ertrag 86 hl/ha
Durchschnittliche Produktion 330 000 Flaschen pro Jahr

Wie sein Vater Nicolaus ist Hermann Weis eher ein Mann der Tat als ein Theoretiker. Ihm ist es gelungen, sowohl die Rebveredlung als auch das Weingut, das sein Vater kurz nach dem Zweiten Weltkrieg gegründet hat, erfolgreich weiterzuführen. Sein Betrieb ist heute nach dem Gut Reichsgraf von Kesselstatt das zweitgrößte private Weingut im Mosel-Saar-Ruwer-Gebiet; in seinem Besitz befinden sich beträchtliche Anteile in den besten Lagen an Mosel und Saar. Zwar hat man hier schon immer große Mühen auf sich genommen, um Aufmerksamkeit für das Weingut zu gewinnen, doch mit den Erweiterungen des Betriebes während der letzten Jahre ist dieser Ehrgeiz noch gewachsen. Dazu kommen die Anstrengungen von Rudolf Hoffmann, dem Sohn des langjährigen Kellermeisters Adolf Hoffmann, der seit 1989 neben seinem Vater auf dem Weingut St. Urbanshof tätig ist. Seither ist das Gut auf bestem Wege, das Ziel Hermann Weis' zu erreichen, in die Reihen der Weinelite von Mosel, Saar und Ruwer aufgenommen zu werden.
Das Erfrischende an diesen Ambitionen, die natürlich auch viele ihrer Kollegen hegen, ist, daß sie sich in dem Bemühen um immer hochwerti-

gere Weine niederschlagen und nicht in vordergründigen Marktstrategien oder arroganter Selbstdarstellung. Jetzt, da sich auch der Sohn von Hermann Weis um den Betrieb kümmert, lassen die nächsten Jahre große Dinge von diesem Weingut erwarten.

Schon heute sind die Weine des Weis-Gutes immer guter bis sehr guter Qualität. Tatsächlich habe ich nicht einen Wein aus den letzten Jahrgängen probiert, der nicht als schönes Beispiel für seine Art empfohlen werden könnte. Das alleine ist schon eine beachtliche Leistung für ein Weingut dieser Größenordnung. Hinzu kommt, daß intensive Proben eine stetige Verbesserung der trockenen Weine zeigten, auf die man hier besonderen Wert legt. Die besten dieser Art sind äußerst eindrucksvolle Weine, die einen Vergleich mit den führenden trockenen Rieslingweinen aus südlicheren Anbaugebieten Deutschlands, in denen ihre Erzeugung wesentlich einfacher ist, nicht zu scheuen brauchen.

Auf dem Weingut St. Urbanshof setzt man sich sehr für die »Hochgewächs«-Kennzeichnung bei Qualitätsweinen ein. Obwohl einige trockene Kabinettweine erzeugt werden, sind Winzer und Kellermeister der Ansicht, daß der Most dieser Weine lieber leicht chaptalisiert werden sollte (Zugabe von Zucker während der Gärung, um den Alkoholgehalt zu erhöhen), da ein Alkoholgehalt von 10,5 % vol eine bessere Harmonie ergibt als 9 % vol. Aufgrund der Ergebnisse muß man dieser Ansicht beipflichten, auch wenn es auf anderen Weingütern anders aussehen mag. Besonders die trockenen Riesling-Hochgewächse der nicht unproblematischen Jahrgänge 1991 und 1992 sind exzellente Beispiele dafür, was auf diese Weise auf dem St. Urbanshof erreicht werden kann. Diese Weine besitzen eine herrlich rassige Eleganz und eine feine Rieslingfrucht, die in keiner Weise durch den erhöhten Alkoholgehalt negativ beeinflußt wird. Die trockenen Auslesen, die seit 1976 erzeugt werden, gelangen nicht immer gleichermaßen befriedigend, doch läßt der 92er Jahrgang vermuten, daß man auch diesen Stil erheblich alkoholreicherer Weine mit bis zu 12 % vol nahezu perfektioniert hat.

Bei den restsüßen Weinen müßte der St. Urbanshof meiner Ansicht nach noch wesentlich mehr leisten. Sie bestechen zwar alle durch ihre exakte Balance zwischen Frucht, Süße und Säure, sind zudem sauber, frisch, fruchtig und attraktiv, lassen aber ein wenig Tiefe vermissen. Ihnen fehlt etwas die Vielschichtigkeit der Frucht, der Würze und des mineralischen Charakters, die diese Art Weine so faszinierend sein läßt und die ihnen ein hohes Alterungspotential schenkt. Mehr noch als die besten trockenen Weine dieses Gutes scheinen sie zwar sehr sorgfältig, aber letzten Endes zu technisch erzeugt zu sein. Sie sollten während ihrer ersten drei Jahre genossen werden, denn wenn sie ihre Qualität auch über viele Jahre hinweg

bewahren können, wird eine lange Flaschenlagerung ihrer Harmonie und Komplexität nicht unbedingt zuträglich sein.
Zu den interessantesten der zahlreichen Lagen dieses Weingutes gehören Leiwener Laurentiuslay und Thörnicher Ritsch an der Mosel und der Ockfener Bockstein an der Saar. Die Laurentiuslay ist fraglos Leiwens Spitzenlage mit einem Potential für erstklassige Moselrieslingweine von beträchtlicher Eleganz und sehr nuancierter Frucht.
Die Weine der Laurentiuslay von St. Urbanshof werden fast immer trocken ausgebaut und besitzen häufig die Qualität einer Spätlese oder Auslese.
Auch die Thörnicher Ritsch ist eine Spitzenlage, die aber leider Gefahr läuft, zu verwildern. Sie ist wenig bekannt und äußerst schwierig zu bewirtschaften, da sie sich größtenteils über enge Terrassen erstreckt; dabei bringt sie Weine einer sehr pikanten Rasse hervor. Von hier stammen oft die besten restsüßen Rieslinge des St. Urbanshofs. Im Gegensatz dazu kann sich der Ockfener Bockstein großen Ruhmes als eine der bedeutendsten Lagen der Saar erfreuen. In den letzten Jahren wurden aber gar zu wenige aufregende Weine dieser Lage hervorgebracht. Der beste Erzeuger trockener Weine aus dem Bockstein ist heute das Weingut St. Urbanshof.
Vor einiger Zeit hat die Familie Weis mit der Erzeugung von Dessertweinen begonnen. Dazu nutzt sie botrytisbefallene Trauben aus einer ihrer geringsten Lagen, dem Leiwener Klostergarten, in dem volle 12 ha Rieslingreben stehen. Sicher kann man solcherart reiche und kraftvolle Dessertweine hervorbringen - dazu noch wesentlich billiger als in so steilen Hängen wie der Leiwener Laurentiuslay –, doch bleibt es fraglich, ob diese flachen oder sanften Hänge ohne die für Mosel, Saar und Ruwer typischen Schieferböden tatsächlich Weine höchster Eleganz oder Komplexität ergeben können.
Eines jedoch ist sicher: Noch sind die Entwicklungen der letzten Jahre auf diesem großen, dynamischen Weingut nicht abgeschlossen. Ich bin davon überzeugt, daß die Bemühungen der Herren Weis und Hoffmann um immer schönere Weine dieses Weingut ein großes Stück voranbringen werden.

Leiwener Laurentiuslay Riesling

1988 AUSLESE TROCKEN 82
Voll entwickelter, aber sehr attraktiver Pfirsichduft; mittelgewichtig, sehr elegant, feinfruchtig, sanfte Rasse; anhaltend im Abgang. Jetzt in ihrer besten Form, hält sich höchstens bis 1995.

1989 AUSLESE TROCKEN 75
Etwas grober Duft mit starker Zitrusnote; voll und substanzreich, für einen trockenen Moselriesling aber etwas oberflächlich, reife Säure und Eleganz vorne; der Nachhall von einem deutlichen Botrytiston dominiert. An der Kippe, muß getrunken werden.

1990 AUSLESE TROCKEN 83
Intensives Zitrusbouquet mit deutlichem Aprikosenton; sehr kräftig und stoffig, läßt etwas Eleganz vermissen, man spürt den niedrigen Ertrag, sehr gute Säurestruktur; nachhaltiger Mandelton. Schon voll entwickelt, hält sich aber bis 1997/98.

1991 HOCHGEWÄCHS QBA TROCKEN 80
Mäßige Substanz im Vergleich zum 90er, trotzdem sehr gelungen für den Jahrgang. Zarter Pfirsichduft mit mineralischer Note; saftig und rassig, schöner Säurebiß ohne Ecken und Kanten; anhaltend. Sehr ansprechend, hält sich bis mindestens 1998.

1992 AUSLESE TROCKEN 85
Voller Aprikosenduft mit mineralischer Note; sehr voll und konzentriert, sehr gute Säurestruktur für den Jahrgang, der ungewöhnlich hohe Alkoholgehalt nicht spürbar; langer, kräftiger Nachhall. Ein beeindruckendes Ergebnis für 1992; bereits jetzt in ihrer besten Form, hält sich bis 1998/99.

Ockfener Bockstein Riesling

1990 AUSLESE TROCKEN 84
Noch ziemlich frischer, feiner Pfirsich-Maracuja-Duft; nicht so kraftvoll und dicht wie die Laurentiuslay Auslese Trocken, aber feiner und eleganter; sehr schöne, nachhaltige Rasse. Vom Typ eher Spätlese Trocken, aber trotzdem beeindruckend. Gutes Potential.

1990 AUSLESE 90
Komplexer Duft nach Zitrus, Mandeln und exotischen Früchten; sehr reichhaltig und satt, tolle Säurestruktur, die hohe Süße schon davon gefangen; sehr nachhaltige, pikante Rasse.

1991 HOCHGEWÄCHS QBA TROCKEN 78
Ziemlich verschlossen; recht leichtgewichtig, aber fruchtig und rassig, könnte etwas mehr Tiefe und Spiel aufweisen. Ein solider Wein, der sich bis mindestens 1999 hält.

1992 HOCHGEWÄCHS QBA TROCKEN 82
Attraktiver Zitrus-Pfirsich-Duft; sehr gute Substanz und Saft, beeindruckende Dichte für einen QbA, elegantes Spiel; nachhaltige mineralische Rasse. Bereits sehr gut zu trinken, hält sich bis 1998/99.

Thörnicher Ritsch Riesling

1990 SPÄTLESE 85
Mineralischer Pfirsichduft; dicht und rassig, sehr pikantes Spiel, die Süße im Hintergrund; langer mineralischer Nachhall. Braucht bis 1996/97, um ihren Höhepunkt zu erreichen.

1992 SPÄTLESE 82
Komplexer Duft nach Minze, Blüten und Mineralien; saftig und verspielt, dezente Süße, animierende Säure; pikanter, aber etwas einfacher Abgang. Schon sehr gut zu trinken; hält sich bis zur Jahrhundertwende.

Weingut Willi Schaefer

Anschrift 54470 Graach, Hauptstraße 130
Inhaber und Kellermeister Willi Schaefer

Gesamtrebfläche 2,1 ha
Rebsortenspiegel 100 % Riesling

Rieslingproduktion

Rebfläche 2,1 ha
Lagen Graacher Domprobst 0,9 ha, Graacher Himmelreich 1 ha, Wehlener Sonnenuhr 0,1 ha, Bernkasteler Badstube 0,1 ha
Rebmaterial 80 % wurzelechte Reben (selbst gezüchtet), 20 % Pfropfreben (G 198)
Durchschnittliches Rebalter 35 Jahre
Durchschnittlicher Ertrag 85 hl/ha
Durchschnittliche Produktion 24 000 Flaschen pro Jahr

Willi Schaefer junior ist das genaue Gegenteil der Winzer, die arrogant und aufgebläht umherstolzieren und glauben, da sie ein paar gute Weine erzeugen konnten, für die sie einige lobende Kritiken erhalten haben, seien sie nun auch etwas Besseres. Unglücklicherweise vermehrt sich dieser Winzerschlag ungehindert in einer Weinwelt, in der vor allem Vermarktung und Publicity zählen. Erzeuger, die wie Willi Schaefer mit beiden Beinen auf dem Boden bleiben, werden immer seltener. Er ist der lebende Beweis dafür, daß auch das kleinste Weingut allerhöchste Qualität hervorbringen kann. Was an diesen Weinen aber noch mehr auffällt als ihre hohe Güte an sich, ist, daß sie die gleiche Bescheidenheit, Demut, Zärtlichkeit und innere Stärke besitzen wie Willi Schaefer. Oft kommt es mir so vor, als sei der Ausdruck »Wein erzeugen« bei den Rieslingwinzern unangebracht, da hier die Kunst eigentlich darin besteht, den Wein »sich selbst« erzeugen zu lassen – der Charakter eines großen Rieslings entwickelt sich langsam im Keller, dann in der Flasche. Willi Schaefers eigene Worte beschreiben diesen Prozeß am schönsten: »Jeder Wein ist wie ein Kind, als Winzer muß ich ihn beobachten, mit ihm leben und ihn bei der Entwicklung gefühlvoll lenken. Hierbei ist es wichtig, daß die naturgegebenen Charaktere sich voll entwickeln.«

Genausowenig wie Willi Schaefer, den man meistens im Keller oder im Weinberg trifft, wo er die Weine oder Reben hegt, haftet seinen Weinen etwas besonders Auffälliges an. Nie werden sie in ihrer Jugend bei einer Blindprobe gewinnen können. Wie ihr Erzeuger offenbaren sie sich erst langsam und sind für all die Ungeduldigen wenig geeignet, die auf Anhieb vom Winzer und von den Weinen fasziniert sein wollen. Das soll nicht heißen, daß diese Weine in jungen Jahren kein Vergnügen bereiten könnten. Vor allem die QbA und Kabinettweine des Gutes können sich in einem Alter von ein bis drei Jahren als frisch, fruchtig und elegant erweisen. Sicher wird mancher diese Weine lieber so trinken als in einem Alter von zehn Jahren oder mehr; doch niemand wird eine junge Spätlese oder Auslese einer mindestens zehn Jahre in der Flasche gereiften vorziehen. Die besten Rieslinge Willi Schaefers brauchen unbedingt diese Zeit, um ihre volle Pracht entfalten zu können.

Vor kurzem feierte Willi Schaefer senior seinen achtzigsten Geburtstag mit einer Vertikalprobe der Weine zurück bis 1959. Auch ich konnte diese Weine probieren und war überrascht von der außerordentlichen Frische der Weine aus den Siebzigern, die unmöglich als reif zu bezeichnen sind. Erst bei einigen Weinen aus den sechziger Jahren stieß man auf wirklich reife Nuancen und Aromen. Während ein junger Schaefer-Wein bei einer Blindprobe leicht übersehen werden kann, überragen diese älteren Weine alle anderen oft um Längen. Das enorme Alterungspotential steht in engem Zusammenhang mit dem besonderen Charakter der Weine aus der besten Lage des Gutes, dem Graacher Domprobst. Der Domprobst liegt äußerst steil und geschützt hinter dem Ort Graach. Die Mehrzahl der besten Mosel-Saar-Ruwer-Lagen besteht aus verwittertem Devonschiefer, und oft zeigt ein flüchtiger Blick keine besonderen Unterschiede, aber die Schwankungen in Tiefe und Steingehalt sind erheblich. Gemeinsam mit den mikroklimatischen Bedingungen tragen diese Abweichungen ganz wesentlich zu den verschiedenen Charakteren der Weine jeder einzelnen Lage bei. In

Graach sind die Böden im Domprobst mit wenigstens sieben Metern extrem tief, verglichen mit dem halben Meter in einigen Teilen der Wehlener Sonnenuhr. Außerdem enthalten die Graacher Böden viel feinverwittertes Material und relativ wenige große Steine. So wird die Wasserspeicherungskapazität enorm vergrößert, was ihnen in trockenen Sommern gegenüber flachgründigen, steinigen Böden große Vorteile einbringt. Dann zeigen die Weine aus dem Domprobst im Gegensatz zu den meisten anderen Moselweinen eine ausnehmend rassige Säure. Umgekehrt geraten sie in einem nassen Sommer oft sehr fest und stahlig. Willi Schaefer ist davon überzeugt, daß auch die Cassisaromen und der mineralische Charakter der Weine dieser Lage von den Böden herrührt. Bei niedrigen Prädikaten kommt es häufig zu Apfel- oder halbreifen Birnenaromen, wohingegen sich bei höheren Reifegraden der Cassischarakter zu dem von Grapefruit und exotischen Früchten entwickelt.

Das höchste Ziel Willi Schaefers ist es, QbA und Kabinett, die den größten Teil seiner Produktion ausmachen, höchster Güte anbieten zu können, aber für ein Weingut dieser Größe erzeugt er auch eine erstaunliche Menge an Auslesen und Beerenauslesen. In einem guten Jahrgang wird fast der gesamte Ertrag selektiv gelesen, dann wird jede einzelne Weinbergparzelle zwei- oder dreimal durchgegangen. Nach Willi Schaefers Auffassung beginnt schon hier die Weinherstellung. Da er weiß, daß die Graacher Weine immer über einen hohen Säuregehalt verfügen, liest er nur reife oder überreife Trauben. Nur wenn schwere Regenfälle drohen, wird die gesamte Ernte eingebracht, da lange Regenperioden katastrophale Folgen für die Trauben und somit die Weinqualität haben. Die Lese edelfauler Trauben setzt immer früh ein, so daß auch die höheren Prädikatsweine dieses Gutes eine lebendige, rassige Säure aufweisen.

Auf diese Art wird der Charakter der Schaefer-Weine schon festgelegt, bevor die Trauben in der Presse sind. Sowohl hier als auch im Keller haben absolute Klarheit und eine sehr langsame und gleichmäßige Entwicklung der Weine den Vorrang. Nahezu jeder Wein wird in 1000-Liter-Holzfudern ausgebaut; sie sind aber auffallend blaß in der Farbe, und weder ihr Bouquet noch ihr Geschmack wird durch die sechsmonatige Holzlagerung direkt beeinflußt. Ganz im Gegenteil beweisen diese Weine immer äußerste Klarheit und Zartheit, wenn sie aus dem Faß probiert werden. Dabei ist Schaefer beileibe kein Holzfetischist – in seinem ausgesprochen gut ausgestatteten Keller findet man auch mehrere Edelstahltanks, von denen einige in dem 1989 eingerichteten temperaturkontrollierten Keller stehen. Immer schon war Schaefer von einer langen, kühlen Gärung überzeugt, und so findet man auch einfachere Kühlmethoden in seinem Betrieb, den er 1971 von seinem Vater übernommen hat.

Die Schaefer-Weine sind sowohl von der Wärme und dem Licht, die die Trauben in den steilen Graacher Lagen empfangen, als auch von der Dunkelheit und Kühle des Kellers, in dem sich das Lesegut unter der behutsamen Aufsicht Willi Schaefers jr. langsam zu Wein entwickeln, gekennzeichnet. Bekennt man ihm gegenüber, daß sich der eine oder andere Wein ganz bemerkenswert entfaltet hat, was in den letzten Jahren häufig der Fall war; so antwortet er meistens: »Ich freue mich auch darüber, wie er sich entwikkelt hat.« Viel mehr Begeisterung wird Willi Schaefer zeigen, wenn er die Weine eines Kollegen probiert oder einen erstklassigen Bordeaux, den er genauso liebt wie einen großen Riesling. Hoffentlich erkennt er, daß ich nicht der einzige bin, der seinen Wein für vergleichbar mit den besten Bordeaux oder den größten Weinen seines eigenen Anbaugebietes hält.

Graacher Domprobst Riesling

1988 Spätlese Halbtrocken **87**
Etwas verhaltener Pfirsich-Mandel-Duft, ziemlich verschlossen; mittelgewichtig, rassige Säure und schöne Saftigkeit, sehr diskrete Süße; betont herber Nachhall. Noch nicht in ihrer besten Form, hält sich noch 15 Jahre.

1988 Spätlese **89**
Verschlossenes Bouquet; zart und substanzreich zugleich, sehr elegante Säure und viel Extrakt; nachhaltige mineralische Rasse. Eine 88er Spätlese mit exzellentem Entwicklungspotential.

1988 Auslese **91**
Ähnlich wie die Spätlese, nur viel dichter und mineralischer; noch sehr verschlossen in Duft und Geschmack, tolle Säurestruktur, dezente Süße; komplexer Nachhall. Genug Reserven für 25 Jahre; erst Ende der neunziger Jahre wieder in guter Form.

1989 Spätlese **85**
Vielschichtiger Duft nach Cassis, Zitrus, Kräutern und Mineralien; trotz hoher Säure fehlt es an Biß und Tiefe, Süße und Säure noch nicht in vollem Einklang; gute Länge. Recht schwierig einzustufen, wird sich aber zweifellos ab 1997/98 besser präsentieren.

1989 Auslese (1390) **93**
Überzeugender Duft nach getrockneten gelben Früchten mit einem Hauch Honig; sehr konzentriert und enorm saftig, fast pikante Säure und viel Extrakt, schöner Schmelz und tolles Spiel; sehr langatmiger, intensiver Nachhall. Eine wahre Spitzen-Auslese, die fast die Fülle und Konzentration einer Beerenauslese besitzt; schon jetzt sehr beeindrukkend, hat aber noch Jahrzehnte vor sich.

1990 SPÄTLESE HALBTROCKEN 84
Sehr fest und säurebetont, schmeckt trotz 14 Gramm Restsüße »knochentrocken«, gute, nicht übermäßige Dichte für diesen großen Jahrgang; etwas abrupter Abgang. Wird sich durch Flaschenreife sicher verbessern, erreicht aber nicht die Feinfruchtigkeit, Konzentration und brillante Rasse der 1990 HIMMELREICH AUSLESE HALBTROCKEN (90 Punkte).

1990 SPÄTLESE 91
Etwas verschlossener Duft nach Cassis und Aprikosen; konzentriert und sehr fest, mineralische Rasse und pikantes Spiel, die Süße in den Hintergrund gedrängt; brillanter Nachhall. Eine tolle Spätlese, die bis 2000 braucht, um ihren Höhepunkt zu erreichen, und genug Reserven für einige Dekaden besitzt.

1990 AUSLESE 94
Von Anfang an verschlossenes Bouquet und jetzt immer noch wie eine Knospe; sehr kräftig und konzentriert mit ausgeprägter mineralischer Note, kernige Säurestruktur, viel Kraft und Tiefe; extrem nachhaltige Rasse. Eine tolle 90er Auslese, die durch intensiven Lagencharakter anstatt hohe Süße und Schmelz besticht; erst Anfang des nächsten Jahrhunderts richtig entfaltet und ungeheuer lagerfähig.

1990 BEERENAUSLESE 97
Genauso eigenartig wie die 90er Auslese, nur auf einem deutlich höheren Niveau. Irrsinnig intensiver Duft nach Grapefruit, Mandeln und Mineralien; enorme Dichte und sehr betonte Rasse, erstaunlicher Biß für eine Beerenauslese, die Süße dadurch ungewöhnlich verhalten, brillantes Spiel; der Abgang ein Feuerwerk an Frucht, Säure und Mineralien. Obwohl schon jetzt äußerst beeindruckend, kann der Wein locker 60 Jahre alt werden.

1991 SPÄTLESE 88
Sehr feines Aprikosenbouquet mit einem Hauch Cassis; konzentriert und blitzklar für 1991, perfekte Süße-Säure-Harmonie; sehr nachhaltige Rasse. Ziemlich jugendlich, obwohl er schon jetzt sehr gut schmeckt.

1991 AUSLESE 90
Vielfältiger Duft nach Maracuja, Ananas und Cassis; sehr dicht und saftig, tolle Rasse und feines Spiel, noch lange nicht voll entfaltet; sehr fester, langer Abgang. Eine beeindruckende Leistung für den Jahrgang; große Zukunft.

1992 SPÄTLESE TROCKEN 85
Cassisduft mit mineralischer Note; sehr stoffig und kernig, schöner Säurebiß ohne Ecken und Kanten; nachhaltige Rasse. Wird sich ähnlich wie die noch sehr frische 88er Spätlese Trocken entwickeln.

1992 SPÄTLESE HALBTROCKEN 86
Etwas fülliger und saftiger als die trockene Version, aber mit genauso viel Struktur und Rasse; sehr anhaltend. Viel Potential.

1992 SPÄTLESE 87
Feinfruchtiger Duft nach Pfirsich und Ananas; sehr attraktive Saftigkeit und elegantes Spiel, absolut geradlinig, erfrischende Säure; pikanter Nachhall. Schon sehr gut zu trinken, hat noch 20 Jahre vor sich.

1992 AUSLESE (0393) 93
Jugendliches Botrytisbouquet mit deutlich exotischem Fruchtton; sehr konzentriert und kremig, tolle Struktur für den eher weichen Jahrgang, perfekte Harmonie, filigrane Rasse; die Säure klingt lange nach. Eine der besten Auslesen des Jahrgangs im Gebiet.

1992 BEERENAUSLESE 95
Ähnlicher Stil wie die 90er Beerenauslese, nur nicht ganz so dicht und etwas kremiger. Toller Duft nach exotischen Früchten und Mineralien; enorme Konzentration und pikante Säure, Kraft und Eleganz zugleich, atemberaubendes Spiel; extrem langer Nachhall. Schon jetzt unwiderstehlich, hält 50 Jahre ohne Probleme.

Die 1993er Rieslinge sind sehr beeindruckende Weine, die qualitativ an das Niveau des 1990er Jahrgangs heranreichen. Sie besitzen viel Saft, Struktur und Rasse.

Weingut Carl Schmitt-Wagner

Anschrift 54340 Longuich, Mühlenstraße 3
Inhaber und Kellermeister Bruno Schmitt

Gesamtrebfläche 3,3 ha
Rebsortenspiegel 70 % Riesling, 15 % Müller-Thurgau, 15 % Kerner

Rieslingproduktion

Rebfläche 2,47 ha
Lagen Longuicher Maximiner Herrenberg 1,2 ha, Longuicher Herrenberg 0,5 ha, Longuicher Probstberg 0,77 ha
Rebmaterial 90 % wurzelechte Reben, 10 % Pfropfreben
Durchschnittliches Rebalter 40 Jahre
Durchschnittlicher Ertrag 85 hl/ha
Durchschnittliche Produktion 27000 Flaschen pro Jahr

Bruno Schmitt nicht zu mögen ist genauso schwierig, wie seine Weine nicht zu mögen. Schätzt man sowohl die Weinkultur als auch die Qualität im Glas gleich hoch, wird man nicht umhin können, ihn zu bewundern. Niemand kann mehr für einen bisher unbekannten Weinbauort tun, als er für das Dorf Longuich an der Mosel geleistet hat. Anders als viele der unbekannteren Dörfer der Mosel besitzt Longuich mit dem Maximiner Herrenberg eine wirkliche Spitzenlage. Bruno Schmitt hat mehr als 40 Jahre damit verbracht, nach besten Kräften das exzellente Potential dieser Lage in Moselweine zu verwandeln, die »rassig, feinduftig, sehr gehaltvoll und von feiner Frucht« sind.

In meinen Augen ist der Betrieb Schmitt-Wagner ein vorbildliches kleines Moselweingut, das beweist, was mit begrenztem, aber gut gelegenem Weinbergbesitz alles erreicht werden kann, wenn die Direktive das Streben nach höchster Güte ist. Mit nur einem dieser Faktoren würden wohl bestenfalls einige gute oder durchschnittliche Weine erzeugt werden können. Bruno Schmitt befindet sich in der glücklichen Situation, daß die Hälfte seiner Rieslingreben in Longuichs Spitzenlage in relativ großen Parzellen von 0,4 bis 0,6 ha stehen. An der Mosel ist diese Größenordnung seit dem »Code Napoleon« ungewöhnlich, der die einst verhältnismäßig großen Parzellen in mit jedem Generationswechsel immer kleinere teilte. Manch einem mögen 0,4 ha Rebfläche nicht besonders viel erscheinen, doch an manchen Teilen der Mosel gelten schon 0,04 ha als groß! Die Zerstückelung des Weinbergbesitzes eines Gutes in dutzende, wenn nicht hunderte von kleinen, über große Gebiete verteilte Parzellen erschwert eine selektive Lese ungemein. Trotz der geringen Größe seines Betriebes sieht sich Bruno Schmitt diesem Problem nicht ausgesetzt.

Doch die relativ günstige Arrondierung guter Weinberge reicht als Garantie für die Erzeugung ausgezeichneter Weine nicht aus. Ohne das unablässige Bemühen um die allerbesten Trauben aus diesen Reben und deren größte Reife und Gesundheit und ohne die unermüdliche Gewissenhaftigkeit an der Presse und im Keller würde dieses Potential nicht in exzellente Weine umgewandelt. Nur wenige Minuten mit Bruno Schmitt sollten jeden davon überzeugen, daß es ihm am allerwenigsten an der Begeisterung, Hingabe und dem Antrieb – oder sollte man es Besessenheit nennen? – mangelt, die zur Erzielung solcher Ergebnisse notwendig sind. Die Liebe zum Wein und der Genuß der richtigen Moselweine haben Schmitt jung gehalten. Als ich neulich erfuhr, daß er über 60 ist, war ich regelrecht schockiert, hatte ich ihn doch 10 Jahre jünger geschätzt. Niemand unterhält sich lieber über Wein als Bruno Schmitt, und hat er einmal angefangen, ist er nicht mehr zu bremsen. Bei gewissen anderen Winzern könnte das leicht unangenehm werden, da sie häufig nichts als Eigenlob, Neid oder Geläster von sich geben. Schmitt

scheinen solche Anwandlungen gänzlich unbekannt zu sein, alles was er zu sagen hat, fasziniert den Zuhörer und verrät seine Liebe zum Longuicher Maximiner Herrenberg und dessen Weine.
So kann es auch nicht überraschen, daß die Weine vom Gut Schmitt-Wagner ebenso vielsagend wie ihr Erzeuger sind. Es handelt sich dabei um Moselrieslinge, die trotz ihrer festen Säure und Struktur in erster Linie durch ihren vollen, beinahe opulenten fruchtigen und würzigen Charakter beeindrucken. In guten bis hervorragenden Jahrgängen springen einem die Schmitt-Wagner-Weine förmlich aus dem Glas entgegen, und gleichzeitig besitzen sie die Klarheit und Spannung, die einen Moselriesling besonders machen. Auf vielen Moselgütern gibt es gravierende Qualitätsunterschiede zwischen trockenen und restsüßen Weinen; auf dem Weingut Schmitt-Wagner aber existieren sie nicht. In dieser Gegend der Mosel gibt es kein zweites Weingut, dessen trockene Rieslingweine sich mit der reichen Fruchtigkeit und der dabei so wunderbaren Balance der Schmitt-Wagner-Weine messen könnten.
Größere Konkurrenz müßte Bruno Schmitt im Bereich der edelsüßen Weine fürchten, aber auch hierbei gelingen ihm vorzügliche Ergebnisse. In Deutschland ist mir kein anderes Weingut dieser Größenordnung bekannt, das so viele exzellente Riesling-Beerenauslesen und Trockenbeerenauslesen hervorgebracht hat wie Schmitt-Wagner. Auch kann kein zweites Gut in dieser Gegend so viele hervorragende edelsüße Auslesen in mehreren Jahrzehnten - bis zurück in die vierziger Jahre - vorweisen. Die letzen großen Jahrgänge für diese Art Wein waren 1989 und 1990 - diese edelsüßen Weine weisen alle Charakteristika klassischer Exemplare auf. Schon heute gelten sie, nicht nur wegen des ausgezeichneten Preis-Leistungs-Verhältnisses, das die sehr bescheidenen Preise und der hohe Standard dieser Weine versprechen, unter Kennern als Geheimtip.
Bedauerlicherweise wird Bruno Schmitt das Weingut nicht mehr lange betreiben können. Ich hoffe sehr, daß er einen Nachfolger findet, der seine Arbeit würdig fortführt. Doch bis dahin bleibt dieses Gut eine hervorragende Quelle für ernsthafte Moselrieslinge, die großen Genuß bereiten.

Longuicher Maximiner-Herrenberg Riesling

1988 AUSLESE TROCKEN **86**
Voller Pfirsichduft; gute Substanz und Fülle, elegante und animierende Säure, die Harmonie von einem Hauch Bitternis gestört; sehr fruchtiger Nachhall.

1988 AUSLESE 90
Beeindruckender, vielschichtiger Pfirsichduft; viel Saft und Spiel, Struktur und Tiefe, sehr dezente Süße; nachhaltige mineralische Rasse. Ein exzellenter Beweis, daß es sich hier um eine wahre Spitzenlage handelt. Viel Zukunft, aber auch jetzt schon sehr schön.

1989 AUSLESE TROCKEN 84
Eine richtige Fruchtbombe! Verführerischer Duft nach Pfirsichmarmelade und exotischen Früchten; schon voll entwickelt und sehr satt, viel Substanz und Fülle für einen trockenen Moselriesling, die gute Säure kann ihn nicht balancieren, etwas zu üppig; schmelziger Abgang. Sollte jetzt getrunken werden.

1989 AUSLESE 89
Noch recht jugendlicher Duft nach Honig und Mandeln; konzentriert und reichhaltig, viel Schmelz, seidige Säure; weicher und langer Nachhall. Eine gute Leistung für den Jahrgang, aber es fehlt etwas die Feinfruchtigkeit und Tiefe des 88ers; hält noch mindestens 12 Jahre.

1989 TROCKENBEERENAUSLESE 97
Enorm facettenreiches Honigbouquet; gewaltige Konzentration, Schmelz und Fülle, ohne übermächtig oder schwer zu wirken, tolle Säure, fulminantes Spiel; enorme Kraft und Tiefe im Abgang. Zweifelsohne eine der Jahrgangsspitzen in Deutschland! Noch viel zu jung, die Süße gerade eingebunden, aber großes Potential.

1990 SPÄTLESE 90
Hochfeiner Pfirsichduft mit Mandel- und Vanillenote; konzentriert und fest strukturiert, kein Charmeur, pikante Säure, dezente Süße; nachhaltige mineralische Rasse. Braucht bis 1998/99, um ihren Höhepunkt zu erreichen, und besitzt weitere 20 Jahre Lagerfähigkeit.

1990 AUSLESE 93
Immer noch explosiver Maracujaduft, fast barocke Aromafülle; große Konzentration und Fruchtfülle, toller Saft ohne vordergründige Süße, viel Struktur und Tiefe; sehr langer, pikanter Abgang. Kann Riesling verführerischer sein? Hält sich noch 20 Jahre und länger.

1992 SPÄTLESE HALBTROCKEN 79
Komplexer Duft nach Pfirsichen, Cassis und Kräutern; ansprechende Frucht und schöner Saft, aber etwas ungehobelt und kantig; gute Länge. Braucht Zeit; nicht ganz auf dem Niveau des Gutes.

1992 AUSLESE 80
Noch jugendlicher Pfirsichduft; voll und konzentriert, aber recht süß und etwas eindimensional; abrupter Abgang. Entwicklungspotential schwierig einzuschätzen.

C. von Schubert'sche Gutsverwaltung – Maximin Grünhaus

Anschrift 54318 Grünhaus/Ruwer
Inhaber Dr. Carl und Andreas von Schubert
Direktor Dr. Carl von Schubert
Kellermeister Alfons Heinrich

Gesamtrebfläche 33 ha
Rebsortenspiegel 97 % Riesling, 3 % Müller-Thurgau und Kerner

Rieslingproduktion

Rebfläche 32 ha
Lagen Maximin Grünhäuser Bruderberg 1,5 ha, Maximin Grünhäuser Herrenberg 17,5 ha, Maximin Grünhäuser Abtsberg 13 ha (alle Alleinbesitz)
Rebmaterial 1 % wurzelechte Reben, 99 % Pfropfreben (E37, Tr 356, W1, B21 u. a.)
Durchschnittliches Rebalter 20 Jahre
Durchschnittlicher Ertrag 65 hl/ha
Durchschnittliche Produktion 270 000 Flaschen pro Jahr

Neben dem Weingut Joh. Jos. Prüm ist dieses berühmte Gut der verläßlichste Erzeuger von Spitzenrieslingweinen an Mosel-Saar-Ruwer. Tatsächlich ist es eines der führenden Weingüter in ganz Deutschland. Seit Dr. Carl von Schubert den Betrieb nach Beendigung seines Studiums 1980 übernommen hat, hat Maximin Grünhaus einen äußerst hohen Qualitätsstandard beibehalten, und seit diesem Zeitpunkt ist kein Wein erzeugt worden, der nicht wenigstens »gut« zu nennen wäre. Bei einem trockenen QbA angefangen bis zu einer Trockenbeerenauslese erzeugt dieses Weingut Rieslinge höchster Qualität. Doch schon vor der Rückkehr Carl von Schuberts hat Maximin Grünhaus sehr gute Weine hervorgebracht, und die der besten Jahrgänge aus den fünfziger, sechziger und siebziger Jahren können noch immer sehr viel Freude bereiten.
Die wohl wichtigste Veränderung, die Carl von Schubert auf diesem Gut einführte, ist die Ausweitung des ohnehin breiten Angebotes an trockenen Rieslingweinen, deren Güte an Mosel, Saar und Ruwer von anderen Weingütern kaum erreicht wird. Selbst die trockenen QbA sind voller Frucht und Aroma, dabei von einer Säure, die zwar rassig, aber nie aggressiv ist. Der Größe des Gutes entsprechend wird eine stattliche Menge produziert, und

die Weine sind weit verbreitet. Von den meisten anderen Spitzengütern dieses Gebietes kann man dasselbe nicht behaupten, besitzen sie doch oft nur ein Viertel oder Fünftel der Größe dieses Betriebes. Neben dieser beachtlichen Menge an gleichbleibend eindrucksvollem QbA erzeugt Dr. von Schubert auch trockene Kabinette, Spätlesen und Auslesen, die sich durch die Kombination von mineralischer Intensität, rassiger Eleganz und nuancierter Frucht auszeichnen. Sie sind vielleicht nicht ganz billig, aber Weine solcher Perfektion sind im übrigen Mosel-Saar-Ruwer-Gebiet nicht leicht aufzutreiben. Anders als die meisten anderen trockenen Weine dieser Gegend besitzen sie genug Frucht und Rückgrat, um zehn Jahre oder länger reifen zu können. Die trockenen Weine des Jahrgangs 1983 sind immer noch in ganz ausgezeichnetem Zustand. Die besten Weine der letzten Jahrgänge sollten mindestens genauso lange altern können.

Gegenwärtig werden 70 bis 80 % der Maximin-Grünhaus-Weine trocken vinifiziert, fast der gleiche Anteil wie in den fünfziger Jahren. So stellt Dr. von Schuberts Einführung trockener Weine eher eine Rückkehr zu alten Traditionen dar. Der einzige bezeichnende Unterschied zwischen den heute erzeugten trockenen Weinen und den damaligen besteht darin, daß die Flaschenabfüllung jetzt sieben bis zwölf Monate nach der Lese stattfindet und nicht, wenn die Weine ein bis drei Jahre alt sind. Will man die maximale Frische und die jugendliche Frucht der Weine bewahren, so ist dies unerläßlich. Bei allen Weinen des Gutes ist es Dr. von Schuberts erklärtes Ziel, die Frucht, Würze und die mineralischen Extrakte, die die Trauben aus den Weinbergen mitbringen, in die Flasche zu übertragen.

Was Maximin Grünhaus von den anderen Mosel-Saar-Ruwer-Weingütern am schärfsten abgrenzt, ist, daß sich die gesamten 32 ha Weinbergbesitz in einer einzigen, steil abfallenden Lage befinden. Diese wiederum gliedert sich in drei Teile, die alle im Alleinbesitz sind. Der nach Ausmaß und Qualität unbedeutendste ist der Bruderberg. Im Zentrum der Lage befindet sich der Abtsberg, der, im Vergleich der letzten zehn Jahrgänge, die besten Weine dieses Gutes liefert. Weiter den Hang hinauf liegt der Herrenberg, dessen Boden sich von denen der beiden anderen Lagen deutlich unterscheidet; hier findet man roten Schiefer, während Abtsberg und Bruderberg den für die Gegend typischen blauen Schiefer besitzen. In seinen besten Teilen verfügt der Herrenberg über ein ähnliches Potential wie der Abtsberg, und in Jahrgängen mit ausgesprochen heißen Sommern stammen die besten Weine des Gutes oft von hier. Die Namen dieser Lagen weisen auf den klösterlichen Ursprung dieses Weingutes hin. Wahrscheinlich wurden die Weinberge erstmals von den Römern angelegt – noch immer führt ein römischer Aquädukt von den Kellern des Weingutes in das

Zentrum Triers. Der Besitz wurde 966 von Kaiser Otto I. an den Benediktinerorden von St. Maximin übergeben. Bis zur napoleonischen Säkularisierung im Jahre 1810 verblieb das Gut in der Obhut des Ordens; 1822 wurde es von der Familie Schubert übernommen.

Ein Weinbergbesitz von dieser Größenordnung und Qualität mit einer derart vollkommenen Arrondierung ist an Mosel, Saar und Ruwer einzigartig. Alle Bemühungen im Anbau dienen der Erzeugung erstklassiger Trauben. Niedrige Durchschnittserträge und relativ dichte Bepflanzung trotz Drahtrahmenerziehung (5000 Reben pro Hektar), minimale Bearbeitung der Böden, Begrünung, soweit sie den Rebwuchs nicht zu sehr beeinträchtigt und intensive Laubarbeit für die maximale Sonneneinstrahlung gehören dabei zu den Grundprinzipien. Wenn ein großer Teil der Weinberge dieses Gutes im letzen Jahrzehnt auch neu bepflanzt worden ist, um den Maschineneinsatz zu erleichtern, wurden die ältesten Stöcke im Abtsberg doch sorgfältig gepflegt und stehen gelassen. Häufig geben gerade sie die besten Weine des Gutes. Das bloße Ausmaß der Lagen ermöglicht eine optimale selektive Lese und in der Regel werden die Weinberge während der Lese drei- bis viermal durchgegangen. So können die Trauben unterschiedlicher Reifegrade, Säure und Gesundheit strikt voneinander getrennt werden.

Dr. von Schubert bemüht sich bei jedem Jahrgang, die Zahl der unterschiedlichen Gebinde so gering wie möglich zu halten; Weine divergierender Qualität oder unterschiedlichen Charakters werden aber immer getrennt vinifiziert. Wenn Ähnlichkeiten und vergleichbare Verschnitte aus verschiedenen Fässern und Tanks zu erkennen sind, werden sie zu größeren Abfüllungen zusammengefaßt; dies wird besonders bei Qualitäten unterhalb einer Spitzen-Auslese bevorzugt. Die Methoden dieses Gutes unterscheiden sich ganz erheblich von denen anderer Spitzengüter an Mosel, Saar und Ruwer. Beim Keltern der Weine benutzt man noch ausdrücklich eine »altmodische« pneumatische Presse, da diese den Traubenmost dem Sauerstoff aussetzt, der auf natürliche Weise den entstehenden Wein von Bitterstoffen befreit. Die Gärung kleiner Mengen geht in Fudern vonstatten, während größere Mengen in Drucktanks vergären. Sie spielen besonders beim Ausbau restsüßer Weine eine große Rolle, da die Gärung hierbei durch den Druck der Gärgase unterbrochen wird. Diese Methode bringt verglichen mit dem sofortigen Filtrieren der Weine einige Vorteile mit sich. Das hervorstechendste Merkmal der Weinerzeugung aber ist wahrscheinlich der sehr späte erste Abstich, nur wenige Weine werden nach der Gärung vor Neujahr bewegt.

Die langsame Gärung mit natürlicher Hefe, der verhältnismäßig lange Kontakt mit dem vollen Bodensatz und die ausgesprochen vorsichtige

Behandlung der Weine im Grünhaus-Keller haben zur Folge, daß die Weine in ihren ersten ein oder zwei Jahren oft ein Hefearoma besitzen. Die intensiven fruchtigen, blumigen, kräuterähnlichen und mineralischen Aromen junger Grünhaus-Weine unterscheiden sie von allen anderen jungen deutschen Rieslingweinen. Diese verführerischen und unendlich faszinierenden Aromen sind absolut unwiderstehlich. Dennoch scheuen auch einige deutsche Weinjournalisten nicht davor zurück, sie fehlerhaft zu nennen! Überraschen kann dies freilich kaum, da viele der größten Weine der Welt in ihrer Jugend Aromen und Nuancen entwickeln, die für geteilte Meinungen sorgen. Große Diskussionen über die Qualität der reifen Grünhaus-Weine kann ich mir allerdings nicht vorstellen. Gerade diejenigen Faktoren, die es einigen Leuten so schwer machen, sich mit diesen Weinen in jungen Jahren einverstanden zu erklären, schenken den Gewächsen im Alter eine ungeheure Lebendigkeit, Tiefe und Ausdruckskraft.
Da bereits die trockenen Weine von Maximin Grünhaus ein gutes Alterungspotential besitzen, reifen die restsüßen Weine jahrzehntelang, wobei die restsüßen Auslesen wohl dreißig bis vierzig Jahre alt werden können. Bei der Einstufung der Weine herrscht ein sehr hoher Mindeststandard; in den letzten Jahren gab es kaum einen Kabinett, der nicht eine herabgestufte Spätlese oder eine Spätlese, die nicht eine herabgestufte Auslese gewesen wäre. Doch bei alledem ist der Süßegehalt dieser Weine für diese Gegend relativ gering – unter den führenden Weingütern dieses Gebietes verfolgen nur Dr. Loosen und Selbach-Oster eine ähnliche Strategie –, so daß die Grünhaus-Weine mit ihrer typischen, sehr pikant rassigen Säure alles andere als übermäßig süß geraten. Nach fünf oder mehr Jahren in der Flasche wirken die restsüßen Kabinette und Spätlesen fast trocken und eignen sich hervorragend zum Essen. Ein QbA aus dem problematischen 67er Jahrgang zum Beispiel war kürzlich ein perfekter Begleiter zu geräuchertem Lachs.
Ganz abgesehen von der herausragenden Güte seiner Weine bietet das Weingut Maximin Grünhaus auch architektonische Besonderheiten. So wie es zur Zeit da steht, scheint es direkt einem Märchen entsprungen, ein deutsches Traumschloß. Dabei stammt das meiste, das sich dem Betrachter offenbart, aus dem 19. Jahrhundert. Damals wurde das ursprüngliche Gebäude nach gotischem Vorbild umgebaut und das Kavalierhaus sowie die Umfassungsmauer wurden neu errichtet. Auch die Gärten stammen aus jener Zeit, und die Bäume haben jetzt ein Alter erreicht, in dem sie dem gesamten Anwesen den Eindruck verleihen, als habe es nie anders ausgesehen.
Dr. von Schubert ist ein sehr herzlicher Gastgeber, aber die Führung des Betriebes, die Arbeit in den Wäldern und in der Landwirtschaft, die alle ein Teil des Weingutes Grünhaus sind, beanspruchen seine Zeit – ein

Termin mit ihm sollte daher unbedingt abgesprochen werden. Er zeigt reges Interesse an den Weinen anderer Gebiete und Länder, allen voran den Rotweinen aus Bordeaux und Burgund. Schon mehrmals hat er mir gegenüber geäußert, daß er in diesen Weinen die Perfektion eines Weinstils sucht, der nicht von modischen Trends beeinflußt ist, sondern von den Traditionen der Region, der er entstammt. Für seine eigenen Weine könnte es keine bessere Beschreibung geben. Hier werden bezüglich der Tradition oder der Auffassung von Qualität nicht die geringsten Kompromisse eingegangen.

Maximin Grünhäuser Abtsberg Riesling

1985 SPÄTLESE TROCKEN 85
Erreicht gerade ihre beste Form. Sehr pikanter Cassis-Kräuter-Duft; sehr schlank und kernig, die hohe Säure vom Extrakt gut gepuffert; nachhaltige mineralische Rasse. Die meisten trockenen Rieslinge des Jahrgangs haben nie zu einer richtigen Harmonie gefunden, dagegen ist dieser ein beeindruckender Erfolg.

1985 KABINETT 87
Nuancierter Duft nach halbreifen Pfirsichen, Cassis und Mineralien; dicht und sehr rassig, die bescheidene Süße in den Hintergrund gedrängt, pikantes Spiel und tolle Rasse; sehr herber Abgang. Ein Kabinett wie aus dem Bilderbuch; wird sich ab 1995 noch besser präsentieren und hält sich in dieser Form bis mindestens 2005.

1985 SPÄTLESE 88
Ähnlicher Stil wie der Kabinett, aber noch dichter und saftiger, das Süße-Säure-Verhältnis nicht ganz so pikant; langer mineralischer Abgang. Eine sehr elegante Spätlese, die noch einige Jahre braucht, um sich voll zu entfalten.

1985 AUSLESE NR. 116 93
Ziemlich verschlossener Duft nach gebackenen Äpfeln; sehr konzentriert mit eisweinartiger Säure und hoher Süße, extrem spannungsgeladen; fast feuriger Nachhall. Braucht noch viele Jahre, um ihr Gleichgewicht zu finden; hat tolle Anlagen für weitere drei Dekaden.

1986 SPÄTLESE TROCKEN 87
Offenes Pfirsichbouquet mit viel Würze und Charme; konzentriert und saftig, sehr elegante, geschliffene Rasse, fast optimale Harmonie; nachhaltiger Mandelton. Jetzt schon sehr attraktiv, hält sich bis mindestens 1997/98.

1986 Spätlese 88
Noch deutlich unentwickelter als die trockene Version. Subtiler Duft nach reifen Äpfeln, Pfirsich und Mineralien; konzentriert und saftig, etwas pikanter als die Spätlese Trocken, feines Säurespiel, sehr dezente Süße; fast kerniger Abgang für den eher weichen Jahrgang. Kommt jetzt langsam zur Spitze und wird sich lange halten.

1987 Spätlese Trocken 83
Verschlossener Duft; immer noch von der fast stahligen Säure dominiert, schöne Apfelfrucht und gute Substanz, findet langsam sein Gleichgewicht; mineralischer Nachhall. Ein Ausnahmewein für den Jahrgang, der nur durch strenge selektive Lese gewonnen wurde; gutes Potential.

1987 Spätlese 85
Genau so verschlossen, aber durch die Süße etwas runder und gefälliger, Süße und Säure noch nicht in vollem Einklang, sehr feste Struktur; langer Nachhall. Erst Ende der Neunziger auf ihrem Höhepunkt und sehr lange haltbar.

1988 Auslese Trocken 88
Ausgeprägter Cassisduft mit schöner Pfirsich- und Vanillenote; konzentriert und saftig, ausgeprägter Säurebiß, die Aromen immer noch nicht voll entfaltet, aber schon vielschichtig; pikante nachhaltige Rasse. Nicht ganz die Klasse der berühmten 1983 Auslese Trocken (90 Punkte), aber schon eine beeindruckende Leistung für den Jahrgang.

1988 Spätlese 90
Ziemlich verschlossener Cassisduft; konzentriert mit sehr nervigem Säurespiel, dezente Süße und spannungsgeladene Harmonie; sehr herber, langatmiger Abgang. Braucht sicher bis 1998 oder noch länger, um zu ihrem Gleichgewicht zu finden.

1988 Auslese Nr. 67 92
Wie die restsüße Spätlese, aber noch pikanter, fast feurige Säure, kaum spürbare Süße; brillanter mineralischer Abgang. Ein Kraftpaket, das sich erst um die Jahrhundertwende öffnen wird.

1989 Auslese Trocken 88
Nicht so verführerisch wie die 1989 Herrenberg Auslese Trocken (90 Punkte). Deutlicher Aprikosen-, Rhabarber- und Maracujaton; dicht und saftig, sehr elegantes Säurespiel; nachhaltige mineralische Note. Neigt sich langsam zum Höhepunkt hin, hält aber bis Anfang des nächsten Jahrhunderts.

1989 Spätlese 91
Etwas verschlossen, feiner Aprikosenton und ein Hauch Honig; exzellente Konzentration für den Jahrgang, reichhaltig und leicht kremig, seidige Säure, sehr diskrete Süße; langer Nachhall. Von Robert Parker etwas zu hoch gelobt, aber ein toller Wein!

1989 Auslese Nr. 133 96
Erstaunlich jugendlicher, finessenreicher Honigduft; tolle Konzentration und Fruchtfülle, viel Schmelz und perfekt abgestimmte Süße, fast die Dichte und Tiefe einer Beerenauslese, atemberaubendes Spiel; brillanter, noch sehr fester Abgang. Eine der besten Auslesen des Jahrgangs in Deutschland; noch viele Jahre vom Höhepunkt entfernt und enorm lagerfähig.

1989 Auslese Nr. 96 93
Deutlich offener, sehr satter Duft nach Grapefruitmarmelade und exotischen Früchten; fast massive Dichte, enorme Kraft, nur mäßige Süße für eine Spitzen-Auslese; viel Kraft im Nachhall. Wird mit der Zeit an Eleganz gewinnen, viel Zukunft.

1989 Beerenauslese 98
Sehr intensives Rosinenbouquet mit vielfältigen Untertönen von getrockneten Früchten und Gewürzen; die Konzentration und Fülle einer Trockenbeerenauslese, überzeugende Opulenz, großer Schmelz, perfekte Harmonie, grandioses Spiel und enorme Tiefe; explosiver Nachhall. Heute schon wunderbar, wird sich aber noch 50 Jahre entwickeln. Die beste Beerenauslese der Betriebsgeschichte?

1990 Auslese Trocken 90
Extrem facettenreicher Duft nach Blüten, Mineralien, roten und gelben Früchten; noch sehr jugendlich, die Säure leicht dominant und die Aromen noch nicht voll entfaltet, aber sehr konzentriert und pikant, ausgeprägter Säurebiß, tolles Spiel; sehr nachhaltige mineralische Rasse. Der beste trockene Wein von Maximin Grünhaus seit 1983; braucht bis mindestens 1997, um seinen Höhepunkt zu erreichen. Jahrzehnte haltbar!

1990 Spätlese 93
Sehr feiner Pfirsichduft mit subtilen Würznoten; sehr konzentriert und feinfruchtig, tolle Rasse, die Süße kaum spürbar, wunderschönes Spiel; brillanter mineralischer Abgang. Eine überdurchschnittliche Spätlese, die jetzt schon eine perfekte Harmonie besitzt, aber in den nächsten 20 Jahren nur schöner werden wird!

1990 Auslese Nr. 96 94
Noch verschlossener jugendlicher Duft (leichter Hefeton); sehr dicht und rassig, gibt aber momentan wenig her; kerniger Nachhall. Als junger Wein sehr beeindruckend, jetzt nur schwer einstufbar.

1990 Eiswein 96
Hochpikantes Passionsfruchtbouquet; sehr konzentriert und schlank, extrem betonte Rasse, brennt fast auf der Zunge; feuriges Spiel im Abgang. Ziemlich unentwickelt, aber zweifelsohne einer der besten Eisweine des Jahrgangs in Deutschland. Braucht noch viel Zeit und kann 50 Jahre alt werden.

1991 Spätlese Trocken 84
Nuancierter Pfirsichduft mit einer leichten Medizinnote; recht konzentriert und stoffig, sehr mineralische Säure, noch nicht ausgewogen, aber gute Anlagen; rassiger Nachhall. Erst 1996/97 in ihrer besten Form, gutes Potential.

1991 Spätlese 83
Etwas rauher Cassis-Kräuter-Duft mit zarter Pfirsichnote; gute Dichte und Länge für 1991, aber es fehlt an Ausstrahlung und Spiel; pikanter Nachhall. Braucht einige Jahre, um sich zu harmonisieren und kommt längst nicht an das Niveau der Vorjahre heran.

1991 Eiswein 92
Sehr ausgeprägter Stachelbeer-Maracuja-Duft; noch ziemlich verschlossenes Kraftpaket, die sehr kernige Säure leicht dominant, die hohe Süße nicht vollständig integriert; nachhaltige mineralische Rasse. Großes Potential, das aber viele Jahre braucht, um sein Gleichgewicht zu finden.

1992 Auslese Trocken 87
Finessenreicher Pfirsichduft; konzentriert und feinfruchtig, sehr elegante Rasse, hat Tiefe und Charme; langer, subtiler Abgang. Einer der besten trockenen Rieslinge des Jahrgangs an Mosel, Saar und Ruwer; jetzt schon attraktiv, mit viel Zukunft.

1992 Spätlese 90
Überzeugender Duft nach frischer Ananas und süßen Blüten; dicht, saftig und hochelegant zugleich, vielschichtige Fruchttöne, dezente Süße, feines Spiel; langatmige Rasse. Eine beeindruckende Leistung für den Jahrgang.

1992 Auslese 92
Der restsüßen Spätlese sehr ähnlich, aber noch konzentrierter und saftiger, intensive komplexe Aromen, exotische Fruchtnoten; sehr anhaltend. Große Zukunft.

Die 1993er Rieslinge bieten eine herausragende Kollektion mit vielen Spitzen im trockenen, restsüßen und edelsüßen Bereich. Ruwerrieslinge wie aus dem Bilderbuch mit dem Höchstmaß an möglicher Brillanz.

Weingut Selbach-Oster/Frühmesse-Stiftung

Anschrift 54492 Zeltingen, Uferallee 23
Inhaber Johannes Selbach
Leiter Hans Selbach, Johannes Selbach
Kellermeister Erich Jakoby, Hans Selbach

Gesamtrebfläche 8,2 ha
Rebsortenspiegel 100 % Riesling

Rieslingproduktion

Rebfläche 8,2 ha
Lagen Zeltinger Sonnenuhr 2 ha, Wehlener Sonnenuhr 0,42 ha, Graacher Domprobst 0,4 ha, Zeltinger Schloßberg 1,8 ha, Bernkasteler Badstube (bestehend aus Lay, Bratenhöfchen und Matheisbildchen) 0,6 ha, Zeltinger Himmelreich 2,5 ha, Graacher Himmelreich 0,15 ha, Bernkasteler Schloßberg 0,15 ha, Wehlener Klosterberg 0,22 ha
Rebmaterial 65 % wurzelechte Reben, 35 % Pfropfreben
Durchschnittliches Rebalter 30 Jahre
Durchschnittlicher Ertrag 85 hl/ha
Durchschnittliche Produktion 80 000 Flaschen pro Jahr

Es gibt eine Reihe von Weingütern, die zwar über das Potential zur Erzeugung exzellenter Weine verfügen, wo aber der Generationskonflikt für schwache Weine und Frustration sorgt. Ein Weingut wie Selbach-Oster, auf dem die jüngere Generation nicht nur von den Erfahrungen der älteren profitiert, sondern auch deren anhaltende und aktive Unterstützung erfährt, ist eine Seltenheit. Die an der Mosel herrschende Mentalität wurde mir einmal mit den Worten »das Tal ist eng« skizziert, und es gibt einige Moselwinzer, auf die diese Beschreibung haargenau zutrifft. Die Selbachs wiederum repräsentieren genau das Gegenteil dieses Extrems, ohne aber ihren Wurzeln untreu zu werden. Irgendwie gelingt es auf diesem Weingut, modern und progressiv zu arbeiten, ohne daß dies auf Kosten der Tradition geht.
Im Besitz der Familie Selbach befinden sich eigentlich zwei Betriebe: die »kleine« Kellerei J. & H. Selbach und das Weingut Selbach-Oster, das erst 1966 nach der Übernahme durch Hans Selbach ein eigenständiger Betrieb wurde. Er hat ununterbrochen daran gearbeitet, das Weingut von den damaligen 2,5 ha auf die heutigen 8,2 ha auszuweiten und die Weinqualität

auf das höchstmögliche Niveau zu steigern. Die Jahrgänge 1975, 1976, 1982 (sonst ein ziemlich schrecklicher Jahrgang!), 1983 und 1985 sind auf diesem Gut wunderbar gelungen und dokumentieren auf eindrucksvolle Art Hans Selbachs ausgeprägtes Qualitätsbewußtsein. Zweifelsohne stellte die Rückkehr seines Sohnes Johannes auf das Weingut im Januar 1988 eine Bereicherung dar, so daß es jetzt zu den zehn Spitzengütern an Mosel-Saar-Ruwer gehört.

Diese Heimkehr hat dem Weingut nicht nur neue Impulse gegeben, sondern auch einen kosmopolitischen Ansatz. Johannes Selbach hat drei Jahre in den Vereinigten Staaten studiert und gearbeitet und besucht sie weiterhin regelmäßig. Während dieser Zeit lernte er die größten Weine der Welt kennen, und so vergleicht er heute seine eigenen mit denen seiner besten Kollegen. Er hat mit den Ausbautechniken anderer Länder experimentiert, zum Beispiel mit der Gärung von Moselrieslingen in neuen Barriques (kleinen Eichenfässern) oder dem Maischestand (der Kontaktzeit der gemahlenen Trauben vor dem Keltern), in Frankreich »Macération Pelliculaire« genannt.

Wenngleich viele dieser Innovationen, einschließlich der eben genannten, letztendlich abgelehnt wurden, haben andere Veränderungen bei der Vinifikation auf dem Gut Selbach-Oster dessen Weine doch maßgeblich beeinflussen können. Die hierbei einschneidendste Maßnahme ist wohl die möglichst lange hinausgezögerte Filtration, die die Weine sich weitgehend selbst klären läßt und so auf ein Minimum beschränkt bleibt. Viele der grundlegenden Prinzipien Hans Selbachs aber, wie zum Beispiel die Balance der restsüßen Weine bei einem wesentlich niedrigeren Zuckergehalt als sonst an der Mosel üblich, gehören seit jeher zum Stil vom Weingut Selbach-Oster.

Nur auf wenigen Gütern herrscht zwischen Vater und Sohn eine solche Übereinstimmung darüber, was einen vollkommenen Wein ausmacht. Überraschenderweise teilen beide eine gemeinsame Vorliebe für trockene Weine, wenn sie auch die restsüßen Gewächse als die Krönung der Moselweine betrachten. Seine erste trockene Riesling-Auslese erzeugte Hans Selbach 1979, und die der Jahrgänge 1982 und 1983 gehören zu den besten trockenen Moselrieslingen dieser Zeit. Beide sehen das eigentliche Problem bei der Erzeugung trockener Weine an der Mittelmosel in dem niedrigen natürlichen Alkoholgehalt. Die regelmäßige Hervorbringung harmonischer, fruchtiger, trockener QbA bereitet ihnen keine Schwierigkeiten, genauso wenig wie die trockener Spätlesen oder Auslesen mit einem Alkoholgehalt von 10 bis 11 % vol. Die größte Herausforderung sehen sie in trockenem Riesling-Kabinett, da hier nur wenig Alkohol die Frucht unterstützt und die für einen Moselriesling so typische betonte Säure ausgleicht.

Folglich gibt es hier auch keine Diskussion über die Notwendigkeit einer strikten Auswahl der Weine, die sich für diesen Stil eignen. Wenn auch nur die geringsten Zweifel bestehen, werden die Weine leicht chaptalisiert, das Ergebnis sind dann die schönen trockenen »Hochgewächsweine« von Selbach-Oster. J. & H. Selbach bieten auch sehr gute Weine dieser Art aus zugekauften Trauben, die für ihre Qualität sehr günstig zu erstehen sind. Zeltingen sollte über die Existenz des Weingutes Selbach-Oster ausgesprochen dankbar sein, da sonst niemand als Aushängeschild für die großartige Zeltinger Sonnenuhr gelten könnte – außer dem exzellenten Weingut Joh. Jos. Prüm in Wehlen vielleicht, dessen Weine von der Zeltinger Sonnenuhr aber nur 10 % der gesamten Produktion ausmachen und daher nur wenig beworben werden. Die Zeltinger Sonnenuhr liegt direkt neben der großartigen Wehlener Sonnenuhr flußabwärts und genießt dieselbe Sonneneinstrahlung und mikroklimatischen Bedingungen wie ihre berühmtere Nachbarlage. Die Böden hier sind jedoch etwas tiefer als auf der Wehlener Seite des Berges und geben Weine, die zwar weniger filigran, dafür aber tiefgründiger und gehaltvoller sind. Welche Lage die bessere ist, ist eine eher akademische Frage. Die Wehlener Sonnenuhr hat natürlich den Vorteil, daß ihr Bekanntheitsgrad von fast einem Dutzend bedeutender Weingüter mit erheblichen Anteilen an dieser Lage gefördert wird.

Die Weine des Zeltinger Schloßberges besitzen vielleicht nicht die reichhaltige Frucht und die Extrakte der Weine aus der Sonnenuhr, dafür aber eine mineralische Rasse, die ihnen eine beträchtliche Anziehungskraft verleiht. Vor allem in Spitzenjahrgängen reichen sie nahe an die Weine aus der Sonnenuhr heran.

Bei dem Himmelreich handelt es sich um eine ausgedehnte, recht heterogene Lage, die zum Teil sehr steil ist; in ihr findet man Schieferböden mit alten, wurzelechten Reben. Dadurch ähnelt sie der Sonnenuhr, ist aber mikroklimatisch weniger begünstigt. Der größte Teil der Lage besitzt schwerere Böden und ist vergleichsweise sanft geneigt, dazu zu weit von der Mosel entfernt, um von deren wärmenden Einflüssen zu profitieren. Die inkonsequente Ausdehnung dieser Lage ist typisch für die Schwächen des Weingesetzes von 1971. Aus beiden Teilen der Lage erzielen die Selbachs einige sehr gute Weine, die über mehr Körper, aber etwas vordergründigeren Charakter verfügen als die Schloßbergweine.

Wenn das Gut Selbach-Oster auch einige Reben in der Wehlener Sonnenuhr besitzt, stammt die stärkste Konkurrenz für die besten Zeltinger Weine aus ihren Rebflächen im Graacher Domprobst. Vielleicht wird das von den Selbachs als selbstverständlich hingenommen, weil ihre Prioritäten in Zeltingen liegen und weil die Weine aus dem Domprobst sich noch langsamer entwickeln als die aus der Zeltinger Sonnenuhr. In den Jahren 1988 und

1990 besaßen sie ähnliche Qualität wie die Weine der Sonnenuhr, 1991 waren sie sogar die besten Weine des Gutes. Ihnen mag vielleicht ein wenig von der Kremigkeit und Finesse der besten Erzeugnisse aus der Sonnenuhr fehlen, doch wird das von ihrer guten Substanz und festen Struktur wieder wettgemacht. Das für den Domprobst so typische Cassisaroma ist hier etwas weniger ausgeprägt als auf anderen Weingütern und wird von reichen Gelbfruchtaromen und Geschmacksnuancen abgerundet.

In mancher Hinsicht sind gerade die Selbach-Oster-Weine aus den geringeren Lagen wie dem Wehlener Klosterberg und dem Bernkasteler Schloßberg bemerkenswert, da aus solchen Lagen mit einem wesentlich schwächeren Potential als dem von Sonnenuhr und Domprobst Weine mit voller Frucht und reichem Charakter hervorgezaubert werden. Gab es auf diesem generell sehr konstant arbeitenden Gut einmal Schwächen, so lagen sie bei den Spitzen-Auslesen. Wenn die QbA, Kabinette und Spätlesen der letzten Jahrgänge dieses Gutes auch überraschend gewesen sein mögen, so waren doch einige Auslesen mit stark ausgeprägtem Botrytischarakter nicht so gut balanciert oder nuanciert, wie sie es hätten sein können. Wenn bei diesen Weinen etwas mehr Zuverlässigkeit herrschen würde, müßte dieses Weingut auf jeden Fall zu den führenden Betrieben in Deutschland gezählt werden.

Johannes Selbach ist ein junger, dynamischer Geschäftsmann, dessen Anliegen es ist, hochwertige deutsche Weine auch zu einem kommerziellen Erfolg zu machen; dazu hat er die innere Stärke, Hingabe und das Geschick seines Vaters geerbt, der mit diesen Eigenschaften das Weingut Selbach-Oster aufbauen konnte. Man wird Johannes Selbach genauso im Weinberg beim Rebschnitt treffen, der den Ertrag reduzieren und die Konzentration der Weine steigern soll, wie irgendwo unterwegs, wo er Kunden aus einem der vielen Länder besucht, in denen er Selbach-Oster-Weine und die Erzeugnisse anderer führender Güter verkauft. Dieses Weingut wird in den kommenden Jahren nicht nur größeren wirtschaftlichen Erfolg verzeichnen können, sondern auch bessere Weine erzeugen. Von seinem Ziel, das Gut zur obersten Spitze der deutschen Weinerzeuger zu führen, ist Johannes Selbach auf jeden Fall nicht mehr weit entfernt.

Zeltinger Sonnenuhr Riesling

1988 AUSLESE TROCKEN 87

Nuancierter Pfirsichduft, jetzt genau auf dem Punkt; mittelgewichtiger, aber dichter Wein mit sehr schöner Rasse; langer mineralischer Abgang. Besitzt alles, was ein trockener Moselriesling braucht, um zu beeindrucken. Jetzt perfekt ausgewogen.

1988 SPÄTLESE 90
Fast üppiges Pfirsichbouquet für eine Spätlese mit einem Anflug von Flaschenreife; konzentriert und saftig, halbtrocken schmeckende Balance von rassiger Säure, reichhaltiger Frucht und einem Hauch Süße; sehr stoffiger Nachhall. Obwohl sie langsam zum Höhepunkt neigt, Reserven für 15 Jahre und länger.

1988 AUSLESE (0589) 91
Etwas verschlossener Duft, aber Pfirsich- und Ananasnote deutlich erkennbar; sehr konzentriert, viel Struktur und Schmelz, sehr wenig Süße für diese Prädikatsstufe; sehr nachhaltiger mineralischer Ton. Kein Charmeur, sondern ein sehr ernster Wein mit viel Entwicklungspotential.

1989 SPÄTLESE 80
Leicht enttäuschend für diesen sehr guten Jahrgang. Duftet nach halbreifen Äpfeln, schon recht entwickelt; schlank, recht herbes Süße-Säure-Verhältnis, einfach angelegt, keine Tiefen, wenig Ausdruck; recht anhaltende Rasse.

1989 AUSLESE »GOLDKAPSEL« 93
Satter Honigduft mit exotischen Fruchtnoten; sehr dicht und füllig, viel Kraft und Schmelz, fast wie eine Beerenauslese, sehr schönes Säurespiel; sehr kräftiger Nachhall. Hat sich in den letzten Jahren ein bißchen rasch entwickelt, trotzdem genug Struktur, um diese Form lange zu halten. Eine der besten Auslesen des Jahrgangs an der Mittelmosel!

1989 TROCKENBEERENAUSLESE 96
Gewaltiger Duft nach Rosinen und getrockneten Früchten; extrem reichhaltig und sehr konzentriert, ein massiver Wein von fast sirupartiger Konsistenz, gute Säurestruktur; extrem nachhaltiger Karamelton. Braucht noch mindestens bis 2000, um ihren Höhepunkt zu erreichen; ca. 35 Jahre lagerfähig.

1990 AUSLESE TROCKEN 88
Noch jugendlicher, komplexer Duft nach gelben Früchten und Mineralien; konzentriert und sehr elegant, feine Rasse und viel Spiel; sehr langer, facettenreicher Nachhall. Noch besser als die sehr gelungenen 83er und 88er Auslesen Trocken, erst 1995/96 in ihrer besten Form, hält sich bis 2003/04.

1990 SPÄTLESE 91
Etwas verschlossener Duft mit schöner Blüten- und Aprikosennote; tolle Fruchtfülle, dicht und sehr saftig, etwas betontere Süße als bei diesem Gut üblich, großes Spiel; sehr langatmige Säure. Erst um 1998/99 auf ihrem Höhepunkt, lebt 30 Jahre.

1990 AUSLESE *** 93
Leicht verschlossener Duft mit deutlicher Botrytisnote; viel offener auf der Zunge, satte Maracuja- und Zitrusnote, reichhaltig und konzentriert, aber nicht ganz die Tiefe der Jahrgangsspitzen, sehr elegante Säure und dezente Süße; besonders langer, nuancierter Abgang.

1990 TROCKENBEERENAUSLESE 98
Mit ziemlicher Sicherheit der beste Wein der Gutsgeschichte. Enormer, unglaublich differenzierter Honigduft mit ausgeprägtem Rosinenton; massive Konzentration, viel Kraft, brillante Säure, eine wahre Explosion von getrockneten Früchten und ein atemberaubendes Spiel; gewaltiger Abgang. Zweifelsohne einer der ganz großen Weine des Jahrgangs in Deutschland, steht noch am Beginn eines langen Lebens.

1991 SPÄTLESE 80
Duftet nach gekochten Äpfeln und Mandeln; ziemlich entwickelt und etwas glatt, deutlicher Karamelton, recht gute Substanz, ansprechende Apfelfrucht, aber es fehlt an Tiefe und Struktur. Deutlich übertroffen von der wesentlich pikanteren und nachhaltigeren 1991 GRAACHER DOMPROBST SPÄTLESE (87 Punkte).

1991 TROCKENBEERENAUSLESE 92
Intensiver Duft nach getrockneten Früchten und Karamel; enorme Dichte und Kraft, sehr feste Säurestruktur, aber leichte Bitternis hinten stört die Harmonie etwas; sehr nachhaltiger Rosinenton. Schwierig vorherzusagen, wie sie sich entwickeln wird.

1992 AUSLESE TROCKEN 83
Verführerischer Pfirsich-Maracuja-Duft; mittelgewichtig und sehr saftig, elegante Säure für 1992, trotzdem etwas lasch; sehr fruchtiger Nachhall. Schon jetzt attraktiv, hält sich bis zur Jahrhundertwende.

1992 SPÄTLESE HALBTROCKEN 85
Attraktiver Pfirsichduft mit exotischem Unterton; sehr saftig und verspielt, nicht ganz die Struktur und Dichte der trockenen Auslese, aber elegante Harmonie; herber Abgang. Hält sich bis in die ersten Jahre des nächsten Jahrhunderts.

1992 SPÄTLESE 90
Feinfruchtiges Aprikosenbouquet mit ausgeprägter mineralischer Note; sehr gute Konzentration und schöne Rasse für 1992, hat viel Frucht und Biß, diskrete Süße; die mineralische Säure klingt lange nach. Ein kompletter 92er mit viel Potential!

1992 AUSLESE »GOLDKAPSEL« 80
Flüchtiger exotischer Duft ohne Tiefen; oberflächlich und langweilig, weder eine Spitzen-Auslese noch auslesewürdig, lasch und süß ohne das nötige Gegengewicht, wenig Säure; kurz im Abgang.

Die 1993er Rieslinge sind sehr gut strukturierte, saftige Weine im trockenen und restsüßen Bereich, bei den edelsüßen Gewächsen einige Spitzenerzeugnisse, die die vergleichbaren 1990er übertreffen.

Weingut Stein

Anschrift 56858 St. Aldegund, Klosterkammerstraße 14, 56859 Alf, Haus Waldfrieden
Inhaber und Kellermeister Peter und Dr. Ulrich Stein

Gesamtrebfläche 5 ha
Rebsortenspiegel 90 % Riesling, 5 % Müller-Thurgau, 5 % Spätburgunder

Rieslingproduktion

Rebfläche 4,5 ha
Lagen St. Aldegunder Palmberg-Terrassen, St. Aldegunder Klosterkammer, St. Aldegunder Himmelreich, Alfer Hölle (Alleinbesitz)
Rebmaterial 90 % wurzelechte Reben, 10 % Pfropfreben (Gm239, 237, 198, W21)
Durchschnittliches Rebalter 20 Jahre
Durchschnittlicher Ertrag 62 hl/ha
Durchschnittliche Produktion 36 000 Flaschen pro Jahr

Die untere Mosel zwischen Zell und ihrem Zusammenfluß mit dem Rhein bei Koblenz ist eine sehr schöne Gegend, deren Charakter sich recht deutlich von dem der Mittelmosel unterscheidet. Statt der steilen Weinberge der Mittelmosel herrscht hier der Terrassenanbau vor. Der für die flußaufwärts gelegenen Gebiete so typische Jugendstil wird von Bauten aus dem Mittelalter abgelöst. Zweifelsohne besitzt dieses felsige Anbaugebiet einige herausragende Lagen mit einem Potential, das ebenso eindrucksvolle Weine verspricht wie die besten Lagen der Mittelmosel. Doch gibt es hier weniger Winzer, die Weine entsprechender Qualität mit einer gewissen Kontinuität erzeugen. So ist es um so bemerkenswerter, daß gerade das Weingut Stein in dem fast völlig unbekannten Ort St. Aldegund ein ernstzunehmender Bewerber um den Titel »bestes Weingut der Untermosel« ist, sind doch seine mikroklimatischen Bedingungen wesentlich ungünstiger als die Winningens und Kobern-Gondorfs, der bekanntesten Weinbauorte dieses Gebietes. Weder Alf noch St. Aldegund verfügen über einen ähn-

lichen Ruf wie der Winninger Uhlen oder Röttgen, so daß die einzigen Empfehlungen für die Weine vom Gut Stein dessen Name und die erzeugte Qualität sind.
Die Familie Stein hat immer Weine erzeugt, die aus der Masse herausragten und beschränkte sich selbst zu der Zeit, da Neuzüchtungen und süße Weine in Mode kamen, auf die Erzeugung von Rieslingen, die entweder trocken oder mit geringer Restsüße ausgebaut wurden. Seit aber die Brüder Dr. Ulrich und Peter Stein die Weinerzeugung übernommen haben, werden wirklich aufregende Weine hervorgebracht. Ihre Zusammenarbeit begann in den späten siebziger Jahren, aber erst nachdem Ulrich Stein seinen Doktortitel in Biologie von der Universität Karlsruhe erhalten hatte, entwickelten sie ihre an der Mosel einzigartige Vorgehensweise bei der Weinerzeugung. Diese kann kaum in ein der zwei Sätzen beschrieben werden, da sie sich über die Anbaumethoden im Weinberg bis zu den Marketing-Strategien erstreckt. Das erfrischende Grundprinzip aber ist eine Abkehr von der hohen Preispolitik und der aggressiven Vermarktung, die einige Starwinzer wie Angelo Gaja oder Maurizio Zanella betreiben.
Das Ziel der Brüder Stein sind Weine höchster Qualität zu bescheidenen Preisen, die ihnen weitere Verbesserungen und Innovationen auf ihrem Weingut erlauben. Folglich lehnen sie auch aufwendige Aufmachungen wie Designer-Flaschen oder -Etiketten ab und legen lieber etwas mehr für hochwertige Korken an, da diese wirklichen Einfluß auf die Qualität haben, die der Kunde im Glas vorfindet. Die Vermarktungsstrategie der Brüder Stein beschränkt sich eigentlich auf ein ausführliches Begleitschreiben, das jeder Preisliste beigelegt ist. Dabei handelt es sich weniger um gezielte Eigenwerbung als um allgemeinere Informationen über den einen oder anderen Aspekt von Moselweinen, einschließlich ihrer eigenen. Die kulturellen Veranstaltungen von erstaunlich hohem Niveau, die regelmäßig im zweiten Zuhause Dr. Ulrich Steins, dem hoch oberhalb des Alleinbesitzes Alfer Hölle gelegenen »Haus Waldfrieden« abgehalten werden, lenken sicherlich einige Aufmerksamkeit auf das Weingut, doch die Liebe zur bildenden Kunst, Literatur und Musik gehört einfach zum Leben der Brüder Stein.
Die trockenen Rieslinge bilden den Hauptteil der Produktion. Es gibt kaum Winzer im gesamten Gebiet von Mosel, Saar und Ruwer, die intensiver als die Steins an der Optimierung dieser Art Weine gearbeitet haben. Sie sind jetzt überzeugte Anhänger kontrollierter Temperaturen bei der Vergärung trockener Weine, da sie meinen, daß die so entstehende intensivere Frucht und das stärkere Aroma den beträchtlichen Säuregehalt besser balancieren. Zwar erzeugen sie trockene Prädikatsweine, die unter dem Etikett des Weingutes Stein abgefüllt werden, doch ergibt eine bescheidene Chaptali-

sierung (die Zugabe von Zucker vor der Gärung zur Erhöhung des Alkoholgehalts) ihrer Ansicht nach vollständigere und abgerundetere Weine. Diese kommen als zweite Reihe trockener Rieslingweine unter dem Etikett »Haus Waldfrieden« in den Handel. Anstelle der üblichen Kennzeichnungen wie »QbA«, »Kabinett« und »Spätlese« werden die Weinflaschen mit Sternen versehen, wobei ein Stern einem regulären QbA, zwei Sterne einem leicht chaptalisierten Wein mit dem Ausgangsmostgewicht eines Kabinetts und drei Sterne einem leicht chaptalisierten Wein mit dem Ausgangsmostgewicht einer Spätlese entsprechen. Der Alkoholgehalt sollte nach Meinung der Brüder Stein 12 % vol nicht übersteigen, damit der Wein die für dieses Gebiet typische rassige Eleganz bewahrt. Die »Haus Waldfrieden«-Weine werden sowohl aus eigenen Trauben als auch aus zugekauften erzeugt. Dabei sind vor allem die Weine aus dem Ürziger Würzgarten sehr interessant, die dieser edlen Lage alle Ehre machen.

Unter den restlichen Weinen des Gutes ragen vor allem die Eisweine heraus, die wohl an der gesamten unteren Mosel die besten ihrer Art sind. Für diejenigen, die wie ich roten Moselweinen skeptisch gegenüberstehen, hat Dr. Ulrich Stein eine gelungene Überraschung parat. Seit 1990 erzeugt er tiefroten Spätburgunder (Pinot Noir), der über jene Substanz und Struktur verfügt, die man bei einem Wein einer guten Appellation Contrôlée aus dem Burgund erwarten würde. Bei sehr jungen Rebstöcken und dem kühlen Klima der Mosel sollte das ein Ding der Unmöglichkeit sein, aber in den Händen Dr. Steins kann sich diese Unmöglichkeit in ein schönes, recht preisgünstiges Erzeugnis verwandeln!

So erfolgreich dieses Weingut auch ist und so gut die Weine der letzten Jahrgänge auch gelungen sind, so bin ich doch sicher, daß die Brüder Stein noch mehr zu bieten hätten. Vielleicht ist ihre Vorgehensweise manchmal ein wenig technisch orientiert. Viele ihrer Methoden, wie zum Beispiel die Rückkehr zur uralten Hausenblase zum Schönen der Weine, sind der Weinqualität sicherlich zuträglich, doch will es manchmal scheinen, als ob die Steins ihre jungen Weine zu sehr drängten, für die Abfüllung fertig zu werden. Eine langsamere Entwicklung im Keller ließe die Weine noch ausdrucksstärker geraten.

Riesling diverser Lagen

1990 ALFER HÖLLE QBA TROCKEN *** **80**
Recht entwickelter Duft nach Toast und Zitrusschale; mittelgewichtig, reichhaltige Zitrusfrucht, elegante Säure, sehr gute Harmonie; langer mineralischer Abgang. Hält bis 2000.

1990 St. Aldegunder Himmelreich Kabinett Halbtrocken 81
Attraktiver, würziger Rieslingduft; leicht, elegant und saftig, fast trokkene Balance; pikanter Nachhall. Hält bis 2000.

1990 St. Aldegunder Palmberg-Terrassen Spätlese Halbtrocken 84
Recht verschlossener Duft; konzentrierte Cassisfrucht, feinfruchtig, rassige Säure. Gibt noch wenig her, hat aber sehr gute Anlagen für die Zukunft. Erst 1997 auf dem Höhepunkt und lange darüber hinaus haltbar.

1990 St. Aldegunder Palmberg-Terrassen Beerenauslese 85
Außergewöhnliche Beerenauslese mit 12,6 % vol Alkohol und wenig Süße. Sehr verschlossener Duft; kräftig und stoffig, Geschmack von getrockneten Pfirsichen, leichter Karamelton, feste Säurestruktur, es fehlt etwas an Spiel; sehr anhaltend. Schwierig einzuschätzen, wie sie sich entwickeln wird.

1991 Neefer Frauenberg QbA Trocken * 75
Wilder Duft nach Cassis, Kräutern und Mineralien; etwas einfach, aber saftig, betonte Rasse, ansprechende Cassisfrucht; kurzer, aber ausgeglichener Abgang. Hält sich bis 1997/98.

1991 St. Aldegunder Himmelreich QbA Halbtrocken 74
Frisches Zitrusbouquet mit einer diskreten Cassisnote; saftige Zitrusfrucht, geschliffene Säure für 1991. Unkompliziert, aber wesentlich besser als die meisten Weine des Jahrgangs an der Untermosel. Bereits auf dem Höhepunkt, jetzt trinken.

1991 Alfer Hölle Eiswein 87
Duftet nach gekochten Äpfeln und frischer Grapefruit; sehr konzentriert und füllig, sehr pikante Säure, extreme Balance von Alkohol (12,8 % vol), hoher Säure und geringer Süße; noch etwas aggressiver Abgang. Braucht viele Jahre, um sein Gleichgewicht zu finden; hält sich bis 2010.

1992 Alfer Hölle QbA Trocken *** 84
Fast üppiger Duft nach Maracuja und Blüten; konzentriert, sehr kräftig und saftig, mit einem Alkoholgehalt von 12 % vol sprengt er den normalen Rahmen für einen Moselwein, trotzdem gute Harmonie und elegante Säure, die lange nachklingt. Schon jetzt sehr schön, aber hält sich bis 2005.

1992 Neefer Frauenberg QbA Trocken ** 81
Feinfruchtiger Duft nach weißen Früchten; jetzt saftig und elegant, recht säurebetont für 1992; erfrischender Abgang. Mittelgewichtig. Schon jetzt in seiner besten Form, hält sich aber bis 2000.

1992 St. Aldegunder Himmelreich Kabinett Halbtrocken 83
Sehr charmanter Blütenduft mit zartem Pfirsichton; klassischer Kabinettwein mit feiner Frucht, rassiger Säure und nur einer Spur Süße; sehr fruchtiger Nachhall. Ein richtiger Charmeur; hält sich bestimmt zehn Jahre und länger, aber warum warten?

1992 St. Aldegunder-Palmberg Spätlese Halbtrocken 84
Noch sehr jugendliches, vielschichtiges Fruchtbouquet mit deutlich exotischer Note; sehr saftig und elegant, fast kernige Säure für 1992, es mangelt ein bißchen an Konzentration und Kraft; langer, etwas einfacher Abgang. Braucht bis 1995, um sich voll zu entfalten, und kann bis 2005 liegen.

1992 St. Klosterkammer Eiswein 92
Noch mehr Alkohol (13,8 % vol!) und Säure als der 91er Eiswein, aber diesmal eine beeindruckende Harmonie! Verführerischer Duft nach getrockneten Aprikosen und exotischen Früchten; sehr konzentriert und saftig, gewaltige Fülle, ohne schwer oder sättigend zu wirken, tolles Säurespiel und im Gegensatz zu den meisten 92er Eisweinen blitzsauber und geradlinig; explosiver Abgang. Der gelungenste edelsüße Wein von den Steins aus den letzten Jahrgängen und ein großer Wurf! Schon jetzt äußerst attraktiv, hält sich aber ewig.

Weingut Wwe. Dr. H. Thanisch, Dr. H. Thanisch Erben

Anschrift 54470 Bernkastel-Kues, Saarallee 31
Inhaber Mechthild Thanisch, Sofia Spier
Leiterin Sofia Spier
Kellermeister Olaf Kaufmann

Gesamtrebfläche 6,5 ha
Rebsortenspiegel 100 % Riesling

Rieslingproduktion

Rebfläche 6,5 ha
Lagen Berncasteler Doctor 1 ha, Bernkasteler Lay 0,4 ha, Bernkasteler Graben 0,5 ha, Bernkasteler Schloßberg 0,5 ha, Bernkasteler Badstube (Großlage) 1,2 ha, Graacher Himmelreich und Domprobst 0,4 ha, Brauneberger Juffer-Sonnenuhr 0,6 ha, andere Lagen 1,9 ha
Rebmaterial überwiegend wurzelechte Reben
Durchschnittliches Rebalter 30 Jahre

Durchschnittlicher Ertrag 70 hl/ha
Durchschnittliche Produktion 60 000 Flaschen pro Jahr

Hierbei handelt es sich um eines der berühmtesten, man möchte fast sagen legendären Weingüter Deutschlands. Leider durchlief es in den späten siebziger und frühen achtziger Jahren unruhige Zeiten, die ihm einiges seiner ehemaligen Größe nahmen. Diese Umstände machen der jetzigen Mitinhaberin und Leiterin das Leben immer noch schwer. Zum einen mußte sie den enormen Erwartungen gerecht werden, zum anderen dem Weingut aus seiner Misere heraushelfen. Ihrer Hingabe ist es zu verdanken, daß das Weingut den größten Teil seiner Probleme hinter sich lassen konnte. Jetzt bilden die edelsüßen Weine dieses Gutes aus dem Berncasteler Doctor wieder einen der Höhepunkte bei den Versteigerungen des Großen Ringes in Trier (Mosel-Saar-Ruwer VDP). Sie erzielen hohe Preise und ernten Lob von allen Seiten. Nicht nur für das Weingut Thanisch, sondern auch für das gesamte Mosel-Saar-Ruwer-Gebiet und den Ruf des deutschen Weines insgesamt ist es von erheblicher Bedeutung, daß sein Name wieder wie ein Schmuckstück glänzt.
Etwa zwei Drittel aller Weinberge dieses Gutes liegen bei der mittelalterlichen Stadt Bernkastel, und sein Name ist eng mit dem der Stadt verbunden. Der Berg, auf dem sich die meisten seiner guten und alle seine exzellenten Lagen befinden, steigt in sanften Wellenlinien an und windet sich nicht nur aufwärts, sondern auch in der Länge. So entstehen steile Hänge, die unvermittelt ins Flache übergehen, um dann wieder steil anzusteigen. Genauso verändert sich auch die Sonneneinstrahlung: auf einer Länge von wenigen hundert Metern wechselt die Hanglage von Süden zu Südwesten und Westen und umgekehrt. Manche Teile dieses Berges besitzen sehr tiefgründige Böden, andere wiederum außerordentlich flache und steinige. Folglich können die Bernkasteler Weine auch kaum allgemein mit einigen wenigen Worten beschrieben werden. Mit Sicherheit kann man aber behaupten, daß – abgesehen von den besten Lagen, dem Doctor, den besten Teilen des Grabens und der ursprünglichen Lay – das hiesige Mikroklima nicht so günstig ist wie in Wehlen oder Brauneberg, ganz zu schweigen von Ürzig und Erden. Nur die herausragendsten Teile Bernkastels verfügen über ein Potential für Weine von eindrucksvollem und nuanciertem Charakter.
Die Mehrheit der Bernkasteler Weine sind kaum mehr als typische rassige, leichte Rieslinge. Nur in wirklich großen Jahrgängen weisen die Weine der eher durchschnittlichen Lagen eine pikante Intensität auf, die sie über das Mittelmaß erhebt. Im Gegensatz dazu bringen die Spitzenlagen fast jedes Jahr bemerkenswerte Weine hervor. Vernünftigerweise geht das Weingut

Thanisch recht großzügig mit der Großlagenbezeichnung »Bernkasteler Badstube« um – eine nicht sehr ausgedehnte Großlage, die nur die besseren Lagen des Ortes umfaßt. Unter dieser Bezeichnung werden sehr typische Weine guter Qualität gehandelt, die allerdings nicht die Klasse der besten Weine dieses Gutes für sich beanspruchen wollen. Manchmal wäre zu wünschen, daß noch mehr Weine aus dem Doctor, dem Graben und der Lay zur Badstube herabgestuft würden. Die besten der unter diesen Namen gehandelten Weine sind sicherlich erstklassig, doch traf das in der jüngsten Vergangenheit nicht auf alle zu. So gibt es zum Beispiel oft mehrere Abfüllungen eines Lay Riesling Kabinetts oder einer Graben Riesling Spätlese, und ich kann mich des Gefühls nicht erwehren, daß nur jeweils die beste Abfüllung diesen Namen wirklich verdient hätte. Nun soll das aber nicht bedeuten, daß auch nur ein Wein aus der gegenwärtigen Thanisch-Erzeugung gering sei, doch führt der hier favorisierte diskrete, aristokratisch feine Stil gelegentlich zu so zurückhaltenden Weinen, daß man sie im Glas regelrecht suchen muß.

Auf der Stufe einer Auslese oder höherer Prädikate überragen die Weine aus dem Doctor alle Thanisch-Weine anderer Lagen, aber bei Weinen niedrigerer Stufen geraten die aus der Lay oft ebenso gut, wenn nicht besser. Besteht man nicht wegen Namen und Reputation auf Weinen aus dem Doctor, so sind die Weine aus der Lay die besten Erwerbungen auf dem Gut Thanisch. Hierbei kann man noch von einem gelungenen Preis-Leistungs-Verhältnis sprechen, was den Weinen aus dem Doctor nicht unbedingt nachzusagen ist. In sehr guten bis exzellenten Jahrgängen können die Weine der Badstube sehr guter Qualität sein und für ihren Preis viel Freude bereiten, doch muß man hier sehr sorgfältig auswählen.

Diejenigen, die aber auf einen Wein aus dem Doctor beharren, werden unabhängig von der Prädikatsstufe einen Wein erhalten, der eine ausnehmend schöne Frucht und einen delikaten Geschmack besitzt, dazu immer eine zarte mineralische Note der Schieferböden der Mosel. Die Kabinette und Spätlesen verfügen immer über einen vollen Körper und viel Eleganz, sind aber weit davon entfernt, schwer oder aufdringlich zu sein. Von der Auslese aufwärts erlangen sie noch Extradimensionen an Aromen und Geschmacksnuancen, ohne aber die Zartheit zu verlieren, die den niedrigeren Prädikaten eigen ist. Ohne Frage ist diese außerordentliche Balance zwischen Fülle und Konzentration einerseits und äußerster Eleganz andererseits einer der erhabendsten Züge des deutschen Rieslings. Diese Weine besitzen wahrlich etwas Aristokratisches, das sie über die meisten anderen Mosel-Saar-Ruwer-Weine heraushebt.

Sehr bedauerlich ist das kürzliche Ausscheiden des Kellermeisters vom Weingut Thanisch, Norbert Breit, der hier von 1987 bis 1992 arbeitete; es schien gerade, als ob er mit jedem Jahrgang sicherer wurde. Dennoch glaube ich nicht, daß jetzt abrupte Veränderungen im Stil oder in der Qualität der Weine zu erwarten wären – Breit hat immer eng mit Sofia Spier und ihrem Mann Ulrich Spier, der an der Bernkasteler Weinschule tätig ist, zusammengearbeitet. Mit ihrem neuen Kellermeister müssen sie nicht nur die Aufgaben der letzten Jahre fortführen, sondern auch strenger mit ihren Mindestansprüchen bei den Prädikatsstufen und Lagenbezeichnungen umgehen. Eine gewisse Anzahl beeindruckender Weine reicht allein nicht aus, um ein Weingut als erstklassig oder gar legendär zu bezeichnen. Hierfür muß jeder einzelne Wein ein sehr gutes Beispiel für seine Art sein.

Berncasteler Doctor Riesling

1988 SPÄTLESE TROCKEN 80
Recht entwickelter, schöner Pfirsichduft; mittelgewichtig, schlank und elegant, aber etwas mäßige Konzentration und Tiefe; eindimensionaler Nachhall. Ein schöner trockener Moselriesling, aber für einen »Doctor« und »Spätlese Trocken« leicht enttäuschend. Jetzt trinken.

1988 SPÄTLESE 86
Sehr nuanciertes Pfirsichbouquet mit mineralischer Note; etwas mehr Stoff und Saft als die trockene Version, attraktives Spiel, die Süße jetzt im Hintergrund; gute Länge. Hält sich bis ca. 2005, aber wird nicht mehr gewinnen.

1988 AUSLESE 90
Noch etwas verschlossen, aber eine schöne Ananasnote ist zu erkennen; viel beeindruckender auf der Zunge, konzentriert und feingliedrig zugleich, sehr saftige Frucht, ohne dabei süß zu wirken, sehr elegante Rasse; langer filigraner Abgang. Braucht bis 1996/97, um ihren Höhepunkt zu erreichen, wo sie bis mindestens 2010 bleibt.

1988 AUSLESE »LANGE GOLDKAPSEL« 90
Deutliche Honignote im Duft, aber wieder etwas verschlossen; dichte Aprikosenfrucht, viel Saft, recht süß noch, die Säure leicht verhalten; bleibt lang am Gaumen. Braucht noch einige Jahre, um zu ihrem Gleichgewicht zu finden und sich zu entfalten. Deutlich dicker als die »Standard-Auslese«, aber nicht unbedingt besser.

1989 SPÄTLESE TROCKEN 80
Entwickelter Duft nach Zitrusschalen; eleganter, schlanker Wein mit deutlichem Grapefruitton, recht gefällig und einfach angelegt, nicht mehr dahinter als bei seinem Vorgänger, dafür eine animierende Rasse.

1989 SPÄTLESE 86
Ausleseartiger Duft mit leichtem Honigton; recht voll und konzentriert, sehr saftig; nachhaltige mineralische Säure. Kommt langsam auf ihren Höhepunkt, hält sich bis mindestens 2010.

1989 AUSLESE 88
Facettenreiches Ananas-Maracuja-Bouquet mit zartem Mandelton (Botrytis); recht konzentriert und füllig, die Süße noch etwas vordergründig, filigrane Säure; saftiger Nachhall. Braucht noch bis 1996/97, um ihren Höhepunkt zu erreichen; Reserven für weitere 20 Jahre.

1989 AUSLESE »LANGE GOLDKAPSEL« 94
Etwas verschlossener Aprikosenduft; sehr dicht und satt, stark ausgeprägter Aprikosenton, tolle Säure für den Jahrgang, die Süße schon voll eingebunden, die Aromen noch nicht ganz entfaltet; sehr langer, intensiver Nachhall. Großes Potential, sollte bis 2000 liegen, um ihr Bestes zu entwickeln; kann fast 40 Jahre leben.

1989 TROCKENBEERENAUSLESE 97
Gewaltiges, aber enorm feines Honigbouquet; extrem konzentriert, trotzdem durch die tolle Säurestruktur fast filigran, sehr komplexe Fruchtnote und subtile Würze; besonders nachhaltige Rasse. Nicht die Kraft und Tiefe mancher 89er Trockenbeerenauslesen, aber betörende Eleganz und großes Entwicklungspotential; kann 50 Jahre oder länger leben.

1990 KABINETT TROCKEN 83
Attraktiver Duft nach Pfirsich und Blüten; die Fülle und Substanz einer trockenen Spätlese, viel Frucht und eine elegante Rasse; recht beeindruckender Nachhall. Der beste trockene »Doctor« bislang.

1990 SPÄTLESE 89
Sehr nuanciertes Pfirsichbouquet mit zarter mineralischer Note; gute Konzentration und klassische Eleganz, sehr filigrane Rasse, die Süße noch leicht herausstechend; subtiler Abgang.

1990 AUSLESE (1391) 93
Noch jugendlicher, finessenreicher Pfirsich-Maracuja-Duft; dicht und feinfruchtig, sehr aromatische Süße, tolle mineralische Rasse; besonders nachhaltiges Spiel. Eine exzellente 90er Auslese, die ihre beste Form Anfang des nächsten Jahrhunderts erreichen wird und sich sehr lange hält.

1990 AUSLESE »LANGE GOLDKAPSEL« 95
Sehr intensives Bouquet mit sattem Aprikosen- und Maracujaton; sehr konzentriert und reichhaltige eisweinartige Säure, die noch nicht ganz eingebunden ist, viel Kraft und Tiefe, braucht aber noch etliche Jahre, um sich zu harmonisieren; hochpikanter, sehr langer Nachhall. Noch mehr Potential als die 89er »Lange Goldkapsel«!

1990 BEERENAUSLESE **96**
Hochfeines Botrytisbouquet mit ausgeprägten tropischen und getrockneten Fruchtnoten; extrem konzentriert und besonders nuanciert, Kraft und Eleganz, ungewöhnlich spritzig für eine Beerenauslese, atemberaubendes Spiel, delikate Süße; sehr nachhaltige mineralische Rasse. Ein äußerst filigraner Wein mit enormer Zukunft!

1991 SPÄTLESE **85**
Subtiler Pfirsichduft; schlank und rassig, sehr feinfruchtig für 1991, dezente Süße, absolut geradlinig; langer, pikanter Nachhall. Ein sehr gelungener Wein für den etwas problematischen Jahrgang; gutes Entwicklungspotential.

1991 AUSLESE (NR. 10) **86**
Schöner Aprikosenduft; gute Dichte vorne auf der Zunge, hält aber nicht ganz, was sie verspricht, filigranes Säurespiel, recht süß, mäßige Struktur und Tiefe für eine Auslese. Zweifelsohne ein gutes Ergebnis für 1991, wäre jedoch besser etwas herber vinifiziert und als Spätlese präsentiert worden.

1992 SPÄTLESE **83**
Attraktiver, aber etwas einfacher Duft nach Melonen und Birnen; saftig, aber recht süß, die reife Säure momentan etwas verhalten, man spürt die hohen Erträge des Jahrgangs; fruchtiger Nachhall. Hält sich gut 10 Jahre frisch, aber wird kaum etwas durch die Flaschenreife gewinnen.

1992 AUSLESE »LANGE GOLDKAPSEL« **92**
Sehr satter Honigduft; opulente Fülle und beeindruckende Dichte, noch sehr süß, verführerische Ananas- und Honignote; nachhaltige Kremigkeit. Braucht noch viele Jahre, um ihre optimale Harmonie zu erreichen; große Zukunft.

Die 1993er Rieslinge sind ziemlich enttäuschend; schwache trockene Weine und bestenfalls mittelmäßige restsüße Gewächse; die edelsüßen Weine konnten noch nicht probiert werden.

Weingut Dr. Heinz Wagner Nachf.

Anschrift 54439 Saarburg, Bahnhofstraße 3
Inhaber und Kellermeister Heinz Wagner

Gesamtrebfläche 9 ha
Rebsortenspiegel 100 % Riesling

Rieslingproduktion

Rebfläche 9 ha
Lagen Saarburger Rausch 2,8 ha, Saarburger Kupp 3,2 ha, Saarburger Antoniusbrunnen 0,5 ha, Ayler Kupp 0,2 ha, Ockfener Bockstein 2,3 ha
Rebmaterial 100 % Pfropfreben (26G)
Durchschnittliches Rebalter 30 Jahre
Durchschnittlicher Ertrag 80 hl/ha
Durchschnittliche Produktion 60 000 Flaschen pro Jahr

Ein leidenschaftlicherer Winzer als Heinz Wagner ist kaum vorstellbar. Er scheint fast jede wache Stunde mit der Arbeit im Weinberg und im Keller unter dem imposanten Gutshaus nahe dem Saarburger Bahnhof zu verbringen. Das Haus scheint sich seit der Gründung des Weingutes im Jahre 1880 durch seinen Urgroßvater kaum verändert zu haben. Nicht weniger traditionell sind die Weine des Gutes, konzentriert sich Heinz Wagner doch fast ganz auf die Erzeugung trockener Weine, die noch bis vor einigen Jahrzehnten für dieses Gebiet charakteristisch waren. Erfolgreicher als jeder andere Saarwinzer hat er sich mit diesen trockenen Weinen gerade innerhalb der deutschen Spitzengastronomie eine bedeutende Reputation aufbauen können. »Zur Zeit meines Großvaters behielten nur einige Weine der größten Jahrgänge etwas natürliche Süße zurück«, hat Heinz Wagner mir einmal erzählt. »Die meisten Weine waren trocken und wurden im Faß verkauft.« Damals zählte das Weingut einige bedeutende Käufer zu seinem Kundenstamm, darunter auch den Hof von Sachsen-Coburg. So ist sein heutiger Erfolg im Grunde eine Fortführung langjähriger Tradition.
Auf diesem Weingut fällt es nicht schwer zu glauben, daß alle Qualität aus dem Weinberg kommt und daß die Weine im Keller tatsächlich nicht mehr behandelt werden. Die trockenen und halbtrockenen Weine vergären bis zu dem Punkt, da der Gärprozeß naturgemäß abgeschlossen ist, nur bei den restsüßen Weinen wird er vorzeitig beendet. Anders als bei den meisten übrigen Saargütern sind die hiesigen trockenen Weine wirklich knochentrocken. Mit ihrer festen Säure, die Heinz Wagner im Keller nie zu reduzieren sucht, sind sie nichts für zartbesaitete Weintrinker. Persönlich habe ich immer zu den halbtrockenen Weinen dieses Gutes tendiert, da sie fast trocken schmecken und über eine betontere Frucht verfügen. Sie sind wunderbare und sehr flexible Begleiter zu vielen leicht gewürzten Gerichten, besonders aber zu Fisch und Meeresfrüchten. Die trockenen Weine müssen wegen ihrer intensiveren Säure vorsichtiger kombiniert werden. Neben dem Weingut Forstmeister Geltz-Zilliken hat das Weingut Wagner seinen guten Ruf vor allem mit den Erzeugnissen aus der Saarburger

Rausch aufbauen können. Gegenwärtig stammen Heinz Wagners besten Weine zwar aus dem berühmten Ockfener Bockstein und viele seiner großen Weine aus der kaum minder bekannten Ayler Kupp, doch oft genug überragen die Weine der Saarburger Rausch die anderen Wagner-Weine. Die meisten werden trocken ausgebaut und stellen wunderbare Beispiele dieser Gattung dar, da sie nie süß-sauer schmecken und doch immer voller Frucht und Extrakt sind. Selbst auf dem Niveau von QbA sind sie vollständige Weine, die mehr Frucht und Struktur aufweisen als die Spätlesen vieler anderer Güter. Sie repräsentieren ein hervorragendes Preis-Leistungs-Verhältnis, und jemandem, der die Weine dieses Gebietes kennenlernen möchte, können keine besseren empfohlen werden.

Weniger Begeisterung bringt Heinz Wagner anscheinend bei der Erzeugung restsüßer Weine auf, er scheint sie als notwendigen, aber uninteressanten Teil seines Angebotes zu betrachten. Dennoch gehören seine restsüßen Kabinette und Spätlesen im richtigen Jahrgang zu den besten ihrer Art im gesamten Saargebiet. Vielleicht weil er ein so eingeschworener Liebhaber trockener Weine ist, balanciert er seine restsüßen Weine so, daß ihre Süße nie vordergründig auffällt. Dafür werden diese Weine von vollen, reifen Fruchtaromen, einem lebhaften Spiel fruchtig-mineralischer Nuancen und einer rassigen Säure beherrscht. Auf diese Art erlangen die Weine aus dem Rausch und Bockstein eine wahrhaft außerordentliche Qualität, die Heinz Wagner meines Erachtens bisher unterschätzt.

Eisweine werden hier nur alle zwei oder drei Jahre erzeugt, doch sind sie für dieses Gut von größerer Bedeutung als edelsüße Auslesen oder Beerenauslesen, die hier nur sehr selten entstehen. In ihrer Jugend sind sie von weniger aggressiver Säure und leichter zu genießen als die meisten Eisweine der führenden Kollegen Heinz Wagners. Dabei mangelt es ihnen aber weder an Konzentration, noch an den klassischen süß-sauren Zügen eines Eisweins; sie haben mich immer beeindrucken können.

Die Weine des Gutes Dr. Wagner sind genauso ernsthaft wie ihr Winzer und Kellermeister. Niemand ist bei der Analyse seiner jungen Weine kritischer als er. Er geht jetzt auf die Sechzig zu, aber noch immer besitzt er das rastlose Bemühen um noch bessere Weine. Aus diesem Grund und wegen des extrem hohen Qualitätsstandards dieses Gutes ist es unverständlich, warum er im Großen Ring (Mosel-Saar-Ruwer VDP) nicht herzlich willkommen geheißen wurde. Die Weine Heinz Wagners sind den Erzeugnissen verschiedener Mitglieder an der Saar weit überlegen.

Ohne jeden Zweifel muß das Weingut Dr. Heinz Wagner als eine der verläßlichsten Quellen für qualitativ hochwertige Saarrieslingweine angesehen werden und Heinz Wagner als einer der besten Winzer und Kellermeister der ganzen Region.

Saarburger Rausch Riesling

1988 Auslese Trocken 83
Feiner Pfirsichduft mit deutlicher Minzenote; staubig trocken und sehr säurebetont, gute Substanz und Dichte, aber wenig Charme, ein Wein für »Trockenfanatiker«; sehr kerniger Nachhall. Hält sich bis 1997/98 in dieser Form.

1989 Spätlese Halbtrocken 89
Ein klassischer Wagner-Wein und der beste 89er Wein des Gutes. Mineralischer Aprikosenduft mit subtilem Honigton; konzentriert und saftig, tolles Säurespiel und sehr diskrete Süße; nachhaltige mineralische Rasse. Braucht bis 1995/96, um ihren Höhepunkt zu erreichen, und kann bis mindestens 2010 liegen.

1989 Spätlese 87
Fast ausleseartiger Duft mit deutlicher Honig- und Karamelnote; dichte Aprikosenfrucht, die vorne einen geradezu opulenten Eindruck erzeugt, die geringe Süße und eine pointierte Rasse ziehen ihn hinten sehr stark zusammen; nicht ganz so nachhaltig wie die halbtrockene Version.

1990 Spätlese Halbtrocken 89
Sehr nuancierter Duft nach Cassis, exotischen Früchten und Mineralien; konzentriert und saftig, elegantes Spiel, kaum Süße; nachhaltige Rasse.

1990 Spätlese 90
Als junger Wein war er nicht sehr beeindruckend, aber nach einem Jahr auf der Flasche hat er sich geöffnet. Äußerst mineralischer Aprikosenduft; konzentriert und hochelegant, pikante Säure und hintergründige Süße; sehr langer, fast stahliger Abgang. Noch ziemlich unentwickelt, aber exzellente Zukunftsperspektiven!

1992 Kabinett Halbtrocken 85
Frischer Duft nach reifen Äpfeln und Quitten; feinfruchtig und sehr elegant, trocken schmeckend, geschliffene Rasse und fast perfekte Balance; die Säure klingt lange nach. Eine optimale Begleitung zum Essen, hält sich bis mindestens 2005.

1992 Spätlese Halbtrocken 87
Intensives Fruchtbouquet nach Reineclauden; konzentriert und kraftvoll, Frucht und Säure noch nicht in vollem Einklang, aber exzellente Anlagen; nachhaltige mineralische Rasse. Ein Langläufer unter den 92er Weinen, der bis 1995/96 braucht, um sich zu entfalten; sehr lange lagerfähig.

1992 Spätlese **90**
Jugendlicher, sehr nuancierter Aprikosenduft mit mineralischem Unterton; dicht und finessenreich zugleich, toller Saft, elegantes Spiel, die Süße kaum spürbar; sehr langer, komplexer Abgang. Zweifelsohne einer der allerbesten Weine des Jahrgangs an der Saar.

Ockfener Bockstein Riesling

1988 Spätlese **90**
Tolles Pfirsichbouquet mit viel Tiefe und Finesse; konzentriert und sehr elegant, herbe Balance von feiner Rasse und geringer Süße, jetzt fast trocken schmeckend, leichte Kremigkeit; sehr nachhaltige mineralische Säure. Erreicht jetzt ihren Höhepunkt und hält sich dort bis mindestens 2005.

1988 Auslese **91**
Ähnlich angelegt wie die Spätlese, nur noch voller und dichter, die Süße braucht länger, um sich vollkommen einzubinden, die Säurestruktur genauso fest; sehr saftiger, vielschichtiger Nachhall. Viel Zukunft!

1989 Spätlese **87**
Voller Pfirsich-Mandel-Duft; viel Saft und Spiel, die Süße schon perfekt integriert, sehr elegante Säure; gute Länge. In punkto Qualität und Lagerfähigkeit mit der Saarburger Rausch Spätlese vergleichbar.

1990 Spätlese **88**
Facettenreicher Duft nach Früchten, Blüten und Mineralien; die Süße noch etwas hervorstechend, aber sehr feinfruchtig und elegant, animierende Rasse; langatmiges Spiel. Erreicht erst 1997 ihre volle Harmonie und hält sich bis mindestens 2010.

1990 Auslese **89**
Noch unentwickelt und ziemlich verschlossen im Duft; konzentriert, reichhaltig und noch etwas zu süß, sehr schöne Pfirsichfrucht und betonte Rasse, anhaltend. Sehr schwierig einzustufen, aber sicher 20 Jahre Entwicklungspotential.

1992 Kabinett **85**
Attraktiver Duft nach aromatischen Äpfeln und Mineralien; sehr saftiger Kabinettwein mit kaum spürbarer Süße und klassischer Saarrasse; nachhaltige mineralisch-erdige Note.

1992 Spätlese **88**
Frischer, verführerischer Blütenduft mit feiner Pfirsichnote; konzentriert und sehr feinfruchtig, diskrete Süße, tolle Rasse; filigraner Nachhall. Schon jetzt beeindruckend, viel Zukunft!

Unter den 1993er Rieslingen findet man nach wie vor exzellente trockene und restsüße Rieslinge mit viel Charme, Charakter und Rasse. Zum ersten Mal gibt es eine Reihe erstklassiger edelsüßer Weine.

Weingut Dr. F. Weins-Prüm

Anschrift 54470 Bernkastel-Wehlen, Uferallee 20
Inhaber und Kellermeister Bert Selbach

Gesamtrebfläche 4 ha
Rebsortenspiegel 97 % Riesling, 3 % Müller-Thurgau

Rieslingproduktion

Rebfläche 3,9 ha
Lagen Wehlener Sonnenuhr 1,3 ha, Graacher Himmelreich 0,4 ha, Graacher Domprobst 0,5 ha, Ürziger Würzgarten 0,7 ha, Erdener Prälat 0,1 ha, Waldracher Sonnenberg (Ruwer) 0,9 ha
Rebmaterial: überwiegend wurzelechte Reben, bei Pfropfreben diverse Klone
Durchschnittliches Rebalter 30 Jahre
Durchschnittlicher Ertrag 81 hl/ha
Durchschnittliche Produktion 42 240 Flaschen pro Jahr

Bei einer zufälligen Begegnung mit Bert Selbach käme man wohl kaum auf den Gedanken, daß er ein ausgezeichneter Winzer sei, und doch gehört sein Weingut in den letzten zehn Jahren zu den zuverlässigsten Adressen für qualitativ hochwertige Moselrieslinge. Tatsächlich würde ich jemandem, dem die Weine der Mittelmosel noch unbekannt sind und der sie gerne kennenlernen würde, eine Weinprobe auf diesem Gut nahelegen. In diesen Weinen treffen sich der explosiv fruchtige Stil einiger führender Güter dieses Gebietes und die äußerste Eleganz und Zartheit der Weine anderer hervorragender Moselwinzer. In reichem Maße besitzen sie immer den fruchtigen und blumigen Charme guter Moselweine, und ob sie trocken oder süß ausgebaut werden, stets haben sie die sehr nuancierten Aromen und Geschmacksrichtungen, die den Moselriesling von allen anderen Weinen unterscheidet. Nun bedeutet das aber nicht, daß sie durchschnittlich oder ein »Mitteldling« seien, denn die Weine Bert Selbachs tragen immer auch den Charakter der Lage, der sie entstammen. Es handelt sich hierbei

um höchst individuelle Weine, die ihre Eleganz keinem wie auch immer gearteten Extrem opfern.
Zwischen den meisten Winzern und ihren Weinen läßt sich ein direkter Zusammenhang herstellen, aber Bert Selbach und seine Weine sind mir immer noch ein Rätsel. Vielleicht liegt das an der ihm eigenen Zurückhaltung, die er allerdings ablegt, wenn er jemanden besser kennenlernt; dann hat er, was seine Weinerzeugung oder die Hintergründe eines bestimmten Weines angeht, keinerlei Geheimnisse. Befragt man ihn direkt über die Art der Weine seines Gutes, so antwortet er, daß sein Vorgehen sich nicht sehr von dem seines Vaters unterscheide, der den Betrieb bis 1978 leitete. Das ist ohne Zweifel zutreffend, denn die wenigen älteren Weins-Prüm-Weine, die ich probiert habe, unterschieden sich in ihrem Stil kaum von den gegenwärtigen Erzeugnissen.
Doch hat in den letzten Jahren eine gewisse Entwicklung stattgefunden, so daß die Weine an Ausdruckskraft reicher geworden sind. Wie bei vielen anderen Weingütern ist es aber auch hier schwierig, eine einzige technische Veränderung oder einen strategischen Wechsel für diese Verbesserungen verantwortlich zu machen. Was immer auch der genaue Grund sein mag, die Entwicklung ist sehr begrüßenswert.
Zwar baut Bert Selbach den größten Teil seiner Weine in 1000-Liter-Fudern aus, doch erzielt er dabei eine solche Reinheit, Klarheit und Frische, daß das Holz nicht im mindesten bemerkbar wird. Die einzigen Weine, die auf diesem Gut in der Regel in Edelstahlfässern vinifiziert werden, sind die »Gutsweine« als QbA. Für gewöhnlich sind diese ein Verschnitt aus Weinen aus den Lagenanteilen in Waldrach an der Ruwer und aus Mosellagen, meistens denen in Wehlen. Seit dem Jahrgang 1987 sind sie immer äußerst gut gelungen, denn in ihnen verbinden sich die Rasse und die blumigen Aromen der Ruwerweine mit dem volleren Körper und der Frucht der Weine der Mittelmosel, wodurch ein sehr eleganter und harmonischer halbtrockener Riesling entsteht. Nur wenige QbA aus dem Mosel-Saar-Ruwer-Gebiet reichen an diesen Standard heran und zudem besteht hier ein sehr gutes Preis-Leistungs-Verhältnis.
Obwohl das Gut am bekanntesten für die Weine aus der bedeutenden Wehlener Sonnenuhr ist, die genau gegenüber dem Wohnhaus auf der anderen Moselseite liegt, werden auch oft Weine ebensolcher Qualität aus den besten Teilen des Graacher Himmelreichs und dem Graacher Domprobst und einige Kilometer flußabwärts aus den Lagenanteilen in Ürzig und Erden erzeugt. Wegen der großen Nachfrage nach restsüßen Weinen aus der Sonnenuhr werden diese Weine auf dem Gut Dr. Weins-Prüm fast nie trocken ausgebaut. Bert Selbach vertritt die Ansicht, daß der etwas großzügigere, erdig-mineralische Charakter der Weine aus Graach sich

besser für eine trockene Vinifikation eignet und konnte in den vergangenen Jahrgängen einige ganz exzellente Beispiele dafür hervorbringen. Einige Wehlener Winzer mögen zwar die Weine aus Erden und Ürzig als »gute, aber untypische Moselweine« ablehnen, aber Bert Selbach kennt sich gut genug mit ihnen aus, um ihre Qualitäten würdigen zu können. Er würde als erster darin zustimmen, daß zwar in einigen Jahren, wie etwa 1988, Wehlen begünstigter ist, daß in anderen Jahren aber Erden und Ürzig Wehlen in den Schatten stellen, besonders in Jahren mit starken Regenfällen während des Sommers, wie zum Beispiel 1985, 1987 und 1992.

Das beständige, ausgeprägte Qualitätsbewußtsein und die Beibehaltung des klaren und distinguierten Stils der Weine von Bert Selbach verdienen große Anerkennung, doch ein Fragezeichen hinsichtlich der Weine dieses Gutes bleibt. Es bezieht sich auf die recht hohen Erträge, die hier erzielt werden. In den Jahrgängen, da die Natur die Erträge beschränkt hält, weisen die Weins-Prüm-Weine keinerlei Schwächen in ihrer Struktur auf, aber in Jahren mit klimatisch günstigen Bedingungen geraten einige von ihnen etwas oberflächlich. Aufgrund der sorgfältigen Erzeugungsmethoden sind sie zwar immer attraktiv, voller Frucht, gut balanciert und ansprechend. Doch vermag all das die leichten Defizite der Konzentration nicht zu verbergen. Wenigstens ist Bert Selbach sehr vorsichtig im Umgang mit Prädikaten wie Spätlese oder Auslese, so daß man eine wirkliche Enttäuschung auf diesem Weingut wohl nie erleben wird. Bei den moderaten Preisen, die hier berechnet werden, erhält man auf dem Weingut Dr. Weins-Prüm auf jeden Fall immer sehr gute Erzeugnisse für sein Geld. Für Bert Selbach scheint das eine große Rolle zu spielen, und der Gedanke, daß seine Weine überteuert sein könnten, ist ihm wohl unerträglich. Ich wünschte nur, es würde ihm etwas mehr bedeuten, zu den besten Winzern an Mosel, Saar und Ruwer gezählt zu werden.

Wehlener Sonnenuhr Riesling

1988 SPÄTLESE TROCKEN **84**
Frischer Duft nach reifen Äpfeln und Birnen; mittelgewichtig und feinfruchtig, immer noch schöner Säurebiß, ausgewogene Harmonie, es fehlt ihr nur ein bißchen an Tiefe und Länge, um erstklassig zu sein.

1988 SPÄTLESE »GOLDKAPSEL« **90**
Als junger Wein etwas zu opulent und süß für eine Spätlese, aber jetzt trifft die Einstufung zu. Satter Pfirsichduft mit deutlicher mineralischer Note; konzentriert und reichhaltig, die hohe Süße gut integriert, sehr elegantes Säurespiel; vielschichtiger, langer Nachhall. Eine der besten Spätlesen des Jahrgangs an Mosel, Saar und Ruwer.Viel Zukunft!

1989 SPÄTLESE 85
Feiner Duft nach Pfirsich und Mandeln; sehr elegant und rassig für den Jahrgang, nicht übermäßig konzentriert, aber sehr feinfruchtig; anhaltend im Abgang. Hat erst jetzt ihren Höhepunkt erreicht, hält bis mindestens 2003/04.

1989 AUSLESE »GOLDKAPSEL« 93
Sehr beeindruckendes Bouquet, das opulent und fein zugleich ist, tolle exotische Fruchtnoten; sehr konzentriert und pikant, ausgeprägte Säure für den eher weichen Jahrgang, großer Saft und brillantes Spiel; nuancierter mineralischer Nachhall. Braucht bis 1997/98, um ihren Höhepunkt zu erreichen, und hält sich weitere 25 Jahre.

1990 SPÄTLESE 90
Ziemlich verschlossener Duft; konzentrierte Pfirsichfrucht, viel Saft und Extrakt; nachhaltige mineralische Rasse. Erst 1998 in ihrer besten Form und noch 20 Jahre lagerfähig.

1990 AUSLESE 91
Sehr verschlossen; deutlich süßer und kremiger als die Spätlese, aber kaum dichter und strukturierter, braucht bis mindestens 2000, um ihr Gleichgewicht zu finden. Viel Zukunft, bereitet zur Zeit nur wenig Freude.

1990 AUSLESE »GOLDKAPSEL« 94
Intensiver Duft nach getrockneten Pfirsichen, Blüten und Mineralien; sehr konzentriert und fest, tolle Rasse, pikantes Spiel, sehr gut eingebundene Süße; langatmiger, komplexer Nachhall. Wird sich ab 2000 mindestens 20 Jahre lang toll präsentieren.

1991 KABINETT 83
Attraktives aromatisches Bouquet nach Cassis, Stachelbeeren und Mineralien; feinfruchtig und saftig, dezente Süße und elegante Säure; pikanter Nachhall. Schon jetzt gut zu trinken, hält sich bis mindestens 2005.

1991 SPÄTLESE 85
Schöner Pfirsichduft mit zarter Zitrusnote; gute Konzentration, aber die Süße steht noch im Weg, die Aromen beginnen erst jetzt, sich zu entfalten, die Säure ist noch etwas bedeckt; anhaltend im Abgang. Zweifelsohne eine sehr gute 91er Spätlese; muß sich aber noch einige Jahre entwickeln, um Freude zu machen.

1992 SPÄTLESE TROCKEN 77
Duftet wie halbreife Pfirsiche; leichtgewichtig, der schöne Säurebiß eher vordergründig, wenig Substanz und Tiefe; mäßige Länge. Keine bedeutenden Zukunftsperspektiven.

1992 KABINETT **80**
Zartes Pfirsichbouquet; schöner Saft und feines Spiel, schon sehr entwickelt, die Süße trotzdem noch ziemlich hervorstechend; wenig Abgang. Jetzt schön, aber begrenzte Lagerfähigkeit.

1992 SPÄTLESE **83**
Attraktiver Pfirsich-Maracuja-Duft; recht voll und kremig, dabei etwas zu lasch, bessere Säurestruktur als der Kabinett, aber noch nicht so harmonisch; anhaltend. Braucht bis 1995/96, um ihr Gleichgewicht zu finden, hält sich bis 2003/04.

Graacher Riesling diverser Lagen

1988 HIMMELREICH SPÄTLESE HALBTROCKEN **86**
Noch frischer erdiger Aprikosenduft; gute Substanz und Struktur, sehr schöne Rasse, deutlicher Mandelton; langer mineralischer Abgang. Kommt jetzt zum Höhepunkt und hält sich bis 2003/04.

1989 DOMPROBST SPÄTLESE **82**
Recht entwickelter Zitrus-Cassis-Duft; mittelgewichtig und ziemlich herb, erdige Noten, wirkt etwas rustikal; gute Länge. Die jungen Reben und ertragsfördernde Witterung haben zu einem leicht enttäuschenden Ergebnis geführt. Schon voll da, hält sich bis 2000.

1990 DOMPROBST AUSLESE TROCKEN **87**
Sehr verschlossener Duft; konzentriert, sehr geradlinig und rassig, Biß und Kraft; nachhaltige mineralische Note. Zweifelsohne der beste trockene Wein der Gutsgeschichte, erst 1996 in seiner besten Form, hält sich bis 2002.

1990 DOMPROBST AUSLESE **92**
Auch sehr verschlossen; noch dichter und schmelziger als die trockene Version, aber kaum süßer, viel Extrakt und Tiefe, fast kernige Säure; langer, pikanter Nachhall. Braucht fast bis zur Jahrhundertwende, um ihren Höhepunkt zu erreichen, und kann 25 Jahre alt werden.

1991 DOMPROBST SPÄTLESE HALBTROCKEN **87**
Mineralischer Cassisduft; sehr stoffig und kernig, pikante Säure, trocken schmeckend, die Aromen fangen erst an, sich zu entfalten; nachhaltige Rasse. Ein beeindruckendes Ergebnis für den schwierigen Jahrgang; gutes Entwicklungspotential.

1992 HIMMELREICH SPÄTLESE HALBTROCKEN **84**
Zartes Aprikosenbouquet; mittelgewichtig und recht säurebetont, mineralische Note, gute Harmonie; anhaltend. Hält sich bis mindestens 2000.

1992 DOMPROBST AUSLESE HALBTROCKEN 85
Ähnlich angelegt wie die Spätlese, aber ein bißchen dichter und strukturierter, kaum spürbare Süße, mineralischer Nachhall. Kommt erst 1995/96 auf ihren Höhepunkt; hält sich bis 2005.

Die 1993er Rieslinge setzen die Linie der letzten Jahre fort. Elegante, fruchtige Weine von durchwegs guter Qualität ohne wahre Größe.

Weingut Weller-Lehnert

Anschrift 54498 Piesport, St. Michaelstraße 27–29
Inhaber und Leiter Jörg und Petra Matheus
Kellermeister Jörg Matheus

Gesamtrebfläche 4,5 ha
Rebsortenspiegel 80 % Riesling, 20 % Müller-Thurgau

Rieslingproduktion

Rebfläche 3,6 ha
Lagen Piesporter Goldtröpfchen 2,05 ha, Piesporter Domherr 0,35 ha, Piesporter Grafenberg 0,3 ha, Piesporter Treppchen 0,36 ha, Dhronhofberger 0,54 ha
Rebmaterial 50 % wurzelechte Reben, 50 % Pfropfreben (Gm198, 110, H65, W17, T68)
Durchschnittliches Rebalter 30 Jahre
Durchschnittlicher Ertrag 91 hl/ha
Durchschnittliche Produktion 36 000 Flaschen pro Jahr

Die Übergabe eines bedeutenden Weingutes von einer Generation an die nächste ist immer ein kritischer Moment, und nur selten bleibt er ohne Einfluß auf die Qualität der Weine, zumindest während der ersten zwei oder drei Jahrgänge, die die neue Generation hervorbringt. Häufig haben diese temporären Probleme mit einem Richtungswechsel der Weinart und der Perfektionierung eines neuen Stils zu tun. Auf dem Weingut Weller-Lehnert jedoch ging dieser Generationswechsel auffallend reibungslos vonstatten, vielleicht, weil der Weinstil der älteren Generation zumindest in den Grundzügen beibehalten wurde. Bis zu seiner Pensionierung im Jahre 1991 hat der damalige Leiter Karl Hain kräftige fruchtbetonte

Piesporter Rieslinge erzeugt, die dabei aber nie schwer oder bombastisch waren, wozu diese Weine leicht neigen. In exzellenten Jahrgängen wie 1971, 1975, 1976 und 1983 sind ihm wunderbare Weine gelungen, und während jener Zeit war er fraglos der verläßlichste Winzer in Piesport. Erst in den letzten Jahren, in denen er den Betrieb leitete, waren ihm die benachbarten Weingüter ernstzunehmende Konkurrenz um den ersten Platz geworden, allen voran das Weingut Reinhold Haart. Zusammen mit den etwa 2,5 ha Besitz in den besten Piesporter Lagen ist so eine ausgezeichnete Ausgangsposition für eine erfolgreiche Zukunft dieses Gutes geschaffen.

Zwar reichen die ersten beiden Jahrgänge 1991 und 1992, die von der Tochter Karl Hains, Petra, und deren Mann Jörg Matheus vinifiziert wurden, noch nicht ganz an den traditionellen Standard dieses Gutes heran, doch sind die erzielten Ergebnisse für diese schwierigen Jahrgänge gut geraten und lassen eine vielversprechende Zukunft vermuten. Die geplanten Veränderungen, wie zum Beispiel die Abschaffung der letzten Müller-Thurgau-Reben zugunsten des Rieslings, stellen keine Abkehr von der traditionellen Einstellung dieses Weingutes dar, sondern eher deren Bekräftigung. Im Weinkeller fühlen sie sich denselben Prinzipien verpflichtet wie Karl Hain, nämlich der absoluten Reinheit und dem Respekt gegenüber dem eigenen Charakter der Weine. Genauso ist, wie auf allen führenden Moselgütern, jede etwaige Süße der Weine völlig natürlich oder durch die vorzeitige Beendigung der Gärung zustande gekommen.

Ich habe keinerlei Zweifel daran, daß Petra und Jörg Matheus das Weingut erfolgreich führen werden, doch werden die kommenden Jahrgänge erst beweisen müssen, ob das Gut seine Position wird behaupten können und ob es die Möglichkeiten besitzt, zu den führenden Weingütern an Mosel, Saar und Ruwer zu zählen. Allein in Piesport wird die Konkurrenz immer stärker, und es wird nicht genügen, daß das Weingut Weller-Lehnert seinen gegenwärtigen Standard einfach wahrt, wenn es in den nächsten zehn Jahren seinen bisherigen Rang beibehalten will. Dieses Ehepaar gehört zu den nettesten Leuten, auf die ich in der Weinszene der Mosel gestoßen bin. Ihnen sind Neid und kleingeistige Mißgunst, wie man sie in dieser Gegend so oft findet, vollkommen fremd. Ich frage mich manchmal, ob sie die nötige Willensstärke besitzen, um regelmäßig große Weine hervorzubringen. Der lange Zeit vernachlässigte Ort Piesport mit seinen großartigen Lagen Goldtröpfchen und Domherr bedarf so vieler ausgezeichneter Winzer wie möglich, um seinen Ruf erneuern zu können.

Die Stärke dieses Weingutes liegt eindeutig bei den restsüßen Weinen, doch werden auch einige sehr eindrucksvolle trockene Weine erzeugt.

Hierbei ist das Gut allerdings recht schwankend, gibt es sie in einigen Jahrgängen doch in sehr großer Zahl, in anderen, wie zum Beispiel 1990, fast überhaupt nicht. Es wäre schön, diese Seite der Weller-Lehnert-Produktion etwas konstanter zu sehen, denn die besten Beispiele haben bewiesen, daß das Ehepaar Matheus trockene Weine erzeugen kann, die trotz der für Piesport typischen hohen Säure stoffig und sehr harmonisch sind. Der Stil der Weine, der vor allem die Substanz und die reifen Gelbfruchtaromen der voll ausgereiften Rieslingtrauben betont, eignet sich hervorragend für trockene Weine, kann aber für die restsüßen Weine schon etwas zuviel des Guten sein. Einige von ihnen geraten wunderbar saftig und aromatisch, während die Konturen anderer restsüßer Weine von einer etwas stärkeren Brillanz profitieren würden.

Piesporter Goldtröpfchen Riesling

1988 SPÄTLESE TROCKEN 83
Frischer Duft nach halbreifen Pfirsichen und Zitrusschalen; schlank und säurebetont, sehr charaktervoll, ausgeprägte mineralische Note; nachhaltige Rasse. Kommt langsam auf ihren Höhepunkt, kann bis 2000 liegen.

1988 SPÄTLESE 87
Leicht verschlossener Duft mit Minze- und Aniston; recht dicht und sehr saftig, ansprechende Ananasfrucht, die hohe Süße immer noch ein bißchen vordergründig, die feste Säurestruktur etwas verdeckt; langer Abgang. Braucht noch ein paar Jahre, um ihr Gleichgewicht zu finden, und kann bis mindestens 2005 liegen.

1988 AUSLESE 90
Sehr schöner Pfirsichduft mit exotischem Unterton (Botrytis); konzentriert und reichhaltig, schöner Schmelz, Süße und Säure sind jetzt zusammengewachsen; sehr saftiger, vielschichtiger Nachhall. Eine sehr gelungene 88er Auslese mit viel Zukunft.

1989 SPÄTLESE TROCKEN 84
Im Duft deutlich entwickelter als die anderen Jahrgänge, exotische Fruchtnoten (besonders Banane); voll, dicht und sehr saftig, sehr attraktive Ananas- und Cassisfrucht, recht sanfte Säure, schönes Spiel; anhaltend im Abgang. Obwohl schon gut trinkbar, hält sie sich bis 1996/97.

1989 SPÄTLESE **90**
Voller Duft nach weißen Pfirsichen und Maracuja; satt und fein zugleich, reichhaltige und vielschichtige Frucht, elegante Säure für den eher weichen Jahrgang, dezente Süße; sehr nachhaltiges Spiel. Ein beeindruckender 89er Wein, der mindestens bis 2010 in guter Form bleibt.

1989 AUSLESE (0790) **93**
Tolles Botrytisbouquet mit vielfältigen exotischen Fruchtnoten; sehr konzentriert und reichhaltig, ausgeprägte Kremigkeit ohne übermäßige Süße; extrem saftiger Nachhall, bleibt sehr lange am Gaumen. Immer noch in der Entwicklung; kann 30 Jahre alt werden.

1990 SPÄTLESE TROCKEN **86**
Wie so viele 90er Weine jetzt etwas verschlossen im Duft, aber wenn man ihn im Glas stehen läßt, entwickelt sich eine intensive Aprikosennote; konzentriert und strukturiert, sehr elegante Rasse, viel Kraft, ohne im entferntesten schwer zu wirken; kräftiger Nachhall. Kommt erst 1996/97 auf den Höhepunkt und wird dort fast 10 Jahre bleiben.

1990 SPÄTLESE (0391) **90**
Etwas verschlossener Duft mit Grapefruit- und Ananaston; sehr dicht und saftig ohne viel Süße, deutliche Kremigkeit und satte Ananasfrucht, die feste Säure davon in den Hintergrund gedrängt; sehr kräftiger Nachhall. Braucht bis Ende des Jahrzehnts, um ihre beste Form zu erreichen, tolle Anlagen für eine lange Zukunft!

1990 AUSLESE (691) **92**
Noch unentwickelter mineralischer Duft; sehr kräftig und fest strukturiert, alles andere als ein Charmeur, gibt momentan wenig her, aber voll ausgestopft mit Frucht und Extrakt; fast mächtiger Nachhall.

1991 KABINETT **80**
Frischer, etwas einfacher Cassisduft; pikante Rasse und noch leicht vordergründige Süße, recht neutral; mäßige Länge. Wird sich besser ab 1997/98 präsentieren, aber kein besonderer 91er.

1992 SPÄTLESE (0493) **86**
Charaktervoller Duft nach Anis, Zitrus und Mineralien; gute Substanz und schöner Säurebiß für 1992, viel Extrakt; langer Nachhall. Im Gegensatz zu den meisten 92ern wirkt dieser Wein noch unentwickelt und wird erst 1997/98 seine volle Klasse zeigen.

1992 AUSLESE (0593) **88**
Sehr feines Aprikosenbouquet; konzentriert und reichhaltig, recht feine Frucht, wenn auch nicht so differenziert wie die 89er und 90er aus dem gleichen Haus, sehr dezente Süße, betonter Cassiston; nachhaltige mineralische Rasse. Eine recht beeindruckende 92er Auslese mit viel Zukunft.

Die 1993er Rieslinge bieten eine sehr beständige Kollektion. Stoffige Weine mit viel Frucht, denen ein wenig mehr Eigencharakter und Finesse nicht schaden würde.

Weingut Forstmeister Geltz Zilliken

Anschrift 54439 Saarburg, Heckingstraße 20
Inhaber und Kellermeister Hans-Joachim Zilliken

Gesamtrebfläche 10 ha
Rebsortenspiegel 100 % Riesling

Rieslingproduktion

Rebfläche 10 ha
Lagen Saarburger Rausch 5 ha, Ockfener Bockstein 1 ha, Saarburger Bergschlößchen 2 ha, Saarburger Antoniusbrunnen 2 ha
Rebmaterial 10 % wurzelechte Reben (Saarburger Rausch), 90 % Pfropfreben
Durchschnittliches Rebalter 25 Jahre
Durchschnittlicher Ertrag 61 hl/ha
Durchschnittliche Produktion 65 000 Flaschen pro Jahr

Ich denke, Winzer können in zwei Gruppen unterteilt werden: Zur ersten Gruppe gehören diejenigen, deren Ziel attraktive, fruchtige Weine sind, die auf Anhieb gefallen. Zur zweiten Gruppe gehören die Winzer, die der Vision eines Weines mit einem für das Herkunftsgebiet typischen Charakter treu bleiben. Hans-Joachim oder »Hanno« Zilliken ist ein unbeugsamer Vertreter der zweiten Gruppe und ist heute der Erzeuger der »ernsthaftesten« Rieslinge an der Saar. Auch wenn manche dieser Weine in ihrer Jugend einiges Vergnügen bereiten können, besitzen sie doch ausnahmslos eine stahlige Säure, die sie alles andere als leicht genießbar macht: Sie werden so ausgebaut, daß sie ihren Höhepunkt erst mit zehn Jahren oder später erreichen. Für Hanno Zilliken ist ein Saarwein, der innerhalb seines ersten oder zweiten Lebensjahres am besten ist, nicht nur untypisch, sondern auch all seiner Qualitäten beraubt. Diese Einstellung, die bei vielen anderen Winzern an der Saar als zu extrem gilt, hat sicher auch einige so stahlige Weine zur Folge, daß sie nur fanatische Anhänger säurebetonter Weine ansprechen werden. Dies trifft auf einen großen Teil der trockenen

Weine dieses Gutes zu, die Hanno Zilliken nur mit größter Zurückhaltung empfiehlt, da er sich durchaus darüber im klaren ist, daß, so sehr manche Leute diese Weine auch lieben, andere sie doch schlichtweg zu extrem finden. Die gelungensten Zilliken-Weine aber verfügen über eine Brillanz und mineralische Feinheit, die im ganzen Mosel-Saar-Ruwer-Gebiet ihresgleichen suchen. Diese Weine sind einmalige Ausdrucksformen des ausgeprägten Charakters der Saarweine, und wenn es sich auch bei ihrer Mehrheit um restsüße Weine handelt, ist ihre Säure so intensiv, daß man sie unmöglich als vordergründig »süß« bezeichnen kann.

Erzeugnisse wie die Riesling-Kabinett oder -Spätlesen aus der großen Saarburger Rausch, die Hanno Zilliken beinahe jährlich auf der Versteigerung des Großen Rings (Mosel-Saar-Ruwer VDP) in Trier anbietet, erreichen ihre Bestform nach zehn Jahren in der Flasche; dann ist ihre vormals klar erkennbare Süße vollständig im Wein aufgegangen und kann als selbständige Komponente nicht mehr festgestellt werden. Auch die Säure, die den so eigenen Charakter dieser Weine ausmacht und die ihnen ihr Alterungspotential verleiht, hat ihre jugendliche Aggressivität verloren, so daß die Weine dann ein Gleichgewicht erreicht haben, das sie für zwanzig oder dreißig Jahre bewahren. In diesem Stadium sind sie die reinsten Kaskaden an Frucht, mineralischen Nuancen und Säure, die sich über den Gaumen ergießen; das Bouquet geht eine perfekte Verbindung ein mit Aromen, die Jugend und Reife zugleich offenbaren; Frucht, Würze, Röstaromen und Karamel verknüpfen sich auf eine Art, daß ein unendlich faszinierendes Ganzes entsteht. Ein solcher Wein wird nie eindeutig süß oder trocken schmecken und so einen perfekten Begleiter zu vielen Speisen abgeben, wesentlich flexibler als ein junger trockener Wein.

Was deutschen Riesling so einzigartig macht, ist die Kombination von Leichtigkeit und Intensität, Zartheit und Konzentration. Diese Eigenschaften finden in den Weinen vom Gut Zilliken ihren perfekten Ausdruck. Selbst seine dichtesten und kraftvollsten Weine bewahren eine gewisse Leichtigkeit und eine erfrischende Nuance. Sie sind das genaue Gegenteil der alkoholreichen trockenen Grauburgunder aus Baden, die einem schon beim zweiten Glas das Gefühl vermitteln, man habe zuviel getrunken – wobei natürlich beide Richtungen wichtige Facetten deutscher Weine verkörpern. Der Alkoholgehalt scheint die unbedeutendste Komponente der Zilliken-Weine zu sein; bei den restsüßen Weinen übersteigt er selten 8 % vol, bei den trockenen liegt er meistens unter 11 % vol. Zusammen mit der Klarheit des Geschmacks und der hohen natürlichen Säure entstehen so Weine, die nie ermüdend oder sättigend wirken.

Der besondere Charakter der Weine aus der Saarburger Rausch steht in engem Zusammenhang mit der speziellen Bodenstruktur dieser Lage. Hier ist der Schiefer sehr weich; das fein verwitterte Material besitzt eine rotbraune Färbung. Der Boden ist von einem grünlichen Stein, dem Diabas, durchzogen, den ich noch nirgendswo anders an Mosel, Saar oder Ruwer gesehen habe. Dadurch erhalten die Weine betontere mineralische Eigenschaften als überall sonst an der Saar. Besonders fällt diese Note bei den trockenen Weinen des Gutes Zilliken auf, die alle aus dem Rausch stammen. Genau wie die stahlige Säure teilen die fast erdigen Nuancen, die diese Weine auszeichnen, die Fraktion der Weintrinker in entschiedene Gegner oder Befürworter der Zilliken-Weine.

Erreichen sie ihre Höchstform, wie in den Jahren 1983, 1988 und 1990, verbinden die trockenen Spätlesen eine subtile Pfirsichfrucht mit diesem mineralischen Charakter, was sie gleichzeitig charmant und seriös wirken läßt.

Die wahren Höhepunkte des Weingutes Zilliken aber bilden die edelsüßen Auslesen und Eisweine. Sie lassen die Eigenschaften der regulären Weine in geradezu schwindelerregende Höhen an Konzentration steigen; sie besitzen eine beinahe feurige Mischung von Pfirsich, Zitrus- und exotischen Früchten sowie eine äußerst rassige Säure. Selbst bei diesen ausgesprochen hohen Qualitätsstufen geraten die Zilliken-Weine nie aufdringlich. Wie bei den anderen, typischeren Weinen dieses Gutes zählt eher das optimale Alterungspotential. Die besten Riesling-Auslesen von 1971 und 1975 schmekken noch immer erstaunlich frisch und besitzen eine jugendliche Lebhaftigkeit und Brillanz, die noch jahrzehntelang Freude versprechen. Die Auslesen des Jahrganges 1990 haben ein ähnliches Potential wie die 1983er. Der erste große Eiswein dieses Gutes, der 1983er, erreicht gerade seine Bestform. Mit ihrer explosiven Konzentration und der fast übernatürlich intensiven Säure überfordern die Zilliken-Eisweine die Sinne, wenn sie jung genossen werden. Die besten Jahrgänge, allen voran 1983, 1985 und 1991, werden bei der richtigen Lagerung in einem optimalen Keller wohl hundert Jahre alt werden können!

Der beachtliche dreistöckige Weinkeller des Gutes Zilliken ist eine ebenso wertvolle Voraussetzung wie die exzellenten Lagenanteile. Hier genießen die Weine bei der Faß- und Flaschenreifung ideale Bedingungen. Der ursprüngliche Weinkeller wurde 1944 zerstört; die jetzige Kelleranlage wurde 1951 erworben und das Haus Hanno Zillikens 1969 einfach darüber gebaut. Im ersten Stock des Kellers befindet sich die Kelter; hier wird der frisch gepreßte Traubenmost auch durch natürliche Schwerkraft geklärt. Von dort fließt der Most in den untersten Stock, wo die Temperatur im Sommer wie im Winter konstant neun Grad und die Luftfeuchtigkeit nahezu 100 % beträgt. So herrschen optimale Bedingungen für den Ausbau von Rieslingen in Fudern, die für alle Weine dieses Gutes benutzt werden.

Nur bei Beerenauslesen und Eisweinen bedient man sich kleinerer Holzfässer, da diese Weine nie in so großer Menge erzeugt werden können. Die in Flaschen abgefüllten Weine werden im mittleren Stockwerk gelagert, wo Temperatur und Luftfeuchtigkeit nur leicht von denen im Faßkeller abweichen. Von diesen Kellern nicht beeindruckt zu sein, dürfte schwerfallen – sie vermitteln mit der Stille, die neun Meter unter der Erde herrscht, und den Stalagmiten, die von der gewölbten Decke hängen, ein Gefühl von Zeitlosigkeit.
Seiner einzigartigen Vorstellung von Saarweinen bleibt Hanno Zilliken weiterhin unverändert treu; er hat in den letzten Jahren allerdings einige feine Änderungen vorgenommen, um seine Weine noch ausdrucksstärker werden zu lassen.
Zusätzlich zu den herkömmlichen Verfahren, wie der Gärung in Holzfässern mit natürlicher Hefe und der strikten Beschränkung auf natürliche Süße ohne die Zugabe von Süßreserve, wurden ein oder zwei Techniken eingeführt, um das Vorklären des Traubenmostes zu verbessern und um das Filtrieren der Weine reduzieren zu können. Auch gab es Versuche, die trockenen Weine weniger säurebetont und streng geraten zu lassen, die schon einigen Erfolg aufweisen können. An der Saar gibt es keinen klaren Spitzenreiter unter den qualitätsbewußten Winzern, aber Hanno Zilliken zählt sicher zu den besten vier und besticht durch die Verläßlichkeit seiner Weine und sein Qualitätsbewußtsein. Mit etwas mehr Augenmerk für andere Details der Weinerzeugung und einer strengeren Vermeidung von hohen Erträgen könnte das Weingut Zilliken seine ohnehin schon hervorragende Position unter den führenden Gütern an Mosel, Saar und Ruwer noch verbessern.

Saarburger Rausch Riesling

1988 SPÄTLESE TROCKEN **80**
Leicht verhaltener Pfirsichduft mit mineralischer Note; mittelgewichtig, schlank und rassig, wenig fruchtiger Charme, aber viel Charakter; recht kerniger Abgang. Kommt langsam auf den Höhepunkt, hält sich bis Ende der neunziger Jahre.

1988 SPÄTLESE (VERSTEIGERUNG) **88**
Recht verschlossener Duft mit feinem Pfirsichton; konzentriert und sehr elegant, diskrete Süße und nuancierte Frucht, deutliche Mandelnote, hält nicht ganz, was Bouquet und Attacke versprechen; anhaltender, aber kein gewaltiger Nachhall.

1988 EISWEIN 94
Satter Mangoduft mit ausgeprägtem Honigton; enorme Konzentration und Fülle, erstaunlich sanfte Säure für einen Eiswein von der Saar; langer, reichhaltiger Abgang. Schon jetzt verführerisch, hat aber noch weitere 35 Jahre vor sich.

1989 SPÄTLESE TROCKEN 78
Ziemlich verschlossener Duft; obwohl sie über einiges an Frucht und Substanz verfügt und eine gute Säurestruktur besitzt, fehlt es ihr an Spiel; stahliger Nachhall. Wenn man ein überzeugter »Säuretrinker« ist, bereitet dieser Wein bestimmt Spaß. Wird sich ab 1996/97 etwas harmonischer präsentieren und kann bis mindestens 2004 liegen.

1989 SPÄTLESE (VERSTEIGERUNG) 90
Noch erstaunlich frischer Duft nach reifen Stachelbeeren, weißen Pfirsichen und Zitrus; dicht, kremig und rassig zugleich, tolle Eleganz für den eher bombastischen Jahrgang, subtile Frucht, filigrane Säure; langer, komplexer Nachhall.

1989 AUSLESE »LANGE GOLDKAPSEL« 97
Noch extrem jugendlicher, fast explosiver Aprikosenduft; irrsinnig konzentriert und sehr kompakt für einen Wein mit solch gewaltigen Tiefen, hochbrillante Rasse, atemberaubendes pikantes Spiel; äußerst beeindruckender, fast endloser Nachhall. Ein ganz großer Saarwein; erst nach 2000 auf seinem Höhepunkt und locker bis 2050 haltbar!

1989 EISWEIN 97
Extrem intensiver Duft nach getrockneten Aprikosen und Honig; enorme Konzentration, viel Schmelz und Tiefe, feinste Opulenz; äußerst pikanter, vielschichtiger Abgang. Eine der Jahrgangsspitzen im Gebiet; große Zukunft!

1990 SPÄTLESE TROCKEN 85
Feiner Zitrus-Pfirsich-Duft; schlank, dicht und noch ziemlich jugendlich, sehr betonte mineralische Rasse, aber wesentlich harmonischer als die trockenen 88er und 89er Spätlesen, feines Spiel; die Säure klingt lange nach. Der beste trockene Wein im Betrieb seit der 1983 SPÄTLESE TROCKEN (83 Punkte); erst Ende der Neunziger in seiner besten Form und bis mindestens 2010 haltbar.

1990 SPÄTLESE (VERSTEIGERUNG) 93
Intensives mineralisches Zitrusbouquet; sehr konzentriert und vielschichtig, tolles Säurespiel, diskrete Süße, hochelegant; sehr nachhaltige mineralische Rasse. Die mit Abstand beste Spätlese des Jahrgangs an der Saar und ein klassischer Zilliken-Wein; erst nach 2000 auf dem Höhepunkt, kann fast 40 Jahre alt werden.

1990 AUSLESE »GOLDKAPSEL« **95**
Ziemlich verschlossener Duft mit feiner exotischer Fruchtnote; enorme Dichte und sehr pikante Rasse, komplexe mineralische und kräuterige Noten, fast opulente Fruchtfülle; brillanter, extrem langer Nachhall. Wird sich ähnlich wie die Versteigerungs-Spätlese entwickeln.

1990 EISWEIN **96**
Noch sehr jugendlicher Zitrus-Maracuja-Duft mit ausgeprägter mineralischer Note; nicht die Opulenz und gewaltige Fülle mancher anderer Eisweine von Zilliken, aber ausgesprochen finessenreich, tolles Spiel; sehr nachhaltige, pikante Rasse. Ein Langläufer, der noch 10 Jahre braucht, um sich voll zu entfalten; genauso lagerfähig wie die anderen Jahrgangsspitzen.

1991 SPÄTLESE TROCKEN **82**
Eigenartiger Erdbeerduft; relativ leichtgewichtig, feinfruchtig und extraktreich, schöner Säurebiß ohne Ecken und Kanten; nur ganz hinten etwas schwach. Ein gutes Ergebnis für den Jahrgang, wird ab 1995/96 viel Freude bereiten.

1991 SPÄTLESE (VERSTEIGERUNG) **89**
Finessenreicher mineralischer Duft; schmeckt wie Schieferpulver, beeindruckende Konzentration für 1991, sehr elegante Rasse, geschliffen und pikant zugleich; fast übernatürlich mineralischer Nachhall. Die beste Spätlese des Jahrgangs an Saar und Ruwer; erst Ende der neunziger Jahre in ihrer besten Form, hält sich bis 2020.

1991 EISWEIN **98**
Explosiver, unglaublich facettenreicher Duft nach exotischen Früchten; gewaltige Konzentration und Finesse, sehr hohe Säure, aber schon perfekt geschliffen, atemberaubendes Spiel; fast endloser, brillanter Nachhall. Ein ganz großer Eiswein, der sich ausnahmsweise als junger Wein äußerst verführerisch präsentiert und fast unbegrenzte Lagerfähigkeit besitzt. Der beste Wein des Jahrgangs in Deutschland, noch besser als der 1985 EISWEIN (97 Punkte) und mindestens so gut wie der berühmte 1983 EISWEIN (98 Punkte).

1992 SPÄTLESE TROCKEN **80**
Duftet nach reifen Birnen; saftige Frucht und reife mineralische Säure, etwas einfach angelegt, gute Harmonie und Länge. Braucht bis 1995/96, um sich voll zu entfalten.

1992 SPÄTLESE (VERSTEIGERUNG) **87**
Eigenwilliger Duft nach Zitrus, Petersilie und Wiesenblüten; sehr saftig, wesentlich feinere Frucht als die trockene Version, pikantes Spiel; langer, eleganter Nachhall. Wird durch die Flaschenreife deutlich an Schliff gewinnen; erst 1998/99 auf dem Höhepunkt, hält sich über 20 Jahre.

1992 AUSLESE »GOLDKAPSEL« **91**
Attraktiver Duft nach Toast, Honig und Sahne; konzentriert, sehr saftig, fast opulent, reife Säure (fast weich für einen Zilliken-Wein), viel Schmelz; eleganter, finessenreicher Abgang. Im Moment sehr attraktiv, wird sich aber ab 2000 bedeutend eleganter und feiner präsentieren.

1992 EISWEIN **94**
Sehr dichter Aprikosenduft; sehr konzentriert und enorm schmelzig, in diesem Stadium fast zuviel des Guten, tolles Säurespiel; gewaltiger Abgang. Fast massiv im Vergleich mit dem 91er, aber großes Potential!

Die 1993er Rieslinge sind bis zur regulären restsüßen Spätlese sehr gute Weine; ab der Versteigerungs-Spätlese aufwärts eine Reihe wirklich äußerst konzentrierter, brillanter edelsüßer Weine!

Weitere interessante Produzenten

Bischöfliche Weingüter (Hohe Domkirche, Bischöflicher Konvict, Bischöfliches Priesterseminar)

Anschrift 54290 Trier, Gervasiusstraße 1

Dieser Zusammenschluß dreier Weingüter im Kirchenbesitz erzeugt noch immer all seine Weine aus den 100 ha Rebflächen in hölzernen Fudern – eine beachtliche Leistung. Leider ist die hier erzielte Qualität weniger beeindruckend als die labyrinthischen Keller, die der Kellermeister bei seiner Arbeit mit dem Fahrrad durchquert. Die meisten Weine, deren beste für gewöhnlich aus Kasel stammen, werden trocken ausgebaut. Hier entstehen einige gute edelsüße Auslesen, die sich jedoch nicht mit den Spitzenweinen dieser Art vergleichen lassen, die die bischöflichen Weingüter in den siebziger Jahren hervorgebracht haben. Noch ist dieses Weingut, bei all dem guten Willen, den Direktor Wolfgang Richter und sein junger Assistent, Herr Engel, beweisen, weit davon entfernt, das enorme Potential des ausgedehnten Lagenbesitzes voll auszuschöpfen.

Vereinigte Weingüter J. Dötsch und H. Haupt

Anschrift 56330 Kobern-Gondorf, Lenningstraße 38

Seit 1983 bemüht sich Franz Dötsch, Bürgermeister von Kobern-Gondorf, darum, seinem Familienbetrieb einen Platz unter den führenden Weinerzeugern der Untermosel zu verschaffen. Erträge von durchschnittlich 48 hl/ha und mehr als 5 ha Rebfläche in den besten Lagen von Kobern bilden eine vorzügliche Grundlage für die Erzeugung von Rieslingweinen, die über mehr Frucht, Tiefe und Alterungspotential verfügen, als sonst in diesem Teil der Mosel üblich ist. Seit den späten achtziger Jahren vinifiziert Dötsch die meisten seiner Weine trocken. Ein Jahr lang reifen sie in Edelstahltanks, bevor sie - ohne vorherige Filtration - in Flaschen abgefüllt werden. So entstehen Weine, die wohl reich an Substanz und Charakter sind, aber die Eleganz vermissen lassen, die man von einem Moselriesling der Spitzenklasse erwarten würde.

Weingut Erben Stefan Ehlen

Anschrift 54492 Lösnich, Hauptstraße 21

Die besten Rieslinge von Stefan Ehlen aus dem großen Erdener Treppchen halten dem Vergleich mit den Weinen vieler Güter, die hier zu den besten hundert Rieslingerzeugern gezählt wurden, mühelos stand, denn sie sind elegant, rassig und von betonten mineralischen und kräuterähnlichen Noten geprägt, die für das Treppchen charakteristisch sind. Man muß sie genauso gerne haben wie ihren warmherzigen, sanftmütigen Erzeuger. In den Jahren, da die Natur sich großzügig zeigt, schlagen sich die erhöhten Erträge allerdings in den Weinen nieder, sie geraten dann häufig zu leicht. In den Jahren niedriger Erträge jedoch, wenn die Natur dem Ort Erden wohlgesonnen ist, erhält man bei Stefan Ehlen wunderbare Weine für sein Geld. Zwar bilden die restsüßen Weine den größten Teil seiner Produktion, doch die trockenen Weine gelingen nicht weniger schön.

Weingüter Dr. Fischer

Anschrift 54441 Ockfen/Saar, Bocksteinhof

Dieses bedeutende Weingut hat in den vergangenen Jahren einige überragende Weine erzeugt, zuletzt 1983 und 1985. Auch in der jüngeren Vergangenheit gelangen sehr gute Weine, vornehmlich aus dem Alleinbesitz Wawerner Herrenberg, doch die Qualität des größten Teiles der Produktion war recht schwankender Natur. Viele Weine aus den letzten Jahrgängen schmeckten leicht rustikal und verrieten im Geschmack das Holz der Fässer, in denen die Mehrheit der Fischer-Weine auch heute noch erzeugt wird; die trockenen Weine waren häufig aggressiv säuerlich. Der Gutsbesitzer Hennes Fischer hat seine Befähigung als Winzer zu oft unter Beweis gestellt, als daß sie zu bezweifeln wäre. Nach einigen schwierigen Jahrgängen wird er hoffentlich wieder die nötige Stärke und Entschlossenheit aufbringen können, um der Welt vorzuführen, welche unvergleichliche Eleganz die Weine aus dem Ockfener Bockstein besitzen können.

Weingut Friedrich-Wilhelm-Gymnasium

Anschrift 54290 Trier, Weberbach 75

Verglichen mit den charmanten, fruchtigen Weinen der Jahrgänge 1983, 1986 und 1988 sind die Weine dieses Gutes aus den letzten Jahren eine Katastrophe. Selbst die Weine des großen 90er Jahrganges wurden im Keller durch so brutale Eingriffe wie eine systematische chemische Entsäuerung ruiniert. Glücklicherweise hat jetzt ein neuer Direktor auf dem Weingut das Sagen, so daß der dringend erforderliche Neubeginn durchaus möglich ist. Man kann nur hoffen, daß er eine neue Politik einführt, denn die bisherige Kombination aus hohen Erträgen und einer Vinifikation, die auf den schnellen Verbrauch der Weine ausgerichtet ist, eignet sich kaum für die Erzeugung erstklassiger Moselrieslinge.

Weingut Willi Haag

Anschrift 54470 Brauneberg, Hauptstraße 111

Man muß den unkomplizierten, warmherzigen Winzer Dieter Haag einfach gerne haben und sein ehrliches Bemühen um qualitativ wertvolle

Rieslingweine aus den beiden großen Brauneberger Lagen, dem Juffer und der Juffer-Sonnenuhr, sehr ernst nehmen. In den letzten Jahren konnten die guten Absichten allerdings nur begrenzt umgesetzt werden. Sein 92er Jahrgang erhielt zwar ein positives Presseecho, ich aber finde diese Weine zu oberflächlich, gleichschmeckend und flach. Wesentlich bessere Weine gelangen Haag in den Jahren 1989 und 1990. Viele seiner Spät- und Auslesen dieser Jahrgänge entsprechen genau den Erwartungen an die Spitzenmosellagen in sehr guten Jahren. Das Weingut Willi Haag wird vielleicht nie zu den Spitzenerzeugern an Mosel, Saar und Ruwer gehören, aber es wird sicher immer wieder einige überraschend schöne, dabei aber erfreulich günstige Weine hervorbringen.

Weingut Freiherr von Heddesdorff

Anschrift 56333 Winningen, Haus Heddesdorff

Andreas von Canal hat einige der besten Rieslinge der Untermosel erzeugt, die ich probiert habe, doch der Maßstab für einen Winzer sind nicht seine Resultate in so guten Jahren wie 1988 und 1990, sondern in schwierigen Jahren wie 1991 und 1992. Und bedauerlicherweise sind die 92er Weine dieses Gutes eine Katastrophe. Fraglos ist er einer der beiden besten Weinerzeuger in Winningen, aber um einen Wein mit dem Charakter und der Tiefe, wie sie die besten Heddesdorffer Weine besitzen, zu erwischen, muß man sorgfältig auswählen.

Weingut Immich-Batterieberg

Anschrift 56850 Enkirch, Im Alten Tal 2

Wirklich große Weine zu erzeugen ist so schwer und Weintradition zu zerstören so leicht! Als Georg und Ingrid Immich diesen Betrieb noch führten, gehörte er zur Elite der Weinerzeuger an Mosel, Saar und Ruwer. Die kompromißlosen, enorm mineralischen und auf »altmodische« Art erzeugten Weine erfreuten sich großer Beliebtheit. Ihr Alterungspotential ist geradezu legendär – die halbtrockenen und restsüßen Weine aus dem Alleinbesitz Enkircher Batterieberg einschließlich des 91ers reifen alle mindestens 20 Jahre lang. Bedauerlicherweise scheinen die neuen Gutsbesitzer Gert und Sabine Basten all das, was Georg und Ingrid Immich aufgebaut haben, eher ausrotten zu wollen, anstatt den Stil weiter zu verfolgen und zu verfeinern. Der verheerende 92er Jahrgang und die Anstellung von Benedikt Engel, dem früheren Direktor des Weingutes Friedrich-Wilhelm-Gymnasium, als Berater scheinen untrügliche Zeichen dafür zu sein, daß dieses ehemals großartige Weingut unaufhaltsam seinem Niedergang preisgegeben wird.

Weingut Jordan & Jordan (Van Volxem)

Anschrift 54459 Wiltingen/Saar, Dehenstraße 2

Das bekannte Weingut Van Volxem an der Saar hat gerade zum zweiten Mal innerhalb von zwei Jahren den Eigentümer gewechselt. Der jetzige Inhaber, Peter H. Jordan, hat zuvor eine Münchener Elektronikfirma geleitet und hegt heute, zusammen mit seiner Frau Brigitte, ehrgeizige Pläne bezüglich seines neuen Betriebes. Ob ihm mehr Glück und Erfolg beschieden sind als seinem Vorgänger Dr. Kühnle, bleibt abzuwarten. Die Weine der letzten Jahrgänge waren von solider Qualität, aber nicht besonders aufregend. Dabei müßten mit dem bedeutenden Lagenbesitz im Scharzhofberg und in dem weniger bekannten, aber exzellenten Wiltinger Gottesfuß bessere Resultate als die bisher erzielten fraglos möglich sein. Für die Weinbergbewirtschaftung und die Weinerzeugung ist weiterhin Heinz-Peter Van Volxem verantwortlich.

Weingut Kanzemer Berg (von Othegraven)

Anschrift 54441 Kanzem/Saar

Wenn der Jahrgang 1992 auch deutliche Fortschritte gegenüber den vorherigen Jahren offenbarte, ist dieses Weingut doch noch weit davon entfernt, an die Qualität seiner Weine heranzureichen, die diese bis Mitte der siebziger Jahre besaßen. Angesichts seiner hervorragenden Parzellen im großen Kanzemer Altenberg ist diese Situation höchst beklagenswert, denn hat man einmal einige der überragenden Weine dieses Gutes aus den Jahrgängen 1969, 1971, 1973 oder 1975 probiert, so weiß man, daß der Altenberg die brillantesten und schönsten Weine der gesamten Saar hervorbringen kann. Aber vielleicht wurde mit den jetzigen positiven Ergebnissen ja eine neue Tendenz eingeleitet, so daß das enorme Ansehen, das dieses Gut einst genossen hat, wiederhergestellt werden kann.

Weingut Kees-Kieren

Anschrift 54470 Graach, Hauptstraße 22

Ernst-Josef und Werner Kees betreiben eines der besten kleinen Familiengüter in Graach. Sie erzeugen sehr saubere, frische und fruchtige Moselrieslinge mit einem guten Alterungspotential. Wenn ihre Weine aus dem Graacher Domprobst und Himmelreich auch den höchsten Bekanntheitsgrad genießen, stammen ihre besten trockenen Weine doch aus den relativ unbekannten, aber exzellenten Lagen Kinheimer Hubertuslay und Kestener Paulinshofberg. Die wenigen edelsüßen Auslesen der Brüder Kees können sehr eindrucksvolle Weine mit einer schönen Tiefe sein, doch mit niedrigeren Erträgen und einer selektiveren Lese wären noch schönere Resultate möglich. Durchschnittliche Erträge, die bei 100 hl/ha liegen, sind für ein Moselgut, das gerne zur Elite dieses Gebietes zählen würde, viel zu hoch.

Weingut Lauerburg

Anschrift 54470 Bernkastel, Graacher Straße 24

Patrick Lauerburg ist einer der begabtesten Winzer der Mittelmosel, wie seine zahlreichen exzellenten Weine etwa der Jahrgänge 1983, 1988 und 1990 hinreichend beweisen. Bedauerlicherweise ist er aber auch ein höchst reizbarer Mensch, und so war es mir aufgrund völlig überflüssiger Widrigkeiten nicht möglich, seine Weine der letzten Jahre näher zu begutachten. Die einzige offensichtliche Schwäche seiner Weinerzeugung liegt in den relativ hohen Erträgen und dem recht jungen Alter seiner Reben. Im Keller selber wird den Weinen die größte Sorgfalt und Aufmerksamkeit zuteil, so daß sie äußerst frisch und lebhaft geraten und eine sehr nuancierte Frucht und mineralische Aromen vorweisen können. Die überragenden älteren Weine dieses Gutes lassen vermuten, daß alle Weine ab dem Prädikat Spätlese über ein Alterungspotential von mindestens 20 Jahren verfügen.

Weingut Lehnert-Veit

Anschrift 54498 Piesport, In der Dur 10

Erich Veit ist ein gewiß nicht nur ehrgeiziger, sondern auch ein talentierter Winzer. Seine Weine der Jahrgänge 1989, 1990 und 1992 sind alle wenigstens guter Qualität; einen wirklich enttäuschenden habe ich auf diesem Gut noch nie probiert. Dennoch hinterlassen die Weine einen etwas technischen Eindruck; ihnen fehlt ein Stück der reichen Ausdruckskraft, durch die sich die besten Piesporter Weine sonst auszeichnen. Die Weine Erich Veits mögen zwar bereits gut sein, aber sie könnten sicherlich noch wesentlich besser geraten. Um weitere Fortschritte zu erzielen, wird er im Keller noch weniger eingreifen dürfen. Gegenwärtig wirken seine Weine noch »übervinifiziert« und leicht entseelt.

Weingut Schloß Lieser

Anschrift 54470 Lieser, Am Markt 1

Mit dem 92er Jahrgang, dem ersten Jahrgang dieses Gutes im Besitz des Düsseldorfer Geschäftsmannes Wolfgang Reichel, hat dieses ehemals berühmte Gut den Willen, zur Elite der Spitzenerzeuger dieses Gebietes aufzusteigen, auf sehr ernstzunehmende Weise bewiesen. Der Stil dieser ersten Weine ähnelt stark dem vom Weingut Fritz Haag in Brauneberg, was allerdings kaum überraschen kann, da der Kellermeister auf Schloß Lieser kein anderer ist als Thomas Haag, der älteste Sohn von Wilhelm Haag. Bedenkt man, daß Thomas Haag seine Arbeit auf diesem Gut erst kurz vor der 92er Lese aufgenommen hat und somit keinerlei Einfluß auf die Weinbergbewirtschaftung hatte, sind seine Resultate sehr beachtlich. Ersten Informationen zufolge ist die Qualität des 93er Jahrgangs noch wesentlich gelungener.

Weingut Carl Loewen

Anschrift 54340 Leiwen, Mathiasstraße 30

Karl Josef Loewen fiel mir das erste Mal wegen seiner eindrucksvollen trockenen Rieslingweine des 90er Jahrgangs auf. Ihre intensiven mineralischen und fruchtigen Aromen verleihen ihnen einen gänzlich anderen

Charakter als die üblicherweise sehr neutralen, säurebetonten Weine der ehrgeizigen Leiwener Jungwinzer. Auch die exzellenten halbtrockenen und edelsüßen Rieslinge des 92er Jahrgangs weisen diese bewundernswerten Eigenschaften auf. Sollte er seinen Weg fortsetzen, wird Karl Josef Loewen zu den besten jungen Winzern dieses Anbaugebietes zu zählen sein. Hoffentlich hat er den Mut, den Ausbaumethoden, die er in den letzten Jahren entwickelt hat, treu zu bleiben, denn weitere Veränderungen im Keller würden nur Verwirrung stiften. Verbesserungen bei der Auswahl seiner Rebflächen, bei der Weinbergbewirtschaftung und der Lese allerdings wären sicher noch möglich. Den nächsten Jahrgang dieses Gutes erwarte ich mit Spannung.

Weingut Merkelbach

Anschrift 54539 Ürzig, Brunnenstraße

Die beiden Junggesellen Alfred und Harald Merkelbach erzeugen in ihrem kleinen Ürziger Betrieb mit viel Liebe und Sorgfalt äußerst traditionelle Moselrieslinge. Ihre alten Reben im großen Ürziger Würzgarten und im Erdener Treppchen verleihen den Weinen einen für diese nördliche Gegend reichen Körper und ein hohes Maß an Substanz, wobei die besten unter ihnen aber auch viel Charme entwickeln können. Lediglich an Eleganz und Zartheit kann es den Weinen der Brüder Merkelbach manchmal fehlen. In guten Jahrgängen jedoch, wie etwa 1988 oder 1990, sind ihre Weine reich an Frucht, Würze und mineralischen Extrakten, dazu für einen bescheidenen Preis zu bekommen. Ihr Rückzug aus dem aktiven Winzerleben in den Ruhestand wird Grund zu Trübsal sein!

Weingut Milz-Laurentiushof

Anschrift 54349 Trittenheim, Laurentiushof

Markus Milz sind in den Jahren 1989 und 1990 einige elegante und sehr gut balancierte Weine gelungen; seine jüngeren Jahrgänge aber waren bis zu einem gewissen Grad alle eine Enttäuschung. Seine traditionellen Methoden haben zwar ihre Kritiker, müssen aber nicht im Widerspruch zur Erzeugung höchster Qualität stehen, wie die Weine des Gutes in den Jahren 1975, 1979 und 1981 zeigen. Aus irgendwelchen Gründen aber lassen die heutigen Weine die Klasse der damals erzeugten vermissen. Mit den drei

Alleinbesitzlagen Trittenheimer Leiterchen, Trittenheimer Felsenkopf und Neumagener Nußwingert sowie exzellenten Parzellen in der Trittenheimer Apotheke und dem Trittenheimer Altärchen verfügt dieses Weingut über ein wesentlich größeres Potential, als es derzeit ausschöpft. Zu viele Weine vom Laurentiushof schmecken entweder dünn oder streng.

Weingut Markus Molitor

Anschrift 54492 Zeltingen, Haus Klosterberg

Die Weine dieses Gutes sind fast so bizarr wie die hier angewandten Methoden. Die ausgedehnten Molitor-Parzellen in der exzellenten Zeltinger Sonnenuhr erkennt man unschwer an dem bunten Plastikband, das ihre Grenzen markiert, damit die Rebflächen nicht von dem Hubschrauber besprüht werden, den die anderen Zeltinger Winzer einsetzen. Mit Umweltbewußtsein hat das wenig zu tun, dafür aber um so mehr mit unbezahlten Rechnungen. Die Molitors haben sich neben edelsüßen auf enorm trockene Rieslingweine mit einem wesentlich höheren Alkoholgehalt als für dieses Gebiet üblich spezialisiert. Erstere sind für die Mosel nicht weniger ungewöhnlich, handelt es sich doch um volle, kräftige und schwere Weine. Was ihnen an der für die Mosel typischen Eleganz fehlt, gleicht ihre ungeheure Dichte wieder aus. Sie haben mehr mit den Weinen aus der Pfalz oder Baden gemein als mit den Auslesen, Beerenauslesen und Trokkenbeerenauslesen, die die Spitzenerzeuger von Mosel, Saar und Ruwer hervorbringen.

Weingut Paulinshof

Anschrift 54518 Kesten, Paulinstraße 14

Die Eheleute Jungling, unter deren Namen das Weingut auch bekannt ist, sind die Alleinbesitzer der exzellenten Brauneberger Kammer; zudem gehören ihnen beachtliche Parzellen im Brauneberger Juffer, in der Juffer-Sonnenuhr sowie dem Kestener Paulinshofberg. So herrschen ausgezeichnete Voraussetzungen für die Erzeugung von Moselrieslingen der Spitzenklasse. Im Keller ist Klaus Jungling ein unverhohlener Modernist; all seine Weine werden in Edelstahltanks vinifiziert. Häufig geraten sie gut, wenn viele auch zu glatt und oberflächlich wirken. Dennoch sollte man dieses Weingut im Auge behalten. Ob die Besitzer ihr Ziel, nämlich zur Elite der

Weinerzeuger dieses Gebietes zu gehören, erreichen werden, bleibt abzuwarten.

Weingut Dr. Pauly-Bergweiler / Weingut Peter Nicolay / Weingut Heidermanns

Anschrift 54470 Bernkastel-Kues, Gestade 15

Von seinem Büro hoch oben in dem imposanten grauen Schieferhaus, seinem Hauptquartier, blickt Peter Pauly auf ein kleines Weinimperium an der Mittelmosel. In diesem Teil der Mosel sind er und seine Frau mit die größten Weinbergbesitzer, deren Anteile sich auf buchstäblich jede Spitzenlage zwischen Bernkastel und Ürzig verteilen. Dr. Pauly ist ein selbstbewußter Technokrat, stolz auf seine hochtechnologischen Anlagen oberhalb von Bernkastel im Hunsrück. Hier verfügt er über die optimalen technischen Einrichtungen zur Erzeugung erstklassiger Moselrieslinge, wie er ohne Umschweife jedem Besucher mitteilt. Einige seiner edelsüßen Riesling-Auslesen, -Beerenauslesen und -Trockenbeerenauslesen waren in den Jahren 1988, 1989, 1990 und 1992 von beeindruckender Qualität; die QbA und Kabinette jedoch geraten häufig aggressiv säuerlich und unbalanciert. Ich bin auch schon auf Weine gestoßen, die wie die 92er Riesling-Spätlese Trocken aus dem Bernkasteler Doctor eigenartige und abstoßende Aromen und Geschmacksnoten aufwiesen. Bei einer sorgfältigen Auswahl können hier jedoch einige Weine, die in jungen Jahren einen schönen Genuß bereiten, gefunden werden. Das Alterungspotential der Weine hat mich bisher noch nicht überzeugen können.

Weingut S. A. Prüm

Anschrift 54470 Wehlen, Uferallee 25-26

Raimund Prüm, dem rothaarigen Mitglied des weitverzweigten Prüm-Clans, sind in den Jahren 1983, 1985, 1986 und 1988 einige sehr elegante und wunderbar balancierte trockene, halbtrockene und restsüße Rieslingweine gelungen. Danach schien er den Boden unter den Füßen zu verlieren, und sein Betrieb geriet in finanzielle Schwierigkeiten. Mit dem Verkauf des Gutes an Renate Willkomm, die Frau des Leiters der Peter Mertes KG, im Jahre 1993 konnten die pekuniären Probleme gelöst werden. Raimund Prüm hat jetzt erneut Gelegenheit, seine Begabung als Weinerzeuger, der dem Namen der Wehlener Sonnenuhr und dem seiner Familie alle Ehre macht, unter Beweis zu stellen.

Weingut Reuscher-Haart

Anschrift 54498 Piesport, Sankt-Michael-Straße 22

In den vergangenen Jahren hat Hugo Schwang einige überragende Rieslingweine aus dem großen Piesporter Goldtröpfchen hervorgebracht. Besonders seine besten restsüßen und edelsüßen 90er Weine würden über 90 Punkte erzielt haben. Der einzige Grund, weshalb dieses Weingut nicht in die Liste der hundert besten Rieslingerzeuger Deutschlands aufgenommen wurde, sind die gegenwärtigen persönlichen Probleme, die die Zukunft des Betriebes unsicher erscheinen lassen. Es wäre höchst beklagenswert, wenn das Weingut aufgelöst würde und Hugo Schwang die Weinerzeugung in Piesport aufgäbe. Doch leider scheint dies zur Zeit möglich zu sein. Sollte das Weingut jedoch in irgendeiner Form weiterbestehen, so wird den Lesern mit einer Vorliebe für erstklassige Moselrieslinge nahegelegt, die Reuscher-Haart-Weine nicht unprobiert zu lassen. Die sensationelle 71er Riesling-Auslese liefert den Beweis für das außerordentliche Alterungspotential, das die Weine dieses Gutes besitzen können.

Weingut Josef Rosch

Anschrift 54340 Leiwen, Mühlenstraße 8

Werner Rosch ist die lebende Karikatur eines jungen, dynamischen Winzers. Doch sowohl der gute Qualitätsstandard, den er seit dem 88er Jahrgang wahrt, als auch der Erfolg, mit dem er seine trockenen Weine an die Spitzengastronomie verkauft, verdienen Anerkennung. Wenn seine Weine nur etwas weniger technisch wären und ein bißchen mehr eigenen Charakter besäßen, wären sie noch wesentlich interessanter. Gegenwärtig sind sie gut, aber etwas eindimensional. Zur Zeit stammen die besten Rosch-Weine, die trockenen Spätlesen, aus der exzellenten Leiwener Laurentiuslay. Für diejenigen, die die für einen Saareiswein typische, fast elektrische Spannung zwischen Süße und Säure schätzen, werden auch die edelsüßen Eisweine und Auslesen von Werner Rosch von Interesse sein – mich persönlich erinnern sie zu sehr an Himbeerbrausewürfel.

Weingut Freiherr von Schleinitz

Anschrift 56330 Kobern-Gondorf, Kirchstraße 17

Konrad Hähn hat seine Chance, auf die Liste der hundert besten deutschen Rieslingerzeuger zu gelangen, mit seinen sehr enttäuschenden, unharmonischen 92er Weinen vertan. Dabei hat er seine Befähigung, hochwertige trockene und edelsüße Rieslinge erzeugen zu können, mit vorausgegangenen Jahrgängen wie 1988 und 1990 hinreichend bewiesen. Er wäre besser beraten gewesen, seine 92er Weine herabzustufen, um so den zuvor gesetzten Standard zu wahren. Die Qualitätskontrolle ist bei einem ernstzunehmenden Spitzenerzeuger genau so entscheidend wie die richtige Weinbergbewirtschaftung, die Lese und der Ausbau. Will Konrad Hähn als einer der führenden Winzer der unteren Mosel angesehen werden, wird er kontinuierlich qualitativ hochwertige Rieslinge hervorbringen müssen. Um das zu erreichen, muß er seine bisherigen Vorstellungen von der Weinerzeugung in Frage stellen und seinen eigenen Weinen kritischer gegenüberstehen.

Weingut Bert Simon

Anschrift 54455 Serrig/Saar, Herrenberg

Mit über 20 ha Rebfläche ist dieses Weingut einer der größten Erzeugerbetriebe der Saar. Zwei Alleinbesitzlagen, der Serriger Würtzberg und der Serriger Herrenberg, sowie Anteile in einigen anderen exzellenten Lagen ermöglichen Bert Simon die Erzeugung hochwertiger Rieslingweine in beachtlichen Mengen. Die durch einen intensiven Rebschnitt und eine späte Lese erreichten niedrigen Erträge verleihen den Simon-Weinen reichlich Kraft und Substanz. Doch bedauerlicherweise gerät durch Ungeduld und eine zu große Kompromißbereitschaft im Keller nur eine Andeutung des wahren Potentials der Trauben tatsächlich in die Flasche. Folglich sind viele der Prädikatsweine dieses Gutes aus den Jahren 1989 und 1990 recht schwerwirkend und bereits etwas müde. Mehr Eleganz und Subtilität weisen die Jahrgänge 1991 und 1992 auf, doch Bert Simon kann noch mehr und ist sich dessen auch sehr bewußt. Sein Weingut verfügt über die nötigen Kapazitäten, um zu einem der besten Betriebe der Saar zu werden. Dazu muß im Keller nur die kompromißlosere Strategie des Besitzers greifen.

Weingut Studert-Prüm

Anschrift 54470 Wehlen, Hauptstraße 150

Bei den besten restsüßen und edelsüßen Weinen dieses Gutes handelt es sich manchmal um klassische Moselrieslinge guter bis sehr guter Qualität. Dennoch wirken zu viele seiner trockenen und restsüßen Weine derb und rustikal. Eine höhere Erfolgsrate könnte mit Sicherheit erzielt werden, wenn sich der sympathische Gert Studert nicht täglich gegen seinen dominanten, streitsüchtigen Vater behaupten müßte. In einer solchen Atmosphäre kann man kaum an der Erzeugung großer Weine arbeiten.

Weingut Wwe. Dr. H. Thanisch (Müller-Burggraef)

Anschrift 56861 Reil

Barbara Rundquist-Müller und ihr Ehemann Erik Rundquist gehören zu den charmantesten und kreativsten Menschen der deutschen Weinindustrie. Ihr aufrichtiges Interesse an den Produkten, die sie verkaufen und ihr ausgeprägtes Qualitätsbewußtsein unterscheiden sich wohltuend von der auf Massenabsatz bedachten Mentalität, die die Weinindustrie allgemein beherrscht. Die Weine, die sie auf ihrem eigenen Weingut Rudolf Müller mit seinem beachtlichen Lagenbesitz an der Saar und der Mittelmosel erzeugen, sind zwar leicht, aber immer frisch, fruchtig und attraktiv. Bedauerlicherweise haben sie dieselbe Kontinuität auf dem von ihnen geleiteten Weingut Thanisch nicht erreicht. Da das Weingut wegen persönlicher Differenzen zwischen den Besitzern aufgeteilt wurde, gibt es jetzt zwei Weingüter mit ein und demselben Namen und identischen Flaschenetiketten. Beide Güter vinifizieren ihre Weine seit 1987 getrennt. Aus unerfindlichen Gründen hat dieser Thanisch-Betrieb erst sehr wenige Weine hervorgebracht, die dem Ruf des weltberühmten Namens gerecht werden.

Gutsverwaltung Vereinigte Hospitien

Anschrift 54290 Trier, Krahnenufer 19

Noch mit den Jahrgängen 1988 und 1989 gelangen diesem Weingut einige ausgezeichnete edelsüße Rieslingweine aus seinem ausgedehnten Weinbergbesitz an Saar und Mosel. Doch selbst zu dieser Zeit war die Qualität unterschiedlich, denn neben den vielen guten Weinen fanden sich auch einige weniger ansprechende Beispiele. Inzwischen scheint der Betrieb jedoch das ganze Potential eingebüßt zu haben. Obschon im Gutskeller Dutzende verschiedener Weine lagern, finden sich nicht einmal zwei oder drei Weine, die sich auf der jährlichen Auktion Großer Ring (Mosel-Saar-Ruwer VDP) präsentieren ließen. Es bleibt zu fragen, ob die Mitgliedschaft dieses Weingutes in dem Verband tatsächlich noch gerechtfertigt ist.

Weingut Geheimrat J. Wegeler Erben

Anschrift 54470 Bernkastel-Kues, Martherthal 1

Mit seinen annähernd 30 ha Rebfläche, darunter 5 ha in der Wehlener Sonnenuhr und beachtlichen Parzellen im Bernkasteler Doctor und dem Kaseler Nies'chen an der Ruwer, verfügt dieses Weingut über ein Potential, mit dem es leicht zu den führenden Rieslingerzeugern dieses Gebietes zählen könnte. Nach den stark schwankenden Resultaten rangen sich die Gutsbesitzer Hanns Christof und Rolf Wegeler zu größeren Investitionen durch. Seit dem Jahrgang 1992 werden die Weine in den vollständig renovierten und neu eingerichteten Kellern unter dem beeindruckenden Gutshaus in Kues vinifiziert. Mit dem 93er Jahrgang ist der kompetente Kellermeister Norbert Breit, der zuvor für den Wiederaufstieg des Weingutes Wwe. Dr. H. Thanisch (Erben Dr. Thanisch) verantwortlich war, mit der Weinerzeugung der Wegeler-Weine beauftragt worden.

Weingut O. Werner & Sohn

Anschrift 54340 Leiwen, Römerstraße 17

In den späten achtziger Jahren zog der Werner-Betrieb zum einen durch seine Beteiligung an der Leiwener Jungwinzer Vereinigung und zum anderen durch seine intensiv stahligen Eisweine aus dem Leiwener Klostergarten Aufmerksamkeit auf sich. Seit dem Jahrgang 1992 werden hier ebenso kraftvolle edelsüße Rieslingweine aus dem Schweicher Annaberg erzeugt. Wenn sie auch nicht zu den erstklassigen edelsüßen Rieslingen der Mosel zählen, sind diese Weine doch sehr eindrucksvoll. Die trockenen Weine dieses Gutes geraten bedauerlicherweise recht dünn und flau. Sie vermitteln den Eindruck, als sei für ihre Erzeugung wesentlich weniger Begeisterung und Interesse aufgebracht worden als für die süßen Weine der Werners.

11. Kapitel

Nahe

Gesamtrebfläche 4695 ha
Rieslingrebfläche 1152 ha/24,5 %

Eines nicht allzu fernen Tages wird der Moderator einer Fernsehspielshow die Frage stellen: »Welches deutsche Weinbaugebiet genießt bei den Deutschen den niedrigsten Bekanntheitsgrad und erzeugt doch einige der besten deutschen Weißweine?« Die bis dahin cleveren und eifrigen Spielkandidaten werden mit an Sicherheit grenzender Wahrscheinlichkeit erschrocken gucken und schweigen. Aus irgendeinem unerfindlichen Grund ist die Nahe noch immer unbekannt, obgleich hier viele gute Weine erzeugt werden, die zu höchst attraktiven Preisen erhältlich sind, und einige sensationelle Gewächse, die es mit den besten von Mosel-Saar-Ruwer und dem Rheingau aufnehmen können.
Die Nahe kann auf eine lange und große Rieslingtradition zurückblicken; die Weine ihrer Spitzenlagen waren so gefragt und teuer wie die besten Rheingauweine um die Jahrhundertwende – und daher auch teurer als die Erzeugnisse aus dem Bordeaux. Die Mehrheit der hiesigen Produktion bilden heute jedoch Müller-Thurgau und Silvaner, auch die gesamte Pinot-Familie ergibt hier leichte bis mittelvolle Weine, genau wie der Gewürztraminer, die Scheurebe oder verschiedene andere aromatische Rebsorten.
Gehörten sie zum Gegenstand des vorliegenden Buches, müßten hier noch wesentlich mehr Weingüter der Nahe vorgestellt werden. Doch selbst, wenn man sich auf die Rieslingweine beschränkt, bleibt die Vielfalt beachtlich. Die Weine der unteren Nahe in der Gegend ihres Zusammenflusses mit dem Rhein bei Bingen, die aus den Lagen bei Bad Kreuznach, die Rieslingweine aus dem felsigen oberen Nahetal oder aus einem der zahlreichen Seitentäler besitzen alle eine sehr eigene Persönlichkeit. Sie entsteht durch die geologische Vielschichtigkeit dieses Gebietes.
An der unteren Nahe herrschen Lehmböden vor, aber auch vulkanisches Gestein, das ein herausragendes Charakteristikum der oberen Nahe ist. So entstehen recht volle Weine mit einer festen Säure, die man eher bei guten Rheingauweinen vermuten würde, dabei sind sie eleganter als die meisten Weine dieses Gebiets. Die Rieslinge der unteren Nahe eignen sich sowohl

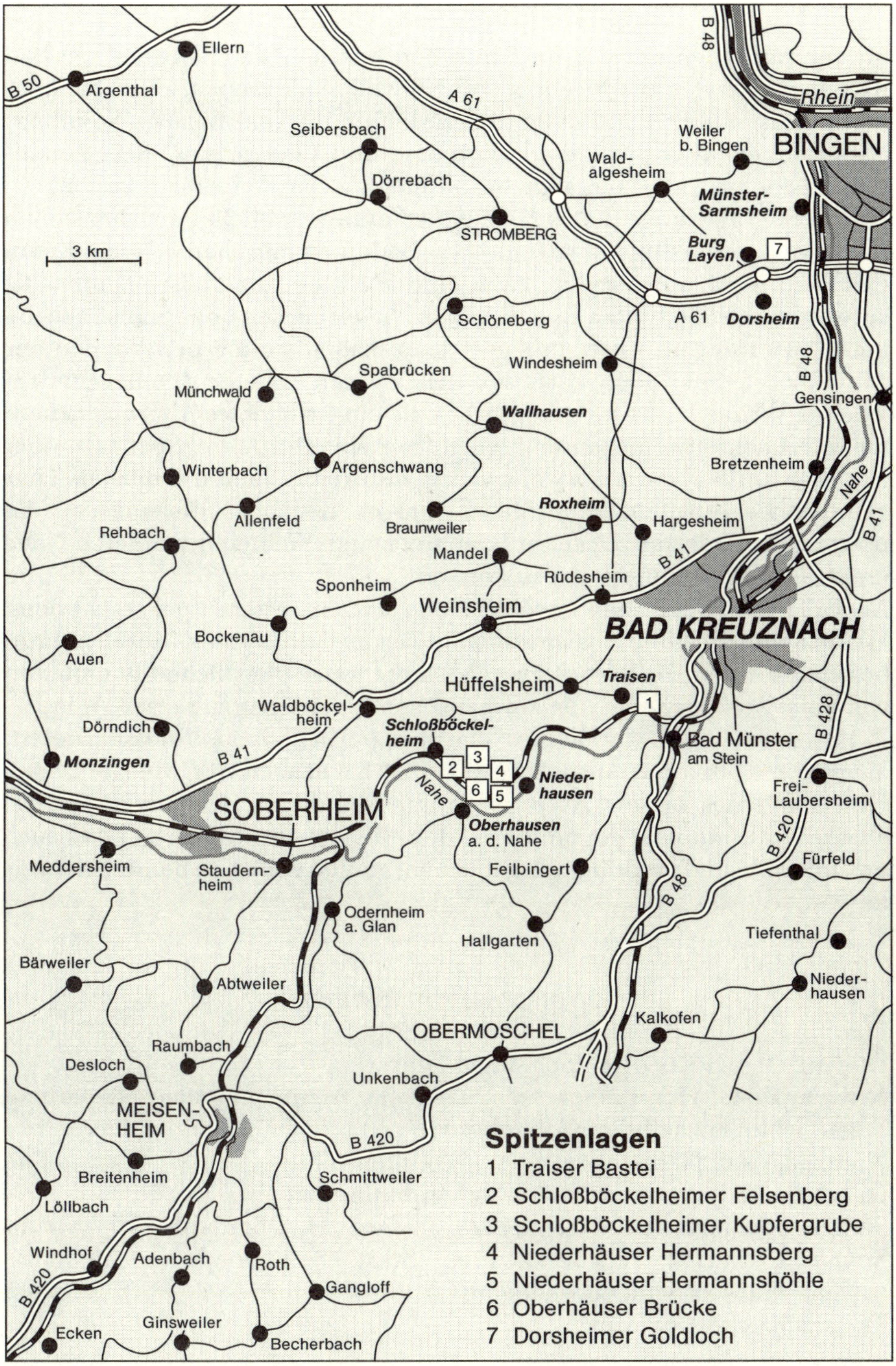
Ellern
B 50
Argenthal
A 61
Seibersbach
Dörrebach
STROMBERG
Wald-
algesheim
Weiler
b. Bingen
BINGEN
Rhein
B 48
Münster-
Sarmsheim
Burg
Layen
7
Dorsheim
A 61
3 km
Schöneberg
Windesheim
Spabrücken
Münchwald
Wallhausen
Gensingen
Winterbach
Argenschwang
Bretzenheim
Nahe
Allenfeld
Braunweiler
Roxheim
Hargesheim
B 41
Rehbach
Mandel
B 41
Rüdesheim
Sponheim
Weinsheim
Bockenau
BAD KREUZNACH
Auen
Hüffelsheim
Traisen
1
Waldböckel-
heim
B 428
Dörndich
Schloßböckel-
heim
Bad Münster
am Stein
Monzingen
B 41
2
3
4
Nieder-
hausen
6
5
Nahe
Frei-
Laubersheim
SOBERHEIM
Oberhausen
a. d. Nahe
Meddersheim
Staudern-
heim
Feilbingert
Fürfeld
B 420
B 48
Odernheim
a. Glan
Hallgarten
Tiefenthal
Bärweiler
Abtweiler
Nieder-
hausen
Kalkofen
OBERMOSCHEL
Raumbach
Desloch
Unkenbach
MEISEN-
HEIM
B 420
Breitenheim
Schmittweiler
Löllbach
Windhof
Adenbach
Roth
B 420
Gangloff
Ginsweiler
Ecken
Becherbach
Spitzenlagen
1 Traiser Bastei
2 Schloßböckelheimer Felsenberg
3 Schloßböckelheimer Kupfergrube
4 Niederhäuser Hermannsberg
5 Niederhäuser Hermannshöhle
6 Oberhäuser Brücke
7 Dorsheimer Goldloch

für den trockenen als auch für den süßen Ausbau. In der Gegend um Bad Kreuznach geraten die Rieslinge ähnlich voll, aber aromatischer. Sie können äußerst attraktiv und saftig sein, in Jahren mit sehr warmen Sommern aber auch leicht ein wenig an Harmonie und Finesse einbüßen. Durchschnittliche bis gute Jahrgänge bekommen diesen Weinen am besten.
Die größten Rieslinge dieses Gebietes stammen zweifellos aus den steilen Lagen mit steinhaltigen, vulkanischen Böden an der oberen Nahe. Kaum ein Wein, egal welcher Art, kann eine ähnliche mineralische Intensität aufweisen wie die besten Rieslinge aus Niederhausen oder Schloßböckelheim. Mit ihrer pikanten, rassigen Säure haben sie mit den Weinen der Mittelmosel mehr gemein als mit den Weinen anderer Rheingegenden. Wie die Weine der Mittelmosel haben sie ein exzellentes Alterungspotential; die Kabinettweine werden leicht älter als zehn Jahre, Spätlesen oder Auslesen können ein Alter von zwanzig bis dreißig Jahren erreichen. Hier gelingen die restsüßen Weine oft besser als die trockenen, die nur selten die nötige Harmonie aufweisen, um den trockenen Weinen der unteren Nahe ernsthaft Konkurrenz bieten zu können.
Auch die Täler der Nebenflüsse der Nahe bringen sehr rassige, geschliffene Weine hervor, die den Charme und die Zartheit eines guten Moselrieslings besitzen können. Hier jedoch verbieten die unterschiedlichen Bodenarten generelle Aussagen über die aromatischen Eigenschaften dieser Weine.
Es ist mir ein Rätsel, warum die Nahe nicht ein beliebteres Touristenziel ist. Vielleicht gibt es mit Ausnahme von Bad Kreuznach nur wenige schöne Hotels und Restaurants, doch der größte Teil dieses Gebietes ist äußerst attraktiv. Damit nicht genug: durch den Mangel an Besuchern ist es auch unverdorben und ursprünglich geblieben, gerade wie seine bemerkenswerten Weine.

Spitzenrieslinglagen

Dorsheimer Goldloch Schloßgut Diel
Niederhäuser Hermannsberg Staatliche Weinbaudomäne Niederhausen-Schloßböckelheim (Alleinbesitz)
Niederhäuser Hermannshöhle H. Dönnhoff
Oberhäuser Brücke H. Dönnhoff (Alleinbesitz)
Schlossböckelheimer Felsenberg Crusius, H. Dönnhoff
Schlossböckelheimer Kupfergrube Staatliche Weinbaudomäne Niederhausen-Schloßböckelheim
Traiser Bastei Crusius

Exzellente Rieslinglagen

Dorsheimer Pittermännchen Schloßgut Diel
Kreuznacher Kahlenberg Paul Anheuser
Kreuznacher Krötenpfuhl Paul Anheuser
Monzinger Frühlingsplätzchen Emrich-Schönleber
Monzinger Halenberg Emrich-Schönleber
Münsterer Dautenpflänzer Kruger-Rumpf
Münsterer Pittersberg Kruger-Rumpf
Oberhäuser Felsenberg H. Dönnhoff
Oberhäuser Kieselberg H. Dönnhoff
Oberhäuser Leistenberg H. Dönnhoff
Roxheimer Berg Paul Anheuser, Prinz zu Salm-Dalberg
Schlossböckelheimer Königsfels Paul Anheuser
Traiser Rotenfels Crusius
Wallhäuser Johannisberg Prinz zu Salm-Dalberg

Weingut Paul Anheuser

Anschrift 55545 Bad Kreuznach, Stromberger Str. 15–19
Inhaber und Kellermeister Rudolf Peter Anheuser

Gesamtrebfläche 80 ha
Rebsortenspiegel 75 % Riesling, 5 % Grauburgunder, 3 % Weißburgunder, 2 % Spätburgunder, 4 % Scheurebe, 2 % Müller-Thurgau, 2 % Silvaner, 5 % Kerner, 2 % andere Sorten

Rieslingproduktion

Rebfläche 46,6 ha
Lagen Monzinger Halenberg 0,7 ha, Norheimer Kafels 0,5 ha, Norheimer Dellchen 0,1 ha, Altenbamberger Rotenberg 0,3 ha, Altenbamberger Kehrenberg 0,4 ha, Roxheimer Berg 0,6 ha, Roxheimer Höllenpfad 1 ha, Niederhäuser Felsen Steyer 1,7 ha, Niederhäuser Pfingstweide 2,5 ha, Kreuznacher Brückes 0,8 ha, Kreuznacher Hinkelstein 6,2 ha, Kreuznacher Kahlenberg 2,3 ha, Kreuznacher Kapellenpfad 4 ha, Kreuznacher Krötenpfuhl 2,6 ha, Kreuznacher Mönchberg 0,3 ha, Kreuznacher Mollenbrunnen 0,7 ha, Kreuznacher Narrenkappe 4,6 ha, Kreuznacher Osterhöll 1,3 ha,

Kreuznacher St. Martin 4,8 ha, Schloßböckelheimer Königsfels 3,8 ha, Schloßböckelheimer Felsenberg 0,7 ha, Schloßböckelheimer Kupfergrube 0,2 ha, Schloßböckelheimer In den Felsen 1,3 ha, Schloßböckelheimer Heimberg 1,2 ha, Schloßböckelheimer Mühlberg 4 ha

Rebmaterial 100 % Pfropfreben
Durchschnittliches Rebalter 15 Jahre
Durchschnittlicher Ertrag 54 hl/ha
Durchschnittliche Produktion 700 000 Flaschen pro Jahr

Wenn dieses Buch erscheint, wird das Weingut Paul Anheuser mengenmäßig der bedeutendste Erzeuger von Rieslingen an der ganzen Nahe sein. Kein anderes qualitätsorientiertes Gut dieses Gebietes kann vergleichbaren Besitz in so vielen der guten und besten Lagen der Nahe vorweisen. So stehen Rudolf Anheuser unvergleichliche Möglichkeiten zur Erzeugung von Naherieslingweinen der Spitzenklasse offen. Nie würde ich unterstellen, daß Rudolf und Dorothee Anheuser zuwenig harte Arbeit in ihren Betrieb stecken, um diese Möglichkeiten voll auszuschöpfen, doch trotz der großartigen Ausgangssituation und ihres unermüdlichen Einsatzes werden gegenwärtig sehr schwankende Ergebnisse erzielt.
Das Weingut Paul Anheuser hat klein angefangen, und erst in den letzten Jahren des 19. Jahrhunderts begann Rudolf Anheuser, der Großvater des jetzigen Besitzers, mit der systematischen Vergrößerung des Betriebes durch den Ankauf von Weinbergen, die recht weit entfernt von Kreuznach liegen, wie zum Beispiel in Monzingen, Schloßböckelheim, Altenbamberg, Niederhausen und Norheim. 1912 erwarb er den beeindruckenden Kellerkomplex, in denen die Weine noch heute in großen Holzfässern ausgebaut werden. Bis zum Ende der sechziger Jahre wurde fast die gesamte Rieslingproduktion dieses Weingutes trocken vinifiziert, wodurch es auch zu seinem Spitznamen »der saure Paul« kam und verhindert wurde, daß das Gut einen ähnlichen Ruf wie das Weingut August Anheuser aufbauen konnte, das in weiten Kreisen als einer der führenden Betriebe dieses Gebietes angesehen wurde. 1969 übernahm der Sohn Rudolf Anheuser die Führung des Betriebes, seitdem hat sich die Situation umgekehrt: Das Ansehen des Gutes August Anheuser sank, bis es 1993 von der Niersteiner Kellerei Gerhard übernommen wurde, während das des Weingutes Paul Anheuser gestiegen ist.
Die besten Jahrgänge dieses Gutes, wie zum Beispiel der 85er und 89er, sind wunderbare Vertreter der Stilrichtung dieses Betriebes: die Weine besitzen eine reiche Frucht und schöne Eleganz, dabei eine Säure, die nie

aggressiv ist und die Weine unwiderstehlich macht. Dennoch sind diese Weine nichts für den oberflächlichen Massengeschmack, denn ihre mineralische Tiefe offenbart sich erst nach einer langen und allmählichen Entwicklung in der Flasche.
In der jüngeren Vergangenheit ist dieser Stil aber nicht gleichmäßig genug beibehalten worden. Manche Weine der letzten Jahrgänge wirkten ziemlich plump, andere ein wenig hart und zu stark von Botrytis beeinflußt, was bei trocken ausgebauten Weinen problematisch sein kann. Aber wenigsten war Rudolf Anheuser sensibel genug, zahlreiche Spätlesen als QbA herabzustufen, und bei seinen Prädikatsweinen fordert er einen hohen Reifegrad der Trauben. Damit konnte er immer verhindern, daß seine Spätlesen oder Auslesen ungenügender Güte waren, und gleichzeitig hat er auch den QbA seines Gutes auf einen hohen Standard heben können. Die Anheusers sind viel zu ehrlich und anständig, als daß sie ihre Kunden jemals mit geringen Weinen enttäuschen könnten.
Dennoch werden diejenigen, die schon einmal mit den besten Weinen dieses Gutes in Berührung gekommen sind, deren traditionell elegante Harmonie und sorgsam ausgewogene Balance zwischen Frucht, Säure und Süße in einigen der jüngeren Weine etwas vermissen. Zweifellos kann man hier einige wunderbare trockene, halbtrockene oder restsüße Rieslingweine finden, doch wird bei deren Auswahl einige Sorgfalt nahegelegt.
Mehr als jedes andere deutsche Weinbaugebiet braucht die Nahe ein so großes Weingut, wie Rudolf Anheuser es besitzt, das regelmäßig und kontinuierlich Weine sehr guter bis exzellenter Qualität hervorbringt. Ich würde mir wünschen, daß die Anheusers dieses Ziel wieder erreichen, denn ihre Weine haben mir in der Vergangenheit großes Vergnügen bereitet.

Kreuznacher Riesling diverser Lagen

1988 KRÖTENPFUHL SPÄTLESE HALBTROCKEN 83
Feiner Pfirsichduft mit zarter erdiger Note; mittelgewichtig und elegant, ausgeglichene Süße-Säure-Harmonie, fast trocken schmeckend; langer feinfruchtiger Abgang. Schon jetzt auf seinem Höhepunkt, hält sich bis 2000.

1988 ST. MARTIN AUSLESE 86
Kremiger Honigduft; dicht und schmelzig, die Süße noch etwas hervorstechend, aber gute Anlagen für die Zukunft, seidige Säure; anhaltend. Eine gute Leistung für den Jahrgang, aber keine große Tiefe; kommt langsam in ihre beste Form und wird Ende der Neunziger an Harmonie gewinnen.

1989 KREUZNACHER KAHLENBERG AUSLESE TROCKEN **86**
Satter Aprikosenduft mit ausgeprägtem Mandelton; sehr dicht und füllig, toller Saft und elegante Säure; der lange Abgang etwas von einem Hauch Bitternis gestört. Nicht ganz so beeindruckend wie als junger Wein, hält sich aber in dieser Form bis 1997.

1989 BRÜCKES AUSLESE HALBTROCKEN **89**
Noch frischer, finessenreicher Pfirsichduft; nicht ganz so konzentriert wie die trockene Auslese, aber deutlich feiner und harmonischer, vielschichtige Frucht; langer mineralischer Nachhall. Erreicht jetzt ihren Höhepunkt und hält sich bis mindestens 2000.

1989 MÖNCHBERG AUSLESE **92**
Eine sehr elegante Botrytis-Auslese, mit vielfältigen exotischen Fruchtnoten in Duft und Geschmack, rassige Säure und feines Spiel, die Süße im Hintergrund; nachhaltiger Honigton. Schon jetzt sehr attraktiv, hält sich bis 2010.

1989 ST. MARTIN TROCKENBEERENAUSLESE **94**
Satter Honigduft; sehr konzentriert und reichhaltig, eher Beerenauslese vom Stil, eine elegante Säure und mäßige Süße; fast filigraner, langer Nachhall.

1990 KRÖTENPFUHL SPÄTLESE HALBTROCKEN **78**
Ansprechender Aprikosenduft; dezente Frucht und elegante Säure, aber wenig Ausdruck und Länge. Schon voll da, hält sich bis 2000.

1990 KAHLENBERG SPÄTLESE **83**
Leicht verschlossener Duft mit diskreter Pfirsichnote; eher leichtgewichtig für den Jahrgang, schönes Spiel und dezente Süße; die Säure klingt recht lange nach. Erst 1996/97 auf ihrem Höhepunkt; hält sich noch 10 Jahre, aber keine beeindruckende Leistung für den Jahrgang.

1991 KRÖTENPFUHL SPÄTLESE **70**
Dezenter Apfelduft; oberflächlich und einfach angelegt, wenig Süße, weiche Säure. Jetzt trinken oder vergessen.

1991 MÖNCHBERG AUSLESE **76**
Ansprechender Ananasduft ohne Finesse; mittelgewichtig und schlank, nicht ausreichende Dichte oder Fülle, um des Prädikats »Auslese« würdig zu sein; wenig Nachhall. Nicht viel besser als die Spätlese und genauso begrenzte Zukunftsperspektiven.

1992 KAHLENBERG AUSLESE TROCKEN **80**
Ausladender Duft nach überreifen Aprikosen und Karamel; opulente Fülle und viel Kraft, feste Säurestruktur, aber die verschiedenen Komponenten passen nicht ganz zueinander; anhaltend. Braucht bis 1995/96, um ihr Gleichgewicht zu finden, wirkt trotzdem schon ziemlich reif; fragliches Potential.

1992 Krötenpfuhl Spätlese Halbtrocken 84
Attraktiver exotischer Fruchtduft mit mehr Frische als die trockene Auslese; mittelgewichtig und sehr saftig, gute Struktur; nachhaltige Rasse. Schon jetzt gut zu trinken, hält sich bis 1998/99.

1992 Krötenpfuhl Auslese 87
Satter Aprikosenduft mit mineralischer Note; konzentriert und schmelzig, seidige Säure und mäßige Süße; filigraner, recht langer Nachhall. Braucht bis 1997/98, um ihren Höhepunkt zu erreichen, und kann 20 Jahre alt werden.

Die 1993er Rieslinge sind von solider Qualität ohne aufregende Höhen oder Tiefen; für den Jahrgang keine besondere Leistung.

Weingut Crusius

Anschrift 55595 Traisen, Hauptstraße 2
Inhaber und Kellermeister Dr. Peter Crusius

Gesamtrebfläche 12,5 ha
Rebsortenspiegel 75 % Riesling, 10 % Weißburgunder, 10 % Müller-Thurgau, 3 % Spätburgunder, 2 % Silvaner

Rieslingproduktion

Rebfläche 8,2 ha
Lagen Traiser Bastei 0,5 ha, Schloßböckelheimer Felsenberg 1,5 ha, Niederhäuser Felsensteyer 0,2 ha, Norheimer Klosterberg 0,5 ha, Traiser Rotenfels 3,6 ha, Traiser Nonnengarten 1,9 ha
Rebmaterial 100 % Pfropfreben (DN500, TW378)
Durchschnittliches Rebalter 15 Jahre
Durchschnittlicher Ertrag 60 hl/ha
Durchschnittliche Produktion 66 000 Flaschen pro Jahr

Sollte ich Weinkultur definieren, so würde ich auf die Familie Crusius hinweisen. Sie hat das Idealbild eines Weingutes aufbauen und halten können und erzeugt Rieslingweine mit einer einzigartigen Persönlichkeit. Noch bis 1960 war dieses Gut ein typischer Mischbetrieb, auf dem 20 ha landwirtschaftlich genutzt wurden und 7,5 ha dem Weinanbau zur Verfügung standen. Während der frühen sechziger Jahre wandelte Hans Crusius den Bauernhof systematisch in ein Weingut um und verpachtete schließlich im Jahre 1965 das Ackerland. Innerhalb einer bemerkenswert kurzen Zeit gelang es ihm, einen hervorragenden Ruf als einer der besten Winzer der Nahe aufzubauen und seine Weine aus den beiden Spitzenlagen des Gutes, der Traiser Bastei und dem Schloßböckelheimer Felsenberg, wurden bald sehr begehrt. Heute kann es leicht passieren, daß man auf der Preisliste des Betriebes neben der Hälfte aller Weine den Aufdruck »Ausverkauft« findet. Kann es einen überzeugenderen Beweis für seinen Erfolg geben, als daß man sich sputen muß, um die besten Crusius-Weine des letzten Jahrgangs zu erwischen?

All dies ist mit minimaler Öffentlichkeitsarbeit erreicht worden, nur die Weinproben und Erwähnungen in Büchern wie dem vorliegenden dienen als Werbung. Die Familie Crusius ist ein eher zurückhaltender Teilnehmer der Nahe-VDP-Wein-Versteigerungen, sie vermarktet ihre Weine über die normale Preisliste. Darin spiegelt sich die Überzeugung Hans Crusius' wider, daß ein guter Wein die beste Werbung sei.

In den sechziger, siebziger und frühen achtziger Jahren hat er Naheries-linge mit so klassisch mineralischer Intensität, pikanter Frucht und rassiger Säure erzeugt, daß sie weltweit zu den Kultweinen der Liebhaber deutschen Rieslings aufstiegen. Wegen ihrer Reinheit im Charakter und der vollkommenen Transparenz, mit der sie die Frucht der Trauben und den Charakter der Böden ausdrücken, wurden sie hoch gepriesen. Unter anderem hat auch Hugh Johnson seiner guten Meinung über die Weine des Gutes Crusius oft Ausdruck verliehen.

Im Juli 1990 wurde Dr. Peter Crusius, der Sohn von Hans Crusius, alleiniger Besitzer des Familienbetriebes, den er zuvor zusammen mit seinem Vater seit 1982 geleitet hatte. Sosehr ich Peter Crusius mag und sosehr ich von seinen Fähigkeiten als Weinerzeuger überzeugt bin, so muß ich doch ob der Kontinuität seiner Weine der letzten Jahrgänge leichte Zweifel anmelden. Die 90er Weine des Crusius-Gutes rangieren recht weit hinter den Spitzen dieses großen Jahrgangs, und wenn viele der 91er und 92er Weine auch sehr gut gerieten, fehlen einigen doch die Brillanz und die Rasse, die sonst die Weine dieses Gutes auszeichnen. Sieht man einmal von dem hervorragenden 92er Riesling Eiswein ab, hat dieses Weingut seit 1989 nichts erzeugt, was mich zu wirklicher Begeisterung hingerissen hätte. Vielleicht erscheint meine Kritik, verglichen mit den untenstehenden Beurteilungen, nicht ganz gerechtfertigt, doch bin ich davon überzeugt, daß dieses Weingut bessere Leistungen erzielen kann, als heute erkennbar sind. Die besten Crusius-Weine der letzen Jahrgänge stammen alle – mit Ausnahme des oben erwähnten Eisweines – aus dem Schloßböckelheimer Felsenberg. Ist die benachbarte Kupfergrube auch wegen der aus ihr bis vor kurzem von der Staatlichen Weinbaudomäne gewonnenen sensationellen Weine und wegen ihres ungewöhnlichen Namens berühmter, so ist der Felsenberg doch fraglos die Spitzenlage von Schloßböckelheim und somit einer der »Grands Crus« der Nahe. Wie der Name schon vermuten läßt, liegt er unter einer Felswand, die Reben wachsen auf Melaphyrverwitterungsgestein. Durch den Südhang und die direkte Nähe zum Fluß erfreut sich diese Lage eines optimalen Mikroklimas. In den Felsenberger Weinen mischen sich bei Weinen höherer Qualitätsstufen Pfirsich- und Aprikosenaromen mit denen von Zitrusfrüchten und Honig. Hier ist der mineralische Charakter vergleichsweise subtil – nur eine Stimme in dem polyphonen Klang der Aromen.

Einen völlig anderen Charakter zeigen die Weine der Traisener Lagen. Am extremsten ist hierbei der Riesling aus der einzigartigen Bastei. Wie beim Felsenberg zieht sich diese Lage als schmaler Weinbergstreifen zwischen einem Felsmassiv und der Nahe. Am Fuß des Rotenfels, der höchsten Felswand nördlich der Alpen, wachsen die Reben in engen Reihen auf kaum mehr als einer Geröllhalde aus feinem Porphyrgestein, das sich in Tausenden von Jahren vom Rotenfels abgelagert hat und gedeihen so in einer der extremsten Lagen bei nicht minder extremen mikroklimatischen Bedingungen.

Die Weine aus dem Schloßböckelheimer Felsenberg vinifiziert Dr. Peter Crusius in der Regel halbtrocken – mit Ausnahme der edelsüßen Auslesen –, die Rieslinge aus der Bastei hingegen fast immer ganz trocken. Da sie nur eine kleine Parzelle in der Bastei besitzen, lesen die Crusius' dort selten sehr spät. Trotzdem gelangen ihnen einige bemerkenswerte Weine, allen voran die trockene 85er Riesling-Auslese und die trockene 88er Riesling-Spätlese. Ließen sie die Trauben bis zum November an den Reben, würden solche Weine an Konzentration und Komplexität noch beträchtlich gewinnen können. Dann könnte man wirklich erkennen, warum diese Lage so außergewöhnlich ist!

Den ausgedehntesten Lagenbesitz hat das Weingut im Traiser Rotenfels; auch hier findet man Porphyrgestein, jedoch etwas weniger steinig als in der Bastei. Die Vinifikation dieser Weine reicht von trocken bis edelsüß. Allen ist eine auffallende Säure eigen, die die Weine in geringen Jahren manchmal etwas hart werden läßt, ihnen in guten bis exzellenten Sommern aber eine pikante Rasse verleiht. Bei den Weinen des Traiser Rotenfels findet man vor allem Apfel-, Himbeer- und Cassisaroma, das immer mit einem betont mineralisch-würzigen Charakter einhergeht. QbA und Kabinett weisen oft Nuancen von Himbeer oder Kräutern auf, während höhere Qualitätsstufen mit Pfirsicharomen und wirklicher Finesse aufwarten können.

Hans Crusius ist einer der großen Gentlemen der deutschen Weinszene. Er ist sich dessen, was er geschaffen hat, wohl bewußt, würde aber nie großes Aufheben darum machen. Jede Weinprobe bei ihm ist mir ein Lernprozeß, und ich bin sicher, daß es seinem Sohn Peter nicht anders geht. Hans Crusius' Entschlossenheit und innere Stärke sind fühlbar, sie bedürfen keiner Erklärung oder Hinterfragung. Ich hoffe, daß Peter Crusius dieselbe Stärke findet, denn der Abstand, die dieses Weingut von der Elite des deutschen Weinbaus trennt, ist recht gering.

Traiser Bastei Riesling

1988 SPÄTLESE TROCKEN 82
Mineralischer Aprikosenduft; mittelgewichtig, gute Konzentration und geschliffene Rasse; die mineralische Säure klingt lange nach. Jetzt auf ihrem Höhepunkt und hält sich bis fast zur Jahrhundertwende.

1989 AUSLESE TROCKEN 70
Eine sehr große Enttäuschung. So beeindruckend sie sich im jungen Stadium präsentierte, so müde, flach und bitter wirkt sie jetzt. Kaum noch Frucht oder Charme vorhanden, dagegen präsentiert sich die saftige 1989 TRAISER ROTENFELS SPÄTLESE TROCKEN wesentlich besser (80 Punkte).

1990 AUSLESE TROCKEN 84
Noch ausgeprägterer mineralischer Duft als die 88er Spätlese Trocken, die Frucht zur Zeit etwas verschlossen; kräftig und filigran zugleich, feste Säurestruktur, die Aromen noch nicht voll entfaltet, aber schon viele subtile Blüten- und Mineraliennoten erkennbar; finessenreicher Nachhall. Erst 1996/97 auf ihrem Höhepunkt, hält sich bis 2005.

1990 AUSLESE 89
Ziemlich verschlossener Duft mit feinem Rosenton; konzentriert und hochelegant, betonte Rasse und vielschichtige Frucht, sehr dezente Süße; langer, feinnerviger Nachhall. Braucht bis 1998, um sich zu öffnen und kann bis mindestens 2010 liegen.

1991 SPÄTLESE TROCKEN 77
Betonter Cassisduft; schöne Frucht in der Attacke und reife Säure für den eher harten Jahrgang; leiser, recht kurzer Abgang. Hält sich zwar bis Ende der neunziger Jahre, wird aber durch die Flaschenreife nicht viel gewinnen.

1991 SPÄTLESE 82
Mineralischer Pfirsichduft mit Mandelnote; etwas dichter und saftiger als die trockene Version, ohne süß zu wirken, elegante Säure; nachhaltig. Kommt auf seinen Höhepunkt und hält sich bis 2005.

1992 Auslese Trocken 85
Ausgeprägte mineralische Note im Duft; konzentriert und kräftig, sehr schöne Säurestruktur für 1992, elegantes Spiel; anhaltend. Eine sehr gute Leistung für den Jahrgang, aber es fehlt etwas an Tiefe.

Schloßböckelheimer Felsenberg Riesling

1988 Spätlese 88
Würziger Pfirsichduft; dicht und saftig, mit vielschichtiger mineralischer Würze, elegante Rasse, die Süße jetzt voll eingebunden; langer Nachhall. Jetzt in ihrer besten Form, hält sich bis 2005.

1989 Auslese »Goldkapsel« 93
Toller Duft nach zahlreichen exotischen Früchten; exzellente Konzentration und perfekte Harmonie, viel Kraft und Tiefe, aber durch die brillante Säure alles gar nicht schwer, feinster Honigton; sehr langer, pikanter Nachhall. Schon jetzt äußerst beeindruckend, kann noch 20 Jahre leben.

1990 Spätlese Halbtrocken 88
Finessenreicher Pfirsichduft mit leichtem Mandelton; dicht und sehr saftig, elegante Rasse, keine spürbare Süße; feinfruchtiger Abgang. Nähert sich ihrem Höhepunkt und hält bis 2010.

1990 Auslese Halbtrocken 87
Würziges Mangobouquet; sehr konzentriert und kräftig, viel Extrakt und betonte Rasse, trocken schmeckend; tiefer mineralischer Nachhall. Erst 1996/97 in ihrer besten Form, kann über 20 Jahre alt werden.

1991 Kabinett Halbtrocken 84
Dezenter Pfirsichduft, vielleicht etwas verschlossen; schlank und rassig, feine Frucht, zurückhaltende Süße; vielschichtiger Abgang. Beginnt sich jetzt zu öffnen, gutes Potential.

1992 Spätlese Halbtrocken 86
Komplexer Duft nach Blutorangen, Kräutern und Mineralien; konzentriert und feinfruchtig, sehr schöne Rasse und kaum spürbare Süße; langer mineralischer Nachhall. Bei Crusius der beste Wein des Jahrgangs, besitzt mindestens noch 10 Jahre Lagerfähigkeit.

1992 Auslese Halbtrocken 85
Üppiger Aprikosen-Zitrus-Duft mit deutlichem Karamelton; dicht und kraftvoll, aber fast zu opulent und voluminös, gute Säurestruktur; schmelziger Abgang. Aus diesem Traubengut hätte man einen wirklich großen Wein erzeugen können, bis 1996/97 ein beeindruckender Kraftprotz.

Abgesehen von den sehr schönen edelsüßen Weinen fallen die 1993er Rieslinge des Gutes leider durch ihr nicht voll ausgeschöpftes Potential auf.

Schloßgut Diel

Anschrift 54452 Burg Layen
Inhaber Armin Diel
Kellermeister Heribert Kastell

Gesamtrebfläche 12,5 ha
Rebsortenspiegel 70 % Riesling, 15 % Grauburgunder, 5 % Weißburgunder, 5 % Spätburgunder, 5 % andere Sorten

Rieslingproduktion

Rebfläche 8,3 ha
Lagen Dorsheimer Goldloch 4 ha, Dorsheimer Pittermännchen 1 ha, andere Lagen 4,3 ha
Rebmaterial 100 % Pfropfreben (Geisenheimer, Schloßböckelheimer und Weisklone)
Durchschnittliches Rebalter 20 Jahre
Durchschnittlicher Ertrag 40 hl/ha
Durchschnittliche Produktion 42 000 Flaschen pro Jahr

Bei einem Winzer, der wie Armin Diel – zusammen mit seinem Partner Joël B. Payne – von dem eigenen Weingut schreibt, daß es an »der qualitativen Spitze« seiner Region stehe, mit den »allerbesten Lagen« gesegnet sei, daß der Barriqueausbau seiner Weine aus Burgunderreben »mittlerweile meisterhaft gelingt«, daß seine edelsüßen Rieslingweine »mit immer größerer Brillanz überzeugen«, muß jede andere Meinung über sein Gut wie ein Angriff auf ihn persönlich wirken.
Davon abgesehen gibt es reichlich Gründe, warum manche Leute ihn angreifen. Als Weinjournalist, der gerne der Robert Parker der deutschen Sprache wäre, als Restaurantkritiker, der vor allem wegen eines von einem Gastronomen erfolglos gegen ihn angestrengten Gerichtsprozesses Bekanntheit erlangte und zudem behauptet, daß das Gehirn vieler Köche am Herd austrockne, und als Weinerzeuger, der seine Weine unter anderem

genau den Restaurants verkauft, über die er auch schreibt, hat Armin Diel sich eine ansehnliche Feindesschar geschaffen.
Dessenungeachtet ist die Zahl der Freunde, die er durch seine Großzügigkeit, seinen scharfen Humor und sein Können gewonnen hat, nicht geringer. Wahrscheinlich würde er es sich nicht herausnehmen, über seine Weine zu schreiben, daß sie eine »konzentrierte Pfirsichfrucht«, ein »großartiges Spiel«, einen »opulenten Körper« und einen »finessenreichen langen Nachhall« besäßen, wenn er sich der Zustimmung seiner Freunde nicht sicher wäre. Sie lassen seine Position so uneinnehmbar werden wie den Turm der Burg Layen, den selbst die Kanonen Napoleons nicht zu zerstören vermochten.
All das erschwert die Aufgabe eines Weinkritikers, der die übertriebene Eigenwerbung des Schloßgutes Diel durchbrechen und dessen Weine objektiv beurteilen möchte, ungeheuer. Da ich Armin Diel so gut kenne und schon oft Gast auf Burg Layen gewesen bin, würde ich vor diesem Unterfangen auch zurückscheuen, hätte ich seine Weine nicht viele Male mit denen seiner Kollegen bei Blindproben vergleichen können. Dies ist in einer solchen Situation die einzige Möglichkeit, vorgefaßte Meinungen aus dem Weg zu räumen. Diese Blindproben haben den Beweis geliefert, daß Armin Diels Bemühungen um eine Qualitätsverbesserung der Schloßgut-Diel-Weine seit seiner Übernahme des Gutes im Oktober 1987 reiche Früchte getragen haben. Im Jahr 1989 gelangen dem Gut einige sehr gute, 1990 und 1992 sogar exzellente Weine. Wenn das Potential des Jahrgangs 1992 für Spitzenrieslinge auch nicht so groß war wie 1990, ist die Kontinuität der 92er Weine besser. Tatsächlich kann Armin Diel für diesen Jahrgang behaupten, daß seine Weine – neben denen vom Weingut Dönnhoff – »an der qualitativen Spitze im Nahetal« stehen. Legt man Armin Diels eigenes Kriterium zur Beurteilung eines Weingutes zugrunde, nämlich die Einbeziehung der »letzten fünf Jahrgänge, mit einem halben Auge auf dem, was vorher produziert wurde«, muß man das Schloßgut Diel neben den Weingütern H. Dönnhoff und Hans Crusius und Sohn zu den drei führenden Betrieben der Nahe zählen. Es ist sicherlich ein Aufwärtstrend zu verzeichnen, aber ein Rosenstrauch, so schön er auch sein mag, macht noch keinen Garten!
Um das Vorangegangene verständlicher zu machen, muß man bis in die frühen achtziger Jahre zurückgehen, als Armin Diel das Weingut noch zusammen mit seinem Vater Ingo betrieb. Damals wurde die Mehrheit der Neuzüchtungen für süße Weine, auf die sich Ingo Diel spezialisiert hatte, durch Riesling, Weißburgunder, Grauburgunder und Traminer ersetzt. Obgleich sich das Weingut in einer Phase des Umbruchs befand, gelangen hier viele sehr gute Weine, namentlich in den Jahren 1983 und 1986. Zu dieser Zeit wurden die meisten Weine schon trocken vinifiziert, und mit dem 84er

Jahrgang begannen die Experimente mit dem Barriqueausbau. Die hitzigen Kontroversen, die der Schloßgut-Diel-Barrique-Riesling hervorrief, bereiteten Armin Diel einige Jahre große Genugtuung, und selbst in diesem Stil gelang ihm ein harmonischer Wein.
Die Barriqueweine aus den Burgundersorten haben sich während der letzten zehn Jahre eindeutig gesteigert und gehören mittlerweile in ganz Deutschland zu den besten ihrer Art. Sie sind zudem die markantesten Weine Armin Diels. Wer aber schon einmal mit den besten in Barriques vinifizierten Weißweinen aus Meursault, Puligny-Montrachet und Chassagne-Montrachet im Burgund in Berührung gekommen ist, wird zugeben müssen, daß zwischen den Barriqueweinen des Schloßgutes Diel und denen solcher Weingüter wie der Domaine Comtes Lafon oder J.-F. Coche-Dury doch noch erhebliche Qualitätsunterschiede bestehen!
Armin Diels Entscheidung, wieder restsüße und edelsüße Rieslingweine auszubauen, ist weder einer Laune noch einem Moment geistiger Verwirrung entsprungen, wie manche bösen Zungen behaupten. Auch sollte dieser Entschluß Armin Diel nicht nur als Vorwand für eine weitere Pressekonferenz dienen. Er war das Ergebnis langer und ernster Abwägungen der Schwächen und der Stärken dieses Weingutes. Diel ist der korrekten Ansicht, daß seinem Gut am ehesten durch die Erzeugung edelsüßer Weine zur Reputation als Produzent von Weltklasseerzeugnissen verholfen werden kann und nicht durch trockene Rieslinge oder Barriqueweine wie seinem »Victor«, einer Cuvée aus den besten Weiß- und Grauburgundern. Es handelt sich hierbei um die logische Konsequenz aus der Zusammensetzung des Weinbergbesitzes dieses Gutes, dessen Herzstück 4 ha im Dorsheimer Goldloch und 1 ha im Dorsheimer Pittermännchen sind. Armin Diel hat mit den letzten Jahren die Klasse dieser Lagen erneut unter Beweis stellen können und belegt, daß sie zu den besten Lagen der Nahe zählen. Die Weine aus dem Goldloch können eine Noblesse vorweisen, die sich durchaus mit der der größten Rheingauweine vergleichen läßt; aus dem Pittermännchen stammen Weine, die selbst führende Moselwinzer mit ihren eigenen verwechseln. Diese steilen Lagen mit ihren mineralhaltigen Böden eignen sich bestens zur Erzeugung konzentrierter, dabei immer eleganter, rassiger edelsüßer Rieslinge.
Armin Diel hat früh erkannt, daß er seine geringeren Lagen optimal für die Erzeugung von Eisweinen nutzen kann und seit dem Jahrgang 1990 jagt er der Eisweinkrone der Nahe mit großer Entschlossenheit hinterher. In diesem Bereich könnte man ihm diese Auszeichnung ohne weiteres bereits verleihen, denn mit jedem seiner drei ersten Jahrgänge hat er exzellente Resultate erzielen können. Wieder einmal ist das Weingut H. Dönnhoff sein einziger Herausforderer. Glücklicherweise sind diese menschlich völ-

lig unterschiedlichen Weinerzeuger gut befreundet, und ein Wort des Lobes für den einen bereitet dem anderen keine Schmerzen.
Der Gegensatz der Weine Armin Diels zu denen Helmut Dönnhoffs ist höchst lehrreich. Die Weine des letzteren können über eine sehr rassige Säure verfügen, die aber nie die für die Diel-Rieslinge so typische zitrusartige Intensität besitzt. Während bei den Dönnhoff-Rieslingen der mineralische Charakter dominiert, haben die Weine Diels eine reiche, sogar opulente Fruchtigkeit. Dennoch geraten sie nie auch nur andeutungsweise schwer oder aufdringlich im Charakter. Denjenigen aber, die Armin Diels Liebe zur Säure nicht teilen und die nicht jeden Morgen wie er eine Grapefruit zum Frühstück essen, können diese Weine oft ein wenig zu extrem sein. Andere dagegen, die seinen Geschmack und seine Präferenz für dramatische Weine, die in der Nase und am Gaumen einen großen Eindruck hinterlassen, teilen, können diese Weine als einige der beeindruckendsten Rieslinge Deutschlands ansehen. In jedem Fall aber muß man die Professionalität bewundern, mit der hier bei der Weinerzeugung vorgegangen wird. Die Beständigkeit, die in den Weinen des 92er Jahrgangs festzustellen ist, muß vor dem Hintergrund gesehen werden, daß es sich hierbei um einen problematischen Jahrgang gehandelt hat, an dem viele hochangesehene Winzer gescheitert sind.
Wenn es an der gegenwärtigen Führung des Schloßgutes Diel Kritik zu üben gibt, so bezieht sie sich auf die Selbstsicherheit des Besitzers, die ihn oft genug davon abhält, seine eigenen Weine objektiv zu beurteilen und so deren Schwächen und die dafür verantwortlichen Ursachen zu erkennen. An den Grundlagen der Weinerzeugung ist sicher nichts auszusetzen, aber der Unterschied zwischen einem guten und einem großen Wein liegt im Detail. Auf dem Schloßgut Diel sind die Erträge niedrig, die Lese selektiv, die Trauben werden sehr sorgfältig, ohne vorheriges Entrappen, gepreßt, die Weine vergären mit natürlicher Hefe und werden langsam und vorsichtig abgezogen, aber an anderen Stellen könnten fraglos einige Verbesserungen vorgenommen werden!
Ein Besuch auf Schloßgut Diel wird wohl jeden beeindrucken, und das nicht nur wegen der meisterhaften Fähigkeiten Armin Diels, seinen Besitz, seine Weine und deren fraglos hohe Qualität zu präsentieren. Das gesamte Schloß wurde wie ein Rahmen um die Diel-Weine hergerichtet, in dem sie kaum gering erscheinen können! Armin Diel hat seinen Betrieb schon ein gutes Stück vorangebracht. Wenn er jetzt seinen Weinen noch etwas mehr Überlegung und Aufmerksamkeit entgegenbringen würde, stünden sie der Schönheit des Rahmens, in dem sie vorgeführt werden, sicher in nichts mehr nach!

Dorsheimer Pittermännchen Riesling

1988 QbA Trocken 73
Etwas grober Duft nach Stachelbeeren und grünen Äpfeln; sehr schlank und neutral, stahlige Säure, Bittermandelnote; leicht bitterer Abgang. Kann noch einige Jahre liegen, wird aber nicht besser.

1989 QbA Trocken 78
Recht entwickelter kräuteriger Cassisduft; mittelgewichtig, gute Harmonie von rassiger Säure und Alkohol, nur mäßige Frucht und Charakter; recht anhaltend.

1990 QbA Trocken 82
Mineralischer Cassisduft, könnte leicht mit einem Wein von Mosel-Saar-Ruwer verwechselt werden; dichte Frucht und pikante Säure, sehr gute Struktur; nachhaltige Rasse. Erreicht jetzt seine beste Form, hält sich bis Ende der neunziger Jahre.

1990 Auslese 90
Finessenreicher Pfirsichduft mit mineralischer Note; konzentriert und feinfruchtig, filigrane Säure und dezente Süße, feines Spiel; nachhaltige mineralische Rasse. Kurz vor dem Höhepunkt, aber noch Reserven für 20 Jahre.

1991 QbA Trocken 77
Duftet nach halbreifen Pfirsichen; schlank und rassig, ohne die harte Note, die so typisch für den Jahrgang ist, pikante Cassisfrucht; stahliger Nachhall. Braucht bis 1995, um sich abzurunden, und hält bis 2000.

1991 Spätlese 85
Pikanter Passionsfrucht-Rhabarber-Duft; immer noch von der betonten Säure etwas dominiert, eigenwillige Mentholnote; fast kerniger Nachhall. Immer noch süß-sauer, braucht noch bis 1996/97, um ihr Gleichgewicht zu finden; kann bis 2005 liegen.

1992 Spätlese Trocken 83
Feiner Duft nach Cassis und weißen Pfirsichen; schlank und pikant für den eher weichen Jahrgang, schöne Rasse; etwas einfacher Nachhall. Schon jetzt attraktiv, hält sich bis 2000.

1992 Auslese 89
Jugendlicher Duft nach weißen Pfirsichen mit einem Anflug von exotischen Früchten; konzentriert und rassig, die Aromen sind noch von der Säure eingebunden; sehr pikanter Nachhall. Braucht bis Ende der neunziger Jahre, um ihren Höhepunkt zu erreichen; kann bis 2010 liegen.

Dorsheimer Goldloch Riesling

1988 QbA Trocken 78
Recht entwickelter, zarter Pfirsichduft; stoffig und kernig, die Säure immer noch ziemlich betont; nachhaltige mineralische Note. Jetzt in seiner besten Form, hält sich bis 1996/97.

1989 Auslese Trocken 87
Volles Aprikosen-Grapefruit-Bouquet; konzentriert, stoffig und saftig, elegante Säure und sehr schöne Harmonie; schmelziger Nachhall. Ein beeindruckender trockener Wein für den Jahrgang und neben der 1983 Auslese Trocken (auch 87 Punkte) der beste trockene Riesling der Betriebsgeschichte. Jetzt auf dem Höhepunkt, bleibt bis 1997 in dieser Form.

1989 Auslese 88
Schon voll entwickelter Aprikosenduft; satt und kremig, nicht übermäßig konzentriert für 1989, schöner Schmelz und elegante Säure; nachhaltiger Honigton. Jetzt auf ihrem Höhepunkt, hält sich bis 2004.

1990 QbA Trocken 84
Zarter Pfirsichduft; entwickelter und saftiger als der Pittermännchen QbA aus dem gleichen Jahrgang, gute Substanz und Struktur; die Säure klingt lange nach.

1990 Spätlese 90
Sehr nuancierter Aprikosenduft; konzentriert und mineralisch, schöner Saft, elegantes Säurespiel; nachhaltige mineralische Rasse. Schon sehr attraktiv im Vergleich zu den momentan meist ziemlich verschlossenen 90ern, bleibt bis ca. 2005 in dieser Form.

1990 Auslese »Goldkapsel« (0491) 93
Verschlossener Duft; sehr konzentriert und hochpikant, deutlicher Honigton von Edelfäule; sehr nachhaltiges, fast feuriges Säurespiel. Erst um 2000 auf ihrem Höhepunkt, kann 30 Jahre alt werden. Eine beeindruckende Auslese, aber von dem 1990 Eiswein »Goldkapsel« (96 Punkte) noch übertroffen.

1991 QbA Trocken 80
Ausgeprägter Cassis-Zitronen-Duft; schlank und kernig, verhaltene Frucht; pikanter Nachhall. Etwas eindimensional, wird langsam harmonischer; hält sich bis 2000.

1991 Spätlese 87
Mineralischer Zitrus-Pfirsich-Duft; konzentriert und rassig, Süße und Säure noch nicht vermählt; langer stahliger Nachhall. Viel Zukunft.

1992 SPÄTLESE TROCKEN 85
Feiner Aprikosen-Orangen-Duft; recht konzentriert und kräftig, sehr feste Säurestruktur für den Jahrgang; nachhaltige zitronige Note. Braucht bis 1995/96, um ihre beste Form zu erreichen, und hält sich bis mindestens 2000.

1992 AUSLESE TROCKEN 82
Ähnlich wie die Spätlese Trocken angelegt, nur wesentlich intensiver und dadurch etwas aus der Harmonie geraten; fast künstlich wirkende Zitrusfrucht, sehr pointierte, dominante Säure; langer, einseitiger Abgang. Fragliche Zukunftsperspektiven.

1992 SPÄTLESE 88
Finessenreicher Aprikosenduft mit mineralischer Note; konzentriert und elegant, saftige Frucht, feine Zitrusnote, diskrete Süße; sehr nachhaltige Rasse. Schon jetzt attraktiv, bleibt bis 2010 in guter Form.

1992 AUSLESE 90
Intensiver Duft nach weißen Pfirsichen, Zitrus und Blüten; dichte, sehr saftige Attacke, mineralische Rasse und fruchtige Süße; vielschichtiger, intensiver Nachhall. Hinterläßt einen starken Eindruck und hält sich noch weitere 20 Jahre. Von der 1992 AUSLESE »GOLDKAPSEL« (ohne Lagenbezeichnung, 92 Punkte) noch übertroffen.

Die 1993er Rieslinge setzen die Linie von 1992 auf beeindruckende Weise fort; sehr dichte Weine mit pikanter Rasse und viel Brillanz. Sie zählen zur Jahrgangsspitze in Deutschland.

Weingut Hermann Dönnhoff

Anschrift 55585 Oberhausen an der Nahe, Bahnhofstraße 11
Inhaber und Kellermeister Helmut Dönnhoff

Gesamtrebfläche 9,5 ha
Rebsortenspiegel 75 % Riesling, 15 % Weiß- und Grauburgunder, 5 % Müller-Thurgau, 5 % verschiedene Sorten

Rieslingproduktion

Rebfläche 7 ha
Lagen Oberhäuser Brücke (Alleinbesitz) 1,1 ha, Niederhäuser Hermannshöhle 1,3 ha, Schloßböckelheimer Felsenberg 0,25 ha, Oberhäuser Felsen-

berg 0,35 ha, Oberhäuser Leistenberg 1,1 ha, Oberhäuser Kieselberg 1,3 ha, Kreuznacher Mollenbrunnen 1,6 ha
Rebmaterial 100 % Pfropfreben (verschiedene Naheklone)
Durchschnittliches Rebalter 20 Jahre
Durchschnittlicher Ertrag 62,5 hl/ha
Durchschnittliche Produktion 58 000 Flaschen pro Jahr

»Als ich unseren Familienbetrieb übernahm, habe ich die Arbeit in den steilen Lagen wirklich verabscheut und ernsthaft daran gedacht, sie aufzugeben«, sagte Helmut Dönnhoff einmal. »Ich hatte mir einfach nicht vorstellen können, daß sie den Mehraufwand an Arbeit und Ärger wirklich wert seien. Heute sehe ich die Dinge anders, und diese Lagen sind mir die allerwichtigsten, weil ich jetzt weiß, daß sie einzigartige Rieslinge schenken. Jede Lage und jeder Jahrgang ergibt etwas Unverwechselbares: eigene Aromen und Düfte und eine eigene Balance aus Frucht, Mineralien und Säure. In unserem Klima schafft das keine andere Rebsorte, und jetzt würde ich gerne noch viele solcher Weinberge dazukaufen.« Das erzählte er mir, als wir gerade Kalifornien überflogen und die Pazifikküste durch die aufgerissene Wolkendecke sahen. Diese Situation verlieh seinen Worten noch größeres Gewicht und ließ sie fast wie ein religiöses Bekenntnis erscheinen. Am Abend zuvor hatte er beim Abendessen gescherzt und gelacht, obwohl der Kellner ein halbes Glas Zinfandel über sein Jackett gegossen hatte. Nichts könnte diesen bedeutendsten Winzer der ganzen Nahe besser charakterisieren, als dieser Kontrast im Gebaren, denn obschon er seine Tätigkeit als Winzer ungeheuer ernst nimmt, weicht seine naturgegebene Zurückhaltung in der richtigen Umgebung und Begleitung, und er wird zum Mittelpunkt des Festes.
Helmut Dönnhoff ist das genaue Gegenteil jener Winzer, die dem Besucher beim ersten Treffen gleich ihre ganze Lebensgeschichte erzählen, ihm eine dicke Pressemappe aufdrängen und ihre Vorstellungen über die Weinerzeugung unterbreiten, bevor man noch den ersten Wein probieren konnte. Um Helmut Dönnhoff und seine Ideen kennenzulernen, bedarf es mehrerer Besuche, doch seine Weine sprechen sofort für sich. Vielleicht besitzen sie nicht die auffällige, explosive Frucht anderer großer Rieslinge, aber mit ihrer mineralischen Intensität, ihrer lebhaften Rasse und der Länge ihres Geschmackes, die in der Rieslingwelt unübertroffen bleiben, machen sie das mit Leichtigkeit wieder wett. Läßt man seine Weine in der Flasche reifen, so werden sie noch beeindruckender.
Ein junger Dönnhoff-Riesling ist wie eine Rosenknospe, die schon die ganze Farbe zeigt, aber noch verschlossen ist. Sind es trockene Weine, so werden sie sich in einem Zeitraum von zwei bis fünf Jahren entfalten, die

halbtrockenen und restsüßen Weine hingegen werden drei bis zehn Jahre benötigen, um ihren Höhepunkt zu erreichen; erst dann wird ihre Frucht die höchste Intensität offenbaren. Sie alle werden ihre Pracht lange Jahre bewahren können, bevor sie langsam ihren Charme verlieren. Ich persönlich bin jedoch noch nie auf einen alt oder müde schmeckenden Dönnhoff-Wein gestoßen.

Da die ehemals großartigen Staatlichen Weinbaudomänen nur noch schwankende Ergebnisse erzielen, ist Helmut Dönnhoff heute der führende Winzer der oberen Nahe und ein absolut zuverlässiger Erzeuger der einzigartigen Weine dieses bemerkenswerten Gebietes. Wenn die Landschaft der Nahe oberhalb von Bad Kreuznach mit ihren steilen Weinbergen, ihren Wäldern und dem schlängelnden Flußlauf auch an die Mosel erinnert, hat sie doch einen sehr eigenen Charakter. Hier wirkt alles urzeitlicher; über den Lagen erheben sich unvermittelt hohe Felswände, sie liegen verstreut und nur an Hängen mit optimaler Sonneneinstrahlung. Selbst ohne die Kenntnis der hiesigen Geologie erkennt man unschwer die vulkanische Geschichte dieser Landschaft.

Die Rieslinge sind stark von dieser Geologie geprägt, wie die größten Weine aus dem Moselgebiet, der Wachau oder dem Burgund ihrerseits. Die Weine Helmut Dönnhoffs drücken diesen Charakter am deutlichsten aus: Nirgends auf der Welt entstehen Weine höherer mineralischer Intensität als auf seinem Gut. Da er Anteile in drei der besten und drei der sehr guten Lagen dieses Gebietes besitzt, kann er sehr verschiedenartige Weine erzeugen. Die Unterschiede werden zusätzlich betont, indem er die Lese aus jeder Parzelle einzeln vinifiziert und abfüllt. So können in einem einzigen Jahrgang dreißig verschiedene Weine entstehen. Jeder besticht durch eine eigene Persönlichkeit, die von der Lage, der er entstammt, dem Reifegrad der Trauben, den Bedingungen zur Zeit des Wachstums und der Lese und dem Verlauf der Gärung geprägt ist.

Ich muß Armin Diel (siehe die Besprechung des Schloßgutes Diel) meinen großen Dank aussprechen, denn er war es, der mich vor zehn Jahren mit den Weinen des Gutes Dönnhoff bekannt machte und mich ein Jahr später zu einer Probe dort einlud. Während dieses Besuches kam es zwischen Armin Diel und Helmut Dönnhoff zu einer heftigen Diskussion, warum Dönnhoff aus jedem Faß eine separate Flaschenabfüllung macht. Diel verfocht die Ansicht, daß alle QbA eines Jahrgangs zu einem Wein verschnitten werden sollten und schuf schließlich aus verschiedenen Gläsern einen solchen Verschnitt. »Und außerdem glaube ich, daß dieser Verschnitt besser schmeckt als alle seine einzelnen Teile. Was meinst du, Helmut?« Für zwei oder drei Minuten, während der der Verschnitt mit den Weinen verglichen wurde, aus denen er entstanden war, herrschte Schweigen.

Dann lautete Helmut Dönnhoffs Antwort: »Ja, der Verschnitt ist besser ..., aber ich werde ihn nicht machen, da der Charakter jedes einzelnen dieser Weine zählt und ich ihre Schwächen lieber als einen Teil dessen akzeptiere.« Diels Genugtuung darüber, daß er sich im Recht befand – wie im übrigen während des ganzen Abends –, schmolz mit Dönnhoffs »aber« dahin. Es drückte gänzlich unterschiedliche Ansichten über die Weinerzeugung aus; Dönnhoffs Sichtweise verkörpert seinen großen Respekt vor der Integrität jedes einzelnen Weines und jeder Lage und hat nichts mit den kommerziellen Erwägungen gemein, die wir an diesem Abend diskutierten.

Die größten Weine, die ich auf dem Weingut Hermann Dönnhoff probiert habe, stammten alle entweder aus der Niederhäuser Hermannshöhle oder aus seinem Alleinbesitz Oberhäuser Brücke, die zwischen dem berühmten Niederhäuser Hermannsberg, einem Alleinbesitz der Staatlichen Weinbaudomäne, und der Nahe liegt. In der preußischen Klassifikation der Weinberge, 1904 in Kartenform veröffentlicht, erhielt die Niederhäuser Hermannshöhle die höchste Bewertung des gesamten Gebietes. Vor einigen Jahren sah sich Helmut Dönnhoff in die glückliche Lage versetzt, seine Parzellen dort erweitern zu können, und seither gelten sie als das Juwel seines Besitzes. Die komplexe Bodenstruktur dieser Lage mit ihrem hohen Anteil blaugrauen Schiefers ergibt die feinsten, vielschichtigsten und nuanciertesten Weine der ganzen Nahe. Stärker als an jedem anderen Ort dieses Gebietes profitiert der hier wachsende Riesling von einer sehr späten Lese, die den Weinen eine fast übernatürliche Verbindung von Reichhaltigkeit und Zartheit verleiht. Sollte ich deutsche Lagen nennen, die die Bezeichnung eines »Riesling Grand Cru« verdienen, so fiele mir spontan die Hermannshöhle mit ihren schier unerschöpflichen Kapazitäten ein.

Auch die Bodenstruktur der Brücke ist mit vier verschiedenen Bodenarten, die aus der Erosion der sie umgebenden Berge resultieren, sehr komplex. Hier findet man von allem etwas: Porphyr, Melaphyr, Schiefer und Sandstein. In Verbindung mit der Tiefe der Böden, die hier extremer als bei den meisten anderen Spitzenlagen ist, entstehen so Weine mit einer reicheren Frucht, als viele andere Dönnhoff-Weine sie besitzen. Gelbfruchtaromen wie Pfirsich oder Aprikose zählen zu den häufigsten, daneben gibt es aber auch immer die Andeutung roter Früchte, wie etwa Johannisbeer oder Himbeer, und durchschimmernde mineralische Nuancen. Die Säure dieser Weine ist kräftiger als die der Weine aus der Hermannshöhle.

Die dritte Spitzenlage des Weingutes ist der Schloßböckelheimer Felsenberg. Da er aber erst vor kurzem im Rahmen der Flurbereinigung neu bepflanzt wurde, bringt er noch keine seinem Potential entsprechenden Weine hervor, denn die jungen Reben verbrauchen noch zu viele Kräfte für das

Wachstum, als daß sie bereits Trauben höchster Qualität liefern könnten. Gegenwärtig zeigen diese Weine schon ansprechende reife Fruchtaromen, lassen aber noch den vollen mineralischen Ausdruck, das Wahrzeichen der Dönnhoff-Weine, vermissen.
Zur Zeit sind die Weine aus dem Oberhäuser Felsenberg mit seinen Porphyrböden von ähnlicher Qualität. Sie geraten nie so voll wie die Schloßböckelheimer Weine, haben aber eine sehr saftige Frucht, die an reife Äpfel und Pfirsiche erinnert und mit einer eleganten Säure einhergeht. Den Weinen des Oberhäuser Kieselberges mit seinen Sandsteinböden mag es vielleicht ein wenig an Finesse mangeln, doch dafür zeigen sie ein hohes Maß an Frucht und Würze sowie eine rassige Säure. Die stahligsten Weine jeder Dönnhoff-Kollektion entstammen den Schieferböden des Oberhäuser Leistenberges. Sie benötigen häufig ein bis zwei Jahre in der Flasche, um runder zu werden und einen wirklichen Trinkgenuß darzustellen. In einem Spitzenjahrgang können sie so pikant geraten, daß sie an einen erstklassigen Moselriesling erinnern.
Die ausgeprägten Charaktere dieser Weine werden durch eine minimale Einflußnahme beim Ausbau erreicht, wie sie auch von anderen führenden deutschen Winzern wie Ernst Loosen vom Weingut Dr. Loosen, Dr. Manfred Prüm vom Weingut Joh. Jos. Prüm an der Mosel und Hans-Günter Schwarz vom Weingut Müller-Catoir in der Pfalz praktiziert wird. Die Trauben werden hier noch vorsichtiger als sonst üblich gepreßt, der Most wird durch das natürliche Absetzen der Trubstoffe geklärt. Die Weine vergären und reifen in 1200-Liter- und 2400-Liter-Fässern, die Stück und Doppelstück genannt werden. Der einzige Unterschied in der Dönnhoffschen Weinerzeugung zu den oben genannten Weingütern liegt darin, daß Reinzuchthefe bevorzugt wird. Die jungen Weine werden sorgfältig und vorsichtig abgestochen, damit sie soviel Frucht, mineralische Substanz und Würze der Trauben wie irgend möglich zurückbehalten. Dogmatisch ist Helmut Dönnhoff allerdings nicht und wenn er meint, daß ein Wein seinen optimalen Entwicklungszustand erreicht hat, wird dieser ohne große Bedenken in Edelstahlfässer umgefüllt, damit er sich nicht vorzeitig öffnet. Genauso wird der Most auch gefiltert oder der Wein früher von der Hefe getrennt, wenn ein bestimmter Jahrgang ein solches Eingreifen fordert.
Durch diese höchstqualifizierte Weinerzeugung entstanden in den letzten Jahren Weine, deren geringster noch sehr gut war. Die besten Weine dieses Gutes stellen nicht nur den Glanzpunkt der Naheproduktion dar, sondern zählen zu den größten Weinen, die derzeit in Deutschland erzeugt werden. Dies habe ich Helmut Dönnhoff des öfteren bestätigt, doch seine Reaktionen sind eher langsam: Für die Qualität seiner Weine verlangt er zu niedrige Preise. Somit stellen sie auch das attraktivste Preis-Leistungs-Ver-

hältnis unter allen deutschen Rieslingen dar. Als Armin Diel mich mit dem Weingut bekannt machte, meinte er, daß die hier erzeugten trockenen Weine weniger auffällig seien, wirklich aufregend hingegen seien die restsüßen Rieslinge und die phänomenalen edelsüßen Auslesen und Eisweine; dem kann ich jedoch nicht zustimmen. Wie ein Blick auf meine Rangliste der besten deutschen trockenen Rieslinge im Kapitel 2 zeigt, gelangen die trockenen Dönnhoff-Weine in den vergangenen Jahren sensationell. Trotzdem stellen die edelsüßen Weine sicher die Krönung der Kollektion dar. Ihre mineralische Brillanz übt eine unendliche Faszination aus.

Oberhäuser Brücke Riesling

1988 SPÄTLESE TROCKEN **87**
Intensiver Aprikosenduft mit subtiler mineralischer Note; dichte Frucht und sehr elegante Rasse, finessenreiches Spiel; langer mineralischer Nachhall. Jetzt auf ihrem Höhepunkt, hält sich bis mindestens 1998.

1988 SPÄTLESE **90**
Recht komplexe Fruchtnoten im Duft mit exotischem Unterton; konzentriert und sehr saftig, tolles Säurespiel, dezente Süße; vielschichtiger, kräftiger Abgang. Jetzt beeindruckend, wird aber während der späten neunziger Jahre noch schöner und hält sich bis mindestens 2010.

1988 EISWEIN **93**
Satter Honigduft einer Beerenauslese; sehr konzentriert, ausgeprägte exotische Fruchtnoten (Ananas und Guave), trotz der analytisch hohen Säure geschliffene Rasse, beeindruckende Tiefe, es fehlt das brillante Spiel der größten Dönnhoff-Eisweine; sehr nachhaltig. Genug Reserven für einige Jahrzehnte Entwicklung.

1989 SPÄTLESE **92**
Beeindruckender Pfirsich-Maracuja-Duft; viel Saft und Tiefe für eine Spätlese, dezente Süße und geschliffene Rasse; sehr dichter Crescendo-Abgang. Noch jugendlicher Wein mit sehr viel Zukunft; hält noch locker 20 Jahre.

1989 AUSLESE **93**
Facettenreiches Botrytisbouquet mit feinen exotischen Fruchtnoten; sehr konzentrierte, vielschichtige Auslese, trotz wenig Süße viel Schmelz und ein tolles Spiel; der honigbetonte Nachhall ist kraftvoll und elegant. Jetzt schon sehr verführerisch, kann 30 Jahre alt werden.

1990 Spätlese Trocken **90**
Tolles Bouquet nach reifen Aprikosen, Mango und Mineralien; sehr konzentriert und rassig, die Aromen bei weitem noch nicht voll entfaltet, trotzdem eine beeindruckende Frucht und feines Spiel; sehr langatmiger mineralischer Nachhall. Der beste trockene Riesling des Jahrgangs im Gebiet und eine der Jahrgangsspitzen in Deutschland!

1990 Spätlese Halbtrocken **92**
Noch besser als die trockene Spätlese! Explosiver Duft nach Aprikosen und roten Früchten; genauso dicht wie die trockene Version, aber noch saftiger, pikantes Spiel, kaum spürbare Süße; sehr nachhaltige Rasse. Verläßt langsam ihre wilde Jugend; hält sich 20 Jahre.

1990 Eiswein **95**
Nuancierter Maracujaduft; eher »leichtgewichtiger« Eiswein, aber sehr feines Spiel, geschliffene und elegante Säure, mäßige Süße; sehr langer, delikater Nachhall. Erst um die Jahrhundertwende auf seinem Höhepunkt, viel Zukunft.

1991 Spätlese Trocken **87**
Noch ziemlich unentwickelter Duft; erstaunliche Substanz und Dichte für den eher mittelmäßigen Jahrgang, pikante Rasse, feine Zitrus- und Mineraliennoten; langer, nerviger Abgang. Braucht bis 1996/97, um auf ihren Höhepunkt zu kommen; hält sich viel länger.

1991 Auslese (Versteigerung) **93**
Unentwickelter Maracujaduft mit subtiler mineralischer Note; extrem konzentriert und pikant, die hohe Süße und sehr betonte Säure noch nicht komplett vermählt; brillante, nachhaltige Rasse. Tolle Anlagen für eine lange Zukunft.

1992 Spätlese Trocken **90**
Noch jugendlicher Aprikosenduft mit einem leichten Cassiston; sehr konzentriert und elegant für 1992, die betonte Säure schon perfekt integriert, filigrane Rasse; vielschichtiger Nachhall.

1992 Eiswein (Versteigerung) **97**
Unglaublich mineralischer Duft für einen Eiswein; explosive, facettenreiche Frucht von Maracuja, Ananas, Grapefruit und Limetten, atemberaubendes Spiel; der äußerst pikante Abgang steigt wellenartig wieder hoch. Der größte Eiswein des Jahrgangs in Deutschland.

Niederhäuser Hermannshöhle Riesling

1988 Spätlese **88**
Finessenreicher Pfirsichduft mit mineralischem Unterton; konzentriert und feinfruchtig, sehr betonte Rasse, die Süße dadurch kaum spürbar; sehr langer, schlanker Nachhall. Erklimmt jetzt die Spitze, aber besitzt Reserven für weitere 20 Jahre Entwicklung.

1989 Spätlese Trocken 92
Perfektes Aprikosenbouquet; sehr konzentriert und reichhaltig, verführerische Fruchtfülle und großartige Eleganz, seidige Säure; sehr langer, differenzierter Nachhall. Der beste trockene Riesling, der je an der Nahe produziert wurde, und der beste trockene Riesling des Jahrgangs in Deutschland!

1989 Spätlese 91
Vielschichtiger Botrytisduft mit mineralischer Note; nicht ganz so dicht und kräftig wie die Brücke-Spätlese, aber dafür filigraner und eleganter, feines Spiel; nachhaltige mineralische Säure. Beginnt erst jetzt ihre wahre Klasse zu zeigen, hält sich 20 Jahre.

1989 Beerenauslese 95
Sehr komplexer Duft nach Honig, Rauch und Mineralien; enorme Konzentration, Kraft und Tiefe, mäßige Süße für eine Beerenauslese, feste Säurestruktur; extrem langer, vielschichtiger Nachhall. Braucht mindestens bis zur Jahrhundertwende, um ihren Höhepunkt zu erreichen, hat genug Struktur für über 40 Jahre.

1990 Spätlese Trocken 88
Nicht so dicht und nachhaltig wie die Brücke-Spätlese Trocken, aber sehr filigran und elegant; langer mineralischer Nachhall. Kommt erst 1996 in ihre beste Form, hält sich bis mindestens 2002.

1990 Spätlese 92
Verschlossener Duft; hochfeine Pfirsichfrucht und komplexer mineralischer Charakter, tolle Rasse und beeindruckendes Spiel, leichte Kremigkeit; pikanter Nachhall. Braucht bis Ende der neunziger Jahre, um ihren Höhepunkt zu erreichen, und kann 30 Jahre leben.

1990 Auslese 94
Verschlossener Duft; noch bedeutend konzentrierter und vielschichtiger als die Spätlese, perfekte Süße-Säure-Harmonie, atemberaubendes Spiel; extrem langer, sehr nuancierter Abgang. Einer der Höhepunkte des Jahrgangs an der Nahe, braucht bis ins nächste Jahrhundert, um ihre beste Form zu erreichen. Besitzt Reserven für einige Jahrzehnte.

1991 Spätlese Trocken 87
Noch unentwickelter Duft nach halbreifen Aprikosen und Mineralien; konzentriert und kernig, die Säure noch ein bißchen hervorstechend, aber exzellente Anlagen; nachhaltige mineralische Rasse. Braucht bis 1996/97, um ihr Gleichgewicht zu finden; hält sich bis Anfang des nächsten Jahrhunderts.

1992 SPÄTLESE HALBTROCKEN **90**
Komplexer Duft nach Aprikosen, Ananas und Mineralien; konzentriert und feinfruchtig, filigranes Spiel, kaum spürbare Süße; sehr nachhaltige mineralische Rasse. Schon jetzt wunderbar, hält sich bis 2005.

1992 AUSLESE (VERSTEIGERUNG) **96**
Sehr facettenreicher mineralischer Duft nach getrockneten Pfirsichen; extrem konzentriert, intensive Honignote, besonders fein differenziert, sehr pikante Rasse, atemberaubendes Spiel; explosiver mineralischer Nachhall.

Die 1993er Rieslinge stellen einen weiteren großen Wurf von Helmut Dönnhoff dar. Die besten trockenen Weine des Gutes seit 1989 sowie eine Reihe edelsüßer Spitzengewächse.

Weingut Emrich-Schönleber

Anschrift 55569 Monzingen, Naheweinstraße 10a
Inhaber Hanne und Werner Schönleber
Leiter und Kellermeister Werner Schönleber

Gesamtrebfläche 11,2 ha
Rebsortenspiegel 74 % Riesling, 26 % Grauburgunder, Kerner, Bacchus und Müller-Thurgau

Rieslingproduktion

Rebfläche 8,3 ha
Lagen Monzinger Frühlingsplätzchen 4,85 ha, Monzinger Halenberg 2,8 ha, Monzinger Rosenberg 0,65 ha
Rebmaterial 100 % Pfropfreben (Tr356, Gm39, DN378, 391, 500)
Durchschnittliches Rebalter 14 Jahre
Durchschnittlicher Ertrag 73 hl/ha
Durchschnittliche Produktion 74 000 Flaschen pro Jahr

Das Weingut Emrich-Schönleber in Monzingen an der oberen Nahe ist ein besonders gutes Beispiel dafür, wie sich ein unbekanntes Weingut in einem wenig beachteten Anbaugebiet durch Erzeugnisse immer überzeugenderer Qualität an die Spitze arbeiten kann. Vor fünfundzwanzig Jahren begann Wilhelm Schönleber mit der Umstrukturierung des Landbesitzes seiner

Familie; er wandelte Ackerland in Weinberge um und vergrößerte so die Anbaufläche seines Betriebes von 2 ha auf seine heutigen Ausmaße. Erst im Jahre 1993 wurde diese Vergrößerung mit dem Ankauf zusätzlicher 1,5 ha in dem exzellenten Monzinger Halenberg vorläufig beendet und so das Potential dieses Gutes zur Erzeugung von Spitzenrieslingen weiter erhöht. Im Juli desselben Jahres übernahm sein Sohn, Werner Schönleber, die Betriebsführung; seit den frühen siebziger Jahren war er bereits für den Ausbau verantwortlich. Die Weine, die er seit dem 90er Jahrgang hervorgebracht hat, haben dieses noch recht unbekannte Gut mit an die Spitze der Rieslingerzeuger der Nahe katapultiert. Die Qualität seiner Weine aus den Jahren 1991 und 1992, zwei nicht unproblematischen Jahrgängen, läßt vermuten, daß Werner Schönleber seinen Zenit als Weinerzeuger noch nicht erreicht hat. Von diesem Weingut wird man noch große Dinge erwarten dürfen.

Bedauerlicherweise war es mir nicht möglich, das Weingut während der Entstehung des vorliegenden Buches zu besuchen, so daß ich kaum in der Lage bin, Genaueres über die hier praktizierten Erzeugungsmethoden zu sagen. Ohne Frage setzt die hier erzielte Qualität aber eine Kombination aus niedrigen Erträgen und einer sorgfältigen Bewirtschaftung der Weinberge, um reife, gesunde Trauben lesen zu können, voraus. Hinzu kommt eine selektive Lese, nach der die Trauben umgehend in eine pneumatische Presse kommen.

Die Gärung erfolgt mit natürlicher Hefe und bei kontrollierten Temperaturen, damit sie nicht zu schnell und stürmisch verläuft. Jegliche Süße der Weine ist natürlichen Ursprungs, wie bei allen Erzeugnissen der Spitzengüter im Mosel-Saar-Ruwer-Gebiet – und mittlerweile auch der Nahe. Insgesamt befolgt Werner Schönleber alle gängigen Grundregeln der größten deutschen Winzer und Kellermeister. Folglich sind seine Weine von einer intensiven Frucht und schönen Eleganz, dabei besitzen sie die für dieses Gebiet typische Rasse. Auf die kommenden Jahrgänge warte ich schon mit großer Vorfreude!

Monzinger Riesling diverser Lagen

1989 HALENBERG AUSLESE **92**

Extrem ausgeprägter Duft nach Cassis mit deutlichem Honigton; gewaltige Kraft und Konzentration, eine wahre Granate, fast die Fülle und den Schmelz einer Beerenauslese, pikante Säure und sehr ausgeglichene Süße-Säure-Harmonie; mächtiger Nachhall. Zuviel des Guten? Fällt auf jeden Fall total aus dem Rahmen; noch nicht auf dem Höhepunkt, hält sich 30 Jahre.

1990 HALENBERG SPÄTLESE HALBTROCKEN **88**
Vielschichtiger Duft nach gelben Pflaumen, Pfirsichen und Vanille; konzentriert und feinfruchtig, leichte Kremigkeit ohne spürbare Süße; nachhaltige mineralische Rasse. Erklimmt jetzt die Spitze und hält sich bis 2005.

1991 HALENBERG SPÄTLESE HALBTROCKEN **82**
Etwas verhaltener Apfelduft mit Zitrus- und Nelkennote; schlank und im Vergleich zu der 90er Version einfach angelegt, gute Substanz und elegante Rasse für den Jahrgang, sehr geradlinig und harmonisch; pikanter Nachhall. Braucht bis 1996, um ihre beste Form zu erreichen, hält bis 2002/03.

1992 HALENBERG SPÄTLESE TROCKEN **83**
Duftet wie Fruchtsalat; mittelgewichtig und feinfruchtig, animierende Säure, könnte fleischiger sein; langer, würziger Nachhall. Jetzt gut zu trinken, hält sich bis 2000.

1992 FRÜHLINGSPLÄTZCHEN AUSLESE TROCKEN **84**
Intensiver Duft nach Zitrus und exotischen Früchten; konzentriert und stoffig, festes Säurespiel, nicht so mineralisch wie die Halenberg-Spätlese Trocken; kräftiger Abgang.

1992 HALENBERG AUSLESE **90**
Tolles Mandarinen-Maracuja-Bouquet mit subtiler Vanille- und Mineraliennote; sehr dicht und vielschichtig, schmeckt wie hochreife Rieslingtrauben, elegante Säure und dezente Süße, filigranes Spiel; sehr nachhaltige mineralische Note. Zeigt, was 1992 für einen Winzer mit guten Lagen möglich war. Noch jugendlich mit exzellentem Entwicklungspotential.

Weingut Kruger-Rumpf

Anschrift 55424 Münster-Sarmsheim/Nahe, Rheinstraße 47
Inhaber und Kellermeister Stefan Rumpf

Gesamtrebfläche 14 ha
Rebsortenspiegel 60 % Riesling, 11 % Silvaner, 5 % Weißburgunder, 4 % Chardonnay, 4 % Spätburgunder und andere Sorten

Rieslingproduktion

Rebfläche 8,5 ha
Lagen Münsterer Pittersberg 2,7 ha, Münsterer Kapellenberg 2 ha, Münsterer Rheinberg 0,7 ha, Münsterer Dautenpflänzer 0,9 ha, Dorsheimer Goldloch 0,4 ha, Dorsheimer Burgberg 0,6 ha, Sarmsheimer Liebehöll 0,4 ha, Münsterer Königsschloß 0,8 ha
Rebmaterial 100 % Pfropfreben (N90, 110, Gm198, 239, Tr356)
Durchschnittliches Rebalter 18 Jahre
Durchschnittlicher Ertrag 60 hl/ha
Durchschnittliche Produktion 60 000 Flaschen pro Jahr

Dieses bedeutende Weingut an der unteren Nahe hat während seiner zweihundertjährigen Geschichte wohl mehr Höhen und Tiefen durchlebt als jedes andere deutsche Gut. 1790 wurde es von Karl Kruger gegründet, der durch Waldrodung die ersten Lagen anlegen ließ; 1860 zählte es mit seinen 70 ha Rebfläche zu den größten Weingütern der Nahe; dann aber begann durch Erbteilung und den Verkauf etlicher Weinberge an die Preußische Domäne in Niederhausen-Schloßböckelheim die Schrumpfung des Betriebes, so daß Stefan Rumpf, als er 1984 das Weingut übernahm, gerade noch 8,5 ha Rebfläche besaß. Seither hat der Betrieb aber wieder an Bedeutung gewonnen; zum einen durch die Expansion des Lagenbesitzes während der letzten zehn Jahre und zum anderen durch den Aufbau eines Rufes als einer der besten Weinerzeuger des gesamten Gebietes.
Ohne den Einsatz Stefan Rumpfs würde dieses Weingut die Mehrheit seiner Erzeugnisse sicher immer noch als Faßware an Pieroth verkaufen, wie es vor zwanzig Jahren der Fall war, da der Betrieb seinen Tiefpunkt erreicht hatte. Heute könnte das Weingut mit dieser Absatzart nicht mehr wirtschaftlich arbeiten, da die Arbeit in den steilen Hängen zu kostenintensiv und der Ertrag zu niedrig ist. Stefan Rumpf erkannte bei der Übernahme, daß die Faßweinerzeugung dem Betrieb wenig dienlich war und stellte ihn auf den Vertrieb von Flaschenweinen um. Hierbei handelte es sich jedoch um keine Einzelmaßnahme, sondern um einen Teil einer völlig neuen Weinerzeugung dieses Gutes.
Die charakteristischen Merkmale der neuen Kruger-Rumpf-Weine sind absolute Klarheit, eine prononcierte rassige Säure und die Abfüllung von Weinen mit soviel jugendlicher Lebhaftigkeit und Frische, daß ihnen eine maximale Alterung ermöglicht wird. Sie sind selbstbewußte moderne Weine und ihr Erzeuger scheut sich nicht, seinen Besuchern die Edelstahltanks vorzuführen, in denen der größte Teil davon entstanden ist. Auch schreckt er vor einer Herabstufung vieler seiner Weine nicht zurück, so daß das

analytische Niveau seiner Kabinette, Spätlesen und Auslesen zu den höchsten der gesamten Nahe zählt und das gesetzliche Mindestmaß weit übersteigt. Darüber hinaus sind seine Erträge niedrig bis bescheiden. Doch gerade hier beginnen auch meine Zweifel an diesem Weingut, denn nicht allzu selten erscheinen mir die Kruger-Rumpf-Weine – in Anbetracht der hohen Traubenqualität – etwas einfach. Gemessen an dem Reifegrad der Trauben und den niedrigen Erträgen sollten sie eigentlich noch viel aromatischer und ausdrucksvoller geraten. Klarheit, eine rassige Säure und Lebendigkeit lassen seine Weine zwar nie vermissen, doch manchmal könnte ihnen ein wenig mehr Charakter nicht schaden.
Die besten Rieslinge dieses Gutes jedoch verbinden packende Frucht und mineralische Aromen mit einer Präzision des Geschmacks, die an die kleinen Details eines Rembrandt-Stiches erinnern. Stefan Rumpf ist kein Winzer, den es schrecken würde, wenn seine Weine völlig anders als die aller übrigen Kollegen seines Gebietes schmeckten. Sie können sehr intensiv und subtil zugleich sein und gehören fraglos derselben Güteklasse an wie die Weine des zweiten Spitzengutes der unteren Nahe, des Schloßgutes Diel. Ich kann aber nicht erklären, warum nur ein Teil der Produktion diesen Standard erreicht.
Bis vor kurzem wurde die gesamte Rieslingproduktion noch trocken ausgebaut, neben einer kleinen Anzahl halbtrockener Weine. Erfreulicherweise ist jetzt eine größere Flexibilität zu beobachten, vor allem Auslesen werden wieder edelsüß vinifiziert. Hier hätte man schon 1990 reagieren müssen: Aus diesem großartigen Jahrgang wurde nicht eine edelsüße Auslese erzeugt, obschon er sich für diese Art wunderbar eignete. Nachdem Stefan Rumpf aber mit den 92er Weinen einen so guten Start hatte, wird er in Zukunft vielleicht jedes Jahr einige Weine dieser Art beiseite legen können. Zur Zeit verkauft das Weingut seine Erzeugnisse restlos und behält bedauerlicherweise nichts zurück, welcher Art auch immer.
Ein Zeichen wachsenden Ehrgeizes von Stefan Rumpf und seiner Frau Cornelia ist der Abschied von ihrer Straußwirtschaft, die ihnen jeden Sommer Tausende von Besuchern auf ihrem Hof beschert hat, um dafür ein ganzjährig geöffnetes Weinrestaurant einzurichten. Es soll im Erdgeschoß ihres Wohnhauses liegen, das zur Zeit renoviert wird. Wenn sie mit diesem Restaurant ebenso erfolgreich sind wie mit ihrer Straußwirtschaft, wird dieses Haus ein wichtiger Anlaufpunkt jeder Reise durch dieses Gebiet werden.
Mit den ersten zehn Jahren der Weinerzeugung auf dem Gut Kruger-Rumpf hat Stefan Rumpf einen hervorragenden Start gezeigt. Verdientermaßen wurde er mit reichlich Lob, finanziellen Erfolgen und der Zulassung zum Nahe-VDP belohnt. Ich hoffe aber, daß Rumpf seine gute Arbeit nicht

nur fortsetzen wird, sondern sich auch um eine weitere Verbesserung seiner Weine und seines Rufes bemüht. Schon jetzt gelingen ihm sehr ausgeprägte Weine guter bis exzellenter Qualität, aber hier wäre noch Größeres möglich!

Münsterer Pittersberg Riesling

1989 Auslese Trocken 87
Recht entwickelter feiner Aprikosenduft mit Cassisnote; konzentriert und elegant, nicht so überzeugend wie in seiner Jugend, sehr schönes Säurespiel für den eher weichen Jahrgang; lang anhaltend. Lebt zu sehr von der Kohlensäure und hält sich bis 1997.

1989 Auslese 87
Ähnlich angelegt wie die trockene Auslese, nur viel saftiger und deutlich frischer; pikantes Spiel, die Süße perfekt von der rassigen Säure gefangen; langer Nachhall. So schön, wie sie ist, fehlt es ihr doch an Tiefe und Kraft, um sich einen Platz an der Jahrgangsspitze zu erobern.

1990 Spätlese Trocken 87
Mineralischer Pfirsichduft mit wesentlich mehr Frische als die trockenen 89er Weine des Gutes; schlank, dicht und rassig, sehr schöner Säurebiß, pikante Fruchtnoten; nachhaltige mineralische Säure. Jetzt schon auf ihrem Höhepunkt, hält sich problemlos bis 2000.

1991 Kabinett Trocken 72
Kräuteriger Apfelduft mit ausgeprägter Zitrusnote; sehr leichtgewichtig und schlank, wenig Frucht und etwas kantige Säure; kurzer, einseitiger Abgang. Nur für Säureliebhaber; jetzt trinken.

1991 Kabinett Halbtrocken 74
Grüner Apfelduft mit pflanzlicher Note; ein oberflächlicher fruchtiger Charme, die Süße gut integriert; einfacher herber Abgang.

1992 Auslese Halbtrocken 77
Ausladender Aprikosenduft mit leichtem Karamelton; üppig und opulent, beinahe fett und mollig, mäßige Säurestruktur und leichte Bitternis; leiser Abgang. Kein beeindruckender Vertreter des Jahrgangs; fragliches Entwicklungspotential.

1992 Auslese (1993) 85
Jugendlicher Botrytisduft mit feiner exotischer Note; sehr saftiger, substanzreicher Wein mit eleganter Säure und dezenter Süße, könnte mehr Struktur besitzen; gute Länge. Eine durchaus gelungene 92er Auslese.

Münsterer Dautenpflänzer Riesling

1990 Auslese Trocken **90**
Komplexer mineralischer Pfirsich-Cassis-Duft; sehr konzentriert und fest strukturiert, betonte mineralische Rasse und viel Extrakt; sehr langer, vielschichtiger Nachhall. Erst jetzt auf ihrem Höhepunkt; besitzt noch viele Reserven und hält sich bis Anfang des nächsten Jahrhunderts.

1990 Spätlese **90**
Eigenwilliger Himbeerduft mit zahlreichen fruchtigen Untertönen; konzentriert, sehr saftig, tolles Spiel, Süße und Säure perfekt aufeinander abgestimmt, verführerisch und ernsthaft zugleich; sehr langer, pikanter Nachhall. Der erste herausragende Wein mit Restsüße von Stefan Rumpf. Im Moment etwas verschlossen, erst 1997/98 in bester Form und hält noch länger.

1991 Kabinett Trocken **75**
Erdiger Duft nach halbreifen Aprikosen; gute Frucht und Substanz, weder geradlinig noch saftig, recht geschliffene Säure; pikanter Nachhall. Bis 1997/98 trinken.

1991 Spätlese **82**
Erdiger Himbeerduft mit leicht grüner Note; wesentlich fruchtiger als die anderen 91er des Gutes, sehr saftig, verspielte Säure, die Süße noch etwas hervorstechend; anhaltend im Abgang. Eine gelungene Spätlese, erreicht aber nicht annähernd die Qualität der früheren Jahrgänge; hält sich bis 2000.

1992 Spätlese Trocken **84**
Feiner Cassis-Erdbeer-Duft mit mineralischer Note; mittelgewichtig und schlank, ausgeprägte Frucht und elegante Säure, keine große Tiefe, trotzdem attraktiv; mineralischer Nachhall.

1992 Spätlese Halbtrocken **86**
Vielschichtiges Fruchtbouquet (Pfirsich, Brombeeren, weiße Johannisbeeren); extrem saftig und charmant, hintergründige Süße und seidige Säure, geradlinig; langer mineralischer Nachhall. Schon jetzt in ihrer besten Form, hält bis 2000.

Staatliche Weinbaudomäne Niederhausen-Schloßböckelheim

Anschrift 55585 Niederhausen
Inhaber Land Rheinland-Pfalz
Direktorin Dr. Liane Engelmann
Kellermeister Rüdiger Steinborn

Gesamtrebfläche 45 ha
Rebsortenspiegel 95 % Riesling, 3 % Müller-Thurgau, 2 % Weißburgunder

Rieslingproduktion

Rebfläche 35 ha
Lagen Schloßböckelheimer Kupfergrube 11 ha, Schloßböckelheimer Felsenberg 1 ha, Niederhäuser Hermannshöhle 2 ha, Niederhäuser Kertz 1 ha, Niederhäuser Hermannsberg (Alleinbesitz) 6 ha, Niederhäuser Steinberg 4,8 ha, Traisener Bastei 1 ha, Altenbamberger Rotenberg 5,7 ha, Münsterer Dautenpflänzer 1 ha, Münsterer Pittersberg 1,7 ha, Sarmsheimer Liebehöll 1 ha, Münsterer Kapellenberg 0,5 ha, Münsterer Königsschloß 1 ha, Dorsheimer Burgberg 2 ha, Dorsheimer Goldloch 1 ha, Dorsheimer Honigberg 1 ha
Rebmaterial 100 % Pfropfreben (DN378, 391, 500)
Durchschnittliches Rebalter 28 Jahre
Durchschittlicher Ertrag 55 hl/ha
Durchschnittliche Produktion 250 000 Flaschen pro Jahr

Der Tag, an dem dieses ehemals so bedeutende Weingut neben dem Bürgerspital in Franken und Schloß Vollrads im Rheingau auf die Liste der vom Aussterben bedrohten Arten gesetzt wird, wird ein schlimmer Tag sein. Sein Stern – wie auch der der oben genannten Güter – schien so hell, daß er Weinliebhaber auf der ganzen Welt beeindruckte. Dieses Weingut war entscheidend daran beteiligt, daß der deutsche Riesling sich einst eines so guten Rufes erfreuen konnte. Was heute noch ein schwacher Schimmer ist, mag bald schon ganz erlöschen. Wenn ich an die erstaunlichen Weine denke, die dieses Gut noch 1983 erzeugt hat, als es noch zu den zehn führenden Betrieben in ganz Deutschland zählte, kann ich die gegenwärtige Krise nur mit Bestürzung betrachten. Von ganzem Herzen hoffe ich, daß das Land Rheinland-Pfalz bis zum Erscheinen dieses Buches die notwendigen Schritte zur Wiederherstellung der Reputation dieses Gutes

unternommen haben wird. Sollte das auch den Verkauf einiger Weinberge bedeuten, so sollte man davor nicht zurückschrecken, denn dieses kulturelle Denkmal muß auf jeden Fall erhalten bleiben, koste es, was es wolle. Die Probleme der Staatlichen Weinbaudomäne in Niederhausen-Schloßböckelheim begannen mit der Pensionierung des langjährigen Kellermeisters Karl-Heinz Sattelmayer 1986. Für ihn wurde ein begabter junger Mann, Walter Eschborn, eingestellt, der erst zu kämpfen hatte, mit dem 89er Jahrgang seinen Tritt aber gefunden zu haben schien. Leider verließ er den Betrieb wieder und wurde durch einen jungen, wenig Vertrauen erwekkenden Kellermeister ersetzt. Doch auch er scheint nun die anfänglichen Schwierigkeiten überwunden zu haben, denn der 92er Jahrgang läßt vermuten, daß das Weingut zumindest einige Weine erzeugen kann, die an den früheren Standard heranreichen. An anderen Stellen jedoch haben sich die Probleme verschärft, und die Domäne bedarf dringend einer radikalen Umstrukturierung. Dr. Werner Hofäcker, der den Betrieb seit 1977 leitete, nahm im Frühjahr 1994 seinen Abschied, und Dr. Liane Engelmann wurde zur neuen Direktorin ernannt.
Große Teile des Weingutes, zumindest an der unteren Nahe und in Altenbamberg, sollen zum Verkauf angeboten werden. Ob sich in der gegenwärtigen Rezession Käufer finden lassen, ist eine andere Frage. Nach bestehenden Plänen soll der Besitz der Domäne von 45 ha auf annähernd 27 ha reduziert werden. Mit Ausnahme eines Hektars in der Traiser Bastei werden sich alle verbleibenden Lagen in den Gemarkungen von Niederhausen und Schloßböckelheim befinden. Sie bilden das Herzstück der 1902 vom preußischen Staat gegründeten Domäne. Ihre bedeutendsten Lagen, die Schloßböckelheimer Kupfergrube und der Niederhäuser Hermannsberg, wurden während der frühen Jahre dieses Jahrhunderts auf dem Gelände einer ehemaligen Kupfermine geschaffen. Anders als die in Deutschland während der letzten Jahrzehnte entstandenen Lagen gehörten sie zu den steilsten des gesamten Gebietes, und sie liegen genau zwischen den traditionsreichsten Lagen, die lange als die besten der ganzen Nahe galten, der Niederhäuser Hermannshöhle flußabwärts und dem Schloßböckelheimer Felsenberg auf der anderen Seite. Sie können als die einzigen Spitzenrieslinglagen gelten, die in diesem Jahrhundert entstanden sind.
Das »goldene Zeitalter« der Domäne waren die Jahre zwischen 1945 und den frühen Achtzigern; zu dieser Zeit gelangen ihr eine Reihe außergewöhnlicher Weine, die sie zum berühmtesten Weingut dieses Gebietes machten und international zu einem der angesehensten Güter Deutschlands. Diese Weine besitzen eine phantastisch rassige Brillanz, eine sehr nuancierte Frucht und mineralische Komplexität. Die edelsüßen Weine verfügen über ein wahrhaft grenzenloses Alterungspotential, und sollte sich

jemand in der glücklichen Lage sehen, Weinen dieses Gutes aus den Jahren 1971, 1975, 1976 oder 1983 zu begegnen, sollte er sie umgehend erwerben. Heute bietet sich ein eher durchwachsenes Bild: Einige beeindruckende Weine lassen sich fast mit den besten der siebziger Jahre vergleichen, aber viele andere erreichen nur ein Mittelmaß oder sind sogar böse Enttäuschungen. Hier ist eine sorgfältige Auswahl besonders wichtig, dann wird man sicherlich einige Naherieslinge der Spitzenklasse finden. Das Potential solcher Lagen wie der Schloßböckelheimer Kupfergrube, dem Niederhäuser Hermannsberg und der Hermannshöhle wird aber nicht ausgeschöpft. Drastische Maßnahmen einer kompetenten Domänenleitung und weitere Investitionen werden dieses Weingut hoffentlich vor einem weiteren Abstieg bewahren können.

Niederhäuser Hermannsberg Riesling

1988 Spätlese 87

Würziger Aprikosenduft mit leicht exotischer Fruchtnote; konzentriert und saftig, ausgeprägter mineralischer Ton, sehr gute Säurestruktur und dezente Süße; komplexer Nachhall. Jetzt auf ihrem Höhepunkt, hält sich mindestens bis 2003.

1988 Auslese 90

Sehr komplexer Duft nach getrockneten Aprikosen und exotischen Früchten mit erstaunlicher Frische; dichte Fruchtfülle mit großer Würze und vielschichtigen mineralischen Noten, pikantes Spiel; sehr langatmiger Nachhall. Braucht bis 1996/97, um ihre beste Form zu erreichen; bis 2010 haltbar.

1989 Spätlese Halbtrocken 84

Recht feine Frucht in Duft und Geschmack, etwas einfach angelegt, gute Substanz und elegante Säure; nicht sehr nachhaltig. Jetzt auf ihrem Höhepunkt, hält bis Ende der neunziger Jahre.

1989 Trockenbeerenauslese 98

Die beste der drei Trockenbeerenauslesen, die von der Domäne in diesem Jahr erzeugt wurden. Gewaltiges Honig-Marzipan-Rosinen-Bouquet; enorme Konzentration und Tiefe, trotz der fast überwältigenden Fülle nicht schwer oder aufdringlich, tolle Harmonie von Honigsüße und hocheleganter Säure; atemberaubender, kaum endender Nachhall. Eine der Jahrgangsspitzen in Deutschland; erst im nächsten Jahrhundert in ihrer besten Form, wird locker 40 Jahre leben.

1990 Spätlese Halbtrocken **70**
Ein typischer Vertreter dieser enttäuschenden Jahrgangskollektion. Duftet nach grünen Äpfeln und unreifen Stachelbeeren; betonte Säure, wenig Frucht und Substanz, ein leeres Gerüst, verliert bereits jetzt den geringen Charme ihrer Jugend; kurzer, einfacher Nachhall.

1990 Spätlese **83**
Recht feiner Pfirsichduft; gute Dichte, etwas Eleganz, ansprechendes Spiel, nicht sehr vielschichtig; saftiger Nachhall. Jetzt in ihrer besten Form, hält sich bis 2005.

1990 Beerenauslese **80**
Satter Rosinenduft; schöner Honigton, dabei ziemlich oberflächlich und einfach süß, es fehlt deutlich die nötige Konzentration und Tiefe, um des Prädikats würdig zu sein; anhaltend. Nur für »Süßtrinker«, aber ein schlechtes Preis-Leistungs-Verhältnis.

1991 Spätlese Trocken **82**
Mineralischer Pfirsichduft mit zarter Zitrusnote; gute Konzentration und geschliffene Rasse, pikante Frucht; mineralischer Nachhall. Für die Domäne der mit Abstand beste trockene Riesling des Jahrgangs; hält sich bis Ende der neunziger Jahre.

1991 Spätlese **84**
Jugendliches Pfirsich-Maracuja-Bouquet; dicht und saftig, exzellente Harmonie, Süße und Säure sehr gut aufeinander abgestimmt; hält im Abgang nicht ganz, was er im Duft und in der Attacke verspricht. Schon jetzt gut zu trinken, bleibt bis 2003/04 in dieser Form.

1992 Spätlese Halbtrocken **85**
Duftet nach gelben Pflaumen und Pfirsichen; gute Konzentration und feine Frucht, geschliffene mineralische Rasse; langer, delikater Nachhall. Eine gute Leistung für den Jahrgang; hält sich mindestens bis 2000.

1992 Spätlese **87**
Vielschichtiger Duft nach Aprikosen, Zitrus, Vanille und Mineralien; dicht und saftig, seidige Säure, ausgeprägte Zitrusnote, die Süße noch nicht komplett integriert; sehr eleganter, langer Abgang. Erst 1996/97 in ihrer besten Form, hält bis 2005.

1992 Eiswein **91**
Ausladender Honigduft; schmeckt fast wie eine Mischung aus Honig und Aprikosenmarmelade, gewaltige Süße und enormer Schmelz, etwas verhaltene Säure für einen Eiswein, die Aromen sind bereits entwickelt; sehr langer Nachhall. Wirklich zuviel des Guten; braucht noch lange, um die Süße zu integrieren.

Weitere interessante Produzenten

Weingut August Anheuser

Anschrift 55545 Bad Kreuznach, Brückes 53

Von den frühen zwanziger bis zu den sechziger Jahren kamen von diesem Gut die größten Weine der Nahe. Erstaunlicherweise sind viele dieser bemerkenswerten Weine noch immer in geringen Mengen vorhanden. Die Qualität der letzten Jahrgänge allerdings war schlichtweg miserabel. Vielleicht wird der Verkauf des Betriebes an die Niersteiner Kellerei Gerhard, der 1993 stattfand, hier wieder für bessere Grundlagen sorgen. Das Weingut hat in den letzten Jahren zwar einige seiner besten Rebflächen verkauft, verfügt aber noch immer über so gute Lagenanteile, daß es eines Tages wieder zur Elite der Nahe zählen könnte.

Weingut Carl Finkenauer

Anschrift 55545 Bad Kreuznach, Salinenstraße 60

Die Bemühungen dieses Gutes, sich an die Spitze hochzuarbeiten, waren vom Pech verfolgt. Nachdem in den Jahren 1988 und 1989 zahlreiche eindrucksvolle Weine gelungen waren, wurde ein großer Teil des 90er Jahrgangs sabotiert und damit unverkäuflich gemacht. Nach einem enttäuschenden Jahrgang 1991 schien das Weingut mit dem folgenden Jahr seine beste Form wiedergefunden zu haben. Nach der Erzeugung dieser Weine aber verließ die Kellermeisterin Sabine Trummert das Gut. Bisher habe ich den 93er Jahrgang, für den »Hacki« Trummert-Finkenauer verantwortlich ist, noch nicht probieren können. Ohne seinen unablässigen Einsatz während der letzten Jahre wäre dieses Weingut sicher untergegangen. Sollte er im Keller eine ebenso große Begabung wie Sabine Trummert beweisen, wird der Betrieb sich immer noch einen festen Platz in der Riege der besten Erzeuger dieses Gebietes sichern können. Neben zahlreichen schönen Rieslingen gelingen dem Weingut Carl Finkenauer auch elegante, mittelgewichtige trockene Weißburgunder und Grauburgunder sowie gute Barrique-Spätburgunder und Dornfelder.

Weingut Hehner-Kiltz

Anschrift 55596 Waldböckelheim, Hauptstraße 4

Georg und Helmut Hehner haben aus ihren Rebflächen in den besten Lagen von Schloßböckelheim, dem Felsenberg und der Kupfergrube, einige schöne trockene Rieslinge hervorgebracht. Was ihren Weinen fehlt, ist eine gewisse Kontinuität in Stil und Qualität. Man wird den Details mehr Aufmerksamkeit schenken müssen, wenn die Weine das ganze Potential der Lagen zeigen sollen. Bei einer sorgfältigen Auswahl jedoch kann hier mancher schöne Wein zu einem vernünftigen Preis gefunden werden.

Weingut Reichsgraf von Plettenberg

Anschrift 55545 Bad Kreuznach, Winzenheimer Straße

Wie das Weingut August Anheuser hat auch dieser Betrieb zwischen den zwanziger und den sechziger Jahren dieses Jahrhunderts ausgezeichnete Weine hervorgebracht. Wenn der damalige Standard heute auch nicht mehr erreicht wird, so herrscht doch sowohl bei den trockenen als auch den restsüßen Plettenberg-Weinen eine solide Qualität vor. Angesichts des exzellenten Lagenbesitzes jedoch, der sich über das gesamte Anbaugebiet verteilt, sollten wesentlich bessere Resultate erzielt werden. In den vergangenen Jahren konnten die Weißburgunder, die etwa ein Fünftel der Gesamtproduktion ausmachen, stärker beeindrucken als die Rieslinge. Letztere scheinen sehr technisch gemacht und sind dadurch eines großen Teils ihres Charakters beraubt. Bei den hier geforderten Preisen sollte die Qualität wesentlich beeindruckender sein.

Weingut Prinz zu Salm-Dalberg

Anschrift 55595 Wallhausen, Im Schloß

Nachdem die Weine dieses Gutes eine Zeitlang recht grob und übertrieben säurebetont wirkten, läßt der Jahrgang 1992 für die Zukunft wesentlich Besseres erwarten. Die Weine dieses Jahrgangs sind weder ausgesprochen fein, noch sehr individuell, dafür aber reich an Frucht und Substanz und gut balanciert. Nur die Weine aus den beiden Spitzenlagen dieses Gutes, dem Wallhäuser Johannisberg und dem Roxheimer Berg, werden mit einer Lagenangabe gekennzeichnet, alle anderen kommen als »Schloß Wallhausen« in den Handel. Der Riesling, hauptsächlich trocken vinifiziert, macht den größten Teil der Produktion aus, aber auch einige Spätburgunder Roséweine und Grauburgunder entstehen hier. Fast jedes Jahr werden Auslesen, Beerenauslesen und Trockenbeerenauslesen selektiv geerntet; die edelsüßen Weine können manchmal sehr beeindrucken. Durch den Kauf der 22 ha Rebfläche des ehemaligen Weingutes Villa Sachsen in Bingen/Rheinhessen hat Michael Prinz zu Salm-Salm seinen Weinbergsbesitz auf einen Schlag nahezu vervierfacht.

Weingut Michael Schäfer

Anschrift 55452 Burg Layen

Der Betrieb von Alfred Schäfer ist in Deutschland nahezu unbekannt, obwohl er direkt neben dem Schloßgut Diel in Burg Layen liegt. Der Grund hierfür liegt in der Konzentration dieses Gutes auf den Exportmarkt, für den ein großer Teil der Gesamtproduktion restsüß ausgebaut wird. Neben einigen sehr guten restsüßen Auslesen erzeugt Alfred Schäfer auch gute trockene Weißburgunder – einige davon im Barriques – und eindrucksvolle edelsüße Scheurebe-Auslesen und -Beerenauslesen. Zwar gehören die Schäfer-Weine nicht zu den billigsten in dieser Gegend, doch bekommt man für sein Geld gute Qualität.

Weingut Tesch

Anschrift 55450 Langenlonsheim, An den Nahewiesen 24

Das Weingut Tesch gehört zu den professionellsten deutschen Weinvertriebsunternehmen; in den letzten Jahren ist es nun auch gelungen, die Weinerzeugung dieser professionellen Vermarktung anzupassen. Zwar machen einige Tesch-Weine einen recht hygienischen und technischen Eindruck, doch besitzen sie alle reichlich Frucht und Substanz. Der größte Teil der Gesamtproduktion wird trocken vinifiziert; die besten Weine dieses Gutes aber sind die edelsüßen Riesling-Auslesen. Nur selten stößt man bei den Weinen auf eine aggressive Säure, eher wirken einige – trotz ihrer Frische – etwas flach. Die Preise der Tesch-Weine stehen in engem Zusammenhang mit dem erheblichen Werbeaufwand dieses Gutes. Von einem guten Preis-Leistungs-Verhältnis kann man hier beim besten Willen nicht sprechen.

12. Kapitel

Pfalz

Gesamtrebfläche 23 779 ha
Rieslingrebfläche 4 776 ha/20,1 %

Der Rheingau mag in Deutschland vielleicht das höchste Ansehen in der Kategorie trockene Rieslinge genießen, zuverlässigster Erzeuger dieser Weine heute ist jedoch die Pfalz. Dieser Umstand ist der internationalen Presse nicht entgangen, und die pfälzischen trockenen Rieslinge erfreuen sich in England, den USA und Skandinavien großer Beliebtheit, denn in jungen Jahren sind die Pfälzer Weine reichhaltiger, charmanter und harmonischer als die anderer Gebiete. Die besten Exemplare sind trotzdem komplexe, seriöse Weine, die zehn Jahre oder länger reifen können.
Die ausgeprägte Persönlichkeit der Pfälzer Rieslinge ist das Ergebnis eines warmen, trockenen Klimas und generell leichter Böden. Die pfälzischen Rieslingrebflächen befinden sich auf sanft ansteigenden Hügeln östlich des Pfälzer Waldes. Durch den Schutz vor kalten Winden und die relativ geringen Niederschläge erreichen die Trauben so gut wie immer ihre vollständige physiologische Reife – 1984 und 1978 waren die letzten Jahrgänge, in denen dies nicht möglich war. Die trockenen Rieslinge dieses Gebietes besitzen üblicherweise zwischen 11 und 13 % vol Alkohol, reiche Gelbfruchtaromen und genug Säure, um eher erfrischend als schwer zu wirken.
Wenn die Pfalz geologisch gesehen auch sehr vielschichtig ist, stammen die typischen Rieslinge doch aus Lagen mit Böden aus Sand, Buntsandstein, Löß oder Lehm. Sie bringen häufig Weine mit intensiven Zitrusaromen oder den Noten tropischer Früchte hervor, die diese Weine von allen anderen in Deutschland unterscheidet. Einige der bemerkenswertesten Weine aber stammen aus Lagen mit Kalk- oder Schieferböden oder aus Rotliegendem. Sie haben einen völlig eigenen Charakter.
In diesem Gebiet sind auch exzellente restsüße Weine möglich, wenn im Keller darauf geachtet wird, daß die Weine nicht zuviel Süße zurückbehalten: 15 Gramm Süße pro Liter in einem Pfälzer Riesling schmecken wie 30 Gramm in einem Moselwein. Viele der besten Weine dieser Art sind formal gesehen halbtrocken, auch wenn diese Bezeichnung auf dem Etikett nicht auftaucht. Sie können eine wunderbare Saftigkeit besitzen und eignen

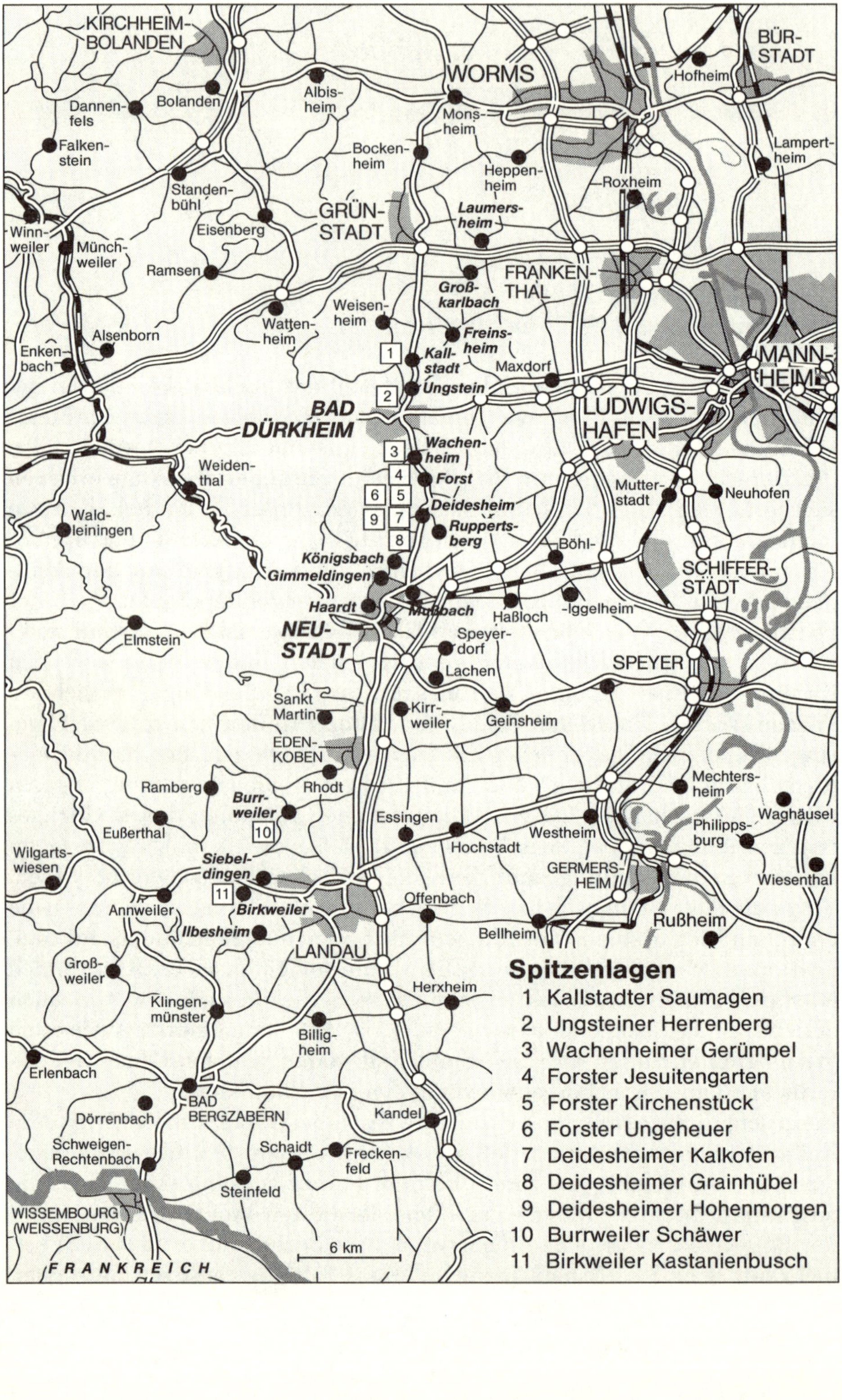

KIRCHHEIM-BOLANDEN
WORMS
BÜRSTADT
Hofheim
Dannenfels
Bolanden
Albisheim
Monsheim
Lampertheim
Falkenstein
Bockenheim
Heppenheim
Roxheim
Standenbühl
GRÜNSTADT
Laumersheim
Winnweiler
Münchweiler
Eisenberg
Ramsen
Großkarlbach
FRANKENTHAL
Weisenheim
Wattenheim
Freinsheim
Alsenborn
Kallstadt
Maxdorf
MANNHEIM
Enkenbach
Ungstein
BAD DÜRKHEIM
LUDWIGSHAFEN
Weidenthal
Wachenheim
Forst
Mutterstadt
Neuhofen
Waldleiningen
Deidesheim
Ruppertsberg
Böhl-
Königsbach
Gimmeldingen
SCHIFFERSTADT
Haardt
Mußbach
Haßloch
-Iggelheim
Elmstein
NEUSTADT
Speyerdorf
SPEYER
Lachen
Sankt Martin
Kirrweiler
Geinsheim
EDENKOBEN
Ramberg
Rhodt
Mechtersheim
Burrweiler
Waghäusel
Essingen
Westheim
Philippsburg
Eußerthal
Hochstadt
Wilgartswiesen
Siebeldingen
GERMERSHEIM
Wiesenthal
Annweiler
Birkweiler
Offenbach
Ilbesheim
Bellheim
Rußheim
LANDAU
Großweiler
Herxheim
Klingenmünster
Billigheim
Erlenbach
BAD BERGZABERN
Dörrenbach
Kandel
Schweigen-Rechtenbach
Schaidt
Freckenfeld
Steinfeld
WISSEMBOURG (WEISSENBURG)
6 km
FRANKREICH
Spitzenlagen
1 Kallstadter Saumagen
2 Ungsteiner Herrenberg
3 Wachenheimer Gerümpel
4 Forster Jesuitengarten
5 Forster Kirchenstück
6 Forster Ungeheuer
7 Deidesheimer Kalkofen
8 Deidesheimer Grainhübel
9 Deidesheimer Hohenmorgen
10 Burrweiler Schäwer
11 Birkweiler Kastanienbusch

sich in fortgeschrittenem Alter hervorragend zu Wildgerichten, Ente und Gans.

In der Pfalz herrscht eine große Tradition der Rieslingdessertweine. Sie reicht bis in das Jahr 1811 zurück, als Andreas Jordan in der Pfalz die erste selektive Lese botrytisbefallener Trauben durchführte. Es war sein Weingut, das heutige Weingut Dr. von Bassermann-Jordan, das im 19. und dem frühen 20. Jahrhundert zusammen mit den Gütern Reichsrat von Buhl und Dr. Bürklin-Wolf den Ruf dieses Gebietes als Rieslingerzeuger der Spitzenklasse begründete. Die Riesling-Auslesen, Beerenauslesen und Trockenbeerenauslesen aus der Pfalz sind opulenter und stoffiger als die nördlicherer Gebiete, und doch besitzen sie eine für derart reichhaltige Weine erstaunliche Eleganz. Sie sind der optimale Einstieg für all diejenigen, deren Erfahrung mit edelsüßen Weinen sich auf Sauternes-Weine beschränken. Eine große Pfälzer Riesling-Trockenbeerenauslese braucht den Vergleich mit einem Château d'Yquem aus einem guten Jahrgang nicht zu scheuen.

Auch wenn es in den Weinerzeugungsmethoden der Pfälzer Spitzengüter große Unterschiede gibt – sie reichen vom Ultratraditionalismus des Weingutes Koehler-Ruprecht bis zum selbstbewußten Modernismus des Gutes Pfeffingen –, kann doch über den entscheidenden Einfluß eines Mannes auf die Weine der Pfalz keinerlei Zweifel bestehen. Dieser Mann ist Hans-Günther Schwarz, seit über dreißig Jahren Kellermeister auf dem Weingut Müller-Catoir. Hier hat er einen intensiven aromatischen, kräftigen und ausdrucksstarken Stil entwickelt, mit dem seine Weine nie schwer oder plump geraten. Statt dessen ist ihnen eine unübertroffene Klarheit und Eleganz eigen, die sie schon fast unwirklich erscheinen läßt. Seine wichtigsten Anhänger – Hans-Jörg Rebholz, Gregor Meßmer, Rainer Lingenfelder und Helmut Darting – haben ihre eigenen Variationen des »Schwarz-Motivs« entwickelt. Ihr Erfolg hat mittlerweile immer mehr Familienbetriebe dazu ermutigt, von der Massenproduktion Abstand zu nehmen und statt dessen mehr Wert auf Qualität zu legen.

Ähnlich wie in Franken gelingen auch in der Pfalz aus der Scheurebe und dem Rieslaner wesentlich wertvollere Weine, als es das Wort »Neuzüchtungen« vermuten lassen würde. Keine von beiden ergibt wirklich gute Kabinettweine, aber beide Rebsorten eignen sich hervorragend für trockene Weine mit höherem Prädikat – Auslesen und Spätlesen – oder edelsüße Auslesen, Beerenauslesen und Trockenbeerenauslesen. Der Rieslaner besitzt eine höhere Säure, intensives Aprikosenaroma und ist oft rassiger als ein Riesling. Im Gegensatz dazu ist die Scheurebe wesentlich weicher als der Riesling, wenn auch nie flach oder plump und hat ein Cassisbouquet, das bei höheren Qualitätsstufen auch die Aromen von Grapefruit und

exotischen Früchten annimmt. Beide Rebsorten können es sowohl als trockene als auch als süße Weine fraglos mit dem Riesling aufnehmen. Was ihnen an Finesse fehlt, machen Dichte und Kraft wieder wett. Die Erzeuger der besten dieser Weine werden in den folgenden Beschreibungen vorgestellt.
Heute hat eine neue Generation junger Winzer in der Pfalz den großen, traditionellen Gütern der Mittelhaardt den Rang abgelaufen und erzeugt nun die beste Qualität. Wie die folgenden Beschreibungen der Güter zeigen werden, stellen die traditionellen Güter weiterhin sehr gute Rieslinge her, doch bei den anderen Rebsorten wie Weiß-, Grau- und Spätburgunder, Scheurebe, Gewürztraminer und Muskateller, die in der pfälzischen Weinerzeugung eine tragende Rolle spielen, haben die Aufsteiger sie abhängen können. Diesen ehrgeizigen Winzern, die das Mosel-Saar-Ruwer-Gebiet als noch führenden Rieslingerzeuger herausfordern können, ist die Pfalz zu Dank verpflichtet.

Spitzenrieslinglagen

BIRKWEILER KASTANIENBUSCH Rebholz, Dr. Wehrheim
BURRWEILER SCHÄWER Herbert Meßmer
DEIDESHEIMER GRAINHÜBEL Dr. Deinhard, Dr. von Bassermann-Jordan
DEIDESHEIMER HOHENMORGEN Dr. von Bassermann-Jordan
DEIDESHEIMER KALKOFEN Josef Biffar, Dr. Deinhard
FORSTER JESUITENGARTEN Dr. von Bassermann-Jordan, Dr. Deinhard
FORSTER KIRCHENSTÜCK Dr. von Bassermann-Jordan
FORSTER UNGEHEUER Dr. von Bassermann-Jordan, Georg Mosbacher, Wegeler-Deinhard
KALLSTADTER SAUMAGEN Koehler-Ruprecht
UNGSTEINER HERRENBERG Pfeffingen
WACHENHEIMER GERÜMPEL Josef Biffar, Dr. Bürklin-Wolf, Karl Schaefer

Exzellente Rieslinglagen

BURRWEILER SCHLOSSGARTEN Herbert Meßmer
DEIDESHEIMER KIESELBERG Josef Biffar, Dr. Deinhard, Dr. von Bassermann-Jordan
DEIDESHEIMER LEINHÖHLE Dr. von Bassermann-Jordan, Dr. Deinhard, Werlé

DEIDESHEIMER MÄUSHÖHLE Josef Biffar
DÜRKHEIMER MICHELSBERG Karl Schaefer
FORSTER FREUNDSTÜCK Georg Mosbacher
FORSTER PECHSTEIN Dr. Bürklin-Wolf, Karl Schaefer
FREINSHEIMER GOLDBERG Lingenfelder
GIMMELDINGER MANDELGARTEN Christmann, Müller-Catoir
HAARDTER BÜRGERGARTEN Müller-Catoir
HAARDTER HERZOG Müller-Catoir
KALLSTADTER ANNABERG Henninger, Koehler-Ruprecht
KALLSTADTER STEINACKER Koehler-Ruprecht
KÖNIGSBACHER IDIG Christmann
LAUMERSHEIMER MANDELBERG Knipser (Johannishof)
MUSSBACHER ESELSHAUT Müller-Catoir
RUPPERTSBERGER GAISBÖHL Dr. Bürklin-Wolf (Alleinbesitz)
RUPPERTSBERGER NUSSBIEN Dr. von Bassermann-Jordan, Dr. Bürklin-Wolf, Werlé
RUPPERTSBERGER REITERPFAD Dr. von Bassermann-Jordan, Josef Biffar, Dr. Deinhard
SCHWEIGENER SONNENBERG Fritz Becker
SIEBELDINGER IM SONNENSCHEIN Rebholz
UNGSTEINER WEILBERG Pfeffingen
WACHENHEIMER BÖHLIG Dr. Bürklin-Wolf
WACHENHEIMER GOLDBÄCHEL Josef Biffar, Dr. Bürklin-Wolf
WACHENHEIMER RECHBÄCHEL Dr. Bürklin-Wolf

Weingut Geh.-Rat Dr. von Bassermann-Jordan

Anschrift 67142 Deidesheim, Kirchgasse 10
Inhaber Dr. Ludwig von Bassermann-Jordan
Direktorin Inge Anslinger
Kellermeister Harald Höhne

Gesamtrebfläche 40 ha
Rebsortenspiegel 100 % Riesling

Rieslingproduktion

Rebfläche 40 ha
Lagen Deidesheimer Hohenmorgen, Deidesheimer Grainhübel, Deidesheimer Kieselberg, Deidesheimer Leinhöhle, Deidesheimer Kalkofen, Forster Jesuitengarten, Forster Kirchenstück, Forster Ungeheuer, Forster Freundstück, Forster Pechstein, Ruppertsberger Reiterpfad, Ruppertsberger Spieß, Ruppertsberger Nußbien, Ruppertsberger Linsenbusch, Ruppertsberger Hoheburg
Rebmaterial 100 % Pfropfreben (diverse Klone, unter anderem N90)
Durchschnittliches Rebalter 12–15 Jahre
Durchschnittlicher Ertrag 73 hl/ha
Durchschnittliche Produktion 390 000 Flaschen pro Jahr

Genau wie Schloß Johannisberg im Rheingau ist auch dieses berühmte Weingut eines der großen Denkmäler der deutschen Weinkultur. Andreas Jordan (1775–1848) gilt als der Begründer der pfälzischen Qualitätserzeugung, er war der erste, der die besten Lagen dieses Gebietes mit Riesling bepflanzte und der seit 1802 Weine unter Angabe der Rebsorte und der Herkunftslage verkaufte. Als erster führte er auch 1811 eine selektive Rieslinglese durch. So schuf er einen Qualitätsstandard, der dem der großen Rheingaugüter ebenbürtig war. Diesen Standard hat das Weingut Dr. von Bassermann-Jordan weitestgehend bis heute beibehalten können. Von den drei großen, bedeutenden Pfalzgütern, den sogenannten »drei B.s« (Bassermann, Buhl und Bürklin) erzeugt dieses Gut die besten Weine und ist den Traditionen der Pfalz am engsten verbunden geblieben.
Es ist dem Weingut Dr. von Bassermann-Jordan gelungen, eine Weinkultur zu pflegen, die sonst in Deutschland meist dem Verfall preisgegeben wurde. Hier wird ausschließlich Riesling angebaut, und jeder Wein vergärt mit natürlicher Hefe im Holzfaß, worin er anschließend auch bis zur Flaschenabfüllung reift. Moderne Techniken werden nur dort eingesetzt, wo sie den Charakter des Weines nicht beeinflussen können. Der Kellermeister des Gutes, Harald Höhne, und die Direktorin Inge Anslinger verfolgen unbeirrbar ihr oberstes Ziel, eine exzellente Qualität zu erzeugen, und sind der Pfälzer Weintradition eng verbunden. In einer Weinwelt, die vor allem von Kompromissen und Opportunismus geprägt ist, ist eine solche Integrität selten und höchst erfrischend.
Allerdings sollten einige der Gepflogenheiten noch einmal überdacht werden. Das Weingut Dr. von Bassermann-Jordan hat einen großen Kreis alter Stammkunden, die vor allem an leichten Kabinettweinen interessiert sind. Nur zu gerne kommt man diesen Wünschen nach. Gewiß kann Deutsch-

land auf eine bedeutende Tradition »leichter Weine« zurückblicken, doch wie überall gibt es auch hierbei zuviel des Guten. Ein Kabinett aus einer der Spitzenlagen wird immer viel Aroma und Geschmack besitzen, ungeachtet seines leichten Körpers, doch die aus zweitrangigen Lagen geraten auf diese Weise häufig recht oberflächlich und dürftig. Bis zu einem gewissen Grade ist das sicher auf das geringe Alter der Reben zurückzuführen, denn buchstäblich jede Lage in diesem Teil der Pfalz wurde im Rahmen der Flurbereinigung während der letzten Jahre neu bepflanzt. Aber Weinbergbewirtschaftung und Weinerzeugung sollten darauf eingerichtet sein. Junge Reben, großzügige Erträge und ein minimaler Reifegrad bei Kabinettweinen sind eine Garantie für dünne Weine. Wenn großzügige Erträge einige einfachere Weine dieses Gutes zu dünn werden lassen, müßten niedrigere Erträge in den Spitzenlagen logischerweise bessere Weine als die heute erzeugten ermöglichen.

Eine Faßprobe des letzten Jahrgangs reicht aus, um die größte Stärke dieses Gutes zu demonstrieren, nämlich das äußerst hohe Niveau der Weinerzeugung. Bei den nahezu einhundert Weinen, die den gesamten Kellerbestand umfassen, bin ich noch nie auf ein problematisches Exemplar gestoßen! Ebenso auffällig ist bei solchen Gelegenheiten die Individualität jedes einzelnen Weines. Sie alle besitzen eine eigene Kombination aus roten Beeren, weißen und gelben Früchten, Würze und mineralischen Aromen, die typisch für die Bassermann-Jordan-Weine sind. Diese intensiven Noten sind ein wichtiger Bestandteil des hier gepflegten Stils, und viele Weinliebhaber empfinden sie als besonders faszinierend und ansprechend, andere hingegen als störend. Ich gehöre entschieden zur ersten Gruppe, denn die Lebhaftigkeit und Klarheit dieser Weine ist um vieles anziehender als der flache, matte Charakter der Rieslinge anderer großer Güter in Deutschland. Ich bin sicher, daß Herr Höhne aus dem ihm zur Verfügung stehenden Traubenmaterial die bestmöglichen Weine schafft. Von allen Kellermeistern der großen und berühmten deutschen Weingüter ist er fraglos einer der begabtesten und qualifiziertesten.

Um die Weine mit natürlicher Restsüße von den trockenen deutlich zu unterscheiden, werden für beide Kategorien unterschiedliche Etiketten benutzt. Auf dem 1905 von Alois Balmer entworfenen »Probus-Etikett« im Art-Nouveau-Stil ist eine nahezu nackte Frau in einer Weinberglandschaft dargestellt. Hiermit werden alle trockenen Weine gekennzeichnet, was für einen Betrieb mit einer solchen Tradition recht gewagt und mutig ist. Die restsüßen Weine, die – wenn dieser Begriff auch nie auf dem Etikett auftaucht – oft halbtrocken sind, tragen das »Wappen-Etikett«, das 1925 von Otto Hupp entworfen wurde. Der Schwerpunkt der Bassermann-Jordanschen Erzeugung liegt zwar bei trockenem und halbtrockenem Riesling-

Kabinett, aber daneben entstehen regelmäßig Weine höherer Prädikate. Sie können großartig geraten und eine Kombination aus intensiver Frucht und eleganter Säure aufweisen, die sie zu den genußreichsten, »trinkbarsten« Weinen dieses Gebietes macht. Die Riesling-Auslesen und -Spätlesen aus der Pfalz können kraftvolle, opulente, im Geschmack sehr eindrucksvolle Weine sein, von denen man zum Essen aber keine ganze Flasche trinken möchte. Von den Weinen Bassermann-Jordans eignen sich sogar viele der »fast trockenen« zum Essen, und alle trockenen Spätlesen, die unter dem Wappen-Etikett verkauft werden, passen wunderbar zu Speisen.
Edelsüße Weine werden auf diesem Gut nicht mit der gleichen Häufigkeit wie in anderen Betrieben der Pfalz erzeugt, wenn sie aber hervorgebracht werden, nehmen sie es mit den edelsüßen Rieslingen aus dem Mosel-Saar-Ruwer-Gebiet oder dem Rheingau auf. Einen Wein dieser Kategorie sollte jeder Sammler edelsüßer deutscher Weine in seinem Keller haben!
Das Weingut Bassermann-Jordan ist nicht in einem Palast oder einem Schloß angesiedelt, aber ein Besuch dieses Betriebes ist für jeden, der sich für die Geschichte der deutschen Weinkultur interessiert, unerläßlich. Um die bedeutende Sammlung römischer Funde in den beeindruckenden Gutskellern besichtigen zu können, muß allerdings ein Termin vereinbart werden. Hier wird sich jeder davon überzeugen können, daß es die große Weintradition, die Andreas Jordan in den ersten Jahren des vergangenen Jahrhunderts begründet hat, noch immer gibt und daß sie auch in ein weiteres Jahrhundert fortgeführt werden wird.

Forster Riesling diverser Lagen

1988 UNGEHEUER KABINETT TROCKEN **87**
Der beste trockene Riesling des Jahrgangs bei Bassermann-Jordan. Ausgeprägter Pfirsich-Grapefruit-Duft mit leichter Reifenote; erstaunliche Dichte und Frucht für nur 10,5 % vol Alkohol, elegante Rasse; mineralischer Nachhall. Nicht mehr so beeindruckend wie als junger Wein, trotzdem ein Musterbeispiel des Gutsstils; hält sich bis 1996/97.

1988 PECHSTEIN SPÄTLESE **85**
Dezenter Pfirsichduft mit zarter Kräuternote; mittelgewichtig, elegant, feinfruchtig, kaum Süße, rassige Säure; gute Länge. Schon auf ihrem Höhepunkt, hält sich bis 2000.

1988 KIRCHENSTÜCK AUSLESE **91**
Tolles Botrytisbouquet nach exotischen Früchten, Konfekt und Vanille; sehr konzentriert, saftig und kremig, sehr elegante Säure und feines Spiel; langer, vielschichtiger Nachhall. Ein Wein, der in jedem Entwicklungsstadium geschmeckt hat; hält sich bis 2005.

1989 JESUITENGARTEN SPÄTLESE 89
Sehr feiner Rieslingduft ohne eine Spur Botrytis, vielfältige Fruchtnoten im Duft und Geschmack, viel Pfirsich und Mango, dicht und saftig, ohne übermäßig füllig zu sein, filigranes Säurespiel und sehr diskrete Süße; schmelziger Nachhall. Bereits jetzt auf ihrem Höhepunkt, bleibt dort bis 2004.

1989 JESUITENGARTEN TROCKENBEERENAUSLESE 98
Unglaublich nuancierter Honigduft; enorme Konzentration und höchste Finesse, perfekte Harmonie und Ausgeglichenheit, toller Schmelz und Honigsüße; extrem nachhaltige, delikate Würze. Ein Meisterwerk, annähernd perfekt. Der beste Rheinwein des Jahrgangs sowie der beste Pfalzriesling des Jahrzehnts; kann noch 50 Jahre problemlos liegen.

1990 KIRCHENSTÜCK SPÄTLESE 91
Ziemlich jugendlicher Duft nach Pfirsichen, Maracuja und Blüten; sehr dicht und feinfruchtig, filigranes Spiel, pikante Säure; sehr langatmige mineralische Rasse. Erst 1996/97 auf ihrem Höhepunkt, hält sich weitere 10 bis 12 Jahre.

1990 UNGEHEUER AUSLESE 93
Noch verschlossener Duft; sehr konzentriert, reichhaltig trotz der für eine Auslese geringen Süße, braucht ewig lang, um sich zu entfalten, nicht so verspielt und filigran wie die Kirchenstück Spätlese, dafür mehr Stoff und Tiefe; sehr kräftiger Nachhall. Erst Ende der neunziger Jahre in ihrer besten Form, kann bis 2015 problemlos liegen.

1991 JESUITENGARTEN KABINETT TROCKEN 80
Feiner Pfirsich-Mandel-Duft; saftige Pfirsichfrucht, geschliffene Säure für den eher harten Jahrgang, bessere Struktur als die meisten 91er des Gutes; nur ganz hinten sticht die Säure ein bißchen hervor. Erreicht langsam ihren Höhepunkt, hält sich bis 1997/98.

1992 KIRCHENSTÜCK SPÄTLESE TROCKEN 82
Fruchtiger Cassis-Pfirsich-Maracuja-Duft; saftig und reichhaltig, etwas lasch, recht weiche Säure; gute Länge. Ein sehr attraktiver 92er, aber es mangelt an Struktur und Spiel. Schon voll entwickelt, hält sich bis 1997.

1992 JESUITENGARTEN SPÄTLESE 84
Feiner Pfirsichduft mit leichter exotischer Fruchtnote; noch saftiger und dichter als die Kirchenstück-Spätlese. Trocken, die Süße noch leicht vordergründig, lebendige Säure; hinten fehlt ihm etwas Ausdruck. Hält sich bis mindestens 2000.

Deidesheimer Hohenmorgen Riesling

1988 SPÄTLESE 87
Voller Pfirsichduft mit leichter Honignote; mittelgewichtig, dichte Frucht, sehr saftig, ohne süßlich zu schmecken, elegante Säure; schmelziger Nachhall. Hält sich bis mindestens 2000.

1989 AUSLESE 90
Recht reifes Honigbouquet mit sattem Aprikosenton; dicht, füllig und kremig, sehr geschmeidig, noch recht süß; nachhaltige Honignote. Hat sich ziemlich schnell entwickelt und ist nicht ganz so beeindrukkend wie als junger Wein, hält sich bis 2004.

1990 AUSLESE 91
Toller Aprikosen-Maracuja-Duft mit einem Hauch Honig; viel frischer als die 89er Version, konzentrierte Frucht und geschliffene Rasse, fast perfekte Süße-Säure-Harmonie; sehr langatmiger Nachhall. Erst 1996/97 in ihrer besten Form, genug Reserven für weitere 10 bis 12 Jahre Entwicklung.

1991 KABINETT 82
Zarter Mango-Mandel-Duft; schöner Saft und elegantes Säurespiel, diskrete Süße; pikanter Abgang. Sehr gelungener halbtrocken schmeckender Kabinett, hält bis 2001.

1992 SPÄTLESE 85
Satter Aprikosenduft mit leicht exotischer Fruchtnote; füllig und reichhaltig, trotz recht weicher Säure gute Struktur, die Süße noch etwas hervorstechend; schmelziger Nachhall. Für eine Spätlese aus dieser bekannten Lage fehlt es ein wenig an Spiel und Tiefe; hält sich bis 2002.

Weingut Bergdolt (Klostergut St. Lamprecht)

Anschrift 67435 Neustadt-Duttweiler, Dudostraße 17, St. Lamprecht
Inhaber Rainer und Günther Bergdolt
Leiter und Kellermeister Rainer Bergdolt

Gesamtrebfläche 17,7 ha
Rebsortenspiegel 35 % Riesling, 30 % Weißburgunder, 12 % Rotwein, 23 % diverse Sorten

Rieslingproduktion

Rebfläche 6,2 ha
Lagen Duttweiler Kalkberg 0,8 ha, Duttweiler Kreuzberg 2,5 ha, Duttweiler Mandelberg 0,25 ha, Kirrweiler Mandelberg 2 ha, andere Lagen 0,65 ha
Rebmaterial 100 % Pfropfreben (Gm239, 237, 198, N90)
Durchschnittliches Rebalter 15 Jahre
Durchschnittlicher Ertrag 82 hl/ha
Durchschnittliche Produktion 57000 Flaschen pro Jahr

Die ersten Bergdolt-Weine, die ich kennengelernt habe, waren die überragenden trockenen Weißburgunder-Spätlesen und -Auslesen, die Rainer Bergdolt aus den alten Reben im Kirrweiler Mandelberg erzeugt. Sie waren und sind die größten Weine dieser Rebsorte (im englischen und französischen Sprachraum als Pinot Blanc, in Italien als Pinot Bianco bekannt) in ganz Deutschland und zählen somit zu den besten ihrer Art weltweit. Heute erzeugt Rainer Bergdolt diese Weine mit großem Erfolg auf zwei verschiedene Weisen: einmal im klassischen Stil ohne Holz und zum anderen als Barriqueweine in neuen Eichenholzfässern.
Lange Zeit standen die Rieslinge dieses Gutes im Schatten jener äußerst konzentrierten und kraftvollen Meisterstücke. Sie waren zweifelsohne gelungen und besaßen reichlich Frucht und Substanz, doch wirkten ihre einzelnen Komponenten - Frucht, Alkohol und Säure - nicht vollständig integriert, denn am Gaumen tauchten sie eher nebeneinander auf. Die ersten Anzeichen erheblicher Verbesserungen brachten die Jahrgänge 1989 und 1990, doch erst mit dem 92er Jahrgang bewies Rainer Bergdolt endgültig, daß er sowohl trockene als auch restsüße und edelsüße Rieslinge der Spitzenklasse hervorbringen kann. Die Weine dieses Jahrgangs haben in jeder Kategorie an Frucht und Harmonie bedeutend hinzugewonnen. Noch bin ich mir im unklaren darüber, welche Veränderungen für diesen gewaltigen Schritt nach vorn verantwortlich sind, aber durch sie zählt dieses Weingut nun definitiv zu den besten Erzeugern hochwertiger Rieslinge in der Pfalz.
Die »neuen« Bergdolt-Rieslinge weisen mehr als eine Ähnlichkeit mit denen von Hans-Günter Schwarz vom Weingut Müller-Catoir in Neustadt-Haardt auf. Sie besitzen genau die Kombination aus opulenter Frucht, lebhafter Säure und enormer Saftigkeit, die auch die Müller-Catoir-Weine so unwiderstehlich macht. Da der Riesling nicht in Bergdolts Spitzenlagen steht, mag es einigen dieser Weine vielleicht ein wenig an Subtilität mangeln. Dieses Manko wird aber durch ihre enorme Intensität und ihre

sinnliche Anziehungskraft mehr als ausgeglichen. Die nachfolgenden Beurteilungen verraten aber, daß die trockenen und edelsüßen Auslesen wegen ihrer enormen Vielschichtigkeit mehrere Jahre benötigen, um ihre ganze Tiefe und Komplexität entfalten zu können. Wie die Weißburgunder stammen auch die besten Rieslinge aus dem Kirrweiler Mandelberg, sie sind etwas eleganter als die aus dem Duttweiler Kalkberg.
Die deutlichen Verbesserungen der Bergdolt-Weine lassen mich die kommenden Jahrgänge sehr gespannt erwarten. Einige deutsche Weinkritiker gehen mit ihrem Lob für dieses Weingut sehr sparsam um, ich jedoch würde Rainer Bergdolt ohne zu zögern zu einem der besten Winzer der Pfalz erklären und seinem Betrieb den Aufstieg zur Spitze der deutschen Weinelite vorhersagen. Jeder Jahrgang der vergangenen fünf Jahre hat Fortschritte in den Erzeugungsmethoden verraten, und diese Entwicklung scheint ihr Ende noch nicht erreicht zu haben. Dabei ist Rainer Bergdolt das Gegenteil jener ehrgeizigen jungen Winzer, die sich mit den Ellbogen den Weg nach oben erkämpfen. Auf kaum einem anderen Gut bereiten Weinproben so großes Vergnügen wie hier. Bescheidenheit, Offenheit und Intelligenz sind nur einige der Eigenschaften dieses sympathischen Winzers. Manch einer seiner Kollegen könnte von ihm noch viel lernen, und zwar nicht nur über die Weinerzeugung!

Riesling diverser Lagen

1988 KIRRWEILER MANDELBERG AUSLESE TROCKEN **85**
Duftet nach getrockneten Pfirsichen; dicht und füllig; kein Charmeur, aber recht beeindruckende Struktur und Schmelz; nachhaltige Mandelnote. Hält sich bis 1996/97.

1989 KIRRWEILER MANDELBERG SPÄTLESE TROCKEN **86**
Feiner Pfirsich-Mandel-Duft mit leichter Vanillenote; recht füllig und substanzreich, ohne schwer zu wirken, sehr saftige Frucht, reife Säure und leichter Schmelz; langer Nachhall. Längst auf dem Höhepunkt und hält sich in dieser Form bis 1997.

1990 DUTTWEILER MANDELBERG SPÄTLESE TROCKEN **83**
Ausladender Pfirsichduft; sehr reichhaltig und füllig, fast wuchtig, betonte Säure, es fehlt ein bißchen an Feinheit und Schliff; langer, nicht ganz ausgeglichener Nachhall. Könnte sich ab 1995/96 harmonischer präsentieren, hält bis Ende der neunziger Jahre.

1991 DUTTWEILER KALKBERG SPÄTLESE TROCKEN **80**
Frischer Apfel-Zitrus-Duft; etwas einfach angelegt für eine trockene Spätlese, ansprechende Apfelfrucht, gute Substanz und schöner Säurebiß; nachhaltige Konfektnote. Bis 1997 trinken.

1992 DUTTWEILER KALKBERG SPÄTLESE TROCKEN **86**
Satter Duft nach Ananasmarmelade; dicht und extrem saftig, etwas natürliche Restsüße und pikante Säure, sehr attraktives Spiel; schmelziger Nachhall. Kommt gerade in ihre beste Form und hält sich bis 2000.

1992 DUTTWEILER KALKBERG AUSLESE TROCKEN **89**
Viel konzentrierter und feiner als die trockene Spätlese. Komplexer Duft nach gelben Pflaumen, Zitrus und Ananas; ausladende Fülle, die von dichter Frucht und sehr eleganter Säure balanciert wird, trotz 13,5 % vol Alkohol eine sehr gute Harmonie; langer, vielschichtiger Abgang. Der beste trockene Riesling der Gutsgeschichte zeigt, was hier in Zukunft möglich sein wird; jetzt in seiner besten Form, gutes Entwicklungspotential.

1992 KIRRWEILER MANDELBERG SPÄTLESE **87**
Attraktiver Duft nach Pfirsichen, Ananas und Mandeln; verführerische Saftigkeit und elegante Säure, perfekt integrierte Süße, durchaus halbtrocken schmeckend; nachhaltige, pikante Note. Keine große Tiefe, aber in seiner Art perfekt gemacht; hält sich bis 2000.

1992 KIRRWEILER MANDELBERG AUSLESE **90**
Facettenreiches Aprikosenbouquet; sehr konzentrierte, vielschichtige Frucht mit ausgeprägtem Ananas- und Zitruston, deutlich unentwikkelter als ihre Geschwister, tolle Rasse für den eher weichen Jahrgang; Frucht und Säure klingen lange nach. Erreicht erst 1995/96 ihren Höhepunkt und hält sich bis 2005.

Die 1993er Rieslinge sind stoffige, kernige Weine, die nicht ganz die Saftigkeit und das Spiel der 1992er besitzen.

Weingut Josef Biffar

Anschrift 67146 Deidesheim, Niederkirchener Straße 13
Inhaber Gerhard Biffar
Leiter Gerhard Biffar, Lilli Biffar
Kellermeister Ulrich Mell

Gesamtrebfläche 11 ha
Rebsortenspiegel 93 % Riesling, 7 % Weißburgunder

Rieslingproduktion

Rebfläche 9,3 ha
Lagen Deidesheimer Grainhübel 0,6 ha, Deidesheimer Kalkofen 0,6 ha, Deidesheimer Herrgottsacker 2,5 ha, Deidesheimer Kieselberg 1,35 ha, Deidesheimer Leinhöhle 0,22 ha, Deidesheimer Mäushöhle 0,75 ha, Deidesheimer Nonnenstück 0,9 ha, Ruppertsberger Nußbien 0,7 ha, Ruppertsberger Reiterpfad 0,65 ha, Wachenheimer Altenburg 0,15 ha, Wachenheimer Gerümpel 0,4 ha, Wachenheimer Goldbächel 0,2 ha
Rebmaterial überwiegend Pfropfreben
Durchschnittliches Rebalter 15 Jahre
Durchschnittlicher Ertrag 78 hl/ha
Durchschnittliche Produktion 80 000 Flaschen pro Jahr

In den achtziger Jahren stammten alle pfälzischen Spitzenweine von einigen wenigen Familienbetrieben weitab von den drei berühmtesten pfälzischen Weinbauorten Deidesheim, Forst und Wachenheim. Damals schien es, als ob das Herz der Pfalz aufgehört habe zu schlagen, so auffällig waren die Unterschiede zwischen den mittelmäßigen Weinen, die aber die Namen der berühmtesten Lagen der Pfalz trugen, und den spektakulären Weinen jener qualitätsorientierten Winzer, die außerhalb des traditionellen Zentrums arbeiteten. Hätte dieser Trend sich weiterhin fortgesetzt, hätte man sich ernsthaft fragen müssen, ob der Ruhm, den diese Orte im 19. Jahrhundert genossen hatten, lediglich einem historischen Zufall zu verdanken war. Seit aber Ulrich Mell im Sommer 1990 seine Arbeit als Kellermeister auf dem Weingut Josef Biffar aufgenommen hat, hat sich das Bild gründlich gewandelt. In diesen wenigen Jahren ist es ihm gelungen, das bis dahin eher introvertierte Weingut aus dem Mittelfeld der pfälzischen Weinerzeuger in die Elite der Rieslingerzeuger dieses Gebietes zu führen.
Unter dem früheren Kellermeister konnte dieses Gut zwar einen soliden Qualitätsstandard vorweisen, doch kaum ein Wein war wirklich aufregend. Als er 1990 in den Ruhestand ging, nutzte Gerhard Biffar die Gelegenheit für einige weitreichende Veränderungen. Zu den wichtigsten zählten die Einstellung Ulrich Mells als Kellermeister und der Entschluß, aus den Lagenanteilen des Weingutes Biffar das volle Potential zu erwirtschaften. Ulrich Mell hatte zuvor schon auf den berühmtesten Weingütern der Pfalz gearbeitet, wie bei Dr. von Bassermann-Jordan, Dr. Bürklin-Wolf, Henninger IV. und Eugen Müller. Hier hatte er in den Deidesheimer, Ruppertsberger und Wachenheimer Lagen, in denen auch die Reben Biffars stehen, reiche Erfahrungen sammeln und die Entstehung der unterschiedlichen

Stilrichtungen eines pfälzischen Rieslings beobachten können. So entstand eine hervorragende Grundlage zur Verwirklichung der Pläne Gerhard Biffars.
Schon mit dem 89er Jahrgang, dessen Weine Ulrich Mell im Faß übernahm, konnte er eine mehr als vorzeigbare Palette bieten, indem er jeden Wein, der seinem Prädikat nicht bis ins letzte Detail entsprach, herabstufte. Die ersten großen Erfolge wurden mit dem 90er Jahrgang erzielt, der verschiedene sehr beeindruckende Weine, darunter einige erstklassige trockene Rieslinge, hervorbrachte. Sie erhielten eine völlig neue Ausstattung und wurden als »Biffar Privat« verkauft, wenn dieser Name auch nicht auf dem Etikett erscheint. Mit dem problematischen Jahrgang 1991 gelang dem Gut eine eindrucksvolle Kollektion, deren Weine zu den besten zählen, die in diesem Jahr in der Pfalz erzielt wurden. Mit den überragenden Spätlesen und Auslesen des Jahrgangs 1992, zu denen auch der beste trockene 92er Riesling des ganzen Gebietes zählt, hat das Weingut Josef Biffar nicht nur seine Führungsposition in diesem Teil der Pfalz unter Beweis gestellt, sondern auch demonstriert, daß die Spitzenlagen hier als die besten des ganzen Gebietes angesehen werden müssen.
Die Biffar-Weine der letzten Jahre waren zwar bestechend, doch sie scheinen die Möglichkeiten dieses Gutes nur anzudeuten. Selbst 1992 war ein Teil der Lese wenig aufsehenerregender Qualität. Man traf die richtige Entscheidung und verkaufte die geringeren Weine in Literflaschen zu bescheidenen Preisen. Dieser Jahrgang verriet jede Schwäche bei der Weinbergbewirtschaftung. Auf dem Weingut Josef Biffar hat sich gezeigt, daß noch mehr Zeit vergehen muß, damit die Veränderungen, die Ulrich Mell in den Weinbergen vorgenommen hat, wirksam werden können. Die älteren Lagen bringen schon heute Trauben exzellenter Qualität hervor, doch die jüngeren Reben in anderen Lagen leiden manchmal noch unter Dürrebelastungen. Wenn das derzeitige Konzept der ausschließlich organischen Düngung, Begrünung und niedrigen Erträge in der Zukunft weiter verfolgt wird, sollte sich die Bodenstruktur soweit verbessern, daß diese Anfangsschwierigkeiten überwunden werden können.
Auch im Keller sind gewaltige Fortschritte erzielt worden, die aber noch ausbaufähig sind. Der bisher beste Biffar-Wein, die 1992 Wachenheimer Gerümpel Riesling-Auslese, hat vier Monte lang mit natürlicher Hefe gegoren, wesentlich länger also als jeder andere trockene Wein dieses Jahrganges. Fraglos ist das eine der Ursachen für die enorme Saftigkeit und die Intensität der Fruchtaromen dieser Auslese. Zwar vergären, seitdem Ulrich Mell auf dem Weingut Josef Biffar arbeitet, alle Weine sehr lange, doch beweist jener Wein, daß das Potential dieser Technik noch nicht voll ausgeschöpft wird. Alle Weine werden nur minimal behandelt – beim ersten

Abzug werden sie einmal gefiltert, dann bis zur Abfüllung in Holz- oder Edelstahlfässern belassen, um dort in Ruhe zu reifen. In vieler Hinsicht ähnelt dieses Vorgehen dem auf dem Weingut Müller-Catoir; die Unterschiede zwischen den Weinen beider Güter werden hauptsächlich durch den unterschiedlichen Lagenbesitz verursacht. Auf dem Weingut Josef Biffar nimmt man langsam Abstand vom Einsatz der Süßreserve, benutzt sie aber noch für einen kleinen Teil der Gesamtproduktion. Ganz auf sie zu verzichten wäre ratsam und ein weiterer Schritt nach vorn.
Wenngleich die Weinberge noch etwas Zeit benötigen und das Vorgehen im Keller noch ausgearbeitet werden könnte, haben die Weine, die Ulrich Mell bisher erzeugt hat, doch eine neue Ära für das Gut Josef Biffar eingeläutet. Schon wird deutlich, daß hier ein Weinstil entwickelt wurde, der sich deutlich von dem anderer Pfalzgüter unterscheidet. So bewegt sich der Charakter der neuen Biffar-Weine zwischen der explosiven Fruchtigkeit und der massiven Konzentration der Weine von Müller-Catoir und der äußersten Eleganz der Pfeffinger Weine. In ihrer Bestform sind sie reich, saftig und ausdrucksstark, besitzen dabei aber eine so rassige Säure, daß sie immer auch geschliffen und elegant wirken. Sie können eine solche Kraft und Substanz aufweisen, daß sie dem internationalen Vergleich mit den besten österreichischen oder elsässischen Rieslingen standhalten und eine ausgesprochen deutsche Persönlichkeit darstellen.
Möchte man einen Wein jung genießen, so sind dafür die Ruppertsberger Weine am besten geeignet. Wegen der leichten, sandigen Böden in der Umgebung von Ruppertsberg sind die Weine sehr frühreif und zeigen schon ein Jahr nach der Lese volle, doch delikate Aromen und Geschmacksnoten neben einer seidigen Säure. Die Weine aus den Wachenheimer Spitzenlagen benötigen wesentlich mehr Zeit, um ihre Bestform zu erreichen. Die beiden Lagen Goldbächel und Gerümpel bringen Weine mit einer reichen Aprikosen-Pfirsich-Frucht und vielschichtigen fruchtigen und mineralischen Geschmacksnoten hervor, die einige Jahre in der Flasche benötigen, bevor sie sich voll entfalten. Die Weine aus der Deidesheimer Mäushöhle bilden in diesem Ort eine Ausnahme, denn sie besitzen eine derart fest strukturierte Säure, daß sie in ihrer frühen Jugend geradezu unnahbar sind. Häufig ist ihnen ein Cassisaroma eigen, in höheren Prädikatsstufen auch eine stark ausgeprägte Ananasnote. Letztere ist, neben den Aromen anderer exotischer Früchte, für die Weine aus den Deidesheimer Spitzenlagen nicht ungewöhnlich. Hier zeichnen große Unterschiede im Rebalter verantwortlich für die nicht unerheblichen Qualitätsschwankungen. Zur Zeit stammen die besten Weine aus dem Kalkofen und dem Kieselberg; der Grainhübel ist recht zuverlässig, ergibt aber noch keine erstklassigen Resultate. Das Potential der Leinhöhle wird am wenigsten ausgeschöpft. Insge-

samt bringt jede dieser Lagen wegen der leichteren Böden Weine mit einer weitaus sanfteren Säure hervor als die Mäushöhle. Die alten Reben im Kalkofen ergeben Weine von enormer Subtilität und Brillanz, und so dient diese Lage dem Weingut Josef Biffar als Quelle für die eindrucksvollen edelsüßen Riesling-Auslesen.

Jeglicher Wein aus all diesen Lagen gibt Aufschluß über die großen Fortschritte, die der Biffar-Betrieb mit den letzten Jahrgängen erzielt hat. Sie alle beweisen einen hohen Qualitätsstandard und deuten schon an, was von den kommenden Jahrgängen erwartet werden darf. Dank des hohen Qualitätsbewußtseins von Gerhard Biffar und der beispielhaften Arbeit Ulrich Mells hat es dieses Weingut schon weit gebracht. Ich freue mich schon jetzt darauf, in den nächsten Jahren die Fortsetzung dieser Bemühungen und ihre reichen Früchte bewundern zu können. Endlich hat die Pfalz wieder ein Herz, das laut und regelmäßig schlägt!

Wachenheimer Gerümpel Riesling

1989 AUSLESE TROCKEN 85
Reifer Aprikosenduft mit leichtem Honigton; dicht und füllig, vielschichtige Frucht, eine sehr gute Harmonie von Frucht, Alkohol und Säure; hält hinten nicht, was Duft und Attacke versprechen. Bleibt in dieser attraktiven Form bis 1997.

1990 SPÄTLESE 82
Recht verhaltener Duft mit Konfektnote; zarte Pfirsichfrucht, saftig und elegant, aber etwas glatt und neutral für den exzellenten Jahrgang; anhaltend im Abgang. Kein Glanzstück aus der beeindruckenden Jahrgangskollektion von Biffar; hält sich bis 1997/98.

1991 KABINETT TROCKEN 87
Intensiver Zitrus-Pfirsich-Duft; konzentriert und feinfruchtig, geschliffene Rasse und etwas natürliche Restsüße, leichte Kremigkeit; nachhaltige mineralische Note. Eine sehr beeindruckende Leistung für den schwierigen Jahrgang; hält sich bis 2000.

1992 AUSLESE TROCKEN 93
Fabelhafter Aprikosenduft mit einem Hauch von Cassis; extrem konzentriert, hochfeine Frucht und seidige Säure, der hohe Alkoholgehalt von 13,2 % vol perfekt integriert, verführerischer Saft und toller Schmelz; der Nachhall kraftvoll und finessenreich. Die Krönung einer tollen Kollektion trockener Rieslinge aus dem Jahre 1992: RUPPERTSBERGER REITERPFAD AUSLESE (91 Punkte), DEIDESHEIMER MÄUSHÖHLE SPÄTLESE (90 Punkte), WACHENHEIMER GOLDBÄCHEL SPÄTLESE (89 Punkte), RUPPERTSBERGER REITERPFAD SPÄTLESE und DEIDESHEIMER GRAINHÜBEL AUSLESE (beide 88 Punkte).

Deidesheimer Mäushöhle Riesling

1989 KABINETT TROCKEN 83
Entwickelter Pfirsich-Mandel-Duft mit deutlicher Honignote; sehr füllig und substanzreich für einen Kabinett Trocken, trotz recht weicher Säure eine gute Harmonie, leichter Schmelz; nachhaltiger Mandelton. Schon jetzt auf dem Höhepunkt, hält sich bis 1997.

1989 BEERENAUSLESE 92
Ausladender Duft nach exotischen Früchten mit leichtem Marzipanton; konzentriert und sehr reichhaltig, betonte aromatische Süße, nicht die höchste Konzentration und Finesse, trotzdem fast perfekte Harmonie; sehr eleganter langatmiger Nachhall. Eine der besten Beerenauslesen des Jahrgangs in der Pfalz.

1990 KABINETT TROCKEN 88
Attraktives Pfirsich-Zitrus-Bouquet mit erdiger Note; mit dieser Dichte und Substanz könnte er ohne weiteres als Spätlese präsentiert werden, saftige Frucht, viel Extrakt und Struktur, elegante Säure; langer mineralischer Nachhall. Hält sich bis mindestens 1998.

1990 SPÄTLESE TROCKEN 90
Ähnlich angelegt wie der Kabinett, nur ausgeprägtere Aromen (Cassis und Mineralien) und bedeutend konzentrierter; viel Kraft und betonte Rasse, vielschichtige Frucht; die Säure und mineralische Noten klingen lange nach. Schon jetzt in ihrer besten Form, bleibt es bis 2000.

1992 KABINETT TROCKEN 82
Offener Zitrusduft mit erdiger Note; etwas einfach angelegt, sehr ansprechende Frucht, elegante Säure; recht langer Abgang. Bedeutend besser als die meisten 92er Kabinettweine im Betrieb (viele davon werden in Literflaschen zu günstigen Preisen verkauft); hält sich bis 1997.

1992 SPÄTLESE TROCKEN 90
Jugendlicher Zitrus-Ananas-Duft mit mineralischer Würze; konzentriert und außergewöhnlich säurebetont für den Jahrgang, viel Kraft und Biß; nachhaltige mineralische Rasse. Erreicht erst 1995/96 ihren Höhepunkt und hält sich bis 2002.

Deidesheimer Kalkofen Riesling

1989 AUSLESE 88
Satter Pfirisch-Maracuja-Duft; sehr konzentriert und stoffig, ein bißchen ungeschliffen (zarte Bitternis und zu herb); beeindruckende Länge. Hält sich bis mindestens 2002/03.

1991 AUSLESE 89
Pikanter Ananasduft mit einem Hauch Honig; gute Konzentration, die Süße von der pikanten Säure ziemlich in den Hintergrund gedrängt, leichte Kremigkeit; recht herber mineralischer Nachhall. Trotz eines gewissen Auslese-Charakters hätte man den Wein besser als Spätlese angeboten; hält sich bis 2005.

1992 AUSLESE 92
Eigenartiger Duft mit ausgeprägtem Mandelton; sehr konzentriert, viel Fülle und dezente Süße, exzellente Anlagen, braucht Zeit, um die Komponenten des Weins vollkommen zu verbinden; vielschichtiger Nachhall. Zweifelsohne die beste edelsüße Auslese des letzten Jahrzehnts, die Biffar erzeugt hat; erst 1996/97 in ihrer besten Form, hält sich bis 2010.

Die 1993er Rieslinge einfacherer Art sind noch beständiger als 1992, bei Spät- und Auslese Spitzenweine im trockenen und restsüßen Bereich.

Weingut Dr. Bürklin-Wolf

Anschrift 67157 Wachenheim, Weinstraße 65
Inhaber Bettina Bürklin-von Guradze und Christian von Guradze
Kellermeister Fritz Knorr

Gesamtrebfläche 113 ha
Rebsortenspiegel 75,6 % Riesling, 5,4 % Müller-Thurgau, 4,1 % Portugieser, 3 % Weißburgunder, 2,8 % Dornfelder, 2,8 % Spätburgunder, 5,1 % Silvaner, Scheurebe, Traminer, Bacchus, Chardonnay, Muskateller, Cabernet, Sauvignon

Rieslingproduktion

Rebfläche 43,33 ha
Die Rieselinge aus den restlichen 42,1 ha werden unter dem Namen »Gebr. Eckel« vermarktet.
Lagen Deidesheimer Langenmorgen 0,68 ha, Deidesheimer Hohenmorgen 0,88 ha, Deidesheimer Mäushöhle 0,32 ha, Deidesheimer Kalkofen 0,68 ha, Ruppertsberger Gaisböhl 8 ha, Ruppertsberger Hoheburg 6,14 ha, Ruppertsberger Reiterpfad 2,16 ha, Ruppertsberger Nußbien 1,71 ha, Forster Jesuitengarten 0,6 ha, Forster Pechstein 2,33 ha, Forster Ungeheuer 0,94 ha, Forster Kirchenstück 0,55 ha, Wachenheimer Alten-

burg 1,23 ha, Wachenheimer Böhlig 4,94 ha, Wachenheimer Rechbächel 3,12 ha, Wachenheimer Goldbächel 2,87 ha, Wachenheimer Gerümpel 6,18 ha
Rebmaterial 100 % Pfropfreben (Bürklin Klon)
Durchschnittliches Rebalter 18 Jahre
Durchschnittlicher Ertrag 60 hl/ha
Durchschnittliche Produktion 300 000 Flaschen pro Jahr

Jeder, der einmal das Glück hatte, die älteren edelsüßen Rieslinge dieses weltberühmten Gutes zu probieren, wird leicht nachvollziehen können, wie es in der ersten Hälfte dieses Jahrhunderts zu seinem Ruf als einer der absoluten Spitzenrieslingerzeuger Deutschlands gekommen ist. Mit mehr als 40 ha Rebfläche in den besten Lagen von Wachenheim, Forst, Deidesheim und Ruppertsberg hätte das Weingut Dr. Bürklin-Wolf in qualitativer wie auch in quantitativer Hinsicht das Potential, in der Pfalz die Nummer eins der Erzeuger guter Rieslinge zu sein. Zudem wird es von zwei äußerst motivierten jungen Besitzern betrieben, deren Ziel es ist, dieses Gut zu einem führenden Mitglied der deutschen Weinelite zu machen. Zwischen Absicht und Verwirklichung aber liegt oft ein tiefer Graben, der nur überwunden werden kann, wenn jeder Teil eines solchen Betriebes kompromißlos auf dieses Ziel ausgerichtet ist. Leider ist die Qualität der Weinerzeugung auf dem Weingut Dr. Bürklin-Wolf heute weit unter dem Standard, der seinem außergewöhnlichen Potential angemessen wäre, und einen Platz auf meiner Liste der hundert besten Rieslingerzeuger Deutschlands erhielt dieses Gut nur um Haaresbreite.
Bettina Bürklin-von Guradze und Christian von Guradze übernahmen das Gut von Bettinas Mutter Jutta Bürklin am 19. März 1992. Zieht man in Betracht, daß sie damit die Fässer mit dem mittelmäßigen Jahrgang 1991 erbten und ein halbes Jahr später den sogar noch problematischeren 92er Jahrgang lasen, hätte es dafür kaum einen ungünstigeren Zeitpunkt geben können. Der letzte Jahrgang deckte bei vielen wohlbekannten deutschen Weingütern Schwächen bei der Vinifikation auf, beim Weingut Dr. Bürklin-Wolf warf er ein Schlaglicht auf erhebliche Mängel der Arbeit, die in den wunderbaren Kellern neben dem imposanten Gebäudekomplex im Zentrum von Wachenheim geleistet wird.
Mit dem 92er Jahrgang beschlossen die von Guradzes, ein zweites Etikett »Gebr. Eckel« einzuführen, unter dem alle Weine aus den durchschnittlichen Lagen östlich der Weinstraße vermarktet werden. Eine zweifellos richtige Maßnahme, da ein zweites Etikett die Möglichkeit bietet, das erste vor Qualitätsschwankungen, die durch schwierige Jahrgänge und interne Probleme entstehen, zu schützen. Alle Premier-Cru-Classé-Châteaux des

Medoc benutzen ein solches zweites Etikett seit langem und haben selbst diesen Weinen ein hohes Ansehen verschafft. Die Einführung des Bürklin-Wolfschen Zweitetiketts jedoch begann nicht besonders verheißungsvoll, denn die Weine des ersten Jahrgangs waren schwach und die unter dem ersten Etikett verkauften zum Teil kaum besser. Der schlimmste Beweis hierfür ist die 1992 WACHENHEIMER GERÜMPEL RIESLING SPÄTLESE, von der zumindest eine Abfüllung fehlerhaft ist. Das sind keine Leistungen, die einem Gut der deutschen Weinelite entsprechen, und seinen Platz in diesem Buch hat es nur dem Format seiner 89er und 90er Weine zu verdanken.

Ich würde zu gerne glauben, daß der Jahrgang 1992 widrigen Umständen zum Opfer fiel und daß solche Defizite nicht mehr auftauchen werden, doch frage ich mich, ob das der Fall sein wird. Als ich das Weingut im Februar 1993 zu einer Probe der jungen 92er Weine besuchte, erzählte mir Christian von Guradze von seinem »Product Improvement Programme«, mit dessen Hilfe er die Bereiche untersucht, in denen das Weingut womöglich hinter seinen Möglichkeiten zurückblieb. Er stellte fest, daß in einigen Lagen die Erträge wohl zu hoch gerieten und man hierauf besser achten müsse; abgesehen davon seien aber keinerlei Fehler entdeckt worden. Die (verläßlichen) Statistiken verraten jedoch, daß die Erträge auf diesem Weingut nur ein geringfügiges Problem sein können. Und dennoch haben die Proben, die vor diesem Gespräch stattfanden, eindeutig bewiesen, daß die Bürklin-Wolf-Weine größtenteils des Charakters der Trauben beraubt wurden und daß die Verschiedenartigkeit der Weine aus Lagen mit unterschiedlichen Bodenstrukturen und mikroklimatischen Bedingungen im Keller ausgemerzt werden. Daß solche Unstimmigkeiten unbemerkt bleiben können, ist äußerst beunruhigend, denn nur radikale, aber wohlbedachte Veränderungen der Erzeugungsmethoden werden die gegenwärtige Situation verbessern können.

Heute sieht es so aus, als ob hier nur dann eine nennenswerte Zahl hochwertiger Weine hervorgebracht wird, wenn die Natur selber exzellentes Traubenmaterial auf dem Tablett serviert. Hierfür ist besonders der Jahrgang 1990 exemplarisch, denn in diesem Jahr gelangen viele Bürklin-Wolf-Weine gut bis exzellent. Wie in den achtziger Jahren sind auch die besten 90er Weine edelsüße Auslesen oder höhere Prädikate. Mit ihnen nimmt das Weingut noch immer eine Spitzenposition in der Pfalz ein. Doch schon bei den Riesling-Spätlesen nimmt die Qualität stark ab. Die 89er und 90er trockenen und restsüßen Riesling-Spätlesen sind gut, aber wenig aufregend. Ihnen fehlt es an dem Charakter, der Tiefe und der Eleganz vergleichbarer Weine von den besten pfälzischen Erzeugern. Sie alle wirken, als sei ihre Erzeugung zwar korrekt vonstatten gegangen, aber nicht einmal ver-

sucht worden, die ganze Frucht oder die maximalen Aromen und Extrakte der Trauben, die die besten Weine dieses Gebietes auszeichnen, dem Wein auch zukommen zu lassen. Man kann zwar nachvollziehen, daß auf diesem Weingut ein Stil angestrebt wird, der sich von dem der Weingüter Müller-Catoir oder Koehler-Ruprecht deutlich abhebt, und daß daher mehr Wert auf Eleganz und Zartheit als auf Kraft gelegt wird. Doch sind selbst die Kabinettweine und Spätlesen aus den besseren Jahrgängen zu brav. Anderen pfälzischen Winzern gelingen trockene Rieslingweine mit mindestens 13 % vol Alkohol, die immer noch elegant sind, die Bürklin-Wolf-Weine aber beginnen schon bei 12 % vol Alkoholgehalt leicht alkoholisch zu schmecken. Genauso lassen auch die restsüßen Weine die wunderbare Harmonie einer reichen Frucht, lebhaften Säure und zurückhaltender Süße vermissen, die die besten pfälzischen Weine dieser Art auszeichnen.
Hoffentlich stehen die Umwälzungen, die in den Kellern des Weingutes Dr. Bürklin-Wolf stattfinden müssen, um den Betrieb wieder an die Spitze zu bringen, bereits vor der Tür. Bettina Bürklin-von Guradze und Christian von Guradze werden sich den Problemen, die ihr Gut bedrohen, ernsthaft zuwenden müssen. Die große Tradition des Weingutes Dr. Bürklin-Wolf und sein einmaliger Lagenbesitz verdienen Besseres als die industrialisierte Weinerzeugung, die seine Zukunft als einen der deutschen Spitzenerzeuger in Frage stellt.

Wachenheimer Riesling diverser Lagen

1988 GOLDBÄCHEL SPÄTLESE TROCKEN »GEHEIMRAT DR. ALBERT BÜRKLIN« — 78
Pfirsich-Mandel-Duft mit zarter Reifenote; substanzreich und recht saftig, die Säure ist immer noch nicht abgerundet, trotz schöner Frucht und Würze etwas spitz; gute Länge. Schon voll entwickelt, aber es fehlt immer noch an Eleganz und Schliff; hält sich bis 1996/97.

1989 GERÜMPEL SPÄTLESE TROCKEN — 86
Schöner Pfirsich-Grapefruit-Duft; sehr saftig und elegant, keine große Tiefe, ausgesprochen attraktive Frucht, geradlinig ohne jegliche Spur Botrytis; die Säure klingt lange nach. Jetzt in ihrer besten Form, kann bis 1997 liegen.

1989 GOLDBÄCHEL SPÄTLESE TROCKEN »GEHEIMRAT DR. ALBERT BÜRKLIN« — 75
Ein ziemlich extremer Wein mit viel Alkohol und Säure, die die eher leise Frucht übertönen, leichter Holzfaßton; kantiger Nachhall. Man fragt sich, welcher Harmonievorstellung dieser Wein entsprechen soll; trotz der hohen Säure schon etwas müde und ohne Charme.

1989 GERÜMPEL AUSLESE 92
Toller Zitrus-Ananas-Duft mit deutlichem Honigton; sehr satt und konzentriert, durch die betonte Säure fast schlank wirkend, pikantes Spiel, sehr vielschichtige Frucht; nachhaltige Rasse. Die beste Auslese des Gutes seit den legendären 76ern und 71ern; hält sich bis mindestens 2015.

1989 GERÜMPEL TROCKENBEERENAUSLESE 93
Irrsinnig konzentriert und säurebetont, die eisweinartige Rasse noch ziemlich dominant, äußerst pikantes Spiel; fast feuriger Nachhall. Der Wein braucht mindestens 10 Jahre, um sein Gleichgewicht zu finden. Es bleibt die Frage, ob diese extreme Art für hochkonzentrierte Botrytisweine optimal ist oder ob eine ausgeglichenere Balance die bessere Grundlage für ein langes Leben wäre.

1990 GOLDBÄCHEL SPÄTLESE TROCKEN 79
»GEHEIMRAT DR. ALBERT BÜRKLIN«
Attraktiver Ananas-Mango-Duft; voll und substanzreich, etwas alkoholisch, schöne Mangofrucht vorne; im Abgang etwas leer und säuerlich. Keine besonders gute Harmonie; jetzt trinken, bevor sie brandig wird.

1990 »B.B.« AUSLESE TROCKEN 84
Sehr volles Aprikosenbouquet; ausladende Fülle und viel Frucht, elegante Säure; langer Nachhall. Daß der Wein exzellente Anlagen besitzt, möchte ich nicht bezweifeln, aber mir fehlt dabei Finesse und Eleganz, hält sich in guter Form bis 1997/98.

1990 GERÜMPEL AUSLESE 90
Feiner Duft nach getrockneten Pfirsichen; gute Konzentration, klassische Eleganz, trotz pikanter Säure und hoher Süße, feinfruchtig, schönes Spiel; filigraner Nachhall. Könnte als hochwertiger Rheingauer durchgehen, kann locker bis 2012 liegen.

1990 GERÜMPEL BEERENAUSLESE 95
Der mit Abstand beste 90er Wein des Gutes. Extrem würziger Honigduft; besonders konzentriert und komplex, viel Schmelz und sehr beeindruckender Aromareichtum, tolle Rasse ohne die aggressive Art der 89er Spitzenweine, brillantes Spiel; grandioser Nachhall. Braucht bis 2000 oder noch länger, um sich zu entfalten; hält einige Dekaden.

1991 GOLDBÄCHEL SPÄTLESE TROCKEN 77
»GEHEIMRAT DR. ALBERT BÜRKLIN«
Frischer Apfelduft mit zarter Zitrusnote; trotz der gewissen Substanz wirkt sie schlank und säurebetont, etwas magere Frucht und ungeschliffene Säure; pikanter Nachhall. Braucht bis 1995/96, um sich zu harmonisieren; hält nur wenige Jahre.

1992 GERÜMPEL SPÄTLESE TROCKEN **80**
Recht feiner Aprikosenduft; satte Frucht und seidige Säure, attraktives Spiel; stoffiger Nachhall. Eine gute, aber nicht besondere Leistung für den Jahrgang; schon voll da, hält sich bis 1998.

1992 GERÜMPEL SPÄTLESE **63**
Sehr problematisch, vielleicht gibt es bessere Abfüllungen von dieser Spätlese. Die bescheidene Frucht im Duft und Geschmack durch einen ausgeprägten Ton von faulem Holz überdeckt, aufgesetzt wirkende Süße; leerer Nachhall. Keine Zukunftsperspektiven.

Weingut Dr. Deinhard/Weingüter J. Wegeler Erben

Anschrift 67146 Deidesheim, Weinstraße 10
Inhaber Familie Hoch (Dr. Deinhard)/Deinhard & Co. (J. Wegeler)
Leiter Heinz Bauer
Kellermeister Ludwig Molitor

Weingut Dr. Deinhard
Gesamtrebfläche 26 ha
Rebsortenspiegel 81 % Riesling, 4,5 % Müller-Thurgau, 4,5 % Kerner, 3,5 Gewürztraminer, 3,5 % Scheurebe, 1,5 % Weißburgunder, 1,5 % Silvaner und andere Sorten

Rieslingproduktion

Rebfläche 21 ha
Lagen Deidesheimer Herrgottsacker 2,5 ha, Ruppertsberger Reiterpferd 2,5 ha, Deidesheimer Mäushöhle 2,3 ha, Deidesheimer Paradiesgarten 2,1 ha, Deidesheimer Nonnenstück 1,7 ha, Deidesheimer Kalkofen 1,6 ha, Ruppertsberger Nußbien 1,6 ha, Mußbacher Eselshaut 1,4 ha, Deidesheimer Grainhübel 1,4 ha, Deidesheimer Leinhöhle 1,2 ha, Neustadter Erkenbrecht 1 ha, Deidesheimer Kieselberg 0,5 ha, Ruppertsberger Spieß 0,5 ha, Ruppertsberger Linsenbusch 0,5 ha, Forster Jesuitengarten 0,2 ha
Rebmaterial 100 % Pfropfreben (überwiegend N90)
Durchschnittliches Rebalter 15 Jahre
Durchschnittlicher Ertrag 74 hl/ha
Durchschnittliche Produktion 200 000 Flaschen pro Jahr

Weingüter J. Wegeler Erben
Gesamtrebfläche 17 ha
Rebsortenspiegel 91 % Riesling, 9 % Müller-Thurgau

Rieslingproduktion

Rebfläche 15,5 ha
Lagen Forster Ungeheuer, Deidesheimer Herrgottsacker, Ruppertsberger Linsenbusch
Rebmaterial 100 % Pfropfreben
Durchschnittliches Rebalter 15 Jahre
Durchschnittlicher Ertrag 76 hl/ha
Durchschnittliche Produktion 160 000 Flaschen pro Jahr

Die intensiv fruchtigen, extrem sauberen und eleganten Weine, die der Leiter dieses Weingutes, Heinz Bauer, seit seinem Amtsantritt im Jahre 1975 hervorgebracht hat, haben einen großen Freundeskreis gewonnen. In den achtziger Jahren war das Weingut Dr. Deinhard neben dem Weingut von Bassermann-Jordan der zuverlässigste Erzeuger hochwertiger Rieslinge aus den Deidesheimer und Ruppertsberger Spitzenlagen. Diese Position ist die Belohnung für die Sorgfalt und Gründlichkeit, mit der er die Weinberge des Gutes bewirtschaftet und die Weinerzeugung in den Kellern geleitet hat.

Die Besitzer dieses Betriebes können sich glücklich schätzen, einen Mann wie Heinz Bauer gefunden zu haben, der die für die Pfälzer charakteristische Wärme und Jovialität mit seiner präzisen und durchdachten Arbeitsweise verbindet. Die von ihm erzeugten Weine spiegeln diese Qualitäten genau wider, und man wird kaum einem Deinhard-Wegeler-Wein begegnen, der nicht die typisch pfälzische volle, verführerische Frucht mit den exakt ausbalancierten Komponenten Säure und Alkohol aufweist. Erst der 92er Jahrgang, der vielen Winzern in der Pfalz arge Probleme bereitete, brachte auch hier einen oder zwei leicht alkoholische und schwere Weine mit sich.

Heinz Bauer ist ein äußerst realistischer Mensch und gehört zu den Winzern, die sich nicht scheuen, die Edelstahltanks im Keller vorzuführen, die bei der Deinhardschen Weinerzeugung eine genauso große Rolle spielen wie die Holzfässer. Die von ihm angewandten Methoden entspringen jahrelangen praktischen Erfahrungen und nicht irgendwelchen Fachbüchern oder dem absichtsvollen Gedanken, daß sie bei Weinkritikern oder anderen Besuchern sicher gut ankommen. Zwar ist dieser Betrieb technisch außerordentlich gut ausgestattet, doch wird die Technik nur dort eingesetzt, wo sie wirkliche Vorteile bringt. So wird zum Beispiel eine zu schnelle Gärung durch gekühlte Tanks verhindert. Nach der Gärung zeigt Heinz Bauer keinerlei Eile bei der Klärung der Weine durch Filtration oder Schönen, vorausgesetzt, sie machen einen sauberen, stabilen Eindruck. Sie werden so lange wie möglich auf der Feinhefe (dem Bodensatz aus inaktiver Hefe, der sich nach der Gärung am Faßboden ablagert) belassen. Daher werden die Deinhard-Wegeler-Weine relativ spät gefiltert und nur geschönt, wenn eine chemische Anaylse dieses Vorgehen zur Wahrung der Stabilität der Weine notwendig erscheinen läßt. Diese sorgfältigen Methoden lassen die Weine die Frucht und den Charakter aufweisen, die die Trauben aus den Weinbergen mitgebracht haben.

Daher ist dieser Betrieb auch eines der wenigen Pfälzer Weingüter, deren Weine aus unterschiedlichen Lagen sich deutlich voneinander abheben. Die besten trockenen Rieslinge der letzten Jahre stammen aus dem Deidesheimer Grainhübel und dem Forster Jesuitengarten. Beide Lagen zählen zu den besten und berühmtesten der ganzen Pfalz. In den Händen Heinz Bauers entstehen aus ihnen sehr gegensätzliche Weine. Die aus dem Jesuitengarten besitzen immer ein mineralisches Aroma, dem sich manchmal eine kräuterähnliche Note, die fast an frisches Basilikum erinnert, hinzugesellt. Im Gegensatz dazu weisen die Grainhübel-Weine vor allem reiches Pfirsich- und Aprikosenaroma auf, in Spitzenjahrgängen sogar eine Maracujanote. Zudem ist ihre Säure weicher als die der Rieslinge aus dem Jesuitengarten, so daß sie in ihrer Jugend leichter zu genießen sind.

Die Weingüter Geheimrat J. Wegeler teilen sich mit dem Weingut Dr. Deinhard das Team Heinz Bauers und die Anlagen in der Deidesheimer Weinstraße 10. Gegründet wurde das »Doppelgut« im Jahre 1843 von Deinhard aus Koblenz. 1973 kaufte die Firma Deinhard der Familie Hoch wieder Teile des Betriebes ab. Die Qualität des Lagenbesitzes vom Weingut Wegeler reicht im allgemeinen nicht an den des Deinhardschen Betriebes heran, doch gibt es mit der Lage Forster Ungeheuer, in der das Weingut Wegeler die größten Anteile besitzt, eine bedeutende Ausnahme. Seit 1987 werden die Weine aus dieser Lage trocken vinifiziert und nur unter der Lagenbezeichnung verkauft, wenn Spätlesen höchster Qualität erzielt werden. Die Forster Ungeheuer Riesling Spätlese Trocken ist der »Leitwein« des Wegeler-Gutes in Deidesheim, wie es der »Geheimrat J.« für das Weingut Wegeler im Rheingau ist. Mit ihm konnte ein hoher Standard erreicht und beibehalten werden. Besonders die Jahrgänge 1988 und 1990 gerieten sehr eindrucksvoll. Die übrigen Weine des Gutes Wegeler in der Pfalz sind zwar einigermaßen elegant, zählen aber nicht zum Besten dieses Gebietes.

Deidesheimer Grainhübel Riesling (Dr. Deinhard)

1988 SPÄTLESE TROCKEN 87
Schöner Pfirsichduft mit zarter Reifenote; sehr saftig und im schönsten Sinne abgerundet, elegante Rasse; filigraner Nachhall. Jetzt voll entwickelt, hält sich bis 1996/97.

1989 SPÄTLESE TROCKEN 89
Tolles Pfirsich-Maracuja-Bouquet mit feiner Zitrus- und Vanillenote; nicht so explosiv fruchtig wie als junger Wein, äußerst attraktive Saftigkeit, elegante Säure und fast perfekte Frucht-Säure-Alkohol-Harmonie; langer, schmelziger Nachhall. Bereits auf ihrem Höhepunkt, verweilt dort bis Ende der neunziger Jahre.

1990 SPÄTLESE TROCKEN 88
Nuancierter Pfirsichduft mit zarter Cassisnote; sehr saftig und viel zurückhaltender als die fast laute 89er Version, schöne Rasse; filigraner Nachhall. Für den exzellenten Jahrgang hätte sie mehr Dichte und Kraft aufweisen können; hält sich bis 2000.

1992 SPÄTLESE TROCKEN 88
Verführerisches Pfirsichbouquet; konzentriert und extrem saftig, gute Struktur; sehr langer, kräftiger Nachhall. Der Wein war extrem schnell entwickelt und besitzt vielleicht etwas begrenzte Lagerfähigkeit.

Forster Riesling

1988 UNGEHEUER SPÄTLESE TROCKEN (J. Wegeler) 88
Nuancierter Pfirsich-Mandel-Duft mit zartem Grapefruitton; konzentrierte Frucht und elegante Rasse, optimale Frucht-Alkohol-Säure-Harmonie; nachhaltige Grapefruitnote. Schon auf dem Höhepunkt, besitzt genug Reserven, um bis mindestens 1998 zu halten.

1989 UNGEHEUER SPÄTLESE TROCKEN (J. Wegeler) 83
Recht entwickelter Aprikosenduft; mittelgewichtig mit schönem Saft vorne, etwas verhaltene Säure; abrupter Abgang. Hält sich bis 1996/97.

1990 JESUITENGARTEN SPÄTLESE TROCKEN (Dr. Deinhard) 87
Nuancierter mineralischer Pfirsichduft; sehr filigran für 12 % vol Alkohol, attraktive Frucht und geschliffene Rasse, hält hinten nicht, was er in Duft und Attacke verspricht; ziemlich leiser Abgang. Als junger Wein wesentlich beeindruckender, man spürt deutlich die jungen Reben; hält sich bis 1997.

1990 Ungeheuer Spätlese Trocken (J. Wegeler) 87
Schöner Aprikosenduft mit leicht exotischer Note; gute Konzentration und pikante Säure, nicht ganz die feine Harmonie der 88er Version; sehr nachhaltige Rasse. Gerade auf dem Höhepunkt, bleibt dort bis um die Jahrhundertwende.

1992 Jesuitengarten Spätlese Trocken (Dr. Deinhard) 88
Komplexer Duft nach Cassis, Basilikum und Mineralien; außergewöhnlich unentwickelter 92er mit sehr fester Säurestruktur, viele Aromen noch verschlossen; langer, vielschichtiger Nachhall.

1992 Ungeheuer Spätlese Trocken (J. Wegeler) 83
Etwas lascher Duft nach Fruchtsalat aus der Dose; ansprechender Saft und gute Fülle, recht weiche Säure vorne; etwas spitzer Abgang. Muß sich noch harmonisieren, die Aromen sind bereits entwickelt; hält sich nur bis 1997/98.

Weingut Koehler-Ruprecht

Anschrift 67169 Kallstadt, Weinstraße 84
Inhaber Bernd Philippi
Kellermeister Jürgen Lange

Gesamtrebfläche 8 ha
Rebsortenspiegel 57 % Riesling, 14 % Spätburgunder, 7 % Weißburgunder, 4 % Grauburgunder, 4 % Chardonnay, 3 % Cabernet Sauvignon, 2 % Muskateller, 2 % Gewürztraminer

Rieslingproduktion

Rebfläche 4,7 ha
Lagen Kallstadter Saumagen, Kallstadter Steinacker
Rebmaterial 100 % Pfropfreben (Gm239, 198, 110)
Durchschnittliches Rebalter 12 Jahre
Durchschnittlicher Ertrag 57 hl/ha
Durchschnittliche Produktion 36 000 Flaschen pro Jahr

In meinem ersten Buch über den deutschen Wein, das 1988 unter dem Titel *Life Beyond Liebfrauenmilch* in England veröffentlicht wurde, nannte ich das Weingut Koehler-Ruprecht den besten deutschen Erzeuger trockener Rieslinge. Das stimmt heute noch genauso wie damals, trotz des enorm gestiegenen Niveaus bei der Erzeugung trockener Rieslinge. Die Weine dieses Gutes ragen aus den verschiedensten Gründen heraus und gerade deshalb werden manche Weinkritiker über diese Zeilen sicherlich den Kopf schütteln. Die Weine von Bernd Philippi und seinem begabten Kellermeister Jürgen Lange unterscheiden sich deutlich von allen anderen Weinen der Pfalz, Deutschlands und des Auslands. Es handelt sich um gänzlich einzigartige Weine, die in keine der üblichen Stilkategorien passen wollen. Versammelt man aber eine Gruppe ausländischer Weinexperten, wie kürzlich bei einer von den »Masters of Wine« organisierten Probe deutschen Rieslings in London, und präsentiert man ihnen eine Auswahl trockener Rieslinge, so wird es ein Koehler-Ruprecht-Wein sein, der sie vor Begeisterung vom Hocker reißt. Es sind einfach Weine der Weltklasse, die es ohne weiteres mit den besten trockenen Rieslingen aus der Wachau oder aus dem Elsaß aufnehmen.

Die Kritiker der Weine Bernd Philippis nennen seine Weine gerne »altmodisch«, da sie ihr ganzes Leben bis zur Flaschenabfüllung in Holzfässern verbringen und nur selten früher als im September, fast ein Jahr nach der Lese, abgefüllt werden. Man könnte annehmen, daß dieserart Weine entstehen, denen es an Frische mangelt, doch jeder, der einmal einen fünf bis fünfzehn Jahre alten Wein dieses Gutes probiert hat, wird bestätigen können, daß es sich hier um äußerst langlebige Weine handelt, die zur Entfaltung ihrer Bestform eine lange Flaschenreifung benötigen und die ihre Frische außerdem länger als die meisten anderen deutschen Weine bewahren. Wenn manche trockene Rieslinge schon zerbrechen und auseinanderfallen, offenbaren Philippis Weine noch eine Tiefe und Komplexität, die nur wenige derzeit in Deutschland erzeugten Weine jeglicher Stilrichtung aufweisen können. Sollte ein Leser sich über die Bedeutung solcher Kategorien wie »Konzentration« oder »Struktur« nicht im klaren sein, sei eine mindestens fünfjährige Riesling-Spätlese Trocken vom Weingut Koehler-Ruprecht empfohlen, denn dann werden diese Begriffe sich ihm erschließen.

Weine dieses Kalibers werden nicht einfach »erzeugt«. Sie können nur entstehen, wenn einige sehr anspruchsvolle Kriterien erfüllt werden. Deren erstes und wichtigstes ist die Lage selber. Wüchsen Philippis Reben in den durchschnittlichen Pfälzer Lagen mit deren typisch leichten, sandigen Böden, würden seine Weine weder einen Bruchteil ihrer tatsächlichen Kraft und Intensität, noch auch nur die Hälfte ihres Alterungspotentials besitzen.

Der Kallstadter Saumagen gehört zum halben Dutzend Pfälzer Spitzenlagen und hebt sich wegen seiner einmaligen Bodenstruktur deutlich von allen anderen ab. Ursprünglich war diese schüsselförmige Lage ein Kalksteinbruch, und gerade dieser Kalksteinboden ist für die Einzigartigkeit der Weine verantwortlich. Er speichert erheblich mehr Wasser als die meisten anderen Böden dieses Gebietes, so daß Trockenschäden hier so gut wie unbekannt sind, und ergibt Weine mit einem für die Pfalz sehr untypischen festen Kern. Wie immer man die Weine aus dieser Lage auch vinifizieren würde – sie werden für ihre Entwicklung durchweg mehr Zeit brauchen als die Gewächse von leichteren Böden.

Eine technokratische Weinerzeugung, wie sie heute auf vielen Pfälzer Weingütern praktiziert wird, ließe den besonderen Charakter der Weine aus dem Saumagen leicht verblassen, die äußerst eigenen Erzeugungsmethoden Bernd Philippis jedoch betonen den Charakter dieser Weine noch. Der Vorwurf, daß seine Methoden »altmodisch« seien, legt nahe, daß er überlieferten Traditionen geradezu sklavisch nacheifert, nur weil »es immer schon so gemacht wurde«. In Wahrheit aber ist er ein höchst sachkundiger Winzer und in den Erzeugungsmethoden aller führenden Anbaugebiete Europas bewandert. Seine überragenden roten Spätburgunder der letzten Jahrgänge, nach burgundischem Vorbild erzeugt, sind das Ergebnis völlig anderer Vorstellungen und Verfahrensweisen als diejenigen, die seinem Riesling zugrunde liegen, genau wie seine eindrucksvollen Grauburgunder und Chardonnay, die beide in neuen Barriques vergären und reifen.

Einen weiteren Beweis für seine weitreichenden Erfahrungen liefern die Weine, die er als Berater für zahlreiche Weingüter in den USA, Kanada, Portugal, China und Japan erzeugt hat. Philippi vinifiziert seine Weine auf die Art, die seiner Ansicht nach die besten Ergebnisse herbeiführt. Nicht das Entwicklungsstadium der Weine drei Monate nach der Flaschenabfüllung zeigt Philippi, ob ein Vorgehen gut war, sondern ihr Zustand nach fünf oder mehr Jahren. Zudem sieht er die Qualität seiner Weine nicht nur in Vergleich zu anderen deutschen trockenen Rieslingen, sondern zu den besten trockenen Weißweinen der ganzen Welt. So setzt er den höchstmöglichen Standard und mißt seinen eigenen Erfolg oder Mißerfolg an den größten Weißweinen aus dem Burgund. »In vieler Hinsicht sind sie mit meinen Weinen vergleichbar, denn genau wie meine Weine sollen auch sie Kraft und Reichtümer aufweisen, ohne dabei schwer zu wirken«, kommentiert er.

Insgesamt scheinen mir diese Vorstellungen absolut richtig zu sein. Ein überragender oder großer Wein muß sich mindestens zehn Jahre lang entwickeln können, ohne seine Anziehungskraft einzubüßen. Kann ein Wein – süß oder trocken, voll oder leicht, rot oder weiß – dieser Anforderung nicht genügen, gehört er nicht in die höchste Qualitätskategorie, egal, wie attraktiv er in seiner Jugend auch sein mag. Genauso unsinnig ist es, wenn ein Winzer behauptet, daß seine Riesling-Spätlese Trocken des letzten Jahrganges ein großer Wein sei, nur weil er in seinem Gebiet nichts Besseres finden kann. Erst der Vergleich mit Weinen aus anderen Anbaugebieten und Ländern wird offenbaren, ob ihm ein guter Wein gelungen ist oder ein Spitzenprodukt, das es mit den besten Weinen der Welt aufnehmen kann – eine wesentliche Voraussetzung für einen großen Wein. Diese Prinzipien sollten andere deutsche Winzer sich ebenso zu Herzen nehmen wie es Bernd Philippi tut.

Um aus seinen Reben in der Lage Saumagen die besten Resultate zu erzielen, achtet Philippi strikt auf niedrige Erträge. Das Rebalter ist wegen der jüngsten Flurbereinigung im Saumagen zwar noch weit entfernt vom Ideal, aber intensiver Rebschnitt und die Ausdünnung der Trauben ergeben die niedrigsten Erträge der ganzen Pfalz. Die Vorhersage des günstigsten Zeitpunktes für die Lese und die sofortige Einbringung aller Trauben zu diesem Zeitpunkt ist völlig unmöglich, daher ist die Lese auf dem Weingut Koehler-Ruprecht lang und selektiv. Häufig werden die Rebreihen dabei mehrere Male durchgegangen und jedesmal nur die besten Trauben gelesen, wobei die edelfaulen Trauben sorgfältig von den gesunden getrennt werden. So entstehen viele verschiedene Weine, die alle ihren eigenen Charakter haben. Jeder wird gesondert ausgebaut. Erst kurz vor der Flaschenabfüllung wird entschieden, welche Fässer wegen ihrer Ähnlichkeit eine gemeinsame Abfüllung ergeben oder getrennt abgefüllt werden.

Alle Weine vergären mit natürlicher Hefe im Faß, wobei die vorherige sorgfältige Klärung des Mostes das Tempo der Gärung auf ein Schneckentempo reduziert. Dieser Vorgang kann zwischen sechs Wochen und sechs Monaten dauern; danach verbleiben die jungen Weine so lange wie möglich auf der Hefe. Wenn diese Weine in ihrer Jugend auch sehr eindrucksvoll sein können, ist das oberste Ziel dieses Vorgehens aber nicht ein Wein mit maximaler »Primärfrucht« oder viel natürlicher Kohlensäure. Die jugendliche Fruchtigkeit wird als eine Phase angesehen, die der Wein auf dem Weg zu seinem Höhepunkt durchlebt und nicht als das Beste, was er zu bieten hat. Ziel der Arbeit im Keller des Weingutes Koehler-Ruprecht ist es, den ganzen Charakter des Weines in die Flasche zu bekommen, so daß er sich in den kommenden Jahren voll entfalten kann.

Bisher sind es die Weine des 90er Jahrgangs, die Philippis Vorstellungen von einem Riesling aus dem Saumagen am vollkommensten verkörpern. Es war der erste große Jahrgang des Gutes nach dem Bau eines neuen Faßkellers in den späten achtziger Jahren und nach der Einstellung des Kellermeisters Jürgen Lange. Wegen ihrer ausnehmend hohen Qualität entstanden in diesem Jahrgang zwei Abfüllungen der Saumagen Riesling-Spätlese Trocken, der Auslese Trocken und der edelsüßen Auslese. Die beste Abfüllung jeder Kategorie wird »Reserve« genannt, wenn diese Bezeichnung aus rechtlichen Gründen auch nicht auf dem Etikett erscheint; gegenwärtig befindet sich noch keiner dieser Weine auf dem Markt. Die beiden trockenen Weine sind sensationell; die Auslese Trocken kann neben der 1992 HOCHHEIMER HÖLLE RIESLING AUSLESE TROCKEN vom Weingut Franz Künstler im Rheingau und der 1992 NIERSTEINER ORBEL RIESLING SPÄTLESE TROCKEN vom Weingut St. Antony in Rheinhessen als der beste trockene Riesling gelten, der je in Deutschland erzeugt worden ist. Auf dem Weingut Koehler-Ruprecht plant man jetzt für jeden Spitzenjahrgang eine solche »Reserve-Abfüllung«, die erst sechs Jahre nach der Lese auf den Markt gebracht werden soll.

Genauso individuell wie die trockenen Weine dieses Gutes sind auch seine edelsüßen Rieslinge mit ihrem weitaus höheren Alkoholgehalt, der selten unter 12 % vol liegt, und einer wesentlich geringeren Süße als die meisten anderen Pfälzer Weine dieser Art sie besitzen. Ihre Struktur ähnelt eher der eines Sauternes-Weines, denn der eines typisch deutschen edelsüßen Rieslings. So schön die 86er, 89er und 90er Koehler-Ruprecht-Weine auch waren, so scheint der 92er Jahrgang doch einen Wendepunkt für die edelsüßen Weine darzustellen. In diesem Jahr gelang die Balance und die Textur – die die Amerikaner »mouth-feel« nennen – besser als jemals zuvor.

In den achtziger Jahren wurde auf zahlreichen deutschen Weingütern mit dem Ausbau von Riesling im Barrique experimentiert. Meistens war das Ergebnis ein katastrophaler Zusammenprall von Holztanninen und scharfer Säure, der die Weine alles andere als attraktiv erscheinen ließ. Bernd Philippi aber ist die schwierige Verbindung von Riesling und neuem Holz irgendwie gelungen. Ich persönlich würde einen klassischen Riesling von Koehler-Ruprecht vorziehen, interessiert man sich aber für einen Barriquewein, so findet man hier die einzigen mit der Rieslingrebe geglückten Spitzenergebnisse. Diese Variante ist in den Kellern von Koehler-Ruprecht nicht der einzige Wein, der weit außerhalb der Norm liegt. Aus einem eigenartigen »Cocktail« verschiedener Rebsorten, darunter auch einigen Neuzüchtungen wie der Huxelrebe, erzeugt Bernd Philippi den besten edelsüßen Barriquewein in ganz Deutschland, den »Elysium«. Mit einem Riesling hat er nichts gemein, ist aber dennoch sehr bemerkenswert. Mit all diesen Versuchen, so weit sie sich auch von dem Stil entfernen mögen, der den größten Teil der Produktion bestimmt, sollen neue Richtungen ausprobiert werden, die eines Tages vielleicht auch bei der Rieslingerzeugung Anwendung finden könnten.

Vorrangig dienen sie aber einem ganz anderen Zweck, nämlich der Entstehung neuer Erzeugnisse, die mit den Traditionen der Pfalz nicht das geringste zu tun haben. Aus demselben Grund hat Bernd Philippi im Saumagen auch Cabernet Sauvignon angepflanzt. Als ich das letzte Mal mit ihm gesprochen habe, war er gerade gebeten worden, Weltklasseweine im portugiesischen Alentejo zu erzeugen, was ihn sehr zu interessieren schien. Man darf gespannt sein, was sein nächstes Projekt sein wird!

Kallstadter Saumagen Riesling

1985 Auslese Trocken **90**
Hochfeiner mineralischer Pfirsichduft; erreicht jetzt langsam ihren Höhepunkt und überwindet die Pubertät, tolle Konzentration und Eleganz, viel Fülle, dabei kein Hauch von Alkohol, beeindruckende mineralische Tiefe; nachhaltige Rasse. Für diese Zeit ein großer Wurf und der mit Abstand beste trockene Riesling des Jahrgangs in Deutschland; hält sich bis 2005.

1986 Auslese Trocken **87**
Komplexer Duft nach Zitrusschalen, getrockneten Früchten und Honig; sehr kraftvoll, fast mächtige Fülle, die Botrytisnote ist noch vordergründig, aber bindet sich allmählich ein, viel Schmelz und etwas natürliche Restsüße, betonte Säure; vielschichtiger, nicht ganz ausgeglichener Nachhall. Die Probleme des Jahrgangs sind im Keller optimal bewältigt. Die Auslese wäre mit etwas mehr Restsüße harmonischer, hält sich bis 2000.

1987 Spätlese Trocken **82**
Attraktiver blumiger Zitrusduft; recht leichtgewichtig für eine Spätlese Trocken, mit zarten Fruchtnoten und eleganter Säure, keine Spur des grünen Charakters, der typisch für diesen schwachen Jahrgang ist; recht schlanker Nachhall. Man spürt stark die jungen Reben, trotzdem eine ansprechende Harmonie; hält sich in dieser Form bis 1997.

1988 Spätlese Trocken »R« **90**
Sehr nuancierter Pfirsichduft mit Maracuja- und Mandelnoten; konzentriert, elegante, betonte Rasse und ausgeprägter mineralischer Ton, hat lange gebraucht, um ihr Gleichgewicht zu finden, wunderschöne Harmonie; filigraner, langer Nachhall. Seit 1994 auf ihrem Höhepunkt, kann mit so viel Struktur bis mindestens 2005 liegen.

1988 Auslese Trocken **86**
Intensives Pfirsichbouquet mit leichtem Holzton; sehr kraftvoll und konzentriert mit fester Säurestruktur, momentan wird die Frucht von der Holznote etwas gestört, braucht noch viele Jahre, um sich zu harmonisieren; langer, etwas kantiger Nachhall. Die Auslese wird ihr Gleichgewicht finden, aber keinesfalls so beeindrucken wie die Spätlese Trocken »R«; viel Zukunft.

1989 SPÄTLESE TROCKEN 90
Hagel im Sommer machte die selektive Handlese sehr aufwendig, und eine Überschwemmung im folgenden Frühling erschwerte die Arbeit im Keller! Angesichts dieser Probleme ist es erstaunlich, wie gut die Weine des 89er Jahrgangs bei Koehler-Ruprecht sind. Sehr attraktiver Pfirsich-Birnen-Duft ohne Spur von Botrytiston; außergewöhnlich eleganter Riesling mit dichter Frucht und geschliffener Rasse; viel Kraft im Abgang. Noch ziemlich jung; erst 1995/96 auf ihrem Höhepunkt, hält sich bis 2010.

1989 AUSLESE TROCKEN 90
Ähnlich angelegt wie die trockene Spätlese, nur satter, konzentrierter und kraftvoller. Momentan etwas schwierig einzuschätzen. Besitzt mindestens so viel Potential wie die Spätlese und braucht auf jeden Fall bis 1996, um sich zu entfalten.

1990 SPÄTLESE TROCKEN 90
Noch etwas unentwickelter Pfirsichduft mit Zitrus- und Vanillenote; konzentriert und feinfruchtig, betonte Säure mit einem Hauch Holz, viel Struktur und Extrakt; vielschichtiger, langer Nachhall. Kommt erst 1995 auf den Markt und kann sich bis 2010 halten.

1990 SPÄTLESE TROCKEN »R« 93
Äußerst beeindruckender Pfirsich-Blüten-Duft mit mineralischer Note; sehr dicht und rassig, pikantes Spiel und facettenreicher mineralischer Charakter; enorme Tiefe im Nachhall, bleibt ewig lang am Gaumen. Erst Ende der neunziger Jahre auf ihrem Höhepunkt; hat genug Reserven, um sich bis 2015 zu halten.

1990 AUSLESE TROCKEN 91
Imposanter Duft nach gekochten Aprikosen; sehr satt und dicht, fast fleischige Konsistenz, leichter Schmelz; komplexer, schmelziger Nachhall. Recht offen im Vergleich mit anderen 90ern des Gutes; hält sich bis 2010.

1990 AUSLESE TROCKEN »R« 94
Unglaublich feiner Duft nach Aprikosenessenz mit subtilen Nuß- und Mineraliennoten; extrem konzentriert und tief, trotz der großen Kraft perfekt balanciert, tolles Säurespiel und Aromenreichtum, alle Anlagen für einen großen trockenen Weißwein, aber zum Teil erst ansatzweise zu erkennen; extrem nachhaltiger mineralischer Ton. Ein wirklich großer Wein, der viele Jahre braucht, um sich voll zu entfalten; kann bis 2015 liegen.

1991 SPÄTLESE TROCKEN »R« 87
Intensiver Zitrus-Pfirsich-Duft; recht schlank und säurebetont, reichhaltige Frucht; nachhaltige Rasse. Noch ziemlich unentwickelt, aber exzellentes Potential für den schwierigen Jahrgang; erst 1996 auf ihrem Höhepunkt, hält sich weitere 10 Jahre.

1992 Spätlese Trocken **90**
Verführerisches Pfirsich-Maracuja-Bouquet; konzentriert und extrem saftig, für die Lage relativ seidige Säure, leichte Extraktsüße (von reifen Trauben anstatt Zucker), ein richtiger Gaumenschmeichler; langer, schmelziger Nachhall. Bereits sehr gut zu trinken, kann bis 2005 liegen.

Die 1993er Rieslinge sind äußerst gelungen: nicht nur die gewohnte Kraft, sondern auch feine Frucht und viel Finesse schon zu diesem frühen Zeitpunkt.

Weingut Lingenfelder

Anschrift 67229 Großkarlbach, Hauptstraße 27
Inhaber Rainer, Karl und Hermann Lingenfelder
Kellermeister Rainer und Karl Lingenfelder

Gesamtrebfläche 15 ha
Rebsortenspiegel 36 % Riesling, 16 % Spätburgunder, 13 % Scheurebe, 10 % Dornfelder, 5 % Silvaner, 20 % andere Sorten

Rieslingproduktion

Rebfläche 5,24 ha
Lagen Freinsheimer Musikantenbuckel 2,02 ha, Freinsheimer Goldberg 2 ha, Großkerlbacher Osterberg 1,22 ha
Rebmaterial 100 % Pfropfreben (N90)
Durchschnittliches Rebalter 15 Jahre
Durchschnittlicher Ertrag 60 hl/ha
Durchschnittliche Produktion 43 000 Flaschen pro Jahr

Während der letzten zehn Jahre sind in der Pfalz mehr aufregende neue Erzeuger ins Rampenlicht getreten als in jedem anderen deutschen Anbaugebiet. Für dieses Phänomen kann es kaum ein besseres Beispiel als das Weingut Lingenfelder geben. Als Rainer Lingenfelder Anfang der achtziger Jahre mit der Weinerzeugung begann, hatte kein Mensch je von Großkarlbach gehört, und nur ein kleiner Kreis treuer Kunden, verstreut in ganz Deutschland, kannte das Weingut Lingenfelder. Mit seiner exzellenten 83er Riesling-Spätlese Trocken und seinem Spätburgunder des 85er Jahrganges, einem der besten Rotweine, die in diesem Jahr in Deutschland entstanden, erregte er plötzlich in Deutschland und in der englischsprachigen Welt Aufsehen. Mit den drei guten Jahrgängen 1988, 1989 und 1990 errang Rainer Lingenfelder eine Erfolgsserie, die seinen Weinen annähernd 100 Punkte in Robert Parkers *The Wine Advocate* und im *Wine Spectator*, den wichtigsten Weinzeitschriften überhaupt, einbrachte. Noch vor zehn Jahren hätten Großkarlbach und das Weingut Lingenfelder nicht unbekannter sein können, und auf einmal besaßen beide Starruhm. Diese Leistung ist um so bemerkenswerter, als Lingenfelder zwar Parzellen in einigen guten Lagen besitzt, nicht jedoch in wirklichen Spitzenlagen. Es war offensichtlich, daß hier ein neuer Winzer mit enormen Fähigkeiten aufgestiegen war. Belohnt wurde sein Erfolg, als Rainer Lingenfelder beim »International Wine and Spirit Competition« in London als »Winzer des Jahres« mit dem Robert-Mondavi-Preis geehrt wurde. Wie kein anderer deutscher Winzer arbeitete Lingenfelder an der internationalen Werbung für seine Weine, und vielen schien er die Verkörperung der ambitionierten neuen Generation junger pfälzischer Weinerzeuger zu sein, die der Welt beweisen will, was für großartige Weine in diesem Gebiet entstehen können. Noch vor zwei Jahren hätte ich die Beschreibung des Gutes Lingenfelder in gleicher Weise fortgesetzt, wie ich sie begonnen habe, doch muß ich mit einigem Bedauern meine Zweifel an der gegenwärtigen Produktion äußern. Nicht nur die leicht enttäuschende Qualität des 92er Jahrganges beunruhigt mich - schließlich haben viele Weingüter 1992 nur mittelmäßige Weine hervorgebracht –, sondern die rapide Erweiterung der Rebfläche von knapp 10 ha auf 15 ha. Zudem scheint Rainer Lingenfelder mit diesem Jahrgang auch einigen seiner wichtigsten Prinzipien bei der Weinerzeugung untreu geworden zu sein. Die Vergrößerung der Rebfläche muß nicht gezwungenermaßen Probleme herbeiführen, aber eine der traditionellen Stärken Lingenfelders war die Professionalität, mit der die Weinberge bewirtschaftet wurden. Ohne sie hätten aus den zweit- oder drittklassigen Lagen niemals so exzellente Weine wie in den siebziger und achtziger Jahren entstehen können. In dieser Hinsicht gebührt dem Vater Rainer Lingenfelders, Karl, und seinem Onkel Hermann Lingenfelder, mit denen er das Weingut auch weiterhin betreibt, große Anerkennung. Bis sie in diesen neuen Lagen die gleiche Bodenstruktur und den Humusanteil geschaffen haben, wie sie die alten Lagen besitzen, werden noch einige Jahre vergehen.

Was die Lingenfelder-Weine der achtziger Jahre so eindrucksvoll machte, war ihr lebhaftes Spiel, eine erstaunlich reiche Frucht und eine prononcierte, aber elegante Säure. Selbst die trockenen Rieslinge waren schon in ihrer Jugend äußerst verführerisch. Dazu besaßen die halbtrockenen und restsüßen Weine, deren Süße fast durchweg natürlichen Ursprungs war, eine wunderbare Harmonie. Wegen der fast übernatürlichen Intensität ihres reifen Aprikose-, Ananas- und Grapefruitaromas sowie der Noten anderer exotischer Früchte waren diese Weine auf Blindproben leicht zu identifizieren. Zwar besaßen sie selten die Finesse der allerbesten Weine aus Forst, Deidesheim oder Wachenheim, doch war ihnen wegen ihrer Saftigkeit und Konzentration kaum zu widerstehen. Trotz all ihrer Reichtümer, ihres relativ hohen natürlichen Alkoholgehalts und ihrer Kraft waren sie nie überladen oder plump. Selbst der geringste dieser Weine hatte einen ausgeprägten Charakter und gehörte zu den besten Weinen der Pfalz in den letzten Jahren.

Diese Qualitäten entsprangen einer Kombination aus äußerst reifen Trauben voller Geschmack, einer Gärung mit natürlicher Hefe und miminaler Behandlung der Weine im Keller, wo sie nur einmal gefiltert und weder als Most noch Wein geschönt wurden. Diese Methoden ähneln stark denen von Hans-Günter Schwarz vom Weingut Müller-Catoir in Neustadt-Haardt, mit dem die Lingenfelders seit langem befreundet sind, führen aber zu Weinen, die geschmeidiger und reicher an exotischen Aromen sind und weniger Cassischarakter aufweisen als die Weine von Hans-Günter Schwarz.

Bei dem Jahrgang 1992 führte die Verbindung der neuen Weinberge, die vorher nicht dem hohen Lingenfelder-Niveau entsprechend gepflegt worden waren, und das Vergären der Weine mit Reinzuchthefe zu Weinen, die zwar viel Körper aufweisen, mich aber die extreme Saftigkeit und Harmonie vermissen lassen, die ich von diesem Weingut gewöhnt bin. Sie wirken eher etwas plump, zeigen überreife Fruchtaromen statt des vorher typischen atemberaubenden Obstcocktails und schmeckten leicht alkoholisch. Ihre Entwicklung zwischen Februar und Juli 1993 deutet an, daß sie durch die Flaschenreife nicht gewinnen werden und bald getrunken werden sollten, bevor sie ihre jugendliche Frische verlieren. Diese Veränderungen beim Ausbau könnten leicht rückgängig gemacht werden, und ich hoffe sehr, daß Rainer Lingenfelder zu dem Stil zurückkehrt, den er so stark verfochten hat.

Obwohl das Weingut Lingenfelder – so wie die befreundeten Familien Fuhrmann und Eymael vom Weingut Pfeffingen in Bad Dürkheim – im allgemeinen dazu tendiert, die Scheurebe zur Erzeugung edelsüßer Weine vorzuziehen, haben sie bei den letzten Jahrgängen auch sehr beeindrukkende edelsüße Rieslinge hervorgebracht. Diese Weine sind immer sehr reichhaltig, besitzen einen ausgeprägten Botrytischarakter von Honig und getrockneten Früchten und sind mit eher zurückhaltender Süße und höherem Alkoholgehalt ausgebaut als es sonst gegenwärtig in Deutschland üblich ist. Ob es mein persönlicher Geschmack ist oder sich die Scheurebe für höhere Prädikate in dieser Gegend Deutschlands besser eignet, ich

bevorzuge jedenfalls die verführerischen exotischen Fruchtaromen edelsüßer Scheureben, die das Weingut Lingenfelder hervorbringt. Diese Weine stellen mit die besten Scheureben in Deutschland und damit weltweit dar.
Rainer Lingenfelder hat zu Recht auf diese Rebsorte gesetzt, mit der Überzeugung, daß sie die Möglichkeiten zu hochwertigen trockenen und edelsüßen Weinen in sich trägt. Seine Bemühungen gipfelten in den Veranstaltungen, die er im September 1991 zum 75. »Geburtstag« der Scheurebe organisierte. Sicherlich hat er gute Gründe gehabt, für das Weingut Lingenfelder, die Pfalz und die Scheurebe in letzter Zeit weniger zu werben, aber ich hoffe, daß er wieder die Zeit und den Ansporn finden wird, um zumindest einige Aktivitäten weiterzuführen. Es wäre schade, wenn der spektakuläre Aufstieg dieses äußerst talentierten Winzers in den achtziger Jahren in den Neunzigern wieder in Vergessenheit geraten würde.

Freinsheimer Goldberg Riesling

1986 Auslese **90**
Sehr intensiver Botrytisduft nach karamelisierter Ananas und Gewürzen; fast die Konzentration und Fülle einer Beerenauslese, dezente Süße und sehr pikante Säure, viel Ausdruck, nerviges Spiel; sehr nachhaltiger Grapefruitton. Schon auf dem Höhepunkt, aber genug Reserven, um weitere 10 Jahre in dieser Form zu bleiben.

1987 Kabinett Trocken **84**
Pikanter Cassis-Grapefruit-Duft mit leichter Reifenote; etwas satt im Geschmack, gute Fülle und Dichte für den schwachen Jahrgang, ausgeprägte Rasse und schöne Ananasnote; die Säure klingt lange nach. Voll entwickelt, hält sich bis 1996.

1988 Spätlese Trocken **89**
Sehr ausgeprägtes Ananas-Grapefruit-Bouquet; extrem saftige Attacke, immer noch explosive Frucht, exzellente Säurestruktur, fast noch zuviel Biß; sehr nachhaltige Rasse. Viel Frische und Konzentration, aber es fehlt ein wenig an Schliff und Finesse; hält sich bis 2000.

1989 Spätlese Trocken **87**
Etwas verschlossener Duft mit leichter Karamelnote; viel Fülle, die intensive Aprikosen- und Maracujanote ihrer Jugend tritt momentan in den Hintergrund, seidige Säure und leichter Schmelz; langer, fast kremiger Nachhall. Der Wein hat einen Durchhänger. Es bleibt abzuwarten, wie er sich mit mehr Flaschenreife präsentiert.

1989 Trockenbeerenauslese 94
Tolles Honigbouquet; enorm konzentriert und schmelzig, außergewöhnlich hohe Süße für einen Wein aus diesem Haus, sehr gut balanciert, animierende Säure; massiver Nachhall. Nicht ganz die Komplexität und Finesse der absoluten Jahrgangsspitzen, trotzdem imposant und der beste edelsüße Wein der Betriebsgeschichte. Hält sich bis mindestens 2020.

1990 Spätlese Halbtrocken 90
Trotz drei Monate langer Gärung hat sie die Schwelle zu »Trocken« nicht überwunden. Im Glas wird die Grenze von 9 g/l Restzucker bedeutungslos! Verführerischer Maracuja-Mango-Duft mit zahlreichen anderen exotischen Fruchtnoten; sehr konzentriert und saftig, hochelegante Säure und kaum spürbare Süße; sehr langer Nachhall, die Fruchtnoten bleiben ewig lang am Gaumen. Schon äußerst attraktiv, hält sich bis 2005.

1991 Spätlese Trocken 85
Attraktiver Ananas-Pfirsich-Duft mit einem Hauch Grapefruit; schlank und rassig, gute Dichte für den schwierigen Jahrgang, viel Frucht und gute Struktur; sehr pikanter Nachhall.

1992 Auslese Trocken 80
Der beste trockene 92er Wein des Gutes, aber nicht mit den Spitzenergebnissen der letzten Jahre zu vergleichen. Ausladender Pfirsichduft – eher Dosenfrüchte – mit deutlichem Karamelton; sehr reichhaltig und satt, etwas vordergründig, leichter Alkoholton; ziemlich wuchtiger Nachhall. Man sollte ihn trinken, bevor er brandig wird; begrenzte Zukunftsperspektiven.

Weingut Herbert Meßmer

Anschrift 76835 Burrweiler, Gaisbergstraße 132
Inhaber Herbert Meßmer
Kellermeister Gregor Meßmer

Gesamtrebfläche 21,5 ha
Rebsortenspiegel 47 % Riesling, 10 % Weißburgunder, 6 % Grauburgunder, 6 % Müller-Thurgau sowie Gewürztraminer, Scheurebe und Muskateller, 14 % Spätburgunder, weiterhin Portugieser, St. Laurent und Dornfelder

Rieslingproduktion

Rebfläche 10 ha
Lagen Burrweiler Schäwer 3 ha, Burrweiler Altenforst 2,5 ha, Burrweiler Schloßgarten 3,3 ha, Gleisweiler Hölle 1,2 ha
Rebmaterial 5 % wurzelechte Reben, 95 % Pfropfreben (N90, Gm239 und 198)
Durchschnittliches Rebalter 15 Jahre
Durchschnittlicher Ertrag 65 hl/ha
Durchschnittliche Produktion 80 000 Flaschen pro Jahr

Noch vor einigen Jahren war Burrweiler nur einer von vielen Orten an der Südlichen Weinstraße. Lange Zeit, genaugenommen seit seiner Gründung im Jahre 1960, war das Weingut Meßmer der beste Erzeuger dieses äußerst hübschen Ortes, aber jeder Experte hätte verlauten lassen, daß man »hier unten« nichts Besonderes erwarten dürfe. Damals standen Burrweiler und die gesamte Gegend noch im Schatten der Mittelhaardt weiter nördlich, dessen berühmte Orte Deidesheim, Forst, Ruppertsberg und Wachenheim als die Heimat des hochwertigen Pfälzer Rieslings galten. Diese Bild begann sich in den siebziger Jahren zu wandeln, doch erst in den vergangenen fünf Jahren konnten sich die besten Weingüter an der Südlichen Weinstraße einen Platz in der Pfälzer Weinelite verschaffen. Mittlerweile hat sich die Perspektive geändert, unter der dieses Gebiet betrachtet wird, denn heute werden hier genau wie im Bereich der Mittelhaardt beeindruckende Qualitäten erzeugt.
Nicht weniger rapide haben sich die Dinge auf dem Weingut Meßmer geändert. Als Gregor Meßmer Mitte der achtziger Jahre mit der Weinerzeugung begann, herrschte auf diesem Gut bereits ein hoher Qualitätsstandard. Ihm aber ist es gelungen, innerhalb weniger Jahre An- und Ausbau so zu verändern, daß das Weingut schnell an die Spitze der Region aufsteigen konnte. Seit mit dem 90er Jahrgang die Verwendung von Reinzuchthefe zugunsten einer spontanen Gärung mit natürlicher Hefe aufgegeben wurde, gehört dieses Gut zu den besten Rieslingerzeugern in der ganzen Pfalz. Ohne den exzellenten Lagenbesitz, auf den ich gleich noch näher eingehen werde, wäre diese Position freilich kaum zu erreichen gewesen, doch noch ausschlaggebender für den ständig steigenden Qualitätsstandard ist Gregor Meßmers überlegtes Vorgehen bei der Weinerzeugung.
Seine Freundschaft mit Hans-Günter Schwarz, dem Kellermeister vom Weingut Müller-Catoir in Neustadt-Haardt, ist dabei von unschätzbarem Wert. Schwarz war und ist sein wichtigster Kritiker, Ratgeber und Helfer. Dennoch unterscheiden sich die Weine Meßmers recht deutlich von den

Müller-Catoir-Weinen, mit denen man sie unmöglich verwechseln könnte. Sie besitzen eine kristallklare Reinheit und eine Finesse, die für diese Region, in dem die meisten Rieslinge derb und rustikal schmecken, äußerst bemerkenswert ist. Selbst die vollsten und konzentriertesten Meßmer-Weine besitzen eine rassige Säure, die den hohen natürlichen Alkohol- oder Süßegehalt nicht mehr schmecken läßt. Jeder Wein dieses Gutes hat einen eigenen Charakter, doch die Weine der Lage Burrweiler Schäwer schmekken so anders als alle anderen Pfälzer Weine, daß schon viele Fachleute eine Herkunft aus einem anderen Gebiet vermutet haben. Im September 1992 moderierte Willi Bründlmayer, einer der führenden österreichischen Winzer, eine internationale Rieslingprobe in Mainz, bei der auch die 92er Burrweiler Schäwer Riesling-Spätlese Trocken vorgestellt wurde. Er sagte, daß er diesen Wein bei einer Blindprobe ohne zu zögern für ein Gewächs der Wachau gehalten hätte!

Was den Burrweiler Schäwer als Pfälzer Lage so einzigartig macht, sind seine Schieferböden, die sonst nirgendwo in diesem Gebiet zu finden sind. Das heißt, eigentlich sind von den 26 ha dieser Lage nur 10 ha steil und schieferhaltig. Das Weingut Meßmer besitzt 3,5 ha im Herzen dieses Abschnitts. Sie sind sein Prunkstück, unabhängig, wie gut seine anderen Lagen auch sein mögen. Trotz des relativ jungen Rebalters sind die hier erzielten Erträge niedrig. In Verbindung mit einer späten Lese entstehen Weine mit einer intensiven, sehr nuancierten Frucht und einer mineralischen Säure. Daher wirken sie am Gaumen leichter als jeder andere vergleichbare Pfälzer Riesling. In den übrigen Rieslinglagen herrschen zwar etwas schwerere Böden vor, doch entstammen auch ihnen Weine mit einer verblüffenden Eleganz. Hier sind die Fruchtaromen jedoch üppiger und typischer für dieses Gebiet.

Der größte Teil der Meßmer-Rieslinge wird trocken ausgebaut; erst bei dem 92er Jahrgang wurden die ersten ernsthaften Versuche mit hochwertigen edelsüßen Weinen unternommen. Sie waren sehr erfolgreich und lassen vermuten, daß sich das Weingut mit dieser Stilrichtung ebenso hervortun kann wie mit seinen trockenen Weinen. Weniger bemerkenswert – woran sicher die Süßreserve eine Teilschuld trägt – gerieten die restsüßen Kabinette und Spätlesen der vergangenen Jahre. Was diese Kategorie angeht, sollte Gregor Meßmer entweder ganz darauf verzichten oder sie ernster nehmen.

Beeindruckende Fortschritte hat Gregor Meßmer jedoch beim Rotwein erzielen können, der immerhin 20 % der Gesamtproduktion ausmacht. Seit 1988 vergären die Rotweine auf der Maische und besitzen daher reichlich Farbe und Frucht. Allerdings sind die Erträge noch zu hoch, so daß die Möglichkeiten etwas eingeschränkt sind. Auch mit den Rebsorten Weiß-

burgunder, Grauburgunder und Gewürztraminer hat Gregor Meßmer große Pläne, benötigt aber noch mehr Erfahrung, um hieraus die bestmöglichen Resultate zu erzielen.
Dieses Weingut ist ein gutes Stück vorangekommen und steht weit über dem Qualitätsstandard, der in seinem Gebiet gewöhnlich anzutreffen ist. Heute hat es sich fast als einer der besten Erzeuger in der Pfalz etabliert. Gregor Meßmer wird sich damit nicht zufriedengeben und weiter aufsteigen. Den nächsten Jahrgängen dieses äußerst begabten jungen Mannes sehe ich bereits mit großer Freude entgegen.

Burrweiler Schäwer Riesling

1988 KABINETT TROCKEN 72
Zarter Pfirsichduft mit Mandelnote; sehr schlank und leichtgewichtig, hat schon ein bißchen Frucht abgebaut, etwas harte, kantige Säure. Kein Aushängeschild für diese Spitzenlage; jetzt trinken.

1989 SPÄTLESE TROCKEN 87
Feiner Pfirsich-Mandel-Duft mit subtilem Honigton; ein untypischer 89er Riesling, sehr elegant und feinfruchtig, mit geschliffener Rasse; pikanter mineralischer Nachhall. Noch erstaunlich frisch für den Jahrgang; hält sich bis 2002/03.

1990 SPÄTLESE TROCKEN 90
Sehr nuanciertes Pfirsichbouquet mit vielen mineralischen Feinheiten; konzentriert und sehr feinfruchtig, tolle Rasse; vielschichtiger mineralischer Nachhall. Gehört zweifelsohne zur Jahrgangsspitze in der Pfalz; besitzt genug Reserven, um sich weitere 10 Jahre zu entwikkeln.

1991 KABINETT TROCKEN 78
Leichter, sehr charaktervoller Wein mit einer noch etwas dominanten Säure, zarte Pfirsichnote und gute Struktur. Wird sich ab 1995/96 deutlich harmonischer präsentieren.

1992 SPÄTLESE TROCKEN 84
Komplexer Duft nach aromatischen Äpfeln, Vanille, Toast und Mineralien; stoffig und würzig, elegante Säure für den eher weichen Jahrgang, zarte Fruchtnoten; nachhaltige mineralische Note. Erreicht langsam ihre beste Form und hält sich bis 2000.

1992 Auslese Trocken 87
Satter Pfirsichduft mit leichter Honignote; sehr konzentriert und satt, vielschichtige Symbiose von Botrytistönen und erdigen Mineralien, elegante Säure; seidiger Nachhall. Verschnitten hätten diese beiden 92er wahrscheinlich ein beeindruckenderes Ergebnis dargestellt.

1992 Auslese 85
Ausladender Ananas-Honig-Duft mit Mandel- und Vanillenote; sehr ausgeprägte exotische Frucht, ziemlich süß und ein wenig fett wirkend, fast zuviel des Guten; mächtiger Nachhall. Braucht einige Jahre, um sein Gleichgewicht zu finden und hält sich bis 2003/04.

1992 Trockenbeerenauslese 93
Irrsinnig intensiver Duft nach getrockneten Aprikosen, Zitrusschalen und Honig; enorme Dichte und pikante Säure, die Aromen sind noch gebunden; sehr nachhaltige, nervige Rasse. Brauchen mindestens 10 Jahre, um sich voll zu entfalten; exzellente Anlagen für eine lange Zukunft. Der erste große edelsüße Riesling des Gutes und ein gelungener Wurf!

Die 1993er Rieslinge sind von ähnlicher Qualität wie 1990; sehr mineralische, rassige Weine mit viel Zukunft.

Weingut Georg Mosbacher

Anschrift 67147 Forst, Weinstraße 27
Inhaber Richard und Hildegard Mosbacher
Leiter Richard Mosbacher, Sabine Mosbacher-Düringer, Jürgen Düringer
Kellermeister Richard Mosbacher

Gesamtrebfläche 9,6 ha
Rebsortenspiegel 84 % Riesling, 4 % Müller-Thurgau, 2 % Gewürztraminer, 2 % Scheurebe, 2 % Kerner, 1 % Weißburgunder, 3 % Spätburgunder, 2 % Dornfelder

Rieslingproduktion

Rebfläche 8,07 ha
Lagen Forster Ungeheuer 1,5 ha, Forster Freundstück 0,6 ha, Forster Pechstein 0,4 ha, Forster Musenhang 0,5 ha, Forster Elster 1 ha, Forster Stift 2 ha, Deidesheimer Herrgottsacker 1,5 ha
Rebmaterial 100 % Pfropfreben (Gm239, N90, W21)

Durchschnittliches Rebalter 12 Jahre
Durchschnittlicher Ertrag 76 hl/ha
Durchschnittliche Produktion 90 000 Flaschen pro Jahr

Forst genießt berechtigterweise von allen pfälzischen Weinbauorten den größten Ruhm, denn hier befinden sich viele der besten Lagen des gesamten Gebietes. In den achtziger Jahren aber war es nicht ganz einfach, einen Forster Wein aufzutreiben, der den Erwartungen gerecht wurde, nicht zuletzt deshalb, weil die Güter mit dem größten Forster Lagenbesitz in benachbarten Ortschaften ansässig sind und ihr Qualitätsstandard häufig zu wünschen übrigläßt. Schon zu dieser Zeit war das wenig bekannte Weingut Georg Mosbacher der beste Erzeuger in Forst und ist es bis heute geblieben. Genaugenommen reicht in diesem Teil der Pfalz, dem Herzen der Mittelhaardt, nur ein Weingut an den Mosbacher-Betrieb heran, nämlich das Deidesheimer Weingut Josef Biffar.
Das mag viele Leser überraschen, denn bis vor wenigen Jahren ist diesem Gut von der Presse nur wenig Aufmerksamkeit geschenkt worden, so daß es bis heute ein Geheimtip geblieben ist. Der größte Teil seiner Produktion geht an einen kleinen Kreis Privatkunden, die besonders das hier gebotene exzellente Preis-Leistungs-Verhältnis schätzen. Es ist jedoch abzusehen, daß sich diese Situation bald ändern dürfte, denn zum einen ist das Weingut mittlerweile Mitglied des VDP, und zum anderen übergibt Richard Mosbacher den Betrieb zur Zeit seiner Tochter Sabine Mosbacher-Düringer und seinem Schwiegersohn Jürgen Düringer. Richard Mosbacher ist einer der charmantesten, bescheidensten und objektivsten deutschen Winzer, die ich kenne. Seinem Urteil über die eigenen Weine oder die seiner Kollegen oder Konkurrenten würde ich beinahe blind vertrauen. Seine Zurückhaltung ist allerdings genauso ausgeprägt wie seine Glaubwürdigkeit, so daß er so gut wie gar nichts unternommen hat, um den Bekanntheitsgrad des Gutes und seines hohen Qualitätsstandards zu steigern. Das ist höchst bedauerlich, denn Weine, die mit soviel Sorgfalt und Liebe zum Detail erzeugt werden, sind eine Seltenheit.
Richard Mosbacher ist der geborene Perfektionist. Hinter der bescheidenen Fassade seines Weingutes hat er einen Kellerkomplex aufgebaut, der ihm die optimalen Voraussetzungen zur Weinerzeugung bietet. Sein Betrieb verfügt nicht nur über einen unterirdischen Gewölbekeller mit Holzfässern, in dem mühelos ein ganzer Jahrgang Platz findet, sondern auch über einen ebenso großen modernen Keller mit Edelstahltanks und einen kleineren, temperaturkontrollierten Keller für die Weine, deren Gärung zu schnell verläuft, sowie die edelsüßen Mosbacher-Weine. Diese Anlagen werden mit so großer Sorgfalt und Bedachtheit genutzt, daß man hier

tatsächlich von »handgemachten« Weinen sprechen darf. So etwas wie ein »Rezept«, nach dem die Weine erzeugt werden, gibt es nicht; statt dessen darf und soll jeder Wein seine Entwicklung und seinen Charakter selbst bestimmen. Beide werden stark von der Herkunftslage der Weine, dem Wetter während des Traubenwachstums und der Lese sowie der Art der Trauben geprägt.

Wie viele andere deutsche Spitzenwinzer weiß auch Richard Mosbacher, daß die Weinqualität im Weinberg beginnt. Daher bewirtschaftet er seine Lagen derart, daß der natürliche Wuchs der verhältnismäßig jungen Reben eingeschränkt wird. Begrünung, begrenzte und vorrangig organische Düngung und intensiver Rebschnitt sorgen für niedrige Erträge. Genauso maßgeblich ist auch die erste Phase der Lese, in der nur die minderwertigen Trauben gelesen werden, so daß die guten Trauben eine optimale Reife erreichen können. Während der Hauptlese werden gesunde und edelfaule Trauben streng voneinander getrennt. Aus den edelfaulen Trauben entstehen einige der besten edelsüßen Rieslinge der Pfalz, aus den restlichen die trockenen Kabinettweine und Spätlesen, die wichtigsten Erzeugnisse dieses Gutes.

Für jede Prädikatsstufe stellt Richard Mosbacher eine sehr hohe Anforderung. Daher hat ein Mosbacher Riesling Kabinett-Trocken einen Alkoholgehalt von 10,5 bis 11,5 % vol und eine trockene Riesling-Spätlese 11,5 bis 13 % vol. Trotzdem bin ich nie auf einen Wein dieses Gutes gestoßen, der angesichts dieser Werte zu voll oder schwer für die angegebene Prädikatsstufe gewesen wäre, die Weine zeigen immer eine wunderbare Balance zwischen rassiger, eleganter Säure und intensiver, dabei aber zarter Fruchtigkeit. Ihre charakteristischen Aromen sind die von Pfirsich, Aprikose, Zitrusfrüchten und Mandeln, bei den Weinen aus dem Forster Ungeheuer gesellen sich häufig noch mineralische Noten hinzu. Letztere sind regelmäßig die Krönung der Mosbacher-Kollektion, denn in den Forster Spitzenlagen Kirchenstück und Jesuitengarten verfügt dieses Gut leider über keinen Besitz.

Mit dem 92er Jahrgang hat das Weingut Georg Mosbacher durch noch niedrigere Erträge und eine noch selektivere Lese verstärkte Anstrengungen unternommen, um aus dem Forster Ungeheuer die bestmöglichen Ergebnisse zu erzielen, wie die nachfolgend beschriebenen 92er »Selektionsweine«. Hoffentlich wird dieser Weg in den kommenden Jahren weiter verfolgt, denn selbst wenn diese Weine nicht an die besten trockenen 90er heranreichen, überragen sie den allgemein erreichten Qualitätsstandard dieses Gebiets bei weitem. In einem wirklichen Spitzenjahr werden diese Anstrengungen trockene Rieslinge einer auf dem Weingut Mosbacher bisher unerreichten Klasse hervorbringen können.

Forster Ungeheuer Riesling

1988 SPÄTLESE 87
Attraktiver Zitrus-Pfirsich-Duft mit zarter Reifenote; dichte Frucht und elegante Säure, sehr zurückhaltende Süße, viel Struktur und etwas Tiefe; nachhaltige Rasse. Schon auf ihrem Höhepunkt, hält sich noch bis 2002/03.

1989 SPÄTLESE HALBTROCKEN 90
Beeindruckender Duft nach Ananas, Grapefruit und Aprikosen; konzentriert und reichhaltig, große Fülle, überreichlich Frucht und Extrakt; saftiger, vielschichtiger Nachhall. Nicht so herb wie andere halbtrockene Rieslinge dieses Alters, trotzdem sehr gelungen; hält sich in dieser schönen Form bis 2005.

1989 SPÄTLESE 88
Ähnlich wie die halbtrockene Spätlese angelegt, aber etwas süßer und entwickelter; sehr satter, stoffiger Nachhall. Hält sich bis 2005.

1990 SPÄTLESE TROCKEN 90
Nicht mehr so explosiver Duft wie als ganz junger Wein, trotzdem ausgeprägte Zitrus- und exotische Fruchtnoten; sehr konzentriert und saftig, hochelegante Rasse und tolles Spiel; vielschichtiger, langer Nachhall. Erst 1995 auf ihrem Höhepunkt, kann bis 2002 liegen.

1990 AUSLESE TROCKEN 90
Noch dichter und fülliger als die trockene Spätlese, mit starkem Mandelton, elegante Säure, nicht ganz das Spiel und die Brillanz der Spätlese; fast mächtiger Nachhall.

1990 SPÄTLESE HALBTROCKEN 90
Etwas verschlossener Duft; genauso konzentriert wie die trockene Spätlese und noch saftiger, dichte Fruchtfülle, pikante Säure und beste Balance; vielschichtiger, langer Nachhall. Braucht bis 1995/96, um sich zu entfalten, und hält bis 2005.

1990 AUSLESE 94
Tolles Bouquet nach getrockneten Früchten, Marzipan und Honig; enorme Konzentration, sehr reichhaltig und schmelzig, ohne im entferntesten fett oder schwer zu wirken, hochelegante Rasse und brillantes Spiel; sehr langatmiger, komplexer Nachhall. Die beste Riesling-Auslese von der Mittelhaardt seit 1976; hält sich bis 2015.

1991 KABINETT TROCKEN 83
Pikanter Zitrusduft; schlanker Wein mit dezenter Frucht und markanter Säure; gute Länge. Im Vergleich zu den 90er oder 92er Weinen ziemlich einfach angelegt, aber eine solide Leistung für den Jahrgang; hält sich bis 1998.

1992 Spätlese Trocken*** 89
Hochfeiner Aprikosenduft; mittelgewichtig, dichte und vielschichtige Frucht, mineralische Rasse, feines Spiel; äußerst eleganter Nachhall. Mit weitem Abstand der wohl finessenreichste 92er Riesling aus der Pfalz; noch ziemlich jugendlich, viel Entwicklungspotential.

1992 Beerenauslese 95
Explosiver, facettenreicher Honigduft; enorme Konzentration und Schmelz, feinste Honigsüße, filigrane Säure; extrem fruchtiger, vielschichtiger Abgang. Schon jetzt ein grandioser Wein, wird noch 20 Jahre lang zulegen!

Von den 1993er Rieslingen gehören die besten Spätlesen und Auslesen aus dem Forster Ungeheuer eindeutig zur Gebietsspitze.

Weingut Müller-Catoir

Anschrift 67433 Neustadt-Haardt, Mandelring 25
Inhaber Jakob Heinrich Catoir
Kellermeister Hans-Günter Schwarz

Gesamtrebfläche 16 ha
Rebsortenspiegel 51 % Riesling, 11 % Scheurebe, 8 % Weißburgunder, 6 % Rieslaner, 5 % Grauburgunder, 5 % Gewürztraminer, 5 % Gelber Muskateller, 5 % Spätburgunder, 2 % Müller-Thurgau, 2 % Kerner

Rieslingproduktion

Rebfläche 8 ha
Lagen Mußbacher Eselshaut 2,9 ha, Haardter Bürgergarten 1,3 ha, Gimmeldinger Meerspinne 1,1 ha, Hambacher Römerbrunnen 0,9 ha, Haardter Herrenletten 0,8 ha, Gimmeldinger Mandelgarten 0,4 ha, Haardter Mandelring 0,4 ha, Haardter Herzog 0,2 ha
Rebmaterial 100 % Pfropfreben (überwiegend N90)
Durchschnittliches Rebalter 15 Jahre
Durchschnittlicher Ertrag 61 hl/ha
Durchschnittliche Produktion 65 000 Flaschen pro Jahr

In den letzten Jahren wurde auf der ganzen Welt kein zweites Weingut mit so viel Lob überschüttet wie Müller-Catoir. Seine Weine der letzten Jahrgänge haben in der internationalen Weinpresse fast alle frenetischen Beifall erhalten. Diese Huldigungen scheinen an dem Besitzer Heinrich Catoir und dem Kellermeister Hans-Günter Schwarz nicht nur spurlos vorbeigegangen zu sein, sondern kamen anscheinend auch überraschend. Es sagt einiges über die Vorsicht von Heinrich Catoir, die natürliche Bescheidenheit von Hans-Günter Schwarz und die Integrität beider aus. Wie auf keinem anderen Weingut wird hier hartnäckig ein Höchstmaß an Qualität verfolgt, und nirgendwo sonst geschah es sowenig um des Ruhms und der Ehre willen wie bei diesen beiden völlig unterschiedlichen Männern.

Catoir und Schwarz haben sich vor dreißig Jahren kennengelernt, und von Anfang an dienten ihnen die gemeinsamen Vorstellungen, die sie zusammengeführt haben, als Entwurf für das jetzige Weingut Müller-Catoir. Damals wie heute galt für sie der Grundsatz, daß die Qualität der Weine aus den Trauben stammt – was in ihnen nicht vorhanden ist, kann auch im fertigen Wein nicht gefunden werden. Ihrer Ansicht nach wächst und reift Qualität im Weinberg, die Arbeit im Keller kann sie lediglich bewahren. Deshalb darf man, so argumentieren Catoir und Schwarz weiter, den Wein nur möglichst wenig behandeln, denn wann immer er gefiltert oder gepumpt wird, büßt er unwiderruflich einen Teil seiner Eigenschaften ein. So muß jede Beschreibung über die Entstehung der Müller-Catoir-Weine auch mit einer Darstellung der Weinbergspflege anfangen, gefolgt von einer Aufzählung all der Eingriffe, die Hans-Günter Schwarz im Keller *nicht* vornimmt.

Viel besser können die hier praktizierten Methoden freilich an Beispielen vorgeführt werden. Im Oktober 1992 stattete ich dem Weingut Müller-Catoir gemeinsam mit dem kalifornischen Winzer Mark Lingenfelder von der Chalk Hill Winery im Sonoma County einen Besuch ab. Sehr trockenes August- und Septemberwetter hatte die meisten Weinberge in der Gegend von Neustadt verdörren und die Trauben nur halb reifen lassen. Durch jahrelange organische Düngung, Dauerbegrünung und intensive Rebpflege aber blieben die Reben von Müller-Catoir grün und gesund; die Trauben waren entweder einwandfrei gesund und äußerst reif oder edelfaul, so daß bald darauf Beerenauslesen und Trockenbeerenauslesen erzeugt werden konnten. Wie sehr das »Weinmachen« auf diesem Weingut reduziert worden ist, demonstriert die Reaktion eines Lehrlings in den Gutskellern: Hans-Günter Schwarz war gerade mit dem einzigen Abstich und der gleichzeitigen Filtration eines Weines fertig geworden. Als der Lehrling ihn den Filter wegräumen sah, fragte er unschuldig: »Und was tun wir jetzt?« »Bis zur Flaschenabfüllung gar nichts mehr!« hat Schwarz daraufhin auf seine gewohnt freundliche Art geantwortet. »Was meinen Sie mit ›nichts‹? Bei uns zu Hause ist mein Vater den ganzen Winter über mit dem Filtern und Schönen der Weine beschäftigt.« Der Lehrling wollte nicht einsehen, daß Weinerzeugung so einfach sein kann.

Wenn die genannten Methoden auch schon lange von Schwarz praktiziert wurden, haben in den letzten Jahren doch einige bedeutende Veränderungen stattgefunden. Es ist aber schwer zu sagen, in welchem Maße sie für den gewaltigen Fortschritt bei den Rieslingen verantwortlich sind. Während noch vor fünf bis zehn Jahren die besten Müller-Catoir-Weine aus den Rebsorten Scheurebe, Muskateller, Traminer sowie Weiß- und Grauburgunder erzielt wurden, werden heute mit dem Riesling ebenso schwindelerregende Höhen erreicht. Es wurde bewußt mehr Arbeit in den Riesling gesteckt, und sie hat sich bezahlt gemacht. Da in den Lagen des Gutes vor allem schwere Böden vorherrschen, würde man hier nicht unbedingt einen großen Riesling vermuten. Doch seit 1990 sind solche Weine kontinuierlich erzeugt worden, und sie verraten einiges über die Hingabe und die Detailversessenheit, mit der Hans-Günter Schwarz jedes Ziel verfolgt.
Ein entscheidender Einschnitt wurde mit dem vollständigen Verzicht auf Süßreserve, dem geklärten Traubenmost, den viele deutsche Weingüter einsetzen, um den Süßegehalt ihrer restsüßen und halbtrockenen Weine zu steigern, bei dem 89er Jahrgang vorgenommen. Seitdem ist jedwede Süße der Weine das Resultat der Gärung, die immer spontan mit natürlicher Hefe vonstatten geht und ohne Eingriffe von außen beendet wird. Auf diese Weise werden wesentlich harmonischere Resultate erzielt als mit der Hilfe von Süßreserve jemals möglich wäre. Die halbtrockenen Müller-Catoir-Weine schmecken kaum süßer als die trockenen und selbst die restsüßen Rieslinge sind so schön balanciert, daß auch viele »Trockentrinker« von ihnen angetan sein dürften.
Was diese Weine aber ungeachtet ihrer Süße oder Trockenheit so bemerkenswert macht, ist ihre geradezu übernatürlich intensive Frucht. Die vorherrschenden Aromen der Rieslinge sind Aprikose, Cassis, Grapefruit und Ananas. Die besten Gewächse bieten eine Kaskade von Früchten, die sich aus dem Glas über den Gaumen ergießt. Wer sich der Verführungskraft dieser Weine entziehen kann, muß bar jeder Sinnlichkeit sein. Hinter dieser Explosion von Fruchtaromen verbirgt sich eine äußerst feste Struktur, die die trockenen Weine aber nie dominiert, sondern völlig in ihnen aufgeht. Die Säure gleicht einem Licht, das jeden Stein eines Diamantkolliers beleuchtet und so ein funkelndes, filigranes Muster schafft, das strahlend schön, zart und elegant ist. Sie bannt jede Nuance der Frucht, der Würze und der Minerale des Weines und überträgt sie mit einer weltweit einzigartigen Intensität und Klarheit auf die Sinnesorgane. Durch diese Kombination aus Konzentration und Reinheit geraten manche Müller-Catoir-Weine aus anderen Rebsorten fast schon zu heftig für das Nervensystem. Die Rieslinge jedoch überschreiten niemals die Grenze zu Opulenz und Dekadenz.
Es ist nicht ganz einfach, den Charakter der Weine mit den Persönlichkeiten

von Heinrich Catoir und Hans-Günter Schwarz in Einklang zu bringen. Catoir ist etwas sehr Zurückhaltendes und im positiven Sinne nahezu Aristokratisches eigen. Die Hugenottenfamilie Catoir gründete das Weingut vor genau 250 Jahren im Jahre 1744 als Landsitz und Investition. Ursprünglich verdienten sie ihr Geld mit der Herstellung von Leder. Erst im letzten Jahrhundert gewann das Weingut an Bedeutung, als sich drei weibliche Familienmitglieder, die Urgroßmutter Heinrich Catoirs, seine Großmutter und seine Mutter, systematisch für das Ansehen des Betriebes einsetzten. Hans-Günter Schwarz hingegen wirkt mit seinem gutmütigen Humor und seiner Vorliebe für Geselligkeit und guten Wein wie ein typischer Pfälzer. Bei alledem strahlt er eine große Ernsthaftigkeit aus. Diese Seite an ihm offenbart sich aber nur allmählich, genau wie auch Heinrich Catoirs sorgfältige Führung des Weingutes Müller-Catoir nicht gleich jedem beim ersten Besuch vollständig dargelegt wird. Mir ist es ein Rätsel, wie diese beiden Männer Weine so ungezügelter Sinnlichkeit erzeugen können.
Das erklärte Prinzip dieses Weingutes ist es, alle Lagen mit der gleichen Sorgfalt zu behandeln, da jede das Potential für außergewöhnliche Weine besitzt, doch die beste Rieslinglage scheint mir die Mußbacher Eselshaut zu sein. Sie hat leichtere Böden als die meisten anderen Rieslinglagen dieses Gutes und die wohl beste Sonneneinstrahlung; zur Zeit ist dies allerdings schwer nachzuweisen, da diese Lage gerade im Rahmen der Flurbereinigung neu bepflanzt worden ist. Vor der Jahrhundertwende werden diese Reben ihre Bestform nicht erreicht haben, und doch hat die Jungfernlese dieser Reben 1992 den bisher größten Müller-Catoir-Riesling beschert, nämlich eine Beerenauslese von atemberaubender Dichte und Brillanz. In der letzten Zeit hat Hans-Günter Schwarz mehr Energie in die edelsüßen Rieslinge gesteckt, wie die unübertrefflichen 90er und 92er edelsüßen Auslesen auf höchst eindrucksvolle Weise belegen. Sie sind kaum weniger gelungen als die 92er Riesling-Beerenauslese und liefern so den Beweis dafür, daß es keinen Rieslingstil gibt, in dem das Weingut Müller-Catoir nicht Spitzenresultate erzielen würde.
Es wäre geradezu sträflich, über die Rieslinge von Müller-Catoir zu berichten und dabei nicht wenigstens kurz auf die sensationellen Weine einzugehen, die hier aus den Neuzüchtungen Scheurebe und Rieslaner erzeugt werden. Beide Rebsorten sind eine Kreuzung aus Riesling und Silvaner, doch entstehen aus ihnen Weine mit einem sehr eigenen Charakter. Das Weingut Müller-Catoir erzeugt die besten Weine dieser Art in ganz Deutschland und damit weltweit. Hier ergibt die Scheurebe Weine, die reich an Cassis- und Grapefruitaroma und den Noten exotischer Früchte sind. Ihre Säure ist zwar weniger betont als die der Rieslinge, reicht aber aus, um den Alkoholgehalt von 13 bis 14 % vol zu balancieren und die Weine viele Jahre

reifen zu lassen. Das bisher wohl beeindruckendste Beispiel war die 1989 MUSSBACHER ESELSHAUT SCHEUREBE AUSLESE TROCKEN (99 Punkte), ein massiv konzentrierter, dabei aber wunderschön balancierter Wein, der eine Blindprobe der weltbesten trockenen Weine gewonnen hat, die im September 1991 in der Pfalz stattfand. Mehr als 20 Weinkritiker aus der ganzen Welt gaben diesem Wein den Vorzug vor dem 1988 MEURSAULT PREMIER CRU »CHARMES« von Comtes Lafon, dem 1988 PULIGNY-MONTRACHET PREMIER CRU »LES COMBETTES« von Etienne Sauzet, dem PAVILLON BLANC DU CHÂTEAU MARGAUX, dem POUILLY FUMÉ »BARON DE L«, einem CHARDONNAY von Robert Mondavi und zwanzig weiteren berühmten Namen. Der Rieslaner vereint alle Charakteristika des Rieslings in gesteigerter Form. In den Händen von Hans-Günter Schwarz entstehen aus dieser Rebsorte Weine mit einer kaum zu verkraftenden Intensität und Rasse. Einige besitzen einen Säuregehalt, der eigentlich schmerzhaft sein müßte, in diesen Weinen jedoch für eine unerreichte Lebhaftigkeit und Pikantheit sorgt. Man muß die aromatische Dichte der Rieslaner-Auslesen, Beerenauslesen und Trockenbeerenauslesen selbst erfahren haben, um sie für möglich zu halten. Die 1990 RIESLANER TROCKENBEERENAUSLESE (99 Punkte) und die 1992 RIESLANER TROCKENBEERENAUSLESE (98 Punkte) aus der MUSSBACHER ESELSHAUT gehören zu den größten Weinen, die auf dem Weingut Müller-Catoir je entstanden sind.

Riesling diverser Lagen

1988 MUSSBACHER ESELSHAUT SPÄTLESE TROCKEN 88
Intensiver Duft nach zahlreichen Früchten wie Pfirsich, Ananas, Maracuja, Cassis, Melone; sehr konzentriert und kraftvoll, viel Saft und seidige Säure; reicher Ausdruck im Nachhall. Fast zuviel des Guten, es fehlt ein wenig an Finesse und Eleganz. Schon in ihrer besten Form, hält sich aber ohne weiteres bis 1998.

1989 MUSSBACHER ESELSHAUT SPÄTLESE TROCKEN 90
Ähnliche Aromen wie die 88er Version, nur noch opulenter und vielschichtiger; sehr dichte Frucht mit leichtem Schmelz, pikante Säure und ein tolles Spiel; sehr langer, ausgeglichener Abgang. Hält sich bis Ende der neunziger Jahre.

1990 GIMMELDINGER MANDELGARTEN SPÄTLESE TROCKEN 92
Etwas verschlossener Duft nach Ananas, Cassis und Nüssen, sehr konzentriert und kraftvoll, enormer Saft und eine Säure, die alles perfekt ausbalanciert; sehr dichter Nachhall. Mit dieser inzwischen legendären Spätlese hat Hans-Günter Schwarz bewiesen, daß er auch Spitzenrieslinge vinifizieren kann. Erst 1996 auf ihrem Höhepunkt, hält sich bis 2005.

1990 Haardter Bürgergarten Spätlese Halbtrocken **92**
Leicht verschlossener Pfirsichduft mit zarter Cassisnote; genauso dicht wie die trockene Spätlese, aber etwas weniger opulent, tolle Rasse und pikantes Spiel; sehr komplexer Nachhall. Braucht bis 1997, um sich zu entfalten, und wird zeigen, daß ein Müller-Catoir-Wein nicht laut sein muß; hält sich bis 2010.

1990 Mussbacher Eselshaut Auslese **96**
Sehr komplexer Duft nach exotischen Früchten mit mineralischer Note; enorme Konzentration und Saft, aromatische Süße und hochelegante Säure, brillantes Spiel; unglaublich nachhaltige Rasse. Man spürt deutlich die alten Reben und den niedrigen Ertrag. Ein großer Wurf! Erst Ende der neunziger Jahre in ihrer besten Form, kann bis 2020 liegen.

1990 Gimmeldinger Meerspinne Eiswein **94**
Explosiver Duft nach getrockneten Aprikosen und Cassis; enorme Kraft und Dichte, sehr satte Frucht, elegante Säure für einen Eiswein, viel Schmelz; sehr langer, pikanter Nachhall. Dicker als die Auslese, aber nicht unbedingt besser; hält sich bis 2020.

1991 Haardter Bürgergarten Spätlese Trocken **90**
Etwas wilder Duft nach exotischen Früchten und Grapefruit; erstaunlich konzentriert und fest strukturiert für den kleinen Jahrgang, sehr betonte Rasse und ausgeprägte mineralisch-erdige Note; die Säure klingt sehr lange nach. Einer der allerbesten 91er Weine Deutschlands! Schon jetzt sehr beeindruckend, kann bis 2005 liegen.

1991 Haardter Herzog Eiswein **96**
Sehr nuancierter Grapefruit-Maracuja-Duft; extrem dicht und pikant, feinste Differenzierung und brillantes Spiel, eine Früchtekaskade von der Zungenspitze bis ganz hinten. Ein großer Eiswein mit ungeheurem Entwicklungspotential.

1992 Haardter Herzog Spätlese Trocken **93**
Finessenreicher Aprikosenduft; deutlich eleganter als die bisherigen trockenen Rieslinge des Gutes, sehr konzentriert, tolle mineralische Rasse; vielschichtiger, langer Nachhall. Vielleicht der bisher beste trockene Riesling von Hans-Günter Schwarz. Braucht bis 1995/96, um die beste Form zu erreichen und hält mindestens bis 2005.

1992 Gimmeldinger Mandelgarten Spätlese Halbtrocken **93**
Verführerischer Aprikosen-Mandel-Duft mit zarter Zitrusnote; sehr dicht und reichhaltig, elegante Säure und dezente Honigsüße, tolles Spiel; extrem fruchtiger Nachhall. Eine der Jahrgangsspitzen von Müller-Catoir; hält sich bis 2005.

1992 MUSSBACHER ESELSHAUT AUSLESE 94
Satter Duft nach getrockneten Aprikosen, Butter und Honig; sehr konzentriert und enorm saftig, perfekt abgestimmte Süße-Säure-Harmonie, feine Würze; satter Nachhall. Schon äußerst attraktiv, hält sich mindestens bis 2012.

1992 MUSSBACHER ESELSHAUT BEERENAUSLESE 97
Äußerst vielschichtiger Duft nach Granatapfel, exotischen Früchten und Honig; enorme Konzentration und Schmelz, elegante Säure und hochfeines Spiel; sehr langer, pikanter Nachhall. Braucht noch einige Jahre, um ihr Aromareichtum voll zu entfalten; hält sich bis 2020.

Die 1993er Rieslinge sind wieder durchweg Spitzengewächse. Die trockenen Rieslinge mindestens auf dem gleichen Niveau wie 1990 und 1992.

Weingut Pfeffingen/Fuhrmann-Eymael

Anschrift 67098 Bad Dürkheim
Inhaberin Doris Eymael
Kellermeister Thomas Hoffmann

Gesamtrebfläche 10,5 ha
Rebsortenspiegel 70 % Riesling, 10 % Scheurebe, 9 % Müller-Thurgau, 6 % Gewürztraminer, 3 % Weißburgunder und Chardonnay, 2 % Silvaner

Rieslingproduktion

Rebfläche 6,9 ha
Lagen Ungsteiner Honigsäckel 4,1 ha, Ungsteiner Herrenberg 1,9 ha, Ungsteiner Weilberg 0,9 ha
Rebmaterial 100 % Pfropfreben (Gm239, 198, N90)
Durchschnittliches Rebalter 7 Jahre
Durchschnittlicher Ertrag 80 hl/ha
Durchschnittliche Produktion 75 000 Flaschen pro Jahr

Kaum jemand, der sich mit den Weinen der Pfalz auskennt, würde dieses Weingut nicht zu den Spitzenbetrieben zählen. Seit vierzig Jahren herrscht auf diesem vorbildlichen Weingut ein äußerst hoher Qualitätsstandard, kontinuierlich werden hier einige der besten Riesling- und Scheurebeweine der Pfalz erzeugt. Ob trocken, restsüß oder edelsüß – die Pfeffinger

Weine besitzen immer eine Eleganz und Brillanz, an die kein anderer Wein dieser Gegend heranreicht. Verantwortlich für diesen sehr ausgeprägten Stil sind Günther Eymael, der Ehemann der Gutsbesitzerin Doris Eymael, und ihr Vater, Karl Fuhrmann, der dem Weingut in den sechziger und siebziger Jahren zu seinem guten Ruf verhalf. Schon damals wurden die Klarheit und die anregende Säure der Weine betont, ebenso die für die Pfalz charakteristische intensive Frucht. Doris und Günther Eymael erweiterten diese Eigenschaften und verliehen den Weinen einen zusätzlichen Grad an Zartheit und Rasse, was in diesem Gebiet seinesgleichen sucht.
Als Günther Eymael Landtagsabgeordneter und Staatssekretär im Mainzer Landwirtschaftsministerium wurde, hat seine Frau die Leitung des Betriebes übernommen. Angesichts des kontinuierlich hohen Qualitätsstandards muß sie als beste deutsche Winzerin gelten. Sie ist der Beweis dafür, daß Weinerzeugung zu Unrecht eine fast reine Männerdomäne ist. Sie leitet das Weingut mit der gleichen Souveränität wie zuvor ihr Mann. Bedauerlicherweise führen in Deutschland nur wenige Frauen ein qualitätsorientiertes Weingut. Die prominentesten Beispiele sind Annegret Reh-Gartner vom Weingut Reichsgraf von Kesselstatt und Sofia Spier vom Weingut Wwe. Dr. H. Thanisch im Mosel-Saar-Ruwer-Gebiet.
Die besten Weine stammen unterschiedslos aus dem Ungsteiner Herrenberg, eine Hanglage, die sich hinter dem eindrucksvollen Gutshaus im Norden von Bad Dürkheim erhebt. In dieser geschützten Lage mit einer optimalen Sonneneinstrahlung und Kalkmergelböden entstehen trockene und restsüße Weine mit einer feinen Pfirsichfrucht und fester Säurestruktur, die selbst in geringeren Jahrgängen kaum eine Spur von Härte aufweist. Durch diesen festen Kern können selbst die trockenen Pfeffinger Weine ihren Charme fünf Jahre oder länger bewahren. Die restsüßen Weine aus dieser Lage bleiben mindestens zehn Jahre lang attraktiv. Kaum weniger aufregend sind die Rieslinge aus dem angrenzenden Ungsteiner Weilberg mit seinen roten Sandsteinböden, der Weine mit einer noch festeren Säure und subtilen erdigen Noten hervorbringt, die sich schneller als die Herrenberger Weine entwickeln.
Angesichts der Jugend der meisten Parzellen dieses Gutes sind besonders die Frucht und die Substanz seiner Weine bemerkenswert. Sie sind zum einen auf die extrem hohen Anforderungen, die Doris Eymael an jede Prädikatsstufe stellt, zurückzuführen, zum anderen auf die Weinbergbewirtschaftung, deren Ziel höchste Reifegrade sind. Spürbar wird das geringe Rebalter allerdings bei der Entwicklung der Weine in der Flasche. Zwar können die Pfeffinger Rieslinge ihre Frische lange Zeit bewahren, doch sind die drei- und vierjährigen Weine derzeit weniger beeindruckend, als sie es in ihrer Jugend waren. Mit zunehmendem Rebalter wird sich das

fraglos wieder ändern, aber gegenwärtig würde ich empfehlen, die trockenen Weine innerhalb von drei Jahren zu genießen, will man sie in ihrer Bestform erleben.
Mit der Einstellung des neuen Kellermeisters Thomas Hofmann und seinem ersten Jahrgangs 1991 hat sich der Stil der trockenen Rieslinge leicht verändert. Früher vergoren die Weine, bis sie wirklich extrem trocken waren und nur noch 2 bis 3 Gramm unvergorener Süße pro Liter besaßen. Die 91er und 92er Jahrgänge wurden mit 5 bis 9 g/l Süße, dem gesetzlich zugelassenen Höchstmaß, abgefüllt. Im Prinzip ist dagegen nichts einzuwenden, denn schließlich sind der Geruch und der Geschmack eines Weines ausschlaggebender als seine analytischen Werte. Aber nachdem die 91er Riesling-Spätlese Trocken aus dem Herrenberg in ihrer Jugend ein eindrucksvoller und sehr harmonischer Wein war, begann sie später ausgesprochen süß zu schmecken. Ein Anflug natürlicher Süße kann in einem trockenen Spitzenriesling etwas Wunderbares sein, wenn dadurch die Frucht betont und dem Abgang eine Sanftheit verliehen wird, die er andernfalls nicht besessen hätte. Dieser Wein jedoch besitzt jetzt eine zu betonte Süße, als daß er noch »trocken« genannt werden könnte, selbst wenn diese Bezeichnung auf dem Etikett erscheint. Mit dem überlegenen 92er Wein, der über mehr Tiefe und Eleganz verfügt, wird das gleiche wohl nicht passieren, doch sollte in Zukunft hierauf stärker geachtet werden. Größere Aufmerksamkeit benötigt auch der Alkoholgehalt der trockenen Auslesen, denn die 92er Riesling-Auslese Trocken aus dem Herrenberg hat schon bei der Faßprobe brandig geschmeckt. Man möchte sich gar nicht vorstellen, wie alkoholisch er heute schmecken muß!
Großes Ansehen genießt das Weingut Pfeffingen berechtigterweise für seine edelsüßen Weine, doch werden diese selten aus dem Riesling erzeugt. Statt dessen werden hier überragende Auslesen, Beerenauslesen und Trockenbeerenauslesen mit der Scheurebe, der wichtigsten Rieslingkreuzung, erzielt. Karl Fuhrmann hatte einen Wein aus dieser Rebsorte das erste Mal in den späten vierziger Jahren probiert und war sofort davon begeistert, daß edelfaule Trauben dieser Rebsorte kraftvollere und reichhaltigere Weine ergeben als der Riesling, ohne daß sie dessen typische Eleganz verlieren. In den siebziger und achtziger Jahren gelang dem Weingut Pfeffingen eine ganze Reihe sensationeller Dessertweine aus der Scheurebe. Der größte dieser Weine, den ich je probiert habe, war die 71er Trockenbeerenauslese, ein Wein voller übernatürlicher Konzentration und Brillanz. Die Scheureben der Jahrgänge 1991 und 1992 konnten leider nicht an den Standard heranreichen, durch den das Weingut Pfeffingen als einer der besten Scheurebenerzeuger Deutschlands galt. Mit dem 93er Jahrgang wird sich dieser Trend hoffentlich wieder umkehren, denn diese Rebsorte ver-

dient mehr Beachtung als sie heute erfährt und kann sie nur durch Weine höchster Güte erzielen.
Wenn die 91er und 92er Weine des Gutes Pfeffingen auch nicht so eindrucksvoll waren wie die früheren Jahrgänge, gehören seine besten Erzeugnisse doch fraglos zur Spitzenklasse dessen, was in der Pfalz in diesen Jahren überhaupt erzeugt wurde. Es bleibt zu hoffen, daß mit der zunehmenden Erfahrung von Thomas Hofmann und dem zunehmenden Alter der Reben dieses Weingut wieder zu einem der besten Betriebe am ganzen Rhein wird.

Ungsteiner Herrenberg Riesling

1988 SPÄTLESE TROCKEN **88**
Finessenreicher Pfirsichduft mit subtilen exotischen Fruchtnoten; dicht und filigran zugleich, hochelegante Rasse; langer, delikater Nachhall. Einer der besten trockenen Rieslinge des Jahrgangs in der Pfalz; schon auf dem Höhepunkt, hält sich bis 1997 in dieser Form.

1988 SPÄTLESE **89**
Frischer als die trockene Spätlese; noch sattere Fruchtnoten in Duft und Geschmack, sehr elegante Säure, feines Spiel; saftiger Nachhall. Hält sich mindestens bis 2000.

1989 SPÄTLESE HALBTROCKEN **90**
Schöner Aprikosenduft mit einem Hauch Honig; konzentrierte Frucht, viel Saft und dezente Süße, perfekte Balance, pikante zitronige Säure; sehr kräftiger Nachhall. Ein sehr gelungener Wein, wenn man bedenkt, daß er aus hagelbetroffenen Weinbergen stammt; hält sich bis 2000.

1989 SPÄTLESE **88**
Attraktives Pfirsichbouquet; ähnlich angelegt wie die halbtrockene Spätlese, recht betonte Süße und etwas verhaltene Säure; langer Nachhall. Findet erst langsam ihr Gleichgewicht und hält bis 2000.

1990 AUSLESE TROCKEN **84**
Als junger Wein sehr beeindruckend, im Moment etwas merkwürdig. Starker Mandelton im Duft und Geschmack, noch sehr füllig und dicht, die Frucht sehr verhalten, insgesamt wenig Ausdruck. Die 1990 WEILBERG SPÄTLESE TROCKEN bleibt mit toller Pfirsichfrucht sehr beeindruckend (90 Punkte).

1990 SPÄTLESE HALBTROCKEN 90
Verführerischer Pfirsichduft mit vielen Feinheiten; toller Saft, einnehmende Eleganz, hochfeines Spiel, filigrane Säure und perfekt integrierte natürliche Restsüße; langer, vielschichtiger Nachhall. Hält sich bis 2005.

1991 SPÄTLESE TROCKEN 85
Als junger Wein ein Blender, jetzt passen die Komponenten nicht mehr so gut zusammen. Etwas verschlossener Duft; deutliche Süße und verhaltene Frucht, sehr gute Struktur; langer Abgang. Fängt sich vielleicht noch einmal.

1992 SPÄTLESE TROCKEN 89
Wesentlich gelungener und ausgeglichener als die früheren Jahrgänge. Sehr feiner Pfirsich-Mandel-Duft mit viel Finesse; konzentriert und sehr saftig, hochelegante Säure für den eher weichen Jahrgang; sehr langer, vielschichtiger Nachhall. Eine exzellente Leistung für den Jahrgang, hält sich bis 2000.

1992 SPÄTLESE HALBTROCKEN 87
Feiner Pfirsich-Maracuja-Duft; extrem saftig, sehr elegante Säure und schönes Spiel, vollkommen im Moselstil; filigraner Nachhall. Hält sich bis 2003/04.

1992 AUSLESE TROCKEN 72
Intensiver Duft nach Cassis und gekochten Pfirsichen; sehr voluminös und satt, leichte Bitternis, Alkoholton; wuchtiger Nachhall. Fragliche Zukunftsperspektiven.

Die 1993er Rieslinge sind zweifellos sehr gute Weine, aber ohne die gewohnte Brillanz.

Weingut Ökonomierat Rebholz

Anschrift 76833 Siebeldingen, Weinstraße 54
Inhaberin Christine Rebholz
Leiter und Kellermeister Hansjörg Rebholz

Gesamtrebfläche 9,1 ha
Rebsortenspiegel 40 % Riesling, 22 % Spätburgunder, 9 % Gewürztraminer, 8 % Müller-Thurgau, 7 % Weißburgunder, 5 % Chardonnay, 5 % Muskateller, 4 % Grauburgunder

Rieslingproduktion

Rebfläche 3,6 ha
Lagen Birkweiler Kastanienbusch 1,8 ha, Siebeldinger Im Sonnenschein 1,6 ha, Godramsteiner Münzberg 0,23 ha
Rebmaterial 100 % Pfropfreben (Gm239, 198, N90)
Durchschnittliches Rebalter 10 Jahre
Durchschnittlicher Ertrag 60 hl/ha
Durchschnittliche Produktion 20 000 Flaschen pro Jahr

Ökonomierat Eduard Rebholz war der erste Winzer der Südpfalz, der sich kompromißlos der Erzeugung qualitativ wertvoller Weine verschrieben hatte. Ihm gelangen nicht nur Spitzenweine, die bis dahin in diesem Gebiet für unmöglich gehalten wurden, sondern er schwamm mit seinen Vorstellungen auch alleine gegen den Strom seiner Zeit an. Zur Tradition seiner Weinerzeugung gehörten schon immer ein vollständiger Verzicht auf Chaptalisierung (die Zugabe von Zucker während der Gärung, um den Alkoholgehalt zu steigern) und Süßreserve (die Zugabe von geklärtem Most nach der Gärung, um die Weine zu süßen). In den siebziger Jahren muß dieser Verzicht geradezu revolutionär gewirkt haben, doch vielleicht hat die Familie Rebholz ihre äußerst eigenwilligen Weine immer problemlos absetzen können, gerade weil sie so sehr aus der Masse der übrigen Produktion dieses Gebietes herausragten.
Heute sind Weingüter, die fast ausschließlich trockene Weine erzeugen, zwar nichts Ungewöhnliches mehr, doch noch immer umgibt eine Aura des Revolutionären das Weingut Rebholz. Hervorgerufen wird sie von Hansjörg Rebholz, der 1978 im Alter von nur zwanzig Jahren die Weinerzeugung nach dem plötzlichen Tod seines Vaters übernahm. Anstatt nun die von seinem Großvater und seinem Vater entwickelten Methoden lediglich zu übernehmen, hat er sie weiter ausgearbeitet. Heute werden die Weine neben dem Verzicht auf Chaptalisierung und Süßreserve auch ohne Entsäuerung und Schönung erzeugt. Diese Entscheidungen beruhen ebenso auf dem Streben Hansjörg Rebholz' nach immer besseren Weinen wie auch auf seiner Freundschaft mit Hans-Günter Schwarz vom Weingut Müller-Catoir. Schwarz war der erste Winzer der Pfalz, der gezeigt hat, daß man beim richtigen Vorgehen in Weinberg und Keller eine Schönung der Weine, die zuvor als unerläßlich für die Stabilität der Weine erachtet worden war, überflüssig machen konnte. Schwarz' Überzeugung, daß jede Behandlung der Weine sie eines Teils ihrer Eigenschaften beraube, wurde auch eines der Grundprinzipien von Hansjörg Rebholz. Für ihn ist der Respekt vor der Natur die Quelle all dessen, was einen Wein ausmacht, und des Winzers

Aufgabe ist es, die Entwicklung der Reben, der Trauben und der daraus entstehenden Weine zu beobachten und zu schützen. Nach seiner Ansicht sollte ein Winzer auf keinen Fall versuchen, die natürliche Harmonie des Weines zu verändern. Hat er eine hohe Säure, so ist das kein Problem, sondern Teil seines Charakters. Dasselbe gilt für jeden anderen Charakterzug eines Weines, mit jeder Besonderheit tritt lediglich die Natur in Erscheinung.

Auf diese Weise sind auf dem Weingut Rebholz zahlreiche Weine mit einer extremen Erscheinung entstanden, die entweder von einer hohen Säure, einem hohen oder einem niedrigen Alkoholgehalt verursacht wurde und die die Meinungen der Experten gespalten hat. In den letzten Jahren ist jedoch kein so ausgefallener Wein erzeugt worden, daß er nicht wärmstens empfohlen werden könnte. Ganz im Gegenteil haben die Rebholz-Weine in den letzten Jahren an Frucht und Aroma noch hinzugewonnen; ihre Säure ist jetzt besser im Wein integriert als noch in den Weinen der frühen und mittleren achtziger Jahre. Tatsächlich kann man die heutigen Weine als weniger introvertiert, schlank und dafür aber als ausdrucksstärker und sinnlicher bezeichnen.

Nur das junge Rebalter schränkt die Möglichkeiten dieses Gutes hinsichtlich seiner Rieslinge ein. Gegenwärtig ist nur ein Drittel all seiner Reben alt genug, um Trauben von wirklicher Spitzenqualität hervorzubringen; ein Drittel ist zu jung, um überhaupt eine Lese zu ermöglichen. Die niedrigen Erträge können zwar Schlimmeres verhindern, aber nicht alle Konsequenzen ausgleichen.

Da das Weingut Rebholz vollständig auf Chaptalisierung verzichtet, werden alle Weine, die den Mindestanforderungen an einen Kabinett, die niedrigste Stufe der Prädikatsweine, nicht genügen, in Literflaschen als »Pfälzer Landwein« verkauft. Mit ihrem Alkoholgehalt von höchstens 10 % vol bilden diese naturgemäß leichten Weine ein Stück der Rebholz-Tradition und erfreuen sich großer Beliebtheit. Meistens handelt es sich dabei um Müller-Thurgau, mit dem Jahrgang 1990 aber auch um Riesling.

Die typischten Rebholz-Weine sind die Kabinettweine mit einem Alkoholgehalt von etwa 11 % vol und die trockenen Spätlesen mit 12 bis 13 % vol Alkohol. Sie sind immer sehr frisch und besitzen lebhafte Apfel-, Birnen-, Pfirsich- und Aprikosenaromen, dazu eine rassige Säure, die auch den reichhaltigsten dieser Weine eine leichte Note verleiht. Die spontane Gärung mit natürlicher Hefe führt dazu, daß die Riesling-Auslesen einige Gramm natürlicher Süße zurückbehalten, die aber nie so betont ist, daß sie direkt fühlbar wäre. Die elegantesten und subtilsten Rieslingweine sind die aus dem Birkweiler Kastanienbusch, einer steilen Lage oberhalb der Orte Siebeldingen und Birkweiler. Ihr Boden aus Rotliegendem ist in diesem

Gebiet einzigartig und verleiht den Weinen häufig eine Mandelnote, die an die Weine aus dem Roten Hang in Nierstein erinnert: Die Böden dieser beiden Lagen sind fast identisch.
Das Weingut Rebholz kann zwar auf eine Tradition edelsüßer Weine verweisen, hat es doch 1949 die erste Müller-Thurgau-Trockenbeerenauslese hervorgebracht, erzeugt sie aber eher aus Rebsorten wie Gewürztraminer oder Muskateller als aus dem Riesling.
In ihrer Jugend können die trockenen Rieslingweine von Hansjörg Rebholz mit ihren lebhaften Primäraromen sehr ansprechend sein. Wesentlich besser werden sie jedoch, wenn sie zwei bis fünf Jahre reifen, wobei die Weine höherer Qualitätsstufen am längsten für ihre Entwicklung brauchen. Die 88er Riesling-Spätlese Trocken zum Beispiel war im Alter von fünf Jahren noch sehr frisch und lebendig und hatte noch viele Jahre vor sich. Mit diesem und den folgenden Jahrgängen hat Hansjörg Rebholz seine Linie als Winzer gefunden. Wie seine Weine hatte auch er Zeit, um zu reifen. Durch das in dieser Zeit erworbene Selbstvertrauen konnte er die Erzeugungsmethoden seines Weingutes soweit entwickeln, daß er zum besten Winzer der Südpfalz wurde. Die beeindruckenden Fortschritte, die er mit seinen Spätburgundern, seinen trockenen Rieslingen und mit seinen Weiß- und Grauburgundern erzielt hat, lassen mich zu der Überzeugung kommen, daß er nicht nur einer der besten pfälzischen Winzer ist, sondern auch gerade erst angefangen hat, das wahre Potential der Lagen von Siebeldingen und Birkweiler vorzuführen.

Riesling diverser Lagen

1988 SIEBELDINGER IM SONNENSCHEIN SPÄTLESE TROCKEN **87**
Erstaunlich frischer, delikater Pfirsichduft; mittelgewichtig, feine Frucht und seidige Säure; langer, filigraner Nachhall. Obwohl sie schon sehr viel Freude bereitet, hält sie sich bis 2000.

1989 SIEBELDINGER KÖNIGSGARTEN KABINETT TROCKEN **82**
Etwas einfacher, sehr lebendiger Duft; feine Zitrusfrucht und zarte Mandelnote, sehr elegante Säure; gute Länge. Ein sehr gelungener trockener Kabinett; hält sich bis Ende der neunziger Jahre.

1990 BIRKWEILER KASTANIENBUSCH AUSLESE TROCKEN **90**
Jugendlicher, sehr nuancierter Ananasduft mit mineralischer Note; sehr dichte Fruchtfülle, der hohe Alkoholgehalt von 13,5 % vol ist nicht zu spüren, feinstes Säurespiel; sehr langer, filigraner Nachhall. Erst 1996 auf ihrem Höhepunkt, kann bis 2005 liegen.

1991 SIEBELDINGER IM SONNENSCHEIN KABINETT TROCKEN 83
Subtiler Aprikosen-Mandel-Duft; feine Frucht und rassige Säure, mit etwas mehr Fülle wäre er erstklassig; recht schlanker Nachhall. Hält sich bis 2000.

1992 SIEBELDINGER IM SONNENSCHEIN KABINETT TROCKEN 85
Duftet nach aromatischen Äpfeln und Pfirsichen; sehr fülliger Kabinett mit mehr Dichte und Schmelz als die meisten Spätlesen, elegante Säure; kräftiger Nachhall. Schon sehr gut zu trinken, hält bis 2000.

1992 SIEBELDINGER KÖNIGSGARTEN SPÄTLESE TROCKEN 88
Feiner Aprikosenduft mit exotischen Untertönen; konzentriert und saftig, satte Frucht und pikante Säure, verführerisch und ernsthaft zugleich; langer Nachhall. Hält sich bis mindestens 2000.

Die 1993er Rieslinge sind exzellente trockene Weine, die den vorherigen Jahrgang leicht übertreffen.

Weingut Karl Schaefer

Anschrift 67098 Bad Dürkheim, Weinstraße Süd 30
Inhaber Dr. Wolf Fleischmann
Kellermeister Thorsten Rotthaus

Gesamtrebfläche 17 ha
Rebsortenspiegel 85 % Riesling, 3 % Silvaner, 3 % Müller-Thurgau, 2 % Weißburgunder, in geringen Mengen Gewürztraminer, Goldmuskateller, Scheurebe, Rieslaner, Würzer, St. Laurent, Spätburgunder, Domina

Rieslingproduktion

Rebfläche 14 ha
Lagen Dürkheimer Michelsberg, Dürkheimer Spielberg, Wachenheimer Fuchsmantel, Wachenheimer Gerümpel, Forster Pechstein
Rebmaterial 100 % Pfropfreben
Durchschnittliches Rebalter 15 Jahre
Durchschnittlicher Ertrag 75 hl/ha
Durchschnittliche Produktion 120 000 Flaschen pro Jahr

Der Ökonomierat Karl Schaefer war der erste pfälzische Winzer, der in der zweiten Hälfte des letzten Jahrhunderts seinen Wein in Flaschen abgefüllt

an private Kunden verkaufte. Bis heute hat das Weingut seine Position als einer der Spitzenerzeuger der Pfalz bewahren können, denn seine trockenen Rieslinge gehören immer wieder zu den besten des gesamten Gebietes. Seit kurzem jedoch werfen gewisse Unstimmigkeiten einen dunklen Schatten auf die Leistungen dieses Betriebes. Auf einem Weingut mit solcher Tradition muß man auch in die Zukunft blicken, also nach einem Nachfolger Ausschau halten, der die Betriebsleitung in den nächsten Jahrzehnten übernehmen wird. Als ich das Weingut in den späten achtziger Jahren kennenlernte, galt Bernhard Lehmeyer, der Schwiegersohn des Besitzers Dr. Wolf Fleischmann, als Nachfolger. Die Art und Weise, mit der dieser sympathische, energische und talentierte Mann ungeachtet seiner unablässigen Bemühungen um die Verbesserung und Förderung der Schaefer-Weine aus seiner Position auf dem Gut gedrängt worden ist, war schlichtweg skandalös. Aus diesem Grund ist es mir auch unmöglich, den Betrieb objektiv und ausführlich zu beschreiben. Zum Glück konnte ich die Schaefer-Weine des öfteren auf Blindproben testen, wodurch die nachfolgenden Beurteilungen der letzten Jahrgänge ermöglicht wurden, ohne von meinen Vorbehalten gegenüber dem Weingut Karl Schaefer geprägt zu sein.
Wenn diesem Weingut trotz der oben erwähnten Schwierigkeiten weiterhin Rieslinge gelingen, die zu den besten der Pfalz zählen, so ist dies in erster Linie seinem Kellermeister Thorsten Rotthaus zu verdanken. Er ist seit mehr als zehn Jahren auf diesem Betrieb beschäftigt, obwohl er gerade einunddreißig Jahre alt ist. Seinen trockenen Rieslingen gelingt eine schöne Verbindung von Finesse und Konzentration. In den letzten Jahren kamen die besten Weine regelmäßig aus dem Wachenheimer Gerümpel; sie zeichnen sich vor allem durch eine reiche Aprikosenfrucht und einen subtilen mineralischen Zug aus. Wenn die dortigen Reben etwas älter sind, sollte der Ungsteiner Herrenberg Weine mit einer vergleichbaren Tiefe und Raffinesse hervorbringen. Alle Schaefer-Rieslinge vergären und reifen bis zur Flaschenabfüllung im Sommer nach der Lese in Holzfässern.
Die restsüßen Weine, die hier eine traditionell große Rolle spielen, vergären mit natürlicher Hefe, und ihre gesamte Süße ist natürlichen Ursprungs. Genau wie die trockenen Weine zählen auch sie zu den Schönsten ihrer Art in der ganzen Pfalz. Auch edelsüße Rieslinge werden erzeugt; deren letzter großer die 90er Beerenauslese war und wiederum als einer der besten Weine des Jahrganges gelten muß.
Angesichts dieser Leistungen erhält die Frage nach der Zukunft des Betriebes eine immense Bedeutung, denn niemand weiß bisher, wie es mit dem Weingut Karl Schaefer weitergehen soll. Ich kann nur hoffen, daß jemand gefunden wird, der diesem großen Gut in das 21. Jahrhundert hilft.

Riesling diverser Lagen

1988 WACHENHEIMER GERÜMPEL SPÄTLESE TROCKEN 84
Recht entwickelter Grapefruit-Pfirsich-Duft mit leichtem Karamelton; voll und saftig, gute Substanz, es mangelt an Eleganz und Säurestruktur; etwas lascher Nachhall. Kein Paradebeispiel des Gutsstils; hält sich bis 1996.

1989 UNGSTEINER HERRENBERG KABINETT TROCKEN 87
Sehr nuancierter Zitrus-Ananas-Duft; dichte Frucht und betonte Rasse, feines Spiel; filigraner Nachhall. Vielleicht etwas zu füllig für einen Kabinett Trocken, trotzdem ein sehr schöner Wein; hält sich bis 1997.

1989 WACHENHEIMER GERÜMPEL KABINETT TROCKEN 88
Feine Pfirsichfrucht mit zarter Grapefruitnote; reichhaltige Frucht und hochelegante Säure, viel Eleganz; finessenreicher Nachhall. Wieder etwas üppig für das Prädikat und eine tolle Leistung für den Jahrgang; hält sich bis Ende der neunziger Jahre.

1989 UNGSTEINER HERRENBERG SPÄTLESE TROCKEN 90
Intensives Aprikosenbouquet; konzentrierte, sehr nuancierte Frucht, tolles Säurespiel, einnehmende Eleganz; sehr langer, vielschichtiger Nachhall. Jetzt auf ihrem Höhepunkt; kann problemlos bis 2000 liegen.

1990 UNGSTEINER HERRENBERG KABINETT TROCKEN 88
Sehr feiner Aprikosenduft mit einem Hauch von Mandeln; sehr dicht und filigran zugleich, toller Saft und viel Fülle für einen Kabinett Trocken, sehr geschliffene Rasse; sehr langer, eleganter Abgang. Das Höchstmaß an Eleganz, was ein Riesling aus der Pfalz besitzen kann; hält sich bis Ende der neunziger Jahre.

1990 WACHENHEIMER GERÜMPEL SPÄTLESE TROCKEN 90
Als junger Wein präsentierte er sich sehr überzeugend, dann hatte er einen Durchhänger. Erklimmt jetzt langsam den Höhepunkt. Hochkomplexer Duft nach Pfirsichen, Mineralien und Karamel; sehr konzentriert und filigran, vielschichtiger mineralischer Charakter und feine Frucht; sehr langer, subtiler Nachhall. Kann sich bis 2000 halten.

1992 WACHENHEIMER GERÜMPEL SPÄTLESE TROCKEN 87
Frischer Duft nach Zitrus und exotischen Früchten; reichhaltige Frucht und viel Fülle, elegante Säure, feines Spiel; Crescendo-Nachhall mit mineralischer Note. Eine sehr gute Leistung für den Jahrgang; hält sich bis 2000.

Weingut Dr. Heinz & Karlheinz Wehrheim

Anschrift 76831 Birkweiler/Pfalz, Weinstraße 8
Inhaber und Kellermeister Karl-Heinz Wehrheim

Gesamtrebfläche 10 ha
Rebsortenspiegel 50 % Riesling, 15 % Weißburgunder/Chardonnay, 15 % Spätburgunder, 10 % Silvaner, 10 % Muskateller, Traminer

Rieslingproduktion

Rebfläche 5 ha
Lage Birkweiler Kastanienbusch 5 ha
Rebmaterial 100 % Pfropfreben (diverse Geisenheimer Klone)
Durchschnittliches Rebalter 15 Jahre
Durchschnittlicher Ertrag 55 hl/ha
Durchschnittliche Produktion 40 000 Flaschen pro Jahr

Um die Weine der Südpfalz kennenzulernen, ist nichts besser geeignet als die hochwertigen trockenen Rieslinge, Weißburgunder, Muskateller und roten Spätburgunder dieses äußerst zuverlässigen Gutes. Die Wehrheim-Weine besitzen so viel Frucht, Charakter und Charme, daß sie einfach unwiderstehlich sind. Wenn die Weinqualität nach dem sofortigen sinnlichen Genuß, den ein Wein bereitet, beurteilt würde, müßten all diese Weine eine hohe Punktzahl erhalten.

Die Rieslinge dieses Gutes sind aber auch sehr komplex und so strukturiert, daß sie viele Jahre in der Flasche reifen können. Ihre Konzentration und Raffinesse hält selbst dem Vergleich mit den besten trockenen Weinen aus den berühmtesten Weinorten der Mittelhaardt stand. Den ersten trockenen Riesling aus dem Birkweiler Kastanienbusch füllte Dr. Heinz Wehrheim schon 1963 ab. Damals beherrschten in Deutschland gerade süße Weine die Mode, und in der Pfalz waren besonders extreme Vertreter dieser Stilrichtung aus minderwertigen Neuzüchtungen verbreitet. In den vergangenen dreißig Jahren wurde die Erzeugung von trockenen Weinen soweit ausgedehnt, daß auf dem Weingut Dr. Wehrheim keine Süßreserve mehr eingesetzt wird. Die einzige Süße, die man in einer Auslese oder einer höheren Prädikatsstufe noch findet, ist jene, die die Hefe nicht mehr in Alkohol verwandeln konnte.

Karl-Heinz Wehrheim, der Sohn Dr. Wehrheims, hat 1984 die Weinerzeugung dieses Gutes übernommen. Schon mit den eindrucksvollen 85er

Spätburgundern und den Weißweinen der guten Jahrgänge 1985 und 1986 bewies er seine Absicht, den bereits damals beachtlichen Qualitätsstandard dieses Gutes noch weiter zu steigern. Seither hat er die Erträge so stark reduziert, daß sie weit unterhalb dessen liegen, was andere qualitätsbewußte Pfälzer Winzer als normal erachten würden. Mehr als jeder andere Faktor zeichnet der niedrige Ertrag verantwortlich für den vollen, reichen und fruchtigen Stil seines Rieslings. In guten Jahrgängen besitzen seine Weine einen Fruchtcharakter, der an Pfirsich, Ananas und reife Melone erinnert und von einer betonten, jedoch nie dominanten Säure unterstützt wird. Daher sind sie schon kurz nach der Flaschenabfüllung, also im ersten Sommer nach der Lese, höchst attraktiv. Nach ein oder zwei Jahren in der Flasche gewinnen die mineralischen Aromen und Noten an Gewicht, und der Wein tritt in seine schönste Phase, in der er vier bis fünf Jahre verbleibt. Seit 1993 stehen alle Rieslingreben des Weingutes Dr. Wehrheim in der exzellenten Lage Birkweiler Kastanienbusch. Der Boden dieser Lage ist ungewöhnlich steinhaltig und relativ steil für eine Gegend, in der flache oder nur sanft steigende Lagen mit Lehmböden die Norm bilden. Der Kastanienbusch liegt nahezu 300 m über dem Meeresspiegel unterhalb der bewaldeten Hügel der Haardt, die sich westlich davon etwa 200 m höher erheben. So wird er zur einzigen Steillage dieses Gebietes, und auch seine Böden aus Rotliegendem sind einmalig. Hier oben läßt sich der Unterschied zwischen dieser Lage und den weitläufigen Rebflächen in der Ebene, die vor allem der Massenproduktion von Alltagsweinen dienen, leicht erfassen. In solchen Steillagen benötigt man im Durchschnitt etwa 600 Stunden Handarbeit für jeden Hektar, während man in den ebenen Rebflächen mit 400 Arbeitsstunden bei maschineller Bewirtschaftung auskommt. Weine wie Karl-Heinz Wehrheims 90er Riesling-Auslese Trocken aus dem Kastanienbusch sind jedoch eine volle Entschädigung für jede Anstrengung!

Vor kurzem wurde der Kastanienbusch flurbereinigt, um die Produktionskosten der Parzellenbesitzer zu begrenzen und somit zu verhindern, daß sie die Bewirtschaftung der Lage aufgeben. Daher sind viele Reben noch sehr jung. Mit ihrem Wachstum in den nächsten Jahren wird sich die Qualität der Rieslinge vom Weingut Dr. Wehrheim weiter steigern. Denn so schön die Weine der letzten Jahrgänge auch gelungen sind - ein wenig mehr Eleganz und Finesse könnten sie ohne weiteres vertragen.

Birkweiler Riesling diverser Lagen

1988 KASTANIENBUSCH SPÄTLESE TROCKEN 83
Vollentwickelter Zitrus-Ananas-Duft; dicht und füllig, reichhaltige Frucht für den mittelguten Jahrgang, elegante Säure; nachhaltige mineralische Note. Jetzt trinken.

1989 MANDELBERG SPÄTLESE TROCKEN 86
Satter Mango-Mandel-Duft; konzentriert und sehr saftig, seidige Säure, ein richtiger Gaumenschmeichler; langer, abgerundeter Nachhall. Nicht so weit wie der 88er, aber schon voll entwickelt; besser jetzt trinken und die gute Form genießen.

1990 KASTANIENBUSCH AUSLESE TROCKEN 88
Etwas verschlossener Duft mit Mango- und Melonennote; sehr konzentriert und kraftvoll, toller Saft und leichter Schmelz; sehr langer, vielschichtiger Nachhall. Wenn der Alkohol nicht leicht spürbar wäre, eine wahre Granate; erst 1995 in ihrer besten Form, hält sich bis 2000.

1991 KASTANIENBUSCH KABINETT TROCKEN 73
Eigenartiger Ananasduft; mäßige Frucht und Substanz, erfrischende Säure; anhaltend im Abgang. Ein recht ansprechender Wein, aber kein Glanzbeispiel des Jahrgangs; hält sich bis 1997.

1992 MANDELBERG SPÄTLESE TROCKEN 80
Attraktives Pfirsichbouquet; saftig und elegant, sehr ansprechende Frucht, keine große Tiefe, optimale Balance; gute Länge. Hält sich bis 1998.

Weingut Werlé Erben

Anschrift 67147 Forst, Weinstraße 84
Inhaber Familie Werlé
Leiter Claus und Hardy Werlé
Kellermeister Claus Werlé

Gesamtrebfläche 11,5 ha
Rebsortenspiegel 90 % Riesling, 6 % Spätburgunder, 2 % Silvaner, 2 % übrige Sorten

Rieslingproduktion

Rebfläche 10,3 ha
Lagen Forster Kirchenstück 0,12 ha, Forster Jesuitengarten 0,25 ha, Forster Ungeheuer 0,75 ha, Forster Pechstein 0,5 ha, Forster Elster 0,5 ha, Deidesheimer Mäushöhle 1 ha, Deidesheimer Leinhöhle 0,5 ha, Deidesheimer Grainhübel 0,25 ha, Wachenheimer Gerümpel 0,1 ha, Ruppertsberger Hoheburg 0,25 ha, Ruppertsberger Reiterpfad 1,2 ha, Ruppertsberger Nußbien 0,75 ha
Rebmaterial 95 % Pfropfrebe (Gm 239, N90, Naheklon), 5 % wurzelechte Reben
Durchschnittliches Rebalter 15 Jahre
Durchschnittlicher Ertrag 65 hl/ha
Durchschnittliche Produktion 90 000 Flaschen pro Jahr

Ist man an den modernen, frischen, klaren Stil eines deutschen Rieslings gewöhnt, der den Fruchtcharakter der Trauben betont, so werden die Rieslinge vom Weingut Werlé in Forst zunächst wie ein Schock wirken. Diese Weine werden abgelehnt, weil es ihnen an Primäraromen mangelt, die von einem nach heute üblichen Methoden erzeugten deutschen Riesling erwartet werden - oder aber sie werden für ihren intensiven mineralischen Charakter, ihre Tiefe und ihr Alterungspotential bewundert - Eigenschaften, die in einem modernen deutschen Riesling leider selten anzutreffen sind. Gehörte ich nicht zur letzteren Gruppe, würde ich dieses Weingut gewiß nicht in die Liste der einhundert besten deutschen Rieslingerzeuger aufgenommen haben.
Häufig ist sehr schwer zu erklären, warum ein Wein auf eine bestimmte Art riecht oder schmeckt. Wenn Claus und Hardy Werlé auch überzeugte Anhänger von Holzfässern sind - jeder Werlé-Wein verbringt wenigstens einige Monate in Holz -, unterscheiden sich ihre Methoden doch nicht wesentlich von denen anderer pfälzischer Winzer. Sie benutzen dieselbe Ausrüstung, wie man sie auch in anderen Kellern findet und verfolgen die gleichen Prinzipien wie andere Weinerzeuger. Hier werden wie auf allen ambitionierten Gütern der Pfalz die Weine möglichst selten gepumpt oder gefiltert. Der entscheidende Unterschied zwischen dem Vorgehen der Werlés und dem der meisten anderen Kellermeister in der Pfalz ist vielleicht der, daß die Werlés im Keller so langsam wie möglich arbeiten. Auf anderen Gütern hat man die Weine am liebsten sehr früh völlig sauber und bereit zur Abfüllung; ein Kellermeister brüstete sich einmal sogar damit, daß er den gesamten Jahrgang noch vor Weihnachten abfüllfertig habe! Auf dem Weingut Werlé folgt der Gärung mit natürlicher Hefe meistens ein erster

Abstich ohne Filtration. Beim zweiten Abzug werden die Weine mit Kieselgur filtriert und danach ohne weitere Unterbrechung bis zur Abfüllung im Faß belassen. Der traditionelle Zeitpunkt hierfür ist der September, obwohl der 92er Jahrgang schon im Juni abgefüllt wurde.

Was immer auch der Grund sein mag, die Werlé-Weine ragen aus der Masse der guten bis erstklassigen Pfälzer Rieslinge ebenso heraus wie die Brüder Werlé aus der Menge junger, ehrgeiziger Winzer. Der größte Teil der dynamischen neuen Generation ist damit beschäftigt, radikale Veränderungen in den Betrieben auszuprobieren, um ihr Qualitätsniveau vom Mittelmaß zur Spitzenklasse anzuheben: Claus und Hardy Werlé jedoch streben nach einer Perfektionierung der Erzeugungsmethoden, die sie von ihrem Vater übernommen haben, der wiederum die Praktiken ihres Großvaters angewandt hatte. Als ich Hardy Werlé zum ersten Mal traf, öffnete er eine Reihe Weine aus dem Forster Jesuitengarten. Dem 86er Riesling-Kabinett Trocken folgten Riesling-Auslesen aus den Jahrgängen 1971, 1964 und gipfelten in der 47er, der größten Riesling-Auslese aus der Pfalz, die ich jemals probiert habe. Vor dem Hintergrund dieser großen Gewächse aus den früheren Jahrgängen sehen die Werlés ihre heutigen Weine, und an ihnen messen sie ihren Erfolg. Die Langlebigkeit der großen Forster Rieslinge aus den vergangenen Jahrzehnten bietet ihnen eine echte Herausforderung, und keiner ihrer Weine wird sie befriedigen können, wenn er nur in seinen ersten Lebensjahren gut genießbar ist.

Der gegenwärtige Lagenbesitz der Werlés erleichtert ihre Aufgabe nicht gerade, denn die Weinberge mußten vor kurzem im Rahmen der Flurbereinigung neu bepflanzt werden. Zur Zeit besitzen sie nur wenige Reben, die älter als zwanzig Jahre und somit am besten für die Erzeugung von Spitzenweinen geeignet sind; die Reben in ihrer besten Lage, dem Forster Kirchenstück, wurden 1985 gepflanzt. Solches Material erschwert die Erzeugung von Weinen der höchsten Qualität mit einem guten Alterungspotential, da es normalerweise zu hohe Erträge einbringt. In Anbetracht dieser Einschränkungen sind hier in den letzten Jahren große Fortschritte bei den Erzeugungsmethoden erzielt worden. Die Flexibilität bei dem Zeitpunkt der Flaschenabfüllung ist ein Beispiel hierfür, denn nur Weine mit einer optimalen Struktur gewinnen durch ein ganzes Jahr im Faß. Wenn sie in den kommenden Jahren auch sicher noch schönere Resultate erzielen können, hat das Weingut der Brüder Werlé bereits heute einen äußerst ausgeprägten, eigenen Weinstil gefunden und erzielt einen hohen Qualitätsstandard.

Nicht weniger eigen ist das System, mit dem sie ihre Weine vermarkten. Nur solche Weine, die bis unter vier Gramm natürlicher Süße pro Liter vergären, werden als »trocken« verkauft. Alle anderen werden ohne die

Bezeichnung »trocken« oder »halbtrocken« gehandelt. Was nach dem Etikett wie eine restsüße Spätlese aussieht, liegt daher in der Regel zwischen trocken und halbtrocken. Diese Weine eignen sich außerordentlich gut zum Essen, besonders wenn sie einige Jahre in der Flasche altern konnten. Der QbA wird in Literflaschen verkauft; wegen des exzellenten Lagenbesitzes dieses Gutes macht er aber nur einen geringen Teil der Gesamtproduktion aus.

Unter den vielen Spitzenlagen des Weingutes Werlés Erben nehmen vor allem das Forster Kirchenstück und der Forster Jesuitengarten hinter dem »Alten Schlössel«, dem märchenhaften Gutshaus, einen besonderen Platz ein. Bei der katasteramtlichen Klassifizierung der Pfälzer Lagen im Jahre 1830 durch das Königreich Bayern erhielt das Kirchenstück die höchste und der Jesuitengarten die zweithöchste Bewertung. Von den beiden Lagen hat das Kirchenstück die tiefgründigeren Böden und Unterböden, die extrem wasserspeichernd sind. So kommt es hier in großen Jahrgängen nie zu Trockenschäden wie in vielen anderen Pfälzer Lagen mit leichteren und flacheren Böden. Zwar stammen aus den etwas leichteren Böden des angrenzenden Jesuitengartens derzeit kontinuierlich die eindrucksvolleren Werlé-Weine, doch mit steigendem Rebalter werden die aus dem Kirchenstück sie übertreffen. Schon heute zeigen sie die Eleganz »des hohen, schmalen Forster Kirchturms«, die Hardy Werlé an den Weinen aus dem Kirchenstück am meisten bewundert. Ich freue mich auf den Tag, an dem die Konzentration und Komplexität dazu kommt, die die alten Reben aus dem Kirchenstück bis 1983 hervorbrachten. Dann wird es keinen Zweifel mehr daran geben, daß dies eines der bedeutendsten traditionellen Rieslinggüter der Pfalz ist.

Forster Riesling diverser Lagen

1987 KIRCHENSTÜCK SPÄTLESE 85
Beeindruckender Duft nach Maracuja, Kokosnuß und Mandeln; dicht und sehr mineralisch, geschliffene Rasse, keine spürbare Süße, völlig trocken schmeckend; pikanter Nachhall. Die wohl beste Spätlese des Jahrgangs im Gebiet. Schon in ihrer besten Form, aber kann noch bis Ende der neunziger Jahre liegen.

1988 JESUITENGARTEN SPÄTLESE TROCKEN 87
Komplexer Pfirsich-Mandel-Duft mit Vanille- und Mineraliennote; stoffig und saftig, viel Extrakt und elegante Rasse; langer Abgang. Der gelungenste Wein einer durchwachsenen Jahrgangskollektion bei Werlé.

1989 Kirchenstück Spätlese **90**
Sehr vielschichtiger Duft mit betonten Fruchtaromen und eine süßliche Note; außergewöhnlich fruchtig für einen Werlé-Wein, ausgeprägte Pfirsichnote, viel Saft und Spiel, mineralische Säure und nur ein Hauch von Süße; nachhaltige Rasse. Eine überzeugende Spätlese, die erst jetzt ihre beste Form erreicht und sich bis Anfang des nächsten Jahrhunderts hält.

1990 Jesuitengarten Spätlese **90**
Komplexer Duft nach Aprikosen, Kräutern und Mineralien; konzentriert und kraftvoll, ein für die Gemeinde typischer Wein, sehr feste Säurestruktur und kaum Süße, halbtrocken schmeckend, viele Aromen sind immer noch gebunden; vielschichtiger mineralischer Nachhall. Der Wein beginnt sich zu entfalten und wird während der nächsten Jahre um einiges zulegen.

1990 Kirchenstück Auslese **88**
Etwas unentwickelter Botrytisduft mit subtilen exotischen Fruchtnoten; viel fülliger, süßer und schmelziger als der Jesuitengarten, aber nicht ganz so dicht oder tief, leichte Kremigkeit und feiner Honigton; etwas sanfter Nachhall. Braucht bis 1997, um den Höhepunkt zu erreichen, und hält sich bis 2010.

1992 Ungeheuer Spätlese **87**
Noch unentwickelter Duft nach Zitrus, Mineralien und Mandeln; dichter Wein mit der für Forst charakteristischen Eleganz, viele Aromen noch fest gebunden, sehr herb; viel Kraft im langen Nachhall. Kein Charmeur im Moment; braucht bis 1995/96, um sich zu entfalten, und kann bis 2005 liegen.

1992 Kirchenstück Spätlese **90**
Neben den meist schon entwickelten 92er der Pfalz sieht dieser Wein ziemlich karg aus. Fast komplett verschlossener Duft; sehr konzentriert, hochelegante mineralische Rasse, die Frucht momentan versteckt; unglaublich langer, würziger Nachhall. Erst Ende der neunziger Jahre wird sie ihren Schatz an Frucht und Mineralien offenbaren, hält sich bis 2010.

Weitere interessante Produzenten

Weingut Friedrich Becker

Anschrift 76889 Schweigen, Hauptstraße 29

Sehr zu Recht genießt Fritz Becker großes Ansehen für die exzellenten trockenen Weine, die er nach traditionellen deutschen Methoden aus den

Burgundersorten (Weiß-, Grau- und Spätburgunder) erzeugt. Sie gehören zu den besten Weinen des gesamten Gebietes. Weniger bekannt sind die überraschend tiefroten Weine und der frische, fruchtige Weißherbst aus dem Portugieser und die reichhaltigen trockenen Gewürztraminer, die in der Gesamtproduktion dieses Gutes eine ebenso wichtige Rolle spielen. Die trockenen Rieslinge von Fritz Becker zeigen eher schwankende Qualität, seine besten trockenen Spätlesen aber sind kraftvolle Weine mit einem subtilen erdigen Charakter, der an einen elsässischen Riesling erinnert. Überraschen kann das allerdings kaum, denn die besten Lagen dieses Gutes liegen auf der französischen Seite der Grenze. Die Becker-Experimente mit den neuen Barriques werden erst noch überzeugende Resultate erbringen müssen.

Weingut Reichsrat von Buhl

Anschrift 67146 Deidesheim, Weinstraße 16

Dieses berühmte Gut hat in den letzten Jahren stark schwankende Ergebnisse erzielt. Mit den schönen 89er und 90er Jahrgängen schien es dann wieder zu seiner Form zurückgefunden zu haben. Aber obwohl der Betrieb von den japanischen Investoren, die ihn seit 1989 gepachtet haben, mit einem hochmodernen Weinkeller ausgestattet wurde, entstanden in den Jahren 1991 und 1992 einige sehr enttäuschende Weine. Gerade unter den trockenen Rieslingen der aufwendigen »Buhl Classic-Serie« von 1992 befand sich einer der problematischsten Buhl-Weine des Jahrgangs; die beiden übrigen Weine waren wenig auffällig. Daher ist auch der schnelle Abschied des Kellermeisters dieses Gutes, Udo Loos, im Frühjahr 1994 leicht nachvollziehbar. Es bleibt zu hoffen, daß ein Nachfolger gefunden wird, der das exzellente Potential dieses Weingutes mit seinen schönen Lagen besser in Spitzenweine umzusetzen vermag.

Weingut A. Christmann

Anschrift 67435 Gimmeldingen, Peter-Koch-Straße 43

Lange Jahre verfügte Karl-Friedrich Christmann durch seinen Besitz in den besten Ruppertsberger Lagen, allen voran dem Reiterpfad, und dem Königsbacher Idig über die Möglichkeit zur Erzeugung schöner Rieslinge. Erst mit den letzten Jahrgängen wurde dieses Potential erfolgreicher genutzt, und mit den 90er und 92er Jahrgängen steht das Weingut Christmann endlich kurz vor seiner Aufnahme in die Elite der Pfälzer Weinerzeuger. Schon ein weiterer erfolgreicher Jahrgang wird ihm dort einen Platz sichern. Der größte Teil der Rieslinge wird in Edelstahltanks trocken vinifiziert; die besten Weine sind voll reicher Fruchtaromen und besitzen eine exzellente Balance von Frucht, Alkohol und Säure. Seit einigen Jahren werden auf diesem Gut auch rote Spätburgunder erzeugt, deren Qualität allerdings noch ziemlich schwankt.

Weingut Kurt Darting

Anschrift 67098 Bad Dürkheim, Triftweg 19

Die Rebveredlung war bis 1989 das eigentliche Geschäft der Familie Darting; ihre Trauben gingen an die Bad Dürkheimer Winzergenossenschaft. Mittlerweile hat Helmut Darting die Weinerzeugung selbst übernommen und sofort vorgeführt, was er bei Hans-Günter Schwarz, dem Weingenie von Müller-Catoir, gelernt hat. Auf dem Weingut Darting herrschen exakt dieselben Vorstellungen wie bei Müller-Catoir, und folglich ist auch der Stil der Weine ähnlich. Die Darting-Weine sind im allgemeinen reich, aromatisch und voll im Körper. Doch die Vielfalt der Rebsorten und die unterschiedliche Qualität der Rebflächen führen zu einem wahren Sammelsurium von Weinen, deren Qualität zwischen flach und gewöhnlich bis exzellent (bei einigen edelsüßen Weinen) reicht. Die Rieslinge des 92er Jahrganges sind gut bis sehr gut, doch die Weine dieses Jahres aus anderen Rebsorten weisen häufig grüne und unreife Aromen auf. Helmut Darting wird noch einige Erfahrungen sammeln müssen, bevor er es mit seinem angesehenen Vorbild aufnehmen kann.

Weingut K. Fitz-Ritter

Anschrift 67098 Bad Dürkheim

Dieses zuverlässige Bad Dürkheimer Weingut wird von dem einnehmenden Ehepaar Konrad und Alice Fitz, einer Amerikanerin, betrieben. Nur wenige Weine sind höchster Qualität, aber die trockenen Rieslinge und Gewürztraminer sind in der Regel gut bis sehr gut und dabei reich an Charakter. Während der letzten Jahre sind auf diesem Gut stetige Fortschritte erzielt worden, so daß man es unbedingt im Auge behalten sollte.

Das für die besten Weine benutzte Etikett, ein Entwurf aus dem letzten Jahrhundert, ist das schönste des ganzen Gebietes. Angesichts des exzellenten Lagenbesitzes im Ungsteiner Herrenberg und im Dürkheimer Herrenberg werden die Fitz-Ritter-Weine eines Tages sicher genauso gelungen sein wie das Etikett.

Weingut Jul. Ferd. Kimich

Anschrift 67142 Deidesheim, Weinstraße 54

Wenn die Weinqualität dieses Gutes auch starken Schwankungen unterworfen ist und wirklich aufregende Rieslinge äußerst selten sind, erzeugt die Familie Arnold doch zahlreiche gute trockene Weine zu einem angemessenen Preis. Die besten Kimich-Weine stammen in der Regel aus den Parzellen im exzellenten Forster Ungeheuer und dem Deidesheimer Kalkofen. Sie besitzen mehr Kraft und Eleganz als die übrigen Weine. Zwar gehört das Weingut Kimich nicht zu den Pfälzer Spitzenbetrieben, seine Weine aber übertreffen die meisten anderen Deidesheimer Erzeugnisse.

Weingut Knipser

Anschrift 67229 Laumersheim, Hauptstraße 47

Die Brüder Werner und Volker Knipser strahlen den entschlossenen Geist aus, durch den die Pfalz in den vergangenen fünfzehn Jahren zu einem der bedeutendsten und interessantesten Anbaugebiete Deutschlands geworden ist. Mit ihren Rotweinen, deren Qualität sich mit jedem Jahrgang gesteigert hat, konnten die Knipsers schon einige Anerkennung erringen. Weniger spektakulär und kontinuierlich geraten ihre Rieslinge, deren beste trockene und edelsüße Vertreter jedoch von exzellenter Qualität sind. Mit etwas mehr Beständigkeit könnten sie durchaus Ansehen als bedeutender Rieslingerzeuger gewinnen. Gegenwärtig erzielt dieses Weingut seine größten Erfolge mit den besten deutschen Rotweinen aus den Rebsorten Portugieser und Dornfelder, von denen normalerweise behauptet wird, daß sie zur Erzeugung qualitativ hochwertiger Weine ungeeignet seien.

Weingut Georg Messer

Anschrift 67273 Weisenheim am Berg, Hauptstraße 47

Vor einigen Jahren erregte Georg Messer die Aufmerksamkeit der Medien, einfach weil er der erste deutsche Winzer war, der seine Weine in Designer-Flaschen zu Preisen verkaufte, die ihm einen gesunden Profit sicherten. In Deutschland scheint es üblich zu sein, einen gewinnorientiert arbeitenden Winzer als unmoralisch und schicke Weinflaschen als schnöden Tand zu betrachten. Georg Messers Attacke auf diese Vorurteile war wohl geplant und traf ihr Ziel. Leider waren aber die meisten seiner Weine ziemlich langweilig, und einige seiner Etiketten wollten nicht recht auf die schicken Flaschen passen. Nun sind aber an beiden Fronten Fortschritte erzielt worden. Bedenkt man allerdings die hervorragende Qualität der Weine, die Messers Kellermeister Christian Schmitt früher auf dem Weingut Heyl zu Herrnsheim (sehr gute Weine 1987 und berückende 1988) erzeugt hat, so sollte auch dieses Weingut in der Lage sein, Weine abzufüllen, die so gut schmecken, wie die Flaschen aussehen.

Weingut Eugen Müller

Anschrift 67147 Forst, Weinstraße 34a

In Anbetracht seines beachtlichen Lagenbesitzes im Forster Kirchenstück, Jesuitengarten und Ungeheuer ist dieses 19 ha große Weingut von Kurt Müller recht unbekannt. Im Kirchenstück besitzt er die einzigen über dreißig Jahre alten Reben, die die letzte Flurbereinigung überlebt haben. Um die Einzigartigkeit dieses Besitzes auszuschöpfen, schuf Müller 1990 eine »Forster Spitzenselektion«. Diese Auswahl von trockenen Spätlesen und Auslesen ist das bei weitem Beste, was hier erzeugt wird und gehört heute zu den gelungensten Forster Erzeugnissen. Diese Weine sind kraftvoll und mineralisch und verfügen über eine Struktur und Tiefe, die sie zehn bis zwanzig Jahre lang reifen läßt. Wären die übrigen Weine dieses Gutes nicht so gemischter Natur, häufig sogar recht dumpf und einfach, könnte dieses Weingut ohne weiteres zu den hundert besten deutschen Rieslingerzeugern gezählt werden. Eine größere Beständigkeit ist unerläßlich, wenn dieser Betrieb zu einem der führenden Qualitätserzeuger werden will.

Weingut Münzberg

Anschrift 76829 Godramstein

Berechtigterweise haben ihre kraftvollen trockenen Weiß- und Grauburgunder den Brüdern Rainer und Gunther Kessler das größte Ansehen verschafft, aber in den letzten Jahren bewiesen auch ihre Rieslinge stetige Fortschritte. Sie werden nie zu den elegantesten Pfälzer Weinen gehören, haben aber in den vergangenen Jahrgängen, besonders 1992, genug Frucht besessen, um ansprechend und voll im Körper zu sein. Die kommenden Jahrgänge werden zeigen, ob die Brüder Kessler das Potential ihrer Rieslingrebfläche bereits ausgeschöpft haben oder ob noch Steigerungen möglich sind.

Weingut Karl Neckerauer

Anschrift 67256 Weisenheim am Sand, Ritter-von-Geißler-Straße 9

Dieses Weingut ist ein äußerst unberechenbarer Betrieb, dessen Spektrum von »erhaben« bis »lächerlich« reicht. Die besten Rieslinge sind intensiv, aromatisch und sehr saftig, andere Weine jedoch geraten bizarr und unattraktiv. So ist das Weingut nur denjenigen zu empfehlen, die genug Zeit und Energie haben, um sich durch das breite Angebot zu arbeiten und die Perlen herauszupicken. Hier entstehen Rieslinge jeder erdenklichen Spielart, leicht, trocken oder auch voll und süß; anscheinend wird aber keine dieser Kategorien völlig beherrscht.

Weingut Georg Siben Erben

Anschrift 67143 Deidesheim, Weinstraße 21

Auf diesem ultratraditionalistischen Weingut entstanden in den achtziger Jahren gute, rassige trockene Rieslinge, doch die gegenwärtige Produktion ist äußerst enttäuschend. Schon oft hat Wolfgang Siben sein Talent als Weinerzeuger unter Beweis gestellt, und die derzeitigen Leistungen seines Betriebes sind nicht recht nachzuvollziehen. Mit so exzellenten Parzellen wie denen im Forster Ungeheuer oder im Deidesheimer Grainhübel sollten wesentlich bessere Resultate zu erzielen sein.

Weingut Thomas Siegrist

Anschrift 76829 Leinsweiler

Während der späten achtziger Jahre hat Thomas Siegrist sich einen guten Ruf als ernstzunehmender Rotweinerzeuger aufgebaut, denn er brachte eine Reihe von Barrique-Weinen hervor, die damals die meisten anderen Weine dieser Stilrichtung weit übertrafen. Der Rotwein ist auch weiterhin eine der Stärken dieses Gutes, neben einigen vollen trockenen Weißburgundern, solange sie nicht von einem Alkoholgehalt weit über 15 % vol verdorben werden. Seine Rieslinge sind trocken, fruchtig und ansprechend, wenn es ihnen auch ein wenig an Charakter und Eleganz mangelt.

Weingut Heinrich Spindler

Anschrift 67147 Forst

In den letzten Jahren, besonders 1988 und 1990, hat Hans Spindler einige sehr gute und gelegentlich sogar exzellente Weine aus seinen Parzellen in den Forster Spitzenlagen hervorbringen können, doch im Moment scheint sich der Betrieb in Schwierigkeiten zu befinden, denn die gegenwärtige Produktion reicht an die Erfolge früherer Jahre nicht heran. Das ist sehr schade, denn zum einen braucht Forst jeden guten Weinerzeuger, um sein internationales Ansehen wiederzuerlangen, und zum anderen ist so ein Besuch der wunderbaren Straußwirtschaft dieses Gutes weniger verlokkend, als er es früher einmal war.

13. Kapitel

Rheingau

Gesamtrebfläche 3128 ha
Rieslingrebfläche 2582 ha/82,5 %

Der Rheingau scheint auf den ersten Blick alles zu haben: herrliche Schlösser und aristokratische Weingüter, die den Ursprung der deutschen Rieslingkultur begründet haben; die aktivsten und professionellsten Weinvermarkter Deutschlands; erstklassige Hotels und Restaurants, die jeden Besuch in dieser reizvollen Gegend zu einem Vergnügen machen. Hat man aber die jungen Weine einiger der berühmtesten Rheingaugüter probiert, drängt sich der Eindruck auf, daß all dies lediglich eine Fassade ist, hinter der sich minderwertige und stark überteuerte Weine verbergen. Im schlimmsten Fall muß man sich fragen, ob heute im Rheingau überhaupt noch hochwertige Rieslinge erzeugt werden und ob es die große Weintradition dieses Gebietes noch gibt.
Glücklicherweise lassen sich diese Fragen eindeutig bejahen. Bezöge man sie allerdings auf das gegenwärtige Niveau der berühmten Adelsgüter und der staatlichen Weingüter, so müßte die Antwort negativ ausfallen. Die meisten der heute erzeugten hochwertigen Rieslinge stammen eher von kleinen Familienbetrieben als aus den Kellern irgendeines Schloßgutes. Das ist um so bemerkenswerter, als sich der größte Teil der Spitzenlagen im Besitz der aristokratischen oder staatlichen Weingüter befindet - wodurch sich auch zeigt, wie sehr die großen Güter nachgelassen haben. Gleichzeitig bedeutet es, daß die ehrgeizigen jungen Winzer dieses Anbaugebietes aus durchschnittlichen oder mittelguten Lagen bessere Weine hervorbringen als die großen Güter aus den Spitzenlagen des Rheingaus. Und in der Tat muß man sagen, daß - so traurig es auch ist - manche Weine, die den Namen der besten Lagen und ehemals größten Güter tragen, kaum zu genießen sind.
Ein großer Rheingauriesling ist voller als ein vergleichbarer Moselwein, dabei aber nie schwer, obwohl er einen Alkoholgehalt von etwa 13 % vol haben kann, wenn die Norm auch bei 10 bis 12 % vol liegt. In ihm verbindet sich ein erdig-mineralischer Ton mit einer intensiven Frucht, die mit einer eleganten Säure und einer sehr diskreten Süße eine wunderbare

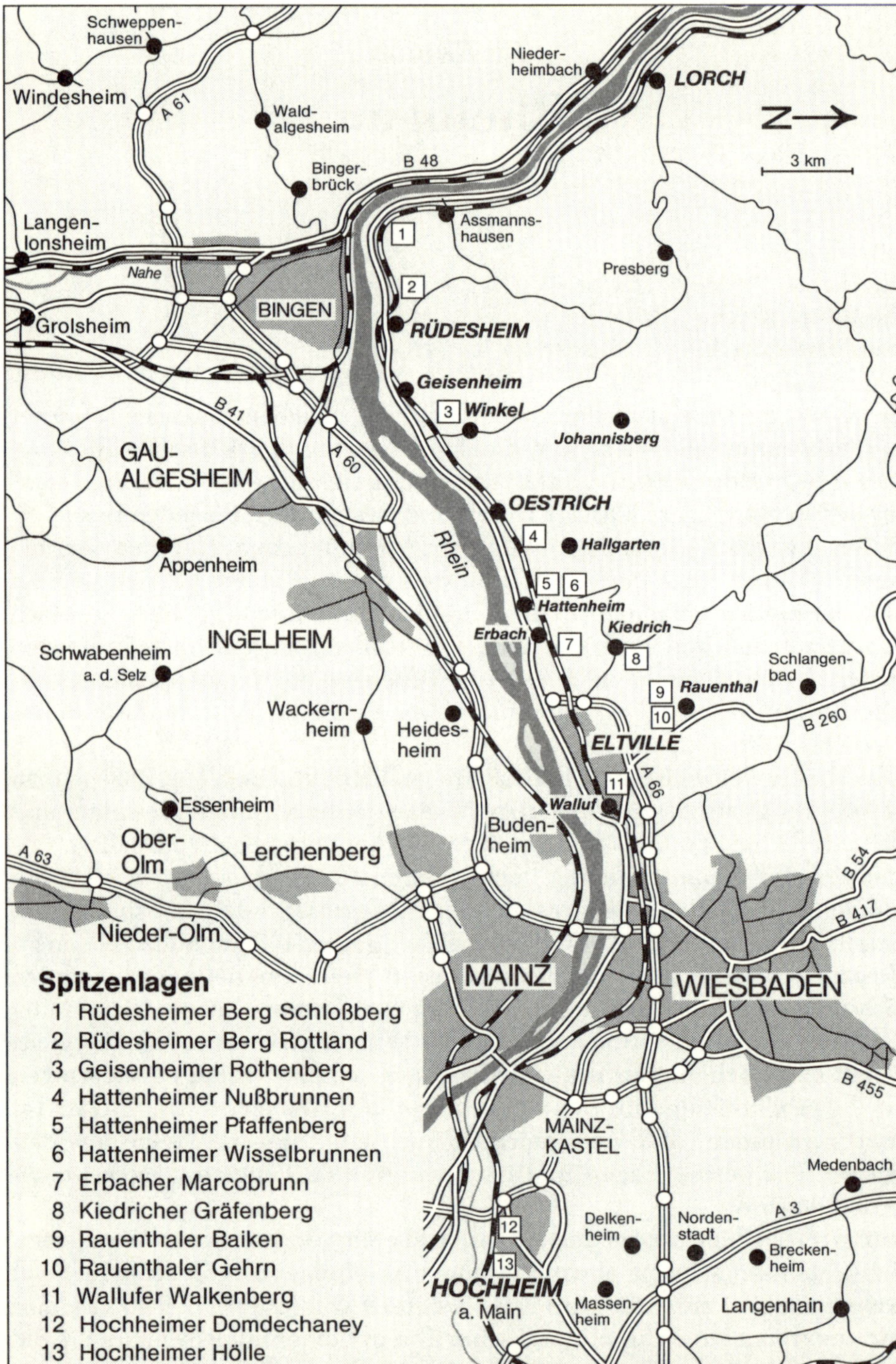
Schweppen-
hausen
Windesheim
A 61
Wald-
algesheim
Nieder-
heimbach
LORCH
B 48
3 km
Binger-
brück
Assmanns-
hausen
Langen-
lonsheim
Nahe
Presberg
BINGEN
Grolsheim
RÜDESHEIM
Geisenheim
Winkel
B 41
Johannisberg
GAU-
ALGESHEIM
A 60
OESTRICH
Hallgarten
Rhein
Appenheim
Hattenheim
Kiedrich
Erbach
INGELHEIM
Schwabenheim
a. d. Selz
Schlangen-
bad
Rauenthal
Wackern-
heim
Heides-
heim
B 260
ELTVILLE
A 66
Walluf
Essenheim
Ober-
Olm
Buden-
heim
Lerchenberg
A 63
B 54
B 417
Nieder-Olm
MAINZ
WIESBADEN
B 455
MAINZ-
KASTEL
Medenbach
A 3
Delken-
heim
Norden-
stadt
Brecken-
heim
HOCHHEIM
a. Main
Massen-
heim
Langenhain
Spitzenlagen
1 Rüdesheimer Berg Schloßberg
2 Rüdesheimer Berg Rottland
3 Geisenheimer Rothenberg
4 Hattenheimer Nußbrunnen
5 Hattenheimer Pfaffenberg
6 Hattenheimer Wisselbrunnen
7 Erbacher Marcobrunn
8 Kiedricher Gräfenberg
9 Rauenthaler Baiken
10 Rauenthaler Gehrn
11 Wallufer Walkenberg
12 Hochheimer Domdechaney
13 Hochheimer Hölle

Harmonie schafft. Man wird zwar einige gute, ganz trockene Rheingaurieslinge auftreiben können, doch die besten Weine dieses Gebietes verfügen alle über eine leichte Restsüße, selbst wenn sie bei trockenen Weinen weniger als 9 Gramm pro Liter beträgt. So ist die Entscheidung der Vereinigung der Charta-Weingüter, sich ganz auf diesen Stil zu konzentrieren, eine logische Konsequenz. Durch eine strengere Qualitätskontrolle hätte diese Initiative sicher vielen Rheingauwinzern als Ansporn zur Erzeugung von Weinen allerhöchster Güte dienen können. Diese Gelegenheit ist leider verpaßt und die Charta-Vereinigung scheint heute mit zu vielen anderen Dingen beschäftigt, als daß sie sich diese Kritik zu Herzen nehmen wird.

Die Rieslinge höherer Prädikatsstufen mit ausgeprägter natürlicher Süße sind fraglos die schönsten Rheingauweine. Sie verfügen über ein bemerkenswertes Alterungspotential – die Weine der exzellenten Jahrgänge 1949, 1953, 1964 und 1971 sind noch immer vorzüglich. Damals waren die großen adeligen und staatlichen Weingüter noch führend in der Erzeugung deutscher Rieslinge. Der Abstieg in die Mittelmäßigkeit begann in den siebziger Jahren, als der zunehmende Gebrauch von Süßreserve und die Rationalisierungen bei den Erzeugungsmethoden die Weine all jenen Charakters beraubte, der sie berühmt werden ließ. Eine Zeitlang blieben die Folgen verborgen, doch mit den Jahrgängen der frühen achtziger Jahre wurde der Führungsverlust des Rheingaus offensichtlich, bis das Gebiet in den achtziger Jahren von Mosel, Saar und Ruwer eindeutig überflügelt wurde.

Wenn es im Rheingau auch immer einige sehr qualitätsorientierte Familienbetriebe gegeben hat – hier sind besonders H. H. Eser und J. B. Becker zu nennen –, wurde die Renaissance dieses Weingebietes doch erst in den letzten Jahren mit dem Aufstieg mehrerer vielversprechender Weinerzeuger sichtbar. Ohne Gunter Künstler (Weingut Franz Künstler), Johannes Leitz (Weingut Josef Leitz) und Wilhelm Weil (Weingut Robert Weil) würde es um den Rheingau heute wesentlich schlechter stehen. Es bleibt zu hoffen, daß der Erfolg dieser Erzeuger andere Winzer zum Nachahmen ermutigen und manches berühmte Weingut aus seinem Dornröschenschlaf erwecken kann.

Im Rheingau gibt es von einer Lage zur nächsten erhebliche Charakterunterschiede der Weine. Die elegantesten und stilvollsten Weine stammen aus den steilen Südhängen des Rüdesheimer Berges, der von den wärmenden Einwirkungen des Flusses profitiert. Die kraftvollsten Weine mit intensiv erdigem Charakter bringt am anderen Ende des Rheingaus Hochheim hervor, das am Nordufer des Mains nahe dessen Mündung in den Rhein liegt. Die typischsten und klassischsten Rheingauweine wachsen auf den

Hängen des Erbacher Marcobrunn und den Lagen zwischen Hattenheim und Erbach. Die rassigsten und wohl langlebigsten Weine sind die aus den steinigen Hängen des Kiedricher Gräfenberges und dem Rauenthaler Baiken, nahe dem Taunus und hoch über dem Rhein gelegen.
Im Rheingau existiert auch eine bedeutende Rotweinkultur, die ausschließlich auf Spätburgunder beruht und ihr Zentrum in Aßmannshausen hat. Zur Zeit erfreut sie sich einer Art Wiederentdeckung, doch so begrüßenswert der erreichte Standard auch sein mag, so wird er doch nie an den der besten Rieslinge dieses Anbaugebietes heranreichen. Um in einer derart nördlich gelegenen Gegend einen ernsthaften Rotwein erzeugen zu können, bedarf es der besten Lagen. Doch diese Abschnitte liefern mit Riesling ausnahmslos eindrucksvollere Resultate. Wieso sich also mit Rotwein abgeben, es sei denn als Spezialität am Rande?

Spitzenrieslinglagen

ERBACHER MARCOBRUNN Langwerth von Simmern, Schloß Reinhartshausen, Schloß Schönborn, von Knyphausen
GEISENHEIMER ROTHENBERG Wegeler-Deinhard
HATTENHEIMER NUSSBRUNNEN Langwerth von Simmern
HATTENHEIMER PFAFFENBERG Schloß Schönborn (Alleinbesitz)
HATTENHEIMER WISSELBRUNNEN von Knyphausen, Schloß Reinhartshausen
HOCHHEIMER DOMDECHANEY Domdechant Werner
HOCHHEIMER HÖLLE Franz Künstler
KIEDRICHER GRÄFENBERG Robert Weil
RAUENTHALER BAIKEN Langwerth von Simmern
RAUENTHALER GEHRN August Eser
RÜDESHEIMER BERG ROTTLAND Josef Leitz, Dr. Nägler
RÜDESHEIMER BERG SCHLOSSBERG Josef Leitz, Wegeler-Deinhard
WALLUFER WALKENBERG J. B. Becker

Exzellente Rieslinglagen

ELTVILLER SONNENBERG J. B. Becker, J. Fischer, Langwerth von Simmern
ERBACHER SCHLOSSBERG Schloß Reinhartshausen (Alleinbesitz)
GEISENHEIMER KLÄUSERWEG H. H. Eser
HALLGARTENER JUNGFER Fred Prinz

Hattenheimer Mannberg Langwerth von Simmern
Hochheimer Herrnberg Franz Künstler
Hochheimer Kirchenstück Franz Künstler, Domdechant Werner
Hochheimer Königin-Victoria-Berg Hupfeld (Alleinbesitz)
Hochheimer Reichestal Franz Künstler
Hochheimer Stielweg Franz Künstler
Schloss Johannisberg Fürst von Metternich
Johannisberger Goldatzel H. H. Eser
Johannisberger Klaus H. H. Eser, Schloß Schönborn
Oestricher Doosberg August Eser, Schloß Schönborn
Oestricher Lenchen August Eser, Querbach, Wegeler-Deinhard
Rauenthaler Nonnenberg Georg Breuer (Alleinbesitz)
Rauenthaler Rothenberg Diefenhardt, August Eser, Langwerth von Simmern
Rauenthaler Wülfen J. B. Becker, Schloß Reinhartshausen
Rüdesheimer Bischofsberg Georg Breuer, Josef Leitz, Dr. Nägler
Rüdesheimer Berg Roseneck Josef Leitz, Dr. Nägler
Steinberg Staatsweingüter Eltville (Alleinbesitz)
Wallufer Berg-Bildstock J. B. Becker

Weingut J. B. Becker

Anschrift 65396 Walluf, Rheinstraße 6
Inhaber Hans-Josef und Maria Becker
Kellermeister Hans-Josef Becker

Gesamtrebfläche 12,99 ha
Rebsortenspiegel 81 % Riesling, 17 % Spätburgunder, 2 % Müller-Thurgau

Rieslingproduktion

Rebfläche 9,95 ha
Lagen Wallufer Walkenberg 4,8 ha, Eltviller Rheinberg 2,25 ha, Eltviller Sonnenberg 0,62 ha, Wallufer Berg Bildstock 0,85 ha, Rauenthaler Wülfen 0,14 ha, Wallufer Oberberg 1,03 ha, Martinsthaler Rödchen 0,26 ha
Rebmaterial 100 % Pfropfreben

Durchschnittliches Rebalter 20 Jahre
Durchschnittlicher Ertrag 57 hl/ha
Durchschnittliche Produktion 66 000 Flaschen pro Jahr

Die Beckers sind wie ihre Weine kompromißlos und absolut originell. Daß diese beiden bei irgend jemandem keine starke Reaktion auslösen, ist schwer vorstellbar. Sie können den Besucher nur beeindrucken oder völlig kalt lassen. Maria und Hans-Josef Becker sind daran gewöhnt und können damit umgehen. Schon vor langer Zeit haben sie entschieden, wie sie leben und mit ihrem Wein umgehen möchten. Weder Kritik noch Lob werden gegen die Konsequenz, mit der sie ihre Ziele verfolgen, etwas ausrichten können. Das Ergebnis sind für das Gebiet eigentlich typische trockene Rieslinge und Spätburgunder, die sich dennoch erheblich von denen aller anderen Weingüter des Rheingaus unterscheiden.
In gewissem Sinne sind die Beckers Außenseiter. Walluf, wo sich ihr Weingut und auch ihre besten Lagen befinden, ist der im ganzen Rheingau am wenigsten bekannte Ort. Trotz des hohen Ansehens, das ihre Weine bei vielen bedeutenden Gastronomen und Händlern genießen, gehören sie weder dem VDP noch der Charta oder einer ähnlichen Vereinigung an. Sie wären sogar für den ECOVIN, den Bundesverband für Ökologischen Weinbau, qualifiziert, doch wehren sie sich gegen die Bezeichnung »Ökowinzer«, da sie ihnen wie eine Zwangsjacke vorkäme. So sehr man sich auch bemüht – die Beckers lassen sich in keine Schublade einordnen.
Man muß den Unterschied zwischen Individualismus, der mit dem Streben nach höchster Qualität einhergeht, und schlichter Exzentrizität, die häufig in merkwürdigen Weinen ohne jede Harmonie endet, wohl kaum betonen. Bei den Beckers handelt es sich fraglos um einen Individualismus, der in der Leidenschaft für die Qualität ihrer Weine wurzelt. Auf ihrem Gut erbringen sie mit die niedrigsten Erträge im ganzen Rheingau, außerdem weisen ihre Reben das höchste Durchschnittsalter auf – wobei das Rebalter beim Spätburgunder noch höher ist. Beide Faktoren bilden die Grundpfeiler ihrer Erzeugungsphilosophie. Hans-Josef Becker sagte einmal, daß man das deutsche Prädikatsystem, das die Weine nach dem Zuckergehalt der Trauben einstuft, durch ein solches ersetzen sollte, das die Kombination von Rebalter und Ertragshöhe beurteilt. Diese Einstellung läßt sich aus allen Becker-Weinen herausschmecken.
Die meisten trockenen Riesling-Kabinettweine aus dem Rheingau wirken nur in ihrer ersten, jugendlich-fruchtigen Frische interessant oder ansprechend, nach ein oder zwei Jahren in der Flasche werden sie hohl und sauer. Die trockenen Becker-Weine werden gerade nach dieser Zeit ansprechend und interessant. Es sind Weine mit viel Struktur und einem enormen

Alterungspotential, die auf den ersten Blick leicht unterschätzt werden können. Durchschnittliche Rheingauweine beziehen ihren gesamten Charakter aus der Frucht der Trauben – schwindet die Frucht, so schwindet auch der Charakter. Im Gegensatz dazu wird der Charakter der Becker-Weine in hohem Maße von den Böden geprägt. Dieses Merkmal eines Weines – sei es ein großer roter Bordeaux oder ein weißer Burgunder – entwickelt sich mit dessen Alter. Es ist nur bei Weinen zu finden, die von Reben mit geringem Ertrag stammen und fällt um so betonter aus, je älter die Reben sind und je weiter deren Wurzeln die Unterböden durchdrungen haben. Mehr als jeder andere Faktor zeichnet die Charakterart für das Alterungspotential eines großen Weines verantwortlich. Es gibt moderne Theorien, nach denen allein ein hoher Alkohol- oder Säuregehalt dem Wein ein gutes Alterungspotential verleiht, doch kann dies leicht durch die Analyse einiger weniger großer Weine aus vergangenen Jahrzehnten widerlegt werden.

Als Winzer fühlt sich Hans-Josef Becker vor allem seinen Vorstellungen von der traditionellen Weinerzeugung verpflichtet. So entstehen Weine, die mit den gegenwärtigen typischen Rheingauerzeugnissen nichts gemein haben. Moderne Erzeugungsideen, die im Rheingau durch die Geisenheimer Forschungsanstalt und Fachhochschule weite Verbreitung finden, ließen eine Welt entstehen, in der Weine mit oberflächlicher Attraktivität die Norm bilden, Weine mit wirklichem Charakter hingegen die Ausnahme. Auf dem Weingut J. B. Becker stößt man auf das Gegenteil. Will man diese Weine in ihrem vollen jugendlichen Charme kennenlernen, so sollte man sie noch vor der Flaschenabfüllung im September direkt am Faß probieren. Danach sind viele für ein bis drei Jahre verschlossen und hart. Je besser der Wein, desto länger wird er für seine Bestform brauchen. Die trockene 83er Riesling-Spätlese aus dem Wallufer Walkenberg zum Beipiel hatte sich selbst im Alter von sieben Jahren noch nicht voll entwickelt! In diesem Alter fallen die meisten trockenen Rheingauweine schon auseinander.

Die Schwester Hans-Josef Beckers, Maria, ist für die Präsentation und Vermarktung der Weine zuständig und beweist dabei eine große Professionalität. So bleibt ihm genug Zeit für die Weinberge und den Keller. Neben der ökologischen Bewirtschaftung seiner Lagen und den niedrigen Erträgen bestimmen hauptsächlich Geduld und Sorgfalt die Weinerzeugung Beckers. Nur beim Transport der Trauben zur Presse, bei der Mostklärung und dem Ingangsetzen der Gärung wird einige Eile an den Tag gelegt. Nachdem die Weine vergoren sind, klären sie sich so weit wie möglich selbst und werden im neuen Jahr einmal gefiltert. Dann reifen sie bis zur traditionellen Septemberabfüllung in Holzfässern; während dieser Phase wird im Keller nicht eingegriffen, der Wein wird nur regelmäßig probiert, um seinen Fortschritt verfolgen zu können. Der sehr beeindruckende Spätburgunder des Gutes entsteht ähnlich; die Weine werden nach der Maischegärung möglichst wenig behandelt und etwa zwei Jahre nach der Lese abgefüllt. Zwar reifen alle Weine im großen Holzfaß, meistens einem Doppelstück (2400 l), doch handelt es sich nie um neues Holz, ganz zu schweigen vom Barrique, dem 225-Liter-Faß aus neuer Eiche, das normalerweise von französischen Winzern benutzt wurde, sich allmählich aber weltweit verbreitet. Bei Hans-Josef Becker zählt nur der aus den Trauben und den Böden gewonnene Charakter, ein Holzgeruch oder Holzgeschmack würde die Klarheit und Harmonie seines Weines nachhaltig beeinträchtigen.

Das Schönste an Hans-Josef und Maria Becker sind ihre Ehrlichkeit und Direktheit. Sie wissen genau, was sie mögen oder ablehnen und haben keinerlei Hemmungen, dem deutlich Ausdruck zu verleihen. Wenn sie neben ihren so geliebten trockenen Weinen auch restsüße Weine erzeugen, so geschieht das weniger aus kommerziellen Erwägungen als aus der Überzeugung, daß auch diese Weine ihre Berechtigung haben. Bei dem hohen Ansehen der trockenen Becker-Weine ist es wohl unvermeidlich, daß ihre restsüßen übersehen werden – bedauerlicherweise, denn diese Weine sind nicht nur ebenso konzentriert wie ihre trockenen Vettern, sondern besitzen auch eine Balance, die ihre Süße in den Hintergrund stellt. Genau so sollten restsüße Rheingauweine sein, und sie sind wunderbare Beispiele dafür, wie schön diese wenig gefragte Gattung eines Rheingaurieslings geraten kann. Sie besitzen fast ein größeres Alterungspotential als die trockenen Weine dieses Gutes, wobei die besten Jahrgänge annähernd fünf Jahre der Reife benötigen, um ihre Bestform zu erreichen.

Bei den edelsüßen Rieslingen des Gutes führt Beckers Wunsch, daß jeder Wein seine eigene natürliche Harmonie finden soll, manchmal zu übertrieben alkoholreichen Weinen. Ansonsten sind die Gewächse dieser Gattung hervorragend. Von diesen Ausnahmen abgesehen, scheint Becker sich mit seinen Weinen auf dem Zenit zu befinden. Dieser Winzer hat seit langem zu seinem Weinstil gefunden und konnte die Erzeugung fast perfektionieren. Sicher sind seine Weine nicht jedermanns Geschmack, und diejenigen, die einen jungen, anspruchslosen fruchtigen Wein suchen, wären hier zweifelsohne falsch. Diejenigen aber, die sich für einen trockenen Wein interessieren, der reich an Tiefe, Struktur und Charakter ist, werden in dem Weingut J. B. Becker eine der besten Adressen im gesamten Rheingau finden.

Jeder Autor, der über Hans-Josef Becker schreibt, hat seinen beeindruckenden Schnurrbart erwähnt, und ich kann kaum umhin, dasselbe zu tun, so daß jeder Neuling ihn auf dem Gut leicht erkennen kann. Der beste Platz, um Hans-Josef oder Maria Becker anzutreffen, ist der »Weingarten«, die Beckersche Straußwirtschaft im Garten auf der anderen Straßenseite des eindrucksvollen Gutshauses in der Rheinstraße. Sie ist von Mai bis Oktober geöffnet (ab 17 Uhr in der Woche und ab 15 Uhr an den Wochenenden). Unter den alten Bäumen, mit Blick auf den Rhein, kann man leicht viele Stunden mit den Beckers und ihren bemerkenswerten Weinen verbringen.

Wallufer Walkenberg Riesling

1988 SPÄTLESE TROCKEN 86
Für den Rheingau typischer Pfirsichduft; dicht und sehr fest strukturiert, diskrete Pfirsichfrucht und fast kernige Rasse, subtile mineralische Note; die Säure klingt lange nach. Erreicht erst jetzt ihre beste Form und hält mindestens bis 2003.

1989 SPÄTLESE TROCKEN 85
Wesentlich gelungener als die meisten trockenen Rheingaurieslinge des Jahrgangs. Subtiler Mandel-Honig-Duft mit Toastton; satt und reichhaltig für einen Becker-Wein, trotzdem die gewohnte Rasse, schönes Säurespiel; langer, nicht sehr komplexer Abgang. Jetzt auf ihrem Höhepunkt, hält sich bis 2001.

1990 KABINETT TROCKEN 86
Zitrusbetonter Pfirsichduft; exzellenter Kabinett Trocken mit feiner Frucht, gute Dichte und Struktur; sehr nachhaltige mineralische Rasse. Erklimmt jetzt die Spitze und bleibt dort bis 2005.

1990 SPÄTLESE TROCKEN 88
Ähnliche Aromen wie der trockene Kabinett, aber viel ausgeprägter; sehr konzentriert und vielschichtig, noch ziemlich unentwickelt, pikante Cassisnote, tolle Rasse; sehr langatmiger mineralischer Nachhall. Braucht bis 1997, um sich zu entfalten, und hält bis 2010.

1990 SPÄTLESE 88
Feines Pfirsich-Vanille-Bouquet mit subtiler mineralischer Note; konzentriert und sehr pikant, hochelegante Rasse und kaum Süße; langer, herber Abgang. Erst 1996/97 in ihrer besten Form und dann halbtrokken schmeckend; kann locker 20 Jahre alt werden.

1991 KABINETT TROCKEN 83
Mineralischer Zitrusduft; noch ziemlich unentwickelt, die Frucht etwas verhalten und die betonte Säure hervorstechend, sehr gute Struktur und Länge. Erst 1996 auf seinem Höhepunkt, bleibt bis Anfang des nächsten Jahrhunderts in guter Form.

1991 SPÄTLESE TROCKEN 85
Ziemlich verschlossener, pikanter mineralischer Duft; noch unentwikkelter als der Kabinett, deutliche Cassisnote; sehr nachhaltige Rasse. Braucht bis 1997/98 um sich zu entfalten, sehr lagerfähig.

1992 SPÄTLESE TROCKEN 87
Verhaltener Duft nach kandierten Früchten, Zitrus und Äpfeln; in der Attacke recht saftig, sehr feste Säurestruktur; nachhaltige Rasse. Für einen trockenen Riesling dieses Gutes und dieses Alters recht offen, braucht aber noch zwei, drei Jahre, um sich voll zu entfalten.

Weingut Georg Breuer

Anschrift 65385 Rüdesheim, Geisenheimer Straße 9
Inhaber Heinrich und Bernhard Breuer
Leiter Bernhard Breuer
Kellermeister Hermann Schmoranz

Gesamtrebfläche 18,8 ha
Rebsortenspiegel 88 % Riesling, 4 % Grauburgunder, 5 % Müller-Thurgau, 3 % sonstige Sorten

Rieslingproduktion

Rebfläche 16,65 ha
Lagen Rüdesheimer Berg Schloßberg 2,2 ha, Rauenthaler Nonnenberg 5 ha, Rüdesheimer Berg Rottland 1,5 ha, Rüdesheimer Bischofsberg 2,1 ha, andere Lagen 5,85 ha
Rebmaterial 100 % Pfropfreben (Geisenheimer Klone)
Durchschnittliches Rebalter 20 Jahre
Durchschnittlicher Ertrag 60 hl/ha
Durchschnittliche Produktion 130 000 Flaschen pro Jahr

In den frühen neunziger Jahren hat Bernhard Breuer Graf Matuschka-Greiffenclau von Schloß Vollrads als den bis dahin bedeutendsten Förderer des Rheingaus und seiner trockenen Weine abgelöst. Während der letzten zehn Jahre sind deutliche Veränderungen des Weinstils und der Erzeugermethoden auf dem Weingut Georg Breuer zu verzeichnen gewesen. Diesen Wandel leitete Bernhard Breuer ein, als er einer der vier Gründer der Vereinigung der Charta-Weingüter wurde. Zu dieser Zeit erstreckte sich das Gut nur über 7,5 ha und war so etwas wie der »kleine Bruder« des von

Bernhard Breuer geleiteten Weinhandelshauses Scholl und Hildebrand. Ein großer Teil der damaligen Erzeugung wurde für den Export restsüß vinifiziert und oblag einem anonymen Kellermeister, den ich nie zu Gesicht bekam. Heute besitzt dieses Weingut fast 20 ha Rebfläche, seine Weine – bis auf die edelsüßen Auslesen, Beerenauslesen und Trockenbeerenauslesen – werden trocken ausgebaut, und der Kellermeister Hermann Schmoranz beweist ein beachtliches Talent. Wurde das Weingut Breuer früher mit entsprechendem Erfolg eher nebenbei von Bernhard Breuer betrieben, so fehlt ihm heute nicht mehr viel, um zur Elite des Rheingaus zählen zu können.

Bernhard Breuer verkörpert mit seinen Aktivitäten jede Vorstellung von Dynamik. Er arbeitet unzählige Stunden an der Leitung und der internationalen Förderung seines Betriebes und der Charta-Vereinigung und führt gemeinsam mit Bernd Philippi vom Weingut Koehler-Ruprecht in der Pfalz eine Beratungsagentur für Weinerzeugung. Er scheint über unbegrenzte Energie zu verfügen und des Reisens niemals müde zu werden – wesentliche Voraussetzungen für einen führenden Repräsentanten der deutschen Weinszene. Aber auch Ehrgeiz und Dynamik haben ihre Kehrseiten. Während der achtziger Jahre hat Bernhard Breuer seinen Betrieb sehr zügig vergrößert; zudem stellte er einen amerikanischen Kellermeister ein, der für die Weine des Rheingaus nur wenig Fingerspitzengefühl verriet. Nachdem ihm einige sehr gute und sogar ein oder zwei exzellente Weine in den frühen achtziger Jahren gelungen waren, begann die Qualität nachzulassen. Zwar gerieten die Jahrgänge 1987, 1988 und 1989 auf dem Weingut Breuer nicht gering, doch befanden sich unter den erzielten Resultaten keine aufregenden oder bemerkenswerten Weine. Seit dem Jahrgang 1990 aber konnten Verbesserungen in den Erzeugungsmethoden und das wachsende Selbstvertrauen des neuen Kellermeisters Hermann Schmoranz wieder für ganz andere Ergebnisse sorgen. Mit den Jahrgängen 1990, 1991 und 1992 ist das Weingut Georg Breuer seiner Vermarktung wieder gerecht geworden und zählt jetzt eindeutig zu den besten Rieslingerzeugern im ganzen Rheingau.

Die Grundlage der Breuerschen Vermarktung bildet die deutliche Differenzierung von Weinen unterschiedlicher Güte. Seit langem ist Bernhard Breuer ein erklärter Gegner des nichtssagenden deutschen Klassifizierungssystems. »Was verraten die Prädikate denn, abgesehen davon, wieviel Zucker die Trauben hatten?« fragte er oft. »Das ist doch nur ein Faktor, der Qualität und Charakter eines Weines beeinflußt. Die Säure und Extrakte sind viel bestimmender, aber für sie kennt das Gesetz keine Angaben.« Auf dem Weingut Breuer werden die Weine entsprechend ihrer Herkunft und der Qualität im Glas eingestuft. Nur die besten Weine seiner bedeutendsten Lagen, dem Rauenthaler Nonnenberg und dem Rüdesheimer Berg Schloßberg, werden unter Angabe der Lage als »Charta-Weine« angeboten. Auf

der zweiten Stufe der Breuerschen Klassifizierung sind die »Georg-Breuer-Charta-Weine« ohne Lagen- oder Ortsbezeichnung angesiedelt. Weine mit einem Ortsnamen, der Rüdesheimer Riesling Trocken oder der Rauenthaler Riesling Trocken, kennzeichnen die dritte Stufe. Weine einfacherer Qualität werden als »G. B.« Riesling Trocken verkauft. Der Preis eines jeden Weines spiegelt seinen Rang in diesem nach französischem Vorbild aufgebauten System wider; die Unterschiede zwischen den einzelnen Stufen sind dabei erheblich.
Andere bedeutende Weingüter Deutschlands, besonders das Weingut Gunderloch in Rheinhessen, benutzen ähnliche Klassifizierungssysteme, doch nirgends ist man so bedacht darauf, die Weine herabzustufen, die zwar nach Herkunft und analytischen Daten eine höhere Einstufung verdienten, denen es aber an der nötigen Konzentration oder Harmonie mangelt. Solche Weine werden im Breuer-System immer um eine oder zwei Stufen herabgesetzt. Folglich machen die unter dem Namen seiner Spitzenlagen gehandelten Weine nur einen Bruchteil der Erzeugung auf dem Gut Breuer aus, und entsprechend sind auch die als QbA unter den Ortsnamen Rauenthal oder Rüdesheim gehandelten Erzeugnisse von eindrucksvoller Qualität und dabei zu einem attraktiven Preis erhältlich. Sie sind fast immer ein Verschnitt von QbA und Prädikatsweinen. Durch diese Verbindung der sehr starken, rassigen Säure mit weicheren, aromatischeren Komponenten entsteht eine schönere Harmonie, als die einzelnen Weine sie aufweisen können.
Die strenge Auswahl der besten Weine für die Charta-Abfüllungen, Höhepunkt der Erzeugung des Breuer-Gutes, hat mit den letzten Jahrgängen einen sehr hohen Standard garantieren können. Die Weine verfügen über eine beachtliche Konzentration von reifer Frucht und mineralischem Aroma, eine betonte, doch nie dominante Säure und einen langen mineralischen Abgang. Der Charakter jedes einzelnen Jahrgangs ist zwar sehr ausgeprägt, aber nie zu opulent oder zu mager. Die Charta-Weine des Weingutes Breuer aus den letzten Jahrgängen gehören zu den besten trokkenen Weinen dieses Anbaugebietes und können, je nach Jahrgang, fünfzehn oder zwanzig Jahre alt werden. Seit jeher erachtet man auf diesem Weingut die Charta-Weine aus dem Rüdesheimer Berg Schloßberg als die schönsten. Gewiß besitzen sie eine Subtilität und Eleganz, die sie anderen Weinen überlegen erscheinen läßt, und die Jahrgänge 1983, 1984 und 1986 beweisen ihre volle Schönheit nach einigen Jahren der Reife. Dennoch meine ich, daß heute die besten Weine dieses Erzeugers aus dem Rauenthaler Nonnenberg stammen, der sich seit 1990 im Alleinbesitz des Betriebes befindet. Das Breuer-Gut fährt aus all seinen Lagen niedrige Erträge ein, doch aus dem Nonnenberg werden gerade einmal magere 30 Hektoliter erzeugt, soviel, wie bei den besten »Grands Crus« des Burgund. Dieser

Umstand in Verbindung mit den tiefen Phylittschieferböden ergibt Weine mit einer festen Säurestruktur, die vor Pfirsich- und Aprikosenaroma nur so strotzen und erheblich mehr Kraft besitzen als die Weine aus dem Berg Schloßberg.

Der Charakter dieser Weine wird schon in der Lage festgelegt, doch die Arbeit im Weinkeller bestimmt letztlich seine Ausdrucksform. Seit dem Jahrgang 1991 wirken die Breuer-Weine wesentlich eleganter und komplexer, denn man verzichtet nunmehr auf den Gebrauch von Reinzuchthefe zugunsten der spontanen Gärung mit natürlicher Hefe. Dadurch verläuft der Gärprozeß langsamer. Die Weine werden bis zum Frühjahr nach der Lese auf der inaktiven Hefe, die sich nach der Gärung am Faßboden absetzt, belassen. Vor der Flaschenabfüllung werden die Weine nur einmal gefiltert. All die Maßnahmen haben dazu beigetragen, daß die Umwandlung des exzellenten Rebmaterials der Breuerschen Lagen in Weine ebensolcher Güte enorm verbessert werden konnte.

Doch trotz der Veränderungen meine ich, daß die Spitzenlagen des Weingutes Georg Breuer noch bessere, konzentriertere, ausdrucksvollere und schönere Erzeugnisse hervorbringen könnten. Bernhard Breuer hat zwar das Glück gehabt, einen Kellermeister gefunden zu haben, dessen Persönlichkeit und Fähigkeiten die seinen optimal ergänzen, doch hängen dessen Ergebnisse auch von der Unterstützung und dem Personal ab, das ihm zur Verfügung steht. So beeindruckend der gegenwärtige Standard auf dem Weingut Georg Breuer auch sein mag, so wird es doch erst zur Elite des Rheingaus gezählt werden können, wenn Bernhard Breuer noch mehr nach Qualität strebt und auch die dabei entstehenden Kosten nicht scheut. Dynamik, Ehrgeiz und harte Arbeit sind nicht genug, um regelmäßig große Weine zu erzeugen. Dazu gehört auch der Funke, der einen Winzer nach immer Höherem streben läßt, während all seine Kollegen mit dem Erreichten schon längst zufrieden sind. Nach allem, was Bernhard Breuer schon für seinen Betrieb, den Rheingau und die deutschen Spitzenweinen getan hat, bedarf es eines weiteren kleinen Schrittes, damit er sein seit mehr als zehn Jahren verfolgtes Ziel erreicht.

Rauenthaler Nonnenberg Riesling

1990 SPÄTLESE »CHARTA« **86**
Satter Aprikosenduft mit einem Hauch Karamel; konzentriert und füllig, elegante Rasse und keine spürbare Süße; langer Abgang mit etwas Schmelz. Ein sehr guter Wein, der sich unter den Spitzenweinen des Jahrgangs hätte plazieren können, wenn er etwas differenzierter wäre. Schon recht reif, bleibt aber bis 2002/03 in guter Form.

1991 SPÄTLESE »CHARTA« **80**
Ziemlich verschlossener Duft mit Himbeernote; geradlinig und rassig, recht einfach angelegt, etwas Spiel; mäßiger Nachhall. Als junger Wein recht beeindruckend; momentan fraglich, ob er sich wieder fangen wird. Hält sich bis 2000.

1992 SPÄTLESE »CHARTA« **88**
Der mit Abstand gelungenste Nonnenberg seit Bernhard Breuer die Lage übernommen hat. Finessenreiches Aprikosenbouquet; gute Konzentration und sehr feine Frucht für 1992, elegante Säure und gute Struktur; langer mineralischer Nachhall. Schon jetzt sehr attraktiv, bleibt in dieser Form bis mindestens 2002.

Rüdesheimer Berg Schloßberg Riesling

1986 KABINETT »CHARTA« **83**
Schöner vollreifer Duft nach Pfirsichen und aromatischen Äpfeln; leichtgewichtig, feine Frucht, animierendes Säurespiel, subtile mineralische Note; nachhaltige Rasse. Mit etwas mehr Fleisch auf den Knochen wäre er exzellent; jetzt trinken. Von dem 1986 BISCHOFSBERG QBA »CHARTA« leicht übertroffen (85 Punkte).

1987 KABINETT »CHARTA« **70**
Duftet nach Stachelbeeren und grünen Äpfeln; sehr schlank und säurebetont, nicht genug Frucht, um die Balance zu halten; etwas derber Abgang. Schwierig zu sagen, ob er sich je harmonisieren wird.

1988 KABINETT »CHARTA« **70**
Reifer, etwas einfacher Duft; eine ziemliche Enttäuschung, wenig Frucht und Körper; stumpfer Nachhall. Deutlich von dem stoffigen, fest strukturierten 1988 BERG ROTTLAND QBA »CHARTA« überflügelt (75 Punkte).

1989 KABINETT »CHARTA« **68**
Noch enttäuschender als der 88er; wenig Duft, recht dünn und charakterlos; flacher Abgang. Keine Zukunft.

1990 KABINETT »CHARTA« **78**
Noch verschlossener Duft mit zarter Pfirsichnote; mittelgewichtig, die Frucht etwas verhalten, ausreichend Säure, wenig Spiel; leicht stumpfer Nachhall. Zu glatt und eindimensional, um den Anspruch einer besonderen Weinqualität einzulösen. Könnte sich Ende der neunziger Jahre etwas besser präsentieren.

1991 KABINETT »CHARTA« 82
Hat seinen jugendlichen Reiz besser erhalten als die Nonnenberg Spätlese. Mineralischer Zitrusduft; schlank und filigran, lebendiges Spiel; rassiger Nachhall. Erst 1995/96 auf seinem Höhepunkt, hält sich bis 2003.

1992 KABINETT »CHARTA« **86**
Feiner Duft nach Pfirsich und Melone; nicht sehr konzentriert, doch saftig und elegant, Ananasnote; delikater Nachhall. Schon jetzt sehr attraktiv, bleibt bis 2002 in guter Form. Der beste Schloßberg von Bernhard Breuer seit der beeindruckenden 1983 SPÄTLESE »CHARTA« (90 Punkte).

Die 1993er Rieslinge des Weingutes bilden einen etwas zwiespältigen Jahrgang. Neben einigen recht einfachen trockenen Rieslingen stehen sehr schöne Charta-Weine sowie die besten edelsüßen Weine der Betriebsgeschichte.

Weingut August Eser

Anschrift 65375 Oestrich-Winkel 1, Friedensplatz 19
Inhaber und Kellermeister Joachim Eser

Gesamtrebfläche 7 ha
Rebsortenspiegel 94 % Riesling, 6 % Spätburgunder

Rieslingproduktion

Rebfläche 6,6 ha
Lagen Oestricher Lenchen 1,8 ha, Oestricher Doosberg 0,8 ha, Oestricher Klosterberg 0,6 ha, Hattenheimer Engelmannsberg, 0,4 ha, Rauenthaler Rothenberg 0,5 ha, Rauenthaler Gehrn 0,15 ha, Hallgartener Schönhell 0,6 ha, Mittelheimer Edelmann 0,65 ha, Winkeler Hasensprung 0,5 ha, Winkeler Gutenberg 0,4 ha, Rüdesheimer Bischofsberg 0,2 ha
Rebmaterial 100 % Pfropfreben (Gm237)
Durchschnittliches Rebalter 20 Jahre
Durchschnittlicher Ertrag 80 hl/ha
Durchschnittliche Produktion 70 000 Flaschen pro Jahr

Er lebt nicht gerade auf einem Schloß und ist vielleicht kein Verkaufsgenie; auch findet man seine Weine nicht unbedingt auf den Karten Dutzender von Spitzenrestaurants, aber das ändert nichts an der Tatsache, daß Joachim Eser während der vergangenen fünf Jahre einige der besten Rheingauweine erzeugt hat. Viele berühmte Weingüter dieses Gebietes haben in der letzten Zeit immer zweifelhaftere Weine hervorgebracht, die kaum noch etwas mit dem eleganten, rassigen Riesling gemein haben, durch den das Rheingau seinen Ruhm erlangt hat. Joachim Eser ist seinem Stil nicht nur treu geblieben, sondern hat ihn stetig verfeinert.

Seine Weine überragen die meisten anderen Rheingauweine durch ihre geradlinige Frucht, ihr ausdrucksvolles Bouquet, ihre Saftigkeit und ihre Klarheit in Duft und Geschmack. Bei so viel Charme muß man diese Weine einfach mögen. Wer immer von den Rheingauweinen der letzten Jahre enttäuscht worden ist, sollte einmal Esers Weine versuchen. Das gilt auch für Neulinge auf dem Gebiet des deutschen Rieslings; die August-Eser-Weine bieten die ideale Einführung in den Rheingau.

Es sind allerdings keine Weine für Liebhaber eindrucksvoller Etiketten, denn die Ausstattung ist in keiner Weise edel. Immerhin sind die grauen Etiketten, auf denen eine symbolische grüne Weintraube und ein goldener Schlüssel prangen, auch aus einiger Entfernung leicht zu erkennen. Das aus dem 17. Jahrhundert stammende Gutshaus in Oestrich besitzt einen gewissen Charme, aber keinen beeindruckenden Probierraum. Bei Weinproben neigt der ausgesprochen joviale und freundliche Joachim Eser dazu, eher zuviel als zuwenig zu erzählen. Dabei sprechen die Weine seiner regelmäßig beeindruckenden Produktion bereits für sich.

Sowohl Joachim Eser als auch seine ebenso gastfreundliche Gattin Renée möchten das Ansehen ihres Betriebes auf der Qualität der Weine beruhen sehen. Wahrscheinlich meint man, daß dies bei Weinerzeugern ein ganz natürliches Anliegen sei, aber im heutigen Rheingau wirkt die Konsequenz, mit der die Esers dieses Prinzip zu verwirklichen versuchen, geradezu revolutionär. Sie sind sich der damit verbundenen Anforderungen wohl bewußt und scheuen keine noch so harte Arbeit bei der Erzeugung und Vermarktung der Weine. Die Grundlagen für die Qualität bilden moderate Erträge und eine späte Lese. Die Weine werden auf traditionelle Art ausgebaut und vergären mit natürlicher Hefe in Stücken oder Doppelstükken. Edelstahltanks werden für die Lagerung der Weine verwendet, aber »Hi-Tech« wird man nirgendwo auf dem Gut finden. Joachim Eser hält den Moment, da die frisch gelesenen Trauben in die Presse kommen, für den kritischsten im ganzen Weinerzeugungsprozeß. »Hier kann man alles kaputtmachen«, erzählte er mir neulich. »Man muß im Rheingau leider nicht lange suchen, um dafür Beispiele zu finden.« Er bemüht sich sehr, die Trauben möglichst schonend und schnell aus den Händen der Lesehelfer zur Presse zu befördern. Nicht weniger wichtig ist das sorgfältige Absetzen-

lassen des Mostes zur Beseitigung aller Bitterstoffe, die im Wein ungewollte und untypische Aromen verursachen können. Der großen Sorgfalt bei diesen einfachen Vorgängen verdanken seine Weine einen großen Teil ihrer intensiven Frucht und ihrer Klarheit.
Die besten Eser-Weine stammen aus den Rauenthaler Lagen des Gutes. Die Rieslinge aus den Rauenthaler Spitzenlagen Baiken, Gehrn und Wülfen, dicht gefolgt vom Rothenberg und dem Nonnenberg, gehören noch immer zu den schönsten Weinen des gesamten Rheingaus. Aber leider gibt es heute nur noch wenige Bezugsquellen für diese Spitzengewächse. Gegenwärtig nimmt das Weingut August Eser in dieser Gegend die Spitzenposition ein. Eser vinifiziert all seine Rauenthaler Weine halbtrocken oder restsüß, da diese Richtung ihrer filigranen Pfirsichfrucht und pikanten rassigen Säure am besten gerecht wird.
Seine besten trockenen Weine stammen normalerweise aus den schwereren Böden von Winkel und Oestrich, wo anstelle der für die Rauenthaler Hanglagen typischen Schieferböden Lehm vorherrscht. So entstehen rassige Weine mit einem subtilen erdigen Charakter; ihre Frucht erinnert an reife Äpfel und Pfirsiche. Die QbA, Kabinette oder Spätlesen aus diesen Lagen können eigentlich nie enttäuschen. Weniger zuverlässig gerieten die kraftvollen trockenen Auslesen der letzten Jahrgänge. Nur der 90er Jahrgang konnte eine vollständig befriedigende Balance aufweisen.
Wenn ich an dieser Stelle Kritik anbringe, so hat das weder mit dem ausgesprochen attraktiven Stil der Weine, noch mit den tadellosen Ausbaumethoden zu tun. Wohl aber könnten die Weine neben ihrer ansprechenden Fruchtigkeit und schönen Balance eine etwas stärkere Konzentration besitzen. Die Erträge der Esers sind nicht hoch, aber man kann sie auch nicht ausgesprochen niedrig nennen. Vielleicht liegt es daran, daß Esers Weine nicht immer den höchsten Standard eines Rheingaurieslings erreichen. So viele seiner Weine sind *annähernd* großartig, aber mir fällt nicht einer ein, der sich tatsächlich mit diesem Wort beschreiben ließe. Nachdem Joachim Eser so weit gekommen ist, wäre es schön, wenn er versuchen würde, sich selbst im Wettstreit mit seinen Konkurrenten um den Ruf als größter Rheingauwinzer zu übertreffen.

Rauenthaler Riesling diverser Lagen

1988 GEHRN KABINETT HALBTROCKEN 84
Subtiler Duft nach weißen Pfirsichen; schlank und sehr herb, diskrete Fruchtnoten; fast stahliger Nachhall. Jetzt in seiner besten Form; hat genug Reserven, um 2000 zu erreichen.

1988 ROTHENBERG SPÄTLESE **87**
Vielschichtiges mineralisches Pfirsichbouquet; konzentriert und feinfruchtig, pikante Säure und geringe Süße; langatmige mineralische Rasse. Jetzt auf ihrem Höhepunkt, hält sich mindestens bis 2005.

1989 GEHRN KABINETT »CHARTA« **89**
Toller Pfirsich-Ananas-Duft mit vielen Feinheiten; erstaunliche Eleganz für den eher klotzigen Rheingau-Jahrgang, sehr differenzierte Fruchtnoten, viel Rasse und Spiel, fast perfekte Harmonie; pikanter Nachhall. Schon jetzt sehr attraktiv, bleibt in dieser Form bis 2000.

1989 ROTHENBERG SPÄTLESE **88**
Sattes Aprikosen-Mandel-Bouquet mit einem zarten Honigton; konzentriert, voll und saftig, fast die Fülle einer Auslese, die Süße etwas im Hintergrund, leichte Kremigkeit; die elegante Säure klingt lange nach. War bereits als junger Wein sehr verführerisch und bleibt es bis 2005.

1990 GEHRN SPÄTLESE HALBTROCKEN **90**
Finessenreicher mineralischer Duft; konzentriert, hochelegant, facettenreiche Pfirsichfrucht und pikante Säure, jetzt völlig trocken schmekkend; sehr nachhaltige mineralische Rasse. Erreicht nun ihre beste Form und kann 20 Jahre alt werden.

1990 ROTHENBERG SPÄTLESE **89**
Sehr aromatischer, vielschichtiger Pfirsichduft; dichte Fruchtfülle und finessenreiches Spiel, die Süße bindet sich allmählich komplett ein; langer, pikanter Nachhall.

1991 GEHRN QBA HALBTROCKEN **78**
Duftet nach halbreifen Pfirsichen; leichtgewichtig, sehr charaktervoll, mineralische Säure und kaum Süße; kerniger Abgang. Viel harmonischer als die meisten 91er des Gutes; kommt jetzt auf den Höhepunkt, wo er bis 2000 bleibt.

1991 ROTHENBERG KABINETT HALBTROCKEN **81**
Beginnt sich langsam zu öffnen. Zarte Pfirsichfrucht in Duft und Geschmack, geschliffene Säure; gute Länge. Erst 1995/96 in seiner besten Form, hält sich bis 2002/03.

1992 GEHRN QBA HALBTROCKEN **75**
Pikanter Himbeerduft; recht leichtgewichtig und einfach, oberflächliche Frucht; braver Abgang. Jetzt trinken.

1992 ROTHENBERG SPÄTLESE **88**
Feiner Pfirsichduft mit floralen und mineralischen Noten; konzentriert und saftig, die Süße noch etwas hervorstechend, aber nicht störend, mineralische Kraft und rassige Säure; sehr langer vielschichtiger Nachhall. Braucht bis 1996/97, um perfekte Harmonie zu erreichen, und hält sich bis 2007.

Oestricher Doosberg Riesling

1989 Spätlese »Charta« 88
Voller Aprikosenduft mit einer ausgeprägten Grapefruitnote; dicht und feinfruchtig, sehr feste Säurestruktur, viel Kraft und Ausdruck; sehr nachhaltige Rasse. Noch frisch im Vergleich zu den meisten 89ern; viel Entwicklungspotential.

1990 Spätlese Halbtrocken 84
Intensiver Duft nach weißen Pfirsichen und Maracuja; konzentrierte Frucht und elegante Säure, von einem erdigen Geschmack leicht dominiert; etwas rustikaler Nachhall. Könnte sich Ende der neunziger Jahre deutlich besser präsentieren; hält bis 2005.

1991 Kabinett »Charta« 83
Feiner Quittenduft; schlank, elegant und saftig, reife Säure für den eher harten Jahrgang; nachhaltiges Spiel. Wahrscheinlich der schönste 91er von Joachim Eser.

1992 Spätlese Halbtrocken 87
Ananasduft mit zarter erdiger Note; dicht und stoffig, viel Würze, für den Rheingau typische Eleganz; vielschichtiger Nachhall. Schon jetzt sehr gut zu trinken, aber auch genug Reserven, um sich bis 2005 zu halten.

Fürst von Metternich-Winneburg'sche Domäne – Schloß Johannisberg

Anschrift 65366 Johannisberg
Inhaber Johannisberger Weingüter Verwaltung GbR
Leiter Domänenrat Wolfgang Schleicher
Kellermeister Dipl.-Ing. Hans-Hermann Kessler

Gesamtrebfläche 29 ha
Rebsortenspiegel 100 % Riesling

Rieslingproduktion

Rebfläche 29 ha
Lagen Schloß Johannisberg (Alleinbesitz) 29 ha
Rebmaterial 100 % Pfropfreben (Gm239)
Durchschnittliches Rebalter 12 Jahre

Durchschnittlicher Ertrag 72 hl/ha
Durchschnittliche Produktion 270 000 Flaschen pro Jahr

»Der Johannisberg thront doch über alles« hat Goethe den weinbewachsenen Hügel beschrieben, der von dem heutigen Weingut Schloß Johannisberg gekrönt wird. Jeder Rheingaubesucher wird diesem Bild zustimmen; kaum eine Lage könnte schöner sein, und wohl kein zweites Weingut ist mit so wunderbaren Gebäuden gesegnet wie dieses Märchenschloß. Außerdem hat dieser Betrieb eine tragende Rolle bei der Entwicklung der Rieslingkultur gespielt, durch die Deutschland während der ersten Hälfte des 19. Jahrhunderts seinen internationalen Ruf als bedeutendster Weißweinerzeuger etablieren konnte. Hier wurde 1720 die erste Rieslingmonokultur angepflanzt, und hier fand auch 1775 die erste »Spätlese« statt, ebenso wie 1787 die erste selektive Lese botrytisbefallener Trauben oder »Auslesen«. Diese einzigartige Tradition und die sensationellen Weine bis zu den frühen siebziger Jahren dieses Jahrhunderts lassen das berühmte Gut zu einem deutschen Kulturdenkmal werden.

Der seit den späten siebziger Jahren im Rheingau zu beobachtende Leistungsabfall der berühmtesten Güter ist kein Geheimnis mehr, viele Betriebe befinden sich jetzt in einer Krise, die nur noch zum Verkauf oder zur Auflösung führen kann. Schloß Johannisberg ist von derart ernsten Problemen glücklicherweise nicht betroffen, seine Zukunft gilt als gesichert. Obwohl der Qualitätsstandard der regulären Weine gut ist, muß man doch feststellen, daß die Weinqualität des Gutes nicht mehr »über alles thront«. Besonders edelsüße Weine, die einst seinen Ruf begründet haben, werden auf Schloß Johannisberg nur noch in geringen Mengen erzeugt. Seit 1976 sind gerade zwei Auslesen geerntet worden, nämlich 1989 und 1990, und keine der beiden reicht auch nur annähernd an die Qualität der früheren Jahrzehnte heran. 1992 wurde die erste Beerenauslese seit 1976 erzeugt, der Wein ist jedoch eine Katastrophe. Mehr Erfolg war Schloß Johannisberg bei seinen Eisweinen beschieden, 1985 und 1991 gelangen hier sehr gute Beispiele. Um eine Legende am Leben zu erhalten, reicht das alleine aber nicht aus. Denn zur gleichen Zeit wurden nicht zuletzt auch im Rheingau, wo man sofort an Robert Weil, Schloß Reinhartshausen und Franz Künstler denken muß, immer wieder hervorragende edelsüße Rieslinge erzeugt. In diesem Bereich, der eigentlich die Domäne des Schlosses Johannisberg sein sollte, wurde der Betrieb überholt.

Auf der anderen Seite hat Domänenrat Wolfgang Schleicher aber große Anstrengungen unternommen, um eine Palette hochwertiger trockener Weine aufzubauen. Zum größten Teil waren diese Bemühungen erfolgreich; die Johannisberger trockenen Weine seit dem Jahrgang 1988 sind ausnahmslos gut, einige sogar sehr gut. Noch besser aber gerieten die halbtrocken vinifizierten Weine; diese Methode scheint der Lage am besten zu entsprechen. Obwohl sie im Körper voller sind als Weine aus anderen Johannisberger Lagen, besitzen die Schloß Johannisberger Weine eine pikante, rassige Säure, die sie geschmeidig und elegant schmecken läßt. Ein Hauch Süße betont das Spiel von Säure und Frucht, die bei QbA und Kabinett an reife Äpfel, Birnen und – vor allem in überdurchschnittlichen Jahrgängen – weiße Pfirsiche erinnert. Der »Siegellackton«, für den die Weine so bekannt sind, entwickelt sich erst während der Flaschenreifung vollständig. Von der Stufe einer Spätlese an weisen die Weine deutlich reife Pfirsich- und Aprikosennoten auf und sind kräftiger und voller im Körper.

Die großen Auslesen, Beerenauslesen und Trockenbeerenauslesen aus vergangenen Jahrzehnten besaßen eine unübertroffene Kombination von Dichte und Eleganz, dazu ein bezauberndes Spiel von Frucht und Säure. Dieses Weingut war ein Meister der Ausgewogenheit von Frucht, Säure, natürlicher Süße und Alkohol, nie schmeckten die Weine zu schwer oder zu süß. Sie sind wirklich der Stoff, aus dem die Träume bestehen – unglaubliche Weine, die selbst jeder unerfahrene Weintrinker als das erkennen würde, was sie tatsächlich sind: eine der vollkommensten Formen des Rieslings überhaupt. Die wundersame Harmonie selbst bei höchster Konzentration war das Ergebnis der außerordentlichen Qualitäten in dieser Lage.

Die meisten Rheingaulagen sind entweder eben oder nur sanft ansteigend; ihre Sonneneinstrahlung reicht oft nicht aus, um Trauben optimaler physiologischer Reife zu erzeugen. Lehm- oder Lößlehmböden dominieren häufig, so daß recht rustikale, in ihrer Jugend leicht aggressive säurebetonte Weine entstehen. Der steile, südwärts gerichtete Hang unterhalb des Schlosses Johannisberg muß zu den begünstigsten Lagen im Rheingau gezählt werden, denn hier herrscht nicht nur ein hervorragendes Mikroklima mit optimaler Sonneneinstrahlung, sondern es gibt auch exzellente Böden aus Löß in der obersten Schicht und Taunusquarzit in der unteren. Diese Bedingungen ermöglichen Weine mit Substanz, reifer Frucht und eleganter, rassiger Säure. Auf alle Fälle bilden sie das Potential für Weine, die diese Qualitäten im höchstmöglichen Maße besitzen könnten.

Durch den neuen Gärkeller mit Edelstahltanks und einem der schönsten und größten Faßkeller im ganzen Rheingau ist das Weingut Schloß Johannisberg zur Umsetzung dieses Potentials vorzüglich ausgestattet. Trotz der beachtlichen Verbesserungen seit der Talsohle Anfang der achtziger Jahre werden die Möglichkeiten noch nicht ausgeschöpft. Am Willen Wolfgang Schleichers liegt das sicher nicht, doch zwischen seinen Absichten und dem

Wein in der Flasche stecken irgendwo einige Schwächen in der Weinbergbewirtschaftung und der Erzeugung.
Besonders der schwierige 92er Jahrgang ließ diese Schwächen allzu deutlich zutage treten. Wenn Schloß Johannisberg wieder kontinuierlich solche Weine erzeugen will, die sich mit den größten in seinem Raritätenkeller, der Bibliotheca Subterranea, vergleichen ließen, muß sowohl im Weinberg als auch im Keller den Feinheiten wesentlich mehr Beachtung geschenkt werden.
1841 schrieb Staatskanzler Fürst von Metternich, dem das Weingut von Franz I. von Österreich für seine Verdienste um den europäischen Frieden übergeben wurde, an die Gutsverwaltung: »Es ist bereits ein in der kaufmännischen Welt festgestellter Satz, daß unter dem Schloß Johannisberger Wein ein erlesenes, sehr geschmackvolles angenehmes Getränk gesucht werden will. Dieser gute Ruf soll streng beachtet und muß begründet werden.« Vielleicht sollte sich die gegenwärtige Verwaltung diese Worte noch einmal gründlich durch den Kopf gehen lassen. So gut viele der Schloß Johannisberger Weine heute auch sind, entsprechen nur wenige dem Ruf, von dem Fürst von Metternich geschrieben hat.

Schloß Johannisberger Riesling

1986 QbA Trocken »Gelblack« 78
Voll entwickelter Duft nach reifen Äpfeln; leicht elegantgewichtig und harmonisch, beginnt die Frucht abzubauen, trotzdem noch einiges an Charme vorhanden; anhaltend im Abgang. Jetzt trinken.

1986 Kabinett Halbtrocken »Rotlack« 85
Feiner Duft nach weißen Pfirsichen, Mandeln und aromatischen Äpfeln; leichtgewichtig, feinfruchtig und elegant, sanfte Rasse; nachhaltiger Mandelton. Heute genauso attraktiv wie als junger Wein, hält noch bis Ende der neunziger Jahre.

1987 Kabinett Halbtrocken »Rotlack« 83
Noch recht frischer Apfelduft mit Rhabarber- und Stachelbeernoten; schlank und rassig, feinfruchtig für den eher harten Jahrgang, keine spürbare Süße; pikanter Nachhall. Jetzt in seiner besten Form, hält sich noch mindestens bis 2000.

1988 Kabinett Trocken »Rotlack« 83
Feiner Pfirsichduft mit zartem Reifeton; sehr saftige Frucht und geschliffene Rasse, geradlinig; sehr filigraner Abgang. Einer der besten trockenen Rheingaurieslinge des Jahrgangs. Jetzt auf seinem Höhepunkt und bleibt dort bis 1996/97.

1988 SPÄTLESE TROCKEN »GRÜNLACK« 77
Leidet unter dem Botrytiston im Duft und der leichten Bitternis im Geschmack. Keine unsauberen Töne, die bei den 88ern im Rheingau häufig anzutreffen sind. Jetzt voll entwickelt.

1988 SPÄTLESE »GRÜNLACK« 85
So problematisch der Botrytiston bei trockenen Weinen erscheint, so vorteilhaft kann er für restsüße Gewächse sein. Voller Pfirsichduft mit leichter Mandel- und Honignote; konzentriert und kremig, elegante Säure; nachhaltiger Mandelton. Erreicht momentan ihren Höhepunkt und hält bis 2003.

1989 QBA TROCKEN »GELBLACK« 80
Schöner Duft nach weißen Pfirsichen; mittelgewichtig mit geschliffener Rasse, saftig und harmonisch trotz der analytisch hohen Säure; anhaltend. Jetzt auf seinem Höhepunkt, vor 1999 trinken.

1989 SPÄTLESE TROCKEN »GRÜNLACK« 83
Attraktiver, zarter Aprikosenduft mit leichtem Vanille-Mandel-Ton; gute Substanz und recht feine Frucht, etwas glatt, elegantes Säurespiel; sanfter Nachhall. Auf ihrem Höhepunkt, hält sich aber bis 1997/98.

1989 KABINETT HALBTROCKEN »ROTLACK« 85
Sehr fruchtiger Aprikosen-Mandel-Duft; substanzreicher Kabinett mit viel Saft und Charme, sehr elegante, herbe Harmonie, trocken schmekkend; langer, filigraner Nachhall.

1989 AUSLESE »ROSALACK« 87
Seit 1976 die erste Auslese auf Schloß Johannisberg und zweifelsohne ein guter Wein. Es fehlt die große Tiefe und Klasse, um der Bezeichnung »Schloß Johannisberg Auslese« würdig zu sein. Reichhaltig und stoffig, mit Honig- und Mandelton in Duft und Geschmack, elegante Säure, wenig Brillanz. Könnte sich ab 1997 besser präsentieren, wird aber nie ein großer Wein.

1990 SPÄTLESE TROCKEN »GRÜNLACK« 76
Einfacher Duft nach grünen Pfirsichen und reifen Äpfeln; gute Substanz, aber etwas ruppige Säure für eine Spätlese aus diesem Jahrgang, wenig Spiel, keine Finesse; kantiger Nachhall. Wird sich wahrscheinlich nie richtig harmonisieren, bleibt bis 1997/98 recht frisch.

1990 KABINETT HALBTROCKEN »ROTLACK« 80
Lebendiger Duft nach weißen Pfirsichen, Cassis und Anis; schlank und säurebetont, wesentlich eleganter als die Spätlese Trocken, aber etwas wenig Fleisch auf den Knochen; nachhaltige Rasse. Hält sich bis mindestens 2000.

1990 AUSLESE »ROSALACK« **90**
Etwas verschlossener Duft; konzentrierte Aprikosenfrucht, zarte Honignote, betonte Rasse und dezente Süße; komplexer Botrytischarakter im langen Nachhall. Wenn auch nicht so reichhaltig und füllig wie die 89er Auslese, eine durchaus bessere Leistung. Braucht bis 1998, um ihren Höhepunkt zu erreichen, hält sich mindestens bis 2010.

1991 QBA TROCKEN »GELBLACK« **80**
Zarter Pfirsichduft; saftige Frucht und pikante Säure; nachhaltige Rasse. Eine recht beeindruckende Qualität für den Jahrgang, hält bis 2000.

1991 KABINETT HALBTROCKEN »ROTLACK« **83**
Feiner Duft nach Pfirsich und Mineralien; elegante Rasse und feines Spiel, sehr dezente Süße; filigraner Nachhall. Ein sehr schöner 91er mit gutem Entwicklungspotential.

1992 QBA TROCKEN »GELBLACK« **75**
Ansprechender Pfirsichduft; etwas einfach angelegt, fruchtig und recht elegant; pikanter Nachhall. Besser ab 1995, hält nur bis 2000.

1992 SPÄTLESE TROCKEN »GRÜNLACK« **70**
Zarte Pfirsichfrucht und eine grasige Note im Duft; schlank und ruppig, die grasige Säure dominiert auf der Zunge und läßt kaum Spielraum für Frucht oder andere Töne; leicht bitterer Abgang.

1992 EISWEIN »BLAULACK« **86**
Opulenter Ananas-Honig-Duft; sehr reichhaltig und satt, vielschichtige exotische Fruchtnoten, sehr lebendige Attacken, durch die hohe Süße und mittelmäßige Säure wirkt er hinten etwas leise und eindimensional. Schon heute attraktiv, hält sicher bis 2010.

Die 1993er Rieslinge der Domäne ergeben eine deutlich bessere Palette als 1992, jedoch sind wiederum keine aufregenden Spitzengewächse zu verzeichnen.

Weingut Johannishof (H. H. Eser)

Anschrift 65362 Johannisberg, Im Grund 63
Inhaber Hans Hermann und Elfriede Eser
Leiter Hans Hermann Eser
Kellermeister Johannes Eser

Gesamtrebfläche 14 ha
Rebsortenspiegel 100 % Riesling

Rieslingproduktion

Rebfläche 14 ha
Lagen Johannisberger Vogelsang 0,7 ha, Johannisberger Goldatzel 1 ha, Johannisberger Schwarzenstein 0,5 ha, Johannisberger Hölle 3,5 ha, Johannisberger Klaus 0,5 ha, Geisenheimer Kläuserweg 3 ha, Winkeler Jesuitengarten 0,5 ha, Winkeler Gutenberg 0,4 ha, Winkeler Hasensprung 3,1 ha
Rebmaterial 100 % Pfropfreben (Gm198)
Durchschnittliches Rebalter 25 Jahre
Durchschnittlicher Ertrag 70 hl/ha
Durchschnittliche Produktion 120 000 Flaschen pro Jahr

Die Familie Eser und die von ihr erzeugten Rieslinge verkörpern die vollkommene Harmonie zwischen Mensch und Wein. Oft wird behauptet, daß ein Wein nicht nur den Ort, an dem er wächst, sondern auch die Persönlichkeit seiner Erzeuger widerspiegelt. Die Weine vom Weingut Johannishof sind der Rheingau in seiner reinsten Form und wie die Menschen, die sie geschaffen haben, fein und nobel, dabei ohne jede Anmaßung. Es kann keine ehrlicheren Weine geben, so offenkundig verraten sie ihre Herkunft. Es ist kaum vorstellbar, daß die Esers jemals etwas tun würden, was den Charakter ihrer Weine nachhaltig verändern würde. Ihre gesamte Energie verwenden sie auf die Verfeinerung eines Weinstils, den sie geerbt haben, den vorangegangene Generationen schon beständig zu perfektionieren suchten. Wenn die Esers auch im Weinkeller vor dem Gebrauch von Edelstahltanks nicht zurückschrecken oder Computer bei der Büroarbeit benutzen, werden moderne Techniken doch nur da eingesetzt, wo sie der Unterstützung von Traditionen dienen. Dieses Weingut ist auf absoluter Integrität aufgebaut und sollte meines Erachtens ebenso als Kulturdenkmal wie als kommerzieller Betrieb angesehen werden.
In den späten siebziger und achtziger Jahren gehörte der Johannishof zu den wenigen Weingütern, die den Rheingau als niveauvolles Anbaugebiet am Leben hielten. Wenn Hans Hermann Eser auch über die Schwächen und Stärken seiner Kollegen genau Bescheid weiß, würde er die Rolle als einer der Retter des Rheingaus doch bescheiden zurückweisen. Er würde sagen, daß er seit der Übernahme des Betriebes von seinem Vater im Jahre 1968 nur versucht habe, aus dem Lagenbesitz in Johannisberg, Geisenheim und Winkel die bestmöglichen Weine hervorzubringen.
Es wäre eine grobe Untertreibung zu behaupten, daß er dabei die Unterstützung seiner schönen und charmanten Frau Elfriede erhält. In dieser Familie herrscht die Überzeugung, daß ihr gemeinsames Ziel nur durch eine möglichst enge Zusammenarbeit erreicht werden kann. Seit 1991 arbeitet auch

ihr ältester Sohn Johannes auf dem Weingut; die dabei herrschende Harmonie ist angesichts der endlosen Streitereien und Konflikte anderer Familienbetriebe verblüffend.
Wie ihren Erzeugern ist auch den Johannisberger Weinen nichts Aufdringliches eigen, selbst die reichsten und konzentriertesten Weine wirken diskret und reserviert. Sie beeindrucken eher durch ihre perfekte Balance, ihre Subtilität und innere Stärke denn durch Aromen, die aus dem Glas hervorschießen. Sie sind die Verkörperung jener Eleganz, die das herausragende Charakteristikum eines Rheingaurieslings sein sollte. Wenn die Zahl der Weine hoher Prädikatsstufen auf dem Johannishof auch sehr begrenzt ist, bietet doch jeder Wein, selbst der niedrigsten Stufe, ein vollständiges Bild über die örtlichen Möglichkeiten des Rieslings. Eser beendet eine Weinprobe auf seinem Gut am liebsten, indem er einen solchen Wein, zuletzt einen 82er Riesling-QbA, auf den Tisch bringt. Nach diversen exzellenten Spätlesen und vielleicht einer Auslese sollte ein derartiger Wein eigentlich ohne Chance sein, doch bisher hat er sich jedesmal entgegen aller Wahrscheinlichkeit behaupten können.
Die Esers gehören zu den aktivsten Mitgliedern der Charta-Weingüter-Vereinigung. Alle Mitglieder dieses Verbandes haben sich der Erzeugung und der Förderung erstklassiger trockener Rieslingweine verschrieben, deren Balance sie zu ausgezeichneten Begleitern der feinen Küche macht. Von allen Charta-Weingütern erzeugt der Johannishof nicht nur die höchste Anzahl dieser Weine pro Hektar, sondern auch den höchsten Standard. Auch die Weingüter Franz Künstler, August Eser und die Gutsverwaltung Geh. Wegeler haben in den letzten fünf Jahren eine beachtliche Anzahl exzellenter Charta-Weine erzeugt, jedoch nicht mit der Beständigkeit Hans Hermann Esers. Seine Charta-Weine sind auch hervorragende Beispiele für den auf dem Johannishof seit vielen Jahrzehnten vorherrschenden Stil. Sie sind sehr rassig, aber nie scharf oder sauer, mit einer nuancierten Frucht und zarten mineralischen Tönen in Aroma und Geschmack; sie können sich in der Flasche zwanzig Jahre oder noch länger entwickeln. Wenn sie auch vielleicht nicht zu den reichhaltigsten oder kraftvollsten trockenen Rheingauweinen gehören, so sind sie doch fraglos zu seinen schönsten zu zählen.
In den vergangenen Jahren ist viel über die Verbindung von Wein und Gerichten geredet worden. Viel verdankt der Rheingau seinem prominentesten Experten auf diesem Gebiet, Graf Matuschka-Greiffenclau vom Schloß Vollrads (siehe die Besprechung dieses Gutes), der mit unzähligen Abendessen und Proben für die Verbreitung der Rheingauer Weine gesorgt hat. Dies hat sicher vielen Winzern des Gebiets bei der Entscheidung geholfen, auf welchen Weinstil sie ihre Energie konzentrieren sollten. Die

verschiedenen Präferenzen der Weinliebhaber wurden dabei allerdings etwas aus den Augen verloren – jeder Mensch muß letztendlich selbst entscheiden, was für ihn eine gelungene Harmonie ausmacht. So sehr sich die Esers auch den trockenen Charta-Weinen verschrieben haben, sind sie dabei jedoch nie dogmatisch. Als ich sie im Frühjahr 1993 besuchte, bestanden sie darauf, daß ich zum Mittagessen bliebe. Obwohl sie normalerweise zum Essen selbstverständlich eine trockene Spätlese oder einen Charta-Wein gereicht hätten, überließen sie mir wie jedem anderen Gast die Wahl des Weines.

Die gesamte Weinerzeugung der Esers spiegelt diese »liberale« Haltung wider; wenn sie sich auch hauptsächlich auf die Hervorbringung trockener Weine konzentrieren, wird doch ebenso große Sorgfalt bei der Erzeugung restsüßer Weine bewiesen, deren perfekte Balance einen vordergründig süßen Charakter verhindert. In den letzten Jahren sind ihnen wahre Meisterstücke dieser Gattung gelungen; Weine mit einer dienenden Süße im wahrsten Sinne dieses so oft mißbrauchten Wortes. Nach einigen Jahren können bei diesen Weinen selbst eingeschworene »Trockentrinker« keine nennenswerte Süße mehr erkennen. Die trockenen Weine vom Johannishof verlangen allerdings Geduld, wenn man sie in ihrer Höchstform erleben will. Johannes Eser vinifiziert alle Weine genau wie sein Vater, um das beste Alterungspotential zu erzielen. Die Esers wissen, daß ihre Weine Zeit brauchen, deshalb besitzen sie einen geräumigen Keller für die Flaschenweine; in keiner Kategorie bieten die Esers weniger als vier oder fünf Jahrgänge an, sei es ein QbA, ein Kabinett, eine Spätlese oder ein edelsüßer Spitzenwein. Zur Zeit werden auf ihrer Liste Weine aus zehn verschiedenen Jahrgängen bis 1975 angeboten.

Die unleugbare Stärke der Esers liegt in der Kontinuität ihrer Weine, hier sind keinerlei Enttäuschungen zu erwarten. Ihre einzige »Schwäche« liegt in dem relativ kleinen Angebot an Auslesen oder Weinen höherer Prädikate. Betrachtet man allerdings den Lagenbesitz dieses Gutes, so ist die Anzahl der hier erzeugten erstklassigen Spätlesen und Auslesen hoch. Die Familie Eser besitzt keine Rebfläche in den wirklichen Spitzenlagen des Rheingaus. Stünden Hermann Eser die Weinberge des Schlosses Johannisberg zur Verfügung, würde er ohne jeden Zweifel die mit Abstand größten Rheingauweine hervorbringen. Der Betrieb der Esers liegt genau am Fuße des Hügels, auf dem sich das Schloß Johannisberg befindet, so daß man ihm kaum einen Besuch abstatten kann, ohne insgeheim Johannishof mit dem berühmteren Nachbarn zu vergleichen. Obwohl das Schloß Johannisberg in den letzen Jahren einen besseren Qualitätsstandard als die meisten anderen berühmten Rheingaugütern gehalten hat, verbietet sich ein wirklicher Vergleich. Ungeachtet der schwächeren Lagen lassen die Weine von

Hans Hermann, Johannes und Elfriede Eser die Schloß Johannisberger Weine weit hinter sich.
In Anbetracht dieser Umstände haben die Esers die logische Konsequenz ergriffen und arbeiten systematisch daran, den Bekanntheitsgrad ihrer besten Lage zu steigern. Der Johannisberger Goldatzel ist zwar keine sehr berühmte Lage, doch ergeben die alten Reben der Esers in seinen tiefen Böden häufig die besten Weine dieses Gutes, ganz sicher aber in den Jahrgängen 1988 bis 1992. Mit diesen Weinen stehen sie berechtigterweise neben einer relativ kleinen Zahl anderer Winzer an der absoluten Spitze des Rheingaus, wie die folgenden Beurteilungen hinlänglich verdeutlichen dürften. Auch aus dem Geisenheimer Kläuserweg, dem Winkeler Hasensprung, dem Winkeler Jesuitengarten, dem Johannisberger Schwarzenstein und der Johannisberger Hölle erzeugen die Esers in der Regel die bestmöglichen Weine. Diese nicht geringe Leistung läßt sie fraglos zu den besten fünf Rheingauerzeugern gehören.
Der Standard auf dem Weingut Johannishof ist jetzt schon hoch, aber mit der Rückkehr von Johannes Eser kann er in den kommenden fünf Jahren vielleicht noch ein klein wenig gesteigert werden. Viel mehr als das wäre weder möglich, noch realistisch.

Johannisberger Riesling diverser Lagen

1988 VOGELSANG KABINETT »CHARTA« 87
Nuancierter mineralischer Aprikosenduft; für den Rheingau typische Eleganz, sehr feinfruchtig und delikat, geschliffene Rasse; filigraner Nachhall. Jetzt auf seinem Höhepunkt, aber hält ohne weiteres bis 2000.

1988 GOLDATZEL SPÄTLESE 85
Satter Pfirsichduft mit leichtem Rosinenton; ungewöhnlich kräftiger Wein für dieses Gut, reichhaltige Frucht, ausgeprägte Zitrus- und Karamelnote, trotz des guten Säuregehalts fehlt es ein wenig an Eleganz; anhaltend im Abgang. Wird sich nicht bessern, aber hält bis Anfang des nächsten Jahrhunderts.

1989 VOGELSANG SPÄTLESE »CHARTA« 89
Die opulenten Fruchttöne des Jahrgangs sind mit einer außergewöhnlichen Feinheit verbunden. Tolles Bouquet nach Aprikosen, Ananas und Guave; konzentriert und extrem saftig, exzellente Säurestruktur für den eher weichen Jahrgang, sehr nachhaltige Fruchtnoten; leicht schmelziger Nachhall.

1989 Goldatzel Spätlese **90**

Mineralischer Zitrusduft mit subtiler exotischer Note; die Süße bindet sich jetzt erst vollständig ein, konzentrierte, feine Frucht, sehr elegantes Säurespiel; langer mineralischer Nachhall. Von der ausleseartigen 1991 Schwarzenstein Spätlese leicht übertroffen (91 Punkte), aber ein einmalig mineralischer 89er Rheingauer; kommt jetzt langsam auf den Höhepunkt und hat noch viel Zukunft.

1989 Trockenbeerenauslese **96**

Tolles Honigbouquet mit Röstnote; enorme Konzentration, Fülle und Schmelz, sehr finessenreich, erstaunlich elegante Säure für solch einen gewaltigen Wein; extrem nachhaltiger Honigton. Die Trockenbeerenauslese zeigt deutlich die Handschrift von Johannes Eser. Sie beeindruckt schon heute und wird sich in den ersten Jahrzehnten des nächsten Jahrhunderts noch viel schöner präsentieren.

1990 Goldatzel Kabinett »Charta« **90**

Ein nahezu perfekter Kabinettwein. Sehr nuancierter mineralischer Pfirsichduft; konzentriert und äußerst filigran, tolle mineralische Rasse, nachhaltiges, pikantes Spiel und perfekte Harmonie; vielschichtiger Abgang. Hat sich immer sehr gut präsentiert und bleibt in dieser Form mindestens bis 2005.

1990 Goldatzel Spätlese **92**

Etwas verschlossener Duft mit pikanter Pfirsichnote; perfektes Zusammenspiel von feiner Rieslingfrucht und mineralisch-erdigen Tönen, hochelegante Rasse, sehr diskrete Süße, exzellente Anlagen für eine lange Zukunft; sehr nachhaltige mineralische Note. Die beste Spätlese des Jahrgangs im westlichen Rheingau; wird noch schöner und hält sich bis 2015.

1990 Auslese **93**

Sehr komplexer Duft nach exotischen Früchten, Mandeln und Schokolade; sehr konzentriert und kräftig, dabei schlank und kompakt, noch ziemlich unentwickelte Fruchtnoten, die sehr pikante Säure und die betonte Süße stechen etwas hervor; sehr langer, vielschichtiger Nachhall. Erst Ende der neunziger Jahre auf dem Höhepunkt, kann bis 2020 liegen.

1991 QbA »Charta« **84**

Noch jugendlicher, verschlossener Duft; sehr gute Substanz und feste Struktur für den Jahrgang, Cassis- und Zitrusnote ansatzweise vorhanden, fast kernige mineralische Säure. Braucht noch einige Jahre, um sich zu entfalten; hält sich bis 2005.

1991 Eiswein **97**
Ein ganz großer Eiswein, der sich mühelos neben den besten von Mosel-Saar-Ruwer behaupten kann. Verführerischer Duft nach getrockneten Früchten; gigantische Konzentration und hochbrillante Rasse, äußerst pikantes Spiel, keine Ecken und Kanten; enorm nachhaltige Fruchtsäure. Ein fast unsterblicher Wein, der problemlos 50 oder 60 Jahre wegstecken wird.

1992 Goldatzel Spätlese **88**
Tolles Pfirsichbouquet mit einer zarter Zitrusschalennote; dicht und sehr saftig, pikante Säure und aromatische Süße; sehr eleganter, langer Nachhall. Braucht bis 1996/97, um ihre beste Form zu erreichen, und hat genug Reserven bis 2010.

Die 1993er Rieslinge sind bislang der beste Jahrgang des Weingutes; ausgezeichnete trockene sowie restsüße Weine, perfekte Charta-Weine.

Weingut Graf von Kanitz

Anschrift 65391 Lorch, Rheinstraße 49
Inhaber Carl Albrecht Graf von Kanitz
Leiter Ralf Bengel
Kellermeister Jochen Drück

Gesamtrebfläche 13,5 ha
Rebsortenspiegel 86 % Riesling, 5 % Spätburgunder, 8 % Müller-Thurgau, 1 % Ehrenfelser

Rieslingproduktion

Rebfläche 11,6 ha
Lagen Lorcher Schloßberg 1,24 ha, Lorcher Kapellenberg 1,73 ha, Lorcher Krone 1,35 ha, Lorcher Pfaffenwies 5,73 ha, Lorcher Bodental-Steinberg 1,56 ha
Rebmaterial 100 % Pfropfreben
Durchschnittliches Rebalter 20 Jahre
Durchschnittlicher Ertrag 53 hl/ha
Durchschnittliche Produktion 80 000 Flaschen pro Jahr

Von 1965 bis 1992 hat Gernot Boos dieses bedeutendste Weingut in Lorch geleitet, als sei es sein eigenes gewesen. Die Aufnahme dieses Betriebes in die Auswahl der hundert besten deutschen Rieslingerzeuger ist mein Tribut an sein Qualitätsbewußtsein und den natürlichen Charme, mit dem er »seine« Weine präsentiert hat. Die wohl wichtigste Voraussetzung zur Erzeugung von Spitzenweinen ist die Sensibilität für den besonderen Charakter der Weine aus einer bestimmten Lage und ein Bewußtsein für die entsprechende Behandlung des Weines, sei es im Weinberg oder im Weinkeller. Gernot Boos besaß das notwendige Feingefühl und hat während der 27jährigen Leitung des Betriebes eine einzigartige Philosophie für die Arbeiten im Weinberg und die Weinerzeugung entwickelt. Es war ein trauriger Tag, als er das Weingut Graf von Kanitz verließ, und vorläufig läßt sich noch nicht beurteilen, ob sein Nachfolger Ralf Bengel den hohen Standard der siebziger und achtziger Jahre wird wahren können.

Gernot Boos' Vorgehensweise im Weinberg selbst hat die größte Aufmerksamkeit erregt und zu zahlreichen Kontroversen geführt. Schon lange, bevor der ökologische Weinbau flächendeckend im Gespräch war, arbeitete das Weingut Graf von Kanitz mit ökologischen Anbaumethoden. Das Unkraut in den Lagen dieses Gutes wird weder mit Herbiziden besprüht noch in den Boden gearbeitet, sondern nur gemäht, um eine Beeinträchtigung des Rebwuchses zu vermeiden. Neben den Leguminosen wird ausschließlich organischer Dünger verwendet. In Verbindung mit intensivem Rebschnitt kommt es so zu den niedrigsten Erträgen im Rheingau. Viele Jahre lang wurden sowohl die Methoden als auch die Resultate von den Lorcher Kollegen unablässig kritisiert. Damals wurden die Graf-von-Kanitz-Lagen nur mit ökologischen Präparaten gespritzt, allein im äußersten Notfall kamen synthetische Mittel zum Einsatz. In den letzten Jahren ist das Weingut ganz zum ökologischen Anbau übergegangen. Somit war das Weingut Graf von Kanitz der erste Rheingaubetrieb mit ökologischem Weinbau und ist auch heute noch im ganzen Anbaugebiet das bedeutendste Mitglied im Bundesverband Ökologischer Weinbau (ECOVIN).

Vor mehr als zehn Jahren schmeckten die meisten ökologisch angebauten Weine Deutschlands noch hart und wenig fruchtig, doch die Weine vom Weingut Graf von Kanitz und Weingut Freiherr Heyl zu Herrnsheim in Nierstein bewiesen, daß Weine aus organischem Anbau mit den Weinen herkömmlicher Anbaumethoden durchaus konkurrieren können. Ihr Vorbild hat sicher enorme Anstöße zu den Qualitätsverbesserungen in der ökologischen Weinszene der letzten Jahre gegeben. Die von-Kanitz-Weine aus der »Boos-Periode« waren immer treffende Ausdrucksformen der einzigartigen geologischen und mikroklimatischen Bedingungen in Lorch. Im Herzen des Rheingaus findet man nur in wenigen Lagen – wie etwa dem Rauenthaler Berg, dem Steinberg und dem Rüdesheimer Berg – die für Lorch typischen Schiefer- und Quarzitböden. Hinzu kommen die westliche bis südwestliche Ausrichtung und verhalten bis steil abfallende Hänge. Die aus Lorch stammenden Weine besitzen daher eine zarte Frucht, einen betont mineralischen Charakter und eine betonte, rassige Säure. Nie geraten sie zu voll oder zu opulent, noch aggressiv säurehaltig, wie es Weine aus dem mittleren Rheingau sein können; sie haben genausoviel mit den Weinen des Mittelrheins auf der anderen Rheinseite gemein, wie mit typischen Rheingauweinen.

Gernot Boos hat diesen Charakter nie verleugnen wollen, doch erkannte er, daß der bescheidene Körper und die betonte Säure des Lorcher Rieslings den Zeitpunkt seiner optimalen Harmonie hinauszögern. Um ihre größte Frische bewahren zu können, wurden die Weine zwar immer im Frühjahr abgefüllt, lagerten aber mindestens ein Jahr, bevor sie auf die Preisliste gesetzt wurden. Heute bietet das Gut aus jedem Jahrgang von 1985 bis 1992 trockene Rieslinge. Die besten dieser Erzeugnisse verfügen über eine wunderbare Kombination aus nuancierter Frucht, mineralischer Tiefe und rassiger Säure. Für Weine solch niedrigen Alkoholgehaltes und so geringer Restsüße – ob trocken oder halbtrocken enthalten alle von-Kanitz-Weine ausschließlich natürliche Süße – besitzen sie ein bemerkenswertes Alterungspotential. Ein trockener 79er Riesling-Kabinett aus dem Lorcher Bodental-Steinberg zum Beispiel wies selbst nach 12 Jahren in der Flasche keine Spur von Alter auf und bescherte auch 1992 noch einiges Vergnügen. Für einen so extrem trockenen Wein mit einem Alkoholgehalt unter 11 % vol ist das eine beachtliche Leistung.

Erst die nächsten zwei oder drei Jahrgänge werden zeigen, ob das neue Team Ralf Bengel und Jochen Drück das Niveau erhalten oder verbessern kann, das Gernot Boos im Dienste von Carl Albrecht Graf von Kanitz mit seinen Weinen geschaffen hat.

Lorcher Pfaffenwies Riesling

1988 Kabinett Trocken 84
Frischer Duft nach Pfirsich, Zitrusschale, Mandel und Mineralien; staubig trocken, recht säurebetont, delikate Frucht und ausgeprägter mineralischer Charakter; nachhaltige Rasse. Kein Charmeur, aber ein beeindruckender »ernsthafter« Riesling; hält sich noch bis Ende der neunziger Jahre.

1989 Kabinett Trocken 62
Unattraktiver vegetaler Duft; sehr dünn, grün und ziemlich sauer; bissiger, aggressiver Abgang.

1989 SPÄTLESE HALBTROCKEN 78
Wesentlich attraktiver als der trockene Kabinett. Zarter Ananasduft mit kräuteriger Note; leichtgewichtige Spätlese mit mäßiger Struktur, erfrischende Säure und ansprechende Frucht; leichte Bitternis im ausdruckslosen Abgang.

1990 SPÄTLESE HALBTROCKEN 87
Recht verschlossener Duft mit feiner Ananas- und Pfirsichnote; Konzentration, zarte Extraktsüße (von reifen Trauben anstatt Zucker), sehr elegante Rasse, ausgeprägter mineralischer Ton; völlig trocken wirkender, langer, filigraner Nachhall. Erst 1997 auf ihrem Höhepunkt, hält sich bis mindestens 2010; ein klassischer Kanitz-Wein.

1991 QBA TROCKEN 77
Duftet nach reifen Stachelbeeren; etwas einfach angelegt, ansprechende Frucht und pikante Säure, gute Harmonie; anhaltend im Abgang. Jetzt schon auf dem Höhepunkt, bleibt dort bis 2000.

1992 SPÄTLESE HALBTROCKEN 65
Merkwürdiger Duft nach Gummibärchen (was bei einem ganz jungen Riesling positiv sein kann) und Kräutern; gute Substanz, kaum Frucht, kein Biß; belangloser, flacher Abgang. Eine schlechte Leistung für den Jahrgang!

Weingut Freiherr zu Knyphausen

Anschrift 65346 Eltville-Erbach, Klosterhof Drais
Inhaber Gerko Freiherr zu Knyphausen
Kellermeister Siegfried Schön

Gesamtrebfläche 22 ha
Rebsortenspiegel 96 % Riesling, 4 % Spätburgunder

Rieslingproduktion

Rebfläche 21,12 ha
Lagen Erbacher Marcobrunn 0,09 ha, Erbacher Siegelsberg 0,07 ha, Hattenheimer Wisselbrunnen 0,85 ha, Erbacher Steinmorgen 3,91 ha, Erbacher Hohenrain 0,22 ha, Erbacher Michelmark 4 ha, Kiedricher Sandgrub 10,23 ha, Eltviller Taubenberg 1,75 ha
Rebmaterial 100 % Pfropfreben (Gm239 und 198)
Durchschnittliches Rebalter 16 Jahre

Durchschnittlicher Ertrag 71 hl/ha
Durchschnittliche Produktion 170 000 Flaschen pro Jahr

In den achtziger Jahren entdeckten die deutschen Winzer, allen voran die des Rheingaus, das Marketing großen Stils. Heute gibt es in diesem Gebiet eine ganze Reihe von Weingütern, in denen die Werbung in keinem Verhältnis mehr zur erreichten Weinqualität steht. In manchen Fällen würde man sich sogar wünschen, die Reklame trinken zu können, da sie sicher besser als die Weine hinter den Designer-Etiketten schmecken würde. In diesem Zusammenhang wirkt ein Winzer wie Gerko Freiherr zu Knyphausen besonders erfrischend. Er steckt all seine Energie in die Erzeugung guter Weine, die er auch ohne das ganze von den meisten »dynamischen« jungen Winzern für wichtig erachtete Brimborium erfolgreich verkauft.
Wohl kaum ein Weinliebhaber wird unter den Weinen dieses vorbildlichen Gutes erfolglos nach einem Wein seines Geschmacks suchen, so groß ist die Zuverlässigkeit der Erzeugnisse. Der Schwerpunkt Gerko zu Knyphausens Weinerzeugung liegt auf den trockenen Weinen. Im Gegensatz zu den meisten seiner Kollegen, die trockene Weine erzeugen, weil sie sich am besten verkaufen, sucht Gerko zu Knyphausen jedoch stets die schönste Balance, ohne sich analytischen Erwägungen zu beugen. So sind ihm die halbtrockenen und die Charta-Weine ebenso wichtig wie die trockenen. Für jeden einzelnen Wein wird genau die Ausgewogenheit angestrebt, die am schönsten die klassische Eleganz zum Tragen bringt, die Gerko von Knyphausen zu Recht als das wichtigste Merkmal hochwertiger Rheingaurieslinge ansieht. Keiner der Weine schmeckt jemals süß, sauer oder auch süßsauer. Selbst in den schwierigen Jahrgängen 1984 und 1987 konnte dieser Betrieb einen erstaunlich großen Erfolg aufweisen.
Zum einen ist dieses Weingut durch seine Zurückhaltung nicht besser bekannt, zum anderen durch die Struktur seines Lagenbesitzes. Früher gehörte es zum Besitz des Klosters Eberbach, dessen Weinbergbesitz heute mehrheitlich den Staatsweingütern Eberbach zugeordnet sind. Der Klosterhof Drais, 1141 vom Zisterzienserorden gegründet, wurde im Jahre 1918 von der Familie von Knyphausen aufgekauft. Zwar besitzt das Weingut relativ ausgedehnte gute Lagen in Eltville, Erbach, Hattenheim und Kiedrich, doch sind seine Anteile in echten Spitzenlagen eher gering; der Besitz im Erbacher Marcobrunn und dem Hattenheimer Wisselbrunnen macht zusammen gerade einen Hektar aus. So verfügt der Betrieb wohl über ein ansehnliches Potential für schöne QbA, Kabinette oder Spätlesen, doch die Möglichkeiten für Weine höherer Prädikate sind begrenzt. In Anbetracht dessen ist die Palette von Weinen dieser Art auf dem Gut Freiherr zu

Knyphausen beachtlich, kann aber dennoch nicht mit den Kapazitäten der größten Weingüter des Rheingaus verglichen werden.
Es kann kaum verwundern, daß die besten Weine dieses Betriebes in aller Regel aus den beiden oben erwähnten Spitzenlagen stammen. Die Weine aus dem Hattenheimer Wisselbrunnen werden im allgemeinen trocken ausgebaut und gehören zu den kräftigsten trockenen Rieslingen, die im Rheingau entstehen. Diese bei weitem konzentriertesten Weine des Gutes sind reich, verführerisch, mit fast opulenter Aprikosennote in Duft und Geschmack. Ähnliche Kraft und Dichte findet man in den restsüßen Weinen aus dem Erbacher Marcobrunn, wenn sie wegen ihrer festeren Säurestruktur auch länger in der Flasche reifen müssen, um ihre Höchstform zu erreichen. Sie geraten nie zu süß und besitzen neben einer vollen Pfirsichfrucht einen komplexen erdig-mineralischen Charakter. Die Weine dieser beiden Lagen können leicht neben den Weinen gleicher Art von anderen, berühmteren Weingütern bestehen.
Betrachtet man den unbeständigen und manchmal sogar geringen Standard der Weine unterer Qualitätsstufen von den bekanntesten Rheingaugütern, besticht das Weingut Freiherr zu Knyphausen vor allem durch seinen QbA und Kabinett. Sie zeigen immer eine schöne Harmonie und Tiefe im Geschmack und sind tadellos in der Erzeugung. Auf diesem Weingut muß man keine DM 20 oder mehr für einen Wein bezahlen, der den Charakter und die Qualität aufweist, die man von einem Erzeugnis dieses Gebietes erwartet. Dafür muß man Gerko von Knyphausen großen Beifall zollen. Nicht weniger anziehend ist die freundliche und unaufdringliche Art, mit der er Besucher empfängt. Niemand könnte ihn einen penetranten Verkäufer schimpfen. Von diesem bescheidenen Aristokraten, der die Qualität seiner Weine und sein schönes Anwesen am Ufer des Rheines für sich selbst sprechen läßt, könnten viele Rheingauwinzer lernen.
Wenn sie auch nur einen kleinen Teil der Gesamtproduktion ausmachen, sollte man doch die Roséweine dieses Gutes erwähnen, die zu den besten des gesamten Gebietes zählen. Der trockene Spätburgunder Weißherbst von Freiherr zu Knyphausen besitzt eine feine Frucht und elegante Säure, die ihn so eindrucksvoll machen wie die rassigen trockenen Rieslinge des Gutes!

Erbacher Marcobrunn Riesling

1988 KABINETT **80**
Reifer Pfirsichduft; etwas eindimensional, aber sehr ansprechend, zarte Frucht und elegante Säure, herbe Balance; mäßiger Nachhall. Bereits auf dem Höhepunkt, hält sich bis 2000.

1989 Spätlese 87
Komplexer Duft nach exotischen Früchten, Gewürzen und Mineralien; sehr konzentriert und satt, Fülle und Schmelz einer Auslese, aber wenig Süße; sehr nachhaltige Würze. Leider fehlt es etwas an Eleganz; erreicht jetzt ihre beste Form und hält bis mindestens 2005.

1990 Spätlese 88
Fast so intensiver Duft wie die 89er Version, feine Pfirsichfrucht mit subtilen, exotischen Fruchtnoten; konzentriert und kräftig, die Süße noch zu deutlich im Vordergrund, mineralische Würze; langer, eleganter Nachhall. Braucht bis 1996/97, um sich voll zu entfalten, und kann bis 2010 liegen.

1992 Spätlese 84
Ausgeprägter exotischer Fruchtduft; voll und substanzreich mit fester Säurestruktur für 1992, aber es mangelt an Spiel; momentan kräftiger Nachhall. Könnte sich Ende der neunziger Jahre besser präsentieren.

Hattenheimer Wisselbrunnen Riesling

1988 Kabinett »Charta« 83
Diskreter Duft nach reifen Äpfeln und Mandeln, für das Rheingau typische Eleganz, feinfruchtig und rassig, optimale Harmonie; die Säure klingt lange nach. Ein Knyphausen-Wein wie aus dem Bilderbuch; jetzt auf dem Höhepunkt, hält sich in dieser Form bis 1998.

1988 Spätlese 85
Feiner Pfirsichduft mit Mandel- und Vanillenote; mittelgewichtig, gute Dichte und sehr elegantes Säurespiel, deutliche Zitrusnote; langer Nachhall. Erreicht langsam ihre beste Form und hat genug Reserven bis 2005.

1990 Spätlese Trocken 75
Entwickelter Duft nach Aprikosenmarmelade und Mandeln; trotz fester Säure schon sehr reif und alkoholbetont, leicht brandig; sehr nachhaltiger Zitruston. Ziemlich enttäuschend für den großen Jahrgang; wenig Zukunft.

1990 Spätlese 80
Voller Pfirsichduft; fast die Fülle und Substanz einer Auslese, sehr satte Frucht, etwas lasch, eleganter als die trockene Version, aber zuwenig Struktur; mäßige Länge. Jetzt auf dem Höhepunkt, hält sich bis 2000.

1992 SPÄTLESE TROCKEN **80**
Ähnlich angelegt wie die 90er Spätlese Trocken, aber mehr Frucht. Satter Maracujaduft; viel Fülle und Schmelz, elegante Säure und schöner Saft; langer Nachhall mit leichtem Alkoholton. Unbedingt jetzt trinken, wird in wenigen Jahren leicht brandig wirken.

1992 AUSLESE **85**
Ausladender Aprikosenduft mit leichtem Honigton (Botrytis); sehr satt und reichhaltig, dezente Süße und elegante Säure, anhaltend im Abgang. Sehr attraktiv, aber es fehlt Finesse und Länge; hält sich bis 2000.

Weingut Franz Künstler

Anschrift 65234 Hochheim, Freiherr-vom-Stein-Ring 3
Inhaber Gunter Künstler
Leiter Cornelia Sabinarz-Künstler und Gunter Künstler
Kellermeister Gunter Künstler

Gesamtrebfläche 7 ha
Rebsortenspiegel 90 % Riesling, 10 % Spätburgunder

Rieslingproduktion

Rebfläche 5,77 ha
Lagen Hochheimer Stielweg 0,25 ha, Hochheimer Hofmeister 0,95 ha, Hochheimer Kirchenstück 0,48 ha, Hochheimer Reichestal 0,66 ha, Hochheimer Hölle 1,22 ha, Hochheimer Herrnberg 2,21 ha
Rebmaterial 100 % Pfropfreben (Geisenheimer Klone)
Durchschnittliches Rebalter 21 Jahre
Durchschnittlicher Ertrag 70 hl/ha
Durchschnittliche Produktion 55 000 Flaschen pro Jahr

Hätte man mich vor fünf Jahren gefragt, wer im Rheingau wirklich große Weine erzeugt, wäre mir eine Antwort schwergefallen. Von der Handvoll sehr guter Winzer überragte keiner den anderen, und niemand brachte Weine hervor, die sich mit den besten Rieslingen von Mosel-Saar-Ruwer, der Nahe oder der Pfalz hätten vergleichen lassen. Heute wäre meine Antwort eindeutig: Gunter Künstler vom Weingut Franz Künstler. Von allen Rheingaugütern hat nur dieser Betrieb in den letzten fünf Jahren (1988 bis

1992) beständig Weine allerhöchster Güte erzeugt. Vielleicht sollten die Besitzer und Leiter einiger der berühmtesten Weingüter des Rheingaus sich die obenstehenden Zeilen ein zweites Mal zu Gemüte führen oder noch besser eine Auswahl der großartigen trockenen und edelsüßen Rieslinge des Künstler-Gutes probieren. Auch die Mehrheit der Mitglieder der Rheingau-Charta-Weingüter täte gut daran, die Weine Gunter Künstlers zu verkosten und so zu erkennen, daß Weine dieser Stilrichtung nicht unbedingt neutral und säuerlich zu schmecken haben.

Das Weingut Franz Künstler ist ganz ohne Frage die derzeitige Nummer eins im Rheingau und eines der besten Güter am ganzen Rhein.

Gunter Künstler würde an dieser Stelle sicher betonen, daß die erbrachten Leistungen in dieser Form nicht möglich gewesen wären, hätte sein Vater mit seiner zwanzigjährigen Arbeit auf dem Gut nicht einen so exzellenten Grundstock geschaffen. Bereits bevor Gunter Künstler in dem 1965 gegründeten Betrieb eine Rolle zu spielen begann, gelangen Franz Künstler, einem Flüchtling aus der ehemaligen Tschechoslowakei, exzellente Hochheimer Weine. Während der fünfziger und sechziger Jahre hatte er wenige Straßen entfernt in Hochheim auf dem bekannten Weingut Domdechant Werner als Kellermeister gearbeitet. Hier konnte er nicht nur reiche Erfahrung in der Weinerzeugung sammeln, sondern lernte auch das große Potential der Hochheimer Rieslinglagen kennen. Neben dem Rüdesheimer Berg und dem Erbacher Marcobrunn herrscht in diesen Lagen das wärmste Mikroklima des Anbaugebietes. Im Gegensatz zu den leichten, steinigen Rüdesheimer Lagen, die in heißen Sommern austrocknen und so zu strapazierten Reben und enttäuschenden Weinen führen können, besitzen die Hochheimer Spitzenlagen sehr tiefe, wasserspeichernde Böden. So entstehen die kraftvollsten Weine des gesamten Anbaugebietes, und Hochheim besitzt in großen Jahrgängen enorme Vorteile gegenüber anderen Orten. Dann haben seine besten Weine sowohl eine unvergleichliche Kombination aus Fülle und Konzentration als auch eine ausgezeichnet strukturierte Säure. Während der zweiten Hälfte des letzten und den ersten Jahrzehnten dieses Jahrhunderts gehörten diese Weine zu den gefragtesten des ganzen Rheingaus. Aus verschiedenen Gründen ist diese Tatsache in Vergessenheit geraten. Franz Künstler aber gedachte des unveränderten Potentials dieser Lagen und erwarb überall in der Umgebung Hochheims Parzellen in den Spitzenlagen. Dieser Besitz und seine auf der Weinsberger Weinbauschule und im Keller des Gutes Domdechant Werner erworbenen Fähigkeiten bildeten die Grundlagen, auf denen er seinem Betrieb aufbaute.

Es ist überflüssig zu betonen, daß der Aufbau eines Gutes mit 7 ha größter Charakterstärke und Entschlossenheit bedarf. Diese Eigenschaften und das unbeirrbare Qualitätsbewußtsein hat Gunter Künstler von seinem Vater geerbt. Zurückzutreten und seinem Sohn den Betrieb zu überlassen, ist Franz Künstler sicher nicht leichtgefallen, zumal die beiden sich in vielem sehr ähnlich sind. Rückblickend war es geradezu ein Glücksfall, daß die Krankheit seines Vaters genau in die Zeit der 88er Lese fiel, so daß Gunter Künstler die Weine seinen Vorstellungen entsprechend ausbauen konnte und mit ihnen seine Fähigkeit, den Betrieb zu übernehmen, mehr als ausreichend unter Beweis stellte. Die Jahrgänge 1988 und 1989 bereiteten vielen Rheingauwinzern Probleme. Ersterer war vielfach von eigenartigen Aromen betroffen, die aus der falschen Behandlung problematischen Leseguts resultierten; letzterer litt an zu starker Botrytis sowie schwach strukturierter Säure, und zusammen mit mangelhafter Vinifikation gerieten die Weine schwer, bitter und müde. In beiden Jahrgängen erzeugte das Weingut Franz Künstler die mit Abstand besten Weine im ganzen Rheingau. Stärker war die Konkurrenz beim 90er Jahrgang, doch auch in diesem Jahr gelangen Gunter Künstler bessere Weine als all den bekannteren Gütern; nur einige wenige Familienbetriebe erzeugten überhaupt Weine vergleichbarer Qualität. Mit diesen drei Jahrgängen ist das Weingut Franz Künstler berühmt geworden. Dies zeugt nicht nur von der harten Arbeit Gunter Künstlers, sondern auch von der schwachen Leistung der meisten seiner Konkurrenten.

Wenn er auch manchmal sehr dickköpfig sein kann, ist Gunter Künstler doch das Gegenteil des arroganten, mit Scheuklappen versehenen Winzers, der im Rheingau allzu verbreitet zu sein scheint. Er ist verdientermaßen stolz auf das, was er erreicht hat, würde aber nie behaupten, daß ein Riesling hoher Eleganz und Raffinesse *nur* im Rheingau erzeugt werden könne, wie ich es bei anderen Rheingauwinzern erlebt habe. Tatsächlich erhielt er den Anstoß zur Erzeugung seines aufsehenerregendsten Weines, der Riesling-Auslese Trocken aus der Hochheimer Hölle, bei einem Besuch der Weinbaugebiete Kaliforniens. Schon mit dem ersten Jahrgang 1988 setzte dieser Wein einen neuen Standard für den trockenen Rheingauriesling. Das diesem Wein und seinen Nachfolgern zugrundeliegende Konzept beinhaltet reduzierte Erträge und eine äußerst intensive Pflege der Reben, um gesunde Trauben maximaler Reife aromatischer und mineralischer Konzentration zu erhalten. Gunter Künstler war der Überzeugung, daß auf diese Art trockene Weine bislang unerreichter Dichte und Kraft ermöglicht würden, die dennoch nichts von der Eleganz eines Spitzenrieslings einbüßen. Mit jedem Jahrgang hat er diese Methoden verfeinern können, nach denen im übrigen alle trockenen Weine des Gutes erzeugt werden. Die Gärung dauert jedes Jahr etwas länger, um die höchstmögliche Frucht und alle Aromen der Trauben bewahren zu können, wobei Gunter Künstler inzwischen davon abgegangen ist, die Weine bis zur totalen Trockenheit zu

vergären. Ihnen wird jetzt ihre eigene Harmonie von Frucht, Alkohol, Säure und einigen wenigen Gramm natürlicher Süße gewährt.
Die 92er Hochheimer Hölle Riesling-Auslese bildet die Krönung der jahrelangen Experimente im Weinberg und Keller; ein Wein, der Gunter Künstlers Traum von trockenen Rheingaurieslingen mit einer Extradimension an Konzentration und Schmelz gegenüber den besten Rieslingen der achtziger Jahre volllkommen verwirklicht. Dieser Wein besitzt alles, was man von einem trockenen Rheingauriesling erwartet und zeigt nicht eine der schweren, alkoholischen Noten, die andere Versuche, einen »großen« trockenen Weines im Rheingau zu erzeugen, so oft charakterisieren. Statt dessen verkörpert er die perfekte Synthese von Saftigkeit und Eleganz der bemerkenswerten Charta-Weine dieses Gutes der Jahre 1988 bis 1991 sowie der mineralisch-erdigen Kraft der trockenen Auslesen, die Gunter Künstler von 1988 bis 1990 erzeugt hat. Die 92er Riesling-Auslese Trocken aus der Hochheimer Hölle stellt den größten trockenen Riesling dar, der im Rheingau jemals erzeugt wurde und somit einen der drei besten Rieslinge in ganz Deutschland aller Zeiten. Ich kann mir nicht vorstellen, wie Gunter Künstler dieses sensationelle Ergebnis mit den kommenden Jahrgängen noch übertreffen kann, aber ich bin sicher, daß er es versuchen wird. Auf diese Versuche warte ich mit größter Gespanntheit und Vorfreude.
Andere Weine, mit denen das Weingut Franz Künstler für Aufsehen gesorgt hat, sind seine edelsüßen Riesling-Auslesen, Beerenauslesen und Eisweine. Wie die trockenen Weine verfügen auch sie über eine nahezu perfekte Verbindung von Kraft und Finesse, und wie die trockenen Weine nie alkoholisch sind, geraten die edelsüßen Rieslinge nie vorrangig süß. Die Qualität entsteht auch bei diesen Weinen im Weinberg, im Keller unterstützt man lediglich den Wein vorsichtig bei der Erzielung jener Harmonie, die am schönsten seinen ihm eigenen Charakter zur Geltung bringt.
Gunter Künstler ist einer der wenigen deutschen Winzer, die begriffen haben, daß die Kunst bei edelsüßen Spitzenrieslingen nicht in einem möglichst hohen Mostgewicht liegt, sondern in der Ausgewogenheit von Süße, Säure und anderen Komponenten. Wenn der Zuckergehalt der Trauben auch Auskunft über die Konzentration eines Weines gibt, so sagt er doch nichts über die Dichte an aromatischen und mineralischen Substanzen im Most aus.
Sind die Trauben zum Zeitpunkt des Botrytisbefalls wässerig und ohne Aroma, so ist lediglich die Botrytis beim Wein charakterisierend. Ein großer edelsüßer Riesling entsteht, wenn Trauben, die schon vorher reich an Aromen und Geschmack waren, durch Botrytis konzentriert und umgewandelt werden. Des Winzers Aufgabe ist dann die Ausbalancierung der natürlichen Süße, der Säure und der anderen Elemente des Weines. Hierfür

besitzt Gunter Künstler eine natürliche Begabung, genau wie Helmut Dönnhoff vom Weingut H. Dönnhoff an der Nahe und Ernst Loosen vom Weingut Dr. Loosen an der Mittelmosel. Sie alle erzeugen Rieslingweine aus edelfaulen Trauben, die ohne vordergründige Süße edel geraten. Es sind keine Dessertweine, sie eignen sich eher zu Käse und Pâtés, oder »einfach so«, da die Versuchung sehr groß ist.

Ich würde ohne Zögern die Hochheimer Hölle zur besten Lage des Weingutes Franz Künstlers erklären. Sie weist die tiefsten und schwersten Böden Hochheims auf und bringt Weine hervor, die den klassischen mineralisch-erdigen Charakter und die opulente Zitrus- und Aprikosenfrucht des Hochheimer Rieslings in äußerster Intensität und Komplexität besitzen. Direkt am rechten Ufer des Mains nahe der Einmündung in den Rhein gelegen, genießt die Hölle ein günstigeres Mikroklima als die beiden anderen berühmten Hochheimer Lagen Domdechaney und Kirchenstück. Gunter Künstler mögen zwar einige wunderbar elegante Rieslinge aus dem Kirchenstück gelungen sein, doch erachte ich die kraftvolleren, fester strukturierten Weine aus dem Stielweg und die stoffigen, doch rassigen Weine aus dem Reichestal für noch schöner. Obwohl alles andere als typisch für den Rheingau, lassen die filigranen, duftigen Rieslinge aus dem Herrnberg mit ihrem fast moselähnlichen Bouquet roter Früchte die meisten anderen Rheingauweine düster, erdig und uncharmant wirken.

Gunter Künstler hat von seinem Vater einen tadellos geführten Betrieb übernommen und trotz des hohen Standards seines ersten Jahrgangs eine immer bessere Qualität erreicht. Dieses Weingut steht an der Spitze aller Betriebe im Rheingau, und auch wenn Steigerungen kaum mehr vorstellbar sind, macht sie Gunter Künstler sicher möglich.

Hochheimer Hölle Riesling

1988 Auslese Trocken **91**

Beeindruckender Aprikosenduft mit Zitrus- und Bienenwachsnote; konzentriert und sehr kraftvoll, außer einer leichten Extraktsüße fast staubigtrocken; sehr nachhaltige mineralische Säure. Der beste trokkene Rheingauriesling des Jahrgangs. Hält sich in dieser Form bis Ende der neunziger Jahre.

1988 Spätlese »Charta« **90**

Würziger Pfirsichduft mit zarter Zitrusnote; dicht und rassig, viel Saft ohne spürbare Süße, ausgeprägte Würze und leichter Schmelz; langer, vielschichtiger Nachhall. Kann bis 2003 liegen.

1989 SPÄTLESE »CHARTA« 88
Etwas verschlossener Duft mit zarter Mandelnote; viel Saft und Fülle für eine Spätlese, konzentriert, gibt aber momentan wenig her, viel Struktur und Eleganz, keinerlei Bitternis (wie bei vielen trockenen 89ern Weinen); nachhaltiger Schmelz. Braucht bis 1995, um ihren Höhepunkt zu erreichen, und hält sich bis 2003/04.

1989 AUSLESE 93
Beeindruckender Grapefruit-Mango-Duft mit deutlichem Honigton; sehr konzentriert, viel Kraft und Schmelz, satte Frucht und große Tiefe; sehr nachhaltige Würze. Kommt erst 1997 in ihre beste Form, kann 25 Jahre alt werden.

1989 BEERENAUSLESE 96
Opulentes Botrytisbouquet mit Honig- und Rosinenton; ausladende Fruchtfülle und enormer Schmelz, dabei nicht fett oder schwer, betonte Säure für den eher weichen Jahrgang; extrem nachhaltiger Honigton. Präsentiert sich noch beeindruckender als die Auslese und besitzt Reserven für 30 Jahre Entwicklung.

1990 AUSLESE TROCKEN 92
Ziemlich verschlossener Duft; sehr konzentriert und rassig, sehr komplexe Pfirsich-, Zitrus-, Rosen- und Mineraliennote, viel Struktur und Biß; viel Kraft im nachhaltigen Abgang. Braucht bis 1996, um ihren großen Schatz an Aromen zu enthüllen. Nochmals der beste trockene Rheingauriesling des Jahrgangs!

1990 SPÄTLESE »CHARTA« 91
Ähnlich angelegt wie die Auslese Trocken und steht dieser in puncto Dichte und Struktur kaum nach. Ziemlich verschlossener Duft; ausgeprägte Zitrusnote und komplexe Würze, pikante Rasse, tolles Spiel; sehr langatmiger mineralischer Nachhall. Erst 1996 in ihrer besten Form, hält sich bis 2015.

1990 AUSLESE 92
Etwas verschlossener Duft mit Pfirsich- und Mineraliennote; sehr pikant und recht herb, gute Konzentration und schöner Schmelz, die Aromen noch ziemlich gebunden; sehr nachhaltige Würze. Deutlich von der 1990 HERRNBERG AUSLESE (94 Punkte) mit ihren ausgeprägten exotischen Fruchttönen übertroffen.

1990 BEERENAUSLESE 97
Explosives Botrytisbouquet mit hochfeinem Honigton und viel Würze; extrem konzentriert, massive Kraft und beeindruckende Tiefe, pointierte Rasse und brillantes Spiel; atemberaubender, kaum endender Nachhall. Für die Ewigkeit angelegt und noch ziemlich unentwickelt. Braucht bis ins nächste Jahrhundert, um ihren Höhepunkt zu erreichen, und lebt 50 Jahre.

1991 Spätlese »Charta« 87
Noch unentwickelter Duft nach reifen Äpfeln und Zitrus; mittelgewichtig, erstaunlich dichte Frucht und schöner Säurebiß für den schwierigen Jahrgang; pikanter mineralischer Nachhall. Zusammen mit der 1991 Herrnberg Spätlese Trocken (auch 87 Punkte) der beste trockene Wein des Jahrgangs im Betrieb; wird sich ab 1995 sehr attraktiv präsentieren und hält bis 2005.

1991 Auslese 90
Vielschichtiger Zitrus-Honig-Duft; reichhaltig und säurebetont, spannungsgeladene Süße-Säure-Harmonie; der Abgang noch etwas von der pikanten Rasse dominiert, aber für 1991 beachtlich lang. Braucht bis 1996/7, um das Gleichgewicht zu finden, sehr langlebig. Ein Ausnahmewein für den Jahrgang!

1992 Auslese Trocken 94
Gewaltiger Aprikosenduft mit ausgeprägtem mineralischem Ton; enorme Konzentration und große Fülle, dabei nicht opulent oder zu mächtig, perfekte Harmonie von pointierter Säure, mäßigem Alkoholgehalt (12,5 % vol) und einem Hauch Süße, große Tiefe, die sich momentan nur ansatzweise zeigt, fulminantes Spiel; extrem nachhaltige mineralische Rasse. Der beste trockene Rheingauriesling, der je produziert wurde; schon jetzt äußerst beeindruckend, hält sich weitere 15 bis 20 Jahre.

1992 Spätlese »Charta« 92
Imposanter Ananasduft mit Zitrus-, Mandel- und Mineraliennote; fast die Konzentration und Tiefe der trockenen Auslese, aber etwas schlanker angelegt, sehr differenzierte Fruchttöne, viel Kraft; sehr filigraner, langatmiger Nachhall. Der beste »Charta-Wein«, den es je gab!

1992 Auslese 94
Recht verschlossener Duft nach getrockneten Aprikosen und Grapefruit; ungeheure Kraft, beeindruckende Finesse, dichte Fruchtfülle, feine Würze; sehr elegante Säure, die extrem lange nachklingt. Präsentiert sich nicht mehr so übermächtig wie als ganz junger Wein. Eine der absoluten Jahrgangsspitzen im Rheingau und ewig lange haltbar.

1992 Trockenbeerenauslese 97
Extrem jugendlicher Duft nach Waldhonig und Zitrusschalen; eine unglaublich elegante Trockenbeerenauslese, die momentan nur ein Bruchteil ihrer Möglichkeiten zeigt, braucht mindestens bis zur Jahrhundertwende, um sich zu entfalten, tolles Säurespiel, diskrete Süße für eine junge Trockenbeerenauslese; brillanter Nachhall. Geduld wird sich bei diesem Wein reichlich bezahlt machen; die ersten 50 Jahre steckt er locker weg!

Mit festerer Struktur als 1992 und ähnlicher Dichte stellen die 1993er Rieslinge eine beeindruckende Palette dar. Sehr langlebige Weine.

Freiherrlich Langwerth von Simmern'sches Rentamt

Anschrift 65343 Eltville, Kirchgasse
Inhaber Friedrich Freiherr Langwerth von Simmern
Direktor Dipl.-Ing. Helmut Kranich
Kellermeister Josef Schell

Gesamtrebfläche 33 ha
Rebsortenspiegel 95 % Riesling, 1,5 % Spätburgunder, 0,75 % Weißburgunder, 0,75 % Chardonnay, 2 % sonstige Sorten

Rieslingproduktion

Rebfläche 31,5 ha
Lagen Eltviller Rheinberg 1 ha, Eltviller Sonnenberg 4,7 ha, Eltviller Langenstück 6,1 ha, Eltviller Taubenberg 2,2 ha, Rauenthaler Rothenberg 0,7 ha, Rauenthaler Baiken 1,5 ha, Kiedricher Sandgrub 1,1 ha, Erbacher Marcobrunn 1,6 ha, Hattenberger Mannberg 6,6 ha, Hattenheimer Nußbrunnen 4,7 ha, Hattenheimer Rheingarten 1,2 ha, Hattenheimer Wisselbrunnen 0,1 ha
Rebmaterial 100 % Pfropfreben (Gm239, 198, 110 und andere Klone)
Durchschnittliches Rebalter 22 Jahre
Durchschnittlicher Ertrag 68 hl/ha
Durchschnittliche Produktion 250 000 Flaschen pro Jahr

Als vor mehr als zehn Jahren mein Interesse am deutschen Riesling erwachte, nahm dieses berühmte Weingut einen besonderen Platz in meinem Herzen ein. Die äußerst eleganten, sehr nuancierten, klassischen Rieslinge, die sich beinahe immer hinter dem rot-gelben, neugotischen Etikett des Gutes verbargen, verkörperten für mich den ultimativen Rheingauwein, und ich hätte dieses Gut sofort zu den besten zehn Rieslingerzeugern in ganz Deutschland gezählt. Ich bin nicht der einzige, der Langwerth von Simmern für das beste Rheingaugut während des Zeitraums von 1971 bis 1983 hält, und ich bin auch nicht allein der Ansicht, daß dieses Weingut den Traditionen der Rheingauer Weinerzeugung in dieser Zeit treuer geblieben ist als die meisten seiner Konkurrenten. Mitte der achtziger Jahre machte das Gut eine schwierige Phase durch, von der es sich jetzt aber erholt hat. Versucht man heute, seine derzeitige Position zu bestimmen, so fällt auf, daß in den letzten zehn Jahren andere Weingüter aufgestiegen sind und daß selbst bei den besten Jahrgängen dieses Gutes (1989, 1990) andere noch

bessere hervorbrachten. So bleibt festzustellen, daß Langwerth von Simmern zwar immer noch einer der besten Rieslingerzeuger des Rheingaus ist, aber nicht mehr der allein führende.
Diese Position so unverblümt festzulegen mag etwas unvermittelt erscheinen, doch die vergangenen Leistungen dieses wahrhaft großen Gutes waren einfach herrlich, und sein Potential zur Erzeugung großer Weine ist unverändert vorhanden. Langwerth von Simmern könnte seinen früheren Ruhm mit Sicherheit wiedererlangen, und in genau dieser Hoffnung entstanden diese Zeilen. Wenn das Weingut dieses Ziel erreicht, so hat es das in hohem Maße dem Mann zu verdanken, der für das Ansehen dieses Betriebes hauptsächlich verantwortlich ist, dem seit dem 1. Oktober 1958 hier tätigen Kellermeister Josef Schell. Kein anderer Kellermeister genießt unter seinen Kollegen einen so guten Ruf wie er. In den Jahrgängen 1964, 1971, 1975 und 1983 gelangen ihm einige der schönsten Rheingauweine der vergangenen Jahrzehnte. Auch heute noch gehören sie zu den besten Rieslingen des Rheingaus, die für Geld zu bekommen sind, und beweisen so unwiderlegbar das Alterungspotential der Weine Josef Schells.
Zu seinen einfachen und sorgsamen Methoden zählen neben einer gründlichen Klärung des Mostes und der Gärung mit natürlicher Hefe vor allem ein relativ später erster Abstich und eine späte Filtration - normalerweise im späten Dezember oder frühen Januar nach der Lese - sowie minimale Bewegung und Filtration. Sie verbinden traditionelle Vorstellungen mit vorsichtig eingesetzter, moderner Technik. Die Mehrheit der Langwerth-von-Simmern-Weine vergärt und reift in Holzfässern; Edelstahltanks werden in Jahrgängen relativ geringer Säure eingesetzt, um ein Höchstmaß an Frische zu bewahren. Wenn hier für fast alle restsüßen Weine auch Süßreserve benutzt wird, so geschieht dies doch mit äußerster Sorgfalt. Sie wird nur aus dem ersten Ablauf gewonnen, für jeden Wein wird eine eigene Süßreserve hergestellt. Eine feste Formel für die Restsüße der einzelnen Weine besitzt Josef Schell nicht, sie hängt vom natürlichen Zuckergehalt ab und vom Bedarf jedes restsüßen Weines, die genau balancierte rassige Harmonie zu erreichen, die sein Ziel ist. Obwohl die Weine im allgemeinen im Mai abgefüllt werden, gibt der Gutsdirektor Helmut Kranich kaum einen Wein vor dem 1. September nach der Lese zum Verkauf frei.
Ein weiser Entschluß, denn selbst die Weine einfacherer Qualität beginnen sich erst dann zu entfalten; die überwältigende Mehrheit der Langwerth-von-Simmern-Weine wird noch ein bis vier Jahre benötigen, um ihr Bestes zeigen zu können, die Beerenauslesen, Trockenbeerenauslesen und Eisweine sogar wesentlich länger.
Helmut Kranich hat das Weingut durch eine schwierige Zeit steuern müssen und die Probleme, mit denen er sich konfrontiert sah, dürfen nicht

unterschätzt werden. Dennoch scheint sein Einfluß auf die Entwicklung dieses Betriebes gemischter Natur. In bestimmten Bereichen, wie etwa dem der Lese, hat er beispielhafte Charakterstärke und Urteilskraft bewiesen; in anderen Bereichen jedoch sind ihm schwere Fehler unterlaufen. Ein furchtbares Beispiel hiefür ist die 89er Erbacher Marcobrunner Riesling Trockenbeerenauslese, die schon heute schmeckt, als sei sie fünfzig Jahre alt - bitter und unharmonisch. Ein Wein dieser Güte hätte von einem Betrieb mit einer solchen Reputation niemals auf den Markt gebracht werden dürfen. Zudem werden Besucher des Gutes manchmal unfreundlich empfangen, und den Lesern würde ich dringend empfehlen, vor einer Weinprobe erst die schriftliche Bestätigung eines Termins einzuholen, andernfalls könnte ein Besuch hier recht unerfreulich ausfallen. Wie ein Weingut auf diese Art ein gutes Verhältnis mit alten Kunden pflegen und neue hinzugewinnen kann, ist mir ein Rätsel.

All dies scheint darauf hinzudeuten, daß die durchwachsenen Leistungen des Gutes Mitte der achtziger Jahre und seine gegenwärtige Position auf eine etwas desorganisierte Betriebsleitung zurückzuführen sind. Um als Weingut an der Spitze stehen zu können, muß man bei der Weinbergbewirtschaftung, bei der Lese und bei der Vinifikation der Weine nach Höchstleistungen streben. Außerdem müssen strenge Qualitätskontrollen vorgenommen werden, und jeder Wein, der nicht dem höchsten Standard entspricht, muß ohne zu zögern auf die nächste Prädikatsstufe herabgestuft werden oder als Faßware vermarktet werden. Mir erscheinen die Erträge aus den Spitzenlagen zur Erzielung optimaler Qualität zu hoch, während die guten Lagen moderate Erträge erbringen. Bei der Lese oder Vinifikation sind keinerlei Schwächen zu entdecken, doch könnte die Qualitätskontrolle etwas schärfer ausfallen. Selbst im exzellenten 90er Jahrgang gab es einige Weine höherer Prädikate, die eine solche Bezeichnung nicht verdienten.

Jetzt, da der Nachfolger Josef Schells gerade in den Kellern unter dem schönen Langwerther Hof in Eltville eingearbeitet wird, hängt die Zukunft dieses Gutes in der Schwebe. Vielleicht nimmt man ja die Herausforderung durch Weingüter wie Robert Weil in Kiedrich, Franz Künstler in Hochheim und einige andere an. Der allgemeine Standard der Weine von Langwerth von Simmern ist bereits so hoch, daß die Erzeugung von Weinen ähnlicher Qualität wie die der gegenwärtigen Spitzenreiter im Rheingau keine unmögliche Aufgabe sein sollte.

Rauenthaler Baiken Riesling

1988 Spätlese 89
Feiner mineralischer Pfirsichduft; moselartige Finesse, beeindrukkende Dichte und Eleganz für den eher mittelmäßigen Rheingau-Jahrgang, tolles Spiel; nachhaltige mineralische Rasse. Zweifelsohne der beste restsüße Wein des Jahrgangs im Rheingau. Schon jetzt sehr schön, hält sich bis 2003.

1989 Spätlese 87
Pikanter Ananas-Karamel-Duft mit mineralischer Note; fülliger, aber nicht ganz so konzentriert wie die 88er Version, sehr elegante Säure für das Jahr, leichter Schmelz; langer, ausgeglichener Abgang. Hält sich bis 2002/03.

1989 Beerenauslese 95
Facettenreicher Duft mit exotischen Fruchtnoten und vielfältigen Gewürzen; enorm konzentriert und würzig, eine wahre Aromenbombe, tolle Rasse und pikantes Spiel, perfekte Süße-Säure-Harmonie; atemberaubender, brillanter Nachhall. Wenn alle 89er edelsüßen Weine so gut wären . . . Ausreichend Reserven für weitere 30 Jahre Entwicklung.

1990 Spätlese Trocken 85
Mineralischer Pfirsichduft; sehr schlank und elegant, trotz der betonten Rasse, gute Balance; saftiger Nachhall. Jetzt in ihrer besten Form, bleibt bis 1998 frisch.

1990 Spätlese 90
Finessenreicher Duft nach weißen Pfirsichen und Mineralien; sehr pointierte Säure und herbe Balance, halbtrocken schmeckend, brillantes Spiel; sehr nachhaltige mineralische Note. Erst 1997/98 auf ihrem Höhepunkt, wo sie sich bestimmt 12 Jahre hält.

1990 Auslese 93
Sehr würziges Botrytisbouquet mit feinem Rosinenton; tolle Konzentration, feiner Honigton, vielschichtige Fruchtnoten, ähnlich ausgeprägte Säure wie die Spätlese; beeindruckende Tiefe im Nachhall. Einer Beerenauslese durchaus würdiger Wein mit großem Entwicklungspotential. Eine der Jahrgangsspitzen im Rheingau; braucht bis 2000, um sich zu entfalten.

1992 SPÄTLESE 85
Noch jugendlicher Duft mit einem Hauch Honig; konzentriert und feinfruchtig, trotz eher weicher Säure gute Struktur und Balance; eleganter, langer Nachhall. Braucht bis 1996/97, um sich zu entfalten; gutes Entwicklungspotential für den Jahrgang.

Erbacher Marcobrunn Riesling

1989 SPÄTLESE 86
Satter Aprikosenduft mit deutlichem Mandelton; reichhaltig und saftig, gute Säure für den eher weichen Jahrgang, Mandel- und Karamelnote; gute Länge. Eine durchaus gelungene 89er Spätlese, die sich bis in die ersten Jahre des nächsten Jahrhunderts hält.

1989 TROCKENBEERENAUSLESE 65
Katastrophal! Oxidativer Duft nach verbranntem Zucker; schwer, grob, etwas brandig und ziemlich stumpf. Es ist eine Tragödie, daß ein Spitzengut Weine dieser Art produziert und als Trockenbeerenauslese unter einem weltbekannten Lagenname vermarktet.

1990 AUSLESE TROCKEN 86
Ausgeprägtes Mirabellenbouquet; konzentriert und kräftig, ohne im geringsten alkoholisch zu wirken, sehr gute Säurestruktur; langer Nachhall. Bereits in ihrer besten Form, hält sich bis 1998.

1990 SPÄTLESE »BLAUKAPSEL« 90
Ziemlich verschlossener Duft; sehr komplexer, dichter Wein mit feiner Pfirsichfrucht und subtiler mineralischer Würze, geschliffene Rasse und perfekte Balance; sehr eleganter, langer Nachhall. Erst 1997 auf ihrem Höhepunkt und weitere 10 bis 12 Jahre lagerfähig.

1990 AUSLESE 92
Recht entwickelter, attraktiver Duft nach Karamel, Toast und zerlassener Butter; samtige Fülle, dichte Aprikosenfrucht, schöne Kremigkeit, fast perfekte Harmonie; sehr langer, seidiger Nachhall. Schon sehr verführerisch, bleibt noch 10 bis 15 Jahre in dieser Form.

1991 KABINETT 83
Ansprechender Birnenduft mit zarter Pfirsichnote; schlank und sehr säurebetont, die kräftige Süße ziemlich vordergründig; anhaltend im Abgang. Gute Anlagen für die Zukunft; braucht aber einige Jahre, um sich zu harmonisieren.

1992 BEERENAUSLESE 85
Ausladender Honigduft mit nussiger Note; sehr reichhaltig und satt, verhaltene Säure, fettwirkender Schmelz, schöne Aprikosennote vorne; im Abgang nur Süße. Etwas enttäuschend, könnte sich Ende der neunziger Jahre vielleicht besser präsentieren.

Weingut Josef Leitz

Anschrift 65385 Rüdesheim, Theodor-Heuss-Straße 5
Inhaber Doris, Lydia und Johannes Leitz
Leiter und Kellermeister Johannes Leitz

Gesamtrebfläche 4,5 ha
Rebsortenspiegel 90 % Riesling, 10 % Spätburgunder

Rieslingproduktion

Rebfläche 4,12 ha
Lagen Rüdesheimer Berg Schloßberg 0,5 ha, Rüdesheimer Berg Rottland 0,5 ha, Rüdesheimer Berg Roseneck 0,3 ha, Rüdesheimer Bischofsberg 0,75 ha, Rüdesheimer Kirchenpfad 0,4 ha, Rüdesheimer Klosterlay 0,25 ha, Rüdesheimer Klosterberg 0,12 ha, Rüdesheimer Magdalenenkreuz 0,8 ha, Rüdesheimer Drachenstein 0,5 ha
Rebmaterial 100 % Pfropfreben (Gm198)
Durchschnittliches Rebalter 20 Jahre
Durchschnittlicher Ertrag 68 hl/ha
Durchschnittliche Produktion 30 000 Flaschen pro Jahr

Jeder wird vom Anblick der Weinterrassen des Rüdesheimer Berges beeindruckt sein, die an der Stelle, da der Fluß nordwärts in die Rheinschlucht strömt, vom Rheinufer bis zu den Wäldern des Taunus aufsteigen. Man muß von Wein nicht viel verstehen, um zu erkennen, daß diese Lagen das Potential für Weine außerordentlicher Qualität und einzigartigen Charakters besitzen. Die Konturen und die westliche bis südwestliche Ausrichtung dieser Hänge verraten unschwer, daß es sich um einen für Reben ausgesprochen günstigen Standort handeln muß. Warum sonst hätte man ein so mühevolles Unterfangen wie die Rodung und Bepflanzung dieses Landes überhaupt riskieren sollen? Probiert man allerdings die Rieslinge aus diesen Lagen, so dürften die meisten leicht schockieren, denn selbst die der bekanntesten Weingüter sind meist mittelmäßiger Qualität. Zwar gibt es glücklicherweise mehrere Erzeuger sehr guter Weine aus diesen »Grands Crus« des Rheingaus, doch nur einer hat hier regelmäßig und beständig Weine hervorbringen können, die dem einzigartigen Charakter dieser Lagen Ausdruck verleihen. Dieser eine ist Johannes Leitz vom Weingut Josef Leitz, einem der ungewöhnlichsten Spitzenweingüter.

Seit dem Jahrgang 1990 hat Johannes Leitz, der gerade dreißig Jahre alt geworden ist, eine Reihe immer bemerkenswerterer trockener Rieslinge aus den steilen Lagen des Rüdesheimer Berges erzeugt. Nur an der Mosel findet man noch Weine mit einem so intensiven Schieferbodenton. Sie zeigen eine so filigrane und besonders nuancierte Frucht, die sich von der anderer Rheingauweine deutlich unterscheidet, daß sie den besten Moselrieslingen zum Verwechseln ähnlich sind. Wie diese Weine besitzen auch die aus dem Rüdesheimer Berg eine zugleich rassige und seidige Säure, die alles Rauhe und betont Erdige vermissen läßt, das trockenen Rheingauweinen einfacherer Qualität so oft eigen ist. Die 92er Weine des Leitz-Gutes besitzen höchste Eleganz und äußerste Finesse und zählen zu den allerbesten Weinen dieses Jahrgangs. Mit ihnen ist Johannes Leitz der Anschluß zur Weinelite des Rheingaus gelungen.

Nur wenige Leute – wovon die meisten in Rüdesheim und Umgebung leben – haben bisher von diesem Weingut gehört, so daß diese Erfolge bemerkenswert und unwahrscheinlich wirken. Doch selbst, wenn der Name besser bekannt wäre, hätten nur wenige zu dem Gut gefunden, da bis vor kurzem unter der offiziellen Adresse allein die verschlossenen Weinkeller anzutreffen waren. Das wirkliche Herz des Weingutes liegt in einer kleinen Seitenstraße in Rüdesheim, genauer gesagt in der Schmidtstraße, wo Doris Leitz mit Hilfe ihrer Tochter Lydia das »Blumenhaus Löscher« betreibt. Dort liegt auch die Straußwirtschaft »Zur Hufschmiede«, ausgeschildert durch das über der Tür hängende Hufeisen und den irreführenden Namen »Nikolai«. Von hier aus wurde der Großteil der Weine verkauft. In dem furchtbar touristischen Rüdesheim bildet die Leitzsche Straußwirtschaft eine absolute Ausnahme: ab November, wenn die Saison zu Ende geht, ist hier bis zum März täglich geöffnet. Häufig genug ist die Wirtschaft mit Einheimischen überfüllt, die diesen Gegenpol zu den Touristenscharen in der Drosselgasse genießen.

Von 1965 bis 1985 leitete Doris Leitz den Familienbetrieb eigenhändig und erzielte dabei einige exzellente Ergebnisse. Wegen ihrer anderen Verpflichtungen haben die Leitz immer erst spät mit der Lese begonnen, traditionell begann sie am ersten November. Manchmal kam es deshalb zu Trauben, die der Herbstregen schon ausgewaschen hatte, aber noch öfter ergab dies die reifsten Trauben in ganz Rüdesheim. Letztlich betrieb Doris Leitz das Gut

eher nebenbei und mehrte seinen Ruf nur durch die »Hufschmiede«. Nachdem er auf dem Weingut Johannishof bei H. H. Eser gearbeitet und die Weinbauschule Eltville besucht hatte, brachte Johannes Leitz ab 1985 wieder frischen Wind in den Betrieb. So gut die Weine seiner ersten Jahrgänge auch waren, hat er doch erst seit 1989 sein wahres Talent bewiesen. Seither sind sowohl die Qualität der Weine als auch das Ansehen dieses Gutes sprunghaft gestiegen.
Das erste Mal stieß ich im Frühjahr 1991 bei einer Weinprobe der kleineren Rüdesheimer Familienbetriebe auf die Weine Johannes Leitz'. Bei dieser Blindprobe setzte ich seine Weine in jeder Gruppe auf den ersten Platz! Kurz darauf wurde einer dieser Weine, der 90er Rüdesheimer Berg Rottland Riesling, Spätlese Trocken, beim jährlichen Wettbewerb des Waldhotels Krautkrämer in Münster und der Zeitschrift *Der Feinschmecker* um den besten trockenen Riesling des Jahrgangs zum besten Rheingauwein erkoren. Mit der natürlichen Hefe vergoren und nur einmal vor der Abfüllung gefiltert, stellten diese Weine bereits eine Abkehr von dem dar, was Johannes Leitz auf der Weinbauschule Eltville gelernt hatte. Seither sind in den Weinbergen und im Weinkeller zahlreiche Verbesserungen vorgenommen worden. Hierbei hat Johannes Leitz sehr von den Kontakten zu anderen Spitzenwinzern, wie Ernst Loosen vom Weingut Dr. Loosen an der Mittelmosel oder Fritz Hasselbach vom Weingut Gunderloch in Rheinhessen profitieren können. Sie gaben ihm nicht nur Anregungen zur Verbesserung seiner Erzeugungsmethoden, sondern auch Vertrauen in seinen Instinkt. Dieses Gespür hat ihm zu Ansichten verholfen, die im letzten Jahrhundert die Grundlage für die großen Rieslinge des Rheingaus bildeten.
Im Rheingau hat kein zweiter Winzer in seinen Spitzenlagen so niedrige Erträge wie Johannes Leitz. Aus dem Rüdesheimer Berg bringt er *höchstens* 40 hl/ha ein, 1993 betrug der Ertrag aus seiner Parzelle im Rüdesheimer Berg Schloßberg gerade einmal 12 hl/ha! Gewöhnlich beginnt die Lese spät, doch beweist Johannes Leitz in diesem Punkt mehr Flexibilität als seine Mutter. Da der größte Teil seiner Weine trocken ist, strebt er nur bei den gut geschrumpften Trauben Edelfäule an, das heißt nur bei denen, die dann auch edelsüße Auslesen, Beerenauslesen oder Trockenbeerenauslesen ergeben. Wie lange jeder Jahrgang an den Reben verbleibt, ist sehr unterschiedlich; am längsten, bis in den Oktober oder November hinein, bleiben sicher die Trauben aus den Lagen mit den niedrigsten Erträgen hängen, da sie lockerbeerig sind und etwas Regen keinen großen Schaden anrichten kann – das Wasser fließt durch die Trauben hindurch.
Nach verschiedenen Versuchen während der 92er Lese preßt Johannes Leitz jetzt anstelle der einzelnen Beeren die ganzen Trauben, ohne sie vorher in die Mühle gegeben zu haben. Leitz hat diese Methode von den

Champagnerwinzern übernommen; sie ergibt geschliffenere Weine. Er hat nicht vor, seine Willmes-Schlauchpresse aufzugeben, da er den Luftkontakt des Mostes, der beim Abfließen entsteht, durchaus beabsichtigt. Die Trubstoffe im Most setzen sich volle 24 Stunden lang ab, dann fließt der Most – ebenfalls durch Schwerkraft – in die Holzfässer im engen Keller. Hier findet mit natürlicher Hefe bis Januar oder Februar die Gärung statt, bis Mitte März verbleiben die Weine auf dem Bodensatz, der inaktiven Hefe, die sich nach der Gärung am Faßboden ablagert. In einem Schritt werden die Weine dann abgestochen und gefiltert, was auch, abgesehen von der Flaschenabfüllung im Mai, der einzige aktive Eingriff bei der Weinerzeugung ist. Jegliche Süße des Weines ist natürlichen Ursprungs, das Ergebnis einer langsamen, unbeeinflußten Gärung.

So sieht jener Perfektionismus aus, der erst einen wirklich großen Wein ermöglicht, aber im heutigen Rheingau nur noch selten zu finden ist. Leitz hat keinerlei Hemmungen, seine Meinung über den gegenwärtigen Standard der meisten großen, bekannten Weingüter dieses Gebietes zu äußern: »Das größte Problem ist die Faulheit, die meisten Winzer scheuen heute diese Mühen. Dann sind sie völlig perplex, daß die Leute die Charakterlosigkeit ihrer Weine monieren.« Für das Weingut Johannishof in Johannisberg aber, auf dem er seine ersten wichtigen Erfahrungen bei der Weinerzeugung sammeln konnte, hat er nur Lob. Er bewundert das dort herrschende Qualitätsbewußtsein, das er auch für sich selber in Anspruch nehmen möchte. »Wenn jeder Rheingauwinzer wie Hermann Eser wäre, hätte der Rheingau überhaupt keine Probleme.«

Der bemerkenswerteste Wein, der bisher aus den Kellern des Leitz-Gutes gekommen ist, ist die 92er Rüdesheimer Berg Schloßberg Riesling-Spätlese, die bei 10 g/l Süße aufgehört hat zu gären, einem Gramm mehr, als bei einem gesetzlich trockenen Wein. Vor die Wahl gestellt, den Wein ein zweites Mal zum Gären zu bringen – ein höchst riskantes Unterfangen – oder die eigenwillige Entscheidung der Natur zu akzeptieren, wählte Leitz ohne langes Zögern die zweite Alternative. Der intensiv mineralische Charakter dieses Weines, seine unglaublich feine Frucht und der scheinbar nie enden wollende Abgang sind die Verkörperung des Lichtes, der Luft und der Böden dieser großartigen Lage. Sicher ist es kein besonders typischer Rheingauriesling, und so erhielt er auch ein durchwachsenes Presseecho. Für die amerikanische Weinzeitschrift *Wine Spectator* war es der beste trockene Riesling des ganzen Jahrganges, für einige deutsche Journalisten hingegen nichts Besonderes. Weiter überraschen kann das jedoch nicht, denn je stärker ein Wein die Merkmale eines Gebietes überschreitet, desto kontroverser wird er aufgenommen. Dieser Wein zeigt, was von dem Weingut Leitz noch erwartet werden kann, nämlich eine neue Stilrichtung des

Rheingaurieslings, die den mineralischen Kern und die nuancierte Frucht, die die besten Weine des Gebietes in der Vergangenheit besaßen, mit dem Spiel und der Frische, die wir heute von jungen Spitzenrieslingen erwarten, verbindet. Johannes Leitz ist schon jetzt einer der wenigen großen Winzer des Gebietes, und auf das, was er uns in den nächsten Jahren bescheren wird, darf man freudig gespannt warten!

Rüdesheimer Berg Rottland Riesling

1989 AUSLESE **86**
Satter Honig- und Toastduft; sehr reichhaltig und dicht, gute Säurestruktur, etwas zu wenig Süße, um den kräftigen Botrytiston (Bitternis) auszugleichen; nachhaltige Mandelnote. Sehr gut, aber man hätte aus diesem Lesegut einen noch beeindruckenderen Wein vinifizieren können. Jetzt auf dem Höhepunkt, bleibt in dieser Form bis Ende der neunziger Jahre.

1990 SPÄTLESE TROCKEN **88**
Feines mineralisches Pfirsichbouquet; konzentriert, sehr elegant, feinfruchtig und filigran, trotz der Kraft und Substanz (100° Oechsle); sehr nachhaltiges Säurespiel. Jetzt in ihrer besten Form, bleibt so mindestens bis 2000.

1991 QBA TROCKEN **82**
Duftet nach weißen Pfirsichen; saftige Frucht und pikante Säure, perfekt ausgeglichene Harmonie für den schwierigen Jahrgang; sehr eleganter Nachhall. Schon sehr gut zu trinken, hält sich weitere zehn Jahre.

1992 SPÄTLESE TROCKEN **90**
Pikanter Duft nach Pfirsichen, Cassis und Zitrus; konzentrierte vielschichtige Frucht, tolle Rasse, ein klassischer Rheingauriesling mit viel Kraft und einer klaren Linie; brillanter mineralischer Nachhall. Erst 1995/96 voll entfaltet, hält sich bis mindestens 2005.

Rüdesheimer Berg Schloßberg Riesling

1989 TROCKENBEERENAUSLESE **95**
Tolles Honig-Rosinen-Bouquet mit viel Finesse; nicht die massivste Trockenbeerenauslese des Jahrgangs, aber mehr als ausreichende Dichte, um des Prädikats würdig zu sein, beeindruckende Eleganz, seidige Konsistenz; extrem nachhaltige, pikante Säure. Der erste große Wein von Johannes Leitz; kann noch 30 Jahre und länger liegen.

1990 Auslese Trocken 90
Sehr frischer Ananas-Maracuja-Duft; sehr konzentriert und feinfruchtig, außergewöhnlich seidige Säure für den eher säurebetonten Jahrgang, tolle Harmonie; sehr filigraner Nachhall. Der erste große trokkene Riesling von diesem Weingut; erreicht gerade den Höhepunkt und hält sich bis mindestens 2000 frisch.

1991 Kabinett Trocken 83
Finessenreicher Pfirsich-Mango-Duft mit ausgeprägter mineralischer Note; eher leichtgewichtig, extrem mineralisch und aromenreich, pikante Säure, als junger Wein hat es ihm ein bißchen an Fülle gefehlt (nur 10 % vol Alkohol), aber jetzt findet er sein Gleichgewicht; im Nachhall schmeckt er wie flüssiger Schiefer! Der perfekte Beweis, daß Rieslingweine in erster Linie von den Aromen und Mineralien leben; viel Zukunft!

1992 Spätlese 92
Johannes Leitz ist kein Freund der Bezeichnung »Halbtrocken«, deshalb erscheint dieser Wein als »normale« Spätlese. Eigentlich wurde er als trockener Wein geplant, ist aber mit einem Gramm zuviel Restsüße in der Gärung stehen geblieben. Unglaublich facettenreicher Mineralien-Blüten-Duft; extrem konzentriert und mineralisch, mittelgewichtig, keine spürbare Süße, hochelegante Rasse; der seidige Nachhall bleibt ewig lang am Gaumen. Braucht noch viele Jahre, um sich voll zu entfalten, und kann problemlos bis 2010 liegen.

Rüdesheimer Kirchenpfad Riesling

1991 Kabinett 83
Feiner Duft nach weißen Pfirsichen; sehr leicht und elegant, pikantes Spiel, dezente Süße und nachhaltige Säure. Hält sich bis 2005.

1992 Spätlese 90
Sehr attraktiver Duft nach Zitrus und Birnen; dicht und saftig, hochelegante Säure und dezente Süße; langer feinfruchtiger Nachhall. Bleibt in dieser Form bis 2005.

Die 1993er Rieslinge sind extrem dicht und saftig. Mit ihrer perfekten Harmonie stellen die Weine eine weitere Qualitätssteigerung dar und gehören auch in diesem Jahr zur Gebietsspitze.

Weingut Dr. Heinrich Nägler

Anschrift 65385 Rüdesheim am Rhein, Friedrichstraße 22
Inhaber Dr. Heinrich Nägler
Leiter Dr. Heinrich und Wiltrud Nägler
Kellermeister Tilbert Nägler Dipl.-Ing. Weinbau und Önologie

Gesamtrebfläche 7,85 ha
Rebsortenspiegel 88 % Riesling, 8 % Ehrenfelser, 4 % Spätburgunder

Rieslingproduktion

Rebfläche 6,9 ha
Lagen Rüdesheimer Berg Schloßberg 0,9 ha, Rüdesheimer Berg Roseneck 1,2 ha, Rüdesheimer Berg Rottland 0,7 ha, Rüdesheimer Bischofsberg 0,9 ha, Rüdesheimer Drachenstein 2,3 ha, Rüdesheimer Klosterlay 0,4 ha, Rüdesheimer Magdalenenkreuz 0,5 ha
Rebmaterial 100 % Pfropfreben (diverse Geisenheimer Klone)
Durchschnittliches Rebalter 15 Jahre
Durchschnittlicher Ertrag 58 hl/ha
Durchschnittliche Produktion 54 000 Flaschen pro Jahr

Dieses kleine, aber bedeutende Rheingaugut hat bei Blindproben mit seinen trockenen Rieslingen schon oft Aufmerksamkeit auf sich ziehen können. Ihren bisher größten Erfolg erzielten die Näglers mit dem zweiten Platz für ihre 1985 RÜDESHEIMER BERG SCHLOSSBERG RIESLING SPÄTLESE TROCKEN bei der von *Gault Millau* veranstalteten internationalen Riesling-Olympiade in Paris. Neben der 1983 WALLUFER WALKENBERG RIESLING SPÄTLESE TROCKEN vom Weingut J. B. Becker war das der beste trockene Riesling der frühen achtziger Jahre aus dem Rheingau.
Vollkommen zu Recht genießt dieses Weingut ein hohes Ansehen; sein gegenwärtiger Qualitätsstandard läßt es zu den hundert besten Erzeugern in ganz Deutschland gehören, und doch scheint man hier noch nicht das gesamte Potential auszuschöpfen. Mit seinen Parzellen in vielen der besten Rüdesheimer Lagen könnte das Weingut Dr. Nägler einer der allerbesten Erzeuger trockener Rieslinge am ganzen Rhein sein, aber aus mir nicht ganz verständlichen Gründen sind die erzielten Ergebnisse eher schwankender Natur. Mancher Wein besitzt eine sehr schöne Substanz und Frucht, andere hingegen schmecken leicht alkoholisch und lassen die für die Rüdesheimer Weine so typische Finesse vermissen. Verglichen mit den nachfolgenden

Beurteilungen mag diese Kritik übertrieben hart wirken, doch hat das Weingut seit dem 85er Jahrgang nur noch ein oder zwei Weine von wirklich herausragender Güte hervorgebracht. Sie zeigen die vorhandenen Möglichkeiten, Weine zu erzeugen, die zur Elite des Rheingaus gehören. Dr. Heinrich Nägler, seine Frau Wiltrud und ihr Sohn Tilbert, der gleichzeitig als Außenbetriebsleiter auf dem Weingut Schloß Reinhartshausen tätig ist, bilden ein hingebungsvolles, hart arbeitendes Team, aber auch hoher Einsatz ist eben kein Garant für die Entstehung qualitativ hochwertiger Erzeugnisse.
Ich bin sicher, daß die niedrigen Erträge und die späte Lese die richtige Basis darstellen, um aus diesen guten Lagen der Näglers das Beste zu holen, wenn ich auch über die Weinbergbewirtschaftung keinerlei Aussagen machen kann. Besorgniserregender erscheint mir die Vorgehensweise im Keller selbst. Dort ist man von der Gärung mit natürlicher Hefe abgerückt und zu technischen Methoden übergegangen. Tilbert Nägler, Absolvent der Geisenheimer Weinbauschule, ist ein sympathischer, junger Mann, der alle Qualitäten besitzt, um dieses Weingut an die Spitze führen zu können. Dafür müßte er aber einige Veränderungen auf dem Betrieb vornehmen, dann erst werden die Dr.-Nägler-Weine wieder durch die Finesse bestechen können, die sie einst im Übermaß besaßen.
Dieses Gut ist ein klassisches Beispiel für Betriebe, auf denen fast alles stimmt, nur die eine oder andere Schwäche bei der Weinbergpflege und Weinerzeugung berauben die Weine der Größe, die sie unzweifelhaft besitzen könnten. Die Entwicklung Tilbert Näglers als Winzer werde ich mit Spannung im Auge behalten.

Rüdesheimer Berg Schloßberg Riesling

1985 SPÄTLESE TROCKEN **86**
Vollreifer Pfirsichduft mit Konfektnote; beginnt Frucht abzubauen, aber zeigt immer noch einen beeindruckenden Pfirsichton, geschliffene Rasse, tolle Harmonie; langer mineralischer Nachhall. Jetzt trinken. In ihrer besten Form hätte sie 88 Punkte verdient.

1986 SPÄTLESE HALBTROCKEN 75
Sehr entwickelter Duft nach aromatischen Äpfeln; weich und füllig, die Frucht etwas von einer leichten Bitternis gestört; hat im Abgang deutlich verloren. Jetzt trinken.

1987 QBA TROCKEN 78
Für solch einen kleinen Jahrgang beeindruckender Duft nach weißen Pfirsichen; saftig und rassig, noch sehr lebendige Frucht; pikanter Nachhall. Hält sich noch bis 1997.

1988 SPÄTLESE TROCKEN 70
Ziemlich entwickelter, etwas grober Duft nach gelben Früchten; voll und substanzreich, mit genug Säure ausgestattet, um die Balance zu halten, aber die verschiedenen Komponenten des Weins passen nicht richtig zueinander, es fehlt an Charme und Spiel. Jetzt trinken.

1989 SPÄTLESE TROCKEN 72
Als junger Wein extrem verführerisch, schmeckt er heute, als ob er über zehn Jahre alt wäre. Bananen- und Honignote in Duft und Geschmack, sehr üppig und etwas schwer, weiche Säure; lascher Abgang. Jetzt trinken.

1990 SPÄTLESE TROCKEN 85
Satter Aprikosenduft mit leichtem Karamelton; konzentriert und füllig, viel weniger vom Alkohol betont als die 88er und 89er Weine vom Schloßberg, elegante Säure; gute Länge. Schon jetzt auf ihrem Höhepunkt, hält sich nur bis 1996/97.

1991 QBA TROCKEN 82
Ansprechender Duft nach weißen Pfirsichen; viel Frucht und eine geschliffene Rasse für den eher harten Jahrgang; eleganter Nachhall. Schon gut zu trinken, bleibt bis 1998 frisch.

1992 SPÄTLESE TROCKEN 87
Ausladender Aprikosen-Grapefruit-Duft; beeindruckende Dichte und Saft, seidige Säure und leichter Schmelz; anhaltend im Abgang. Ähnlich angelegt wie die 90er Version, nur eine Spur weicher und schneller entwickelt; bleibt in dieser Form bis 1998.

Rüdesheimer Berg Rottland Riesling

1988 SPÄTLESE HALBTROCKEN 83
Der mit Abstand gelungenste Wein des Gutes in diesem Jahr. Feinfruchtiger Pfirsichduft mit Reifenote; elegante Rasse und kaum spürbare Süße; filigraner Nachhall. Jetzt optimal zu trinken, hält sich bis 1998.

1989 KABINETT HALBTROCKEN 80
Wie im Vorjahr sehr gelungen. Satter Aprikosenduft; viel Saft und Substanz für einen Kabinett, wesentlich bessere Säurestruktur als der Schloßberg aus gleichem Jahrgang, etwas Spiel; herber Abgang. Jetzt in seiner besten Form, bleibt so bis Ende der neunziger Jahre.

1990 KABINETT TROCKEN 70
Mit 12 % vol Alkohol ein massiver Kabinettwein. Satter Karamelton in Duft und Geschmack, recht lasch und etwas alkoholisch. Bereits auf dem absteigenden Ast!

1991 Kabinett Trocken **78**
Mineralischer Birnenduft; schlank und säurebetont, keine schlechte Harmonie, aber es fehlt die Eleganz und Länge des 91er Schloßbergs. Jetzt gut zu trinken, wenig Entwicklungspotential.

1992 Kabinett Halbtrocken **80**
Intensiver Zitrusduft; gute Substanz und Struktur, ansprechende Zitrus- und Pfirsichfrucht, aber ein bißchen einfach angelegt, könnte mehr Eleganz und Spiel aufweisen. Hält sich bis 2000.

Die 1993er Rieslinge sind gute Weine, die jedoch wenig Ausdruck, Tiefe und Eigencharakter aufweisen.

Weingut Prinz

Anschrift 65375 Hallgarten, Im Flachsgarten 5
Inhaber und Kellermeister Fred Prinz

Gesamtrebfläche 1,35 ha
Rebsortenspiegel 88 % Riesling, 12 % Spätburgunder

Rieslingproduktion

Rebfläche 1,2 ha
Lagen Hallgartener Jungfer 0,7 ha, Hallgartener Schönhell 0,2 ha, Hallgartener Hendelberg 0,15 ha, Hattenheimer Schützenhaus 0,15 ha
Rebmaterial 100 % Pfropfreben (Gm239 und 198)
Durchschnittliches Rebalter 17 Jahre
Durchschnittlicher Ertrag 68 hl/ha
Durchschnittliche Produktion 6000 Flaschen pro Jahr

Die Tatsache, daß dieses winzige Weingut, das in seiner jetzigen Form erst seit 1991 besteht, in meine Liste der hundert besten deutschen Rieslingerzeuger aufgenommen wurde, sagt einiges über die Fähigkeiten des Winzers Fred Prinz aus. Auch gewährt sie tiefen Einblick in die gegenwärtige Situation im Rheingau, kann doch der größte Betrieb dieses Gebiets, die Staatsweingüter Kloster Eberbach mit seinen 115 ha, diesen Anspruch nicht erheben. Noch pikanter wird diese Situation durch den Umstand, daß der Hobbywinzer Prinz eigentlich hauptberuflich als Verkaufsleiter bei den Staatsweingütern Kloster Eberbach tätig ist! Dieses riesige Gut ist der alleinige Besitzer des berühmten Steinbergs und verfügt außerdem über ansehnliche Parzellen in den Spitzenlagen von Rauenthal, Hochheim, im Rüdesheimer Berg und im Erbacher Marcobrunn; dagegen nehmen sich die Weinberge von Fred Prinz vergleichsweise armselig aus - nicht eine gehört zu einer Spitzenlage. Dessenungeachtet hat er aus seiner Rebfläche bereits ein Niveau erwirtschaftet, das das seiner berühmteren Kollegen mit Leichtigkeit in den Schatten stellt. Doch damit nicht genug: seine Sporen verdiente sich Fred Prinz ausgerechnet mit den schwierigen Jahrgängen 1991 und 1992.

Das erste Mal traf ich Fred Prinz 1987, als er noch für Bernhard Breuer vom Weingut Georg Breuer arbeitete. Schon damals war ersichtlich, daß sich seine Fähigkeiten nicht nur auf den Verkauf von Wein, sondern auch auf die Weinerzeugung erstrecken. Er baute gelegentlich Wein bei sich zu Hause in Hallgarten aus, und ich erinnere mich besonders an eine restsüße Riesling-Spätlese aus dem 85er Jahrgang mit einer eindrucksvollen Rasse und einem lebhaften Spiel von Frucht und Säure. Dieser Wein bewies nicht nur, daß Hallgarten einige hochkarätige Lagen besitzt, sondern auch, daß Fred Prinz der Winzer sein könnte, der dieses Potential in hervorragende Weine umwandeln und Hallgarten so wieder einen Ruf verschaffen könnte. Für lange Jahre hatte das Weingut Fürst von Löwenstein den guten Namen Hallgartens aufrechterhalten können, doch auch hier ist der Qualitätsstandard empfindlich gesunken; mittlerweile hat das Gut jede Lagenbezeichnung vom Etikett verbannt, so daß der Name Hallgarten hier nicht mehr auftaucht. In der Tat gibt es heute nur noch auffallend wenige qualitätsorientierte Rheingaugüter, die ihre Weine unter diesem Namen vermarkten. So liegt in Fred Prinz, trotz seiner geringen 1,35 ha Rebfläche, die ganze Hoffnung Hallgartens, dem Namen dieses Ortes wieder zu Ansehen zu verhelfen. Gegenwärtig wird nämlich der größte Teil der Produktion von Winzergenossenschaften vinifiziert und vermarktet, die anscheinend an Qualität nicht interessiert sind.

Stünde ihm eine größere, bessere Rebfläche zur Verfügung, würde Fred Prinz sicher noch bessere Weine erzeugen - nur 1,2 ha Rieslingfläche beschränken die Möglichkeiten einer selektiven Lese natürlich ganz erheblich. Sieht man aber einmal hiervon ab, hat Prinz' Vorgehen bei der Weinbergbewirtschaftung und den Lesemethoden wirklichen Modellcharakter. Maßnahmen wie intensiver Rebschnitt, organische Düngung, Ausdünnen der Trauben, wo die Natur zu freigebig war, und Begrünung der Weinberge, um die Rebstöcke zu zwingen, tief zu wurzeln und den Rebwuchs einzudämmen, bewirken niedrige Erträge. Es wird wohl noch einige Jahre dauern, bis die Weinberge von Fred Prinz seine Philosophie ganz widerspiegeln, doch schon jetzt entstehen hier Weine von ausgeprägtem Charak-

ter, deren Aromen und Geschmacksnoten Ausdruck des Mikroklimas und der Böden sind, denen sie entstammen.
Im Keller gelten als oberste Regeln lange, kühle Gärung und minimale Bewegung der Weine. Jede etwaige Süße der Weine ist natürlichen Ursprungs - die restsüßen Riesling-Spätlesen von Fred Prinz zählen wegen ihrer beinahe trockenen Balance und guten Konzentration schon jetzt zu den Besten ihrer Art im gesamten Rheingau. Sieht man einmal von seinen beiden Eisweinen ab, so ist sein bisher gelungenster Wein die 92er Riesling-Spätlese Trocken, einer der besten Rheingauweine dieses Jahrgangs. Insgesamt lassen diese Weine von Fred Prinz noch Großartiges erhoffen. Die Gesamtproduktion seines Gutes mag sehr niedrig sein, doch kann das nicht davon abhalten, diesen äußerst begabten Winzer zur Elite des Rheingaus zu rechnen. Somit sollte Fred Prinz die größten und berühmtesten Weingüter dieses Gebiets zum Nachdenken anregen.

Hallgartener Riesling diverser Lagen

1990 JUNGFER SPÄTLESE 83
Etwas verschlossener Duft nach Reineclaude; mittelgewichtig, dicht, feste Säurestruktur, sehr solide gebaut; nachhaltige Rasse. Erreicht jetzt den Höhepunkt und hält sich bis mindestens 2005.

1991 JUNGFER SPÄTLESE 84
Interessantes Bouquet mit ausgeprägter Würze und grünem Apfelton; sehr stoffig und saftig für 1991, schöner Säurebiß und verhaltene Süße; nachhaltige Würze. Schon mehr als ansprechend, hält sich bis 2005.

1991 JUNGFER EISWEIN 90
Nicht so irrsinnig konzentriert und explosiv wie die großen Eisweine des Jahrgangs im Rheingau. Beachtliche Dichte und betonte Rasse, sehr ähnliche Aromen wie die Spätlese, aber wesentlich intensiver, duftet fast wie Weihnachtsgebäck; langer, pikanter Nachhall. Bereits hochinteressant, kann bis 2015 problemlos liegen.

1992 HENDELBERG KABINETT TROCKEN 80
Mineralischer Cassisduft; trotz 11 % vol Alkohol schlank und elegant, dezenter Saft; pikanter Nachhall. Hält sich bis Ende der neunziger Jahre.

1992 JUNGFER SPÄTLESE TROCKEN 87
Intensiver Aprikosenduft mit deutlichen Gewürz- und Blütennoten; dicht und geradlinig, pikante Rasse und vielschichtige Aromen; nachhaltige mineralische Säure. Schon heute beeindruckend, hält sich locker bis 2000.

1992 Hendelberg QbA Halbtrocken 83
Attraktiver Aprikosenduft mit dezenter Cassisnote; exzellenter Saft und Struktur für einen Qualitätswein, nicht ganz so eigenwillig wie andere Weine von Fred Prinz, aber genauso beeindruckend; kräftiger Nachhall mit einer leichten Bitternote. Jetzt in seiner besten Form und bleibt es bis 2000.

1992 Jungfer Spätlese 87
Attraktiver Duft nach Orangen, Rosen und Gewürzen, konzentriert und saftig, tolle Rasse und ausgeprägte mineralische Note, die Süße sticht noch leicht hervor, wird sich aber innerhalb der nächsten Jahre einbinden; langer, komplexer Nachhall. Ab 1995/96 wesentlich harmonischer, exzellentes Entwicklungspotential.

1992 Jungfer Eiswein 90
Intensives exotisches Fruchtbouquet; sehr reichhaltig und süß, hinter der opulenten Frucht eine beeindruckende Struktur; stoffiger, komplexer Nachhall. Braucht einige Jahre, um sein Gleichgewicht zu finden, kann weitere 20 Jahre leben.

Die 1993er Rieslinge sind ähnlich gelungen wie 1992. Unter anderem ergaben sich die ersten edelsüßen Spitzenweine der Betriebsgeschichte.

Weingut Wilfried Querbach

Anschrift 65367 Oestrich-Winkel, Dr.-Rody-Straße 2
Inhaber und Kellermeister Wilfried Querbach

Gesamtrebfläche 8,5 ha
Rebsortenspiegel 87 % Riesling, 13 % Spätburgunder

Rieslingproduktion

Rebfläche 8 ha
Lagen Oestricher Lenchen 2,25 ha, Oestricher Doosberg 2 ha, Hallgartener Schönhell 1,5 ha, Winkeler Hasensprung 0,75 ha, Winkeler Dachsberg 0,5 ha, Oestricher Klosterberg 0,5 ha, Mittelheimer Edelmann 0,5 ha
Rebmaterial 100 % Pfropfreben (Gm110, 198, 237)
Durchschnittliches Rebalter 14 Jahre
Durchschnittlicher Ertrag 85 hl/ha
Durchschnittliche Produktion 78 000 Flaschen pro Jahr

Warum es im Rheingau nicht mehr Familienbetriebe gibt, die Weine ähnlicher Qualität wie das Gut Wilfried Querbach erzeugen, ist mir unverständlich. Es müßte Dutzende von Rheingaugütern dieser Größenordnung geben mit Lagenbesitz vergleichbaren Potentials, aber aus irgendeinem Grunde fehlen im Weinberg und im Keller die notwendige Einsatzbereitschaft. Die Weinberge im Rheingau konnten während der letzten Jahrzehnte glücklicherweise nur wenig ausgedehnt werden und sind fast ausschließlich mit den traditionellen Rebsorten Riesling und Spätburgunder bepflanzt. Bisher konnte so, zusammen mit einer guten Gebietswerbung, sein Ansehen aufrechterhalten werden. Bedauerlicherweise haben aber viele Winzer aus der großen Nachfrage nach Rheingauweinen mit erhöhten Erträgen und schlampiger Weinerzeugung Kapital zu schlagen versucht. Im völligen Gegensatz dazu stehen die Vorstellungen Wilfried Querbachs: bescheidene Erträge und traditionelle Weinerzeugungsmethoden bilden die Grundlage seiner guten bis exzellenten Rheingaurieslingweine, die wiederum die richtige Grundlage für ein solches Weingut bilden.

Wilfried Querbach ist ein Winzer im wahrsten Sinne des Wortes, der zu seinen Reben und den Weinen im Keller die denkbar engste Beziehung hat. Folglich ist auch der in den letzten Jahren in Mode gekommene naturnahe Anbau auf dem Weingut Querbach schon seit fast dreißig Jahren gängige Praxis. Als Düngemittel benutzt er fast ausschließlich Stallmist, gespritzt wird nur, wenn absolut unerläßlich. Im Keller ist Wilfried Querbach im besten Sinne konservativ, er lehnt Zentrifugen und High-Tech-Filter ab und läßt die Weine sich weitgehend selbst klären. Vor der Flaschenabfüllung werden die Weine nur einmal gefiltert, und der größte Teil vergärt und reift in Holzfässern. Die eingesetzten Technologien sollen lediglich die traditionellen Methoden unterstützen. Das Ergebnis sind Weine mit wesentlich größerer Ausdruckskraft und höherem Alterungspotential, als die meisten anderen Rheingauweine sie besitzen. Direkt nach der Flaschenabfüllung können die Querbach-Weine einen auf die minimale Bewegung im Keller zurückzuführenden leichten Hefeton aufweisen, der nach einigen Monaten jedoch verschwindet. Die Weine sind immer ausgesprochen klar und bestechen durch eine sehr lebendige Säure. Der größte Teil der Produktion wird trocken ausgebaut, aber neben den trockenen Weinen spielen auch die Charta-Weine eine wichtige Rolle. Hier nimmt man sich die Charta-Bewegung sehr zu Herzen, mit dem Ergebnis, daß die Querbachs zu den besten Erzeugern von Charta-Weinen zählen.

Die jetzigen Querbach-Weine sind alle gut bis sehr gut, aber solche, die die höchste Güteklasse eines Rheingaurieslings besitzen, stehen noch aus. Wilfried Querbach hat die in den letzten Jahren leicht erhöhten Erträge, die sich auf die Qualität einiger seiner Weine niedergeschlagen haben, schon selbst beklagt. An seiner Absicht, die Erträge zu senken, darf man sicher nicht zweifeln, und zusammen mit seinen offensichtlichen Fähigkeiten als Winzer und Kellermeister werden in der nächsten Zeit vielleicht noch bessere Weine entstehen.

Riesling diverser Lagen

1988 OESTRICHER LENCHEN KABINETT »CHARTA« 84
Zitrusbetonter Pfirsichduft; klassischer, schlanker Rheingau-Riesling mit geschliffener Rasse, eleganter Harmonie; pikanter Nachhall. Ein sehr gelungener 88er, der sich mindestens bis 1998 hält.

1989 KABINETT »CHARTA« 82
Leicht verhaltener Duft mit zartem Zitrusschalenton; ähnliche Fülle wie der 88er, aber weniger Ausdruck, etwas vordergründige Saftigkeit; sanfter Nachhall. Schon vollentwickelt, kann noch bis 1997/98 liegen.

1990 OESTRICHER LENCHEN SPÄTLESE TROCKEN 87
Feiner Aprikosenduft mit mineralischer Note; dichte vielschichtige Frucht, sehr saftig, elegante Rasse; langer, pikanter Nachhall. Wohl der beste trockene Riesling der Betriebsgeschichte; hält sich in dieser Form mindestens bis 2000.

1992 HALLGARTENER SCHÖNHELL SPÄTLESE TROCKEN 78
Noch jugendlicher Himbeerduft mit etwas Würze; sehr ansprechende Frucht, mineralische Säure; recht einfacher Nachhall. Hält sich bis 1998.

1992 SPÄTLESE »CHARTA« 83
Sattes Pfirsich-Ananas-Bouquet; extrem saftiger Wein mit eleganter Säure und guter Struktur, fast verführerische Frucht, perfekt balanciert, gute Länge. Reserven für mindestens 15 Jahre.

1992 WINKELER HASENSPRUNG SPÄTLESE 78
Würziger Aprikosenduft; recht saftig, dabei ziemlich oberflächlich, die für den weichen Jahrgang betonte Säure bringt ihm nicht viel, etwas aufdringliche Süße und wenig Spiel; langweiliger Abgang. Hält sich bis 1998.

1992 HALLGARTENER SCHÖNHELL AUSLESE 80
Honigduft mit leichter Cassisnote; reichhaltig und ziemlich süß, wenig Struktur; recht erfrischender Nachhall. Weist nicht die nötige Dichte und Eleganz auf, um dem Prädikat gerecht zu werden.

Weingut Schloß Reinhartshausen

Anschrift 65346 Eltville-Erbach
Inhaber Friedrich Prinz von Preußen und Erbengemeinschaft Leibbrand
Verwalter Dr. K.-H. Zerbe und August Kesseler
Kellermeister Günter Kanning

Gesamtrebfläche 76 ha
Rebsortenspiegel 89 % Riesling, 4 % Weißburgunder, 3 % Chardonnay, 4 % Spätburgunder

Rieslingproduktion

Rebfläche 68 ha
Lagen Erbacher Schloßberg 6 ha, Erbacher Marcobrunn 1 ha, Erbacher Siegelsberg 10 ha, Erbacher Rheinhell 16 ha, Erbacher Hohenrain 4, ha, Erbacher Michelmark 8 ha, Erbacher Steinmorgen 3 ha, Erbacher Honigberg 3 ha, Hattenheimer Nußbrunnen 2 ha, Hattenheimer Wisselbrunnen 7 ha, Hattenheimer Rheingarten 8 ha, Hattenheimer Hassel 2 ha, Hattenheimer Engelmannsberg 2 ha, Kiedricher Sandgrub 3 ha, Rauenthaler Wülfen 1 ha
Rebmaterial 100 % Pfropfreben (Gm198, 239)
Durchschnittliches Rebalter 18 Jahre
Durchschnittlicher Ertrag 60 hl/ha
Durchschnittliche Produktion 600 0000 Flaschen pro Jahr

Bis es 1988 von dem Supermarktmagnaten Willi Leibbrand aufgekauft wurde, steckte das Weingut Schloß Reinhartshausen wie so viele andere bekannte Rheingaugüter in einer Schwächeperiode. Wohl wurden in den späten siebziger und frühen achtziger Jahren einige gute Weine erzeugt, doch dazwischen waren auch viele mittelmäßige und geringe Weine – für ein Weingut mit so ausgedehntem Besitz in den Rheingauer Spitzenlagen, darunter im weltbekannten Erbacher Marcobrunn und den gesamten Erbacher Schloßberg, eine höchst unbefriedigende Leistung. Damals ruhte sich dieses Gut mit einer uninteressanten, überteuerten Produktion auf seinen Lorbeeren aus.
Doch glücklicherweise hat sich dank massiver Investitionen in das Weingut und das gleichnamige Hotel in Höhe von über 100 Millionen Mark mittlerweile alles geändert. Sicher hat auch die dynamischere Direktion ihren Teil dazu beigetragen. Schon mit dem 89er Jahrgang signalisierte das Weingut

neuen Ehrgeiz. Unter seinen Weinen befanden sich einige der besten Rheingauweine dieses Jahres. Weitere Schritte vorwärts wurden mit den Jahrgängen 1990 und 1992 bewiesen. Heute ist das Schloß Reinhartshausen einer der verläßlichsten Rieslingerzeuger des Rheingaus und bringt regelmäßig Weine hervor, die sich der großen Tradition würdig zeigen. Fraglos ist das eine bemerkenswerte Wende, die zusammen mit dem Weingut Robert Weil in Kiedrich Anlaß zu der Hoffnung gibt, daß die ehemals großen Rheingaugüter wieder an vorderster Front bei der Erzeugung hochwertiger Weine in Deutschland stehen könnten. Die großartigen kellertechnischen Anlagen auf diesem Gut, die aussehen, als kämen sie geradewegs aus Kalifornien, werden jeden Besucher beeindrucken. Die Neuerungen wurden allerdings mit viel Sensibilität vorgenommen; der große Faßkeller wurde beibehalten – nicht nur zu Vorführzwecken, sondern als wesentliches Hilfsmittel bei der Weinerzeugung des Gutes. So wurde der Stil der Schloß-Reinhartshausen-Weine auch nicht abrupt geändert, sondern eher ihre Güte sowie die Beständigkeit nachhaltig verbessert. Die Qualitätskontrolle ist für jeden qualitätsbewußten Winzer ein wesentlicher Bestandteil seiner Arbeit, denn die Natur ist unberechenbar, und bestimmte Weine oder sogar ganze Jahrgänge können völlig anders geraten, als das Lesegut vermuten ließ. Das Weingut Schloß Reinhartshausen hat aus diesem Grund auch einen großen Teil der Weine des 91er Jahrgangs auf QbA-Niveau herabgestuft, der nach gesetzlichen Normen als Kabinett oder Spätlese hätte verkauft werden können.

Die besten Weine des Gutes stammen fraglos aus dem Erbacher Marcobrunn und den benachbarten Lagen, namentlich dem Hattenheimer Wisselbrunnen und Nußbrunnen im Westen, dem Erbacher Siegelsberg im Norden und dem Erbacher Schloßberg im Osten. Diese berühmten Lagen gehören zu den besten im ganzen Rheingau, nur auf dem Rüdesheimer Berg, dem Rauenthaler Berg sowie in Hochheim befinden sich Anbauflächen vergleichbarer Güten. Die Kombination von einer optimalen Sonneneinstrahlung, einem vom nahen Rhein stark beeinflußten Mikroklima und tertiären Mergelböden führt zu Weinen mit Kraft und Tiefe einerseits und großer Eleganz und Finesse andererseits. Dabei neigen die Weine aus dem Marcobrunn zu der kraftbetonten Art, die aus dem Wisselbrunnen hingegen zu der betonteren Eleganz. Die Weine aus dem Erbacher Schloßberg ähneln stark denen aus dem Marcobrunn, sind aber ein wenig leichter und zarter. Die Weine aus dem Nußbrunnen glänzen vor allem in Jahren mit einem heißen Sommer, dann nehmen ihre Substanz und Reichtümer es mit den Weinen des Marcobrunn auf; in geringeren Jahrgängen aber gerät ihre Säure manchmal etwas zu hart.

Die Weine aus den Alleinbesitzlagen Hallgartener Rheingarten und Erbacher Rheinhell bilden den völligen Gegensatz zu ihren berühmteren Vettern. Beide Lagen befinden sich auf der Mariannenaue, der größten Rheininsel. Sie werden mit organischen Methoden bewirtschaftet. Um diese Weine deutlich von den nach herkömmlichen Methoden angebauten zu unterscheiden, werden sie unter dem traditionellen weißen Etikett des Gutes gehandelt, während die »Festlandweine« mit dem 1989 eingeführten preußischen blauen Etikett gekennzeichnet sind. Gerade diese Lagen ökologisch zu bewirtschaften erscheint mir eine recht eigentümliche Entscheidung, denn da sie mitten im Fluß liegen, herrscht dort eine hohe Luftfeuchtigkeit, die den Pilzwuchs fördert. Die Bekämpfung unerwünschten Pilzbefalls ist das gravierendste Problem, mit dem die Ökowinzer der nördlicheren deutschen Anbaugebiete zu kämpfen haben. Die erzielten Rieslinge werden mich erst noch überzeugen müssen, denn der 91er Hattenheimer Rheingarten-Riesling QbA Trocken, der an sich von einer sehr regenarmen Saison profitieren konnte, geriet hart und sauer und besaß nur wenig Frucht. Wesentlich gelungener sind Weißburgunder und Chardonnay, die separat sowie als Verschnitt vinifiziert werden. Diese Weine können sehr interessant und ansprechend geraten.

Der neue Kodirektor, August Kesseler, ist ein eifriger Fürsprecher der trockenen Weine des Gutes Schloß Reinhartshausen, dabei könnten gerade in diesem Bereich noch einige Verbesserungen vorgenommen werden. So gut oder manchmal auch sehr gut diese Weine auch sein mögen, so mangelt es ihnen doch an der Tiefe und Struktur, die die besten trockenen Rheingaurieslinge auszeichnen. Die besten trockenen Riesling-Spätlesen von Reinhartshausen aus den Jahren 1989 und 1990 habe ich im Herbst 1992 zusammen mit dem englischen Weinkritiker Michael Broadbent probiert; sie konnten nicht restlos überzeugen. Nach dieser Probe würde ich den Genuß dieser Weine innerhalb von zwei Jahren nach ihrem Erscheinen auf dem Markt empfehlen, denn ihr Alterungspotential ist sehr begrenzt. Wesentlich zufriedenstellender sind die halbtrockenen Weine, sie weisen mehr Frucht auf, ohne daß die Süße zu dominant wäre. Viele Leser werden diese Weine als trocken empfinden, und selbst als QbA sind sie exzellente Begleiter zu Speisen.

Heute glänzt das Weingut Schloß Reinhartshausen am meisten bei der Erzeugung edelsüßer Weine. Vor allem seit 1989 hat man eine ganze Reihe exzellenter Auslesen erzeugen können. Sie verbinden die intensiven getrockneten Früchte und den Honigcharakter der Edelfäule mit der klassischen Eleganz eines Spitzenrieslings aus dem Rheingau. Vielen Rheingaugütern könnte man die überzogenen Preise ihrer Auslesen zum Vorwurf machen, hier jedoch sind diese Weine unverändert ihr Geld wert.

Der plötzliche Tod Willi Leibbrands 1993 bedeutet für die Zukunft des

Gutes eine gewisse Unsicherheit. Sollte seine Witwe sein Vorhaben, das Weingut zu einem der bedeutendsten Weinerzeuger aufzubauen, fortführen, so wäre dieses Ziel innerhalb von wenigen Jahre zu erreichen. Die beiden Leiter August Kesseler und Dr. Karl-Heinz Zerbe verfügen fraglos über die Kompetenz, die dieses Weingut an die Spitze des Rheingaus führen könnte.

Erbacher Marcobrunn Riesling

1988 KABINETT TROCKEN **70**
Entwickelter Zitrusduft; schlank und stahlig, recht neutral und wenig Frucht, hat seinen jugendlichen Charme bereits verloren; etwas harter Abgang. Jetzt trinken, wenn überhaupt.

1988 KABINETT **75**
Deutlich frischer mit zarter Pfirsichfrucht in Duft und Geschmack, recht saftig, die Süße jetzt im Hintergrund, mineralische Säure; kurzer Nachhall.

1989 SPÄTLESE TROCKEN **80**
Ansprechender Pfirsichduft mit leichter Honignote; voll und rund, trotz der etwas weichen Säure eine gute Harmonie, es fehlt an Eleganz und Tiefe. Ein ansprechender, aber nicht besonders beeindruckender trockener Riesling; jetzt trinken.

1989 SPÄTLESE **86**
Attraktiver Duft nach Gewürzen, Toast und getrockneten Pfirsichen; konzentriert und reichhaltig mit leichter Botrytisnote, wesentlich harmonischer als die trockene Version, wenig Spiel; einfacher Nachhall. Jetzt auf dem Höhepunkt; hält sich nur bis 2000.

1989 AUSLESE **88**
Ausgeprägter Quittengeleeton in Duft und Geschmack, zarte oxydative Note, aber der Wein hat genug Kraft und Struktur, dies zu tragen, beeindruckende Dichte und schöner Schmelz, elegante Säure; sehr anhaltend im Abgang. So haben die großen Auslesen der Vergangenheit als junge Weine geschmeckt; bleibt ewig lange in dieser Form. Wird sehr deutlich von der stark botrytisbetonten, hocheleganten 1989 ERBACHER SIEGELSBERG AUSLESE (92 Punkte) übertroffen.

1990 SPÄTLESE **89**
Sehr nuancierter Pfirsichduft mit exotischer Fruchtnote; schlank und dicht mit einer beeindruckenden Rasse, schöner Saft ohne viel Süße; sehr langer, pikanter Nachhall. Eine klassische Rheingau-Spätlese mit viel Zukunft!

1992 SPÄTLESE TROCKEN 85
Mineralischer Pfirsichduft; dicht und saftig, trotz der typischen weichen Säure des Jahrgangs gute Struktur; nachhaltige mineralische Note. Bereits sehr gut zu trinken, hält sich bis mindestens 1998.

1992 SPÄTLESE 86
Satter Pfirsichduft mit einem Hauch Honig; satt und konzentriert für eine Spätlese, die Süße noch etwas vordergründig, gute Anlagen für eine lange Zukunft; langer, sanfter Nachhall. Braucht bis 1996, um ihr Gleichgewicht zu finden, und kann bis 2010 liegen.

Hattenheimer Wisselbrunnen Riesling

1986 SPÄTLESE HALBTROCKEN 84
Attraktiver reifer Duft nach weißen Pfirsichen, Mandeln und Vanille; gute Substanz und für den Rheingau typische Eleganz, nicht sehr komplex oder tief, aber ein sehr gelungener Wein für den mittelmäßigen Jahrgang; die Säure klingt schön nach. Das Künstleretikett gefällt mir weniger als der Wein; jetzt trinken.

1988 KABINETT TROCKEN 67
Sehr reifer Zitrusschalenduft; hat schon Frische und Charme verloren, gekochte Apfelnote und sonst nur aggressive Säure; stumpfer Abgang.

1989 AUSLESE TROCKEN 78
Sattes Pfirsichbouquet mit leichter Reifenote; enorme Fülle und Substanz für einen trockenen Rheingauriesling (13,5 % vol Alkohol!), die er nicht ganz bewältigt, leicht brandig; schmelziger Nachhall. War als junger Wein wesentlich beeindruckender und sollte getrunken werden, bevor der Alkohol ihn noch mehr dominiert.

1990 KABINETT HALBTROCKEN 85
Zarter Duft nach weißen Pfirsichen; leicht und elegant, erfrischende Säure und kaum Süße; angenehm herber Nachhall. Kommt jetzt in seine beste Form und bleibt es bis 2000.

1990 AUSLESE 93
Etwas verschlossener Duft nach weißen Johannisbeeren und Blüten; schlank und sehr dicht, besonders nuancierte Frucht und filigrane Rasse, tolles Spiel; viel Brillanz im Nachhall, bleibt sehr lang am Gaumen. Zweifelsohne eine der besten Auslesen des Jahrgangs im Rheingau; braucht bis Ende der neunziger Jahre, um ihren Höhepunkt zu erreichen, und hält sich weitere 15 Jahre.

1990 TROCKENBEERENAUSLESE **97**
Noch sehr unentwickelter Duft mit Grapefruit-, Honig- und Kaffeenote; eine sehr elegante Trockenbeerenauslese mit exzellenter Konzentration und sehr pikanter Säure, die Aromen sind noch ziemlich verschlossen, viel Tiefe; sehr komplexer, langer Nachhall. Diese beeindruckende Leistung gehört zur absoluten Spitze des Gebietes. Braucht bis Anfang des nächsten Jahrhunderts, um sich zu entfalten, und steckt die ersten 30 Jahre locker weg.

1991 QBA HALBTROCKEN **82**
Zarter Pfirsichduft; sehr elegant und feinfruchtig für 1991, perfekt abgestimmte, dezente Süße und rassige Säure; anhaltend im Abgang. Hält sich bis 2000.

1992 KABINETT HALBTROCKEN **83**
Attraktiver Duft nach Äpfeln, Pfirsichen und Zitrus; nicht ganz die Rasse der 91er, aber viel Frucht und schöner Saft; sanfter Nachhall. Bleibt in dieser Form bis 1998/99.

1992 AUSLESE **91**
Eine außergewöhnlich elegante Auslese für den eher weichen Jahrgang. Blitzsauber und geradlinig in Duft und Geschmack, getrocknete Apfel- und Honignote, schöner Schmelz; sehr nachhaltige Rasse. Bereits durchaus genießbar, wird sich aber Ende der neunziger Jahre deutlich schöner präsentieren; hält sich ohne weiteres bis 2010.

Die 1993er Rieslinge sind wieder sehr elegante Weine mit viel Frucht, Spiel und Charakter.

Domänenweingut Schloß Schönborn

Anschrift 65347 Hattenheim
Inhaber Dr. Karl Graf von Schönborn-Wiesentheid
Verwalter Günter Thies
Kellermeister Gerhard Kirsch

Gesamtrebfläche 50,65 ha
Rebsortenspiegel 90 % Riesling, 5,3 % Spätburgunder, 4,7 % Weißer Burgunder

Rieslingproduktion

Rebfläche 45,6 ha
Lagen Hochheimer Domdechaney 1,3 ha, Hochheimer Kirchenstück 2,2 ha, Hochheimer Hölle 2,7 ha, Hochheimer Stielweg 0,7 ha, Hochheimer Berg 2,2 ha, Rauenthaler Baiken 0,06 ha, Rauenthaler Wülfen 0,15 ha, Erbacher Marcobrunn 2,24 ha, Hattenheimer Pfaffenberg (Alleinbesitz) 6 ha, Hattenheimer Nußbrunnen 1,8 ha, Hattenheimer Wisselbrunnen 0,6 ha, Hattenheimer Engelmannsberg 1,2 ha, Hattenheimer Schützenhaus 2,8 ha, Oestricher Doosberg 9,6 ha, Winkeler Hasensprung 3 ha, Winkeler Gutenberg 1,3 ha, Johannisberger Klaus 3,5 ha, Geisenheimer Mäuerchen 1,3 ha, Geisenheimer Rothenberg 0,5 ha, Geisenheimer Schloßgarten 1,3 ha, Geisenheimer Kläuserweg 0,7 ha, Geisenheimer Mönchspfad 1,9 ha, Rüdesheimer Berg Schloßberg 1 ha, Rüdesheimer Berg Rottland 1,2 ha, Rüdesheimer Bischofsberg 1 ha, Lorcher Schloßberg 0,4 ha, Lorcher Krone 0,2 ha, Lorcher Pfaffenwies 0,5 ha
Rebmaterial 100 % Pfropfreben
Durchschnittliches Rebalter 25 Jahre
Durchschnittlicher Ertrag 55 hl/ha
Durchschnittliche Produktion 320 000 Flaschen pro Jahr

Zu einer Zeit, da viele der berühmten, aristokratischen Rheingaugüter minderwertige und charakterlose Weine produzieren, andere schwer kämpfen, um einen adäquaten Standard beizubehalten, hat das Schloß Schönborn seinem guten Ruf entsprechend fortwährend zahlreiche hochwertige Weine hervorgebracht. Seit dem Jahrgang 1986, in dem dieses Weingut die schönsten Weine des gesamten Rheingaus hervorbrachte, unternahm der scheidende Direktor Robert Englert einen ernsthaften und gelungenen Versuch, die Position des Betriebs als einer der führenden Rieslingerzeuger im Rheingau zu sichern. Zu diesem Zweck wurden alle Rebflächen verpachtet, die nicht mit Riesling, Weißem Burgunder oder Spätburgunder bepflanzt waren; durch intensiven Rebschnitt wurden die Erträge gesenkt, das Rebalter wurde gehoben und ausschließlich organische Düngemittel verwendet. Die Logik seiner Strategie ist offensichtlich, denn heute finden nur noch die Rieslinge berühmter Lagen und hoher Prädikate einen Markt, die auch tatsächlich exzellenter Qualität sind. Das erklärte Ziel Robert Englerts, nämlich »weniger, aber dafür so konzentriert wie möglich«, ist genau die Parole, die alle Spitzengüter des Rheingaus wählen müßten.
Der Lagenbesitz des Schlosses Schönborn läßt sich, von den Staatsweingütern Kloster Eberbach einmal abgesehen, mit keinem anderen Weingut im Rheingau vergleichen. Nicht nur das Ausmaß dieses Besitzes – immerhin

gehören 20 ha davon zu Spitzenlagen –, sondern die vielen Parzellen in verschiedenen Orten machen dieses Gut so bemerkenswert. So verfügt Schloß Schönborn über das Potential, buchstäblich jedes Jahr Spitzenrieslinge bis zur Stufe einer Spätlese hervorbringen zu können, in überdurchschnittlichen Jahren sollten hier auch immer Auslesen und Weine höherer Prädikate möglich sein. Mit diesen außerordentlichen Voraussetzungen müßte Schloß Schönborn eigentlich die Nummer eins aller Rheingaugüter sein.

Diese Position nahm das Gut in den fünfziger und sechziger Jahren (leider reichen meine Probeerfahrungen nicht weiter zurück!) zusammen mit zwei oder drei anderen Erzeugern auch ein. Seit dem 71er Jahrgang jedoch gerieten seine Weine etwas süßer und gleichzeitig weniger fein und elegant. Veränderte Erzeugungsmethoden machten sich zweifelsfrei bemerkbar und führten zum Verlust der Führungsposition von Schloß Schönborn. Die seit Mitte der achtziger Jahre gewählte Strategie ist ein etwas unsicherer Versuch, den Spitzenrang wiederzuerlangen. So begrüßenswert die Bemühungen von Robert Englert und Kellermeister Gerhard Kirsch auch sein mögen, so haben sie doch noch nicht ausgereicht, um das gesteckte Ziel zu verwirklichen. Die besten Weine von Schloß Schönborn sind eindrucksvoll, aber viele seiner Weine geraten wenig auffallend und gelegentlich sogar enttäuschend. Die Erzeugung großer Weine muß wie eine Kette sein, bei der jedes Glied sorgsam geformt und eingepaßt werden muß, so daß keine Lücke oder Schwachstelle entstehen kann. Auf dem Weingut Schloß Schönborn passen viele Glieder vollkommen, eines oder zwei jedoch erhalten nicht die angemessene Aufmerksamkeit und schwächen somit die ganze Kette.

Auf Schloß Schönborn werden die Lagen so bewirtschaftet, daß sie äußerst reife Trauben voller Aroma und mineralischen Extrakten ergeben, doch garantiert das allein noch keine Weine mit der Frucht, der Würze und dem Charme, die auch in den Trauben steckten. Der Einsatz von maschinellen Vollerntern erscheint mir fraglich, zumal in den Spitzenlagen. Noch einschneidender wirkt sich jedoch der Gebrauch von Reinzuchthefe bei der Gärung aus; so ist zu erklären, daß die wenigsten Weine die Komplexität, Finesse und natürliche Harmonie erlangen, die sie zusammen mit ihrer beträchtlichen Konzentration zu sensationellen Weinen werden lassen könnten. Viele Weine dieses Gutes hinterlassen einen etwas zu robusten, schweren Eindruck und lassen gerade das Quentchen Eleganz vermissen, das einen sehr guten Wein in eine einzigartige Ausdrucksform der größten Rheingaulagen verwandeln würde. Im 90er Jahrgang erzeugte Schloß Schönborn eine Riesling-Auslese ohne Lagenbezeichnung aus einem Verschnitt von Trauben aus Hochheim und aus dem Erbacher Marcobrunn,

dem »Ausschuß« einer selektiven Lese für Beerenauslesen und Trockenbeerenauslesen, der mit natürlicher Hefe vergor und natürliche Restsüße besaß. Dieser Wein konnte Kraft und Eleganz, Konzentration und Komplexität genau in der Art verbinden, wie sie allen Weinen dieses Gutes möglich wäre.
Läßt man einmal die Beschränkungen durch den Einsatz von Reinzuchthefe außer acht, so ist bei der Weinerzeugung Gerhard Kirschs eine große Professionalität zu beobachten. Es gibt nicht viele Weingüter dieser Größenordnung, auf denen der größte Teil der Weine in Holzfässern ausgebaut wird, wie es hier mit viel Sorgfalt geschieht. In vielen der Schönborn-Weine läßt sich eine leichte Kohlensäure beobachten, die verrät, wie minimal die Weine bewegt oder gefiltert wurden. Unter der Leitung des neuen Direktors Thies, der vorher auf Schloß Vollrads tätig war, werden dem Kellermeister hoffentlich noch mehr solcher Trauben zur Verfügung stehen, die ihm die Erzeugung von trockenen Spitzenweinen ermöglichen, an denen er wahrhaft leidenschaftlich interessiert ist. Die auf Schloß Schönborn übliche späte Lese mag für restsüße und edelsüße Weine optimal sein, für die konstante Erzeugung eindrucksvoller trockener Weine aber wäre in diesem Bereich größere Flexibilität vonnöten.
Seine ältesten Reben hat Schloß Schönborn im Erbacher Marcobrunn, der formal gesehen als der beste Besitz des Gutes gelten müßte, doch scheint mir der mit seinem Alleinbesitz Hattenheimer Pfaffenberg erreichte Standard noch höher. Diese Lage befindet sich in direkter Nähe zu den Weinkellern des Gutes in Hattenheim und genießt wegen des wärmenden Einflusses des Rheines ein noch günstigeres Mikroklima als der Marcobrunn und lockere, schnell erwärmbare Böden. Um hieraus keine Riesling-Spätlesen gewinnen zu können, bedarf es eines wirklich geringen Jahrgangs. Diese Weine verfügen über opulentere und sogar exotische Fruchtaromen als die aus dem Marcobrunn, sie sind voll und saftig und besitzen eine elegante Säure. Dabei sind die Marcobrunner Weine sicher die kraftvollsten Weine dieses Gutes und brauchen auch für ihre Entwicklung am längsten; je nach Jahrgang benötigen sie zwischen drei und sechs Jahren, um ihre Bestform zu erreichen. Sie besitzen die betonten Duft- und Geschmackstöne aus den tertiären Mergelböden dieser Lage sowie eine sehr feste Struktur, der sie Jahrzehnte an Alterungspotential verdanken. Ebenfalls voll und kräftig sind die reichen, saftigen Rieslinge Schloß Schönborns aus den Hochheimer Lagen. In den letzten Jahren gehörten sie jedoch zu den unzuverlässigsten Weinen dieses Gutes: 1988 und 1990 gerieten sie sehr eindrucksvoll, 1992 aber enttäuschend. Auch aus den Lagen des Rüdesheimer Berges erzeugte das Gut einige hervorragende Weine, ebenso wie aus dem Johannisberger Klaus, dem Geisenheimer Rothenberg und

den winzigen Parzellen in Rauenthal. Die besten Weine sind für diese Lagen sehr charakteristisch.

Obwohl Weiß- und Spätburgunder auf Schloß Schönborn eher kleine Spezialitäten darstellen, muß man die Erzeugnisse aus diesen Rebsorten für sehr gelungen erklären. Beide Weine waren besondere Steckenpferde von Robert Englert, und es bleibt zu hoffen, daß Herr Thies sie ähnlich wichtig nimmt, denn mit ein wenig mehr Erfahrung könnte das Weingut bei beiden Sorten bald führend sein.

Zur Zeit befindet sich das Schloß Schönborn am Scheideweg. Die in den letzten Jahren eingeschlagene Richtung ist sicher richtig und mit großem Einsatz verfolgt worden. Jetzt fehlen nur noch eine größere Flexibilität im Weinberg und im Keller und die Lösung einiger kleinerer Probleme. Dann wird aus dem Weingut fraglos wieder eine der großen Domänen des Rheingaus werden. Anders als viele andere aristokratischen Weingüter in diesem Gebiet hat das Domänenweingut Schloß Schönborn in Dr. Karl Graf von Schönborn-Wiesentheid einen äußerst engagierten Besitzer. An seinem Ziel, Schloß Schönborn in der ersten Reihe des Rheingaus zu sehen, würde ich nicht einen Moment zweifeln. Den ersten Resultaten des Teams Kirsch – Thies sehe ich mit großer Spannung entgegen.

Hattenheimer Pfaffenberg Riesling

1988 SPÄTLESE TROCKEN 85
Entwickelter Duft nach Pfirsichen, Zitrus und exotischen Früchten; reichhaltig und saftig, schöner Säurebiß, zarte Mandelnote; etwas einfacher, langer Nachhall. Jetzt in ihrer besten Form, hält sich bis 1998.

1989 SPÄTLESE TROCKEN 87
Sattes Ananasbouquet mit Bitterorangennote; üppig und konzentriert, trotz recht weicher Säure eine gute Harmonie; sehr schmelziger Nachhall. Hat sich erstaunlich gut durch Flaschenreife geschliffen, hält noch bis 1997.

1990 SPÄTLESE TROCKEN 88
Attraktiver Pfirsichduft mit ausgeprägter exotischer Fruchtnote (Bananen und Mango); dichte Pfirsichfrucht, sehr elegante Säure, versteckte Kraft; nachhaltige Rasse. Beginnt sich zu entfalten und bleibt in dieser Form mindestens bis 2000.

1991 SPÄTLESE TROCKEN 83
Eigenartiger Kräuterduft, riecht fast wie »Elixir végétal de Chartreuse«; schlank und säurebetont, noch etwas verschlossen, gute Anlagen; pikanter Nachhall. Erst 1995/96 auf ihrem Höhepunkt und wesentlich mehr Entwicklungspotential als die meisten 91er Weine.

1992 SPÄTLESE TROCKEN 85
Duftet wie Fruchtsalat mit ausgeprägter Apfelnote; gute Konzentration und elegante Säure, noch ziemlich unentwickelt; langer, vielschichtiger Nachhall. Braucht bis 1995/96, um sich zu entfalten; gute Lagerfähigkeit für den Jahrgang.

Erbacher Marcobrunn Riesling

1988 SPÄTLESE 87
Komplexer Duft nach Minze, Mineralien, Honig und Mandeln; beachtliche Dichte und Struktur, die Süße von der pikanten Säure ganz in den Hintergrund gedrängt, sehr vielschichtig; langer Nachhall. Mit ein bißchen mehr Spiel und Finesse wäre es ein großer Wein; hält sich bis 2003.

1989 SPÄTLESE 85
Opulenter Ananas-Honig-Duft (starke Botrytis); sehr füllig und kraftvoll, aber Süße und Schmelz gleichen alles aus, beeindruckende Dichte; sehr anhaltend. Tendiert zu einer leichten Auslese, hält sich bis ca. 2000.

1989 AUSLESE 77
Heftiger Rosinenduft mit Medizinnote; viel Stoff und Kraft, aber von der Botrytisbitternis erschlagen; etwas stumpfer Nachhall. Eine große Enttäuschung.

1990 SPÄTLESE 90
Sehr nuancierter mineralischer Aprikosenduft; konzentriert und elegant, tolle Säurestruktur und dezente Süße; sehr vielschichtiger, langer Nachhall. Kommt langsam in ihre beste Form, hält sich ohne weiteres bis 2010.

1990 AUSLESE 90
Duftet nach getrockneten Aprikosen mit zartem Honigton; enorme Kraft, viel Würze, hohe Süße, die Säure noch etwas versteckt; schmelziger Nachhall. Könnte sich in einigen Jahren eleganter präsentieren, jetzt ein beeindruckender Kraftprotz; hält bis 2015.

1992 SPÄTLESE 85
Jugendlicher Pfirsichduft mit Kräuter- und Jodton; viel Stoff und Struktur, rassige Säure für 1992, vielschichtige Frucht; nachhaltige mineralische Würze. Braucht bis 1996/97, um sich zu entfalten, und kann bis 2003 liegen.

Weingüter Geheimrat J. Wegeler Erben

Anschrift 65367 Oestrich-Winkel, Friedensplatz 9
Inhaber Deinhard & Co.
Direktor Norbert Holderrieth
Kellermeister Wolfgang Beck

Gesamtrebfläche 59 ha
Rebsortenspiegel 98 % Riesling, 0,75 % Scheurebe, 0,5 % Müller-Thurgau, 0,5 % Grauburgunder, 0,25 % Gewürztraminer

Rieslingproduktion

Rebfläche 57,8 ha
Lagen Rüdesheimer Berg Rottland 2,4 ha, Rüdesheimer Berg Schloßberg 1,9 ha, Rüdesheimer Berg Roseneck 1,45 ha, Geisenheimer Rothenberg 6,45 ha, Geisenheimer Kläuserweg 4,4 ha, Winkeler Hasensprung 2,8 ha, Oestricher Lenchen 6,95 ha, Oestricher Doosberg 5,3 ha, Hallgartener Schönhell 1,1 ha, andere Lagen 25,05 ha
Rebmaterial 100 % Pfropfreben
Durchschnittliches Rebalter 18 Jahre
Durchschnittlicher Ertrag 72 hl/ha
Durchschnittliche Produktion 500 000 Flaschen pro Jahr

In Deutschland wurde dieses Gut vor allem durch seinen »Geheimrat J.« berühmt, den erfolgreichsten deutschen Markenwein gehobener Qualität in den letzten zehn Jahren. Der Erfolg bezieht sich nicht nur auf die bemerkenswerte Güte (siehe nachfolgende Beurteilungen), sondern auch auf die erzeugte Menge. Der Erzeuger will zwar die Höhe der Produktion nicht nennen, meine Schätzungen aber liegen bei etwa 100 000 Flaschen im Jahr. So wurde der »Geheimrat J.« nicht nur im Sinne eines erhöhten Bekanntheitsgrades zum Flaggschiff dieses Gutes, sondern auch ein kommerzieller Erfolg. Mit den nur sieben Jahrgängen, die Gutsdirektor Norbert Holderrieth seit dem 83er Entstehungsjahrgang auf den Markt gebracht hat, ist das eine sehr beachtliche Leistung.
Weniger Beachtung fand der äußerst konstante, hohe Standard der letzten zehn Jahrgänge (1983–1992) dieses Gutes, dem besten der insgesamt drei Weingüter von Deinhard & Co. in Koblenz. Zahlreiche Rheingaugüter haben in den letzten Jahren aufsehenerregende Weine hervorbringen können, aber diese Kontinuität bleibt unerreicht. Bei meinem letzten Besuch

des Gutes in Oestrich erzählte mir Norbert Holderrieth, daß die Qualität des 92er Jahrgangs derart gut war, daß man leicht 200 000 Flaschen »Geheimrat J.« hätte produzieren können! Aufgrund der Weine, die ich probiert habe, würde ich dem ohne weiteres zustimmen.

Der »Geheimrat J.« ist eine trockene Riesling-Spätlese, die in einer sehr eindrucksvollen langen, dunklen Schlegelflasche auf den Markt kommt, wie sie im Rheingau in den dreißiger Jahren und noch früher üblich war. Dadurch allein wird der Wein freilich noch nicht bemerkenswert, denn schließlich wird einiges an trockenen Riesling-Spätlesen in ungewöhnlichen Flaschen und zu hohen Preisen verkauft – der »Geheimrat J.« kostet im Handel zur Zeit knapp unter DM 30. Erstaunlich wird das Ganze erst durch die dahinterstehende Idee und die Gründlichkeit, mit der sie umgesetzt wird. »J.« trägt keine Lagenbezeichnung, da dieser Wein ein Verschnitt von Weinen aus den Spitzenlagen des Rüdesheimer Berges, dem Geisenheimer Rothenberg und Oestrich ist.

Je nach Jahrgang kommen auch Weine anderer Lagen hinzu, in schwierigen Jahren wird überhaupt kein »J.« erzeugt. Bis zum heutigen Tage waren 1983, 1985, 1986, 1988, 1990 und 1992 »J.-Jahrgänge«, denen 1993 folgen wird. Der Wein wird stets so verschnitten, daß er von mittlerem Körper ist, eine betont rassige Säure aufweist, dichte, aber feine Fruchtaromen zeigt und sehr trocken schmeckt, da er als Essensbegleiter gedacht ist. Selbst wenn es in manchen Jahrgängen möglich wäre, den »J.« durch andere Grundweine kraftvoller und reichhaltiger zu gestalten, lehnt Norbert Holderrieth eine solche Veränderung der klaren Persönlichkeit dieses Weines entschieden ab, die mit dem hervorragenden 85er Jahrgang festgelegt wurde. Die Auswahl der Fässer wird immer mit dem Ziel des bestmöglichen »J.« vorgenommen.

Um die dem Wein eigene Säure zu harmonisieren und dem Fruchtcharakter Gelegenheit zu geben, sich voll zu entwickeln, lagert »J.« stets einige Monate in alten Holzfässern, meist dem Doppelstück mit 2400 Litern Inhalt. Die einzige Schwäche des ersten »J.«, die auch seine Lebenserwartung erheblich reduziert hat, bestand in dem Umstand, daß er zu lange in Holzfässern gelagert wurde. Heutzutage wird ein Kompromiß realisiert zwischen Harmonie und Frische, der sicherstellt, daß der Wein beim Verkauf sich bereits attraktiv präsentiert, aber trotzdem ein langes Leben vor sich haben wird.

Ansonsten wird Norbert Holderrieths Kreation auf sehr ähnliche Art und Weise wie die anderen Weine des Gutes ausgebaut. Die Weine vergären in Edelstahltanks und werden, soweit es der Jahrgang zuläßt, möglichst langsam und behutsam geklärt. In den Weinbergen gehört die Begrünung seit 1965 zur Norm, die Erträge sind moderat und die Lese selektiv. Nicht weni-

ger wichtig ist die strikte Qualitätskontrolle der Weine vor den endgültigen Entscheidungen, welche Fässer zu welchen Abfüllungen zusammengefaßt werden. An der Spitze der Palette der trockenen Weine des Gutes stehen neben dem »J.« die trockenen Spätlesen und die Charta-Weine, die unter dem Namen der Einzellagen vermarktet werden. Die Weine aus dem Rüdesheimer Berg und dem Geisenheimer Rothenberg ragen dabei wiederum deutlich heraus. Der zweite Rang wird von den »Geheimrat Wegeler-Deinhard«-Riesling QbA eingenommen, die entweder trocken oder als Charta-Weine ausgebaut werden. Darunter stehen die normalen »Wegeler«-Riesling QbA, die sich einfach, aber sauber, fruchtig und trocken präsentieren.
Natürlich bringt dieses Weingut auch noch andere Weine hervor. Die wichtigste Rolle spielen hier sicher die trockenen Weine, doch auch die halbtrockenen Gewächse können sehr klassische Rheingaurieslinge sein. Ihre Süße ist durchweg diskret und gut in den Wein integriert.
Die wichtigsten Weine dieses Gutes sind neben den trockenen wohl seine Eisweine, auf die man sich schon seit langem spezialisiert hat. Bis zu den jüngsten Veränderungen auf dem Weingut Robert Weil in Kiedrich war das Wegeler-Gut sicher die führende Kapazität auf diesem Gebiet im Rheingau. Ihre erfolgreichsten Eisweine besitzen eine Kombination aus berückender Konzentration und pikanter, rassiger Säure, die sie neben den besten Eisweinen der Mosel-Saar-Ruwer-Spezialisten bestehen lassen. Weniger spektakulär sind die edelsüßen Weine aus edelfaulen Trauben gelungen, in diesem Stil wurden 1971 die letzten wirklichen Spitzenweine erzeugt. Norbert Holderrieth scheint sich dessen langsam bewußt zu werden, denn zumindest bei den Auslesen der letzten Jahrgänge gab man sich größere Mühe. Gelegentlich können diese Weine ganz exzellent geraten, doch gehören sie nicht zu den besten im Rheingau.
Die Resultate des Wegeler-Gutes während der letzten zehn Jahre haben diesem Gut einen Platz in der Elite des Rheingaus gesichert, doch die Konkurrenz um die Zugehörigkeit zu dieser Gruppe ist in den letzten Jahren immer schärfer geworden. Will dieser Betrieb seine gegenwärtige Position behaupten, muß er sich anstrengen. Am besten wird die gegenwärtige Situation durch den »Geheimrat J.« illustriert. Als die Erzeugung dieses Weines begann, galt er als einer der besten am ganzen Rhein hervorgebrachten trockenen Rieslinge, und trotz der drastischen Produktionserweiterung konnte der Qualitätsstandard gewahrt bleiben. In den letzten Jahren aber gelangen verschiedenen Rheingaugütern und noch mehr Betrieben an der Nahe, in Rheinhessen und in der Pfalz gewaltige Fortschritte bei den trockenen Rieslingen. Heute kann der »Geheimrat J.« daher nicht mehr als einer der allerbesten Rieslinge des Rheines gelten, und mit einer Produktion dieses Ausmaßes sind große Qualitätsverbesserungen schwer vorstellbar.

Geheimrat »J.« Riesling

1983 Spätlese Trocken **83**
Entwickelter Pfirsichduft mit Mandelnote; obwohl der Wein seinen Höhepunkt leicht überschritten hat (in jungen Jahren hatte er 84 Punkte erzielt), bereitet er immer noch Freude, mittelgewichtig mit sehr eleganter Harmonie, jetzt voll abgerundete Säure; langer, sanfter Abgang.

1985 Spätlese Trocken **87**
Noch erstaunlich frisches Bouquet mit nuancierter weißer Pfirsichfrucht und mineralischen Noten; dichte Frucht und für den Rheingau typische Eleganz, filigrane Rasse; sehr langer, pikanter Nachhall. Seit fünf Jahren auf ihrem Höhepunkt, bleibt bis 1997 frisch. Einer der besten trockenen Rheingaurieslinge des Jahrgangs.

1986 Spätlese Trocken **85**
Vollentwickelter Duft nach aromatischen Äpfeln und Aprikosen, nicht ganz so fein wie die 85er; mittelgewichtig, dezenter Saft und geschliffene Säure, sehr schöne Harmonie, gute Länge. Machte von Anfang an viel Freude, sollte aber jetzt ausgetrunken sein.

1988 Spätlese Trocken **88**
Feiner Aprikosenduft mit vielen Feinheiten; gute Konzentration und vielschichtige Frucht, elegante Rasse; nachhaltige mineralische Note. Einer der besten trockenen Rheingaurieslinge des Jahrgangs. Schon auf dem Höhepunkt, hält sich bis Ende der neunziger Jahre.

1989 Spätlese Trocken **85**
Attraktives Pfirsichbouquet mit Grapefruit- und Mandelnote; gute Fülle und sehr saftige Frucht, animierende Säure für den eher weichen Jahrgang, perfekt balanciert; etwas leiser Nachhall. In ihrer besten Form, kann aber problemlos bis 1999 liegen.

1990 Spätlese Trocken **88**
Noch etwas unentwickelter Duft, der sich erst nach einer halben Stunde im Glas öffnet, klassisches Rheingaubouquet mit diskreter Pfirsichfrucht und erdiger Note; dicht und sehr feinfruchtig, betonte Rasse, die noch eine Spur hervorsticht; recht langer, pikanter Nachhall. Braucht bis 1995/96, um sich voll zu entfalten, und ihre optimale Harmonie zu erreichen; noch 10 Jahre Entwicklungspotential.

1992 Spätlese Trocken **90**
Der beste »J.«, den es je gab? Auf jeden Fall setzt er den I-Punkt auf die Serie. Noch jugendlicher Duft nach frischer Ananas und Aprikosen; konzentriert und sehr feinfruchtig, zarter Schmelz und exzellente Struktur, hochelegantes Säurespiel; nachhaltige mineralische Note. Beginnt sich zu öffnen, wird aber während der zweiten Hälfte der neunziger Jahre besser sein; viel Zukunft.

Geisenheimer Rothenberg Riesling

1989 SPÄTLESE »CHARTA« 88
Satter Aprikosen-Ananas-Duft mit deutlichem Mandelton (Botrytis); konzentriert und sehr saftig, trotz großer Fülle und verhaltener Säure nicht schwer oder fett, verführerisches Spiel, leichte Karamelnote; langer, schmelziger Nachhall. Jetzt auf dem Höhepunkt und bleibt mindestens bis 1998/99 in dieser Form.

1990 SPÄTLESE »CHARTA« 86
Intensiver Aprikosenduft mit zarter exotischer Fruchtnote; reichhaltig und gut strukturiert, deutlich offener und entwickelter als der 90er »J.«, geschliffene Säure, leichte Kremigkeit, ohne spürbare Süße; langer, sanfter Nachhall. Bereits sehr attraktiv, wird sich vor 1998/99 nicht viel ändern.

1990 AUSLESE 91
Üppiger Duft nach getrockneten Aprikosen, Marzipan und Honig; konzentriert und sehr reichhaltig, durch die elegante Säure nicht zu opulent, schöner Schmelz; langer, pikanter Nachhall. Schon harmonisch genug, um sie mit Gänsestopfleber zu genießen; genug Reserven für 15 Jahre.

1992 EISWEIN 90
Opulentes Ananas-Zitrus-Bouquet, das viele Feinheiten aufweist; viel Dichte und Schmelz, verführerische getrocknete Fruchtnoten, samtige Fülle, geradlinig, recht elegante Säure für einen 92er Eiswein; sehr nachhaltiges Spiel. Schon beeindruckend, hält locker bis 2010.

1992 TROCKENBEERENAUSLESE 93
Sehr dichter Duft nach getrockneten Aprikosen und exotischen Früchten mit einer subtilen Honignote; extrem konzentriert und vielschichtig, nicht ganz die Rasse des Eisweins, dafür tiefer und komplexer, noch etwas von der Süße dominiert; sehr langer, würziger Nachhall. Erst um 2000 erreicht sie ihre optimale Harmonie und kann weitere 25 Jahre liegen.

Weingut Robert Weil

Anschrift 65399 Kiedrich, Mühlberg 5
Inhaber SG-Weingüterverwaltungsgesellschaft (Suntory)
Direktor Wilhelm Weil
Kellermeister Michael Thrien

Gesamtrebfläche 38,5 ha
Rebsortenspiegel 96 % Riesling, 4 % Spätburgunder

Rieslingproduktion

Rebfläche 37,1 ha
Lagen Kiedricher Gräfenberg 7,36 ha, Kiedricher Wasseros 7,46 ha, Eltviller Sonnenberg 1,89 ha, Eltviller Rheinberg 1,37 ha, Kiedricher Sandgrub 4,98 ha, Erbacher Steinmorgen 0,87 ha, Hallgartener Jungfer 4,17 ha, Hallgartener Schönhell 1,39 ha, Eltviller Taubenberg 0,45 ha, Erbacher Michelmark 1,16 ha, Kiedricher Klostergarten 0,28 ha, Hallgartener Würzgarten 1,37 ha, Eltviller Langenstück 1,47 ha, Erbacher Honigberg 2,88 ha
Rebmaterial 100 % Pfropfreben (Gm237 und 239)
Durchschnittliches Rebalter 14 Jahre
Durchschnittlicher Ertrag 66 hl/ha
Durchschnittliche Produktion 250 000 Flaschen pro Jahr

Auf keinem anderen Rheingauweingut fand eine derart revolutionäre Qualitätssteigerung statt wie auf dem Weingut Robert Weil in Kiedrich. Anfang bis Mitte der achtziger Jahre war dies eines der berühmten Güter, die Weine erzeugten, deren Niveau weit unter dem seiner eigentlichen Möglichkeiten lag. Seit Ende der achtziger Jahre sind beständig Verbesserungen vorgenommen worden, und mit dem 92er Jahrgang gelangen dem Weil-Betrieb Weine, die in jeder Kategorie von Rheingauriesling zu den besten des ganzen Jahres gehörten: trockene und halbtrockene Weine, restsüße Kabinette und Spätlesen, edelsüße Auslesen, Beerenauslesen, Trockenbeerenauslesen und Eisweine. Mit ihnen hat das Weingut unwiderlegbar bewiesen, daß es an der Spitze aller größeren Betriebe mit über 10 ha Rebfläche im ganzen Rheingau steht. Bei dem ausgezeichneten Presseecho, das das Weingut während der vergangenen Jahre erhalten hat, wird diese Position die meisten Leser wenig überraschen, genausowenig wie diejenigen, die die absolute Hingabe Wilhelm Weils zur Erreichung seines Ziels in den letzten fünf Jahren beobachten konnten.

Ohne die außerordentliche Unterstützung durch Suntory Ltd, eine japanische Getränkefirma, die den Betrieb 1988 gekauft hat, wäre Wilhelm Weil diese unglaubliche Wende wahrscheinlich kaum geglückt. Suntory leitete umgehend ein in der deutschen Weinszene bis dahin nie gesehenes Investitionsprogramm ein. Dazu gehörte die beträchtliche Ausweitung des Lagenbesitzes von 18 auf 35 ha, die das Gut zu den zehn größten Gütern des Rheingaus gehören läßt, sowie die komplette Renovierung und Vergrößerung der Gutsgebäude, unter denen die modernste Weinerzeugungsanlage Deutschlands entstand. Der letzte Jahrgang, der in den alten Kellern ausgebaut wurde, war der 90er; der 91er entstand in einem Zelt (!), da die Keller gerade umgebaut wurden. Die Weine des

92er Jahrgangs waren die ersten, die in den neuen Kelleranlagen erzeugt wurden.
Trotz all der neuen Technologien, mit deren Hilfe Wilhelm Weil und sein sehr begabter Kellermeister Michael Thrien die Weine erzeugen, sind die Methoden im Grunde äußerst traditionell. Die neuen Techniken erleichtern lediglich die Verwirklichung des klassischen Ziels dieses Weingutes: 100 % der Frucht, des Aromas und der Extrakte der Trauben sollen in die Flasche gelangen. Die Qualität entsteht nach der Überzeugung Wilhelm Weils im Weinberg und kann nur durch niedrige Erträge, eine Bewirtschaftung, die ein zu lebhaftes Wachstum der Reben hemmt sowie eine streng selektive Lese, bei der Trauben unterschiedlicher Konzentration und physiologischer Reife voneinander getrennt werden, erreicht werden. Wilhelm Weil steckt soviel Arbeit wie kein zweiter Winzer in die Lese, die bis zu zwei Monaten dauern kann und bei der die Zeilen bis zu siebenmal abgegangen werden. Trauben geringer Qualität werden aussortiert oder an den Reben belassen, was in manchen Jahren, wie zum Beispiel 1993, zum Verlust eines Drittels der Gesamternte führen kann! In diesem Jahr experimentierte Weil auch zum ersten Mal mit Plastikplanen, mit denen er einige Rebflächen bedeckte, um die edelfaulen Trauben vor Regen zu schützen. In diesem Zustand können die Trauben sehr leicht Wasser aufnehmen, so daß sie aufquellen und an Qualität drastisch einbüßen.
Das Resultat sind Dutzende verschiedener Traubenpartien, die alle getrennt gepreßt und vinifiziert werden. Die wichtigste Errungenschaft in den neuen Weinkellern des Gutes ist die Temperaturkontrolle während der Gärung. Die einzelnen Tanks werden mit Wasser berieselt, um sie kühl zu halten. Daneben gibt es einen temperaturkontrollierten Keller, um den Gärprozeß der restsüß ausgebauten Weine zu unterbrechen. Auf dem Weingut Robert Weil wurde dieser Methode traditionell immer der Vorzug vor dem weitverbreiteten Einsatz von Süßreserve gegeben, zum Teil, weil beim Abbruch der Gärung der Wein als Ganzes bestehen bleibt, während durch die Süßreserve zwei Komponenten entstehen, die sich erst verbinden müssen.
Wilhelm Weil hat enge Verwandte an der Mosel, darunter auch Ernst Loosen von dem ausgezeichneten Weingut Dr. Loosen in Bernkastel und ist seit langem mit den hier erzeugten bemerkenswerten restsüßen und edelsüßen Rieslingweinen vertraut, die ohne Süßreserve entstehen. Zwar können auch mit ihr sehr gute Weine erzeugt werden – wenn man sie sehr vorsichtig einsetzt –, doch geraten die durch Abbruch der Gärung entstandenen Restsüßen fruchtiger und eleganter. Der 92er Jahrgang des Weingutes Robert Weil sollte genügen, um jeden hiervon restlos zu überzeugen!
Mit diesem Jahrgang ist der Betrieb auch endgültig zur Gärung mit der

natürlichen Hefe übergegangen und hat die Weine wesentlich länger auf der Feinhefe belassen. Die Feinhefe ist der Bodensatz aus der inaktiven Hefe, die sich nach dem ersten Abstich des Weines im Anschluß an die Gärung ohne jede Filtration am Faß- oder Tankboden ablagert. Wenn die Hefe auch keinen Alkohol oder Nebenprodukte wie Kohlensäure und Hitze mehr entstehen läßt, beeinflußt sie den Wein doch weiterhin. Das Ergebnis sind Weine, die seit dem 92er Jahrgang jeden bis dahin erzeugten trockenen Wein dieses Gutes weit übertreffen und eine wunderbar intensive, dabei aber feine Frucht besitzen. Die Ausweitung dieser Methode auf einen größeren Teil des 93er Jahrgangs verspricht weitere Verfeinerungen der trockenen Weine des Gutes Robert Weil.
Ohne jeden Zweifel sind aber die edelsüßen Spitzenweine die schönsten Erzeugnisse des Betriebes. Seit jeher sind sie die Krönung. Robert Weil hat schon den deutschen Kaiserhof, das englische Königshaus und die Wiener Hofwirtschaftskammer mit seiner 1893er Kiedricher Berg Auslese beliefert. In diesem Stil können die Weine aus dem großen Kiedricher Gräfenberg ihren ausgeprägten Charakter am schönsten entfalten. Die Essenz dieser Lage ist immer reich und konzentriert; die schönsten Weine der letzten Jahrgänge zeigen honigduftige Opulenz und Kraft zusammen mit betonter Eleganz und Zartheit. Selbst auf der Stufe einer Beerenauslese oder Trockenbeerenauslese verfügen sie häufig über blumige, kräuterähnliche oder mineralische Noten, die die kraftvollen getrockneten Früchte, Honig- und Karamelaromen der Edelfäule aufwiegen. All diese Komponenten werden am Gaumen durch die rassige, pikante Säure noch betont, die den Weinen trotz ihrer enormen Kraft und Konzentration eine fast unwirkliche Eleganz verleiht. Man kann diese Komponenten in fast allen Auslesen des Weingutes Robert Weil antreffen, wenn auch in einer weniger intensiven Form. Die Beerenauslesen und Trockenbeerenauslesen aus dem Kiedricher Berg sollte man wahrhaftig ohne Speisen genießen, zu den Auslesen eignen sich besonders Pâtés, Blauschimmelkäse, gebratene Geflügel- oder Kalbsleber.
Schon heute haben diese Weine eine außerordentlich hohe Güte erreicht, wie die nachfolgenden Beurteilungen verraten, dabei ist Wilhelm Weil gerade dreißig Jahre alt, sein Kellermeister Michael Thrien fünfunddreißig. Sie sind sich des Potentials der ihnen zur Verfügung stehenden Lagen und Keller gerade erst in vollem Maße bewußt geworden. Viele Beobachter im Rheingau standen der Übernahme des Betriebes durch Suntory und den Geschäften eines japanischen Betriebes im Rheingau sehr skeptisch gegenüber, zudem bezweifelten sie die Befähigung Wilhelm Weils, ein solches Weingut leiten zu können. Heute hat sich gezeigt, daß die Übernahme durch die Japaner zu keinem günstigeren Zeitpunkt hätte erfolgen können

und daß die freie Hand und die große Unterstützung, die sie Wilhelm Weil gewährten, sich ausgezahlt haben. Mit jedem Jahrgang hat Weil stärkeres Vertrauen gefaßt, ohne jedoch die jugendliche Begeisterung für die Weinerzeugung zu verlieren, die ich bei unserem ersten Zusammentreffen 1987 bemerkte. Ohne diesen Enthusiasmus und ohne die Entschlossenheit, die große Tradition seiner Familie in entsprechende Weine umzusetzen, wäre die Wiederauferstehung des Weingutes Robert Weil wohl weniger aufsehenerregend ausgefallen. Suntory und er stellen die seltene Kombination eines Winzers ersten Ranges mit einem perfekten Geschäftspartner dar. Kürzlich fragte ich Wilhelm Weil nach seinen langfristigen Zielen. Mit der für ihn typischen Mischung aus jungenhafter Begeisterung und fast gelehrsamer Ernsthaftigkeit antwortete er: »Mein Ziel ist es, das Weingut Robert Weil wieder zur Nummer eins im Rheingau zu machen und das Ansehen des großen deutschen Rieslings von Mosel und Rhein, wie er es vor hundert Jahren besaß, wiederherzustellen.« Bei gewissen anderen Rheingauwinzern würden diese Worte sicher pompös und unrealistisch geklungen haben. Wilhelm Weil aber hat durch seinen Idealismus und seinen Einsatz das erste Ziel schon fast erreicht. So bin ich zuversichtlich, daß er, gemeinsam mit anderen deutschen Spitzenwinzern, auch sein zweites Ziel wird verwirklichen können.

Wer die Weine dieses Gutes nicht kennt, sollte dieses eindrucksvolle Weingut besuchen und eine Auswahl der letzten Jahrgänge probieren – nachdem er sich mit einem Anruf angekündigt hat! Die Schönheit des im Stil eines englischen Landhauses erbauten Hauses und des umgebenden Parks steht der seiner Weine in nichts nach.

Kiedricher Riesling diverser Lagen

1989 GRÄFENBERG TROCKENBEERENAUSLESE **90**

Voluminöser Duft nach Honig, Rosinen und Butter; enorme Fülle und großer Schmelz, nicht ganz die Konzentration, um diesen gewaltigen Körper auszufüllen, sehr süß mit einem etwas eindimensionalen Rosinenton; sehr nachhaltig und etwas breit im Abgang. Ein sehr guter Wein, aber weit hinter der Gebietsspitze in diesem Jahrgang; hält sich bis 2015.

1990 GRÄFENBERG AUSLESE »GOLDKAPSEL« **92**

Etwas verschlossener Ananas-Honig-Duft mit vielen Feinheiten; immer noch von der hohen Süße dominiert, große Konzentration und tolle Säurestruktur; sehr pikanter mineralischer Nachhall, bleibt lange am Gaumen. Braucht bis 1998, um ihr Gleichgewicht zu finden und sich zu entfalten; genug Reserven für 30 Jahre.

1990 GRÄFENBERG TROCKENBEERENAUSLESE 98
Sehr intensiver, komplexer Duft nach getrockneten Aprikosen, Zitrus, Rosinen und Gewürzen; gewaltige Konzentration und Tiefe, explosive Fruchtnoten, brillante Rasse und atemberaubendes Spiel; kaum aufhörender Nachhall. Zusammen mit der Rauenthaler Baiken Trockenbeerenauslese der Staatsweingüter bildet sie die absolute Jahrgangsspitze im Gebiet. Braucht bis in das nächste Jahrhundert, um sich voll zu entfalten, und steckt die ersten 50 Jahre ohne weiteres weg.

1991 GRÄFENBERG AUSLESE »GOLDKAPSEL« 91
Ziemlich verschlossener Duft; konzentriert und sehr pikant, die hohe Süße noch etwas vordergründig; sehr dichter mineralischer Nachhall. Erst Ende der neunziger Jahre in ihrer besten Form, hält sich mindestens bis 2015.

1991 WASSEROS EISWEIN »GOLDKAPSEL« 97
Äußerst beeindruckender Duft nach exotischen Früchten, Toast und Honig; enorme Dichte und Kraft, opulente Frucht und hochpikante Säure, fast feuriges Spiel, noch sehr spannungsgeladene Balance; brillanter Nachhall, der wellenartig immer wieder hochsteigt. Noch wirklich »Feuer und Eis«, ein ganz großer Eiswein mit enormen Zukunftsperspektiven; erst während des 21. Jahrhunderts auf seinem Höhepunkt und ewig haltbar.

1991 GRÄFENBERG TROCKENBEERENAUSLESE 93
Noch extrem jugendliches Bouquet mit feiner Melone-, Aprikosen- und Blütennote; fast so pikant wie der Eiswein, dichte Fruchtfülle, viele Aromen noch verschlossen, verhaltene Süße für eine Trockenbeerenauslese; sehr nachhaltige Rasse. Vom Typ eher eine sehr gute Beerenauslese, trotzdem ein sehr beeindruckender Wein mit großer Zukunft; wird sich erst um die Jahrhundertwende öffnen.

1992 GRÄFENBERG QBA TROCKEN 85
Zarter Pfirsichduft mit erstaunlichen Feinheiten für einen Qualitätswein; noch jugendlich, viel Frucht und sehr schöner Säurebiß, mineralische Rasse; pikanter Nachhall. Kommt langsam in seine beste Form und hält sich locker bis 2002.

1992 GRÄFENBERG KABINETT TROCKEN 86
Mineralischer Pfirsichduft mit zarter Cassisnote; dicht und elegant, sehr feinfruchtig mit filigraner Säure; delikater Nachhall. Eine wunderbare Harmonie und genug Reserven, um sich bis 2000 zu halten.

1992 GRÄFENBERG SPÄTLESE TROCKEN 86
Intensiver Zitrus-Pfirsich-Duft; sehr dicht und pikant, aber nicht ganz so ausgeglichen wie der QbA oder Kabinett, mit viel Spiel, sehr dramatische Konturen, könnte mehr Finesse aufweisen. Wird sich während der nächsten Jahre weiter harmonisieren, bleibt mit der ausgeprägten Säurestruktur bis 2005 frisch.

1992 GRÄFENBERG AUSLESE »GOLDKAPSEL« 96
Enormer honigbetonter Aprikosenduft mit leichter Karamelnote; üppig und sehr konzentriert, äußerst beeindruckende Fruchtfülle, viel Honig und Schmelz, sehr elegantes Säurespiel; vielschichtiger, tiefer Nachhall. Als ganz junger Wein »zuviel des Guten«, hat im ersten Jahr der Flaschenreife deutlich an Eleganz gewonnen; hält sich bis ca. 2020.

1992 GRÄFENBERG BEERENAUSLESE »GOLDKAPSEL« 97
Ein enorm konzentrierter Botrytiswein, der der Trockenbeerenauslese kaum nachsteht; opulenter Honigduft mit Orangenmarmeladennote und viel Würze; enorme Fülle und Schmelz, atemberaubendes Spiel; erstaunlich eleganter Abgang nach fast überwältigender Attacke, bleibt minutenlang am Gaumen. Schon jetzt unmöglich stehen zu lassen; Reserven für viele Jahrzehnte.

1992 GRÄFENBERG TROCKENBEERENAUSLESE 97
Ähnlich angelegt wie die »Goldkapsel«-Auslese und -Beerenauslese. Unglaublich vielschichtige, getrocknete Fruchtaromen und Würze in Duft und Geschmack, gewaltige Fülle und überreichliche Konzentration, um dies auszufüllen, eine Essenz, die trotz des Überflusses aller Komponenten nicht aufdringlich oder sättigend wirkt, sondern äußerst verführerisch und faszinierend ist; irrsinnig langer, samtiger Nachhall.

Die 1993er Rieslinge sind mit Sicherheit der beste Jahrgang des Gutes seit den fünfziger Jahren. Vor allem im restsüßen und edelsüßen Bereich äußerst beeindruckende Weine von höchster Dichte und Finesse. Sie stellen die Spitze des Gebiets dar und gehören zu den Jahrgangsbesten in Deutschland.

Domdechant Werner'sches Weingut

Anschrift 65234 Hochheim, Rathausstraße 30
Inhaber Dr. Franz Werner Michel
Kellermeister Michael Bott

Gesamtrebfläche 12 ha
Rebsortenspiegel 96 % Riesling, 2 % Spätburgunder, 2 % sonstige Sorten

Rieslingproduktion

Rebfläche 11,5 ha
Lagen Hochheimer Domdechaney 2 ha, Hochheimer Kirchenstück 2,2 ha, Hochheimer Hölle 3,4 ha, Hochheimer Stein 1,7 ha, Hochheimer Stielweg 0,8 ha, Hochheimer Reichestal 0,5 ha, Hochheimer Berg 0,9 ha

Rebmaterial 100 % Pfropfreben (diverse Geisenheimer Klone)
Durchschnittliches Rebalter 25 Jahre
Durchschnittlicher Ertrag 74 hl/ha
Durchschnittliche Produktion 110 000 Flaschen pro Jahr

Als Vorstandsmitglied des Deutschen Weininstituts, der für die Förderung des deutschen Weines verantwortlichen Einrichtung, wo er für die Exportförderung zuständig ist, hat Dr. Franz Werner Michel für einige Kontroversen gesorgt. Bei der Beurteilung seines Weingutes in Hochheim jedoch sollten diese Dinge keine Rolle spielen. Bedauerlicherweise scheinen sich einige deutsche Weinkritiker zu diesem Schritt nicht durchringen zu können, was sicher dazu beigetragen hat, daß seine Weine und sein Betrieb bisher recht unbekannt blieben und wenig gewürdigt wurden. Objektiv gesehen zählt sein Weingut zu den besten Familienbetrieben im Rheingau. Seine Weine aus den Hochheimer Spitzenlagen, allen voran der Domdechaney und Kirchenstück, müssen als die besten Erzeugnisse aus diesen Lagen gelten. Zudem sind ihre Preise für Rheingauer Verhältnisse bescheiden, und die Qualität eines Weines für DM 20 oder mehr ist fast immer exzellent.
Zwar steckt Dr. Michel soviel Zeit und Energie in sein Gut, wie ihm seine Arbeit in Mainz erlaubt, doch kann man sich dieses Eindrucks nicht erwehren, daß er den Betrieb eher nebenbei leitet. Mit der Qualität seiner Weine – die einiges über den Kellermeister und Verwalter Michael Bott aussagt – und dem guten Ruf seines Gutes scheint er sich zufriedenzugeben. Das ist um so bedauerlicher, als dieses Weingut schon mit wenig mehr Ehrgeiz und Investitionen zur Spitze aufsteigen könnte. Der Vergleich mit dem Weingut Franz Künstler einige Straßen weiter in Hochheim ist unvermeidbar. Dr. Michel stehen größere Rebflächen in den Spitzenlagen zur Verfügung als Gunter Künstler, doch gegenwärtig erreichen nur wenige Weine Dr. Michels den Qualitätsstandard der Künstler-Weine. Die Gründe hierfür sind nicht leicht auszumachen.
Weine von der Güte, wie die besten des Gutes sie darstellen, können nicht ohne hervorragende Lagen erzeugt werden, und das Weingut Domdechant Werner ist mit ansehnlichen Parzellen in allen drei Hochheimer Spitzenlagen ausgestattet. Die besten trockenen Weine kommen immer aus dem Kirchenstück, eine Lage, die die elegantesten Hochheimer hervorbringt. Sie haben viel mit den Rieslingen aus den besten Lagen in Hattenheim und Erbach gemein, zeigen eine ähnlich nuancierte Pfirsichfrucht, sind rassig, aber niemals aggressiv sauer und von langem, zartem Nachhall. Die besten restsüßen und edelsüßen Weine dagegen stammen aus der Domdechaney, die den Weinen den für Hochheim typischen erdigen, kraftvollen Stil verleiht. Diese Weine können in ihrer Jugend ziemlich unansehnlich und

merkwürdig erscheinen, doch hat diese Lage gemeinsam mit dem besten Teil der Hölle das Potential für die kraftvollsten, am ausgeprägtesten strukturierten Weine des gesamten Rheingaus. Die Weine brauchen oft mehrere Jahre Flaschenreife und zeigen nur in Ausnahmejahren, wie dem exzellenten 90er Jahrgang, von frühester Jugend an ihre wahre Klasse.
Der Weinbergsbesitz des Gutes weist keine einzige wirklich minderwertige Lage auf. Die Erträge sind moderat, wenn auch nicht besonders niedrig für das Gebiet, und die Lagen werden ohne jegliche chemische Düngung oder Herbizide bewirtschaftet; der Unkrautwuchs wird durch regelmäßiges Mähen unter Kontrolle gehalten. Im Keller vergären die Weine spontan mit der natürlichen Hefe in Holzfässern, wo sie bis zur Abfüllung im Frühjahr bleiben. Trotz dieses Umstands zeigen sie immer die Frische und Lebendigkeit eines kürzlich abgefüllten Weines und besitzen ein gutes Alterungspotential.
Ohne Zweifel würden noch niedrigere Erträge und höhere Mostgewichte für jede Prädikatsstufe den Weinen mehr Konzentration geben und den erdig-mineralischen, für Hochheim so typischen Charakter der Weine betonen. Trotzdem sehe ich die größte Schwäche des Gutes im Keller, wo viele Weine in großen Holzfässern vergoren werden. Dies führt zu einem zu schnellen Gärverlauf, wobei Frucht und Finesse verlorengehen. Ich bin sicher, daß diese Tatsache für die teilweise beträchtlichen Qualitätsunterschiede zwischen den besten und den schwächsten Weinen des Gutes in bestimmten Jahrgängen verantwortlich ist. Einige Investitionen in Holz oder Edelstahl würden es Michael Bott erlauben, mehr aus dem guten bis exzellenten Traubenmaterial zu machen, das er aus dem Weinberg bekommt.
Ich bin überzeugt, daß Dr. Michel die über zweihundert Jahre alte Weinbautradition seiner Familie überaus ernst nimmt. In Michael Bott hat er einen Winzer gefunden, der Weine erzeugen kann, die dieser Tradition gerecht werden. Der 92er Jahrgang ist ein weiterer Beweis dafür. Mit etwas mehr Ehrgeiz könnte das Weingut Domdechant Werner leicht zur Elite des Gebietes aufsteigen.

Hochheimer Kirchenstück Riesling

1988 SPÄTLESE **88**
Frischer Duft nach weißen Pfirsichen mit einer zarten Reifenote; schlank und dicht, sehr elegantes Säurespiel, zarte mineralische Note; nachhaltige Rasse. Eine sehr gelungene 88er Spätlese, die jetzt halbtrocken schmeckt; hält sich bis 2000.

1989 KABINETT TROCKEN 83
Der mit Abstand beste trockene Wein des Jahrgangs im Betrieb. Beeindruckende Frische für sein Alter, duftet nach aromatischen Äpfeln und Backgewürzen; die Fülle einer trockenen Spätlese, betonte Rasse für den eher weichen Jahrgang, nicht die Dichte und Struktur der 90er Spätlese Trocken, aber gute Harmonie und Länge. Jetzt in seiner besten Form, bleibt so bis 1997.

1990 SPÄTLESE TROCKEN 89
Sehr nuancierter Duft nach Rosen und Mineralien; Konzentration und Eleganz, feine Pfirsichnote, geschliffene Rasse; sehr nachhaltige mineralische Säure. Einer der besten trockenen Rheingaurieslinge des Jahrgangs; kann locker bis 2000 liegen.

1991 KABINETT TROCKEN 80
Ausgeprägter Cassis-Grapefruit-Duft; schlank, ausgesprochen fruchtig und charmant, pikante Säure; anhaltend im Abgang. Ein sehr ansprechender junger Wein; jetzt trinken.

1991 SPÄTLESE TROCKEN 78
Zwar besitzt die Spätlese mehr Körper und Stoff als der Kabinett, aber es fehlt ihr an Biß und Ausstrahlung. Schöne Aprikosennote in Duft und Geschmack, klar und geradlinig, etwas wenig dahinter. Hält sich bis 1996/97.

1992 SPÄTLESE TROCKEN 86
Attraktives Mandarinenbouquet mit floralen und mineralischen Noten; konzentriert und saftig, vielschichtige Frucht, mineralische Säure; langer, eleganter Nachhall. Ein sehr gelungener 92er Riesling Trokken; behält seinen Charme bis 1998.

Hochheimer Hölle Riesling

1988 SPÄTLESE HALBTROCKEN 90
Komplexer Duft nach Zitrus, Rauch und Mineralien; sehr stoffig und konzentriert, betonte Rasse, trocken schmeckend, viel Kraft für den guten, aber nicht großen Jahrgang; sehr nachhaltige mineralische Note. Obwohl nicht ganz so beeindruckend wie als junger Wein, immer noch der Höhepunkt des Jahrgangs im Betrieb.

1989 KABINETT TROCKEN 80
Ansprechender Pfirsichduft; etwas einfach angelegt, fruchtig und harmonisch, erfrischende Säure; anhaltend im Abgang. Jetzt trinken.

1990 KABINETT TROCKEN **85**
Schöner Duft nach Pfirsich, Mandeln und Mineralien; die Dichte und Eleganz einer guten trockenen Spätlese, aber schlank genug, um den Rahmen für einen Kabinett nicht zu sprengen, schöner Säurebiß und eine klare Linie; nachhaltige Rasse. Hält sich bis 2000.

1990 SPÄTLESE HALBTROCKEN **90**
Etwas verschlossener Duft mit Rauch- und Ananasnote; sehr dicht und kräftig, viel Kraft und Extrakt, jetzt trocken schmeckend; sehr langer, pikanter Nachhall. Braucht bis 1996/97, um ihren Höhepunkt zu erreichen; Reserven für weitere 10 Jahre Entwicklung.

1992 KABINETT TROCKEN **73**
Duftet nach Gummibärchen und Karamel; bescheidene Frucht und herzhafte Säure. Gut gemacht, jetzt trinken.

Hochheimer Domdechaney Riesling

1988 SPÄTLESE **89**
Intensives Pfirsichbouquet mit ausgeprägter mineralischer Note; sehr stoffig und fest strukturiert, trotz der schmeichelnden Süße alles andere als ein Charmeur, betonte Rasse, deutlicher Rauchton; langer Nachhall. Jetzt schon auf dem Höhepunkt, wo sie weitere fünf Jahre bleibt.

1989 SPÄTLESE **80**
Mandel-Pfirsich-Duft mit leichtem Rauchton; ein bißchen zu weich und süß, schöner Saft und samtige Fülle; anhaltend. Voll entwickelt.

1990 SPÄTLESE **91**
Ziemlich verschlossener Duft mit Pfirsich und Konfektnoten; sehr konzentriert und enorm saftig, noch Spannung zwischen hoher Süße und betonter Säure, sehr vielschichtige Frucht, exzellente Anlagen für eine lange Zukunft; nachhaltige, pikante Rasse. Braucht bis 1996/97, um das Gleichgewicht zu finden, und hält sich weitere 10 Jahre.

1990 AUSLESE **92**
Etwas verschlossenes Bouquet nach zahlreichen exotischen Früchten wie Ananas, Maracuja, Guave; trotz der beeindruckenden Dichte und hohen natürlichen Süße viel Eleganz und Finesse, tolles Spiel; sehr langer, filigraner Nachhall. Erst Ende der neunziger Jahre auf ihrem Höhepunkt, kann 30 Jahre alt werden.

1991 KABINETT HALBTROCKEN **82**
Schöner Duft nach frischen Aprikosen; sehr saftig und elegant, mehr Dichte und Spiel als sein Bruder aus dem Kirchenstück, die Süße noch deutlich spürbar; sehr nachhaltig für 1991. Obwohl schon jetzt sehr ansprechend, hält er sich bis 1998.

1992 SPÄTLESE 87
Komplexer Duft nach Zitrusschalen, Rosen und Rauch; nicht so kraftvoll wie manche Spätlesen aus diesem Keller, dichte Frucht, gute Struktur, elegante Säure und recht diskrete Süße; schmelziger Abgang. Mit ein bißchen mehr Kraft hinten wäre sie exzellent; trotzdem genug Reserven, um sich bis 2002/03 zu halten.

Wenn den 1993er Rieslingen auch etwas mehr Eleganz gut gestanden hätte, so sind sie doch ohne Zweifel stoffig, hochstrukturiert und haben viel Zukunft. Auf einem Niveau mit den 1990ern des Weingutes.

Weitere interessante Produzenten

Geheimrat Aschrott'sche Gutsverwaltung

Anschrift 65239 Hochheim, Kirchstraße 83

In das Getriebe dieses Gutes muß in den letzten Jahren Sand geraten sein, denn früher entstanden hier einige der besten Weine von Hochheim. Heute aber hinterlassen die Aschrott-Weine einen rustikalen, oberflächlichen Eindruck und lassen den reichen fruchtigen und erdig-mineralischen Charakter vermissen, der für die Weine aus den Spitzenlagen dieses Ortes, der Domdechaney, dem Kirchenstück und der Hölle, typisch ist. Die besten Weine des Gutes sind seine restsüßen Spätlesen und edelsüßen Auslesen, doch selbst sie sind alles andere als ausgezeichnet. Die trockenen Rieslinge sollten lieber gemieden werden.

Weingut Heinrich Baison

Anschrift 65239 Hochheim

Heinrich Baison, Künstler und Ökowinzer, ist eine der originellsten Figuren des Rheingaus. Wie seine stets guten trockenen Rieslingweine aus der Hochheimer Hölle und den Reichestaler Lagen und seine selbstgemalten Bilder beweisen, nimmt er sowohl Kunst als auch Weinerzeugung sehr ernst. Dem Rheingau würden noch mehr Winzer dieses Schlages anstelle der die Weinszene beherrschenden Schlafwandler äußerst gut bekommen. Auch die deutsche Ökoweinindustrie würde von Winzern mit der Gründlichkeit und Sorgfalt, wie Baison sie besitzt, enorm profitieren. Hoffentlich aber läßt er sich nicht von den technologischen Einrichtungen, mit denen er in den letzten Jahren experimentiert hat, in Versuchung führen. Sein Betrieb ist schon heute gut, kann aber sicher noch Besseres leisten.

Weingut Baron von Brentano

Anschrift 65375 Oestrich-Winkel, Am Lindenplatz 2

Über die Weine dieses berühmten Rheingaugutes ist kaum Positives zu berichten. Sein früherer Ruhm basierte hauptsächlich auf der Freundschaft zwischen Goethe und den Brentanos. Bei seiner Leidenschaft für gute Weine würde Goethe sich sicher im Grabe umdrehen, wenn er wüßte, daß heute sein Name und sein Konterfei Flaschen derart erbärmlichen Inhalts schmücken. Es wird drastischer Veränderungen im Weinkeller bedürfen, wenn dieser Betrieb nicht seinen letzten Rest Glaubwürdigkeit verlieren will. Andernfalls wird vielleicht ein sehr berühmtes Gespenst sich von Weimar aus in den Rheingau aufmachen, um Rache zu üben!

Weingut Diefenhardt

Anschrift 65344 Martinsthal, Hauptstraße 11

Dieser kleine Familienbetrieb bringt vielleicht nicht gerade Weine der absoluten Spitzenklasse hervor, aber seine trockenen und restsüßen Rieslingweine aus den Martinsthaler und Rauenthaler Lagen sind meistens gut oder sehr gut. Die besten Weine und die Charta-Weine stammen aus dem exzellenten Rauenthaler Rothenberg. Mit ein wenig Sorgfalt bei der Auswahl kann man hier einen ausgezeichneten Gegenwert für sein Geld erhalten. Schon etwas mehr Ehrgeiz könnte diesem Gut zu einem Platz unter den führenden Erzeugern im Rheingau verhelfen.

Weingut Ökonomierat J. Fischer Erben

Anschrift 65347 Eltville, Weinhohle 14

Seit dem plötzlichen Unfalltod ihres Vaters im Jahre 1953 erzeugt Hanni Fischer die Weine dieses Gutes. Mit ihren über achtzig Jahren und ihrer fortwährenden Arbeit im Betrieb kann sie zahlreichen jüngeren Frauen der deutschen Weinszene als leuchtendes Vorbild dienen. Ihre Weine werden nach äußerst traditionellen Methoden erzeugt, was sie sehr jung nicht besonders anziehend erscheinen läßt. Alle besitzen aber reichlich Substanz und eine rassige Säure; besonders als halbtrockene oder restsüße Weine sind sie sehr eindrucksvoll. Zudem verfügen sie über ein gutes Alterungspotential. Die edelsüßen Auslesen aus den Spitzenjahrgängen 1964, 1971 oder 1976 sind ganz ausgezeichnet. Sie belohnen die jahrzehntelange Arbeit, die Hanni Fischer in diesen Betrieb gesteckt hat.

Weingut Schloß Groenesteyn

Anschrift 65399 Kiedrich, Suttonstraße 22

Bis 1983 war dieser Betrieb eines der absoluten Spitzengüter des Rheingaus, und seine Weine waren von einer unübertroffenen Eleganz und Schönheit. Danach aber hatte das Gut mit zahlreichen Schwierigkeiten zu kämpfen, und Weine, die an den früheren Standard heranreichen konnten, wurden sehr selten. Mit dem 92er Jahrgang aber wurde angedeutet, daß die alte Form nicht unwiderruflich verloren ist. Wenn viele der Weine auch weiterhin ein wenig einfach und flach sind, haben sie doch erheblich an Anziehungskraft und Harmonie hinzugewonnen. Hoffentlich kann diese Tendenz mit dem 93er Jahrgang und allen weiteren fortgesetzt werden. Heute wie damals kommen die besten Schloß-Groenesteyn-Weine aus dem Rüdesheimer Berg Rottland und dem Berg Schloßberg. Zumindest hieraus sollte dieses Weingut regelmäßig einige der besten Weine des gesamten Anbaugebietes hervorbringen können.

Weingut Prinz von Hessen

Anschrift 65366 Johannisberg, Grund 1

Auch dieser Betrieb hat früher - bis 1983 - erstklassige Weine hervorgebracht, in den letzten Jahren aber enorm nachgelasen. Die 92er Weine sind einfach entsetzlich, denn von den edelsüßen Weinen abgesehen sind alle anderen Erzeugnisse dieses Jahres herb und adstringierend. Darüber hinaus sind viele Weine von wenig ansprechenden Aromen belastet, was ernsthafte Probleme im Weinberg und im Keller verrät. In Anbetracht des ausgedehnten Lagenbesitzes dieses Gutes, vor allem in so exzellenten Lagen wie dem Johannisberger Klaus und dem Winkeler Jesuitengarten, sollte die Qualität wesentlich besser als der gegenwärtig erzielte miserable Standard sein.

Weingut Hupfeld/Königin Victoria Berg

Anschrift 65375 Oestrich-Winkel, Rheingaustraße 113

Die allgemeine Qualität der Weine dieses Gutes ist zwar etwas unberechenbar und schwankend, die besten Erzeugnisse aber sind klassische Rheingaurieslinge, deren feste Säure von einer reifen Frucht ausgewogen wird. Die gelungensten Weine stammen aus der 5 ha großen Alleinbesitzlage Hochheimer Königin Victoria Berg und aus dem Winkeler Jesuitengarten, einer meist unterbewerteten Lage. Häufig beweisen sie schön konzentrierte Aromen und Geschmacksnoten und eine wahre Eleganz. Die meisten Hupfeld-Weine werden trocken oder halbtrocken vinifiziert; auch Charta-Weine sind hier von einiger Bedeutung. Es lohnt sich sicher, die Fortschritte des Weingutes von Henning und Wolfram Hupfeld weiterhin im Auge zu behalten.

Weingut Jakob Jung

Anschrift 65346 Erbach, Erbacher Straße 22

Zuerst wurde ich durch die ausgezeichnete 90er Riesling Spätlese »Charta« auf dieses Weingut aufmerksam, einen der besten Weine dieses für den Rheingau exzellenten Jahrganges. Aber leider bin ich, ungeachtet des guten Qualitätsstandards, bei Ludwig Jung auf keinen weiteren Wein gestoßen, der an das Niveau dieser überragenden Spätlese heranreichte. Alle Jung-Weine sind äußerst sauber und besitzen lebhafte Fruchtaromen und Geschmacksnoten, besitzen aber häufig etwas zu wenig Konzentration und Kraft, was vermutlich an den relativ hohen Erträgen liegt. Die bisher erzielten Resultate jedoch lassen vermuten, daß Ludwig Jung die Qualität noch weiter verbessern wird. Mit den bescheidenen Preisen seiner Weine bietet dieser junge Winzer ein ausgezeichnetes Preis-Leistungs-Verhältnis.

Weingut August Kesseler

Anschrift 65385 Aßmannshausen, Lorcher Straße 16

Für seine roten Spätburgunder ist August Kesseler wesentlich besser bekannt als für seinen trockenen Riesling. Mit den Rotweinen der Jahrgänge 1988, 1989 und 1990 schuf er eine Sensation und stellte mit bis zu DM 72 pro Flasche einen neuen Preisrekord für deutsche Rotweine auf. Diese Weine mögen zwar gelungen sein, reichen aber nicht ganz an die zuvor geweckten Erwartungen heran. Nachdem sich die Qualität der trockenen Kesseler-Rieslinge in den späten achtziger Jahren sprunghaft verbessert hatte, müssen in der letzten Zeit auf diesem Gut einige Probleme aufgetaucht sein, denn die trockenen Rieslinge des Jahrgangs 1991 sind recht dünn, die des 92er Jahrgangs derb und wenig ansprechend. Soll dieser Trend aufgehalten werden, müssen schleunigst einige Veränderungen vorgenommen werden.

Georg-Müller-Stiftung/Weingut der Stadt Eltville

Anschrift 65347 Hattenheim, Erbacher Straße 7–9

Als ich die Weine dieses Gutes in den früheren achtziger Jahren zum ersten Mal probierte, ließen sie vermuten, daß die Georg-Müller-Stiftung einer der Aufsteiger des Rheingaus sei und daß Direktor und Kellermeister Brossmann noch Großes leisten würde. Aber irgend etwas scheint hier schiefgelaufen zu sein, denn selbst die Müller-Weine aus den großen Lagen Hattenheimer Nußbrunnen und Wisselbrunnen können kaum beeindrukken. Nur wenige Weine dieses Gutes sind besser als durchschnittlich.

Weingut Eberhard Ritter von Oetinger

Anschrift 65337 Erbach, Rheinallee 2

Dieses Gut beherbergt den gemütlichsten und charmantesten Gutsausschank im ganzen Rheingau. Hier verkauft der Betrieb auch die meisten seiner überwiegend trockenen Rieslinge. Der Inhaber und Winzer Christoph von Oetinger besitzt genausoviel Ausstrahlung wie sein Vater Eberhard von Oetinger, der viele Jahre lang Deutschlands bedeutendster Weinauktionär war. Er wird noch einige Zeit brauchen, um seinen eigenen Stil als Weinerzeuger zu finden, und noch sind die Oetinger-Weine durchwachsener Qualität. Die besten seiner Weine stammen für gewöhnlich aus dem weltberühmten Erbacher Marcobrunn.

Weingut Balthasar Ress

Anschrift 65347 Hattenheim, Rheinallee 7

Stefan Ress ist ein sehr charmanter und gebildeter Mann, den man außerhalb seines Betriebes eher für einen Geschäftsmann oder Kunsthändler als für einen Winzer halten würde. Und tatsächlich ist er von allem etwas, denn er betreibt sein Weingut mit einer Genauigkeit, die man von dem Leiter eines Technologiekonzerns erwarten würde und stattet seine Flaschen mit Deutschlands gelungensten Künstleretiketten aus. Wären seine Weine gleichbleibend hoher Qualität, ergebe all das eine wunderbare Kombination. Leider schwankt der Standard zwischen durchschnittlicher und guter Qualität. Dabei verleihen die Parzellen in den besten Lagen von Rüdesheim und Hattenheim sowie die Alleinbesitzlage Schloß Reichartshausen diesem Weingut ein wesentlich höheres Potential, als heute ausgeschöpft wird. Anscheinend wird hier zu viel Energie für die Vermarktung der Weine und zu wenig für ihre Erzeugung aufgebracht.

Weingut Jakob Riedel

Anschrift 65375 Hallgarten, Taunusstraße 1

Dieses Weingut wird von einem in Deutschland einmaligen Mutter-und-Sohn-Gespann betrieben. Frau Riedel ist weit über siebzig Jahre alt und mittlerweile etwas schwach auf den Beinen, kann aber die 39er Lese oder die Erzeugung der legendären edelsüßen 59er Weine des Gutes bis ins letzte Detail beschreiben. Nicht weniger bemerkenswert ist ihr Sohn Wolfgang, der vor Energie und Ideen fast platzt. Doch leider scheint er mehr Begeisterung für die Kunstgeschichte als für die Weinerzeugung aufzubringen, so daß die Weine des Gutes zu einer reinen Glückssache geraten. Mit etwas größerer Sorgfalt im Weinkeller könnten leicht Weine ähnlichen Ranges wie die bemerkenswerten Riedel-Erzeugnisse der dreißiger, vierziger und fünfziger Jahre entstehen, von denen noch heute viele voller Leben sind. Die Mostklärung vor der Gärung und spundvolle Tanks scheinen mir unerläßliche Voraussetzungen für die Erzeugung hochwertiger Weine zu sein. Daß einige Weine der Riedels trotz der Nachlässigkeit in diesen Punkten so viel Frucht und Charakter besitzen, verrät einiges über die ihnen eigene Vitalität.

Weingut Martin Siegfried

Anschrift 65385 Rüdesheim, Schmidtstraße

Der stämmige, bärtige Martin Siegfried versteht vielleicht nicht allzuviel vom Marketing und meldet seine Weine vielleicht nicht jede zweite Woche der Presse, dafür bringt er aber aus den Lagen in der Umgebung von Rüdesheim einige sehr gute Weine hervor. Die feinsten Gewächse stammen aus einer steilen Parzelle im besten Teil des Rüdesheimer Berg Rottland. Kein Erzeugnis aus seinen Kellern wird enttäuschen. Diese Weine sind alles andere als aufdringlich und ihre Preise sehr attraktiv.

Verwaltung der Staatsweingüter Kloster Eberbach

Anschrift 54343 Eltville, Schwalbacher Straße 56–62

Der im wahrsten Sinne einzigartige Weinbergbesitz dieses riesigen Weingutes umfaßt die besten Lagen des Rheingaus, den Steinberg im Alleinbesitz, fast den gesamten Rauenthaler Baiken neben beträchtlichen Parzellen in den Spitzenlagen von Rüdesheim und Hochheim und einem Stückchen im Erbacher Marcobrunn. Über hundert Jahre lang, von 1866 bis 1971, wurden im Kloster Eberbach einige der besten deutschen Rieslinge erzeugt. Dieses Weingut war eine der Säulen der deutschen Weinkultur. Dann aber wurde der frühere Gutsdirektor Dr. Hans Ambrosi zu einem der führenden Verfechter der industrialisierten Weinerzeugung, und das internationale Ansehen des Betriebes sank zunehmend in den siebziger und achtziger Jahren. Der nächste Direktor, Dr. Rowald Hepp, versuchte sofort nach seinem Arbeitsantritt 1990, den Abstieg dieses Gutes aufzuhalten, doch seine Bemühungen haben erst bescheidene Früchte getragen. Sowohl der 91er als auch der 92er Jahrgang waren wenig anregend, und nur einige Weine unterhalb der Stufe einer Auslese waren besser als der Durchschnitt. Das einzige Gebiet, auf dem sich das Weingut derzeit mit einer gewissen Kontinuität hervortun kann, sind die edelsüßen Weine von zum Teil bemerkenswerter Qualität.
Im Frühjahr 1994 gab Dr. Hepp bekannt, daß er zum Staatlichen Hofkeller

in Würzburg wechseln wird. Die Probleme mit der staatlichen Bürokratie, die Dr. Hepp erwähnte, als er seinen Abschied im Rheingau erklärte, lassen die Arbeitsbedingungen für seinen Nachfolger eher schwierig erscheinen. Dies ist eine traurige Situation für alle, die Weine aus dem Rheingau lieben.

Weingut Troitzsch

Anschrift 65391 Lorch, Haus Schöneck

Im ganzen Rheingau ist dieses Weingut wohl der am stärksten traditionsverbundene Betrieb. Will man erfahren, wie ein typischer Rheingauriesling vor fünfzig Jahren geschmeckt hat, ist dies genau die richtige Adresse. Dieter Pusinelli vinifiziert seine gesamte Produktion absolut trocken und läßt all seine Weine fast ein Jahr lang in Holzfässern reifen. Vielen Weinliebhabern ist sein Stil schon zu extrem, aber die Aufrichtigkeit, mit der die Troitzsch-Weine erzeugt werden, ist über jeden Zweifel erhaben.

Weingut Schloß Vollrads/Weingut Fürst Löwenstein

Anschrift 65375 Oestrich-Winkel, Schloß Vollrads

In den achtziger Jahren galt Erwin Graf Matuschka-Greiffenclau international als das »Gesicht« des deutschen Weines, denn er machte rund um den Erdball Reklame für den trockenen Rheingauriesling und die Charta-Weine als die ultimativen Weine zu gehobenen Speisen. Die Rheingauer Winzer verdanken ihm viel angesichts seiner unbezahlbaren Werbefeldzüge für dieses Gebiet. Ohne sie würde der Rheingau innerhalb Deutschlands kaum das beste Image als Weinbaugebiet genießen, und es wären auch nicht so viele Rheingauweine auf den Karten ausgezeichneter Restaurants in der ganzen Bundesrepublik zu finden. Der Versuch dieses Weingutes, seine stahligen trockenen Rieslinge an Gourmets in der ganzen Welt zu verkaufen, mißlang allerdings. Zwar war der größte Teil der Vollrads-Weine aus den achtziger Jahren für gewöhnlich guter Qualität, aber zu säurehaltig, um unter den meisten Weinliebhabern im Ausland wirkliche Freunde zu finden. Leider ist die Weinqualität in den neunziger Jahren gesunken; der sehr enttäuschende 92er Jahrgang enthält sogar ein oder zwei nahezu fehlerhafte Weine. Kaum überraschend kam daher 1992 die Kündigung des Kellermeisters Senft. Seinen Platz nahm der junge Kaspar Herke ein, den sein Vater unterstützen wird. Die Erzeugung von Weinen mit mehr Frucht und Eleganz und einer schwächeren Säure, als sie die letzten Jahrgänge besaßen, soll nun im Vordergrund stehen. Diese Entwicklung wäre sehr zu begrüßen, denn das Ansehen des Weingutes Schloß Vollrads hat in den vergangenen Jahren sehr gelitten. Ein einziger gelungener Jahrgang würde schon genügen, um die hartnäckigen Gerüchte über die finanziellen Verhältnisse dieses Gutes und einen möglichen Verkauf zu zerstreuen.

14. Kapitel

Rheinhessen

Gesamtrebfläche 26 137 ha
Rieslingrebfläche 2128 ha/8,1 %

Rheinhessen stellt die »graue Eminenz« des deutschen Rieslings dar. Die Zahl der hier erzeugten Spitzenrieslinge ist zwar klein, doch sind darunter mit die schönsten Weine Deutschlands. Bisher ist das aber nur wenigen bekannt, denn die rheinhessische Weinproduktion insgesamt ist groß und in Charakter und Qualität sehr unterschiedlich.
Rheinhessen liegt zwischen dem Rheingau im Norden, der Pfalz im Süden, dem Rhein im Westen und der Nahe im Osten und bietet mit seiner wenig dramatischen, hügeligen Landschaft dem Besucher nur wenige markante Punkte, an denen er dieses Gebiet erkennen könnte. Bei den zahlreichen Rebsorten, die hier angebaut werden, ist es schwierig, eine als typisch zu bezeichnen; der trockene Silvaner kann aber sicher als Tradition Rheinhessens gelten.
Heute kommen die fraglos besten Weine aus dem schmalen Streifen steiler Weinberge am linken Rheinufer zwischen Nackenheim und Dienheim südlich von Mainz. Hier, an der klassischen Rheinfront, ist der Riesling die vorherrschende Rebsorte und ergibt Weine mit ausgesprochen konzentrierter Frucht und einer natürlichen Harmonie, was die Erzeugung hochwertiger trockener Rieslinge wesentlich einfacher macht als im Rheingau, an Mosel-Saar-Ruwer oder der Nahe. Auch die edelsüßen Auslesen aus diesen Lagen sind bemerkenswerte, äußerst elegante Weine. Den roten Schieferböden, Rotliegendes genannt, von Nackenheim und Nierstein verdanken die Weine ihre Verbindung von Finesse und aromatischer Intensität, die an einen Moselriesling erinnern; sie besitzen zudem eine seidige Säure, die selbst in geringen Jahrgängen nie herb gerät. Die Oppenheimer und Dienheimer Weine sind gehaltvoller, und ihre Säure ist fester; wegen der schwereren Böden sind auch ihre Aromen opulenter. Auch Bingen im Nordwesten dieses Anbaugebiets verfügt über ein vergleichbares Potential zur Erzeugung von Spitzenweinen, schöpft es aber gegenwärtig nicht aus.
Im Westen schließt sich das Hügelland Rheinhessens an. Hier wurden schon immer rustikale Landweine für den alltäglichen Genuß produziert,

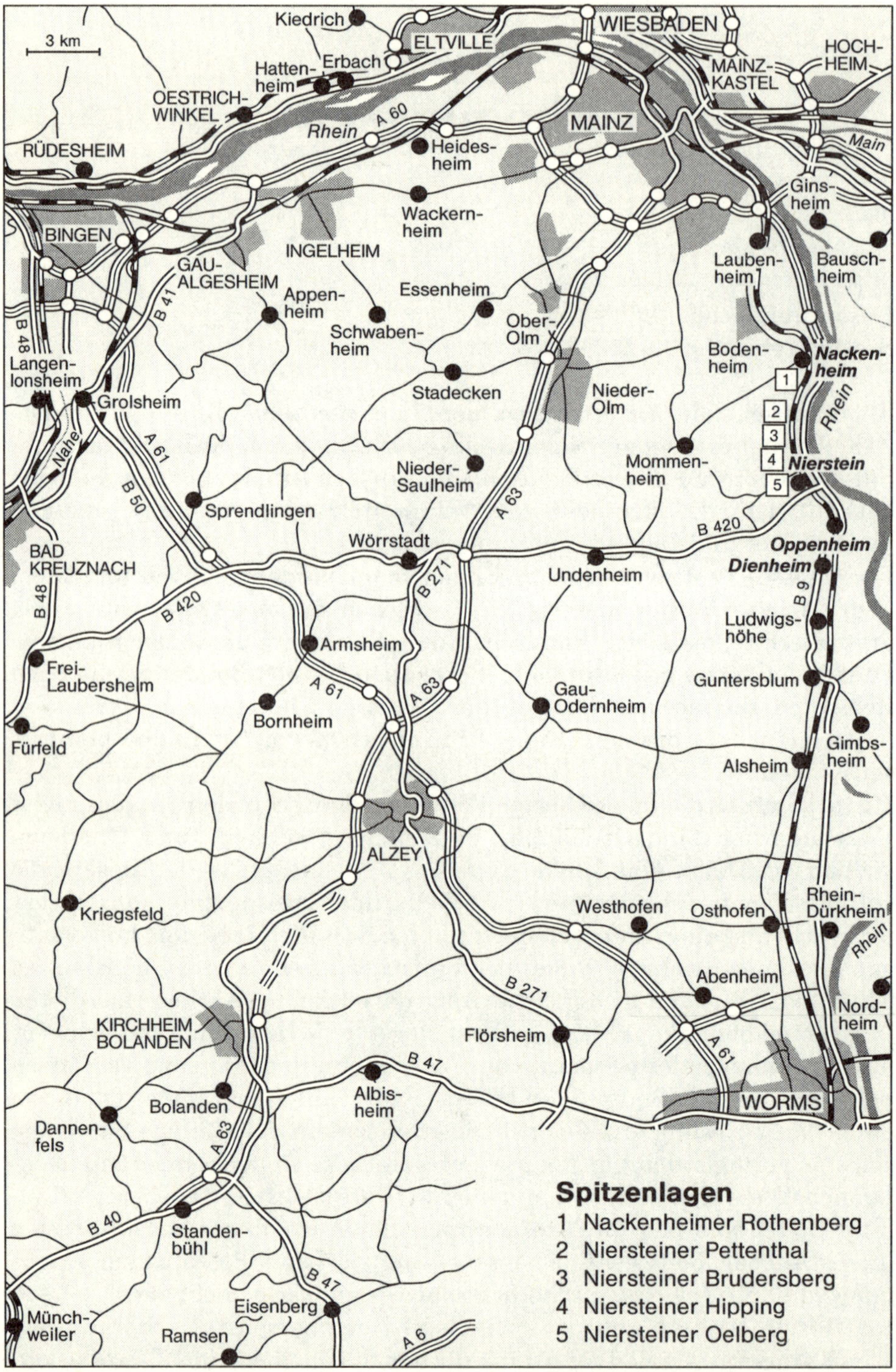
3 km
Kiedrich
WIESBADEN
ELTVILLE
Hatten-
heim
Erbach
HOCH-
HEIM
MAINZ-
KASTEL
OESTRICH-
WINKEL
Rhein
A 60
MAINZ
Main
RÜDESHEIM
Heides-
heim
Gins-
heim
Wackern-
heim
BINGEN
INGELHEIM
Lauben-
heim
Bausch-
heim
GAU-
ALGESHEIM
Appen-
heim
Essenheim
B 41
Schwaben-
heim
Ober-
Olm
B 48
Boden-
heim
Nacken-
heim
Langen-
lonsheim
Stadecken
Grolsheim
Nieder-
Olm
Rhein
Nahe
A 61
Mommen-
heim
Nieder-
Saulheim
Nierstein
B 50
Sprendlingen
A 63
B 420
Wörrstadt
Oppenheim
BAD
KREUZNACH
Undenheim
Dienheim
B 271
B 9
B 420
B 48
Ludwigs-
höhe
Armsheim
Frei-
Laubersheim
A 61
A 63
Guntersblum
Gau-
Odernheim
Bornheim
Fürfeld
Gimbs-
heim
Alsheim
ALZEY
Kriegsfeld
Westhofen
Osthofen
Rhein-
Dürkheim
Rhein
B 271
Abenheim
KIRCHHEIM
BOLANDEN
Flörsheim
Nord-
heim
A 61
B 47
WORMS
Albis-
heim
Bolanden
Dannen-
fels
A 63
Spitzenlagen
1 Nackenheimer Rothenberg
2 Niersteiner Pettenthal
3 Niersteiner Brudersberg
4 Niersteiner Hipping
5 Niersteiner Oelberg
B 40
Standen-
bühl
B 47
Eisenberg
Münch-
weiler
Ramsen
A 6

und die Landwirtschaft stand lange Zeit gleichberechigt neben dem Weinbau. Während der sechziger und siebziger Jahre aber wurden die Rebflächen, wie in vielen anderen Gebieten, drastisch ausgeweitet und die für die herkömmlichen Rebsorten ungeeigneten Flächen mit minderwertigen Neuzüchtungen bepflanzt. Ähnlich wie die Zuckerrüben, die vorher hier wuchsen, wurden auch die neuen Rebsorten eher nach maximalem Zuckergehalt denn nach Geschmack ausgewählt. Mittlerweile tendiert man zwar in dieser Gegend zu den traditionellen Rebsorten, doch bis sie überwiegen, wird noch einige Zeit vergehen.

Gewiß gibt es auch im rheinhessischen Hügelland Lagen, die sehr gute Rieslinge hervorbringen könnten, doch bisher hat noch niemand einen regelmäßigen Erfolg vorweisen können. Das gilt allerdings nicht für die Weine der Burgunder-Familie und die hochwertigen Neuzüchtungen wie Scheu- oder Huxelrebe. Hieraus werden sehr bemerkenswerte Weine erzeugt, die zudem zu attraktiven Preisen erhältlich sind. Auch der von der Gebietsweinwerbung lancierte »RS« (Rheinhessen Silvaner) hat einiges zur Wiederbelebung des Interesses am traditionellen Erzeugnis dieses Gebietes beigetragen. All diese Entwicklungen sind durchweg positiv zu bewerten, und sie geben Anlaß zu der Hoffnung, daß Rheinhessen sich von seinem Image als ein der Massenproduktion und nicht der Qualität verschriebenes Anbaugebiet wird befreien können.

Spitzenrieslinglagen

NACKENHEIMER ROTHENBERG Gunderloch
NIERSTEINER BRUDERSBERG Heyl zu Herrnsheim (Alleinbesitz)
NIERSTEINER HIPPING St. Antony, Georg Albrecht Schneider
NIERSTEINER OELBERG St. Antony, Heyl zu Herrnsheim
NIERSTEINER PETTENTHAL St. Antony, Heinrich Braun, Heyl zu Herrnsheim

Exzellente Rieslinglagen

DIENHEIMER TAFELSTEIN Brüder Dr. Becker
NIERSTEINER HEILIGENBAUM Heinrich Braun, Louis Guntrum
NIERSTEINER KRANZBERG Heyl zu Herrnsheim
NIERSTEINER ORBEL St. Antony, Heinrich Braun
NIERSTEINER ROSENBERG St. Antony
NIERSTEINER SCHLOSS SCHWABSBURG Heinrich Braun

Oppenheimer Kreuz Louis Guntrum, Bürgermeister Carl Koch
Oppenheimer Sackträger Louis Guntrum, Bürgermeister Carl Koch, Kühling-Gillot, Dr. Alex Senfter
Oppenheimer Schutzenhütte Louis Guntrum (Alleinbesitz)

Weingut Heinrich Braun

Anschrift 55283 Nierstein, Glockengasse 9
Inhaber und Kellermeister Peter Braun

Gesamtrebfläche 25 ha
Rebsortenspiegel 70 % Riesling, 10 % Müller-Thurgau, 6 % Silvaner, 14 % andere Sorten

Rieslingproduktion

Rebfläche 17,5 ha
Lagen Niersteiner Pettenthal, Niersteiner Hipping, Niersteiner Orbel, Niersteiner Oelberg und andere Lagen
Rebmaterial 100 % Pfropfreben
Durchschnittliches Rebalter 20 Jahre
Durchschnittlicher Ertrag 65 hl/ha
Durchschnittliche Produktion 150 000 Flaschen pro Jahr

Peter Brauns extreme Vorsicht im Umgang mit Journalisten hat die Beschaffung der zur Beschreibung seines Weingutes notwendigen Informationen nicht gerade einfach gemacht, doch sollte das keinerlei Einfluß auf die Bewertung haben.
Die Weinerzeugung seines Betriebes war in den letzten Jahren gewissen Schwankungen unterworfen, doch zählt er dessenungeachtet zu den wenigen Spitzenbetrieben Rheinhessens; die Mehrheit seiner Weine hält jedem Vergleich mit den besten Rheingauweinen stand. Auch die Preise sind moderat, und der trockene Riesling, das vorherrschende Erzeugnis der Braun-Produktion, repräsentiert ein sehr attraktives Preis-Leistungs-Verhältnis.
Viele deutsche Winzer scheinen trockene Weine ausschließlich wegen der guten Absatzchancen zu erzeugen, Peter Braun aber bringt aus tiefster Überzeugung schon seit den späten siebziger Jahren hochwertige trockene Ries-

linge hervor. Während dieser Zeit hat er reiche Erfahrungen mit jeder einzelnen Niersteiner Spitzenlage gesammelt: mittlerweile kann er für jede dieser Lagen den optimalen Lesebeginn bestimmen, weiß, welche Lage den besten trockenen Wein und welche eher Weine mit einem Hauch natürlicher Süße hervorbringt, ob die Weine einer Lage eher jung oder besser nach einigen Jahren genossen werden sollten. Außerdem hat Peter Braun das Glück, daß sich seine beste Lage, eine riesige Parzelle im schönsten Teil des Pettenthals, optimal zur Erzeugung trockener Spitzenrieslinge eignet.
Bei diesen Voraussetzungen sollte das Weingut Heinrich Braun eigentlich der führende Erzeuger trockener Rieslinge an der ganzen Rheinfront sein. Daß dem nicht so ist, liegt wahrscheinlich an der etwas desorganisierten Betriebsführung und den recht großzügigen Erträgen. Die organisatorischen Mängel schlagen sich in der schwankenden Weinqualität nieder. So reichte etwa die Qualität der 92er Weine von gering bis herausragend. Die schönsten Weine dieses Jahrgangs besitzen eine feine Pfirsichfrucht, subtile blumige und mineralische Untertöne und eine enorme Eleganz. Dennoch fehlt ihnen das gewisse Etwas an Kraft und Konzentration. Sie entsprechen aber anscheinend dem persönlichen Geschmack Peter Brauns, der mir einmal erklärte: »Die besten Rieslinge sind die aus vollen, reifen Trauben bei einem Ertrag von 50 bis 70 Hektoliter pro Hektar. Ist der Ertrag noch niedriger, können die Weine leicht zu voll geraten und an Eleganz verlieren.« Sind dem Weintrinker also die hier empfohlenen trockenen Weine anderer rheinhessischer Güter zu mächtig, wird er bei Peter Braun bestens aufgehoben sein.
Die Bevorzugung von Eleganz auf Kosten der Kraft spiegelt sich auch im Rebmaterial dieses Betriebes wider. Hier dominieren Nahe- und Moselklone anstelle der sonst üblichen Geisenheimer Klone aus dem Rheingau. So wird der blumige und mineralisch-rassige Aspekt der Niersteiner Weine sicher stärker betont als die opulenten, vollfruchtigen Charakteristiken. Der Ausbau geht hier noch sehr traditionell in Holzfässern vonstatten, alle Weine vergären mit natürlicher Hefe und werden, wenn alles richtig läuft, sicher sowenig wie möglich behandelt oder bewegt. Ihr Alterungspotential ist beachtlich, selbst die trockenen Weine können bis zu zehn Jahre alt werden.
Den Schwerpunkt der Produktion auf dem Weingut Braun bilden sicher die trockenen Weine, aber Peter Braun erzeugt auch einige imposante Dessertweine aus edelfaulen Trauben. Weniger erfolgreich ist er mit Experimenten wie mit Barrique-Weinen oder dem Riesling »italienischer Art« von 1992. Da diese Erzeugnisse sehr eigenartig sein können, sollten sie besser gemieden werden.
Bei jeder Weinprobe auf dem Gut Heinrich Braun sind wenigstens ein

halbes Dutzend eindrucksvoller Weine, zahlreiche solide und auch ein oder zwei enttäuschende Weine zu finden. Peter Braun scheint jedoch sowohl für Kritik als auch für Ansporn unempfänglich zu sein, so daß die Erfolgsrate seines Gutes weitgehend unverändert bleiben wird. Mit ein wenig mehr Offenheit und Ehrgeiz ließe sich dieses gute Weingut in einen der Spitzenbetriebe am Rhein verwandeln.

Niersteiner Pettenthal Riesling

1988 SPÄTLESE TROCKEN 80
Recht entwickelter Pfirsich-Mandel-Duft; saftig und elegant, mäßige Dichte und Länge, die Säure komplett abgerundet und die Aromen voll entwickelt. Etwas enttäuschend nach den sehr guten trockenen Rieslingen aus den Jahren 1985 und 1986. Wenig Zukunft, jetzt trinken.

1989 SPÄTLESE TROCKEN 84
Entwickelter Ananas-Karamel-Duft; deutlich mehr Saft und Substanz als die 88er Version, gute Säure, die Honignote und leichte Botrytisbitternis stören die Harmonie; langer, nicht ganz ausgewogener Nachhall. Hält sich bis 1996/97.

1989 TROCKENBEERENAUSLESE 92
Ausladender Rosinenduft mit starker Karamelnote; massive Fülle und Kraft, recht wenig Süße für eine Trockenbeerenauslese, viel Würze und Schmelz; mächtiger Nachhall. Ein imposanter Wein, aber es fehlt an Eleganz; hält sich noch 20 Jahre.

1990 SPÄTLESE TROCKEN 90
Feinfruchtiger Aprikosenduft mit mineralischer Note; sehr saftige Frucht mit leichtem Ananaston, dicht und filigran zugleich, tolles Spiel; hocheleganter Nachhall. Eine der Jahrgangsspitzen in Rheinhessen und besser als viele vergleichbare Rheingauer! Schon jetzt in ihrer besten Form, kann bis 2000 liegen.

1990 AUSLESE 92
Verführerisches Pfirsich-Maracuja-Bouquet; satte exotische Frucht ohne jegliche Schwere, sehr konzentriert und saftig, elegantes Säurespiel und angemessene Süße; nachhaltige Rasse. Schon trinkbar, wird aber ab 1997 eine wesentlich ausgeglichenere Harmonie aufweisen; kann problemlos bis 2012 liegen.

1991 SPÄTLESE TROCKEN 70
Einfacher Apfelduft mit rustikaler Note; ziemlich grob und einfach angelegt, recht kantige Säure; etwas stumpfer Nachhall. Ein schwacher Wein, der nicht das Prädikat »Spätlese« verdient.

1992 SPÄTLESE TROCKEN 84
Feiner Pfirsichduft; gute Dichte und viel Saft, feinfruchtig, trotz etwas weicher Säure gute Struktur; langer, sanfter Nachhall. Eine wesentlich bessere Leistung als im Vorjahr; hält sich bis um die Jahrhundertwende.

1992 AUSLESE 88
Ausladender Aprikosenduft mit leichter Honignote; sehr reichhaltig, die Süße noch etwas dominant, elegante Säure; schmelziger Nachhall. Braucht bis 1996/97, um ihr Gleichgewicht zu finden; hält sich bis 2005.

1992 TROCKENBEERENAUSLESE 92
Sehr üppiger Duft nach getrockneten Früchten und Honig; enorme Fülle und fast genauso viel Dichte, sehr hohe Süße, die lange Zeit braucht, um sich einzubinden; sehr langer, kremiger Nachhall. Erst gegen Ende der neunziger Jahre ausgeglichen, hält sich bis mindestens 2015.

Weingut Gunderloch

Anschrift 55299 Nackenheim, Carl-Gunderloch-Platz 1
Inhaberin Agnes Hasselbach-Usinger
Leiter und Kellermeister Fritz Hasselbach

Gesamtrebfläche 10 ha
Rebsortenspiegel 85 % Riesling, 5 % Silvaner, 5 % Müller-Thurgau, 5 % Grauburgunder, Scheurebe, Gewürztraminer und Dornfelder

Rieslingproduktion

Rebfläche 8,5 ha
Lagen Nackenheimer Rothenberg und andere Lagen
Rebmaterial 100 % Pfropfreben (Gm239, 94)
Durchschnittliches Rebalter 15 Jahre
Durchschnittlicher Ertrag 50 hl/ha
Durchschnittliche Produktion 54000 Flaschen pro Jahr

Vor zehn Jahren lernte ich Fritz und Agnes Hasselbach kennen, damals waren weder das Weingut Gunderloch noch der Ort Nackenheim ein Begriff. Mit den Jahrgängen 1983, 1985 und 1986 produzierten die Hasselbachs einige gute Weine, die das Potential des Nackenheimer Rothenberg für

hochwertige trockene Rieslinge und Fritz Hasselbachs Fähigkeiten als Winzer und Kellermeister unter Beweis stellten. Mit ihren exzellenten Weinen des Jahrgangs 1989 signalisierten die Hasselbachs ihren Ehrgeiz, das Weingut Gunderloch in einen Spitzenbetrieb der gesamten Rheingegend zu verwandeln. In wenigen Jahren ist ihnen ein riesiger Schritt nach vorne gelungen, denn schon 1992 erzeugten sie die beste Kollektion von Rieslingen am Rhein. Einer dieser Weine, eine herausragende Trockenbeerenauslese aus dem Rothenberg, ist von so monumentaler Konzentration, Kraft und Saftigkeit, daß er zu den allerbesten deutschen Weinen der letzten Jahrzehnte gezählt werden muß. Er verkörpert die maximale Konzentration, derer die Rieslingtraube fähig ist, und ist auch der einzige Rheinwein in diesem Buch, der die höchste Bewertung von 100 Punkten erzielen konnte. Diese Trockenbeerenauslese hat sich jetzt noch nicht entwickelt und wird ihre fast übernatürliche aromatische Vielfalt erst im 21. Jahrhundert entfalten, wobei sie aber auch dann noch hundert Jahre älter werden kann! Dieser Wein und die kaum weniger gelungene 92er Riesling-Beerenauslese aus dem Rothenberg sind zwei Legenden der Weinerzeugung. Ich würde sie einzigartig nennen, hätten Fritz und Agnes Hasselbach mit dem 93er Jahrgang nicht wieder eine ähnliche Sammlung edelsüßer Spitzenweine erzeugt!
Diese bemerkenswerten Weine sind das Ergebnis des unablässigen Strebens nach immer besseren Erzeugnissen. Das Ehepaar Hasselbach gab sich nie mit den Resultaten des letzten Jahrgangs zufrieden, egal, wie eindrucksvoll sie auch gewesen sein mögen, sondern hat stets versucht, sie mit dem kommenden Jahrgang noch zu übertreffen. Wie Ernst Loosen vom Weingut Dr. Loosen an der Mosel, Gunter Künstler vom Weingut Franz Künstler im Rheingau und Hans-Günter Schwarz vom Weingut Müller-Catoir in der Pfalz gehören die Hasselbachs zu der kleinen Gruppe deutscher Winzer, die in den letzten fünf Jahren Weine hervorgebracht hat, wie es sie in ihrem jeweiligen Anbaugebiet nie zuvor gegeben hat. Jeder dieser Weinerzeuger bedient sich neben überlieferten Methoden auch moderner Techniken, um so dem traditionellen Charakter der Weine seines Gebietes einen neuen Ausdruck verleihen zu können. Sie alle erzeugen Weine, die sofort ihre Herkunft aus einer bestimmten Lage verraten und die sich durch ihre Persönlichkeit deutlich von den Erzeugnissen anderer Winzer unterscheiden. Diese Einzigartigkeit macht, neben der Konzentration von Frucht, Aroma und Extrakten, die Weine wahrhaft groß. Genau so ließen sich auch die Gewächse der Domaine Zind-Humbrecht im Elsaß, Domaine Leroy im Burgund oder der Domaine de Chevalier in Bordeaux beschreiben, um nur einige der berühmtesten Güter der Welt zu nennen.
Als Fritz und Agnes Hasselbach das Weingut Gunderloch – damals noch Gunderloch-Usinger – 1979 übernahmen, war die Situation völlig anders

als heute. Zu Beginn ging Fritz Hasselbach nach den Methoden vor, die er an der Oppenheimer Weinbaufachschule gelehrt hatte und die er heute als »technokratische Weinerzeugung für Winzergenossenschaften mit mittelmäßigen Ergebnissen« bezeichnet. Das Umlernen war ein schwieriger Prozeß, aber letztendlich ließ er die Schulbuchmethoden hinter sich und entwickelte seine eigenen Vorstellungen. Je länger dieser Prozeß dauerte, desto deutlicher erkannten er und Agnes Hasselbach, daß einschneidende Veränderungen vor allem in den Lagen vorgenommen werden mußten. Von 1989 an reduzierten sie die Erträge drastisch, so daß sie heute bei etwa 50 hl/ha für den Riesling liegen. Die Lagen wurden erst vor relativ kurzer Zeit im Rahmen der Nackenheimer und Niersteiner Flurbereinigung neu bepflanzt, und mit zunehmendem Rebalter werden die Erträge noch weiter auf ungefähr 40 hl/ha sinken.

Zusätzlich entschlossen sich die Hasselbachs zu einer selektiveren Lese; die Trauben, die der Sonne zugewandt sind, werden getrennt von den auf der Schattenseite wachsenden gelesen. Die ersten Selektionen edelfauler Trauben fanden 1989 statt, und mit jedem folgenden Jahrgang haben sie an Gewicht gewonnen. Zu Beginn der Lese werden diejenigen Parzellen im Rothenberg, in denen die Trauben in bester Form sind, ausgewählt; diese Trauben verbleiben bis in den November an den Reben. 1992 experimentierte man auf dem Weingut Gunderloch ähnlich wie auf dem Gut Robert Weil mit Plastikplanen, die die edelfaulen Trauben vor Regen schützen sollen. Um die höchstmögliche Qualität ihrer Weine zu verwirklichen, sind für die Hasselbachs die optimale Vorbereitung ihrer Weinberge für die Lese und die strenge Trennung der Trauben nach unterschiedlichen Reifegraden eine Selbstverständlichkeit.

Ähnliche Umwälzungen fanden auch im Weinkeller statt. Hier gilt als oberstes Prinzip: so wenig und so langsam wie möglich. Auf einigen Weingütern ist man sicher froh und glücklich, wenn man schon kurz nach Neujahr Weine bis zur Stufe einer Beerenauslese vorführen kann, auf dem Weingut Gunderloch jedoch wird kein Wein vor April präsentiert, Spätlesen oder noch höhere Prädikate nie vor September. Das hat weniger mit schüchterner Zurückhaltung von Fritz und Agnes Hasselbach zu tun als mit dem extrem langen Gärprozeß, den sie anstreben. In ihren Kellern vergärt kaum ein Wein weniger als zwei Monate, die hochwertigen trockenen Weine vier oder fünf Monate und die edelsüßen bis zu einem Jahr. Diese Dauer ist auf die gründliche Klärung des Traubenmostes, die niedrigen Temperaturen und die natürliche Hefe zurückzuführen. Beim Abstich nach der Gärung werden die Weine ohne Filtration in 600-Liter-Fässer (Halbstück) umgefüllt, wo sie für einige Monate auf der Feinhefe, dem Bodensatz aus der inaktiven Hefe, reifen. Die Filtration findet in den meisten Fällen erst kurz vor der Flaschenabfüllung statt; danach wird den Weinen zwei Monate Ruhe gewährt, um sich von der »Flaschenkrankheit« zu erholen, so daß sie tatsächlich erst im September zur Präsentation bereit sind.

Eine temperaturgeregelte Gärung ist in dieser Gegend noch wichtiger als an der Mosel oder im Rheingau, da die Spitzenlagen von Nierstein und Nackenheim häufig Trauben extrem hoher Reifegrade hervorbringen. Bei einer zu zügigen Gärung würden die Weine aus diesen Trauben stark an Aroma einbüßen und später leicht alkoholisch und dumpf schmecken. Da auf dem Weingut Gunderloch die Erzeugung hochwertiger trockener Rieslinge mit einem natürlichen Alkoholgehalt von 12 bis 13 % vol einen wesentlichen Teil der Gesamtproduktion ausmacht, ist die Temperaturkontrolle während der Gärung für Fritz Hasselbach mehr als nur ein technologisches Spielzeug. Der Nackenheimer Rothenberg und die benachbarten Lagen am Roten Hang zwischen Nierstein und Nackenheim zählen zu den besten Lagen am ganzen Rhein und zu den vielversprechendsten Lagen für erstklassige trockene Rieslinge in Deutschland. Der hohe Reifegrad der Trauben, die seidige, wenn auch analytisch hohe Säure der Weine und deren reiche Frucht schaffen eine Harmonie, an die nur wenige trockene Rheingauweine heranreichen. Bei diesen Weinen hat das Gut Gunderloch in den letzten Jahren auch die größten Fortschritte verzeichnen können, denn die 90er Riesling Spätlese Trocken übertrifft fraglos die 89er, während die 92er die bisherige Krönung darstellt.

Der Versuch der Hasselbachs, immer bessere trockene Rieslingweine zu erzeugen, hat unerwartete Früchte getragen. Das erste Beispiel hierfür war die 90er Riesling-Auslese, die bei 18 Gramm Süße pro Liter aufhörte, zu vergären. Sie war einer der besten Gunderloch-Weine dieses Jahrgangs und verkaufte sich trotz des wenig anziehenden Namens »Auslese alter Schule« sehr gut. Auch 1992 versuchte Fritz Hasselbach, einen der besten Weine des Jahrgangs so lange vergären zu lassen, bis er trocken ist, doch es passierte wieder dasselbe. Die 92er Auslese*** schmeckt leicht süß und verfehlte die Werte, mit denen sie als »trocken« gegolten hätte, nur um Haaresbreite. Sie ist ein einzigartiger Wein. Mit ihrer geballten Konzentration und der für eine lange Entwicklung notwendigen Säurestruktur erinnert sie an die großen Auslesen des letzten Jahrhunderts und Anfang dieses Jahrhunderts. Wie alle anderen Gunderloch-Weine besitzt auch sie nur natürliche Süße, die vom unbeeinflußten Ende der Gärung herrührt, wie er bei den Weinen Hasselbachs üblich ist. Ein anderes Ergebnis dieser Methode ist der äußerst erfolgreiche »Jean Baptiste«, ein Riesling-Kabinett aus dem Nackenheimer Rothenberg mit einer rassigen Säure und einer zarten Andeutung von natürlicher Süße, dazu der für den Rothenberg so typischen Grapefruit- und Pfirsichnote. Weder gänzlich trocken noch süß, stellt dieser

Wein einen wunderbaren Begleiter zu allen leichteren Gerichten dar, kann aber auch hervorragend ohne Speisen genossen werden.
Bis auf das Moselgebiet gibt es nirgendwo Lagen, die exzellente Rieslinge so verschiedener Richtungen hervorbringen wie die Nackenheimer und Niersteiner Spitzenlagen mit ihrer optimalen Sonneneinstrahlung und den flachen roten Schieferböden. In den steilen Hängen des Rothenbergs und den benachbarten Lagen direkt am linken Rheinufer herrscht ein vorzügliches Mikroklima. Darüber hinaus wird das Licht vom Rhein reflektiert, ein Umstand, von dem auch viele Winzer im Rheingau reden, von dem aber dort nur wenige Lagen tatsächlich profitieren. So sind diese Lagen wärmer als die meisten anderen am Rhein und Rebwuchs und Blüte beginnen hier ausgesprochen früh. Die Entwicklung der Trauben und die Lese beginnen hier etwa zehn Tage früher als in den besten Teilen der Mittelmosel oder im Rheingau. Im nördlichen Klima Deutschlands können schon wenige Tage über Erfolg oder Mißerfolg entscheiden. Für die elegante Säure und die besonderen Fruchtaromen dieser Weine sind fraglos die roten Schieferböden verantwortlich. Für die Weine aus diesen Lagen ist auch ein deutlicher Mandelton charakteristisch, der sich besonders in einer Spätlese oder Auslese offenbart; bei höheren Prädikaten wird er häufig durch die Botrytisaromen überlagert.
Sucht man nach einem Rheinriesling höchster Qualität und Individualität, sollte diesem Weingut und seinen bemerkenswerten Erzeugnissen auf jeden Fall Beachtung geschenkt werden. Mit dem Jahrgang 1992 hat es seine Zugehörigkeit zur Elite der Rheingüter bestätigt, und die Entwicklung vom Weingut Gunderloch ist gewiß noch nicht abgeschlossen. Sollte der 93er Jahrgang den Vorgaben der letzten Jahre entsprechen, wird man diesen Betrieb zu den besten Weingütern Deutschlands und somit zu den führenden Weißweinerzeugern der ganzen Welt zählen müssen.

Nackenheimer Rothenberg Riesling

1989 SPÄTLESE TROCKEN 87
Voller Pfirsich-Mandel-Duft; trotz satter Frucht und großer Fülle sehr elegant und frisch für den eher weichen und sich schnell entwickelnden Jahrgang, schöne Säurestruktur und leichter Schmelz; nachhaltiger Mandelton. Für 1989 ein sehr gelungener trockener Riesling, wenn auch nicht sehr tief oder komplex; hält sich bis Ende der neunziger Jahre.

1989 Auslese **90**
Finessenreicher Ananas-Aprikosen-Duft mit zarter Grapefruit- und Mandelnote; konzentriert und filigran zugleich, sehr elegantes Säurespiel, angemessene Süße; langer, vielschichtiger Nachhall. Immer noch frisch; kann problemlos bis 2010 liegen.

1989 Beerenauslese **95**
Tolles Bouquet nach exotischen Früchten, Marzipan und Honig; sehr dicht und differenziert, satte Frucht und viel Kraft für eine Beerenauslese, wunderschöner Honigton und hochelegante Säure, die Süße schon perfekt integriert; enorme Tiefe im Nachhall. Der beste edelsüße Riesling des Jahrgangs in Rheinhessen! Schon jetzt äußerst beeindruckend, hält sich bis mindestens 2020.

1990 Spätlese Trocken **88**
Sehr verschlossener Duft; konzentriert und sehr pikant, leidet noch unter der Pubertät, ausgeprägter Grapefruitton und diskrete Pfirsichfrucht, noch keine Harmonie von Frucht und Säure; sehr nachhaltige Rasse. Wie die 89er Spätlese Trocken hat sie einen Durchhänger; erst 1996/97 wieder in guter Form, hält sich weitere 10 Jahre.

1990 Auslese (1691) **92**
Etwas verschlossener Duft mit Cassis- und Mineraliennote; enorme mineralische Dichte, viel Kraft und kaum Süße, durchaus halbtrocken schmeckend, ein komplexer Wein mit viel Tiefe; sehr nachhaltiger mineralischer Rasse. Braucht bis 1997/98, um sich zu entfalten, und kann mindestens bis 2015 liegen.

1990 Auslese »Goldkapsel« **93**
Sehr verschlossener Duft; ähnliche Konzentration wie die Auslese (1691), aber ganz andere Aromen, deutliche Maracuja- und Grapefruitnote, sehr pikante Rasse und recht betonte Süße; die Säure klingt sehr lange nach. Braucht noch viele Jahre, um sich zu öffnen und ihr Gleichgewicht zu finden, beeindruckende Anlagen. Geduld wird während der ersten zwei Dekaden des nächsten Jahrhunderts belohnt!

1991 Spätlese Trocken **87**
Sehr feiner Pfirsichduft mit ausgeprägter Zitrus- und Cassisnote; dicht und saftig, sehr geschliffene Rasse für den eher harten Jahrgang, pikantes Spiel; nachhaltige mineralische Note. Wird sich während der nächsten Jahre immer besser präsentieren; kann bis 2002/03 liegen.

1991 Kabinett »Jean-Baptiste« **87**
Mit diesem Jahrgang fand ein wichtiger Stilwandel statt. Ein Paradebeispiel dafür gibt dieser Wein. Lebendiger Duft nach Pfirsichen, Himbeeren und Mineralien; toller Saft und strahlende Säure, die kleine natürliche Restsüße kaum spürbar, feines Spiel; nachhaltige Rasse. Weder trocken noch lieblich. Hält sich bis Anfang des nächsten Jahrhunderts.

1992 SPÄTLESE TROCKEN **91**
Feinfruchtiger, komplexer Duft nach reifen Pfirsichen, Cassis, Mandeln und Mineralien; sehr konzentriert und hochelegant, tolle Rasse und feines Spiel, nahezu perfekte Balance; sehr vielschichtiger, langer Nachhall. Der beste trockene Riesling des Gutes und eine beeindrukkende Leistung für den Jahrgang. Besitzt genug Reserven, um sich bis 2002 weiter zu entwickeln.

1992 AUSLESE *** **94**
Sie hat bis Anfang April gegoren und trotzdem nicht die Schwelle zu »Trocken« gepackt. Im Glas ist dies ohne Bedeutung! Berauschender Aprikosen-Maracuja-Duft mit unglaublichen Feinheiten; enorme Fülle und Konzentration, ohne schwer oder mächtig zu wirken, viel Schmelz und sehr zarte natürliche Süße, hochelegante Säure und brillantes Spiel; extrem langer, seidiger Nachhall. Ein großer Wurf; kann locker 20 Jahre alt werden.

1992 KABINETT »JEAN BAPTISTE« **88**
Attraktives Pfirsich-Cassis-Bouquet, viel Frucht; extrem saftig, geschliffene Rasse und dezente natürliche Süße, nicht ganz so perfekt balanciert wie der 91er und etwas süßer, viel Stoff für einen Kabinett, ohne den Rahmen zu sprengen; sehr nachhaltig. Hält sich bis mindestens 2000.

1992 AUSLESE »GOLDKAPSEL« **93**
Jugendlicher Duft nach Aprikosen, exotischen Früchten, Vanille und Honig; sehr konzentriert und pikant, immer noch viel Spannung zwischen Süße und Säure, äußerst feinfruchtig und differenziert, sehr elegante Rasse; nachhaltige mineralische Note. Eine beeindruckende Vermählung zwischen Botrytischarakter und mineralisch-erdigen Aromen. Erst 1996/97 in ihrer besten Form, hält sich bis 2015.

1992 BEERENAUSLESE **98**
Extrem intensives Bouquet nach getrockneten Früchten, Honig und Gewürzen; enorme Dichte und Schmelz, unglaubliche Aromenvielfalt, hohe Süße, eine tolle Säure, die alles animiert, hochfeines Spiel; massive Kraft und Tiefe im Nachhall. Schon früher genußfähig als die Trockenbeerenauslese, wird aber mindestens 10 Jahre lang immer besser werden; kann noch 60 Jahre liegen.

1992 TROCKENBEERENAUSLESE **100**
Ein monumentaler Wein, der noch sehr unentwickelt ist. Erst nach einigen Tagen an der Luft offenbart sie ihren Schatz an Honig, Dörraprikosen und Gewürzaromen; fast übernatürliche Konzentration und Tiefe, gewaltiger Aromenreichtum und enorme Fülle, die die Sinne beinahe überfordern, tolle Struktur; schier endloser Nachhall. Man sollte bis zum nächsten Jahrhundert warten, bevor man eine Flasche öffnet; wird 100 Jahre länger leben!

Trotz des sehr hohen Niveaus der 1992er Rieslinge werden sie beinahe sämtlich von den entsprechenden Weinen des Jahres 1993 übertroffen: eine grandiose Kollektion, die zur absoluten Jahrgangsspitze in Deutschland gehört.

Weingut Freiherr Heyl zu Herrnsheim

Anschrift 55283 Nierstein, Langgasse 3
Inhaber Isa von Weymarn
Leiter und Kellermeister Peter von Weymarn

Gesamtrebfläche 21 ha
Rebsortenspiegel 60 % Riesling, je 15 % Silvaner und Müller-Thurgau, 10 % Weiß- und Spätburgunder sowie Kerner

Rieslingproduktion

Rebfläche 24,5 ha
Lagen Niersteiner Pettenthal 3,5 ha, Niersteiner Brudersberg 1,3 ha, Niersteiner Hipping 0,7 ha, Niersteiner Ölberg 3,1 ha, Niersteiner Orbel 1,3 ha, Niersteiner Kranzberg 0,7 ha, Wormser Liebfrauenstift Kirchenstück 12 ha und andere Lagen 2 ha
Rebmaterial 100 % Pfropfreben
Durchschnittliches Rebalter 15 Jahre
Durchschnittlicher Ertrag 50 hl/ha
Durchschnittliche Produktion 100 000 Flaschen pro Jahr

In den letzten zehn Jahren kamen von diesem bekannten Gut einige der besten trockenen Weine Deutschlands. Seine Riesling-Spätlesen Trocken aus den Jahren 1983, 1986, 1988 und 1990 stellen eine ganze Serie beeindruckender Erfolge dar, die in Deutschland nahezu unerreicht bleibt; nur das Weingut Koehler-Ruprecht in der Pfalz kann eine ähnlich kontinuierliche Reihe hochwertiger trockener Rieslinge über Jahre hinweg vorweisen. Gleichzeitig hat das Weingut Heyl zu Herrnsheim auch einige der besten trockenen Silvaner und Weißburgunder Deutschlands hervorgebracht. Mit diesen Leistungen kann dieser Betrieb nicht nur als einer der hundert besten Rieslingerzeuger Deutschlands gelten, sondern auch als eines der wichtigsten Rheingüter überhaupt.
Der hohe Standard dieses Gutes wurde trotz erheblicher Schwierigkeiten

an mehreren Fronten gewahrt. Um die Zukunft des Betriebes zu sichern, gingen die Besitzerin Isa von Weymarn und ihr Mann, Peter von Weymarn, der Leiter und Kellermeister des Gutes, geschäftliche Verbindungen mit der Valckenberg Weinexportgesellschaft in Worms ein. Angesichts des hohen Qualitätsbewußtseins des Leiters von Valckenberg, Wilhelm Steifensand, ist diese Lösung für die von Weymarn und das Weingut Heyl zu Herrnsheim sicher die beste. Vielleicht kann dadurch dem Gut wieder zu seiner alten Form verholfen werden, denn während der letzten Jahre waren die Ergebnisse schwankender Natur und einige Weine deutlich unter dem Niveau der achtziger Jahre. Das trifft besonders auf die Weine der Jahrgänge 1991 und 1992 zu, von denen viele die klassische Eleganz und das Alterungspotential vermissen ließen, die sonst das Wahrzeichen der Heyl-zu-Herrnsheim-Weine waren.

Das Weingut Freiherr Heyl zu Herrnsheim ist aus verschiedenen Gründen ein sehr bemerkenswerter Betrieb. Viele dieser Besonderheiten entspringen dem Charakter und den Ideen Peter von Weymarns. Wenn die Zähigkeit, mit der er all seine Ziele verfolgt, den Umgang mit ihm auch nicht erleichtert, hat sie dem Weingut doch viel Gutes beschert, seit er sich 1969 zugunsten der Weinerzeugung von der Astrophysik abgewandt hat. Von Anfang an stellte er alles einmal in Frage und ließ vor allem Logik walten. Nun ließe das eigentlich sehr »technische« Weine vermuten. Aber auf dem Weingut Heyl zu Herrnsheim bedient man sich traditionellerer Methoden als auf den meisten anderen Gütern in Rheinhessen oder im Rheingau. Sie beginnen schon in den Weinbergen, die völlig organisch bewirtschaftet werden. So entstehen niedrige Erträge und hohe Reifegrade, doch vor allem Weine äußerst fester Struktur. Dies mag vielleicht einen gesunden Säuregehalt implizieren, doch wäre Peter von Weymarn der erste, der davor warnen würde, die Säure allein für die Struktur eines Rieslings verantwortlich zu machen. Nach ihm besteht die Struktur aus mehreren Komponenten, unter denen die Säure allerdings das Rückgrat bildet, das Frucht und Alkohol unterstützt.

Unter traditioneller Weinerzeugung versteht man auf diesem Gut nicht das sklavische Festhalten an Abläufen, »wie sie immer gemacht wurden«, sondern eher das Gegenteil. Die besten Weine vergären in Holzfässern mit natürlicher Hefe, bis sie ihre natürliche Harmonie erreicht haben – ein sehr langer Prozeß, der manchmal auch bedeutet, daß die Weine nach der Gärung einige Monate im Faß und danach mehrere Jahre in der Flasche reifen müssen. In einigen Jahrgängen ist es die Säure, die Zeit benötigt, um weicher zu werden, in anderen ist es die Verbindung von Alkohol, Frucht und Säure, die Geduld verlangt. Junge Weine dieses Gutes sind niemals protzig und auffällig, sondern zurückhaltend und klassisch. Sie besitzen eine innere Stärke, die sich erst mit der Zeit langsam entfaltet. Die 83er Niersteiner Auflangen Riesling-Spätlese Trocken etwa hatte ihren Höhepunkt erst im Alter von sechs Jahren erreicht. Die bemerkenswerte 90er Niersteiner Brudersberg Riesling-Spätlese Trocken, der beste trockene Riesling dieses Weingutes überhaupt, trennten im Frühjahr 1994 noch ein oder zwei Jahre von ihrer Bestform.

Besucht man das wunderschöne, von großen alten Bäumen umgebene Anwesen im Herzen Niersteins, so scheint alles zueinander zu passen. Die hier erzeugten Weine verkörpern die Menschen, die sie schaffen und den Ort, dem sie entstammen. Das Juwel des Weingutes ist der Alleinbesitz Niersteiner Brudersberg, der aus den Niersteiner Lagen ebenso heraussticht wie das Gutshaus aus seiner Umgebung. Diese Lage befindet sich in einem kleinen Seitental im Roten Hang und ist dort die einzige Rebfläche, die nach Süden gerichtet ist und von der Nähe des Rheins profitieren kann. Es ist die wohl beste Lage in Nierstein, wie durch die bemerkenswerte Querschnittsprobe von Brudersberg-Rieslingen bewiesen werden konnte, die Herr von Weymarn 1988 veranstaltete. Auf dieser Probe wurden Weine aus 26 Jahrgängen, bis 1945 zurück präsentiert. Nicht ein einziger Wein schmeckte zu alt, um Genuß zu bereiten, und die 53er Trockenbeerenauslese war einer der größten Rheinweine, die ich je probiert habe. Mir sind nur ein oder zwei andere Weingüter in Deutschland bekannt, die eine ähnliche Weinprobe veranstalten könnten. Sie war eine vollkommene Ausdrucksform der deutschen Rieslingweinkultur, dem Hauptanliegen Peter von Weymarns.

Peter und Isa von Weymarn sind harte Kritiker des deutschen Weingesetzes von 1971, das sie als die völlige Verleugnung der von ihnen so hoch geschätzten Weinkultur betrachten. Am meisten ärgert sie, daß es die unterschiedlichen Kapazitäten der Lagen und Rebsorten verschleiert. Viele Jahre lang haben sie nach einem eigenen Weg gesucht, um die Übel dieses unsinnigen Gesetzes umgehen zu können, und mit ihrem Vermarktungssystem ist ihnen das auch weitgehend gelungen. Nur die besten Rieslinge, Silvaner und Weißburgunder werden unter einer Einzellagenangabe vermarktet. Hierbei handelt es sich um äußerst individuelle Weine mit intensiven mineralischen Aromen und Geschmacksnoten aus den Böden. Nur hier werden Prädikatsbezeichnungen wie Kabinett oder Spätlese benutzt; die Weine guter Qualität werden unter Angabe der Rebsorten und des Herkunftsortes als QbA verkauft, einfache Weine ohne Lagen- oder Ortsangabe.

Vor kurzem konnte Peter von Weymarn einen Sieg über die Bürokratie erringen, die die Möglichkeiten deutscher Winzer zur Erzeugung qualitativ wertvoller Weine erheblich einschränkt. Vor Beginn der 92er Lese beantragte er erfolglos die Genehmigung für den Lesebeginn vor dem offiziell festgelegten Termin. Nachdem er festgestellt hatte, daß die Trauben in diesem Jahr ausgesprochen früh gereift waren, wollte er einzelne Parzellen vorzeitig lesen, um sowohl QbA und Kabinett als auch höherwertige Weine erzeugen zu können. Nach der Lese startete er eine politische Kampagne, die zur Beseitigung aller offiziellen Schranken führte, die dem Winzer den Zeitpunkt der Lese vorschrieben. Endlich kann jetzt jeder Winzer den richtigen Zeitpunkt der Lese selbst bestimmen.

Trotz der Dickköpfigkeit, mit der Peter von Weymarn solche Ziele verfolgt, ist er alles andere als engstirnig. So bringt er trotz seiner Leidenschaft für trockene Weine auch eine ansehnliche Zahl exzellenter halbtrockener Rieslinge hervor, die kaum süßer als die durchweg extrem trockenen Weine dieses Gutes sind. Unter diesen Weinen ragen wegen ihrer schönen Verbindung von Konzentration und rassiger Eleganz besonders die aus dem Niersteiner Pettenthal heraus. Wie die trockenen Weine eignen sie sich besonders als Begleiter zu gutem Essen. Diese Weine wurden erzeugt, um getrunken zu werden und Freude zu bereiten und nicht, um bei einer Blindprobe zu gewinnen.

Die gegenwärtige Produktion mag vielleicht den Zielen und Idealen von Peter und Isa von Weymarn nicht vollständig entsprechen, aber dennoch ragt dieses Gut weit aus der Masse heraus. Die Verbindung mit Valckenberg wird sie aber sicher in die Lage versetzen, die Form der achtziger Jahre erneut zu erreichen.

Niersteiner Brudersberg Riesling

1986 AUSLESE 92

Toller Duft nach Ananas, Karamel und Marzipan; sehr konzentriert, hochfeine Honignote, viel Schmelz und Kremigkeit, pikantes Säurespiel; vielschichtiger, langer Nachhall. Eine der Jahrgangsspitzen in Deutschland. Hält sich bis mindestens 2010.

1987 SPÄTLESE TROCKEN 85

Pikanter Zitrus-Pfirsich-Duft mit leichter Reifenote; mittelgewichtig mit betonter Rasse, zarte Frucht und Mandelnote; pikanter Nachhall. Der erste trockene Brudersberg ist nicht mehr ganz so beeindruckend wie als junger Wein; hält sich noch bis Ende der neunziger Jahre.

1987 SPÄTLESE 88

Komplexer Duft nach Maracuja, Zitrus und Mandeln; deutlich frischer und saftiger als die trockene Version, obwohl sie kaum süßer schmeckt, sehr pikantes Spiel; nachhaltige mineralische Rasse. Einer der allerbesten 87er Rieslinge. Kann noch mindestens bis 2005 liegen.

1988 SPÄTLESE TROCKEN 87
Mineralischer Pfirsichduft mit leichtem Mandel- und Honigton; gute Substanz und nuancierte, diskrete Frucht, klassische Eleganz; gute Länge. Jetzt auf dem Höhepunkt, wo sie bis 2000 bleibt. Deutlich von der 1988 PETTENTHAL SPÄTLESE TROCKEN (90 Punkte) mit ihrer ausgeprägten mineralischen Art und pikanten Rasse übertroffen.

1989 SPÄTLESE TROCKEN 86
Honigbetonter Aprikosenduft; füllig und reichhaltig, Schmelz und seidige Säure; kräftiger, etwas eindimensionaler Nachhall. Schon voll entwickelt, hält sich sehr lange in dieser Form.

1990 SPÄTLESE TROCKEN 91
Jugendliches Aprikosen-Ananas-Bouquet mit ausgeprägter mineralischer Note; sehr konzentriert und hochelegant, vielschichtige Frucht und filigrane Rasse; sehr langer, äußerst mineralischer Nachhall. Der beste trockene Riesling der Betriebsgeschichte und bei jeder Verkostung schöner als das letzte Mal; so stellt Peter von Weymarn sich einen perfekten Spitzenriesling vor. Könnte noch ein oder zwei Punkte zulegen, wenn 1996/97 der Höhepunkt erreicht wird; hält sich ewig lange.

1991 SPÄTLESE TROCKEN 76
Unentwickelter zitroniger Duft mit einem Hauch von Gras; schlank und sehr säurebetont, die scharfe Säure dominiert ein wenig; gute Länge, aber noch unausgeglichen im Nachhall. Braucht auf jeden Fall einige Jahre, um sich zu harmonisieren; ich bezweifele, daß sie durch Flaschenreife viel gewinnen kann.

1992 SPÄTLESE TROCKEN 83
Ausladender Duft nach gekochten Aprikosen; opulent und sehr substanzreich, gerade genug Säure, um die gewaltige Fülle zu balancieren, wenig Feinheiten und etwas sättigend; anhaltend im Abgang. Stellt fast das Gegenteil der 90er Spätlese Trocken dar! Schon voll entwikkelt, fragliche Zukunftsperspektiven.

Niersteiner Auflangen/Ölberg

1988 AUFLANGEN SPÄTLESE TROCKEN 88
Feiner Pfirsichduft mit Zitrus- und Mineralienton; gute Dichte und elegante Rasse, ausgeprägte Mandelnote, perfekt abgerundet, ohne an Lebendigkeit verloren zu haben; filigraner Nachhall. Jetzt auf ihrem Höhepunkt, hält sich bis mindestens 1998.

1989 SPÄTLESE TROCKEN 82
Voller Ananas-Mandel-Duft; viel Substanz und Fülle, satte Pfirsichfrucht mit Mandel- und Karamelnote, wenig Finesse und weiche Säure; etwas matter Abgang. Hält sich bis 1997.

1989 ÖLBERG BEERENAUSLESE 90
Dichter Honig-Rosinen-Duft; sehr konzentriert und kraftvoll, ungewöhnlich viel Alkohol und geringe Süße für eine Beerenauslese, elegante Säure, die im sehr langen Nachhall präsent ist. Im frühen Stadium erschien sie etwas zu wuchtig und leicht bitter, hat deutlich an Eleganz und Schliff gewonnen. Wenn auch nicht ganz so gut, läßt sie sich mit der beeindruckenden 76er Beerenauslese vergleichen.

1990 AUFLANGEN SPÄTLESE TROCKEN 88
Etwas verschlossener Duft mit Zitrus-, Pfirsich- und Mineraliennote; gute Dichte und Struktur, nicht ganz so elegant und feinfruchtig wie die Brudersberg Spätlese Trocken, sehr gutes Alterungspotential, geschliffene Rasse; langer, pikanter Nachhall.

1991 ÖLBERG AUSLESE »SELEKTION« 88
Subtiles Zitrusbouquet mit feiner Honignote; recht schlank, gute Konzentration, pikante Rasse, leichter Schmelz; langer mineralischer Nachhall. Eine der wenigen wahren Auslesen des Jahrgangs; hält sich bis 2005.

Die 1993er Rieslinge sind nach den leicht enttäuschenden Jahrgängen 1991 und 1992 wieder trockene sowie restsüße Weine von gewohnter Klasse und Eigenständigkeit.

Weingut Sankt Antony

Anschrift 55283 Nierstein, Wörrstadterstraße 22
Inhaber MAN AG, München
Direktor Dr. Alex Michalsky
Kellermeister Günter Ewert

Gesamtrebfläche 22,5 ha
Rebsortenspiegel 60,5 % Riesling, 12,7 % Silvaner, 3 % Müller-Thurgau, 5,4 % Kerner, 2 % Weißburgunder, 1,4 % Scheurebe, 7,4 % sonstige Weißweinsorten, 1,8 % Spätburgunder, 1,4 % Portugieser, 4,5 % Dornfelder

Rieslingproduktion

Rebfläche 13,7 ha
Lagen Niersteiner Pettenthal 1,2 ha, Niersteiner Hipping 1,1 ha, Niersteiner Ölberg 2,5 ha, Niersteiner Orbel 2,3 ha, Niersteiner Heiligenbaum 0,5 ha, Niersteiner Auflangen 2,7 ha, Niersteiner Rosenberg 1,8 ha, Niersteiner Spiegelberg 1,3 ha, Niersteiner Findling 0,3 ha
Rebmaterial 100 % Pfropfreben
Durchschnittliches Rebalter 15 Jahre
Durchschnittlicher Ertrag 65 hl/ha
Durchschnittliche Produktion 180 000 Flaschen pro Jahr

Neben Fritz und Agnes Hasselbach vom Weingut Gunderloch in Nackenheim ist Dr. Alex Michalsky mitverantwortlich für die Revolutionierung des Qualitätsstandards der Rheinfront in Rheinhessen. Heute ist er in diesem Gebiet der führende Erzeuger von trockenen Weinen, und das Weingut St. Antony teilt sich mit dem Gut Gunderloch die Spitzenposition unter den rheinhessischen Weinerzeugern. Um der Qualität seiner seit 1989 erzeugten trockenen Weinen aber wirklich gerecht zu werden, muß man sie mit den besten trockenen Weinen des Rheingaus, von Mosel-Saar-Ruwer, der Nahe, aus der Pfalz, Franken und Baden vergleichen. In diesem Kontext wird die Position dieses Gutes als einem der drei besten Erzeuger trockenen Rieslings in ganz Deutschland noch klarer.
So erstaunliche Weine wie die hier hervorgebrachten hat es vor fünf oder zehn Jahren in Deutschland nicht gegeben. Ihnen sind die Konzentration und elegante Harmonie zwischen einer satten Frucht und reifen Säure eigen, wie man sie sonst bei den großen trockenen Rieslingen aus der Wachau oder aus dem Elsaß (wie in Trimbachs »Clos Ste. Hune« und Zind-Humbrechts Grands-Crus-Weinen) findet. Ohne das ausgezeichnete Potential seiner Lagen hätte dieses Weingut solche Weine sicher nicht erzeugen können. St. Antony besitzt ausgedehnte Parzellen, die Hälfte seiner Rieslingrebfläche, in vier der sechs Spitzenlagen im Roten Hang zwischen Nierstein und Nackenheim. In den späten achtziger Jahren führte man hier niedrige Erträge ein; aus steilen Lagen werden jetzt magere 30 hl/ha, aus Hanglagen 50 hl/ha erwirtschaftet. Diese Mengen lassen sich mit denen der Weißweine aus den Grands Crus des Burgund vergleichen, den unstreitbar besten Weißweinen der Welt. Für Dr. Michalsky bilden die niedrigen Erträge und eine sehr späte Lese die Grundlagen für Weine höchster Qualität.
Im Keller ist sein Ziel die Erhaltung von Frucht und Extrakt der Trauben und der individuellen Aromen und Geschmacksnoten, die die Weine jeder

einzelnen Lage ausmachen. Wie auf dem Weingut Gunderloch vergären auch die Weine auf St. Antony bei kontrollierter Temperatur und mit natürlicher Hefe, nachdem der Most gründlich geklärt wurde. Danach werden sie in Holzfässer unterschiedlicher Größe, meist aber 2400-Liter-Fässer, abgezogen, wo sie bis zur Flaschenabfüllung vier bis sechs Monate lang reifen. Vor der Abfüllung werden die Weine nur einmal gefiltert; davon abgesehen gibt es während des Ausbaus keine aktiven Eingriffe. Durch dieses zurückhaltende Vorgehen und die minimalen Erträge entstehen Weine von enormer Kraft und Tiefe. Die meisten Weine vergären ganz trocken, aber die besten behalten in der Regel einen Hauch natürlicher Süße zurück. Bisher hatte Dr. Michalsky das Glück, daß der Restsüßegehalt nie so hoch war, daß man den Wein nicht als »trocken« hätte etikettieren können, aber eines Tages wird der Jahrgang kommen, dessen Weine einfach nicht so weit vergären werden. Dieser Aussicht begegnet er mit seiner eigenen Philosophie, daß nämlich die natürliche Harmonie eines Weines wichtiger ist als die Auflagen des Weingesetzes.
Dr. Michalsky hat den Vorteil, daß seine Frau, Dr. Ute Michalsky, ein Weinlabor leitet, das für die meisten Betriebe dieses Gebiets und auch für einige weiter entfernt liegende arbeitet und er so einen ausgezeichneten Überblick über die Erzeugung vieler guter Niersteiner Familienbetriebe hat. Dr. Ute Michalsky ist die wichtigste Kritikerin und Ratgeberin ihres Mannes. Ohne ihre ständige Unterstützung und ihren Rat in kritischen Situationen wären ihm die Fortschritte in der Weinerzeugung der letzten Jahre sicher nicht gelungen. Manches Mal hat er schon befürchtet, daß der Alkoholgehalt seiner Weine zu hoch oder ihre Entwicklung zu rasant sei. Die Bestätigung seiner Frau, daß alles völlig in Ordnung sei, ist genau so hilfreich wie ihre kritischen Kommentare zu anderen Gelegenheiten, und die scheinbar problematischen Weine haben sich nachher oft als die besten im ganzen Keller herausgestellt. Durch diese Erfahrungen hat Dr. Alex Michalsky an Vertrauen und Mut gewonnen, so daß von diesem Weingut in den kommenden Jahren sicher noch Großes erwartet werden darf.
Mit seinen vier Lagen von Grand-Cru-Qualität und einem Ausbaustil, der die feinen Aromanuancen der Weine unterschiedlicher Lagen sorgfältig wahrt, hat das Weingut in den letzten Jahren trockene Rieslinge mit auffallend ausgeprägten Persönlichkeiten hervorbringen können. Gegenwärtig sollten die besten Weine aus dem Pettenthal stammen, da hier die ältesten Reben stehen. Diese steile Lage südlich des Nackenheimer Rothenbergs hat flache, sehr steinige Böden und die Wurzeln der Reben müssen tief eindringen, um im Sommer Wasser finden zu können. So entstehen intensiv mineralische Weine, die schon in jungen Jahren eine nuancierte Pfirsichfrucht neben Cassisnoten und blumigen und mineralischen Untertönen

aufweisen, die aber auch lange altern können. In Spitzenjahren können diese Weine einen sehr vollen Körper haben, dabei jedoch auch immer eine elegante, rassige Säure aufweisen, die die Weine nie schwer wirken läßt. Südlich des Roten Hanges liegt der Niersteiner Hipping, dessen Weine in jungen Jahren die attraktivsten Niersteins sind. Dann weisen die vollen, saftigen Weine häufig ein starkes Ananasaroma oder das anderer exotischer Früchte auf. Allerdings können viele Weine aus dem Hipping, die von anderen Gütern erzeugt werden, diese Qualitäten schnell wieder verlieren und mit zunehmendem Alter immer oberflächlicher werden. Solche Schwierigkeiten hängen sicher mit dem relativ niedrigen Alter der Reben zusammen. St. Antony und Georg Albrecht Schneider sind gegenwärtig die einzigen Weingüter, die aus dieser Lage regelmäßig eindrucksvolle Weine hervorbringen. Ihre Erzeugnisse aus dieser Lage gewinnen mit dem Alter an Eleganz und behalten die reifen Fruchtaromen ihrer Jugend für viele Jahre. Insgesamt dürfte der Ölberg für alle Niersteiner Winzer die beste Lage sein. Aus dem Pettenthal optimale Resultate zu erzielen, ist eine schwierige Aufgabe, da die Reben durch die dortige Bodenstruktur leicht unter Dürre leiden. Der Ölberg hingegen ist ein Süd- bis Südwesthang mit recht tiefen Böden. So lassen sich verhältnismäßig einfach gute Weine mit vollem Körper und fester Säurestruktur erzeugen. Gelingen diese Weine, so sind sie voll, ohne zu massiv zu geraten; ihre konzentrierte Pfirsichfrucht wird von einer betonten, aber eleganten Säure ausgewogen und sie beweisen subtile, erdig-mineralische Nuancen in Geschmack und Aroma. Dieser Lage ist es bestimmt, hochwertige Weine mit einem schönen Alterungspotential hervorzubringen. Jeder, der einmal einen der überragenden trockenen Rieslinge aus den guten Jahrgängen der achtziger Jahre kosten konnte, die das Weingut Heyl zu Herrnsheim aus dieser Lage erzeugt hat und die unter der Großlagenbezeichnung »Auflangen« vermarktet werden, wird das mindestens zehnjährige Alterungspotential der Weine bestätigen können.
Sosehr Dr. Alex Michalsky die Weine aus dem Pettenthal, dem Hipping und Ölberg auch schätzt, so stellt er die größten Erwartungen an die Weine aus dem Orbel. Der Orbel hat gerade die Flurbereinigung hinter sich und erst 1992 wieder die ersten Erträge gebracht.
Die 92er Orbel Riesling-Spätlese Trocken ist der konzentrierteste und kraftvollste trockene Wein, der Dr. Michalsky bisher gelungen ist. Trotz seines natürlichen Alkoholgehalts von 13,6 % vol ist es ein höchst eleganter Wein. Heute ist er noch weit von seiner Bestform entfernt und wird noch mindestens fünfzehn Jahre altern können, bevor er die ersten Müdigkeitserscheinungen aufweisen wird. Dieses hohe Alter verdankt er der betonten Säure, die den Weinen aus dieser Lage eigen ist. Nicht als einziger Niersteiner Winzer ist Dr. Michalsky überzeugt, daß die Weine aus dem Orbel mit

einem Anflug natürlicher Süße am schönsten geraten. Der 1992er Orbel von St. Antony brach die Gärung bei wenigen Gramm natürlicher Süße ab, die zusammen mit der strahlenden Säure eine atemberaubende Brillanz und Harmonie schafft.
Bis vor kurzem bestand das einzige Interesse Dr. Michalskys in der Erzeugung solcher bemerkenswerter trockener Weine. Mit dem Jahrgang 1992 hat er nun auch die Erzeugung edelsüßer Rieslinge begonnen. Die ersten dieser Art sind hervorragend gelungen und legen nahe, daß St. Antony auch in diesem Bereich große Dinge leisten wird. Trifft das zu, so wird dieser Betrieb zu den Spitzengütern am ganzen Rhein zählen. Ungeachtet des bisher Erreichten wird das Weingut in den nächsten Jahren noch Erstaunlicheres hervorbringen. Der Besitzer von St. Antony, der MAN-Konzern, kann sich glücklich schätzen, einen so exzellenten Winzer wie Dr. Michalsky gefunden zu haben, der dazu noch die Weine mit soviel Begeisterung und Charme präsentiert. Mit dem Rückhalt des Konzerns hat er dieses Weingut zu einem Juwel dieses Gebietes machen können.

Niersteiner Riesling diverser Lagen

1988 PETTENTHAL KABINETT TROCKEN 82
Feiner Aprikosenduft mit zarter Reifenote; recht leichtgewichtig, sehr elegant, pikante mineralische Säure; gute Länge. Schon voll entwikkelt, hält sich mindestens bis 1996/97.

1988 ÖLBERG KABINETT TROCKEN 86
Volles Pfirsich-Mandel-Bouquet mit Vanillenote; mittelgewichtig, sehr saftig, tolle Frucht und Substanz für einen trockenen Kabinett, geschliffene Rasse; stoffiger Nachhall. Noch viel Zukunft.

1989 PETTENTHAL SPÄTLESE TROCKEN (1390) 90
Sehr komplexer Duft mit ausgeprägter Cassis-, Blüten- und Mineraliennote; konzentrierte Fruchtfülle, hochelegante Säure, seidige Konsistenz und perfekte Harmonie, viel Tiefe und Finesse; sehr nachhaltiger, kremiger Nachhall. Der erste große trockene Riesling von St. Antony und die Spitze einer sehr beeindruckenden Jahrgangskollektion; bleibt in dieser verführerischen Form bis um die Jahrhundertwende.

1990 PETTENTHAL SPÄTLESE TROCKEN 86
Ähnliche Aromen wie die 89er Version, nur ein bißchen gröber und reifer; stoffig und rassig mit ausgeprägter Pfirsichfrucht, sehr gute Anlagen, im Moment etwas wenig Spiel und Pfiff; nachhaltige mineralische Note. Könnte ab 1995/96 noch vorteilhafter ausfallen und wird sich auf jeden Fall bis 2000 halten.

1990 ÖLBERG SPÄTLESE TROCKEN (2091) **89**
Vielschichtiger mineralischer Duft mit mehr Tiefe als der Pettenthal; sehr konzentriert und kraftvoll, viel Saft und geschliffene Säure; viel Kraft im Nachhall. Mit mehr Finesse wäre sie eine richtige Granate, viel Zukunft.

1991 HIPPING SPÄTLESE TROCKEN **88**
Attraktiver Ananas-Pfirsich-Duft mit leichter Honignote; dicht und sehr saftig, beeindruckende Substanz und Eleganz für 1991; langer, vielschichtiger Nachhall. Hält sich bis mindestens 2002/03.

1991 ÖLBERG SPÄTLESE TROCKEN (2392) **91**
Intensiver jugendlicher Duft nach Zitrus, Maracuja und Honig; erstaunliche Konzentration und Tiefe für den problematischen Jahrgang, viel Schmelz und ein wenig natürliche Restsüße, sehr feste Säurestruktur; enorme Kraft im Abgang. Braucht bis 1996/97, um sich voll zu entfalten, und kann weitere 10 Jahre leben. Eine der absoluten Jahrgangsspitzen in Deutschland!

1992 PETTENTHAL SPÄTLESE TROCKEN **90**
Satter mineralischer Aprikosenduft; sehr dicht und reichhaltig, trotz etwas verhaltener Säure und viel Schmelz nicht opulent oder fett, tolle Struktur und Harmonie; sehr langer, dichter Nachhall. Schon heute sehr beeindruckend, exzellentes Potential.

1992 ORBEL SPÄTLESE TROCKEN **94**
Dr. Michalskys Meisterwerk! Noch extrem jugendlicher Duft mit feinstem Pfirsichton und vielen mineralischen Nuancen; extrem dichte Frucht und tolle Rasse, der hohe Alkoholgehalt (13,6 % vol) gar nicht zu spüren; das brillante Spiel bleibt sehr lange am Gaumen. Um ihre volle Aromenvielfalt zu genießen, muß man bis mindestens 1997 warten; kann locker 20 Jahre alt werden.

1992 PETTENTHAL BEERENAUSLESE **96**
Der erste große edelsüße Riesling des Gutes. Toller Honigduft mit deutlichem Rosinenton; massive Konzentration, große Tiefe, schmeckt nach getrockneten Aprikosen und Honig, hocharomatische Süße und sehr gute Säurestruktur; fast mächtiger Nachhall. Erst um die Jahrhundertwende in ihrer besten Form und genug Reserven für einige Dekaden Entwicklung.

Die 1993er trockenen Rieslinge zeigen noch mehr Kraft und Dichte als die vorhergehenden Jahrgänge und stellen das Gut in Deutschland an die absolute Spitze für Weine dieser Art.

Weingut Georg Albrecht Schneider

Anschrift 55283 Nierstein, Oberdorfstraße 11
Inhaber und Kellermeister Albrecht Schneider

Gesamtrebfläche 16 ha
Rebsortenspiegel 45 % Riesling, 25 % Müller-Thurgau, 8 % Kerner, 2 % Silvaner, 4 % Scheurebe, 6 % andere Sorten

Rieslingproduktion

Rebfläche 7 ha
Lagen Niersteiner Hipping 1,8 ha, Niersteiner Ölberg 1 ha, Niersteiner Rosenberg 0,45 ha, Niersteiner Pettenthal 0,2 ha, Niersteiner Orbel 0,6 ha, Niersteiner Paterberg 0,9 ha, Niersteiner Bildstock 0,6 ha, Niersteiner Brückchen 0,5 ha, Niersteiner Findling 0,75 ha, Niersteiner Kirchplatte 0,2 ha
Rebmaterial 100 % Pfropfreben (überwiegend Geisenheimer Klone)
Durchschnittliches Rebalter 15 Jahre
Durchschnittlicher Ertrag 53 hl/ha
Durchschnittliche Produktion 50 000 Flaschen pro Jahr

Jemand wie Albrecht Schneider, der so gute Weine erzeugt und von sich selbst behauptet, »ein miserabler Verkäufer« zu sein, muß man einfach mögen. Denjenigen Rieslingliebhabern mit einer Vorliebe für Weine mit vollem Bouquet und geradliniger Frucht bietet sein Weingut einige der schönsten Weine zu sehr attraktiven Preisen. Will man nicht mehr als DM 10,– für die Flasche ausgeben, gibt es nur wenige andere Weingüter in Deutschland, die für dieses Geld ähnliche Qualität bieten.
Was Albrecht Schneider von der überwältigenden Mehrheit der deutschen Winzer, die ihre Riesling-Spätlesen zu ähnlichen Preisen verkaufen, unterscheidet, sind seine niedrigen Erträge und sein kompetenter Ausbau. Selbst jeder Wein des schwierigen 91er Jahrgangs kann guten Gewissens empfohlen werden. Seit Beginn der achtziger Jahre ist der Qualitätsstandard seines Gutes ständig gestiegen, doch seine Preise haben sich kaum verändert. Mir ist es ein Rätsel, wie Albrecht Schneider und seine Frau Ulrike von diesem Geld leben können. Ihre Liebe zum Wein und zur Weinerzeugung ist allerdings unübersehbar, und ihre Freude daran scheint allein schon ein Teil der Belohnung für die harte Arbeit in den Weinbergen und im Keller zu sein.

Für die Sorgfalt und die Mühen Albrecht Schneiders an der Presse und im Keller spricht die Kontinuität der hier erzeugten Weinqualität. Die Trauben werden wie in der Champagne im Ganzen gepreßt. Die Weine vergären dann langsam mit natürlicher Hefe und werden im Anschluß so minimal wie möglich bewegt. Dieserart bewahren sie häufig natürliche Kohlensäure sowie einige Gramm natürlicher Süße. So erhält ihre reiche Frucht eine besondere Betonung und die Weine ein gutes Alterungspotential. Die halbtrockenen Weine Albrecht Schneiders sind häufig fast trocken und eignen sich hervorragend zu Speisen. Die restsüßen Weine hingegen schmecken meistens sehr süß, was auch meine einzige Kritik an den Erzeugnissen dieses Gutes wäre. Der Grund hierfür liegt vielleicht dain, daß ihre Mehrheit für den Export bestimmt ist.
Die gegenwärtig besten Weine von Albrecht Schneider stammen aus dem Ölberg, da die Reben in seinen besten Lagen im Hipping noch zu jung sind. Bis zum Ende der neunziger Jahre wird sich diese Situation umgekehrt haben, dann dürften die Weine aus dem Hipping die aus dem Ölberg überragen. Einige Weine Schneiders aus dem Pettenthal konnten zwar sehr beeindrucken, doch ist ihre Güte insgesamt zu unbeständig.
So gut oder exzellent die Weine von Georg Albrecht Schneider auch sein mögen, fällt an ihnen doch eine leicht rustikale Note auf. Verglichen mit den besten Weinen aus Nierstein und Nackenheim scheinen sie robust, und wenn man ihnen auch nie eine zu geringe Persönlichkeit oder Substanz vorwerfen könnte, würde ihnen doch etwas mehr Eleganz nicht schaden. Hierfür verantwortlich ist wohl das Pressen der ganzen Weintrauben. Mit den nächsten Jahrgängen werden Albrecht Schneider hoffentlich weitere Fortschritte bei der Qualität seiner Weine gelingen. In diesem Fall sollte er auch den Mut aufbringen, für seine Erzeugnisse angemessene Preise zu berechnen.

Niersteiner Hipping Riesling

1989 SPÄTLESE **89**

Satter Bananen-Ananas-Duft mit leichtem Mandelton; satt und dicht für eine Spätlese, die Süße noch etwas vordergründig, leichte Kremigkeit, die schöne Säure etwas verdeckt; langer Nachhall. Weniger Süße hätte ihr gut gestanden, findet erst um 1996 ihr Gleichgewicht. Bleibt frisch und kann weitere 10 Jahre liegen.

1989 Auslese 92
Opulenter Duft nach zahlreichen exotischen Früchten und Honig; sehr konzentriert und saftig, erstaunlich filigrane Säure für solch einen üppigen Wein, die Süße besser gefangen als bei der Spätlese, sehr kremig und schmelzig; vielschichtiger, langer Abgang. Zweifelsohne eine der Jahrgangsspitzen am Rhein; hält sich bis mindestens 2010.

1990 Spätlese Trocken 84
Feines Pfirsichbouquet; mittelgewichtig, sehr elegant und feinfruchtig, geschliffene Rasse; zarter Nachhall für den großen Jahrgang. Schon auf dem Höhepunkt und bleibt dort bis 1998.

1990 Spätlese 86
Etwas verschlossener Pfirsich-Ananas-Duft; gute Dichte und pikantes Spiel, dezente Süße im Vergleich zur 89er Version; die Säure klingt lange nach. Braucht bis 1996, um sich zu entfalten, und hält bis 2005.

1991 Spätlese 83
Ziemlich verschlossener Duft mit Zitrusnote; sehr rassiger, schlanker Wein, mineralische Säure; recht langer, pikanter Nachhall. Erst 1995 in bester Form, hält sich bis 2003.

1992 Spätlese Halbtrocken 84
Satter Ananasduft; sehr saftig und geschmeidig, seidige Säure, verhaltene Süße; nachhaltige mineralische Note. Hält sich bis 1998.

1992 Spätlese 84
Ähnlich angelegt wie die halbtrockene Spätlese, nur etwas feinfruchtiger, die Süße noch vordergründig; sehr schöner, filigraner Nachhall. Hält sich bis 2002.

Niersteiner Ölberg Riesling

1989 Spätlese Halbtrocken 88
Toller Pfirsichduft mit leichter exotischer Note; extrem saftig, sehr elegante Säure, leichte Kremigkeit ohne spürbare Süße; langer, dichter Nachhall. Schon auf ihrem Höhepunkt und hält sich in dieser Form bis Ende der neunziger Jahre.

1989 Spätlese 87
Vielschichtiger Duft nach Aprikosen und Mandeln, aber es fehlt etwas an Ausstrahlung; recht entwickelte Aromen und betonte Süße, die feste Säurestruktur kommt nicht sehr gut zur Geltung; stoffiger Abgang. Wird wahrscheinlich bis 2000 ohne große Änderungen so bleiben.

1990 Spätlese Halbtrocken 87
Nuanciertes Pfirsichbouquet; dicht, saftig und elegant zugleich, filigrane Rasse, klassische Harmonie; vielschichtiger Nachhall. Gerade in bester Form, hält sich mindestens bis 2000.

1990 Spätlese 88
Satter Aprikosen-Mandel-Duft; noch ein bißchen konzentrierter als die halbtrockene Spätlese, die Süße etwas dominant, feste Säurestruktur; nachhaltige Rasse. Erreicht erst 1996/97 ihren Höhepunkt und hält sich bis 2005.

1992 Spätlese Halbtrocken 85
Wahrscheinlich die Jahrgangsspitze des Gutes. Komplexer Ananas-Pfirsich-Duft; konzentriert und sehr saftig, elegante Rasse; sehr langer, pikanter Nachhall. Man spürt den niedrigen Ertrag; hält sich bis 2000.

1992 Spätlese 81
Duftet nach reifen Pfirsichen; sehr saftig, etwas leicht strukturiert, betonte Säure und Süße, wenig Spiel. Ein guter Wein für den Jahrgang, aber es mangelt an Länge. Hält sich bis 1998.

Die 1993er Rieslinge bieten wiederum eine sehr beständige Palette: Weine mit Saft, Charme und Spiel.

Weitere interessante Produzenten

Weingut Brüder Dr. Becker

Anschrift 55278 Ludwigshöhe, Mainzer Straße 3

Lotte Pfeffer betreibt eines der angesehensten ökologischen Weingüter in Deutschland – verdientermaßen, denn ihre Weine sind kontinuierlich guter Qualität, gelegentlich sogar exzellent. Aus den 4 ha Rieslingrebfläche werden hier hauptsächlich trockene, immer saubere, fruchtige und rassige Weine hervorgebracht. Es sind gute Erzeugnisse, die aber häufig noch von der beeindruckenden Scheurebe, die immerhin 20 % der Pfefferschen Gesamtproduktion ausmacht, übertroffen werden. Diese Weine lassen die sonst für diese Rebsorte typischen lauten Aromen vermissen und besitzen eine Harmonie, die der eines Rieslings nicht unähnlich ist. Auch die Silvanerproduktion wird auf dem Weingut Dr. Becker sehr ernst genommen. Aus dieser Rebsorte entstehen Weine, deren Eleganz den üblichen Standard dieses Gebietes deutlich übersteigt. Zwar liegen auch die Preise des

Gutes über der rheinhessischen Norm, nichtsdestoweniger erhält man für sein Geld eine gute Qualität.

Weingut Louis Guntrum

Anschrift 55283 Nierstein, Rheinallee 62

Dieses große Weingut mit seinen beachtlichen Rebflächen in den besten Niersteiner und Oppenheimer Lagen und der Alleinbesitzlage Schützenhütte scheint in der letzten Zeit seine alte Form eingebüßt zu haben. Die Umstrukturierung des Betriebes von einem Weingut mit Kellerei zu einem reinen Weingut und die Rezession haben zu einigen mageren Jahren geführt. Dazu kam die geringe Qualität des 91er Jahrganges. Mit dem respektablen 92er Jahrgang jedoch hat Hajo Guntrum bewiesen, daß zumindest sein Qualitätsbewußtsein unangefochten geblieben ist. Einige gute bis sehr gute Weine gelangen in den Jahren 1989 und 1990; folglich ist dieses Gut wesentlich besserer Resultate als der gegenwärtig erzielten fähig. Neben dem Riesling ist hier der Gewürztraminer von tragender Bedeutung. Aus dieser Rebsorte entstehen beeindruckende Weine mit einem vollen Körper, die selbst den hohen Maßstäben des Elsaß gerecht werden.

Weingut Carl Koch Erben

Anschrift 55276 Oppenheim, Wormser Straße 62

Dieses Weingut hat reizvolle Vorzüge, wie das märchenhafte Gutshaus, exzellente Parzellen in den besten Oppenheimer Lagen, einen unterirdischen Faßkeller und nicht zuletzt den fähigen Kellermeister Carl Hermann »Charlie« Koch. Aus irgendeinem Grunde jedoch entspricht die Güte der Carl-Koch-Weine nicht den vorhandenen Kapazitäten. Eine Erklärung hierfür mag sein, daß Carl Hermann Koch die ultratraditionellen Methoden seines Vaters nicht zu perfektionieren sucht, sondern einige moderne Techniken eingeführt hat, die zum bisherigen Stil noch nicht so recht passen wollen. So entstehen Weine, die, wenn auch nie geringer als gut, kaum die Eleganz oder Kraft besitzen, eine höhere Stufe zu erklimmen. Auch die Erträge sind zu hoch für ein Weingut, das gerne zur Elite dieses Gebietes zählen würde. Derzeit stammen die besten Rieslinge dieses Betriebes aus den exzellenten Lagen Oppenheimer Sackträger und Oppenheimer Kreuz;

seine trockenen Weißburgunder gehören zu den besten dieser Art in ganz Rheinhessen.

Weingut Kühling-Gillot

Anschrift 55294 Bodenheim, Ölmühlestraße 25

Die Preisliste dieses Gutes sollte eine Warnung beinhalten, denn falls man seine Weine nicht wirklich blind probiert, könnten die schrillen Etiketten die Sehkraft ernsthaft gefährden. Roland Gillot hat in den letzten Jahren, besonders 1990, einige gute Weine erzeugt, doch muß er sowohl bei der Weinbergbewirtschaftung als auch bei der Lese und der Vinifikation noch gründlicher werden, wenn seine Weine deutlich aus der Masse herausragen sollen. Zur Zeit sind sie im allgemeinen sauber und recht fruchtig, es fehlt ihnen aber noch an wirklichem Charakter, Tiefe und Eleganz.

Weingut Keller

Anschrift 67592 Flörsheim-Dalsheim

Klaus und Hedwig Keller betreiben das beste Weingut im rheinhessischen Hügelland. Wäre ein solches Qualitätsbewußtsein, wie sie es besitzen, in Rheinhessen weiter verbreitet, hätte dieses Anbaugebiet keinerlei Probleme. Mit den 3 ha Rieslingrebfläche, einem Viertel der Gesamtrebfläche der Kellers, ist diese Rebsorte zwar ihre bedeutendste, bringt aber nicht unbedingt die besten Weine hervor. Die trockenen Rieslinge sind beständig guter Qualität, die trockenen Weißburgunder aber geraten besser. Die restsüßen und edelsüßen Rieslinge sind beinahe sehr gut; die edelsüßen Keller-Weine aus den Rebsorten Huxelrebe, Scheurebe und Rieslaner jedoch sind exzellent und haben die Goldmedaillen, mit denen sie bedacht wurden, wirklich verdient.

Niersteiner Winzergenossenschaft

Anschrift 55283 Nierstein, Karolingerstraße 6

Diese einzige hier vorgestellte Winzergenossenschaft außerhalb Baden-Württembergs zeigt das Potential der deutschen Winzergenossenschaften.

Der Schlüssel zum Erfolg der Niersteiner Genossenschaft ist ihr qualitätsorientiertes Auszahlungssystem, das die 370 Mitglieder eher dazu ermutigt, auf reife Trauben hin zu arbeiten denn auf größtmögliche Mengen. Der Kellermeister Benno Kippes nimmt bei den Trauben, dem Most und den Weinen unterschiedlicher Qualität strikte Trennungen vor und schenkt den Details bei der Weinerzeugung wesentlich mehr Aufmerksamkeit als sonst in einer Kellerei dieser Größenordnung üblich ist. Gerhard Weick, der junge Genossenschaftsdirektor, hat nun das letzte noch fehlende Glied hinzugefügt, nämlich eine sorgfältig durchdachte Vermarktungsstrategie. Der Jahrgang 1992 gelang gut, reicht aber nicht an den schönen 90er heran. Neben soliden bis sehr guten Rieslingen erzeugt die Niersteiner Winzergenossenschaft auch einige gute Silvaner und Grauburgunder/Ruländer.

Weingut Rappenhof

Anschrift 67577 Alsheim, Bachstraße 47

Das Weingut Rappenhof gehört zu den dynamischsten Betrieben Rheinhessens; hier wurde der erste Chardonnay dieses Gebietes gepflanzt, und hier gab es auch einige der ersten Versuche mit Barriques, sowohl für Rot- als auch für Weißweine. Zahlreichen Winzern anderer Gebiete gelingen heute schönere Weine in neuen Eichenfässern als Dr. Reinhard Muth und seinem Sohn Klaus, aber die Barrique-Weine zählen noch immer zu den besseren Erzeugnissen des Betriebes. Die Rieslinge der letzten Jahrgänge gerieten bedauerlicherweise nichtssagend, flach und charakterlos. Man kann sich unmöglich des Eindruckes erwehren, daß sie nach dem Verfahren der Weinfabriken, die die deutschen Supermärkte beliefern, erzeugt wurden, anstatt mit Methoden, die einem Weingut dieses Ansehens und dieser Preise angemessen wären. Noch in den späten achtziger Jahren gehörten die Rappenhof-Rieslinge zu den saftigsten und anziehendsten des ganzen Gebietes, doch inzwischen wurde die Weinerzeugung nachteiligen Veränderungen unterzogen. Wenn dieser Betrieb wieder als ernstzunehmender Rieslingerzeuger gelten will, werden die Muths davon wieder abrücken müssen.

Weingut Schales

Anschrift 67592 Flörsheim-Dalsheim, Alzeyer Straße 160

Die drei Brüder Heinrich, Arno und Kurt betreiben einen der aktivsten Betriebe im rheinhessischen Hügelland. Besonders stolz sind sie auf ihre Rieslinge, die zugegebenermaßen besser als die meisten anderen dieser Region sind, ihre interessantesten Weine jedoch stammen aus anderen Rebsorten. Besonders aus der Huxelrebe ist den Schales' in den letzten Jahren eine ganze Serie bemerkenswerter edelsüßer Weine gelungen. Diese Rebsorte eignet sich mehr als andere für diese Art Wein, denn selbst bei einer äußersten Konzentration der Trauben ist die Säure so lebhaft, daß die Eleganz der Weine an die eines Rieslings erinnert. Seit dem Jahrgang 1989 ist das Weingut Schales in Deutschland der führende Erzeuger edelsüßer Weine aus der Huxelrebe.

Weingut J. u. H. A. Strub

Anschrift 55283 Nierstein

Walter Strub ist eine der guten Seelen dieser Welt. Sein Qualitätsbewußtsein, seine Integrität oder seine Objektivität zu bezweifeln hieße, ihn zu beleidigen. In den letzten Jahren aber wurden seine guten Absichten nur ungenügend in qualitativ wertvolle Rieslinge umgesetzt. Nachdem ihm 1990 und 1991 einige gute, rassige und charakterstarke Weine gelungen waren, geriet sein 92er Jahrgang gänzlich enttäuschend. Mehr als jeden anderen trifft diese Minderleistung Walter Strub selber; seine Anstrengungen hat er seither verdoppelt. Die gelungenen Weine jedoch bereiten für ihren Preis ein großes Vergnügen, genau wie der Umgang mit dem ausgesprochen netten Walter Strub selbst.

Weingut Dr. Alex Senfter

Anschrift 55283 Nierstein

Jost Senfter verkörpert genau jenen Winzertyp, den Nierstein so dringend braucht, um seinen Ruf als einer der bedeutendsten Weinbauorte am Rhein wiederherzustellen. Trotz der durchwachsenen Qualität, die Senfter seit der Übernahme des Betriebes im Jahre 1988 erzielt hat, sind die besten

Weine der vergangenen Jahrgänge gut gelungen. Für ihn sind diese Weine lediglich ein erster Schritt in die Richtung seines eigentlichen Ziels, nämlich der Zugehörigkeit zur rheinhessischen Weinelite. Seine besten trockenen und edelsüßen Rieslinge stammen aus dem exzellenten Niersteiner Ölberg; die Preise für seine Weine sind noch immer geradezu erschreckend niedrig. Der Fortschritt dieses Gutes sollte in den kommenden Jahren unbedingt verfolgt werden.

15. Kapitel

Saale-Unstrut

Gesamtrebfläche 390 ha
Rieslingrebfläche 7 ha/1,8 %

Das Weingebiet Saale-Unstrut allein aufgrund seiner bescheidenen Leistungen während der ersten Jahre nach der Wiedervereinigung zu beurteilen, wäre wohl ungerecht. Die besten Lagen dieser hübschen Flußtäler besitzen gewiß das Potential für einige elegante trockene Weißweine mittleren bis leichten Körpers. Noch ist allerdings die Frage offen, ob hier auch regelmäßig hochwertige Rieslingweine erzeugt werden können. In Jahren schöner, heißer Sommer gelingt das zweifellos, doch ein Weinbaugebiet lebt von der Qualität, die dort in durchschnittlichen Jahrgängen erreicht wird. Nach den Saale-Unstrut-Weinen, die ich bisher zu probieren die Gelegenheit hatte, scheint es mir, daß die wirkliche Stärke dieses Gebietes bei den frühreifenden Rebsorten wie Weißburgunder, Grauburgunder und Müller-Thurgau liegt. Mit diesen Rebsorten kann hier fraglos sehr guter Wein als auch Sekt erzeugt werden.
Es mag unfair und rücksichtslos erscheinen, daß hier kein Rieslingerzeuger dieses Gebietes vorgestellt wird, doch Ziel dieses Buches ist es, einen objektiven Führer zu den Weinen höchster Qualität von den besten Winzern mit einer beachtlichen Rieslingproduktion darzustellen. Dieses Gebiet wird sich noch einige Jahre entwickeln müssen, bevor seine Winzer einige Erfolge in der Erzeugung qualitativ hochwertiger Rieslinge vorweisen können.

16. Kapitel

Sachsen

Gesamtrebfläche 300 ha
Rieslingrebfläche 35 ha/11,7 %

An der Feststellung, daß die sächsischen Anbauflächen im Tal der Elbe nahe Dresden schlichtweg zu nördlich und zu östlich liegen, als daß sie wirklich gute Rieslinge hervorbringen könnten, führt kein Weg vorbei. Die Winzer dieses kleinen Gebietes wären mit früh reifenden Rebsorten wesentlich besser beraten. Ein Müller-Thurgau zum Beispiel gerät in vielen Gebieten leicht flach und nichtssagend. Diese Rebsorte dürfte in den sächsischen Lagen aber fruchtige, aromatische Weine mit einer erfrischenden Säure ergeben und für dieses Gebiet die größten Chancen darstellen.

17. Kapitel

Württemberg

Gesamtrebfläche 11 013 ha
Rieslingrebfläche 2652 ha/24,1 %

In dem Anbaugebiet Württemberg geraten die Weißweine oft tieffarbiger als die roten – eine recht zweifelhafte Empfehlung. Hier gibt es zwar keine eindeutig vorherrschende Rebsorte, doch das für Württemberg typischste und traditionellste Erzeugnis ist der ausgesprochen blasse, sehr leichte Trollinger, ein Rotwein für den täglichen Genuß. Da viele der hiesigen Weißweine sehr oxidativ ausgebaut werden, das heißt, während der Vinifikation starker Luftzufuhr ausgesetzt sind, können sie schon mit zwei Jahren dunkler wirken als ein Trollinger.
In Württemberg entstehen aber auch einige tiefrote, sehr kraftvolle Weine und so mancher ernsthafte Weißwein, der viele Jahre altern kann, ohne müde oder flach zu werden. Jene württembergischen Weine sind allerdings recht unbekannt, da die Bewohner dieses Gebietes einen so ungeheuren Appetit auf ihren eigenen Wein haben, daß für anderere Gegenden Deutschlands, geschweige denn für das Ausland, nur noch wenig übrig bleibt. Daher sind die Aussichten, in einem Weingeschäft oder Restaurant in Hamburg, Düsseldorf oder Berlin auf eine Flasche guten Württemberger Rieslings zu stoßen, eher gering. Das ist höchst bedauerlich, denn diese Weine besitzen eine einzigartige Persönlichkeit und eignen sich wunderbar zu kräftigeren, würzigen Gerichten.
Von einigen seltenen Auslesen abgesehen, eignet sich ein württembergischer Riesling am besten für einen extrem trockenen Ausbau. Sein erdiger, an Kräuter und grüne Früchte erinnernder Charakter mag für jeden, der eher an die verspielte, filigrane Erscheinung eines Rieslings von Mosel oder Rhein gewöhnt ist, ein echter Schock sein. Die gelungensten Erzeugnisse aber sind kompakte Weine trotz eines Alkoholgehalts von 12 % vol und einer gesunden, nur sehr selten aggressiven Säure. Einige wenige Weine verbessern sich noch nach fünf Jahren in der Flasche, die meisten sollten aber in jungen Jahren genossen werden.

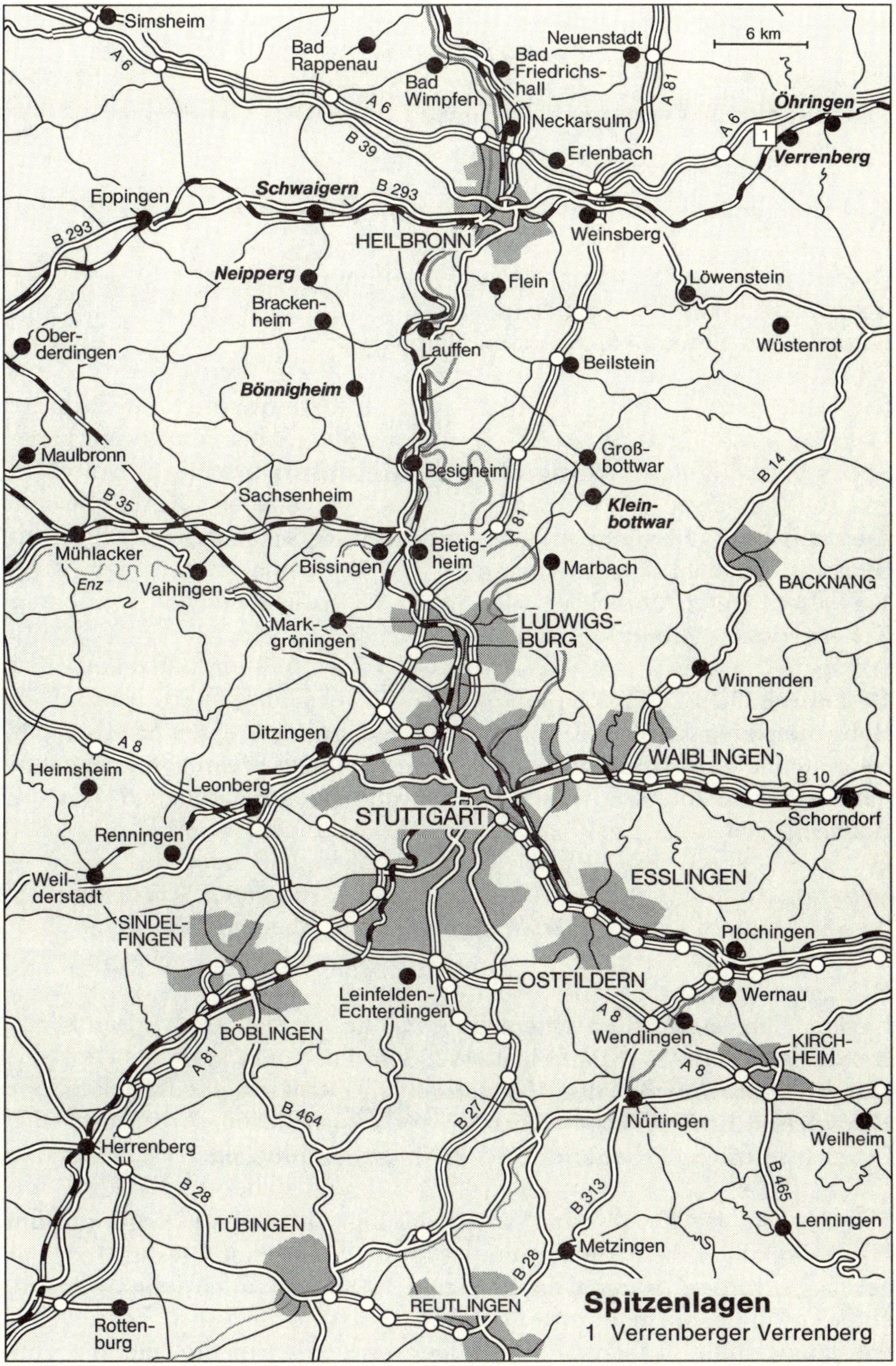

Spitzenlagen

1 Verrenberger Verrenberg

Spitzenrieslinglagen

VERRENBERGER VERRENBERG Fürst zu Hohenlohe-Oehringen

Exzellente Rieslinglagen

KLEINBOTTWARER SÜSSMUND Graf Adelmann
NEIPPERGER RUTHE Graf Neipperg
NEIPPERGER SCHLOSSBERG Graf Neipperg

Weingut Graf Adelmann

Anschrift 71711 Steinheim-Kleinbottwar, Burg Schaubeck
Inhaber Michael Graf Adelmann
Verwalter Peter Albrecht
Kellermeister Albert Ingelfinger

Gesamtrebfläche 17,45 ha
Rebsortenspiegel 30 % Riesling, 6 % Gewürztraminer, 4 % Silvaner, 3 % Muskateller, 15 % Trollinger, 10,5 % Lemberger, 8 % Samtrot, 6 % Frühburgunder, 5 % Spätburgunder, 5 % Muskattrollinger, 1 % Urban, 1,5 % andere Rotweinsorten

Rieslingproduktion

Rebfläche 5 ha
Lagen Süßmund 3,5 ha, Oberer Berg 1,5 ha
Rebmaterial 100 % Pfropfreben (W158 und andere Klone)
Durchschnittliches Rebalter 18 Jahre
Durchschnittlicher Ertrag 50 hl/ha
Durchschnittliche Produktion 33 000 Flaschen pro Jahr

Wie das Weingut Dr. Bürklin-Wolf in der Pfalz ist dieses Weingut nur um Haaresbreite auf die Liste der hundert besten deutschen Rieslingerzeuger gerutscht. In den Jahrgängen 1991 und 1992 entstanden hier trinkbare, einfache Weine, die man getrost vergessen darf und die viele Leser schlichtweg langweilig und charakterlos finden werden. Wären die beiden voran-

gegangenen Jahrgänge nicht so guter Qualität gewesen, wäre die Aufnahme dieses Weingutes in die Riege der besten deutschen Erzeuger nicht zu rechtfertigen.
Diese Situation ist bedauerlich, denn Michael Graf Adelmann ist ein äußerst sympathischer, gebildeter Winzer, der sich der Erzeugung hochwertiger Weine mit großer Hingabe widmet. Die besten Weine seit seiner Übernahme des Gutes waren exzellent; seine 81er Rotweine waren die besten in ganz Deutschland vor 1985. Die besten Adelmann-Rotweine aus den Jahren 1989 und 1990 versprechen die gleiche Klasse, und der 89er »Vignette«, eine Cuvée aus Lemberger und Burgundersorten, ist mit seiner eindrucksvollen Reichhaltigkeit und Komplexität der wohl beste deutsche Rotwein dieses Jahrgangs.
War die Qualität der Rotweine aber schon schwankend, erinnern die trokkenen Rieslinge an die Bewegung eines Jo-Jos. Die besten unter ihnen zeigen in ihrer Jugend einen vollen, exotischen Fruchtcharakter mit Noten von Karamel und zerlassener Butter, eine geschmeidige Säure und einen langen, reichhaltigen Abgang. Mit zunehmendem Alter verstärken sich die Karamel- und Butternoten und gewinnen geröstete und honigartige Qualitäten. Sie sind vollmundige, kraftvolle Weine, die aber nie plump oder schwer wirken und wunderbar zu reichhaltigem Geflügel oder stark gewürztem Fisch passen.
Der Kleinbottwarer Süßmund ist ohne jeden Zweifel eine sehr gute Rieslinglage, denn in früheren Jahren entstanden hieraus hochklassige Weine. Die hier erwirtschafteten Erträge müssen aber beträchtlich gesenkt werden, wenn man den Angaben dieses Gutes von 50 hl/ha Glauben schenken darf und die Weine die notwendige Konzentration erhalten sollen, um nicht dünn und nichtssagend zu schmecken. Die 91er und 92er Rieslinge erwekken außerdem den Eindruck, daß bei der Vinifikation nicht mit der nötigen Sorgfalt vorgegangen wurde, so daß sie das Spiel von Frucht und Säure vermissen lassen, das ein wesentliches Merkmal jeden Spitzenrieslings ist. Für ein Weingut dieses Ansehens reicht es einfach nicht aus, nur in guten Jahren eindrucksvolle Weine zu erzeugen, und es ist ausgesprochen traurig, daß dieser Betrieb solche Rieslinge als Prädikatsweine anbietet, die kaum den Anforderungen eines Qualitätsweines genügen.
Bei meinem ersten Besuch beschrieb mir Michael Adelmann die schöne Burg als »mittelalterlichen Bunker«. Wenn er möchte, daß seine Rieslinge zu denen gehören, die Weinliebhaber und -sammler in ihren »Weinbunkern« lagern, wird er sich anstrengen müssen, um die Leistungen des Weingutes Graf Adelmann zu verbessern, ansonsten werden die Weine seinen eigenen »Bunker« nie verlassen.

Kleinbottwarer Riesling diverser Lagen

1989 SPÄTLESE TROCKEN »BRÜSSELE'R SPITZE« 83
Satter Duft nach Ananas, Toast und Karamel mit deutlichem Reifeton; reichhaltig und schmelzig, ausgeprägter Zitruston, seidige Säure; kraftvoller Nachhall. Schon vollentwickelt; hält sich bis 1996.

1989 AUSLESE TROCKEN »BRÜSSELE'R SPITZE« 80
Riecht fast wie ein Chardonnay aus der Neuen Welt, viel Butter und etwas Karamel; ausladende Fülle und viel Substanz, recht fett und breit; wuchtiger Nachhall. Fast schon zu weit entwickelt; jetzt trinken.

1989 AUSLESE »BRÜSSELE'R SPITZE« 84
Voller Ananasduft mit ausgeprägtem Honigton; dicht und sehr füllig, viel Schmelz, dezente Süße, gute Säure, aber wenig Spiel; stoffiger Nachhall. Hält sich bis 1997/98.

1990 AUSLESE TROCKEN »BRÜSSELE« 85
Komplexer Duft nach reifen Birnen, Toast und Karamel; sehr füllig und substanzreich, starker Zitruston, feste Säurestruktur; etwas einfacher, langer Nachhall. Kommt erst 1995/96 auf ihren Höhepunkt und hält sich bis 2000.

1992 KABINETT TROCKEN 68
Neutraler Duft ohne jeglichen Ausdruck; sehr leichtgewichtig und neutral, weich, extrem einfach angelegt, dünn und langweilig.

1992 SÜSSMUND KABINETT TROCKEN 63
Unangenehme Heunote, etwas Karamel, flach, matt und schon müde. Eine Katastrophe!

Die 1993 Rieslinge sind deutlich besser als 1992, entsprechen jedoch immer noch nicht dem Niveau eines Spitzenbetriebes.

Weingut Dautel

Anschrift 74357 Bönnigheim, Lauerweg 55
Inhaber und Kellermeister Ernst Dautel

Gesamtrebfläche 8,5 ha
Rebsortenspiegel 20 % Riesling, 8 % Kerner, 8 % Weißburgunder, 4 % Müller-Thurgau, 2 % Chardonnay, 10 % Spätburgunder, 13 % Schwarzriesling, 13 % Lemberger, 16 % Trollinger, 4 % sonstige Sorten, 4 % Rebbrache

Rieslingproduktion

Rebfläche 1,7 ha
Lagen Bönnigheimer Sonnenberg 1,4 ha, Besigheimer Wurmberg 0,3 ha
Rebmaterial 100 % Pfropfreben (Gm239, We48 sowie eigene Klone)
Durchschnittliches Rebalter 20 Jahre
Durchschnittlicher Ertrag 65 hl/ha
Durchschnittliche Produktion 14000 Flaschen pro Jahr

Wenn die Vorfahren Ernst Dautels auch seit dem 15. Jahrhundert Winzer waren, ist dieses Weingut doch ein neuer Betrieb, den er 1978 nach seinem Abschluß an der Geisenheimer Fachhochschule für Weinbau gegründet hat. Anders als die meisten seiner württembergischen Kollegen lebt Ernst Dautel nicht von den blaß-rötlichen Trollingerweinen, die den Löwenanteil der hiesigen Weinerzeugung ausmachen. Die wichtigste Rebsorte seines Weingutes ist der Riesling, und neben dem Trollinger gehört der Schwarzriesling sowie der Lemberger zu seinen bedeutendsten Rotweinsorten.
Vor dem Einsatz moderner Techniken schreckt Dautel nicht zurück, aber er weiß auch, daß wirkliche Qualität nicht mit Filtern und Pumpen erzeugt wird, sondern im Weinberg. Sein intensiver Rebschnitt, die überwiegend organische Düngung und die Begrünung hören sich zwar gut an, doch seine Erträge sind für dieses Gebiet nicht besonders niedrig. Das schlägt sich auch in seinen Rieslingen nieder, von denen einige exzellenter Qualität sind, andere sauber und korrekt, dabei aber recht einfach. Man würde eigentlich erwarten, daß die interessantesten Dautel-Rieslinge aus den steilen Terrassenhängen des Besigheimer Wurmbergs mit seinen Muschelkalkböden stammen, doch in der Vergangenheit traf genau das Gegenteil zu. Wenn diese Lage auch ein scheinbar viel besseres Potential als der Bönningheimer Sonnenberg besitzt, hat letzterer doch bisher die konzentriertesten und ausdrucksvollsten Weine hervorgebracht. Vermutlich sind die schweren Keuperböden für die einigermaßen großzügigen Erträge besser geeignet.
Was immer auch der Grund sei mag – auf jeden Fall zählen die 90er und 92er Riesling-Auslesen Trocken von Ernst Dautel zu den absoluten Spitzenrieslingweinen Württembergs dieser Jahre. Mit ihrer äußerst individuellen Frucht und ihren erdigen Aromen und Geschmacksnoten, ihrer reichen Textur und dem langen Nachgeschmack nehmen diese Weine es problemlos mit den besten trockenen Rieslingen aus dem Elsaß auf. Sie belegen unstreitbar, daß Ernst Dautel ein bedeutender Rieslingerzeuger ist, dessen Fortschritte in den nächsten Jahren beobachtet werden sollten.
Die Dautel-Rotweine sind alle sehr gepflegt, aber recht schwach struktu-

riert. Hierbei bedeutete besonders der Jahrgang 1991 einen großen Schritt nach vorne. Wegen des starken Spätfrostes kam es in diesem Jahr zu niedrigeren Erträgen, und es war auch der erste Jahrgang, dessen besten Rotweine nach fast zweijähriger Faßlagerung ohne Filtration abgefüllt wurden. Dadurch haben sie zusätzliche Tiefe und Struktur erhalten. Sie unterstreichen die beeindruckenden Resultate, die Ernst Dautel in den letzten Jahren mit seinen besten Rieslingen erzielt hat. Auch auf diesem Gebiet wird er durch systematische Ertragssenkungen weitere Fortschritte verzeichnen können, dann werden die Weine der nächsten Jahre Großes verheißen!

Riesling diverser Lagen

1989 BÖNNIGHEIMER SONNENBERG SPÄTLESE TROCKEN 84
Duftet nach Akazienhonig, Kräutern und Mineralien; dicht und stoffig, Tannenharznote, trotz weicher Säure gute Struktur; nachhaltiger Karamelton. Schon in ihrer besten Form, hält sich bis 1997.

1990 BESIGHEIMER WURMBERG SPÄTLESE TROCKEN 78
Einfacher Ananasduft; viel Frucht und Stoff, etwas breit angelegt, betonte Säure, die hinten leicht scharf wirkt. Ändert sich kaum vor 1997/98.

1990 BÖNNIGHEIMER SONNENBERG AUSLESE TROCKEN 85
Attraktiver Honig-Karamel-Duft mit einigen Feinheiten; sehr stoffig und kraftvoll, feste Säurestruktur, exzellente Harmonie; eleganter Nachhall. Einer der besten Rieslinge des Jahrgangs in Württemberg; hält sich bis 2000.

1991 BESIGHEIMER WURMBERG KABINETT TROCKEN 75
Duftet nach grünen Äpfeln; recht einfach, frisch und fruchtig; nachhaltige Rasse. Ein gutes Ergebnis für den problematischen Jahrgang; hält sich bis 1997.

1992 BESIGHEIMER WURMBERG SPÄTLESE TROCKEN 70
Ausgeprägtes Bouquet nach grünen Früchten, Kräutern und Erde; trotz der Fülle und Substanz wirkt die betonte Säure recht aggressiv, keine Eleganz; etwas breiter Nachhall.

1992 BÖNNIGHEIMER SONNENBERG AUSLESE TROCKEN 83
Intensiver Duft nach Ananas und Mango-Chutney; recht konzentriert und kraftvoll, gute Säurestruktur; geschliffener, langer Nachhall. Gerade auf ihrem Höhepunkt, hält sich bis um die Jahrhundertwende.

Weingut Fürst zu Hohenlohe-Oehringen

Anschrift 74613 Oehringen, Im Schloß
Inhaber Fürst Kraft zu Hohenlohe-Oehringen
Verwalter und Kellermeister Siegfried Röll

Gesamtrebfläche 21 ha
Rebsortenspiegel 56 % Riesling, Kerner, Chardonnay, Traminer, Muskateller, Weißburgunder, 15 % Lemberger, Spätburgunder, Schwarzriesling, Trollinger

Rieslingproduktion

Rebfläche 11 ha
Lagen Verrenberger Verrenberg 10 ha, Verrenberger Goldberg 1 ha
Rebmaterial 100 % Pfropfreben
Durchschnittliches Rebalter 17 Jahre
Durchschnittlicher Ertrag 72 hl/ha
Durchschnittliche Produktion 110 000 Flaschen pro Jahr

In Württemberg gibt es einige Weingüter, die gelegentlich exzellente Rieslinge hervorbringen, aber das Weingut Fürst zu Hohenlohe-Oehringen muß fraglos als der verläßlichste Erzeuger hochwertiger Rieslinge im gesamten Anbaugebiet gelten. Ermöglicht wurde diese Leistung durch die Verbindung einer exzellenten Lage, dem Alleinbesitz Verrenberger Verrenberg, mit dem unermüdlichen Einsatz des Verwalters und Kellermeisters Siegfried Röll, der seit 1976 für das Weingut Hohenlohe-Oehringen tätig ist. Die hiesigen Resultate sind um so eindrucksvoller, als Röll anders als die meisten seiner Kollegen nicht versucht, die Rieslinge anderer Gebiete zu imitieren, sondern einen äußerst individuellen Stil entwickelt hat, der die Herkunft seines Rieslings sofort offenbart. Erfahrene Weintrinker werden solche Weine unschwer als Verrenberger erkennen.
Viele Leute sind mit mir der Ansicht, daß ein großer Wein nicht nur eine exzellente Konzentration im Geschmack und eine gute Harmonie besitzen muß, sondern auch einen eigenen, ausgeprägten Charakter wie jedes große Gemälde oder literarische Kunstwerk. In dieser Hinsicht sind die Hohenloher Resultate die einzigen großen Weine Württembergs, und der Verrenberger Verrenberg verdient es, als große Rieslinglage bezeichnet zu werden, da nur er regelmäßig Weine dieser Art hervorbringt. Wie fast jede Spitzenrieslinglage, ob nun in Deutschland, dem Elsaß oder Österreich, liegt auch

der Verrenberg auf einem steilen Südhang. In Verbindung mit den Buntkeuperböden erhalten die Weine dadurch ihre besondere Erscheinung aus vollem Körper und vielfältigen mineralischen Extrakten mit einer festen Säurestruktur und grünen Aromen. Bei einem Riesling bedeuten grüne Aromen meist, daß die Trauben zum Zeitpunkt der Lese noch nicht reif waren, hier aber sind sie anderer Natur und ein Teil des Charakters dieser Weine. Sie reichen von Kräuteraromen wie Fenchel oder Salbei über Engelwurz und Stachelbeere bis zu Kiefernnadeln und dem Geruch des Waldbodens. Ist man an den für den Rhein und die Mosel so typischen Pfirsichcharakter eines Rieslings gewöhnt, so können diese Aromen zunächst schockierend wirken, doch sind sie ein einzigartiger Ausdruck der vielseitigen Persönlichkeit eines Rieslings.
Siegfried Röll hat hart arbeiten müssen, um das Weingut dahin zu bringen, wo es heute steht. So hat er auch den Rebbesatz in den Lagen gänzlich umstrukturiert und dem Riesling erst seine heutige dominante Position im Verrenberg verschafft. Heute sind alle Lagen begrünt – normalerweise jede zweite Reihe – und werden ohne Herbizide bewirtschaftet, die Düngung ist beschränkt und ausschließlich organisch. Nachdem die Trauben vorsichtig gekeltert wurden, wird der Most geklärt, bevor er in temperaturkontrollierten Edelstahltanks vergärt. Der erste Abstich und die erste Filtration finden so spät wie möglich statt; der genaue Zeitpunkt hängt von der Struktur des Weines ab. Anschließend reifen die Weine bis zum nächsten Frühjahr in großen Holzfässern oder Edelstahltanks. Besonders ernst nimmt man hier die Wahrung der Frische, so daß sich im Gegensatz zu den meisten anderen württembergischen Rieslingen, die am besten innerhalb eines Jahres nach der Flaschenabfüllung genossen werden sollten, die Hohenloher Weine nach ein bis drei Jahren in der Flasche an besten entwickelt haben. Die trockenen Weine, die den größten Teil der hiesigen Produktion ausmachen, behalten diese Form dann noch fünf bis zehn Jahre bei. Die wenigen edelsüßen Auslesen, die bisher erzeugt wurden, besitzen in der Regel wenig Süße und einen recht hohen Gehalt natürlichen Alkohols und können wohl 25 Jahre alt werden, so enorm sind ihre Kraft und Konzentration.
Auch in bezug auf Rotwein hegt Siegfried Röll ernstzunehmende Ambitionen, und die Lemberger, Spätburgunder, Samtrot und Schwarzrieslinge dieses Gutes sind häufig genauso eindrucksvoll wie die Hohenloher Rieslinge. Beachtliche Fortschritte könnte Herr Röll allerdings noch bei den roten und weißen Barrique-Weinen erzielen. Seine ersten Versuche mit dieser Erzeugungsmethode fanden 1983 statt; den ersten wirklich beeindruckenden Erfolg hatte er 1990 mit zwei Cuvées, die als »Ex flammis orior« und »Ex flammis clarior« auf den Markt kamen. So lautet auch das Motto der Familie von Hohenlohe. Der weiße »Ex flammis« ist ein Verschnitt aus

Riesling und Chardonnay, der rote aus Lemberger, Spätburgunder und Samtrot. Diese Weine besitzen schon den Körper und die Kraft eines Spitzen-Barrique-Weines, denen Siegfried Röll jetzt nur noch mehr Eleganz und Komplexität hinzufügen muß. Dann werden sie als Weltklasseweine gelten können und den Vergleich mit den besten Weinen aus Frankreich, Italien und der Neuen Welt nicht zu scheuen brauchen.

Verrenberger Verrenberg Riesling

1989 Kabinett Trocken 78
Duftet nach kandierter Ananas, Limetten und Anis; gute Substanz und Fülle, ohne den Rahmen des Prädikats zu sprengen, staubigtrocken, sehr feste Säure; etwas einseitiger Nachhall. Hält sich bis 1999.

1990 Spätlese Trocken 82
Eigenwilliger Duft nach Fenchel, Angelika und Kräutern; etwas einfach angelegt, ansprechende Apfelfrucht und betonte Rasse; erdigmineralischer Abgang. Kommt langsam auf ihren Höhepunkt und hält sich bis 2000.

1990 Auslese Trocken 88
Beeindruckendes Bouquet nach Zitrus, Mandeln, Tannen und Kräutern; konzentriert und sehr stoffig, ohne schwer oder klotzig zu wirken, feste Säurestruktur, viele Aromen noch gebunden; langer, vielschichtiger Nachhall. Braucht bis 1995/96, um sich voll zu entfalten; hält sich bis 2002/03. Der beste Riesling des Jahrgangs im Gebiet.

1992 QbA Trocken 73
Ansprechender Quitten-Kräuter-Duft; dezente Apfelfrucht, gute Substanz und animierende Säure; extrem erdiger Nachhall. Hält sich bis 1997.

1992 Kabinett Trocken 80
Zarter Pfirsichduft mit Tannen- und Zitrusschalennote; saftig und sehr harmonisch, elegante Säure; nachhaltiger kräuteriger Ton. Hält sich bis 1998.

1992 Spätlese Trocken 85
Würziger Pfirsich-Mandel-Duft; ähnlich angelegt wie die 90er Auslese Trocken, etwas weicher und saftiger, leichter Schmelz; langer, vielschichtiger Nachhall. Wieder der schönste Riesling des Jahrgangs in Württemberg; hält sich bis 2000.

Schloßkellerei Graf von Neipperg

Anschrift 74193 Schwaigern, Schloß
Inhaber Karl Eugen Erbgraf zu Neipperg
Weingartmeister Matthias Boss
Kellermeister Bernd Supp

Gesamtrebfläche 31,5 ha
Rebsortenspiegel 22 % Riesling, 10,5 % Müller-Thurgau, 4,6 % Traminer, 3,8 % Muskateller, 23 % Lemberger, 17,5 % Schwarzriesling, 3,5 % Spätburgunder, 3,6 % Samtrot, 8,5 % Trollinger, 1,5 % Dornfelder, 1,5 % Sulmer

Rieslingproduktion

Rebfläche 5,87 ha
Lagen Neipperger Schloßberg 4,19 ha, Schwaigerner Ruthe 1,68 ha
Rebmaterial 100 % Pfropfreben
Durchschnittliches Rebalter 22 Jahre
Durchschnittlicher Ertrag 58 hl/ha
Durchschnittliche Produktion 44000 Flaschen pro Jahr

Die besten trockenen Rieslinge dieses historischen Gutes sind in jeder Hinsicht eindrucksvoll. Die großen Veränderungen in der Stilrichtung jedoch, die in den letzten Jahrgängen zu beobachten waren, erschweren die Beurteilung erheblich. Am besten faßt man die gesamte Rieslingproduktion dieses Betriebes zusammen, indem man sagt, daß sich darunter so gute Weine befinden, daß sie es mit allen anderen Württemberger Rieslingen aufnehmen können.
Das eigentliche Ansehen des Weingutes basiert auf den Traminern des 18. Jahrhunderts. Heute ist es vor allem für seine roten Lemberger berühmt, eine Rebsorte, die die Familie kurz nach dem Dreißigjährigen Krieg aus Österreich eingeführt hat. Hier werden nur trockene Rotweine erzeugt, was in Württemberg nicht unbedingt selbstverständlich ist. Ohne jeden Gebrauch von neuem Holz werden sie im traditionellen Stil ausgebaut. Ihre Qualität ist gleichbleibend hoch, und noch nie bin ich von einem dieser Weine entttäuscht worden. Auch die trockenen Weine werden bewußt auf »altmodische« Art vinifiziert, was vor allem Gärung und Reifung in hölzernen Fässern in den ausgedehnten Kellern unter dem Schloß bedeutet. Dennoch braucht jeder dieser Weine auch noch einige Zeit in der Flasche, wenn er etwa ein Jahr nach der Lese auf den Markt kommt.

Die Weine der besten Jahrgänge bewahren ihre Frische mindestens fünf Jahre.

Das Weingut Graf von Neipperg baut den Riesling auf schmalen Terrassen an, die an steilen Südhängen liegen. Die Schwaigener Ruthe hat die schwereren Böden aus reinem Keuper, während die Böden des Schwaigener Schloßberges aus einer Mischung von Keuper und Sandsteinverwitterung bestehen. Die Ruthe ergibt folglich festere und kraftvollere Weine, die länger brauchen, um sich voll entwickeln zu können; die Rieslinge vom Schloßberg sind aromatischer und zeigen häufig blumige oder kräuterähnliche Noten. Während der ersten zwei oder drei Jahre nach der Lese sind sie meistens ansprechender als die Weine der Ruthe. Welche Weine besser sind, läßt sich kaum beurteilen, da in einem Jahr die eine, im nächsten vielleicht die andere Lage begünstigt wird.

So beeindruckend viele Rieslinge dieses Gutes auch sein mögen, angesichts seiner Möglichkeiten könnten gewiß noch bessere Resultate erzielt werden, wenn man sich bei der Weinerzeugung größere Mühe gäbe. Die Erträge sind schon heute sehr niedrig, und die Weine verraten keinerlei Mangel an Tiefe und Substanz. Mit ein wenig mehr Zartheit und Eleganz würden sie leicht zur Spitzenklasse zählen können. Manchmal scheint es, als ob die Betriebsführung allzu traditionell sei; etwas mehr Ehrgeiz und Umsicht würden die Zugehörigkeit zur deutschen Rieslingelite näherrükken lassen. Auf die kommenden Resultate des neuen Kellermeisters Bernd Supp, der mit dem 92er seinen ersten Jahrgang auf dem Gut Neipperg erzeugt hat, warte ich sehr gespannt.

Man kann über dieses Weingut aber nicht berichten, ohne die witzigen Beschreibungen seiner Weine auf der originellen Preisliste wenigstens zu erwähnen. Anstelle solcher Phrasen wie »rund und harmonisch« oder »leicht und blumig«, der schlimmsten Floskeln der deutschen Weinsprache, werden die Weine dieses Gutes als »gemachter Mann, der sich Schlürfrechte sichert« (1989 Riesling-Spätlese Trocken) oder als eine »mit fühliger Kühle reizende Schöne« (1989 Riesling-Spätlese Trocken) beschrieben. Mit etwas mehr Kühle wären die Neipperger Rieslinge noch schöner.

Riesling diverser Lagen

1988 SCHWAIGENER RUTHE SPÄTLESE TROCKEN 85

Schöner Pfirsichduft mit einigen Feinheiten; sehr saftig und erstaunlich elegant für einen Württemberg-Riesling, geschliffene Rasse und ausgeglichene Harmonie; langer Nachhall. Jetzt in ihrer besten Form, hält sich bis 1996.

1989 Schwaigener Ruthe Kabinett Trocken **70**
Einfacher Ananasduft; reichhaltig und füllig mit leichtem Alkoholton; etwas flacher Abgang. Sehr untypisch für einen Kabinett Trocken und schon fast zu weit entwickelt.

1990 Neipperger Schlossberg Spätlese Trocken **84**
Ziemlich verschlossener Duft nach Birnen, Zitrus und Mineralien; dicht und elegant, die meisten Aromen sind noch gebunden; nachhaltige Rasse. Braucht einige Jahre, um sich zu entfalten; hält sich bis 2000.

1991 Neipperger Schlossberg Kabinett Trocken **70**
Mineralisches Kräuterbouquet; gute Substanz, etwas ruppige Säure; mäßige Länge. Ein typischer 91er, hält sich bis 1996/97.

1992 Neipperger Schlossberg Kabinett Trocken **83**
Mineralischer Pfirsichduft; gute Dichte und schöner Saft, elegante Säure; vielschichtiger Nachhall. Schon sehr gut zu trinken, kann bis um die Jahrhundertwende liegen.

Weitere interessante Produzenten

Weingut Drautz-Able

Anschrift 74076 Heilbronn, Faißstraße 23

Richard Drautz erzeugt die besten und kraftvollsten roten Barrique-Weine in ganz Württemberg. Seine »Jodokus« Dornfelder und Lemberger Rotweine beweisen, was hier mit diesen Rebsorten erreicht werden kann, wenn die Erträge niedrig sind und die Weine in neuem Holz lange genug reifen können. Verglichen mit diesen eindrucksvollen Weinen sind die ausnahmslos trockenen Drautz-Rieslinge eher einfach. Zumindest aber sind sie zuverlässig und selbst in ungünstigeren Jahren von anständiger Qualität.

Weingärtnergenossenschaft Flein-Talheim

Anschrift 74223 Flein, Römerstraße 14

Robert Bauer mag vielleicht der berühmteste Fleiner Winzer sein, die besten Rieslinge des Ortes aber stammen von dieser exzellenten Winzergenossenschaft. Auf der Hälfte der 280 ha Rebfläche der 420 Genossenschaftsmitglieder wächst Riesling, und der Kellermeister Arne Maier erzeugt hieraus einige der anziehendsten und fruchtigsten trockenen und halbtrokkenen Weine des gesamten Gebietes. Kaum weniger gelungen sind seine halbtrockenen Weine aus der Rieslingkreuzung Kerner, die nicht durch die lauten Aromen, die die Weine dieser Rebsorte so häufig aufdringlich erscheinen lassen, beeinträchtigt werden. Die besten trockenen Rieslinge, normalerweise Spätlesen, werden unter dem Namen »Sankt Veit« gehandelt. Sie halten dem Vergleich mit den Weinen der berühmtesten Württemberger Erzeuger leicht stand. Wenn nur mehr Winzergenossenschaften einen so hohen Standard erreichen würden!

Weingut und Schloßkellerei Burg Hornberg

Anschrift 94865 Neckarzimmern, Burg Hornberg

Das Weingut Burg Hornberg hat von Baden nach Württemberg gewechselt, ein recht ungewöhnlicher Schritt für einen solchen Betrieb. Seine 9 ha Alleinbesitzanlagen befinden sich am Neckar und verfügen über das Potential für hochwertige trockene Weißburgunder, Grauburgunder, Traminer, Muskateller und Rieslinge. 1992 war der erste Jahrgang, in dem der junge Baron Dajo von Gemmingen-Hornberg die Entscheidungen treffen konnte, und seither werden auf diesem Gut bessere Resultate als in den früheren Jahren erzielt, wenn auch schon immer ein solider Qualitätsstandard geherrscht hat. Den nächsten Jahrgängen dieses Weingutes sehe ich bereits jetzt mit Spannung entgegen. Das Anbaugebiet Württemberg bräuchte noch einige Starbetriebe, und aus dem Gut Burg Hornberg könnte ein solcher werden.

Staatliche Lehr- und Versuchsanstalt Weinsberg

Anschrift 74189 Weinsberg, Traubenplatz 5

Ihre eindrucksvollen Rotweine genießen zwar das größte Ansehen, aber Deutschlands beste Weinbauschule erzeugt auch einige gute Weißweine. Die trockenen Traminer und Muskateller sind meistens von sehr guter bis exzellenter Qualität, auch die Rieslinge gelingen oft gut, sie gehören manchmal sogar zu den Besten des ganzen Gebietes. Voller Frucht, dabei aber subtil und elegant, verkörpern die besten Weinsberger Weine ein für Württemberger Verhältnisse attraktives Preis-Leistungs-Verhältnis.

Württembergische Hofkammerkellerei

Anschrift 71634 Ludwigsburg, Schloß Monrepos

Auf diesem berühmten Weingut ist kaum etwas, wie es sein sollte. Obwohl es einige Parzellen in Spitzenlagen wie dem Maulbronner Eilfingerberg Klosterstück und dem Stettener Brotwasser besitzt, wird der Betrieb den an ihn gestellten Erwartungen nur selten gerecht. Zu oft fehlt es den Rieslingen an Frucht, meistens wirken sie zu rustikal. Angesichts des Potentials sind die erzielten Resultate eine Katastrophe.

Bewertungssystem

Detaillierte Beschreibungen der hundert besten Rieslingerzeuger Deutschlands machen den größten Teil des vorliegenden Buches aus. Um dem Leser einen Leitfaden beim Weinkauf zu bieten und auch um das Qualitätsbewußtsein jener Winzer zu dokumentieren, wurde bei jedem Gut eine Auswahl von Weinen beschrieben und bewertet. Das heißt jedoch nicht, daß diese Weine auf dem jeweiligen Gut noch erhältlich sind.
Den Bewertungen liegt das in zahlreichen Ländern übliche 100-Punkte-System zugrunde. Weine, die weniger als 70 Punkte bekamen, werden nicht empfohlen, da sie deutliche Schwächen aufweisen. Weine, die zwischen 70 und 80 Punkten erhielten, bieten solide Qualität und können ein attraktives Preis-Leistungs-Verhältnis aufweisen. Erzielt ein Wein zwischen 80 und 84 Punkte, so ist er guter Qualität, während die Weine mit 85 bis 89 Punkten sehr gut sind und eine beträchtliche Individualität besitzen. Jeder Wein, der hier mit 80 oder mehr Punkten bewertet wurde, sollte auch in einem Alter von fünf Jahren noch in gutem Zustand sein, die meisten dürften noch wesentlich älter werden können. Bei 90 Punkten beginnen die exzellenten Weine. Die Erzeugung eines trockenen Rieslings, der eine solche Punktzahl errang, ist eine Meisterleistung, die es entsprechend zu würdigen gilt. Eine Bewertung von 95 Punkten oder mehr bedeutet, daß es sich um einen großen Wein handelt, der sich mit den besten Weinen jedes anderen Anbaugebietes auf der ganzen Welt vergleichen läßt. Jeder Wein, der 90 oder mehr Punkte erhalten hat, wird ohne Einbußen an seiner Anziehungskraft zehn Jahre reifen können, die meisten werden mindestens 20 Jahre alt werden können. Die größten edelsüßen deutschen Rieslinge werden sogar älter als 100 Jahre.
Die große Mehrheit der deutschen Rieslinge wird unter der Bezeichnung »QbA« (Qualitätswein bestimmter Anbaugebiete) oder »QmP« (Qualitätswein mit Prädikat) mit einer Bezeichnung des Prädikatssystems gehandelt: Kabinett, Spätlese, Auslese, Beerenauslese, Eiswein oder Trockenbeerenauslese. Ein Kabinett stellt dabei die niedrigste und eine Trockenbeerenauslese die höchste Prädikatsstufe dar. Normalerweise gibt diese Abstufung nur eine sehr vage Auskunft über den Zuckergehalt der Trauben zum Zeitpunkt der Lese. Bei den Weinen von Spitzengütern jedoch, wie sie hier

beschrieben werden, weisen die Bezeichnungen auf die Geschmacksintensität und die Fülle hin, die jeder Wein besitzt. Da es sich hierbei um die Faktoren handelt, die für die Qualität eines Weines ausschlaggebend sind, sollte es nicht verwundern, daß die Beerenauslesen und Trockenbeerenauslesen höhere Punktzahlen erhielten als QbA- oder Kabinettweine, wobei man freilich in jeder Prädikatsstufe Extreme finden kann. Für die Bewertung der in diesem Buch beschriebenen Weine sind Harmonie, Eleganz, aromatische Komplexität und Lebensdauer eines Weines ebenso entscheidend wie seine Fülle und Konzentration.

Die meisten der hier aufgeführten Erzeuger bringen jedes Jahr wesentlich mehr Weine hervor, als in diesem Buch beschrieben werden konnten. Bei jedem Weingut wurde daher eine Auswahl der Weine vorgenommen, die nach Ansicht des Autors am gelungensten sind. Die Aufnahme eines Betriebes in die Liste der 100 besten deutschen Rieslingerzeuger basiert auf der Beurteilung seiner Produktion der letzten fünf Jahre, auch noch ältere Weine wurden nicht ganz außer acht gelassen. Die hier bewerteten Weine sind jene, die die Erzeuger zu präsentieren wünschten.

Hinter den Bezeichnungen der Weine stehen gelegentlich drei oder vier Ziffern in Klammern, die den letzten Ziffern der A.P.-Nummer entsprechen. In diesen Fällen besteht darin die einzige Möglichkeit, zwischen verschiedenen Abfüllungen eines einzigen Weines zu unterscheiden, die in ihrer Qualität deutlich voneinander abweichen.

Die formalen Angaben »trocken« und »halbtrocken« scheinen keiner Erläuterung zu bedürfen, entsprechen sie doch lediglich analytischen Forderungen, die nicht das geringste über den Geruch oder den Geschmack eines Weines verraten. Die Einschätzungen »trocken« oder »süß« sollten aber ebenso wie die Eindrücke »leicht« oder »schwer« und »angenehm« oder »unangenehm« dem persönlichen Geschmack vorbehalten bleiben und von keinem Dogma oder irgendwelchen gesetzlichen Anforderungen abhängig sein. In diesem Sinne sind auch die Beschreibungen der hier vorgestellten Weine entstanden.

Glossar

ABSTICH – Nach Beendigung der alkoholischen Gärung muß der junge Wein von dem Depot aus abgestorbenen Hefezellen, die sich auf dem Boden des Gärtanks oder -fasses absetzen, getrennt werden. Man kann den Wein entweder pumpen, oder aber durch die natürliche Schwerkraft von einem Behälter in den nächsten laufen lassen. Der Abstich ist die erste Maßnahme bei der Klärung des Weines (siehe FILTRATION und SCHÖNUNG).

ALKOHOL – Jeder Wein enthält durch die Umwandlung von Zucker Alkohol (siehe GÄRUNG). Wenn es auch Weine gibt, die zuviel Alkohol besitzen, um harmonisch zu wirken, so ist eine gewisse Menge als Geschmacks- und Duftträger unentbehrlich. Entalkoholisierter Wein schmeckt genauso nichtssagend wie fett- oder zuckerfreies Essen. Im Gegensatz zu vielen anderen Weinen, die 12 bis 13 % vol für einen ausgeglichenen Eindruck benötigen, kann deutscher Riesling ein vollständiger Wein mit nur 7 bis 10 % vol sein – was aber nicht heißen soll, daß ein harmonischer, eleganter Spitzenriesling mit 13,5 % vol nicht möglich ist!

ANREICHERUNG – Auch als Chaptalisation bezeichnet, besteht die Anreicherung in der Zugabe von Kristallzucker zum Most oder gärenden Wein, um den Alkoholgehalt des Weines zu erhöhen. In Deutschland ist dies lediglich bei Tafel- und Qualitätsweinen gestattet, währenddessen es in Frankreich zur gängigen Praxis gehört und selbst bei den Premier-Cru-Weinen des Bordeaux praktiziert wird. Der vorsichtige Umgang mit dieser Methode kann die Harmonie von Rieslingen einfacher Qualität verbessern; leider erhöhen viele deutsche Winzer automatisch den Alkoholgehalt ihrer QbA bis zur gesetzlich erlaubten Höchstgrenze.

A.P.-NUMMER/AMTLICHE PRÜFUNGSNUMMER – Deutsche Weine können nur mit einer A.P.-Nummer als QbA oder QmP (siehe QUALITÄTSWEIN und PRÄDIKAT) auf den Markt gebracht werden. Um diese zu erlangen, muß der Wein chemisch analysiert sowie von einem Ausschuß organoleptisch geprüft werden. Hierbei kommt es auf sauberen und fehlerfreien Eindruck, Herkunfts-, Sorten- und Jahrgangstypizität an. Leider lassen zahlreiche

Prüfer die erforderliche Erfahrung vermissen, um die typischen Merkmale beurteilen zu können. Dies ist die Ursache dafür, daß viele der höchstbewerteten Weine in diesem Buch vom jeweiligen Prüfungsausschuß bei der ersten Anstellung abgewiesen wurden. Andererseits ist es nicht besonders schwierig, eindeutig fehlerhafte Weine mit A.P.-Nummer auf dem Markt zu finden: Dies läßt die Prozedur ziemlich lächerlich erscheinen!

ATTACKE – Den Eindruck, den der Wein am Anfang erzeugt, wenn er auf den Gaumen trifft, bezeichnen Fachleute als »Attacke«. Weine einfacherer Qualität hinterlassen in der Attacke den größten Eindruck, um nach hinten abzuflachen. Ein großer Wein sollte in der Attacke beeindrucken und an Intensität zunehmen, während er über den Gaumen fließt und geschluckt wird (siehe NACHHALL).

AUSBAU – Siehe VINIFIZIERUNG

AUSLESE – Traditionelle deutsche Bezeichnung für natürlich süße Rieslinge aus überreifen und/oder botrytisbefallenen Trauben, die selektiv, das heißt aus-gelesen wurden. »Auslese Trocken« ist eine moderne Entwicklung, die meisten so bezeichneten Weine schmecken eher wie sehr volle »Spätlese Trocken«-Weine. Das deutsche Weingesetz von 1971 (siehe PRÄDIKAT) definiert »Auslese« analytisch, indem es einen Mindestzuckergehalt der Trauben festlegt und darüber hinaus verlangt, daß der Wein typisch für Anbaugebiet und Rebsorte sein soll. Es gestattet gleichzeitig die Herstellung von Auslesen aus minderwertigen modernen Rebsorten. Anders als Riesling-Auslesen, die viel Entschlossenheit und harte Arbeit vom Winzer verlangen und in den meisten Jahrgängen nur in Spitzenlagen möglich sind, können »Auslesen« aus Neuzüchtungen wie Siegerrebe oder Optima auch aus schlechten Lagen erzeugt werden. Dieser Tatbestand ist ein Skandal!

BARRIQUE – Seit den frühen achtziger Jahren experimentieren deutsche Winzer mit dem Vergären und Reifen von Weinen in kleinen neuen Eichenfässern. Diese werden meistens als »Barriques« bezeichnet, nach den im Bordeaux-Gebiet üblichen 225-Liter-Fässern, selbst wenn die verwendeten Fässer 228 (die Standardgröße in Burgund), 300 oder 500 Liter beinhalten. Dieser Weinstil hat bereits einige großartige Weine erbracht, bei den Rotweinen besonders aus Spätburgunder (Pinot Noir) und Lemberger, bei den Weißweinen aus Sorten wie Weiß- und Grauburgunder (Pinot Blanc und Gris). Mit den für den deutschen Riesling typischen feinen Aromen steht der Geschmack neuen Eichenholzes allerdings eher im Widerspruch.

Beerenauslese – Diese Bezeichnung steht traditionell für Rieslinge aus der streng selektiven Lese botrytisbefallener Beeren. Sie wurde vor über hundert Jahren zum ersten Mal benutzt, obwohl die ersten Dessertweine mit großer Sicherheit in Deutschland schon Ende des 18. Jahrhunderts erzeugt wurden. Eine Riesling-Beerenauslese sollte ein überaus intensiver, süßer Wein mit einer Fülle an feinen Aroma- und Geschmacksnuancen sein. Solche Weine müssen einfach teuer sein eingedenk des erforderlichen Arbeitsaufwandes und der kleinen Mengen, die erzeugt werden. Unglücklicherweise erlaubt das deutsche Weingesetz die Herstellung solcher Weine auch aus minderwertigen Rebsorten. Diese Weine weisen keinerlei Ähnlichkeit mit einer Riesling-Beerenauslese auf (siehe Prädikat).

Blüten – Während die offensichtlichsten Rieslingaromen fruchtiger Natur sind, weisen hochwertige Weine dieser Rebsorte auch häufig kräuterähnliche würzige, mineralische und florale Aromen auf. Die letzteren findet man besonders in Rieslingen aus den nördlichen Anbaugebieten Deutschlands, sie erinnern an Sommerblumen. Rosenduft ist eines der edelsten Rieslingaromen.

Botrytis Cinerea – Dieser Pilz, der in allen Weinbergen während der Vegetationsperiode vorhanden ist, kann dem Winzer große Probleme bereiten, wenn er sich unvorteilhaft entwickelt. Hingegen ist sein positiver Einfluß zur Erzeugung der edelsten Rieslinge zwingend notwendig. Diese Form der Botrytis Cinerea stellt die Edelfäule dar, die die am Stock hängenden Trauben einschrumpfen läßt und den darin enthaltenen Saft konzentriert. Die unerwünschte Form heißt dagegen »Sauerfäule« und breitet sich auf den unreifen Trauben aus. Weine aus solchen Trauben schmecken bitter und abstoßend und haben nichts mit den edelsüßen Auslesen, Beeren- und Trockenbeerenauslesen aus edelfaulem Lesegut gemein.

Bouquet – Unter Fachleuten wird der Duft oder Geruch eines Weines als Bouquet bezeichnet. Hochwertige Rieslinge gehören zu den aromatischsten Weißweinen und zeigen fruchtige, blumige, mineralische und an Kräuter erinnernde würzige Aromen.

Chaptalisation – Siehe Anreicherung

Charta – Die Vereinigung der Charta-Weingüter wurde 1984 gegründet, um hochwertige trockene Rieslinge aus dem Rheingau international zu fördern. Die Gründungsmitglieder, Bernhard Breuer vom Weingut Georg Breuer, Graf Matuschka-Greiffenclau von Schloß Vollrads, Dr. Hans Ambrosi, damaliger Direktor der Staatsweingüter Eltville, sowie der inzwischen verstorbene Professor Helmut Becker von der Forschungsanstalt Geisenheim, stellten eine Reihe von strengen Anforderungen für Charta-Weine zusammen, unter anderem eine Blindprobe durch eine unabhängige Jury. Das Ergebnis ist ein eigener Stil von trockenen, jedoch nicht knochentrockenen Rheingaurieslingen, die sich besonders gut zum Essen eignen. Leider sind die hohen Ziele der Gründer und der ursprünglich verfolgte hohe Qualitätsstandard bei der Entwicklung und Ausweitung der Vereinigung nicht immer beibehalten worden.

EDELFÄULE – Siehe BOTRYTIS CINEREA

EDELSÜSS – In diesem Buch wird diese Bezeichnung ausschließlich für Auslesen, Beeren- und Trockenbeerenauslesen mit betonter natürlicher Restsüße gebraucht. Diese Süße stammt vollkommen aus den Trauben selbst und verbleibt im Wein als Restsüße, nachdem die Gärung endete, bevor die Hefe die gesamte Süße des Traubenmostes in Alkohol umwandeln konnte (siehe NATÜRLICHE RESTSÜSSE).

EISWEIN – Weine aus Trauben, die in gefrorenem Zustand gekeltert worden sind, wurden in Deutschland zufallsweise seit dem späten 18. Jahrhundert erzeugt. Die systematische Lese gefrorener Trauben zur Erzeugung von Dessertweinen ist jedoch erst in den frühen sechziger Jahren unseres Jahrhunderts üblich geworden. Seit 1982 ist Eiswein eine Prädikatsbezeichnung (siehe PRÄDIKAT). Riesling-Eiswein zeigt einen intensiv süßsauren Charakter und kann bei guter Qualität jahrzehntelang reifen. So beeindrukkend viele Eisweine sind, erreichen nur wenige die Qualität der größten Beeren- und Trockenbeerenauslesen aus der Rieslingtraube.

ERTRAG – In Deutschland wie in jedem anderen weinerzeugenden Land der Welt besteht ein enger Zusammenhang zwischen der Traubenmenge einer bestimmten Fläche und der Qualität des daraus entstehenden WEINES. Sorgfältige Pflege der Reben und korrekte Methoden bei der Weinerzeugung vorausgesetzt, wird die Qualität der Weine um so besser sein, je niedriger die Erträge ausfallen. In Deutschland wird der Ertrag in Hektolitern pro Hektar (hl/ha) ausgedrückt. Welche Menge dabei als niedriger Ertrag angesehen werden kann, hängt von Gebiet und Bodentyp ab. Im relativ feuchten Moseltal kann alles unter 80 hl/ha als wenig betrachtet werden, während an der trockenen Rheinfront in Rheinhessen der Wert bei ungefähr 60 hl/ha liegen muß.

Extrakt – Diese Bezeichnung oder auch »zuckerfreier Extrakt« wird im Buch so wenig wie möglich benutzt, da sie sehr verschieden ausgelegt werden kann. Für den Weinchemiker ist dies der Anteil an festen Bestandstoffen, die bei einer vollständigen Verdampfung der vorhandenen Flüssigkeit übrigbleiben. Für den Weinkenner bedeutet dieser Wert eher, wieviel Substanz ein Wein auf der Zunge zeigt. Der analytische Extraktwert steht damit jedoch nicht immer in direktem Zusammenhang, und ich rate allen Lesern, beim Weinkauf solche fachtechnischen Begriffe eher zu ignorieren. Ihr Gaumen ist ein viel zuverlässigerer Maßstab für die Qualität und den Stil eines Weines als jedes Labor!

Feinhefe – Für die Entwicklung eines Weines kann es von großem Vorteil sein, eine Zeit auf der Feinhefe zu verbringen. Es handelt sich hierbei um den feinsten Anteil der Weinhefe, der beim ersten Abstich von der toten Hefe schwebend im Wein verbleibt und sich sehr langsam als dünne Schicht am Boden des Fasses oder Tanks absetzt. Auf der Feinhefe bleibt der Wein frisch und kann weiter an Aroma und Geschmack gewinnen.

Filtration – Heutzutage werden junge Weine nicht mehr akzeptiert, wenn sie nicht kristallklar im Glas sind, und auch Wartezeiten von mehreren Jahren auf den »neuen« Jahrgang sind aus der Mode gekommen. Filtrationen sind daher essentiell, um deutsche Rieslinge zu klären und vor dem Abfüllen »blank zu machen«. Trotzdem nimmt jeder Filtrationsvorgang dem Wein etwas an Aromen und Geschmack, und die Spitzenrieslingwinzer Deutschlands filtern ihre Weine daher nur ein einziges Mal vor der Abfüllung.

Firne – Die fachtechnische Bezeichnung für Alterserscheinungen, das heißt das Ermüden eines Rieslings. Sie unterscheidet sich deutlich von den angenehmen Aromen, die sich durch die Flaschenreife bei deutschen Rieslingen entwickeln (siehe Tertiäraromen). Ein Hauch Firne kann einen alten deutschen Riesling interessant machen. Wenn diese Alterserscheinungen jedoch beginnen, den Wein zu dominieren, wird er unangenehm und abstoßend. Trockene deutsche Rieslinge erreichen dieses Entwicklungsstadium meist schneller als Rieslinge mit Restsüße.

Fuder – Das Fuder ist die traditionelle Faßgröße an Mosel, Saar und Ruwer. Es ist kreisrund geformt und faßt 1000 Liter. Gut gepflegte alte Fässer werden hier neuen vorgezogen, da der Geschmack des Eichenholzes die Harmonie und Reinheit der Aromen der erzeugten Rieslinge stören würde. Viele der Spitzenerzeuger dieses Gebietes füllen ihre besten Weine immer noch Fuder für Fuder ab. Die Faßnummer kann dann auf dem Halsetikett, wie beim von Schubert'schen Weingut, oder durch Fettdruck der dritt- und viertletzten Ziffern in der A. P.-Nummer, wie beim Weingut Egon Müller-Scharzhof, hervorgehoben werden.

GÄRUNG – Wein, wie er in diesem Buch beschrieben wird, entsteht durch die Vergärung frischen Traubensafts mit Hilfe natürlicher Hefen (siehe SPONTANGÄRUNG) oder Reinzuchthefen. Bei diesem Vorgang wird der im Traubensaft vorhandene Zucker in Alkohol, Kohlensäure und Wärme umgewandelt (sowie in eine Reihe Gärnebenprodukte, die jedoch nur in Spuren vorkommen). Bei der Gärung unterscheidet sich die stürmische Anfangsphase deutlich von der verhalteneren Nachgärung. Große Rieslingweine können nur erzeugt werden, wenn Saft aus den besten Trauben sehr langsam vergärt, so daß möglichst viel Aroma und natürliche Kohlensäure erhalten bleiben. Bei zu stürmischer Gärung gehen durch die entstehende Wärme viele Aromen zusammen mit der entweichenden Kohlensäure verloren.

GELBFRÜCHTE – Die typischsten Rieslingaromen sind die reifer gelber Früchte wie Pfirsich und Aprikosen. Hochwertige Rieslinge können auch nach gelben Pflaumen, Ananas und Mango duften. Die Weine können diese Eigenschaften ihr ganzes Leben behalten, am stärksten ausgeprägt sind sie jedoch in den ersten zwei oder drei Jahren nach der Abfüllung.

HALBTROCKEN – Diese unglückliche Bezeichnung ist die Ursache für beträchtliche Verwirrungen, und viele der wichtigsten deutschen Rieslingerzeuger vermeiden daher, sie überhaupt zu benutzen. Gesetzlich enthält ein halbtrockener Wein zwischen 9 und 18 Gramm unvergorenen Zucker pro Liter. Dies kann in Verbindung mit einer lebhaften Säure zu einer wunderbaren Harmonie führen, die den Wein zu einem perfekten Essensbegleiter macht. Die Bezeichnung Halbtrocken gibt aber weder einen Hinweis auf den Geschmack des Weines, noch ob die im Wein vorhandene Süße natürlichen Ursprungs ist oder als Süßreserve (geklärter Traubenmost) zugegeben wurde. Ein gekonnt ausgewogener halbtrockener Riesling schmeckt beinahe ganz trocken und intensiv fruchtig, während weniger gelungene Beispiele süß-sauer ausfallen.

HEFE – Siehe FEINHEFE

KABINETT – Dies ist die niedrigste Stufe des Prädikatssystems (die gesetzliche Einteilung für hochwertige deutsche Weine). Trotzdem ist ein sehr gut gemachter Riesling-Kabinett nicht unbedingt höheren Prädikatsstufen unterlegen, sondern stellt eine einzigartige Kategorie natürlich leichter Weine dar, die die aus allen anderen Anbauregionen der Welt übertreffen. Nur in den nördlichen Gebieten Deutschlands können Weine mit weniger als 10 % vol Alkohol entstehen, die gleichzeitig so voller Aroma und Geschmack sind (siehe PRÄDIKAT).

KELTERN – Das ist die technische Bezeichnung für das Auspressen der Trauben. Das mag als einfacher Vorgang erscheinen, aber die Verfahrensweise hat entscheidenden Einfluß auf die Qualität der entstehenden Weine. Je weniger Druck angewandt wird und je vorsichtiger die Trauben vor dem Pressen behandelt werden, desto besser werden sich die Weine präsentieren.

KLONE – Klonreben entstehen durch das Vermehren einzelner, speziell ausgewählter Rebstöcke, um Tausende oder Millionen genetisch gleicher Stöcke zu erhalten. Der Vorteil dieser Technik besteht darin, daß der Winzer genau um die Schwächen und Stärken des verwendeten Rebmaterials weiß und durch geklonte Reben direkten Einfluß auf den von ihm gewünschten Weinstil nehmen kann. In den letzten Jahrzehnten waren die Ziele bei der Klonselektion allerdings stärker von dem Wunsch nach höheren Erträgen bestimmt als von dem Streben nach Spitzenqualitäten mit ausgeprägtem eigenen Charakter.

KOHLENSÄURE – Gut gemachte deutsche Rieslinge, besonders aus den nördlichen Regionen, behalten oft eine Spur natürlicher Kohlensäure. Sollten die Bläschen in Ihrem Glas Riesling sehr fein sein, so handelt es sich mit ziemlicher Sicherheit um die ursprüngliche, als Nebenprodukt der alkoholischen Gärung entstandene Kohlensäure, die durch den vorsichtigen Umgang mit dem Wein im Keller bewahrt wurde. Sind die Bläschen eher grob und lösen sich rasch auf, dann wurde bei der Abfüllung CO_2 zugefügt, um einen müden oder charakterlosen Wein aufzufrischen.

KRÄUTER – Die kräuterähnlichen Aromen vieler deutscher Rieslinge hängen eng mit den blumigen und mineralischen Eigenschaften dieser Weine zusammen. Salbei, Dill und Minze können oft gefunden werden. Nur ein aggressiv kräuteriger Charakter kann bei einem Riesling als negativ bewertet werden.

MIKROKLIMA – So wie jedes Gebiet ein eigenes Klima aufweist, so hat auch jeder Berg und jedes Tal bestimmte klimatische Bedingungen, die sich von den danebenliegenden deutlich unterscheiden. Die spezifischen klimatischen Merkmale solch einer kleinen Fläche bilden ein Mikroklima. Bei einer spätreifenden Sorte wie dem Riesling spielt das Mikroklima eine entscheidende Rolle für Charakter und Qualität der Weine. Die wichtigsten mikroklimatischen Faktoren sind die Ausrichtung der Rebzeilen zu Sonneneinstrahlung und Windrichtung, die Nähe zu Wasser oder Felswänden sowie die Wärme- und Wasserspeicherfähigkeit des Bodens.

Mineralien – Der am schwierigsten zu beschreibende Teil des Aromaspektrums bei Rieslingen ist der mineralische Charakter, den so viele dieser Weine besitzen. Er ist vielleicht am einfachsten in den Weinen von Mosel, Saar und Ruwer zu erkennen, die häufig nach dem dort vorherrschenden Schieferboden riechen und schmecken. Der mineralische Charakter eines Rieslings tritt am stärksten hervor, wenn der Wein voll ausgereift ist.

Nachhall – Der Eindruck, den der Wein nach dem Hinunterschlucken hinterläßt, wird von Fachleuten als Nachhall bezeichnet. Ein einfacher Qualitätswein wird dabei so gut wie nichts oder gar einen unangenehmen Nachgeschmack hinterlassen. Ein großer Wein gewinnt dagegen an Intensität, während er über den Gaumen fließt, und kann nach dem Schlucken noch eine halbe Minute oder länger geschmeckt werden. Weine mit einem langen Nachhall sind sehr stabil und altern gut.

Natürliche Restsüsse – Viele der besten deutschen Rieslinge, einschließlich vieler Weine, die auf dem Etikett die Bezeichnung »trocken« tragen, enthalten eine bescheidene Menge unvergorener Süße, da die Gärung gestoppt wurde oder von selbst geendet hat, bevor der gesamte im Most vorhandene Zucker in Alkohol umgewandelt wurde. Derart natürliche Süße schmeckt wesentlich fruchtiger und feiner als die Süße, die aus der dem Wein zugesetzten Süßreserve (geklärter Traubenmost) stammt. Viele der deutschen Spitzenrieslingwinzer glauben, daß die Natur respektiert werden sollte, und sind sicher, daß die Weine mit dem von der Natur gegebenen Gleichgewicht besser sind, als wenn sie gezwungen werden, bis zur vollkommenen Trockenheit zu vergären (siehe Restsüsse und Süssreserve).

Oechsle – In Deutschland wird der Zuckergehalt der Trauben bei der Lese in Grad Oechsle gemessen. Dies wird aus der spezifischen Schwere eines Weines abgeleitet. Ein Traubenmost mit einer spezifischen Schwere von 1080 g/l hat 80 ° Oe. Der während der Lese gemessene Zuckergehalt der Trauben gibt jedoch nur sehr beschränkt Auskunft über die Qualität des daraus entstehenden Weines. Ich rate den Lesern, beim Weinkauf mehr ihrem Gaumen als analytischen Daten zu trauen.

Pfropfreben – Seit der europäischen Reblausplage (Phylloxera vastatrix) Ende des 19. und Anfang des 20. Jahrhunderts müssen die meisten Weinberge mit gepfropften Reben bepflanzt werden. Diese bestehen aus den Wurzeln reblausresistenter amerikanischer Wildreben, worauf die europäischen veredelten Rebsorten gepfropft werden (siehe Wurzelecht).

Physiologische Reife – Der Reifezustand der Trauben kann durch unterschiedliche analytische Techniken gemessen werden. Die physiologische Reife kann jedoch am besten mit dem menschlichen Auge und Gaumen bestimmt werden. Physiologisch reife Rieslingtrauben sind blaß- bis bräunlich-gold und schmecken süß und saftig, ungeachtet wieviel Zucker oder Säure sie analytisch enthalten. Die besten Rieslinge entstehen alle aus physiologisch reifen oder/und von botrytisbefallenen Trauben.

Prädikat – Das deutsche Weingesetz unterscheidet streng zwischen Qualitätsweinen bestimmter Anbaugebiete (QbA), denen Zucker vor oder während der Gärung zugegeben werden darf, um den Alkoholgehalt des entstehenden Weines zu erhöhen (siehe Anreicherung), und Qualitätsweinen mit Prädikat (QmP), denen keinerlei Zucker zugegeben werden darf. Zumindest die deutschen Rieslinge profitieren von dieser Trennung, da vollreife Rieslingtrauben ein Gleichgewicht von Zucker, Säure, aromatischen Inhaltsstoffen und mineralischen Substanzen aufweisen, das zu einem harmonischen Wein führt und durch irgendeine Zugabe nur gestört würde (siehe Kabinett, Spätlese, Auslese, Beerenauslese, Trockenbeerenauslese und Eiswein).

Prämierung – In Deutschland gibt es eine ganze Reihe von Weinprämierungen, die es Winzern mit einigem Geschick und Interesse an offiziellen Preisen ermöglichen, ihre Flaschen mit bronze-, silber- und goldfarbigen Streifen und Medaillenaufklebern auszustatten. Die Problematik dieser Preise besteht darin, daß praktisch jeder Wein mit A.P.-Nummer, der in einer bestimmten Menge erzeugt wurde, ausgezeichnet werden kann: Einige der höchstprämierten Weine Deutschlands stammen aus Rebsorten wie der Siegerrebe und sind alles andere als »ein edler Saft der Reben«! Vor vierzig Jahren waren bei den Prämierungen andere Weine vorherrschend, und die Auszeichnungen waren wesentlich aussagekräftiger. Heute sind die einzigen ernstzunehmenden Preise die »Bundesehrenpreise«, da nur sie wirklich außerordentliche Leistungen erfordern.

Primäraromen – Die fruchtigen Noten junger Weine, die aus den Trauben stammen, werden von Fachleuten als Primäraromen bezeichnet. Einfache

Weine weisen nur dies als Charakter auf, und wenn diese Eigenschaften nach ein bis drei Jahren verschwinden, bleibt nur noch Alkohol, Säure und vielleicht Süße. Ein großer deutscher Riesling zeigt intensive und komplexe Primäraromen in der Jugend, an deren Stelle später nicht weniger faszinierende reife Aromen treten (siehe SEKUNDÄR- und TERTIÄRAROMEN).

PROBE – Wein ist zum Trinken und Genießen geschaffen. In dem ältesten Buch der Welt, dem Gilgamesch-Epos, das das Leben von Gilgamesch, dem König von Uruk am Euphrat in der Zeit zwischen 2750 und 2600 vor Christus erzählt, wird der Wein als Symbol für das gute Leben verwandt. Der Hauptgrund für eine Weinprobe ist die Entscheidung, welche Weine zum späteren Genuß eingekauft werden sollten. Trotzdem stellt eine Probe für alle ernsthaft am Wein Interessierten mehr als nur einen bloßen Test dar; der Vergleich verschiedener Jahrgänge eines Weines (Vertikalprobe) oder ähnlicher Weine eines Jahrgangs (Horizontalprobe) kann faszinierend und vergnüglich sein. Professionelle Verkoster wie der Autor spucken die Weine dabei aus, um nicht zwangsläufig die vertikale Stellung gegen die horizontale einzutauschen.
Bei einer Blindprobe verkostet man die Weine, ohne nähere Angaben über sie zu haben. So erhält man ein objektives Urteil; der Autor hat so gut wie jeden in diesem Buch angesprochenen Wein mindestens einmal blind verkostet.

QUALITÄTSWEIN – Das deutsche Weingesetz erlaubt bei Weinen dieser Kategorie den Zusatz einer gewissen Menge Zucker vor oder während der Gärung. Diese Maßnahme dient dazu, den Alkoholgehalt der Weine zu erhöhen, das heißt, ihnen mehr Körper zu geben, und nicht etwa, den entstehenden Wein zu süßen. Viele der besten Qualitätsweine bestimmter Anbaugebiete (QbA) sind heutzutage trockene Weine; Riesling QbA Trokken, oft als »Gutsriesling« ohne Lagenangabe vermarktet, ist ein wichtiges Produkt für viele Spitzenrieslingerzeuger.

RASSE – Die deutschen Rieslinge zeigen sämtlich eine betonte Säure, verglichen mit der Mehrzahl der französischen und italienischen Weißweine (im Vergleich mit Weißweinen aus wärmeren Ländern wie Kalifornien oder Australien wird dies noch deutlicher). Wenn diese Säure anregend und elegant erscheint und keinerlei Ecken aufweist oder rauh ist, bezeichnen Fachleute dies als Rasse. Dabei handelt es sich um eine der wichtigsten Eigenschaften hochwertiger deutscher Rieslinge, egal ob trokken oder süß.

Restsüsse – Diese Bezeichnung bezieht sich auf die unvergorene Süße eines Weines. Jeder Wein besitzt wenigstens ein Gramm Zucker pro Liter, der von der Hefe nicht in Alkohol umgewandelt werden kann. Ein höherer Gehalt an unvergorener Süße stammt bei einem deutschen Riesling entweder aus der beendeten Gärung, bevor der gesamte vergärbare Zucker zu Alkohol werden konnte, oder der Zugabe von Süßreserve, das heißt geklärtem Traubenmost, nach der Gärung. In diesem Buch werden QbA, Kabinett und Spätlese mit mehr als 18 g/l unvergorener Süße als restsüße Weine bezeichnet. Wenn sie gut gemacht sind, können diese Weine zu den schmackhaftesten und faszinierendsten deutschen Rieslingen gehören.

Rieslaner – Eine Neuzüchtung, die wie die Scheurebe aus Riesling und Silvaner gekreuzt wurde und ebenfalls Weine mit auffallender Ähnlichkeit zum Riesling ergibt. Hans-Günter Schwarz vom Weingut Müller-Catoir in Neustadt/Pfalz, einer der eifrigsten Förderer dieser Rebsorte, bezeichnet den Rieslaner als »Superriesling«: Die Weine zeigen alle rieslingtypischen Eigenschaften in gesteigerter Intensität. Die sortentypisch sehr betonte Säure macht eine Spitzenlage als Standort erforderlich, um harmonische Weine zu erhalten. Selbst dann ist es eine große Herausforderung, gelungene trockene Weine zu erzeugen; die wahre Größe des Rieslaners zeigt sich in edelsüßen Auslesen, Beerenauslesen und Trockenbeerenauslesen. Durch die Verbindung von Kraft, Fülle und pikanter Säure können edelsüße Rieslaner oft vergleichbare Rieslinge noch übertreffen. Beste Beispiele dieser Art kommen häufig aus Franken.

Rotfrüchte – Während die typischsten Fruchtaromen deutscher Rieslinge die gelber Früchte wie Pfirsiche und Aprikosen sind, zeigen viele Spitzenrieslinge in gewissen Gegenden, wie dem Ruwertal oder dem oberen Nahetal, Aromen, die an rote Früchte wie rote Johannisbeeren und Himbeeren erinnern. Für viele deutsche Fachleute wirken diese vollkommen natürlichen Aromen irritierend und werden manchmal sogar als fehlerhaft bezeichnet. Diese engstirnige Betrachtungsweise ist sehr bedauerlich, da sie einige der wichtigsten Facetten Deutschlands edelster Rebsorte ablehnt.

Scheurebe – Eine der ältesten und zweifellos auch die erfolgreichste unter den »Neuzüchtungen«. 1916 von Georg Scheu durch eine Kreuzung von Silvaner und Riesling in Alzey/Rheinhessen gezüchtet, aber erst durch die bemerkenswerten edelsüßen Scheurebenweine des Weingutes Annaberg bei Bad Dürkheim/Pfalz in den späten vierziger, fünfziger und sechziger Jahren zeigte sich das außerordentliche Potential dieser Sorte. Exzellente Lagen und späte Lese können zu Weinen mit rieslingähnlicher Harmonie, aber gleichzeitig mehr Fülle und opulenten exotischen Fruchtaromen führen. In den achtziger Jahren bewiesen die Weingüter Müller-Catoir, Lingenfelder und Pfeffingen in der Pfalz, daß aus der Sorte ebenso großartige trockene Weine entstehen können. Der schlechte Ruf der Scheurebe in Deutschland beruht auf dem viel zitierten »Katzenpisse«-Ton, den Weine aus unreifen Trauben charakteristischerweise zeigen.

SCHÖNUNG – Weine können durch drei verschiedene Methoden geklärt werden: natürliches Absetzenlassen der festen Bestandteile, Filtrieren und Schönen. Die letzte Maßnahme beinhaltet die Zugabe eines festen oder flüssigen Stoffes zum Wein, der die im Wein schwebenden Partikel absorbiert, während er sich am Faß- oder Tankboden absetzt. Nach dem Schönen muß der Wein abgestochen oder geklärt werden, um von dem Schönungsmittel und den festen Teilen des Weines getrennt zu werden. Vom Schönungsmittel sollten im fertigen Wein keinerlei Spuren zurückbleiben, und diese Mittel können daher auch nicht als Zusätze betrachtet werden. Deutschlands Spitzenrieslingwinzer schönen ihre Weine selten, wenn überhaupt. Statt dessen ziehen sie es vor, den Traubenmost vor der Gärung zu schönen, da dieses Verfahren dem Wein weniger Aroma und Geschmack nimmt als eine Schönung einige Wochen oder Monate nach der Gärung. Manche Winzer wie Hans-Günter Schwarz vom Weingut Müller-Catoir in der Pfalz lehnen das Schönen generell ab.

SEKUNDÄRAROMEN – Dies ist der Fachbegriff für die Aromen, die der Wein durch die Art und Weise des Ausbaus entwickelt. Die häufigsten Sekundäraromen junger deutscher Rieslinge sind hefige Töne. Sie zeigen sich überwiegend bei Weinen aus den nördlichen Gebieten, wo die Gärung naturgemäß sehr langsam verläuft und die Hefe daher sehr viel länger aktiv ist als üblich. Diese Hefetöne verschwinden, wenn der Wein der Luft ausgesetzt wird, oder nach längerer Flaschenreife (siehe PRIMÄRAROMEN und TERTIÄRAROMEN).

SELEKTIVE LESE – Das selektive Lesen der Trauben oder ihr Sortieren zwischen Lese und Kelter ist bei der Erzeugung deutscher Rieslinge in Spitzenqualität von essentieller Bedeutung. Selbst die beste Pflege der Weinberge kann nicht garantieren, daß die Trauben bei der Lese alle gleichmäßig reif sind. Genauso befällt auch die Edelfäule (siehe BOTRYTIS) nicht jede Traube im selben Maße oder die Beeren einer Traube gleichmäßig. Durch all diese Faktoren ist ein Trennen von Trauben und Beeren verschiedener Reifegrade vorteilhaft. Dieser Prozeß verlangt gute Organisation, strenge Kontrolle der Lesehelfer und ist stets teuer.

SOMMELIER – Dies ist der französische Begriff für einen Weinkellner. Ein guter Sommelier beschäftigt sich nicht nur mit allen Aspekten des Weinservices, sondern kann den Gast auch bei der Zusammenstellung von Wein und Speisen beraten und stellt sicher, daß der Weinvorrat des Hauses unter optimalen Bedingungen gelagert wird. Viele Sommeliers sind für den Weineinkauf zuständig.

SPÄTLESE – Dabei handelt es sich um die traditionelle Bezeichnung für Weine aus spät gelesenen Trauben, die gesetzlich als zweite Stufe des Prädikatssystems definiert ist. Spätlesen können trocken, halbtrocken oder restsüß (mehr als 18 Gramm unvergorener Zucker pro Liter) sein. Keine andere deutsche Weinbezeichnung ist in den letzten Jahrzehnten gnadenloser vermarktet worden. Eine Riesling-Spätlese aus der Spitzenlage eines hervorragenden Betriebes ist ein großer Wein, der neben den besten Weinen weltweit bestehen kann. Die in Supermärkten zu DM 2,99 ohne Angabe der Rebsorte angebotenen Spätlesen hingegen sind einfache, süße Weine, die genauso schmecken, wie es ihr Preis vermuten läßt (siehe PRÄDIKAT).

SPITZENLAGE – Der Riesling reift im nördlichen Klima Deutschlands sehr spät und reagiert deshalb äußerst empfindlich auf Unterschiede bei Temperatur, Sonnenintensität und -dauer und anderen klimatischen Faktoren. Seit die Römer die ersten Weinberge in Deutschland (Mosel-Saar-Ruwer) angelegt haben, versuchen Winzer, die Lagen mit den optimalen Bedingungen für den Weinbau zu finden, um die besten Trauben zu erzielen (siehe MIKROKLIMA). Diese Lagen werden von Fachleuten als Spitzenlagen bezeichnet.

SPONTANGÄRUNG – Dies ist der technische Begriff für die Gärung mit den natürlichen, sich auf den Traubenhäuten befindlichen Hefen. Heutzutage werden die meisten Weine mit Zuchthefen vergoren, aber die Mehrheit der deutschen Spitzenrieslingerzeuger zieht es vor, ihre Weine mit der natürlichen Hefe zu vergären. Dies schließt ein gewisses Risiko ein, da die Ergebnisse nicht vorhersehbar sind. Große Weine können jedoch nur erzeugt werden, wenn im Weinberg sowie im Keller Risiken eingegangen werden.

STAHLIG – Unter Fachleuten werden Rieslinge mit einer sehr betonten oder dominanten Säure, die dabei weder hart oder unangenehm wirkt, als stahlig bezeichnet. Diese Eigenschaft ist besonders bei den Rieslingen des Saartals zu finden (siehe RASSE).

Struktur – Ohne Struktur kann ein Wein höchstens ein oder zwei Jahre Flaschenreife überstehen. Die Struktur von Rotweinen baut auf ihrem Tanningehalt auf. In deutschen Rieslingen stellt die Säure die Grundlage dar, obwohl viele andere Komponenten ebenso eine Rolle spielen (siehe Mineralien). Die Strukturmenge eines Weines kann analytisch durch Messen der Säure- und Extraktwerte (siehe Extrakt) bestimmt werden, am besten jedoch durch den menschlichen Gaumen.

Stück – Die traditionelle Faßgröße in den deutschen Rheingebieten ist das Stück mit 1200 Liter Inhalt. Während das für Mosel-Saar-Ruwer typische Fuder kreisrund ist, ist das Stück oval geformt. Es wird vermutet, daß diese Form durch die hohen Spitzbögen der Gotik beeinflußt wurde, das Rund der Fuder jedoch von der romanischen Richtung.

Süssreserve – Durch die Einführung von Sterilfiltern in den späten vierziger Jahren wurde es möglich, Weine mit Süßreserve zu süßen. Es handelt sich dabei um frisch gekelterten Traubensaft, der filtriert wird, um eine Gärung zu verhindern, und dem vollkommen durchgegorenen Wein zugegeben wird. Dies kann zu guten Ergebnissen führen, wenn die Süßreserve und der Wein aus den gleichen Trauben stammen. Bei Süßreserve aus einer anderen Rebsorte und/oder Trauben minderer Qualität hingegen werden aus diesem Verschnitt mittelmäßige oder schlechte Weine entstehen. Weine mit natürlicher Restsüße sind feiner und fruchtiger als die mit Süßreserve erzeugten.

Textur – Ein exzellenter Wein sollte nicht nur gut riechen und schmecken, sondern sich auch im Mund gut anfühlen. Ein Spitzenriesling sollte dabei seidig oder kremig erscheinen, unabhängig von Alkohol-, Säure- und Restsüßewerten. Ein Eindruck von Grobheit, Stumpfheit, Bitterkeit oder Härte beeinträchtigt sowohl Geschmack wie Duft. Eine ansprechende Textur dagegen steigert und unterstreicht den Geschmack eines großen Weines, so wie bei einem guten Steak die Konsistenz sich entscheidend auf das Geschmacksempfinden und damit den Genuß auswirkt!

Trocken – Nach dem deutschen Weingesetz dürfen mit diesem Begriff Weine bezeichnet werden, die maximal 9 Gramm unvergorenen Zucker pro Liter enthalten. Leider ist diese Definition für deutsche Weine von nicht allzu großer Hilfe, da ein Mosel-Saar-Ruwer-Riesling mit hoher Säure und 15 oder mehr Gramm pro Liter an Restsüße oft trockener schmecken kann als ein Wein einer säurearmen Rebsorte wie Müller-Thurgau mit weniger als 5 g/l an Restsüße. Ganz offensichtlich ist das Gesetz in diesem Fall etwas geistesverwirrt, wenn ein trocken schmeckender Wein nicht unter der Bezeichnung »Trocken« vermarktet werden darf, während so angebotene Weine süß schmecken. Der beste Rat ist, dem eigenen Gaumen zu vertrauen, was trocken oder süß ist.

TROCKENBEERENAUSLESE – Die traditionelle Bezeichnung für die edelsten Dessertweine aus der Rieslingrebe in Deutschland. Wie alle anderen Bezeichnungen des Prädikatssystems (siehe PRÄDIKAT) ist auch Trockenbeerenauslese analytisch definiert worden. Eine Riesling-Trockenbeerenauslese sollte ein extrem intensiver, dichter und komplexer Dessertwein mit einem Alterungspotential von 50 bis 100 Jahren sein. Eine Trockenbeerenauslese aus minderwertigen Neuzüchtungen dagegen ist einfach nur sehr dick und süß, ohne Eleganz oder Finesse. Riesling-Trockenbeerenauslesen von Mosel, Saar und Ruwer sind die teuersten Weißweine der Welt.

TERTIÄRAROMEN – Der technische Begriff für die Aromen, die der Wein nach mehreren Jahren der Flaschenreife entwickelt. Einfache Qualitätsweine riechen und schmecken dumpf, flach und alt nach ein bis drei Jahren auf der Flasche. Große Weine dagegen gewinnen enorm an Charakter durch die Flaschenreife. Diese Entwicklung kann über Jahrzehnte hinweg andauern, ohne daß der Wein an Charme verliert. Rieslinge aus den besten Lagen (siehe SPITZENLAGEN) zählen zu den langlebigsten Weinen der Welt, ihr mineralischer Charakter tritt mit der Reife immer deutlicher hervor.

VEGETAL – Unter Fachleuten bezieht sich dieser Ausdruck auf die grünen Aromen und Geschmacksnoten von Weinen aus unreifen Trauben. Rieslinge dieser Art neigen dazu, nach Blättern und Stielen zu riechen und zu schmecken.

VINIFIZIERUNG – Die technische Bezeichnung für die Arbeit des Kellermeisters oder »Weinmachers«. Sie bezieht sich auf die Vorgänge, durch die die Trauben zu abgefülltem Wein werden, und ist in etwa mit dem deutschen Begriff »Ausbau« gleichzusetzen. Große Rieslinge zu vinifizieren, verlangt Umsicht und Geduld, da die Ergebnisse um so besser ausfallen werden, je weniger die Trauben, der Most und der Wein behandelt oder bewegt wird (siehe VORKLÄRUNG, SPONTANGÄRUNG, KELTERN, ABSTICH, FILTRATION, SCHÖNUNG).

VORKLÄRUNG – Hochwertige Rieslinge weisen sehr intensive und delikate Aromen und Geschmacksnoten auf. Diese Klarheit und Transparenz ist nur möglich, wenn der Wein vollkommen frei von Fremdtönen ist. Um dies sicherzustellen, muß der frisch gekelterte Traubenmost vor der Gärung geklärt werden. Man kann dazu den Most entweder absetzen lassen und vom Depot abziehen oder ihn filtrieren. Sorgfältige Vorklärung unterstützt gleichzeitig einen sehr langsamen Verlauf der Gärung, was für Rieslinge äußerst vorteilhaft ist.

WURZELECHT – Dieser Ausdruck bezeichnet Rebstöcke, die ungepfropft auf ihren eigenen Wurzeln wachsen (siehe PFROPFREBEN). Wurzelechte Reben sind heutzutage sehr selten, da die Reben weltweit von der Reblaus (Phylloxera) bedroht sind, einem Schädling, der die Rebwurzeln angreift. Die einzige Methode zur Vorbeugung besteht darin, die Reben auf Wurzeln von amerikanischen Reben zu pfropfen, die gegen die Reblaus resistent sind. An Mosel, Saar und Ruwer ist der Boden für die Reblaus allerdings sehr unwirtlich, so daß viele Winzer das Risiko auf sich nehmen, in ihren Weinbergen ungepfropfte Reben zu haben.

Bibliographie

Titel, die entweder in der vorliegenden Publikation zitiert werden oder einen direkten Einfluß auf den Inhalt des Buches haben.

BABO, AUGUST WILHELM FREIHERR VON/EDMUND MACH: *Handbuch des Weinbaus und der Kellerwirtschaft*, Berlin 1893

BECK, OTTO: *Der Weinbau an Mosel und Saar*, Trier 1869

CLOTTEN, FRANZ JOSEF: *Saar und Mosel Weinbau-Karte*, Trier 1868 (Nachdr. Trier 1991)

DIEL, ARMIN/PAYNE, JOEL: *Gault Millau WeinGuide, Deutschland 1994*. München 1993

JOHNSON, HUGH: *Der große Weinatlas. Die Weine und Spirituosen der Welt*, Bern 1992 (24. Aufl.)

KÖLGES, BENEDIKT: *Handbuch der Deutschen Weinkultur und Weinausbildung*, Wiesbaden 1837

LOEB, O. W./PRITTIE, TERENCE: *Moselle*, London 1972

METZGER, JOHANN: *Der Rheinische Weinbau in theoretischer und praktischer Beziehung*, Heidelberg 1827

PIGOTT, STUART: *Life Beyond Liebfraumilch*, London 1988

PIGOTT, STUART: *Great Wines of the Rhein and Mosel: 1988/89*, London 1990

PIGOTT, STUART: *Great Wines of the Rhein and Mosel: 1990*, London 1991

PIGOTT, STUART: *Riesling*, London 1991

RISCHERT, CHRISTIAN: *Die Weinmacher: Handwerker, Bauern, Manager, Künstler. Reisen in die wichtigsten Weingebiete Europas*, München 1989

WINTODD/HÖCK: *Magazin für Geschichte, Literatur und Topographie der sämtlichen Deutschen Staaten*, Zürich 1790

Weiterführende Literatur

BASSERMANN-JORDAN, FRIEDRICH VON: *Geschichte des Weinbaus*, 2 Bde. Neustadt/W. 1975

BRONNER, JOHANN PHILIPP: *Der Weinbau am Haardtgebirge von Landau bis Worms*, Heidelberg 1833

BRONNER, JOHANN PHILIPP: *Der Weinbau in der Provinz Rheinhessen, im Nahethal und Moselthal*, Heidelberg 1834

BRONNER, JOHANN PHILIPP: *Der Weinbau in Süd-Deutschland*, H. 3: *Der Weinbau im Rheingaue von Hochheim bis Coblenz*, Heidelberg 1836

BRONNER, JOHANN PHILIPP: *Der Weinbau in Süd-Deutschland*, H. 4/5: *Der Weinbau im Königreich Würtemberg*, 2 Tle., Heidelberg 1837

BRONNER, JOHANN PHILIPP: *Der Weinbau in Süd-Deutschland*, H. 6: *Der Weinbau im Main- und Taubergrund und in der Würzburger Gegend*, Heidelberg 1839
BRONNER, JOHANN PHILIPP: *Der Weinbau in Süd-Deutschland*, H. 7: *Der Weinbau und die Weinbereitung an der Bergstraße, im Bruhrhein und den weiteren Distrikten bis Durlach und Pforzheim*, Heidelberg 1842
DIPPEL, HORST (Hrsg.): *Das Weinlexikon*, Frankfurt/M. 1992
DOHM, HORST: *Winzerportraits*, München 1992
GESELLSCHAFT FÜR GESCHICHTE DES WEINES (Hrsg.): *Bibliographie zur Geschichte des Weines*, zusammengestellt von R. Schoene, München 1988
HAHN, HELMUT: *Die deutschen Weinbaugebiete*, Bonn 1956
HAMM, WILHELM: *Das Weinbuch*, Leipzig 1865
HEINEN, WINFRID: *Gesamtwerk Deutscher Wein*, 11 Bde., Essen-Trittenheim 1978–1991
HESS. WEINBAU-VERBAND (Hrsg.): *Die Rheinweine Hessens: Rheinhessen und die Bergstraße*, Mainz 1927 (2. Aufl.)
JOHNSON, HUGH: *Atlas der deutschen Weine: Lagen, Produzenten, Weinstraßen*, Bern–Stuttgart 1990 (2. Aufl.)
LUTZ, WERNER: *Die Geschichte des Weinbaues in Würzburg im Mittelalter und in der Neuzeit bis 1800*, Würzburg 1965
MÜLLER, KARL (Hrsg.): *Weinbau-Lexikon*, Berlin 1930
MÜLLER, KARL (Hrsg.): *Geschichte des Badischen Weinbaus*, Lahr 1953
NEITZER, GÜNTER: *Deutsches Weinarchiv*, Oestrich-Winkel 1983 ff.
PRÖSSLER, HELMUT: *Das Weinbaugebiet Mittelrhein in Geschichte und Gegenwart*, Koblenz 1979
SCHMEDDING, HEINRICH: *Weinbau in Baden*, Diss. phil., Universität Freiburg 1969
SCHREIBER, GEORG: *Deutsche Weingeschichte. Der Wein in Volksleben, Kult und Wirtschaft*, Köln 1980
SCHULTZE, RUDOLF: *Geschichte des Weins und der Trinkgelage*, Berlin 1867 (Nachdr. Vaduz 1984)
WEINFACHVERBÄNDE DER PFALZ (Hrsg.): *Die Pfalz am Rhein und ihre Weine*, Dürkheim 1927
WEINHOLD, RUDOLF: *Winzerarbeit an Elbe, Saale und Unstrut*, Berlin 1973
WINKELMANN, RICHARD: *Die Entwicklung des oberrheinischen Weinbaus*, Marburg 1960
ZOBELTITZ VON, HANNS: *Der Wein*, Bielefeld–Leipzig 1901

Folgende Titel werden hier ebenfalls aufgeführt, da sie die Einstellung des Autors zum Thema »Wein« nachhaltig geprägt haben.

Das *Gilgamesch-Epos. Eine Dichtung aus dem alten Orient.* (ca. 3000 v. Chr.), gestaltet v. G. Burghardt, Berlin 1991
BAUDELAIRE, CHARLES: *Les Fleurs du Mal/Die Blumen des Bösen* (Paris 1857), übers. von F. Kemp, München 1986 (Kap. »Le Vin/Der Wein«)
BULGAKOW, MICHAIL A.: *Der Meister und Margarita* (Moskau 1966/67), übers. von Th. Reschke, Hamburg 1990 (Kap. 29)

Personenregister

Register der Weingüter

Register der Weinlagen

Die fettgedruckten Ziffern beziehen sich auf die Landkarten

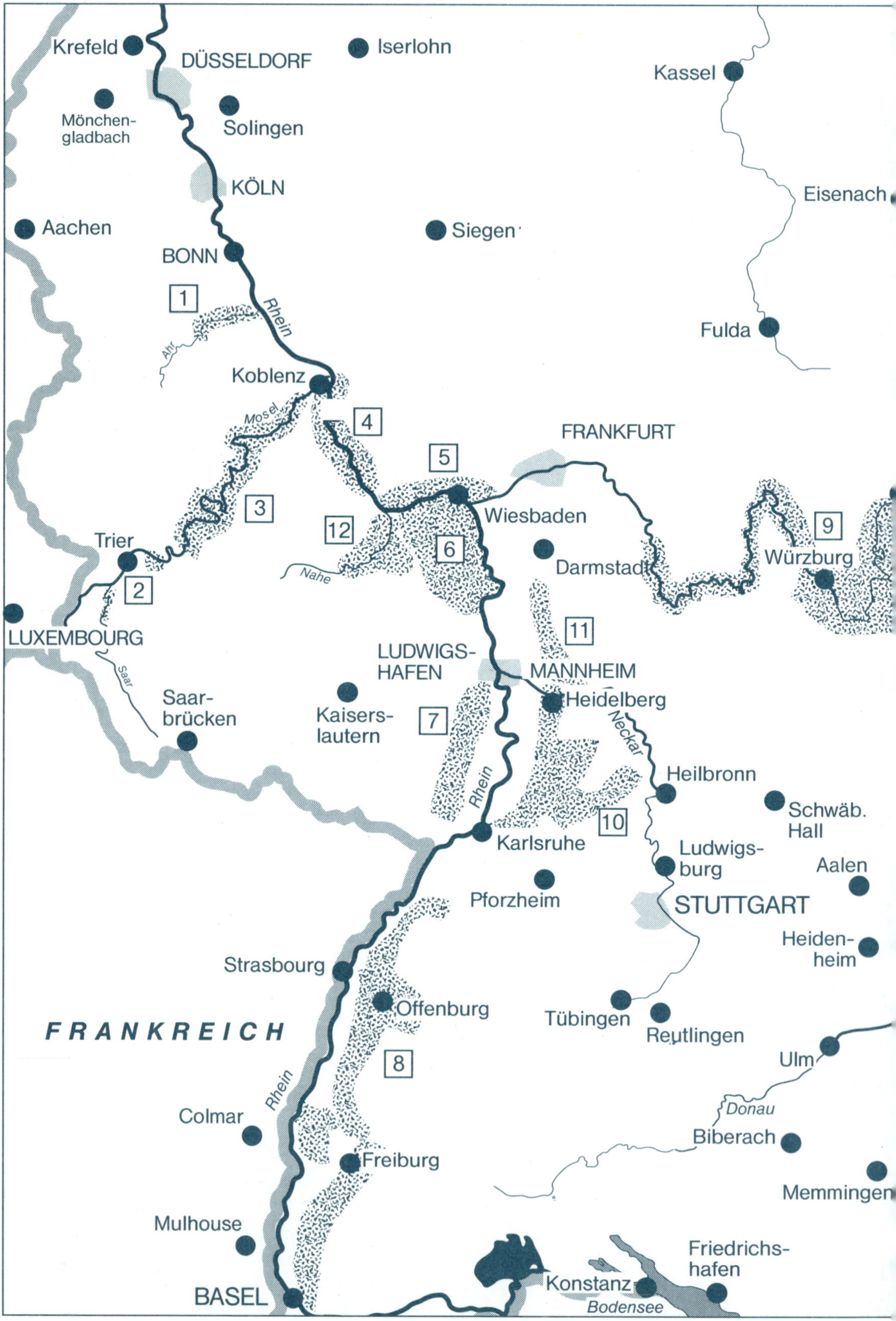

Krefeld
DÜSSELDORF
Iserlohn
Kassel
Mönchen-
gladbach
Solingen
KÖLN
Eisenach
Aachen
Siegen
BONN
1
Rhein
Fulda
Ahr
Koblenz
Mosel
4
FRANKFURT
5
3
12
Wiesbaden
9
Trier
6
Darmstadt
Würzburg
Nahe
2
LUXEMBOURG
11
LUDWIGS-
HAFEN
MANNHEIM
Saar
Heidelberg
Saar-
brücken
Kaisers-
lautern
7
Neckar
Heilbronn
Rhein
Schwäb.
Hall
10
Karlsruhe
Ludwigs-
burg
Aalen
Pforzheim
STUTTGART
Heiden-
heim
Strasbourg
Offenburg
Tübingen
FRANKREICH
Reutlingen
Ulm
8
Rhein
Donau
Colmar
Biberach
Freiburg
Memmingen
Mulhouse
Friedrichs-
hafen
Konstanz
BASEL
Bodensee